Heinrich Potthoff
Im Schatten der Mauer

Inhalt

Einleitung

Am 9. November 1989 um 23.30 Uhr gaben am Grenzübergang Bornholmer Straße die dortigen Grenzorgane den drängenden Massen nach, die »rüber«wollten, und ließen sie ohne alle Kontrollen passieren. So unvermittelt und überraschend kam diese Öffnung der Mauer, daß selbst die doch sonst allgegenwärtigen Bild- und Kamerajournalisten diesen Moment fast verpaßten. Bis Mitternacht gaben die Grenzer und Paßkontrolleure an den übrigen innerstädtischen Grenzübergangsstellen dem Druck nach und ließen die Ost-Berliner zumeist unkontrolliert passieren. Eine Stunde später, um 1.00 Uhr in der Nacht, hoben sich auch an den Grenzkontrollpunkten im Umland von Berlin und der innerdeutschen Grenze die Schlagbäume.[1] Die Menschen strömten in den Westen, freudetrunken lagen sich selbst Wildfremde in den Armen, rund um die Mauer bis zum Kurfürstendamm glich Berlin einem einzigen rauschenden Fest, und soweit die Trabis trugen, genossen die bis dahin Eingesperrten ihr so unverhofftes Glück des Reisens in das andere Deutschland.

Diese Bilder der Freude, wenngleich bei vielen schon merkwürdig verblaßt, sind doch bei den meisten präsent. Sie gingen um die Welt. Als am 13. August 1961 die Grenze abgeriegelt wurde und zwei Tage später am Brandenburger Tor ein DDR-Soldat, noch mit der Kalaschnikow in der Hand, über die Stacheldrahtrolle sprang, gingen auch diese Bilder um die Welt. Mit Stacheldraht, wie man ihn sonst für Lager und Viehweiden gebrauchte, zäumte das SED-Regime die Menschen ein und begann sogleich mit dem Bau der Mauer, die zu dem schrecklichen, scheußlichen Symbol der Trennung und Teilung und Zeugnis für den mörderischen Charakter des Grenzregimes wurde. Die Mauer in und um Berlin und an der Westgrenze der DDR mit Todesstreifen und zusätzlichen Sperranlagen versperrte der eigenen Bevölkerung den Weg in den Westen und zwang sie auf brutale Art, sich in dem zweiten deutschen Staat einzurichten.

Der Westen aber nahm die Mauer letztlich hin als eine Art Fixierung und Verfestigung des territorialen Status quo an der besonders brisanten Grenze zwischen den beiden sich gegenüberstehenden Macht- und Systemblöcken. Die Bundesdeutschen richteten sich in ihrem Weststaat nun immer mehr ein und fühlten sich vielfach als Bundesrepublikaner eigener Identität.

Vom Mauerbau bis zum Mauerfall lebten die Deutschen in Ost und West in zwei scheinbar auf unabsehbare Zeit getrennten Staaten, von denen der eine östliche ohne wirkliche eigene Identität nur als Vorposten des sowjetischen Machtimperiums existieren konnte. Als mit der Maueröffnung das Sterbeglöcklein des SED-Systems schlug und Moskau die Deutschen in der DDR gewähren und ihren Weg gehen ließ, kam und mußte die Einheit wieder auf die Tagesordnung kommen. Am 3. Oktober 1990 vollendete sich mit der formalen Vereinigung und dem Staatsakt im Kern nur das, was am 9. November 1989 begonnen hatte. Es fand zusammen, was zusammengehörte, doch das Zusammenwachsen verlief und verläuft schwieriger und schmerzlicher, als viele im Freudentaumel des Einigungsprozesses gehofft und erwartet hatten.

Die Mauer, diese 1378 Kilometer lange klaffende Wunde, trennte nicht nur Deutsche von Deutschen, sondern zwei sich gegenüberstehende waffenstarrende Blöcke. Als steinernes Monument des Status quo symbolisierte sie, so bitter das klingt, äußere Stabilität an der Nahtstelle des Ost-West-Konfliktes in Europa. Mit der hermetisch abgeriegelten Grenze arrondierte und stabilisierte das Sowjetimperium sein westliches Vorfeld, und der Westen nahm dies hin. Weder Bekenntnisse zur deutschen Einheit noch Treueschwüre zu den Brüdern und Schwestern im Osten brachten die Mauer aus der Welt. Deklarationen und die Berufung auf hehre Grundsätze und Verfassungsartikel sind allein noch keine Politik. Wer so tut, als sei dies schon die Deutschlandpolitik, der irrt. Sie bilden nur eine Facette in dem großen Kaleidoskop des politischen und gesellschaftlichen Prozesses deutschlandpolitischen Agierens auf dem engeren deutsch-deutschen Terrain und dem europäisch-internationalen weiten Feld.

Bonn und Ost-Berlin, die beiden unmittelbar tangierten Akteure, waren in ihre Allianzen eingebunden, verfügten nur über eine beschränkte Souveränität und unterschieden sich fundamental in ihrem Werte- und Gesellschaftssystem. Verglichen mit dem lange am straf-

fen Moskauer Zügel gehaltenen Ost-Berlin waren die Bonner Spielräume gewiß größer und das Wirkungspotential der Bundesrepublik
Deutschland vor allem dank der ökonomischen Stärke höher. Doch
die Insellage Berlins, alliierte Rechte, Sicherheitsinteressen und die
westeuropäische Verankerung bedingten Abhängigkeiten und
Zwänge. Die Westorientierung, von den Bürgern verinnerlicht und
mitgetragen, prägte die bundesrepublikanische Identität, erst recht
nach dem Mauerbau. Für ihre spezifischen nationalen und humanitären Anliegen fanden die Deutschen mit der Fixierung des Status
quo kaum mehr Bundesgenossen. Der SED-Staat igelte sich ein.
Bonn, die Bundesrepublik und ihre Politiker mußten agieren, um
wenigstens kleine Behelfsbrücken über die tiefe innerdeutsche
Schlucht zu schlagen.

»Kleine Schritte« wurden getan, »Wandel durch Annäherung«
propagiert, und schließlich stand die neue Ost- und Deutschlandpolitik an. Als historische Leistung wurde sie gewürdigt, und Ostpolitik
ist eines der wenigen deutschen Worte, die in die englische Sprache
eingingen. Für Akteure, Zeitzeugen und Experten sind dies markante
Stationen auf dem Weg zur Auflockerung der Fronten, für die Jüngeren oft nur mehr Begriffe und Worthülsen. Die Hallstein-Doktrin
wird einigen noch etwas sagen, doch wie steht es mit dem östlichen
Gegenstück, der Ulbricht-Doktrin? Natürlich ist Egon Bahr den meisten als Architekt der Ost- und Deutschlandpolitik bekannt und wird
von den Medien immer wieder als solcher benannt. Wer aber kennt
noch seinen Gegenpart Michael Kohl? Wer hat Kenntnis von den
diskreten Kontakten Herbert Häbers zu Westpolitikern, den verdeckten politischen Kanälen Wolfgang Vogels als Honeckers Sonder-
emissär, der Rolle des fast vergessenen Günter Huonker? Willy
Brandt als Vaterfigur der Sozialdemokratie und Heros der Aussöhnung mit den östlichen Nachbarn ist unvergessen. Helmut Schmidts
intensives Bemühen um innerdeutsche Auflockerungen mit vertraulichen Botschaften und durch viele Telefonate mit dem SED-Chef
Erich Honecker glich lange einer Terra incognita.

Nach der deutschen Einigung und mit der Öffnung der DDR-Ar-
chive ist die Aufarbeitung der Geschichte der SED-Diktatur und der
DDR weit zügiger in Angriff genommen worden, als das nach 1945
mit der NS-Zeit geschah. Dabei nahmen viele Politiker, Publizisten
und Forscher auch die innerdeutschen Beziehungen ins Visier. In die

Kritik gerieten dabei insbesondere die sogenannte »Nebenaußenpolitik« der SPD[2] und die »Schönfärber und Helfershelfer der SED-Diktatur im Westen«.[3] Kritisch und differenziert analysierte der britische Historiker und Publizist Timothy Garton Ash in seinem großen Werk »Im Namen Europas« die breite Palette von »Deutschland und der geteilte Kontinent«.[4] Mit einer Fülle von Anhörungen und Auftragsexpertisen erschloß die Enquete-Kommission des Deutschen Bundestages zur »Aufarbeitung von Geschichte und Folgen der SED-Diktatur in Deutschland« umfangreiches Material zur Deutschlandpolitik.[5]

Politisches Kalkül, Ex-post-Perspektiven und staatsmännischer Einigungsmythos prägten zusehends die Sichten. Daß Helmut Kohl sich mit Erich Honecker in einer »Koalition der Vernunft« sah und er noch bis nach dem Mauerfall einer »Destabilisierung« des DDR-Regiments abschwor, paßte sowenig in dieses schöne Bild wie die intensiven, geheimen Kontakte Wolfgang Schäubles mit Alexander Schalck-Golodkowski, bei denen man sich bevorzugt in der Ost-Berliner Wohnung des Devisenbeschaffers traf, und die Tatsache, daß nicht nur sozialdemokratische, sondern auch christdemokratische Ministerpräsidenten nach Ost-Berlin zum Fototermin mit Erich Honecker pilgerten. Helmut Kohl hat mit Instinkt, Geschick und Fortune die deutsche Einigung vorangetrieben und sich so in das Buch der Geschichte eingeschrieben. Es ist legitim und bei führenden Politikern fast an der Tagesordnung, daß sie nicht nur Geschichte machen, sondern ihr Bild von der Geschichte selbst noch festschreiben wollen. Helmut Kohl und sein Kanzleramt haben dafür gesorgt, daß aus nahestehenden und geneigten Federn das Denkmal des Einigungskanzlers in unübersehbaren Monumenten für die Nachwelt festgehalten wird.

In den Hintergrund gerückt und kaum noch erkennbar verschwindet dabei fast, was andere geleistet haben, um überhaupt erst Konfrontationen abzubauen und das deutsch-deutsche Verhältnis zu entkrampfen. Vom Mauerbau bis zum Mauerfall ging es zunächst darum, daß Begegnungen von Deutschen mit Deutschen wieder möglich wurden und daß wenigstens ein gewisser Zusammenhalt in einer deutschen »Kulturnation« denkbar und machbar schien. Von der SED-DDR wurde sie nicht gewollt, und nicht wenige im Westen hatten begonnen, sich von der deutschen Nation zu verabschieden. Nur noch ein Fünftel der Westdeutschen, bei den jüngeren weit weniger, glaubten, daß die Deutschen »auch in Zukunft ein Volk, eine Nation bleiben« würden[6], und gerade noch 1 bis 0,5 Prozent stuften die Wiedervereinigung als wichtigstes politisches Problem ein. Es war nur eine Minorität, zumeist mit verwandtschaftlichen und freundschaftlichen Bindungen zu Menschen in der DDR, die Kontakt hielt, Briefe und Pakete schickte, telefonierte und »nach drüben« fuhr. Bei den Bürgern in der DDR blieb das Gefühl, daß die Deutschen in Ost und West ein Volk seien, das nur in zwei getrennten Staaten lebe, ungleich stärker lebendig. Die größere, glücklichere Bundesrepublik mit Wohlstand, Freiheiten und Demokratie erschien als das positive Gegenbild zur Tristesse des eigenen Alltags und zur Gängelung durch das fast allumfassende SED-System. Der Westen wirkte allein schon durch seine reale Existenz als Magnet. Aber der Weg war durch die Mauer versperrt und die Chance zur Selbstbestimmung den Bürgern der DDR verwehrt.

Als Vorposten des sowjetischen Machtimperiums war der zweite deutsche Staat etabliert worden, und als ein Glied dieses von Moskau dominierten Blocks betrieb er seine Deutschlandpolitik als »Westpolitik«. Im Machtgeflecht des SED-Staates spielte der Regierungsapparat mit dem Ministerium für Auswärtige Angelegenheiten nur eine Nebenrolle. Das Macht- und Entscheidungszentrum lag im Politbüro. Deutschlandpolitik war absolute Chefsache unter Walter Ulbricht wie unter seinem langjährigen Nachfolger Erich Honecker. Er instruierte und autorisierte die Unterhändler, und nur der als Wirtschaftslenker respektierte Günter Mittag besaß bei Wirtschafts- und Handelsfragen eigene Spielräume. Doch als letzte Instanz fungierte der Kreml, auch wenn sich die DDR in diesen Jahrzehnten immer wieder freizuschwimmen suchte.

In der Bundesrepublik mit ihrem pluralistischen System war das Spektrum derer, die sich deutschlandpolitisch zu Wort meldeten, selbstverständlich ungleich breiter und vielfältiger. Politiker und Parteien, Medien, Kirchen und selbst Gerichte sprachen dabei mit. Der oft heftig aufflammende Streit überdeckte gelegentlich, daß es gerade in Grundfragen der Deutschlandpolitik durchaus einen Konsens gab. Von »Nebenaußenpolitik« der SPD war in den achtziger Jahren vielfach die Rede. Doch trotz solchen Bemühens der Opposition war nicht zu verkennen, daß die Vorhand bei allen deutschlandpolitischen Unternehmungen die jeweilige Bundesregierung hatte. Das zuständige Bundesministerium für gesamtdeutsche Fragen, seit 1969 für innerdeutsche Beziehungen, verlor mit der neuen Ost- und Deutschlandpolitik an Gewicht, das Auswärtige Amt war für Innerdeutsches nicht zuständig und das Wirtschaftsministerium nur bei Wirtschaft und Handel involviert. Das eigentliche Entscheidungszentrum lag im Kanzleramt, erst recht seit dem Beginn der neuen Deutschland- und Ostpolitik unter Willy Brandt und Egon Bahr. Gestützt auf einen Arbeitsstab Deutschlandpolitik, operierte der jeweilige Kanzleramtsminister als deutschlandpolitischer Koordinator und Manager für seinen Kanzler. Deutschlandpolitik war für die drei sonst so unterschiedlichen Bundeskanzler Willy Brandt, Helmut Schmidt und Helmut Kohl Chefsache. Gerade wegen dieser Konzentration auf die Spitzen war es von so großer Bedeutung, daß neben den Beständen des Politbüros und des Zentralkomitees der SED auch die einschlägigen deutschlandpolitischen Akten des Bundeskanzleramtes für diese Zeitepoche eingesehen werden konnten.

Die Durchforstung des dornigen innerdeutschen Terrains litt in den letzten Jahren an einer doppelten Asymmetrie. Die eine ergab sich durch die einseitige Verfügbarkeit der DDR-Akten, die andere aus einer selektiven Verwendung von Westakten, die entweder nur den Akteuren selbst oder wenigen Ausgewählten zugänglich waren. Selbst der Enquete-Kommission des Deutschen Bundestages zur Aufarbeitung von Geschichte und Folgen der SED-Diktatur blieben die Bonner Aktenschränke verschlossen. Als Informationsquelle und Korrektiv zu den von Politikern und Beteiligten verbreiteten Bildern sind die Archivalien unverzichtbar. Sonst entsteht eine Schieflage, und sie droht auch immer dann, wenn eine ganz spezifische Sicht der Deutschlandpolitik dominiert.[7] Über dreißig Jahre Deutschlandpolitik »Im Schatten der Mauer« ist ein weites Feld mit vielen politischen Akteuren, die es beackerten, einsäten und auf Ernte hofften. Es zu beschreiten und zu durchschreiten, dazu lädt dieses Buch ein.

Der Mauerbau als Zäsur

Berlin-Krise und Mauerbau

Seit Ende der fünfziger und verstärkt in den sechziger Jahren zeigten sich gravierende Veränderungen im internationalen Mächtesystem. Die kommunistische Volksrepublik China ging unter Mao Tse-tung ihren eigenen Weg und geriet partiell mit der Sowjetunion in Konflikt, die blockfreien Staaten der Dritten Welt mit dem bevölkerungsreichen Indien suchten mit einer Selbstorganisation nach mehr Einfluß und Gewicht, und Japan und die Europäische Gemeinschaft begannen sich zumindest wirtschaftlich als neue Machtgebilde zu etablieren. Diese Wandlungsprozesse veränderten die Welt und beeinflußten die machtpolitischen Rahmenbedingungen auch der deutschen Politik. Ungleich gravierender aber wirkten sich die Veränderungen aus, die sich im Verhältnis der beiden großen Machtzentren auf der nördlichen Hemisphäre vollzogen. Zwar änderte sich an dem grundsätzlichen Antagonismus zwischen Ost und West, der durch den System- und Machtkonflikt bedingt war, nichts, jedenfalls nichts Entscheidendes. Doch sowohl die Art, wie die beiden Vormächte und die von ihnen dominierten Blöcke ihre Konflikte zu regulieren suchten, als auch die Präferenzen, die sie dabei setzen, markierten eine neue Dimension. »Détente« bzw. »Entspannung« wurde dafür zum Schlüsselbegriff.[1]

Der »Sputnik-Schock« von 1957, als zum erstenmal ein Satellit die Erde umkreiste, machte dem Westen klar, daß die Sowjetunion nun über Interkontinentalraketen verfügte, mit denen sie die USA direkt erreichen konnten. Auch wenn die UdSSR beim atomaren Bedrohungspotential vor allem qualitativ noch hinter den USA lag, so erlangte sie im Laufe der Jahre schließlich eine gesicherte Zweitschlagkapazität. Es war das atomare Patt mit Atom- und Wasserstoffbomben, Raketen, Bombern und nuklear bestückten Unterseebooten, das nun über Jahrzehnte bis zum Zerfall des Sowjetimperiums herrschte. Das »Gleichgewicht des Schreckens« und die Gefahr eines sich gegenseitig auslöschenden Atomkrieges waren die entscheidenden Beweggründe für einen allmählich in Gang kommenden Prozeß, die antagonistischen Gegensätze durch Absprachen und Teilverständigungen zu regulieren und zu entschärfen.

Zwischen dem überwölbenden Macht- und Systemkonflikt der beiden von den Supermächten geführten Blöcke und der deutschen Frage bestand eine Wechselwirkung. Unter dem Gründungskanzler Konrad Adenauer war die Bundesrepublik Deutschland fest in die westliche Allianz und die europäisch-transatlantische Gemeinschaft eingebunden worden. Die Sicherung des freieren, größeren Westteils des ehemaligen Reiches und seine feste, unauflösliche Verklammerung mit dem westlichen Kontinentaleuropa und den USA Dwight D. Eisenhowers und John Foster Dulles hatten für ihn die Priorität, während die SPD unter Kurt Schumacher die Priorität der Wiedervereinigung verfocht und auch nach seinem Tode daran zunächst noch festhielt. Erst mit Herbert Wehners aufsehenerregender Rede vom 30. Juni 1960 stellte sie sich auf den Boden der geschaffenen Realitäten und akzeptierte nun förmlich die Westintegration.

Die »Politik der Stärke«, die Strategie der »Eindämmung« und das von US-Außenminister John Foster Dulles propagierte »roll back« suggerierten, daß bei entsprechender Stärke und Entschlossenheit des Westens ein Wandel im Osten in Aussicht stehe und die sowjetische Hegemonialmacht den Völkern Freiheit und Selbstbestimmung einräumen müsse. Doch am 17. Juni 1953 standen die aufbegehrenden Menschen in Ost-Berlin und der DDR allein. Auf die Westverträge der Bundesrepublik vom 5. Mai 1955 folgte als Gegenmaßnahme am 14. Mai 1955 die Etablierung des Warschauer Paktes unter Einbeziehung der DDR in die östliche Militärorganisation. Der ungarische Volksaufstand vom Oktober 1956 gegen die kommunistische Gewaltherrschaft wurde blutig niedergeschlagen und das brutale Einschreiten der sowjetischen Truppen vom Westen tatenlos hingenommen. Moskau konnte sein Machtimperium disziplinieren und schickte sich an, seinen ostdeutschen Vasallenstaat aufzuwerten und zu konsolidieren. Mit der nach der Aufnahme von diplomatischen Beziehungen mit der Sowjetunion (September 1955) verkündeten Hallstein-Doktrin suchte die Adenauer-Regierung die Anerkennung der DDR durch Staaten außerhalb des Ostblocks zu blockieren. Der Sperriegel funktionierte zwar eine Zeit. Doch damit wurde die Bundesrepublik durch andere Staaten, besonders der Dritten Welt, erpreßbar. Eine Verfestigung der deutschen Teilung konnte sie nicht verhindern und mußte es hinnehmen, daß bei der Genfer Außenministerkonferenz der Vier Mächte (Mai 1959) zwei deutsche Delegationen aus Bonn und Ost-Berlin nebeneinander »an Katzentischen« saßen.

In der Präambel des Grundgesetzes und in vielen programmatischen Erklärungen hatten sich Verfassungsgeber wie Politiker und Parteien immer wieder zur Wiederherstellung der deutschen Einheit in Frieden und Freiheit bekannt. Sie wurde über Jahre als oberstes Gebot der Politik proklamiert und der Bevölkerung suggeriert, die Wiedervereinigung in einem überschaubaren Zeitraum erreichen zu können. Während vor 1989 maßgebende konservativ-liberale Politiker und Publizisten Konrad Adenauer vorrangig als den Vater der Bundesrepublik und ihrer Erfolgsgeschichte würdigten[2], wurden nach 1990 vorgebliche Kontinuitätslinien von Adenauer bis zur deutschen Einigung entdeckt. Die berühmte »Magnettheorie«, übrigens zuerst von Kurt Schumacher formuliert, von der Anziehungskraft und Sogwirkung eines freien, sozialen, prosperierenden westdeutschen Teilstaates hatte ihren wahren Kern. Aber Adenauers Politik war doch so westdeutsch zentriert, Berlin und das östliche Deutschland ihm so fremd und fern, daß er im Herbst 1949 selbst eine Initiative des Bundestages und der USA für West-Berlin als zwölftes Bundesland abgeblockt hatte.[3] Eine kontinuierliche, aktive, operative Wiedervereinigungspolitik war bei ihm nicht erkennbar.

Mit dem Verlangen nach Selbstbestimmung, freien Wahlen und einer freiheitlich-demokratischen Ordnung für alle Deutschen hatten sich die westlichen Partner der Bundesrepublik solidarisiert und ihre Übereinstimmung im Deutschlandvertrag vom Mai 1952 festgeschrieben. Doch seit der »Berliner Erklärung« vom Juli 1957 zeichnete sich ab, daß die Westmächte zu keiner operativen Wiedervereinigungspolitik mehr bereit waren. Bei ihnen dominierte nun die Bereitschaft, zu Entspannungsschritten mit der Sowjetunion auf der Grundlage des Status quo in Deutschland und Europa zu kommen. Mit der »Entkoppelung des Junktims von europäischer Sicherheit und deutscher Einheit« rückten die Westmächte von der gesamtdeutschen Zielsetzung ab,[4] und die Bundesrepublik lief Gefahr, ins politische Abseits zu geraten.

Mit dem Bekenntnis zur »friedlichen Koexistenz« im Atomzeitalter auf dem XX. Parteitag der KPdSU von 1956 sandte der sowjetische Parteichef Nikita Chruschtschow ein Signal an den Westen, das, verknüpft mit seiner Abrechnung mit dem Stalinismus, eher hoffnungsfroh stimmen konnte. Doch zwei Jahre später entfesselte Chruschtschow im Herbst 1958 die Berlin-Krise.

Die Doppelkrise Berlin und Kuba fiel in eine Zeit, als die USA noch ein deutliches atomstrategisches Übergewicht besaßen. Zwar verfügte die UdSSR über atomar bestückte Langstreckenbomber und Interkontinentalraketen, mit denen sie amerikanisches Territorium erreichen und bedrohen konnte. Doch sowohl quantitativ wie qualitativ waren die USA so weit überlegen (sie besaßen etwa zwölfmal mehr Langstreckenbomber und neben Interkontinental- noch seegestützte Raketen)[5], daß damals nur sie über die Zweitschlagkapazität und die Fähigkeit zur weitgehenden Ausschaltung des gegnerischen Potentials durch einen Überraschungsangriff verfügten. Die heftig umkämpfte Entscheidung über die Stationierung von Atomwaffen in der Bundesrepublik und die mögliche Ausrüstung der Bundeswehr mit solchen, wie sie im März 1958 vom Bundestag sanktioniert wurde[6], war ein deutliches Signal an den Osten.

Die Sowjetunion unter Chruschtschow setzte den Hebel gegen den Westen zunächst an dessen empfindlichster Stelle, in Berlin, an. Mit dem Berlin-Ultimatum von 1958, dem Druck auf und mit Berlin und der Drohung, der DDR bisherige alliierte Rechte zu übertragen, versuchte er eine riskante Offensive. Vor einer militärischen Auseinandersetzung, gar mit Atomwaffen, um und wegen Berlin schreckten letztlich beide Seiten zurück. Durch Krisenmanagement, unter anderem bei dem Treffen Kennedy-Chruschtschow am 3./4. Juni 1961 in Wien, erfolgte eine Art Verständigung. Mit der öffentlichen Verkündung der drei »Essentials« am 25. Juli 1961 (uneingeschränkte Präsenz der West-Alliierten in Berlin [West], freier Zugang zu Berlin [West], Recht der [West-]Berliner zur freien Wahl ihrer Lebensform) gab Kennedy zu verstehen, daß die Westmächte gegen einschneidende Maßnahmen zur Abriegelung Ost-Berlins nicht gewaltsam vorgehen würden.[7]

Jetzt war faktisch der Weg frei für die Absperrung West-Berlins und den Bau der Mauer, auf den Walter Ulbricht, so berichtet es Juli Kwizinski, schon seit Jahren vergeblich gedrängt hatte[8]; der gleiche

Ulbricht, der auf einer Pressekonferenz am 15. Juni 1961 erklärte, niemand habe die Absicht, eine Mauer zu bauen[9]. Noch Ende März, als Ulbricht bei der Tagung des Politischen Beratenden Ausschusses des Warschauer Paktes vorschlug, rund um Berlin entlang der Grenze Stacheldrahtbarrieren zu errichten, drang er nicht durch. Die einen – wie der ungarische Partei- und Staatschef János Kádár – schreckten davor zurück, andere, wie der maßgebende Chruschtschow, dachten noch an weitergehende Ziele und waren sich über die Absichten des neuen amerikanischen Präsidenten Kennedy nicht im klaren.[10] Am 5. August, nur zwei Wochen nach dessen Essentials-Erklärung, gaben Moskau und seine Warschauer-Pakt-Staaten grünes Licht für den Mauerbau und drohten zugleich mit einem Separatfriedensvertrag mit der DDR, »der den Schlußstrich unter den vergangenen Krieg ziehen und die Bedingungen für die Stabilisierung der Lage in diesem Teil Europas sichern wird«.[11] Nachdem die vorbereitenden Planungen bisher unter größter Geheimhaltung gelaufen waren, sanktionierten das SED-Politbüro und der Ministerrat der DDR am 7. August 1961 die Entscheidung. Fünf Tage später, am 12. August um 16.00 Uhr, unterzeichnete Walter Ulbricht, Erster Sekretär des Zentralkomitees der SED und Staatsratsvorsitzender der DDR, die Befehle zum Mauerbau und legte als »X-Zeit« den 13. August, 1.00 Uhr fest.[12]

An diesem 13. August, einem Sonntag, marschierten um kurz nach 1.00 Uhr am Brandenburger Tor und an der gesamten Sektorengrenze Volkspolizei, paramilitärische Betriebskampfgruppen und Einheiten der Nationalen Volksarmee mit Panzerwagen, Maschinengewehren und Wasserwerfern auf. Um die gleiche Zeit, um 1.11 Uhr, verkündete ADN, die Ost-Berliner Nachrichtenagentur, den Vollzug einer »zuverlässigen Bewachung und einer wirksamen Kontrolle« der Übergänge zu West-Berlin.[13] Beäugt und bewacht von Uniformierten mit Maschinenpistolen und Kalaschnikows, legten Trupps Stacheldrahtrollen aus, direkt dahinter begannen andere Trupps, weitere Hindernisse und Barrikaden aufzubauen. Innerhalb von Stunden war die Grenze mit Stacheldraht abgeriegelt, und in ganz wenigen Tagen waren die Sperrmaßnahmen ziemlich perfektioniert. Am 15. August stellte der zentrale Stab »Maßnahmen des 13. August 1961«, dem auch je ein Vertreter der sowjetischen Streitkräfte und der Botschaft der UdSSR angehörte, fest: »Die Maßnahmen zur vorläufigen Sicherung der Grenzen nach Westberlin sind im wesentlichen durchgeführt.«[14] Nun begann der eigentliche Mauerbau. Bewacht von bewaffneten Einheiten, schichteten Bautrupps aus Zementblocksteinen die Mauer rund um das westliche Berlin auf und mauerten Fenster und Türen von Häusern zu, die unmittelbar an der Sektorengrenze lagen. Am dramatischsten sah es in der Bernauer Straße aus. Aus den Fenstern der Häuser, die unmittelbar an den Stadtteil Wedding grenzten, sprangen oder seilten sich die Menschen in den rettenden Westen ab, bevor alle Fenster zugemauert waren. Wer im Osten wollte und konnte, versuchte unter Gefahr für Leib und Leben noch den rettenden Sprung in die Freiheit.

Die Menschen im Westen, sofern sie nicht Augenzeugen wurden, erfuhren zuerst aus den Radionachrichten etwas über die dramatischen Vorgänge in Berlin. Der Regierende Bürgermeister Willy Brandt wurde in seinem Wahlkampfzug auf dem Weg von Nürnberg nach Hannover von einem Bahnbeamten aus dem Schlaf geholt. Mit dem ersten erreichbaren Flugzeug flog er am nächsten Morgen nach Berlin und ließ sich sofort an die Grenze, zum Potsdamer Platz und dann zum Brandenburger Tor fahren.[15]

Ganz anders verhielt sich sein Kontrahent, der Kanzler der Bundesrepublik Deutschland, Konrad Adenauer. Scheinbar ungerührt, als sei nichts Besonderes geschehen, setzte er seine Wahlkampftour fort, stichelte und polemisierte weiter mit miesen Anspielungen gegen Willy »Brandt alias Frahm«[16], statt durch einen Besuch in Berlin (West) wenigstens ein symbolisches Zeichen der Verbundenheit und der Anteilnahme zu setzen. Als »Adenauers größten Fehler« hat Horst Osterheld, damals Leiter des außenpolitischen Büros im Kanzleramt, dies bezeichnet[17] – zu Recht. Es war mehr als nur ein Fehler, vielmehr symptomatisch für Adenauers Stil und Berlin-ferne deutsche Politik. Dies war der Lackmustest. Noch so kunstvoll gewobene Sagas vom gesamtdeutschen Heros Adenauer können nicht verdecken, daß er beim Mauerbau versagte. Das Versagen entsprang wohl der Logik seiner Grundhaltung und seines Konzeptes. Doch gegen die brutale Abriegelung der Grenze konnte weder ein Adenauer etwas Wirksames tun, noch waren die westlichen Alliierten dazu bereit.

West-Berlin, dieses »Schaufenster des Westens« mit seinem Wohlstand und diese »Insel der Freiheit« mitten im kommunistisch beherrschten Meer, war immer gefährdet. In der Berlin-Blockade von

1948/49 hatte sich die eingeschlossene Stadt behauptet. Mit der bewundernswerten Luftbrücke sicherten die westlichen Alliierten, voran die US-Amerikaner, damals die Lebensfähigkeit der eingeschnürten Stadt, und die Sowjetunion gab zunächst ihren Versuch auf, die Westmächte aus Berlin herauszudrängen und West-Berlin in die Knie zu zwingen. Berlin wurde zum Symbol westlicher, vor allem amerikanischer Entschlossenheit und Glaubwürdigkeit, Freiheit und Demokratie in Europa zu verteidigen. Aber die Selbstbehauptung wurde überschattet von der Sorge, daß sich aus und um Berlin eine Ost-West-Krise entwickelte, die in einer großen militärischen Auseinandersetzung mit der Sowjetunion münden könnte.[18]

Seit November 1958 lag das von Nikita Chruschtschow verkündete Ultimatum auf dem Tisch, mit dem die Sowjetunion die Londoner Vereinbarungen von 1944 über die Vier-Mächte-Verwaltung Groß-Berlins aufkündigte und androhte, das auf »dem Hoheitsgebiet der DDR« liegende West-Berlin vorerst in eine »selbständige politische Einheit – in eine Freie Stadt« zu verwandeln. Andernfalls werde die UdSSR nach sechs Monaten einen Friedensvertrag mit der DDR schließen und ihr sämtliche Rechte über die Zugangswege übertragen.[19] Zwar wurde das Ultimatum im Kontext der Genfer Außenministerkonferenz vom Sommer 1959 zurückgestellt und mit dem »Geist von Camp David« beim Besuch Chruschtschows bei US-Präsident Dwight D. Eisenhower sowie der geplanten Gipfelkonferenz im Mai 1960 in Paris immer wieder aufgeschoben, doch nicht aufgehoben. Als nach dem erfolglosen Wiener Treffen von US-Präsident John F. Kennedy und Nikita Chruschtschow vom Juni 1961 beide Seiten, die USA wie die UdSSR, verstärkte Rüstungsanstrengungen ankündigten, Reservisten einberiefen und sich über den Atomkrieg Gedanken machten, starrte die Welt gebannt auf Berlin.[20] Ob die USA wirklich bereit gewesen wären, zum Schutz West-Berlins einen Atomkrieg zu riskieren, wie das Präsident Kennedy und sein Außenminister Dean Acheson sagten[21], steht nun doch dahin. Es waren jeweils Äußerungen, nachdem die Mauer schon stand. Aber die Angst vor militärischer Konfrontation und Krieg war real.

Bei einem Treffen mit SED-Chef Walter Ulbricht am 30. November 1960 hatte der Sowjetführer Chruschtschow versichert: »Wir werden mit Ihnen einen Plan zum allmählichen Hinausdrängen der Westmächte aus West-Berlin erarbeiten, aber ohne Krieg. Dazu werden wir die Hebel, die der DDR zur Verfügung stehen, nutzen.«[22] West-Berlin und die Anwesenheit der westlichen Alliierten in der Stadt waren aus der östlichen Sicht der Stachel, der eine Konsolidierung und Arrondierung des sowjetischen Herrschaftsimperiums in Europa behinderte, gefährlich und destabilisierend für die DDR wirkte und durch seine Attraktivität wie als Fluchtweg in den Westen die innere Stabilität des Ulbricht-Staates bedrohte. Das Hinausdrängen der Westalliierten, zumindest eine Untergrabung ihrer Position, und die Aufwertung des Ost-Berliner Vasallen waren die als Hauptdruckmittel benutzten Maximalpositionen, bei denen die Interessenlage zwischen dem Kreml und Pankow trotz einzelner Divergenzen im Kern identisch war. Doch dafür wollte die Sowjetunion sowenig den atomaren Krieg riskieren, wie sie gut ein Jahr später auch in der Kuba-Krise zurückschreckte und den Rückzug antrat. Als im Osten die Entscheidungen reiften und die Beschlüsse gefaßt wurden, die Grenze hermetisch abzuriegeln und die Mauer zu bauen, realisierten Moskau und Ost-Berlin ihr zwar geringeres, aber immer noch ganz zentrales Ziel, den Fluchtweg für Ostdeutsche zu sperren, die »Verlockung« West-Berlin abzuriegeln und den Status quo zu zementieren. Der Bau der Mauer markierte den Höhepunkt der Krise. Auch wenn es noch zu gefährlichen konfrontativen Konflikten kam, schien die befürchtete Kriegsgefahr doch abgewendet.[23]

Die Wirkung der Mauer

Für das SED-Regime, so wie es damals unter Walter Ulbricht bestand, bedeutete der Mauerbau zunächst einen Erfolg. Die Fluchtwelle in den Westen wurde damit gestoppt. Diese war hausgemacht, nicht nur durch die größere Attraktivität der westlichen Wohlstandsdemokratie bedingt, sondern vor allem das Resultat der besonderen Härte, Verbohrtheit und Rigorosität der SED-Diktatur. Während Polen und Ungarn im Innern zumindest partiell ihren eigenen Weg gingen und unter Chruschtschow zeitweise auch gehen konnten, praktizierte das Ulbricht-Regime eine rücksichtslose, gewaltsame Kollektivierung der Landwirtschaft und ließ selbst kleinste Freiheiten nicht zu. 1960 stiegen die Flüchtlingszahlen dramatisch auf 200 000 im Jahr. Und je mehr sich die Nachrichten häuften, daß gegen Berlin vorgegangen und Berlin dichtgemacht werde, um so mehr sahen viele die letzte Gelegenheit für einen Wechsel in den Westen: im Juni 1961 fast 20 000, im Juli über 30 000 und in den ersten zwölf Augusttagen schon fast 22 000.[24] Im Jahr 1989 markierte der Exodus den Anfang vom Ende des SED-Regime, doch 1961 regierten noch Chruschtschow und Ulbricht, nicht Gorbatschow und eine müde Honecker-Crew, 1961 dominierten noch Mißtrauen und Konfrontation, nicht Vertrauen und ein Klima der Entspannung, 1961 zeigten sich noch zumindest partiell expansive Ziele des Sowjetkommunismus – Berlin und Kuba stehen als Beispiel –, nicht ein zusehends in die Defensive geratenes marodes System.

Der Mauerbau war das vor aller Welt sichtbar gewordene Eingeständnis, daß alle Aufhol- und Überholparolen des Kommunismus hohler Schein waren und das System nicht nur in bezug auf Freiheits- und Bürgerrechte, sondern auch ökonomisch dem westlichen kapitalistisch-parlamentarischen System in seinen verschiedenen Ausprägungen unterlegen war. Die Mauer bedeutete nicht nur das Einsperren der eigenen Bevölkerung, sondern das Einmauern des eigenen unterlegenen Systems. Das zynisch klingende Wort vom »antifaschistischen Schutzwall« besaß auf eine bestimmte Weise doch einen wahren Kern. Die Bundesrepublik und der Westen waren ein Magnet, und ihre Werte und ihr Wohlstand wirkten über die Systemgrenze hinaus in den Osten hinein.

Bis zum Mauerbau arbeiteten etwa 63 000 Menschen aus dem Osten der Stadt in West-Berlin und ca. 10 000 West-Berliner im Ostteil: Informationen wurden ausgetauscht, direkte Kommunikation fand statt, Anschauungsunterricht aus erster Hand. Etwa 500 000 Menschen, wurde geschätzt, überquerten täglich die Grenze.[25] Dies fand nun abrupt ein Ende. Familien wurden auseinandergerissen und Kinder von ihren Eltern getrennt. Telefonleitungen wurden gekappt. Nur die Radio- und Fernsehwellen nahmen noch ihren Weg – und um diese in ihrer Wirkung zu beschneiden, suchte das System mit fast allen Mitteln, den Empfang zu unterbinden. FDJ-Trupps zerstörten systematisch und gezielt auf Westsender ausgerichtete Fernsehantennen. Technische Maßnahmen, Verkaufs- und Empfangsverbote kamen hinzu, die Partei gab die Weisung, den Empfang des Westfernsehens und die Verbreitung westlicher Nachrichten strafrechtlich zu verfolgen.[26]

Das lockere Dach der Evangelischen Kirchen in Deutschland und der Katholischen Bischofskonferenz überdauerte zwar den Mauerbau. Da der SED-Staat aber Einreisen verweigerte, waren die grenzüberschreitenden kirchlichen Organisationen nicht mehr voll arbeitsfähig. Mit der Einrichtung der Berliner Bischofskonferenz 1967 und dem 1969 gegründeten Bund der Evangelischen Kirchen in der DDR wurde die Abtrennung vollzogen. Dennoch bildeten die Kirchen eine Klammer für Christen beiderseits von Mauer und Stacheldraht und ermöglichten eine gewisse Kommunikation.

Vor dem 13. August waren viele geflohen, weil sie fürchteten, »daß die Maschen des Eisernen Vorhangs zuzementiert« und sie »in einem gigantischen Gefängnis eingeschlossen« würden, so Willy Brandt in einer Rede in Nürnberg einen Tag vor dem Mauerbau.[27] Seit dem Mauerbau war dies die brutale Realität. Ein allgemeiner Volksaufstand in der DDR fand nicht statt. Daß einige im Westen mit einer solchen Möglichkeit rechneten, ehrt die Menschen unter der kommunistischen Diktatur. Aber die Verantwortungsträger in Washington, London, Paris und Bonn waren sich darin einig, alle Maßnahmen zu unterlassen, die dies hätten befördern können. Jedes Vorgehen gegen die Absperrmaßnahmen unterblieb. Mit jedem Stück, das die Mauer wuchs und die Sperren perfektioniert wurden, erlangten die Menschen im Ostsektor und in der DDR die traurige Gewißheit, daß sie allein gelassen wurden und waren. Wie in Berlin wurden alle Grenzen zur Bundesrepublik hermetisch abgeriegelt und die im Grenzgebiet Lebenden zwangsumgesiedelt.

Mit Verbitterung, Wut und Verzweiflung reagierten weite Kreise in der DDR-Bevölkerung auf den Mauerbau.[28] Doch der Fluchtweg war den Menschen verbaut, und gegen die, die unter Lebensgefahr noch zu entkommen suchten, gingen die Grenztruppen mit mörderischer Gewalt vor. Doch nicht alle Grenzer waren gleich. Das Bild des NVA-Soldaten, der in Uniform über den Stacheldraht sprang, dabei seine Kalaschnikow wegwerfend, ging um die Welt und prägte sich ins kollektive Bewußtsein ein. Weil das SED-Regime um die Moral fürchtete, begann es schon ab dem 14. August damit, Truppen an der Grenze auszuwechseln.[29] Am 22. August verschärfte das Politbüro den Schußwaffengebrauch mit der haarigen Begründung einer »verleumderischen Rede Brandts«, Volkspolizei (Vopo) und Nationale Volksarmee (NVA) würden »bei Provokationen an der Grenze von der Schußwaffe keinen Gebrauch machen«.[30] Präzisiert wurde der Schußwaffeneinsatz von dem sogenannten »Zentralen Stab« am 20. September und schließlich durch den Befehl Nr. 76/61 für das »Kommando Grenze« der NVA. Was dort wie eine »Kannbestimmung« aussah und die Verantwortung für tödliche Schüsse den einzelnen Grenzsoldaten zuschob, war letztlich eben doch von den obersten Machthabern zu verantworten. »Gegen Verräter und Grenzverletzer ist die Schußwaffe anzuwenden«, so der zuständige ZK-Sekretär für Sicherheit, Erich Honecker, am 20. September 1961.[31] Die Belobigungen für Todesschützen vermittelten den Angehörigen der Grenztruppen das Gefühl, daß diese letzte tödliche Maßnahme von der Staats- und Parteiführung auch so gewollt und erwartet wurde. Das Protokoll der Sitzung des Nationalen Verteidigungsrates vom 14. September 1962 läßt erkennen, daß nicht alle Grenzsoldaten bereit waren, den Schießbefehl so auszuführen. Deshalb wurde ausdrücklich festgestellt, daß »Grenzverletzer in jedem Fall als Gegner gestellt, wenn notwendig vernichtet werden müssen« und die »treffsichere Handhabung der Schußwaffe« notwendig sei.[32]

Allein im Zeitraum vom 13. August 1961 bis 11. Juni 1962 kamen 32 Menschen durch Schüsse und tödliche Verletzungen bei Sprüngen aus hohen Stockwerken um oder ertranken bei der Flucht.[33] Die »Arbeitsgemeinschaft 13. August« schätzte 1997 die Zahl der Opfer, die durch das Grenzregime seit 1949 den Tod gefunden hatten, auf 950 bis 1000 Personen.[34] Besondere Empörung erregte der scheußliche Mord an dem achtzehnjährigen Peter Fechter, der bei seiner Flucht am 17. August 1962 angeschossen wurde und über eine Stunde hilflos im Niemandsland zwischen Mauer und Stacheldraht lag.[35]

Ein Aufbegehren gegen das Regime und die »Moskowiter« war ohne jede realistische Aussicht. Jede oppositionelle Regung wurde vom Repressionsapparat erstickt, »Feinde des Sozialismus« und »Provokateure« verfolgt, durch die Angst vor noch Schlimmerem zermürbt und durch das tatenlose Zusehen des Westens auch noch entmutigt. Allein in den wenigen Wochen bis zum 4. September wurden über 3000 Menschen wegen »staatsfeindlicher Hetze« oder »Staatsverleumdung« festgenommen. Die Zahl der Verurteilungen wegen »Staatsverbrechen« stieg nach dem Mauerbau rapide an –

20 000 im zweiten Halbjahr 1961 im Vergleich zu 4500 im ersten Halbjahr. »Versuchte Republikflucht« machte von nun an den Hauptteil der politischen »Straftaten« aus. Bis zum Ende der DDR 1989 wurden etwa 60 000 Menschen nur wegen ihres Versuches, aus der DDR zu entkommen, inhaftiert und verurteilt.[36]

Die Hoffnungen und kleinen Ermutigungen, die sich bis zum 13. August aus bestehenden Kontakten in Berlin nährten, schwanden dahin. Die sozialdemokratische Parteiorganisation im Ostteil der Stadt, die bis dahin noch notdürftig existiert hatte, wurde am 23. August aufgelöst.[37] Die Menschen im Ostteil der Stadt und in der DDR waren nun wirklich allein gelassen mit dem ihnen aufoktroyierten System. Und bei allem verbreiteten Unmut glich die nun vorherrschende Stimmung eher stiller Verbitterung oder Resignation. Da mit der »Einbetonierung« jetzt die Flucht in den Westen versperrt war, richteten sich, so das Resümee von Klaus Schroeder, »viele Menschen gezwungenermaßen in dem diktatorischen System ein und arrangierten sich mit den Verhältnissen«.[38]

Zu Recht ist immer wieder betont worden, daß der Mauerbau im Westen den Schleier vieler Illusionen zerriß. Doch um wieviel mehr galt dies für die Bevölkerung im östlichen Deutschland. Denn ihr, die bisher schon die Hauptlast der Teilung trug, wurden selbst die bescheidenen Hoffnungen auf ein wenig Freizügigkeit und Ausgang aus dem großen Gefängnis genommen. Es gab kein Entrinnen und keinen Ausweg aus dem Leben unter der kommunistischen Diktatur. Man mußte sich einrichten und arrangieren, wenn man nicht ein unkalkulierbares Risiko eingehen wollte. Dies waren die fundamentalen Auswirkungen der mörderischen Grenze mit Mauer, Todesstreifen und Stacheldraht, die das Sein und das Bewußtsein bestimmten und tiefe Spuren im Leben und den Mentalitäten hinterließen.

Das Ulbricht-Regime und der große Bruder in Moskau hatten mit der Mauer nicht nur das letzte Schlupfloch abgeriegelt und die Vier-Mächte-Stadt Berlin brutal geteilt, sondern auch, so Dieter Mahncke, »die Basis für eine wirtschaftliche und psychologische Konsolidierung gelegt«[39]. Das letzere galt so direkt nur für Teile der SED, für die Bevölkerung eher im zynischen Sinne. Aus der Berlin-Krise gingen die Machthaber in Moskau und Ost-Berlin jedenfalls als relative Gewinner hervor. Triumphierend kommentierte Chruschtschow in seinen Erinnerungen, die »Errichtung der Grenzkontrolle zwischen Ost-

und West-Berlin« war »eine beträchtliche Erleichterung. Genosse Ulbricht selbst sagte mir, die Wirtschaft der DDR habe sogleich, nachdem die Maßnahmen zum Schutz der Grenzen in Kraft getreten waren, einen merklichen Aufschwung gewonnen.« Und er fügte hinzu, die »Grenzkontrolle« habe sich »sehr positiv auf das Bewußtsein der Bevölkerung« ausgewirkt. »Die Errichtung der Grenzkontrolle brachte Ordnung und Disziplin in das Leben der Ostdeutschen.«[40] Nach nationalsozialistischer Diktatur und nun schon sechzehn Jahren kommunistischer Herrschaft waren die Deutschen im Osten gezwungen, noch weitere 38 Jahre unter dem SED-Regime zu leben. Der Mauerbau war gleichsam so etwas wie der zweite Staatsgründungsakt der DDR, mit dem sich die Zwangsherrschaft auf nicht vorhersehbare Dauer etablierte.

»Die Stunde der großen Desillusion«, notierte Heinrich Krone, Konrad Adenauers enger, mächtiger Vertrauter, in seinem Tagebuch.[41] Die drei Westalliierten reagierten auf den Mauerbau lediglich mit einer verbalen Protestnote. »Das deutsche Volk« aber, so Krone, hatte mehr erwartet, doch nicht nur von den Westmächten, sondern auch vom Kanzler. Das galt vor allem für die Berliner, aber selbst eigene Parteifreunde waren von Adenauer enttäuscht.[42] Seine Argumentation, es hätte noch schlimmer und zu noch schärferer Konfrontation kommen können[43], verdeckt nicht sein Versagen. Er ließ die Berliner allein. Und mit dem Mauerbau scheiterte auch seine bisherige Deutschlandpolitik, die suggeriert hatte, durch Stärke und feste Westintegration werde in absehbarer Zeit die Wiedervereinigung möglich.

Ex post – aus der Sicht der Jahre 1989/90 – werden sicherlich einige behaupten, daß ebendieses letztlich so geschah. Doch damals vollzog sich das Gegenteil. Die Sowjets bauten ihre Position auf deutschem Boden aus, und die Amerikaner, Briten und Franzosen waren dazu bereit, einen Status zu akzeptieren, der die Deutschen jenseits der Systemgrenze völlig den dortigen Machthabern überließ. Am 18. August 1961 betonte US-Präsident Kennedy in einem Brief an den Regierenden Bürgermeister Willy Brandt, es stünden »keine Schritte zur Verfügung, die eine wesentliche materielle Änderung« erzwingen könnten. Es handele sich um eine Maßnahme, »die nur ein Krieg rückgängig machen könnte. Weder Sie noch wir, noch irgendeiner unserer Verbündeten haben je angenommen, daß wir wegen dieses Streitpunktes einen Krieg beginnen sollten.«[44]

»Der Westen tut NICHTS! US-Präsident Kennedy schweigt ... Macmillan geht auf die Jagd und Adenauer schimpft auf Brandt«. Mit diesen Schlagzeilen intonierte die *Bild-Zeitung* am 16. August eine Tonlage, die sich auch sonst in der Springer-Presse und anderen Medien zeigte.[45] Entrüstung über den Osten und Enttäuschung über den Westen prägten die Emotionen.[46] Doch die Waffen des Westens waren stumpf. Selbst wenn die Alliierten unter kaum kalkulierbaren Risiken den Stacheldraht beiseite geräumt hätten, wären weitere »Grenzsicherungen« dahinter nur schwer zu verhindern und eine Eskalation mit den Sowjets wohl die Folge gewesen. Zu solch einem Schritt waren sie nicht bereit. Die Bundesrepublik und erst recht der Berliner Senat besaßen keinerlei wirksame Mittel, um Ost-Berlin und Moskau zum Einlenken zu bewegen, auch nicht durch die Lockmittel Waren und Geld.

Das einzige, was zwischen der Bundesrepublik und der DDR auch nach dem Mauerbau weiterlief, war der innerdeutsche Handel. Lediglich das Volumen des Warenaustausches ging in den Jahren 1961 bis 1963 leicht zurück. Auch wenn die DDR in den ganzen Jahren von diesem innerdeutschen Handel profitierte, so war das Handelsabkommen selbst für Bonn doch nur ein stumpfes Schwert. Dies hatte die Bundesregierung 1960 schmerzlich erfahren, als sie die Einführung von Passierscheinen für Besuche von Bundesbürgern in Ost-Berlin mit der Kündigung des Abkommens beantwortete. Doch zwei Tage vor Ablauf der Kündigungsfrist nahm die Bonner Regierung diese am 29. Dezember 1960 wieder zurück und schloß mit der DDR ein wenig bekanntes Ergebnisprotokoll. Wie so oft war der Schwachpunkt Berlin (West). Denn über das »Berliner Handelsabkommen« vom 20. September 1951 wurde auch der Güterverkehr von und nach Berlin geregelt. Diese vertragliche Absicherung wog schwer. Nach dem Mauerbau scheute die Bundesrepublik vor einer erneuten Kündigung, nun mit erhöhtem Risiko, zurück. Denn es drohte nicht nur ein Gesichtsverlust durch einen erneuten Rückzieher, sondern noch schwerwiegendere Konsequenzen durch das Hochschrauben des Preises durch die DDR und ihren großen Bruder.[47]

Am unmittelbarsten und stärksten getroffen vom Mauerbau wurden die Menschen in Berlin. Panik, Trauer und ohnmächtige Wut im Osten, Angst, Empörung und Erbitterung im Westen der Stadt herrschten vor. Die Entrüstung im gefährdeten freien Teil entlud sich in spontanen Demonstrationen und Rufen nach einem Eingreifen der Westalliierten. Forderungen nach einer Befreiungspolitik wurden laut. Doch abgesehen von einigen kleinen Gruppen, die mit Sprengstoffanschlägen ihre Wut an der Mauer ausließen, dachten weder die verantwortlichen Politiker noch die große Bevölkerungsmehrheit daran, sich auf einen Kurs der Gewalt einzulassen. Zu sehr war ihnen bewußt, wie gefährdet West-Berlin und seine Zugangswege waren und über welche militärischen Möglichkeiten die Sowjetunion mit ihrem Vasallen verfügte. Chruschtschows Berlin-Ultimatum war noch nicht vom Tisch, die Furcht vor einem Krieg weit verbreitet und ebenso die Sorge, daß West-Berlin nicht zu halten sei. Nach Meinungsumfragen von Ende August rechnete eine große Mehrheit der Bevölkerung in der Bundesrepublik damit, daß die Sowjets noch weitere Schritte vorhatten, und etwa dreißig Prozent sogar mit einem kurz bevorstehenden Kriegsausbruch. In der Gretchenfrage, einen Krieg zu riskieren oder West-Berlin aufzugeben, sprachen sich jeweils um vierzig Prozent für »nicht aufgeben« bzw. »ja, aufgeben« aus.[48] Verzweifelte Risiko- und Kapitulationsbereitschaft hielten sich praktisch die Waage. Die Emotionen gingen bei den Bürgern durcheinander.

In dieser unsicheren Lage und Stimmung wurde den Politikern ein hohes Maß an Verantwortung, Gespür und Geschick abverlangt. Es ging zum einen um die Bewältigung der schwersten Krise seit der Teilung des Landes, zum anderen standen im September 1961 auch noch Bundestagswahlen an, bei denen der Berliner Regierende Bürgermeister Willy Brandt für die SPD als Kanzlerkandidat gegen den bundesrepublikanischen Kanzlermythos Konrad Adenauer antrat. Mit einer von Kennedys Campaigning abgekupferten Sympathiekampagne hatte Brandt zunächst um Zustimmung geworben. Der 13. August und die Krise um Berlin wurde für ihn zu einer einzigartigen Bewährungsprobe. Sein Platz war nun in Berlin. Statt dem fast unpolitisch wirkenden Sympathieträger präsentierte sich nun ein Politiker, der zugleich verantwortungsvoll und energisch den Sowjets und ihrem Vasallen die Stirn bot und die zögerlichen Amerikaner dazu brachte, energischer aufzutreten und den West-Berlinern beizustehen. Sein Brief an US-Präsident Kennedy, in dem er »Untätigkeit und reine Defensive« ziemlich unverhüllt kritisierte und deutliche Zeichen und Worte der Westmächte in der deutschen Frage und für West-Berlin anmahnte, barg zwar ein Wagnis, weil sich die Reaktion

Washingtons nicht vorhersehen ließ. Doch Brandt traf mit seiner Warnung vor einer »Vertrauenskrise« und dem Appell zu sichtbaren Initiativen gegen diese »Erpressung« letztlich den richtigen Ton.[49]

Doch während Adenauer Brandt noch bloßzustellen suchte und das Kanzleramt das Schreiben der *Frankfurter Allgemeinen Zeitung* zuspielte[50], sprang Präsident Kennedy den bedrohten West-Berlinern mit demonstrativen Gesten bei.[51] Wie von Brandt angeregt, entsandte er Truppen zur Verstärkung der amerikanischen Garnison und schickte Vizepräsident Lyndon B. Johnson und Lucius D. Clay, den »Vater der Luftbrücke«, nach Berlin. Diese Maßnahmen trugen erheblich zu einer Wiederherstellung des Vertrauens in die amerikanische Schutzmacht bei. Sie stärkten aber auch das Ansehen und Profil Brandts als eines entschlossenen Verteidigers der Freiheit Berlins, als eines unbestechlichen Kritikers des Ulbricht-Regimes und als eines Politikers, der – verglichen mit »dem alten Herrn« im Kanzleramt – dem Ernst der Situation gewachsen war, die deutschen Interessen energisch vertrat und die USA Kennedys als Verbündeten gewann. Die Krise um den Mauerbau wurde zum Lackmustest für den pro-amerikanischen Kurs Brandts in der SPD. Er bestand die Bewährungsprobe. Während Adenauer und die Union den Rückhalt aus Washington verloren, befanden sich Sozialdemokratie und amerikanische Führungsmacht in zunehmendem Einklang über die Hauptlinien der Deutschland- und Ost-West-Politik. Diese Grundkonstellation bestimmte nun das Verhältnis über lange Jahre und trug maßgeblich dazu bei, daß die neue Ostpolitik überhaupt möglich wurde und die SPD von ihrem Ansehen in den USA auch innenpolitisch profitierte.

Dies machte sich schon im Wahlkampf bemerkbar, der bis zum Mauerbau mit einer auf eher unpolitische Sympathiewerbung für Brandt angelegten Kampagne und Adenauers erprobter, bekannter Wahlstrategie der Sicherheitsparolen und Verunglimpfung der SPD-Opposition als unzuverlässigem »sozialistischem Patron« dahingeplätschert war und bei dem die SPD nicht reüssierte. Doch Sicherheit durch Adenauer und die Union verfing kaum mehr bei einer Bevölkerung, der durch den 13. August das Gefühl der Sicherheit abhanden kam, und Führung in der Krise erwartete sie nun eher von dem energisch agierenden Willy Brandt, dem fast drei Viertel der Bevölkerung richtiges Verhalten in der schwierigen Lage attestierten, als von einem alten, starrköpfigen Adenauer. Eine Umfrage von Allensbach vom 25. August erbrachte einen deutlichen Anstieg der SPD auf 46 Prozentpunkte und einen dramatischen Abrutsch der CDU von 49 vor dem Mauerbau auf nur mehr 35 Prozent. Und Brandt, zuvor im direkten Vergleich mit Adenauer fast chancenlos (29 gegen 42 Prozent bei der Kanzlerfrage), überrundete mit 42 Prozent, die ihn als Bundeskanzler wünschten, den Alten aus Rhöndorf mit nur mehr 34 Prozent.[52]

Doch dann kippte die Stimmung wieder um – wahrscheinlich auch als eine Folge der über den Menschen lastenden Kriegsfurcht und der Angst vor weiteren sowjetischen Maßnahmen, die viele der Schwankenden und Unentschiedenen letztlich doch zu einer Stimmabgabe für die bis dahin Regierenden bewog. Davon profitierte vor allem die FDP, die unter Erich Mende für eine Koalition mit der CDU/CSU und zugleich für die Ablösung Adenauers eintrat und bei den Bundestagswahlen am 17. September 1961 von 7,7 auf 12,8 Prozent zulegte. Die Union verlor ihre 1957 errungene absolute Mehrheit und sackte von 50,2 auf 45,3 Prozent ab. Die SPD hatte trotz des höchsten Zugewinns in der Geschichte der Bundesrepublik (um 4,5 Punkte von 31,8 auf nun 36,2 Prozent) ihr großes, allerdings kaum realistisches Wahlziel, die Regierungsmacht in Bonn zu erringen, nicht erreicht.[53]

Die Mehrheit der Westdeutschen klammerte sich weiter an dem Gründungskanzler Konrad Adenauer fest, der trotz mancher Zweifel doch für Besonnenheit gerade in angespannter Lage stand. Als am Checkpoint Charlie amerikanische Panzer auffuhren und sich US- und sowjetische Soldaten gegenüberstanden, ging es den USA um die Gewährleistung ihres Rechts, den Ostteil der Stadt betreten zu dürfen. Es war im Kern nur das Rangeln um Relikte der Vier-Mächte-Verantwortung, bei der keine Seite ihr Gesicht verlieren wollte. Im kollektiven Gedächtnis der Menschen aber blieben diese Szenen drohend aufeinander gerichteter Kanonenrohre als ein Menetekel haften, daß Deutschland, Europa und die Welt in Berlin am Abgrund des Krieges standen.

Der Bau der Mauer traf die Westdeutschen nicht so direkt und unmittelbar wie die West-Berliner in ihrer ummauerten, von feindlichen Truppen und Mächten umgebenen Stadt. Die Abschnürung des östlichen Teils vom Westen hat mittel- und langfristig eher dazu beigetragen, daß sich die Westdeutschen in ihrem Provisorium Bundesrepublik Deutschland immer häuslicher einrichteten und sich immer einseitiger nur an westlicher Lebensart, Kultur und Gesellschaft orientierten. Der Zustrom zumeist jüngerer, aktiver Menschen aus dem östlichen Teil, denen die Bundesrepublik bei ihrem Wirtschaftswunder viel verdankte, war nun unterbunden. Auf der Suche nach Arbeitskräften warben Wirtschaft und Staat Gastarbeiter aus Italien, Spanien, Jugoslawien und der Türkei an. Obwohl man das damals nicht sehen wollte und bis heute oft nicht wahrhaben will, wurde die Bundesrepublik de facto zu einem Einwanderungsland und wandelte sich zumindest partiell in Richtung einer multikulturellen Gesellschaft. Mit der Mauer vor sich und einem diktatorischen Regime über sich hielten sich im Osten autoritär-obrigkeitsstaatliche Denkmuster und Strukturen, mit offenen Grenzen in die lockende Welt und der Begegnung mit anderen Kulturen probten die Bürger der Bundesrepublik mehr Liberalität.

»Was für die Berliner ein Tag des Entsetzens war, sollte für die westlichen Regierungen objektiv zu einem Datum der Erleichterung werden: Ihre Rechte auf West-Berlin blieben unangetastet, die befürchtete Kriegsgefahr war abgewendet.«[54] Was Brandt über die Westalliierten schrieb, traf in einem ähnlichen Sinne auch auf viele in der Bundesrepublik zu. Sie akzeptierten den zementierten Status quo, während die West-Berliner hautnah die blutende Wunde der Teilung spürten und nach noch so kleinen Erleichterungen suchten. So war es kein Wunder, sondern eine logische Konsequenz, daß von Berlin die Initiativen ausgingen, wenigstens wieder ein kleines Loch in der Mauer zu öffnen.

Gezeitenwechsel in der Deutschlandpolitik

»Tutzing« und die »Politik der kleinen Schritte«

Zumeist wird der Beginn einer neuen Deutschlandpolitik mit Egon Bahrs berühmter Tutzinger Rede vom Juli 1963 identifiziert, in der ein Konzept des »Wandels durch Annäherung« vorgelegt wurde. Als erste Konkretisierung dieser veränderten Strategie gelten dann die als »Politik der kleinen Schritte« apostrophierten Passierscheinabkommen. Eine solche Sicht hat den Reiz, daß am Anfang eines Wandels das überzeugende, umfassende strategische Konzept steht, das von einem großen strategisch denkenden Kopf entworfen und dann in die Realität umgesetzt wird. Doch schaut man genauer hin, dann verlief die Entwicklung komplizierter. Es war ein vielschichtiger Prozeß, bei dem sehr unterschiedliche Akteure Initiativen entwickelten und sehr konkrete Anliegen und Zwänge eine Dynamik entfalteten, die politische Konsequenzen bedingten und nach einem adäquaten neuen deutschlandpolitischen Strategiekonzept riefen.

Gerade die Erfahrungen mit der doppelten Krise Berlin und Kuba verstärkten bei den Welt- und Vormächten USA und Sowjetunion den Drang nach Mechanismen zu Rüstungskontrolle und Sicherheitsvereinbarungen wie dem Atomteststoppabkommen (1963), Kriseneindämmung und nach Reduzierung der Spannungen (Détente-Entspannung) auf der Grundlage der Fixierung eines Status quo. Durch die Dominanz der internationalen Politik kam Bonn immer stärker unter Druck und geriet mit seiner zögerlichen bis abwehrenden Haltung gegen sicherheitspolitische Arrangements in die Rolle eines Störenfriedes. Die Vorgänge beim Atomteststoppabkommen, bei dem die Bundesregierung sich gegen die Unterschrift der DDR sperrte, wie der vergebliche Versuch, mit der MLF (Multilateral Force) eine physische Beteiligung bei den Atomwaffen zu erwirken, waren dafür bezeichnend. Die westlichen Alliierten wollten sich bei ihrem Entspannungskurs nicht mehr von den querelles allemandes stören lassen und waren zu keiner operativen Wiedervereinigungspolitik mehr bereit. Ein

Vorstoß des Auswärtigen Amtes vom August 1963, mit dem die Westmächte zu einer neuen Deutschlandinitiative bewegt werden sollten,
scheiterte.[1] Der zunehmende Anpassungsdruck und die nach dem
Mauerbau wachsenden Zweifel an der überkommenen Deutschlandpolitik der Bundesregierung förderten und forderten ein Umdenken.
Die Realität eines zweiten, ungeliebten deutschen Staates, der die
Zugangswege nach Berlin für Deutsche kontrollierte, die Begegnung
von Deutschen durch Mauer und Stacheldraht blockierte und Menschen wegen ihrer politischen Überzeugungen in Gefängnisse sperrte,
ließ sich nicht länger verleugnen.

Den ersten Schritt, mit dem die Bundesrepublik die DDR als real
existierenden Staat mittelbar hinnahm, tat sie beim Häftlingsfreikauf. Durch Privatinitiativen, voran der Großverleger und Pressemo-
gul Axel Cäsar Springer, der später zu einem der schärfsten Kritiker
der Ostpolitik wurde, und über Mittelsmänner verständigten sich
Bundesrepublik und DDR im Dezember 1962 auf die erste deutsch-
deutsche Vereinbarung über einen sogenannten »Häftlingsfreikauf«.
Im Gegenzug zur Lieferung von drei Eisenbahnwaggons Kalidünger
erfolgte die Freilassung von zwanzig Häftlingen und die Familienzu-
führung von zwanzig Kindern. Als Mittler eingeschaltet waren der
West-Berliner Rechtsanwalt Wolfgang Stange und Ludwig Geissel
vom Diakonischen Werk der evangelischen Kirche, über das die
Sachleistungen abgewickelt wurden. Unter Rainer Barzel als Minister für gesamtdeutsche Fragen (14. Dezember 1962 bis 15. Oktober
1963) übernahm das gesamtdeutsche Ministerium offiziell die Verantwortung für diesen »Menschenhandel«. Zuständig war der langjährige Staatssekretär Ludwig Rehlinger, ab 1987 sein Nachfolger
Walter Priesnitz. Als Ansprechpartner im Osten fungierte zunächst
Staranwalt Friedrich Karl Kaul, dann übernahm für über zwei Jahrzehnte bis zum Ende des SED-Staates Rechtsanwalt Wolfgang Vogel
diesen diffizilen Part.[2]

Aus Gründen der Menschlichkeit war Bonn gefordert, etwas für
die zu tun, die von der Trennung besonders hart getroffen waren, wie
die von ihren Eltern getrennten Kinder, und erst recht für die, die vom
Repressionsapparat verfolgt und hinter Kerkermauern eingesperrt
worden waren. Große Worte über »Wiedervereinigung« und »deutsche Nation«, moralische Verdammungsurteile über den »Spitzbart«
Walter Ulbricht und unmenschliche Mauermörder bewirkten dabei

nichts. Es ging darum, den Leidtragenden und den Opfern der Will-kürherrschaft, so gut es nur ging zu helfen. Dabei kam Bonn nicht umhin, sich partiell mit Vertretern dieses Regimes einzulassen und mit ihnen Vereinbarungen zu treffen. Der Häftlingsfreikauf spielte sich verdeckt hinter den Kulissen ab, und nur allmählich und sehr begrenzt drangen einige Nachrichten davon an die Öffentlichkeit.

Von 1963 bis 1989 wurden insgesamt beinahe 34 000 politische Gefangene und wegen versuchter »Republikflucht« eingesperrte Menschen »freigekauft«.[3] Es war ein Geschäft mit Menschenschick-salen, bei dem in der Art eines mittelalterlichen Lösegelds seit 1963 ein Preis in harter DM gezahlt wurde. Die »Kopfquote« für den Freikauf von zunächst 40 000 DM wurde von der DDR stetig nach oben geschraubt und lag ab 1977 bei durchschnittlich etwa 95 000 DM. Aus den Häftlingsfreikäufen und noch gesondert honorierten Familienzusammenführungen nahm das SED-Regime von 1964 bis 1990, als die letzten Überweisungen getätigt wurden, insgesamt 3,436 Milliarden DM ein.[4]

Eine ähnlich diskrete Regelung wie beim Freikauf war auf einem anderen Feld, der Besuchsregelung für West-Berliner im Osten der Stadt, nicht zu erreichen. Trotz der am 13. August verhängten Ab-sperrmaßnahmen durften Westdeutsche und West-Berliner zunächst noch den Osten der Stadt über einige wenige von der DDR dafür bestimmte Übergangsstellen besuchen. Am 22. August verfügte das DDR-Innenministerium, daß West-Berliner dabei eine gültige Auf-enthaltsgenehmigung vorweisen müßten, die von Zweigstellen des Deutschen Reisebüros der DDR im Westteil gegen eine Gebühr von 1 DM ausgestellt würden. In dem Klima des Zorns und der Erbitte-rung, das nach dem Mauerbau herrschte und sich u.a. auch im Boy-kott der von der DDR betriebenen S-Bahn zeigte, reagierte der Ber-liner Senat mit Ablehnung. Denn die Absperrung sei illegal und somit auch die Ausstellung von Aufenthaltsscheinen. Zwei von der DDR auf S-Bahnhöfen dafür errichtete Büros wurden von der Polizei ge-schlossen.[5] Zwar fand der Senat, voran der Regierende Bürgermei-ster Brandt und Innensenator Joachim Lipschitz, dafür Rückendek-kung bei Medien, Bevölkerung und den westlichen Schutzmächten. Doch die Konsequenz dieser aus der damaligen Situation verständli-chen Entscheidung war problematisch. Denn der Wunsch vieler West-Berliner, ihre Angehörigen, Verwandten und Freunde im Ostteil der Stadt wiederzusehen und diesen so, wie es den Westdeutschen möglich war, zu besuchen, bot dem DDR-Regime nun ein Druckmittel, den Senat zu politischen Gesprächen und Vereinbarungen zu drängen und damit indirekt auch Bonn einzubinden.

Ganz im geheimen bahnten sich schon bald erste Kontakte zu sowjetischen Stellen an.[6] In der Öffentlichkeit wagte sich im Sommer 1962 der neue Berliner Innensenator Heinrich Albertz, Mitglied der sogenannten »Viererbande«, auch die »Heilige Familie« genannt, des engsten Beraterkreises von Brandt, in einem *Spiegel*-Interview aus der Deckung. Es ging dabei schon um eine angestrebte Passierscheinregelung und um eine Art von Regelung und Garantie, die der DDR-Führung die Furcht vor einer damit einhergehenden Fluchtbewegung nehmen sollte.[7] Die Reaktion auf diesen ersten »Versuchsballon« war heftig. Brandt nahm seinen Innensenator zwar gegen die Vorwürfe in Schutz.[8] Doch das Umdenken brauchte auch bei ihm Zeit und mußte in seinem Beraterkreis erst reifen. Zwei Geschehnisse trieben es voran: der Tod des Flüchtlings Peter Fechter, der vor den Augen westlicher Beobachter am 17. August 1962 an der Mauer verblutete und dem niemand von Westen her half, auch nicht die Westalliierten, und die Kuba-Krise, die im Oktober 1962 ihre gefährlichste Zuspitzung erfuhr. Konfrontiert mit der letzten Konsequenz eines Krieges, steckte Chruschtschow zurück, und die beiden Supermächte verständigten sich auf einen Handel, bei dem auch die USA mit dem Jupiter-Raketen-Abbau in der Türkei Zugeständnisse machten.

Das sich immer deutlicher abzeichnende atomare Patt und die allmähliche Erlangung der Zweitschlagkapazität durch die UdSSR führte die beiden Vormächte an einen Tisch. Die beiden Krisen um Berlin und Kuba, so Helga Haftendorn, »hatten beiden Seiten dramatisch vor Augen geführt, daß jede gewaltsame Veränderung des Status quo die Gefahr der eigenen Vernichtung einschloß«.[9] Washington und Moskau suchten nach einem Modus vivendi, nötigenfalls auch über die Köpfe der Verbündeten hinweg. Für Washington wurde Kanzler Konrad Adenauer, einst Architekt deutsch-amerikanischer Zusammenarbeit, zum lästigen Bremser, während sich nun zwischen der Kennedy-Administration und der Sozialdemokratie eine vertrauensvolle Kooperation anbahnte. Sie gründete sich nicht nur auf Übereinstimmungen in der Sicherheits- und Entspannungspolitik, sondern auch in einer geistig-politischen Nähe über die Notwendigkeit eines gesellschaftlichen Aufbruchs (Stichwort »New Frontier«) im Geiste liberal-demokratischer Werte. So wuchs die Sozialdemokratie allmählich in die Rolle eines Garanten proamerikanischer Außenpolitik und der atlantischen Gemeinschaft.[10]

Der deutsch-französische Freundschaftsvertrag vom 22. Januar 1963, den Konrad Adenauer und Charles de Gaulle ausgehandelt hatten[11], war mit Blick auf die langfristige Ausgestaltung des deutsch-französischen Verhältnisses von hohem Wert. Aber was sich die Gaullisten jenseits und diesseits des Rheins noch davon erhofften, war illusorisch. Frankreich konnte die USA für die Bundesrepublik nicht ersetzen, wie es eine Reihe von Politikern in der Union erträumten, denen die USA Kennedys nun zu entspannungsfreundlich wurden und die sich von Frankreich Hilfe für nicht mehr haltbare deutschlandpolitische Bastionen ersehnten. Mit Abblocken war es nicht mehr getan. Wollten die Deutschen etwas für die Menschen im geteilten Land erreichen, so mußten sie selbst initiativ werden, und wollten sie nicht ins Abseits geraten, so mußten sie sich dem Entspannungskurs anpassen und die Prioritätenabfolge umkehren, also nicht mehr zuerst deutschlandpolitische Fortschritte zur Voraussetzung von Entspannung machen, sondern umgekehrt.

Als Konrad Adenauer den deutsch-französischen Vertrag auf den Weg brachte und in der Union »Atlantiker« und »Gaullisten« miteinander stritten, bahnten sich in Berlin Entwicklungen an, die in Richtung einer flexibleren Haltung zum Osten gingen und in deren Konsequenz sich verändernde innenpolitische Konstellationen abzeichneten. Der sowjetische Parteichef und eigenwillige starke Mann Nikita Chruschtschow, der im Januar 1963 zum 6. SED-Parteitag kam, lud Brandt zu einem Gespräch nach Ost-Berlin ein. In mehreren geheimen Gesprächen zwischen Egon Bahr, dem damaligen Pressechef des Senats und Vertrauten Brandts, und seinem sowjetischen Kontaktmann Viktor Beletzki wurde das Treffen vorbereitet. In letzter Minute sagte es Brandt auf Druck der Berliner CDU, seines Regierungspartners, ab. Sie drohte, sonst die Koalition platzen zu lassen.[12] Brandt zog mit dem durch die »Erpressung« Franz Amrehns und seiner CDU gescheiterten Treffen in den Berliner Wahlkampf und errang mit seiner SPD am 17. Februar 1963 einen triumphalen Wahlsieg. Trotz der 61,9 Prozent bildete er eine Koalition mit der –

allerdings deutschland- und ostpolitisch sehr aufgeschlossenen – FDP.

Die Tatsache, daß ein Bemühen, durch Gespräche mit dem Osten Fortschritte zu erzielen, vom Wähler honoriert wurde, geheime informelle Kontakte offenkundig von Nutzen waren und sich mit der FDP ein Partner für eine aktivere Ostpolitik bot, waren eine Art Vorlauf für die »Politik der Kleinen Schritte« in Berlin und die spätere neue Ost- und Deutschlandpolitik der sozial-liberalen Koalition. Doch diese Ansätze zu einem Wandel mußten in einen westlichen Konsens eingebettet sein und konnten nur mit Zustimmung der Westalliierten sowie zumindest in Abstimmung mit der Bundesregierung weiter verfolgt werden. Von zentraler Bedeutung war vor allem der Einklang mit der westlichen Führungsmacht USA.

Der Besuch von US-Präsident John F. Kennedy im Juni 1963 in der Bundesrepublik und in West-Berlin wurde zu einer Ermutigung und Stütze für Brandt und seine Mannschaft. In seiner berühmten, wegweisenden Rede am 10. Juni 1963 in Washington entwickelte Kennedy eine »Strategie des Friedens«. Im »Zeitalter atomarer Vernichtung« sei ein »totaler Krieg« sinnlos, und beide Seiten, die USA wie die Sowjetunion mit ihren jeweiligen Verbündeten, hätten ein natürliches Interesse an einem wirklichen, echten Frieden, der Einstellung des Wettrüstens und entsprechenden Abkommen. Mit einer konsequenten, ausdauernden Politik »auf der Suche nach Frieden« verbinde sich die Hoffnung, »daß konstruktive Veränderungen innerhalb des sowjetischen Blocks Lösungen in Reichweite bringen könnten, die heute noch unerreichbar scheinen«.[13] Bei seinem Deutschlandbesuch akzentuierte der US-Präsident diese Konzeption besonders bei seinen programmatischen Reden in der Frankfurter Paulskirche und in West-Berlin in der Freien Universität. Es genüge nicht, »auf der Stelle zu treten« und auf bessere Zeiten zu warten, sondern man müsse alles tun, damit »für die Menschen in den stillen Straßen östlich von uns die Verbindung mit der westlichen Gemeinschaft aufrechterhalten wird«.[14] Gerade an diesem Ort – der geteilten Stadt – war dies eine eindringliche Ermunterung und Mahnung zu kleinen Schritten im Dienste der Menschlichkeit. Kennedy setzte dabei auf die Sozialdemokratie und wertete mit seinen Auftritten in Berlin fast demonstrativ Willy Brandt auf. Er ließ erkennen, daß er ihn als Partner favorisierte und auf ihn als möglichen Chef einer Bonner Regierung setzte, die Verkrustungen aufbrach und auf deutscher Seite eine »Strategie des Friedens« mittragen sollte.

Der Ort, an dem der Regierende Bürgermeister von Berlin, Willy Brandt, seine wichtige konzeptionelle Rede halten sollte, war Tutzing, wo aus Anlaß des zehnjährigen Bestehens des Politischen Clubs der Evangelischen Akademie eine Tagung stattfand, zu der er und Bahr geladen waren. Willy Brandt zog eine umfassende Bilanz der innen- und außenpolitischen Lage und entwickelte in Anknüpfung an Kennedys »Strategie des Friedens« eine Konzeption zur Aufbrechung der erstarrten Fronten zwischen West und Ost, die zur »Transformation der anderen Seite beitragen« könne. Sie basiere auf der »simplen Erkenntnis, daß es keine andere Aussicht auf die friedliche Wiedervereinigung unseres Volkes« gebe als diesen Versuch. »Es gibt eine Lösung der deutschen Frage nur mit der Sowjetunion, nicht gegen sie.«[15]

In der Sache, nur innenpolitisch etwas verpackt – es gehe nicht um »umwälzende Veränderungen« in der Außenpolitik, sondern um »Korrekturen und neue Akzente« –, begründete Brandt die Notwendigkeit einer veränderten Ostpolitik. Doch besonderes Aufsehen erregten seine Ausführungen nicht, während die als »Diskussionsbeitrag« angekündigte Rede von Egon Bahr anschließend für helle Aufregung sorgte und ganz überwiegend als der bahnbrechende konzeptionelle Entwurf der neuen Deutschland- und Ostpolitik gewürdigt wird. Wie Brandt knüpfte sein Pressesprecher an Kennedys »Strategie des Friedens« an und entwickelte daraus Überlegungen und politische Strategien für die spezifische deutsche Situation. Eine erste Folgerung sei, »daß die Politik des Alles oder Nichts ausscheidet«.[16] Wie Brandt definierte Bahr das Deutschlandproblem als Teil des Ost-West-Verhältnisses und sah den »Schlüssel« zur Lösung der deutschen Frage in Moskau. Fast wortgleich mit ihm hieß es, die »Voraussetzungen zur Wiedervereinigung sind nur mit der Sowjetunion zu schaffen. Sie sind nicht in Ost-Berlin zu bekommen, nicht gegen die Sowjetunion, nicht ohne sie.« Es sei »ein Prozeß mit vielen Schritten und vielen Stationen«. Jede »Politik zum direkten Sturz des Regimes drüben« sei aussichtslos. Erleichterungen ließen sich »nur mit dem Regime drüben« und »Änderungen und Veränderungen nur ausgehend von dem dort herrschenden verhaßten Regime« erreichen. Bahr plädierte für Hilfen zur Verbesserung der Lebenssituation »drüben« – das verpönte Wort DDR vermied er damals noch – in der Hoffnung, damit die Unzufriedenheit zu dämpfen, die »zu unkontrollierten Entwicklungen« und »damit zu zwangsläufigen Rückschlägen führen« würde. »Ich sehe nur den schmalen Weg der Erleichterung für die Menschen in so homöopathischen Dosen, daß sich dadurch nicht die Gefahr eines revolutionären Rückschlags ergibt, die das sowjetische Eingreifen aus sowjetischem Interesse zwangsläufig auslösen würde.«

»Wandel durch Annäherung«, so lautete die Überschrift dieses Beitrags, der als der Schlüssel zur gesamten Ostpolitik gilt und der schon etwas von der später groß in Mode gekommenen Konvergenztheorie vorwegnahm. Einige Zeilen aus dieser Rede waren vor allem deshalb ausgiebiger zu referieren, weil hinter dem Kürzel »Tutzing« oft gar nicht mehr erkennbar wird, was dort wirklich formuliert und propagiert wurde. Für über 26 Jahre, bis zum Mauerfall und der Implosion des SED-Staates, markierte die von Bahr in Tutzing auf den Punkt gebrachte Logik die Essenz einer bundesrepublikanischen Deutschlandpolitik, die trotz mancher Rückschläge doch in der großen Linie zu einer Verbesserung der deutsch-deutschen Beziehungen und der innerdeutschen Kommunikation führte und zumindest partiell auch das Los der Menschen hinter Mauer und Stacheldraht zu erleichtern half.

Als sich 1989 die Menschen nicht mehr mit »homöopathischen Dosen« begnügten, sondern ihr Heil in der starken Medizin Freiheit suchten und das ganze System zum Wanken und schließlich zum Einsturz brachten, gab es weder einen »revolutionären Rückschlag«, noch kam es zu dem als zwangsläufig prognostizierten sowjetischen Eingreifen. Denn das sowjetische »Interesse« an der DDR als Vorposten ihres Machtimperiums, das wie ein Axiom das ostpolitische Denken und Handeln der bundesdeutschen Politikerelite über Jahrzehnte prägte, war erlahmt. Die Interessenlagen einer sich mit Michail Gorbatschow stark wandelnden Sowjetunion veränderten sich, und die Prioritäten verschoben sich hin zu einer Kooperation mit dem Westen und Hoffnungen auf eine Brückenfunktion der Deutschen. Vor allem im Kontext mit Solidarność in Polen und dem Umbruch im östlichen Europa (von Ungarn, Polen, der ČSSR bis zu der DDR und der Sowjetunion) wird noch zu fragen sein, wo möglicherweise auch Defizite des Konzepts »Wandel durch Annäherung« lagen. Zunächst aber sollten wir Tutzing als das nehmen, was es damals tatsächlich war – ein »ähnlicher politischer ›Versuchsballon‹« wie zuvor 1962 das Albertz-Interview.[17]

Nicht nur von seiten der Unionsparteien, vornweg der Berliner CDU-Vorsitzende Franz Amrehn, gab es Kritik, auch in der SPD erzeugte die Rede Ärger. Die Berliner SPD distanzierte sich, von Herbert Wehner kam ein »ba(h)rer Unsinn«[18], und auch Willy Brandt war nicht glücklich über Bahrs »Tutzing-Polemik« und verärgert, daß Bahr seinen Beitrag über den Pressedienst verbreiten ließ und damit erst für entsprechende Publizität sorgte.[19] Aber er stellte sich doch schützend vor seinen Pressechef. Denn in der Sache beschritt der Berliner Senat kurz darauf mit dem Passierscheinabkommen in der Praxis den Weg, wie er in Tutzing als Denkmodell vorgestellt worden war.

Als »Aggression auf Filzlatschen« soll der damalige DDR-Außenminister Otto Winzer »Wandel durch Annäherung« abqualifiziert haben.[20] Doch die Führungsclique der SED sah darin sofort auch die Chance, den Trend zu befördern, »in irgendeiner Form« die DDR »anzuerkennen bzw. ihre Existenz wenigstens zu respektieren«. Als Zielvorgabe postulierte die Westkommission des Politbüros im September 1963, es gelte, die in ihrem Sinne positiveren Ansätze von Brandt, Albertz und Bahr gegen die vorgeblich die »Interessen der Bonner Ultras« vertretenden Fritz Erler und Herbert Wehner zu stützen.[21] Die Gelegenheit dazu bot sich bei der Frage von Passierscheinen für West-Berliner, die bisher nicht vorangekommen war und in der das DDR-System eine Chance sah, ein Stückchen Anerkennung zu erreichen und überdies noch West-Berlin als eine besondere politische Einheit zu markieren. Nachdem Brandt und Bahr öffentlich in Tutzing eine gewisse Elastizität signalisiert hatten und auch die »Sowjetunion die SED zu Gesprächen ›ermunterte‹«[22], wurden am 13. Dezember 1963 die förmlichen Verhandlungen zwischen dem DDR-Staatssekretär Erich Wendt und dem West-Berliner Senatsrat, später Senatsdirektor Horst Korber aufgenommen.

Zwischen dem Verlangen des SED-Politbüros, eine »möglichst offizielle« Vereinbarung mit »Amtsbezeichnungen der DDR-Regierung sowie der Nennung Ost-Berlins als Hauptstadt der DDR« zu erreichen[23], und dem politischen Willen des West-Berliner Senats, gerade den Charakter eines zwischenstaatlichen Abkommens zu verhindern und die Bindungen an den Bund auf keinen Fall zu gefährden, gab es eine Kluft. Nach einer schwierigen Gratwanderung fand sich schließlich ein Kompromiß. Mit einer salvatorischen Klausel wurde festgehalten, daß man sich über die Amts-, Behörden- und Ortsbezeichnungen nicht geeinigt habe.[24] Der geistige Vater dieser salvatorischen Klausel war Heinrich Albertz, der diese Lösung zuvor schon mehrfach als einen Ausweg aus der Sackgasse vorgeschlagen hatte.[25]

Am 17. Dezember 1963 wurde das erste Passierscheinabkommen unterzeichnet. Beantragt und – nach Prüfung durch DDR-Behörden im Ostteil der Stadt – ausgehändigt wurden die Passierscheine durch in West-Berlin eingerichtete, mit Ost-Berliner Postangestellten besetzte Stellen. Die Passierscheine galten jeweils nur für einen Kalendertag zum Verwandtenbesuch im Osten. Zwischen dem 19. Dezember 1963 und dem 5. Januar 1964, dem Gültigkeitszeitraum, passierten nach DDR-Angaben 1,3 Millionen West-Berliner die Übergangsstellen[26], an denen oft schon sehnsüchtig die Eheleute und Verwandten auf sie warteten. Es waren unbeschreibliche Szenen der Wiedersehensfreude und der Erschütterung, die sich dabei abspielten. Menschen, die nun schon über anderthalb Jahre durch die unüberwindbare Grenze getrennt waren, lagen sich in den Armen und verbargen nicht ihre Tränen. Wer sich die Bilder von damals anschaut und vergegenwärtigt, spürt etwas von dieser Stimmung, wie sie dann 26 Jahre später in der Nacht der Maueröffnung herrschte. Die Mauer hatte zum Jahresende 1963 eine winzige Öffnung bekommen. Nach Jahren, in denen das kommunistische Regime im Osten Abschnürung und Abgrenzung stetig bis zum Mauerbau verschärfte und der Westen weitgehend tatenlos zuschaute, keimte nun wieder etwas Hoffnung auf. »Kleine Schritte sind besser als große Worte« wurde zum Leitmotiv derer, denen es vor allem darauf ankam, das harte Los der Teilung und Trennung wenigstens etwas zu lindern und mit den menschlichen Erleichterungen auch etwas für die Bewahrung des Zusammengehörigkeitsgefühls der Deutschen beiderseits der trennenden Grenze zu tun.

Ein halbes Jahr nach dem ersten Passierscheinabkommen einigten sich die Bundesrepublik und die DDR nach längeren Verhandlungen zum ersten Mal auf ein Verkehrsprojekt, den Wiederaufbau der Autobahnbrücke über die Saale nordwestlich von Hof. Die DDR führte die Bauarbeiten durch und war für die Instandhaltung zuständig, die

Bundesrepublik bezahlte. Nach diesem hier erstmals verwandten Strickmuster wurden bis zum Ende der DDR im Grundsatz fast alle weiteren gemeinsamen innerdeutschen Verkehrsprojekte abgewickelt.[27] Was scheinbar wie ein eher einseitiges Geschäft aussah, entsprang nicht nur dem Interesse des Westens am Ausbau der Transit- und Verkehrswege und an verbesserten Kommunikationsverbindungen, sondern war langfristig auch eine Investition in die Zukunft eines geeinigten Deutschlands.

Obwohl es für Ostern 1964 nicht zu einer neuen Passierscheinregelung kam, schienen entsprechende Vereinbarungen in der Folgezeit fast zur Routine zu werden: Sie galten wie folgt: 30. Oktober bis 12. November 1964, 19. Dezember 1964 bis 3. Januar 1965, 12. bis 25. April 1965, 31. Mai bis 13. Juni 1965, 18. Dezember 1965 bis 2. Januar 1966, 7. bis 20. April 1966 und 23. Mai bis 5. Juni 1966. Verantwortlich blieb im Westen dafür stets der Berliner Senat, und gegen erhebliche Bedenken von Kanzler Ludwig Erhard und der Union deckte der gesamtdeutsche Minister und FDP-Vorsitzende Erich Mende diese Politik menschlicher Erleichterungen mit ab.[28] Natürlich nutzte die Gegenseite bei den Verhandlungen jede neue Vereinbarung zu dem Versuch, scheibchenweise eine Aufwertung ihrer Position zu erreichen.

Im Westen waren die Berliner die eigentlich Leidtragenden der Mauer. Bei jeder Reise über den Schienenweg erlebten sie die schikanösen Kontrollen, die Bedrohung durch das feindliche Umfeld war allgegenwärtig, und das für sie so wichtige Tor zu Verwandten und Freunden im Ostteil der Stadt öffnete sich für sie mit den Passierscheinen jeweils nur einen kleinen Spalt. Dagegen konnten die Westdeutschen wenigstens zu Tagesaufenthalten nach Ost-Berlin und auf Antrag einmal im Jahr enge Verwandte in der DDR besuchen. Dazu kamen noch Geschäftsreisen und Besuche auf der Leipziger Messe. Als Akt eigener Souveränität gegenüber Bonn gestattete die DDR seit dem 2. November 1964 Alters-, Invaliden- und Unfallrentnern einmal jährlich eine Reise in den Westen, bei Todesfällen oder schwerer Erkrankung eines engen Angehörigen »großzügig« sogar ein weiteres Mal. Allen anderen Bewohnern der DDR war ein Besuch in der Bundesrepublik und Berlin (West) weiter verwehrt.[29]

Das SED-Regime verfügte im Bund mit dem Großen Bruder in Moskau eigenmächtig über den Zugang nach Berlin (West) und die brutale Sperrung der Grenze zwischen den Deutschen. Mit dem am 12. Juni 1964 abgeschlossenen »Vertrag über Freundschaft, gegenseitigen Beistand und Zusammenarbeit« garantierte die Sowjetunion förmlich die »Unantastbarkeit der DDR-Grenzen« und ging wie selbstverständlich von der »Existenz zweier souveräner deutscher Staaten« aus, zu denen für Moskau noch die »selbständige politische Einheit« West-Berlin hinzukam.[30] Bei Egon Bahr, der damals noch den »Einheitsvorbehalt« in Artikel 10 als Hoffnungsschimmer und als den wichtigsten Artikel des Vertrages sah[31], verflogen letzte Illusionen. Später hat er oft betont, daß dies so etwas wie ein Wendepunkt gewesen sei, denn nun habe sich die Sowjetunion in voller Tragweite »für die nächsten zwanzig Jahre für die Existenz der DDR« verbürgt.[32]

Mit der Hallstein-Doktrin hatte die Bundesregierung über Jahre versucht, die Anerkennung der DDR durch Staaten außerhalb des Ostblocks zu blockieren und so die internationale Akzeptanz einer Zweistaatlichkeit zu verhindern. Mit der Dekolonialisierung und dem erwachenden Selbstbewußtsein von Staaten der Dritten Welt, die nach Unabhängigkeit vom Westen strebten, Hilfe und Unterstützung auch bei der UdSSR und ihren Bruderstaaten erhofften und zum Teil ihren Weg in einer Art nationalem Sozialismus suchten, ergaben sich für die DDR erste Chancen, einen Spalt zu der Tür des internationalen Staatenhauses außerhalb des Ostblocks zu öffnen. Begünstigt wurde dieses Unterfangen durch den israelisch-arabischen Konflikt, bei dem die Nähe der USA zu Israel das Zusammenspiel mit deren Gegenpart, der Sowjetunion, offenkundig nahezulegen schien. Und davon profitierte auch die DDR.

Im Februar 1965 gelang Walter Ulbricht ein erster Durchbruch, als ihn der ägyptische Staatspräsident Gamal Abdel Nasser mit allen Ehren eines Staatsoberhauptes empfing.[33] Zur gleichen Zeit erzielte die DDR auch in Tansania mit der Einrichtung eines Generalkonsulates in Daressalam einen Erfolg. Staatspräsident Julius Nyerere nahm dabei in Kauf, daß die Bundesrepublik deswegen ihre Militärhilfe an das Land einstellte.[34] Über den Sport – für das DDR-Regime bis zu seinem Ende stets ein wichtiges und erfolgreiches außenpolitisches Instrument – kam es im Herbst 1965 einen Schritt weiter, als es für die nächsten Olympischen Spiele in Grenoble und Mexiko-Stadt die Zulassung einer eigenen DDR-Mannschaft erreichte. Das bedeutete insofern eine Art Gleichrangigkeit mit der Bundesrepublik, als beide Teams unter Schwarz-Rot-Gold mit Olympia-Emblem auftraten und Beethovens »Ode an die Freude« für beide erklang.[35] Die Zeichen der Zeit wiesen darauf hin, daß die DDR trotz Hallstein-Doktrin Zug um Zug allmählich auf dem internationalen Parkett würde Fuß fassen können.

»Politik der Bewegung« und Politik der Blockaden

Mit der »Politik der Bewegung«, wie sie von Außenminister Gerhard Schröder noch im letzten Adenauer-Kabinett initiiert und unter der Kanzlerschaft Ludwig Erhards fortgeführt wurde, löste sich Bonn vorsichtig aus der Erstarrung. Es war zumindest der Ansatz einer konstruktiveren Ostpolitik, die mit der Errichtung von Handelsmissionen in Bulgarien, Polen, Rumänien und Ungarn auch einige Erfolge erzielte. Die »Politik der Bewegung« knüpfte innenpolitisch an den von Wenzel Jaksch, einem SPD-Politiker und Vertriebenenfunktionär, vorgelegten Bericht an, der im Juni 1961 einstimmig vom Bundestag gebilligt worden war. Darin wurde gefordert, »jede sich bietende Möglichkeit wahrzunehmen, um das Verhältnis zu osteuropäischen Staaten zu normalisieren, ohne in diesem Prozeß lebenswichtige deutsche Interessen preiszugeben«.[36] Die Außenpolitik »der Bewegung« fügte sich ein in den Strom von Auflockerungs- und Entspannungstendenzen. Sie wurde beeinflußt von de Gaulles »Détente«, von Kennedys »Strategie des Friedens« und Lyndon B. Johnsons »Taktik der peripheren Umgehung« wie von Hoffnungen auf Souveränitätsregungen bei den östlichen Satellitenstaaten.

Doch damit stieß die »Politik der Bewegung« fast zwangsläufig an Grenzen. Der in den sechziger Jahren fast allgemein in West- wie in Osteuropa wieder aufkeimende »Nationalismus«[37] dokumentierte sich am stärksten im Frankreich de Gaulles. Doch eine solch eigenständige Rolle und Politik, wie sie der prestigebewußte General mit seiner »Force de frappe«, seinem Antiamerikanismus, der Blockade im Brüsseler Europa und der Distanzierung von der NATO betrieb, bedeutete schon für die westliche Staatengemeinschaft eine schwere

Belastung. In dem von der Sowjetunion am ungleich strafferen Zügel geführten Warschauer Pakt schien ein so gravierendes Ausscheren kaum denkbar. Selbst das eigenwillige Rumänien, das bei einem rigiden innenpolitischen Kurs außenpolitisch einen gewissen eigenständigen Weg beschritt, stieß dabei an Grenzen. Moskau begegnete nationalen Selbständigkeitstendenzen der Rumänen mit großem Mißtrauen, und an der Westgrenze seines Imperiums hielt es die DDR fest an der Kandare und demonstrierte gegenüber der Bundesrepublik und Berlin (West) in aller Härte seine Macht.

Schröders »Politik der Bewegung«, das hieß des Kontaktes mit den Moskauer Satellitenstaaten im östlichen Europa, klammerte die Vormacht aus, während damals schon Adenauer wie Brandt mehr dazu tendierten, den direkten Draht nach Moskau zu suchen, weil ohne die Machthaber im Kreml keine wirklichen Fortschritte zu erzielen seien. Aber sie entsprach in der großen Linie dem Tenor, den die US-Politik durch Präsident Lyndon B. Johnson (in seiner Rede in Lexington vom 23. Mai 1964) und ihren Botschafter in Bonn McGhee (16. Juli 1964 in Tutzing) ausgegeben, und der Rolle, die sie der Bundesrepublik dabei zugedacht hatten.[38] Sie sollte damit ihren Beitrag zu einer Détente leisten und über eine Entspannung in Randzonen des Ost-West-Konflikts auch zu einem Ausgleich zwischen den beiden Weltmächten beitragen. Nach Washingtoner Lesart sollte diese »Taktik der peripheren Umgehung« nicht allein die nationalen Selbständigkeitsbestrebungen im Ostblock fördern, sondern die DDR so isolieren, daß sie als Anachronismus für die Sowjetunion untragbar und schließlich freigegeben werde. Senator William Fulbright, der einflußreiche Vorsitzende des Außenpolitischen Senatsausschusses, verstieg sich vor dem Europarat in Straßburg am 4. Mai 1965 fast schon zu einem Automatismus: »Auf jeden Fall scheint es klar, daß die Anknüpfung herzlicher Beziehungen zwischen der Bundesrepublik und den immer nationalbewußter werdenden Ländern Osteuropas unvermeidlich dazu führen muß, die Bindung dieser Länder an den ostdeutschen Rumpfstaat zu schwächen, das Regime dort zu untergraben und schließlich den Weg für die Eingliederung in die Bundesrepublik zu ebnen.«[39]

Man kann gegenüber der Ostpolitik Bonns in den achtziger Jahren einwenden, daß sie zu sehr auf die Machthaber in Moskau und Ost-Berlin setzte und die sich in den Randstaaten dokumentierende Aufbruchbewegung zumindest vernachlässigte. Doch eine doppelte Frontstellung, gegen Ost-Berlin und die Vormacht in Moskau, mußte fast zwangsläufig in die Sackgasse führen. Und ganz konkret ergab sich daraus ein Kollisionskurs mit dem Streben des Berliner Senats unter Willy Brandt, durch Kontakte mit den Vertretern des DDR-Regimes praktisch-humanitäre Verbesserungen für die Menschen in der geteilten Stadt und dem geteilten Land zu erreichen. Nachdem es mit jedem neuen Passierscheinabkommen immer mühseliger wurde, der auf weitere Zeichen der Anerkennung erpichten DDR eine neue Vereinbarung abzuringen, machte der Protagonist der »Politik der Bewegung«, Außenminister Gerhard Schröder, dagegen Front und nahm sie »kritisch ins Visier«.[40] Solche direkten Kontakte empfand er als eine Störung seiner auf Isolierung der DDR angelegten Ostpolitik. Doch gegen die DDR und ihren obersten Dienstherrn Moskau ließen sich die Fronten nicht lockern und erst recht keine Verbesserungen für die Menschen im geteilten Land erzielen. Unterstützt wurde die »Politik der Kleinen Schritte« des Berliner Senats unter Brandt dagegen vom gesamtdeutschen Minister und FDP-Vorsitzenden Erich Mende, für den sich in den dadurch ermöglichten menschlichen Begegnungen auch der Wille zur Einheit der Nation und die Bereitschaft dokumentierte, die »deutsche Frage« in Bewegung zu halten.[41]

Es war bezeichnend für diese Zeit des Tastens und Suchens, daß zwar an verschiedenen Stellen nach gangbaren Wegen Ausschau gehalten wurde, so etwa vom Referenten bei der FDP-Parteiführung Wolfgang Schollwer und dem Journalisten und Bahr-Freund Peter Bender[42], und sich einige Politiker und Protagonisten in Einzelfällen auf eine gemeinsame Linie verständigten. Aber eine umfassendere Konzeption, wie sie in Tutzing in Ansätzen sondiert worden war, lag noch in weiter Ferne. Zu überwinden waren hohe Hürden und Blockaden. Dazu gehörte ganz zentral die Frage der polnischen Westgrenze, die in Tutzing sowohl von Brandt wie von Bahr noch ausgeklammert worden war. Während der eigenwillige de Gaulle und der britische Labour-Premier Harold Wilson ziemlich offen bis nur notdürftig kaschiert erkennen ließen, daß für sie die Grenzziehung an der Oder und Neiße unverrückbar und endgültig war, blieb dies in der deutschen politischen Öffentlichkeit ein Tabu. So prangte noch auf dem Karlsruher Parteitag der SPD von 1964 an der

Stirnwand hinter dem Podium eine große Karte von Deutschland in den Grenzen von 1937.

Der erste hochrangige Politiker, der sich aus der Deckung wagte, kam weder aus dem Kreis der sogenannten ostpolitischen Vordenker, noch gehörte er zu der als Väter und Architekten der neuen Ostpolitik bekannten Garde. Es war der Fraktionsvorsitzende der SPD Fritz Erler – zugleich stellvertretender Parteivorsitzender und führender Außenpolitiker der Partei, der im Januar 1965 bei einer Pressekonferenz in Berlin die Grenzfrage aufgriff. Mit der ihm eigenen intellektuellen Schärfe legte er dar, daß durch ein Beharren auf Grenzrevisionen leicht eine geschlossene Staatenfront gegen die deutsche Einheit heraufbeschworen würde. Wiedervereinigung und Friedens- und Grenzregelung stünden in einem unmittelbaren politischen Kontext, und von daher seien deutsch-polnische Vorgespräche über die Grenzproblematik nützlich und notwendig.[43] Erlers Tabubruch rief sofort den Regierungssprecher von Hase auf den Plan, der Erlers Überlegungen als »Verzichtsmöglichkeit« tadelte.[44] Von seiten zahlreicher Politiker, vor allem aus dem Regierungslager, hagelte die Kritik auf ihn ein, und der Vertriebenenrepräsentant in der SPD, Wenzel Jaksch, geißelte eine solche »Verzichtspolitik«. Die Fraktion reagierte eher gelassen. Auch der Parteivorstand sah keinen Anlaß, sich zu distanzieren.[45] Ein Kommuniqué stellte aber klar, daß die einseitige Zuweisung der Gebiete jenseits der Oder und Neiße an Polen keine Rechtsverbindlichkeit besitze.[46]

Erlers Vorschlag war nicht nur ein wichtiges Signal an Polen und indirekt auch an die Sowjetunion, sondern ebenso an die westlichen Alliierten der Bundesrepublik, denen die Gebietsansprüche ihres Bonner Verbündeten zusehends zu einer Last geworden waren. Die Gefahr einer Isolierung der Bundesrepublik Deutschland war nicht fiktiv, sondern durchaus real. Denn es war nicht zu verkennen, daß sich in dieser ersten Phase der Entspannung »die Allianz der Siegermächte« wieder stärker bemerkbar machte[47]. Nicht nur zwischen Washington und Moskau, sondern auch zwischen Großbritannien und der Sowjetunion bahnte sich eine Annäherung an, und Frankreichs de Gaulle machte Moskau unverhohlen Avancen. Fast sah es so aus, als spiele Paris wieder die alte Geige im europäischen Mächtekonzert mit Rußland als dem gegebenen Partner der Franzosen. Mit dem offiziellen Gromyko-Besuch vom April 1965 in Paris brüskierte und schockte der General Bonn, und »einem hochgestellten Besucher aus dem westlichen Lager« vertraute er im gleichen Jahr an, »die deutsche Gefahr« sei »akuter als die sowjetische«.[48] Letztlich mußte erst einmal das Verhältnis zu der östlichen Vormacht in Ordnung gebracht werden. Durch das Erstarken Rotchinas und den sich anbahnenden sowjetisch-chinesischen Konflikt wie durch die Regungen von Mißmut unter ihren europäischen Satelliten bis hin zu der eigenwillig-eigenständigen Rolle Rumäniens geriet die UdSSR zwar in eine schwierige Situation. Aber die Hoffnungen, die der alte Adenauer darauf setzte, waren nicht realistisch, die Angebote zu »einem Burgfrieden« nicht attraktiv und die von ihm früher erwogene »österreichische Lösung« für die DDR illusionär.[49] So geschwächt war die Sowjetunion nicht, und aus dem Gefühl der Verunsicherung reagierte das System mit einer konservativen Wende. Als Chruschtschows Schwiegersohn Alexej Adschubeij, der Chefredakteur der *Iswestija*, 1964 von seinem Bonn-Besuch zurückkehrte[50], gab dies langfristig zwar das erste bescheidene Signal für eine ganz vorsichtige Revision des Feindbildes, das in der Sowjetunion von der »revanchistisch-imperialistischen« Bundesrepublik herrschte. Aber für die Hardliner in Moskau war dies nur ein weiterer Stein des Anstoßes, um den sprunghaften Chruschtschow abzuservieren. Weder war damals im Sowjetimperium die Zeit für einen Ausgleich reif, noch war dafür in der Bundesrepublik schon eine politische Grundlage vorhanden.

Obwohl selbst Adenauer nach dem Mauerbau seine Deutschlandpolitik umorientierte und operativ darauf zielte, mehr humanitäre Verbesserungen und Freiheiten »für die Deutschen, nunmehr ›hinter der Mauer‹, zu erreichen«[51], führte dies in der Bonner Regierung doch nicht zu grundlegenderen Konsequenzen. So wie bei Schröders ersten Schritten der »Politik der Bewegung« klammerte die »Friedensnote« der Bundesregierung vom März 1966 die DDR demonstrativ aus. Die Wirkung des Vorschlags zu formellen Gewaltverzichtserklärungen, der hier erstmals gemacht wurde und später einen Kern der Ostverträge bildete, wurde von vornherein durch das ausdrücklich formulierte Beharren konterkariert, »daß Deutschland völkerrechtlich in den Grenzen vom 31. Dezember 1937 fortbesteht, solange nicht eine freigewählte gesamtdeutsche Regierung andere Grenzen anerkennt«.[52] Solche Bedingungen waren nicht nur für die geächtete DDR und die Sowjetunion, sondern insbesondere auch für Polen unannehmbar. Auf einem Treffen der Warschauer-Pakt-Staaten im Juli 1966 in Bukarest bekundeten sie ausdrücklich ihre Solidarität mit der DDR und formulierten weitgehende Vorbedingungen für Verhandlungen mit der Bundesrepublik, unter anderem Aufgabe des Alleinvertretungsanspruchs, Anerkennung der Existenz zweier deutscher Staaten und selbständige politische Einheit West-Berlin.[53]

In einem zumindest partiellen Kontrast zu diesen Barrieren standen die tastenden Versuche auf anderen Feldern, doch noch von Deutschland aus Bewegung in das Ost-West-Verhältnis zu bringen. Anfang des Jahres 1966 startete die SED-Führung eine neue deutschlandpolitische Initiative nach altbekanntem kommunistischem Strickmuster: Sie versuchte die sozialdemokratische Basis über den Kopf der Führung anzusprechen und einzuspannen. Der »Offene Brief« des Zentralkomitees der SED vom 7. Februar 1966 an die Delegierten des Dortmunder SPD-Parteitags und »alle Mitglieder und Freunde der Sozialdemokratie in Westdeutschland« schlug eine »große gesamtdeutsche Beratung« von Parteien und Massenorganisationen, insonderheit der SED und SPD vor, »um endlich eine Bresche in die Barrieren zu schlagen, die den Weg zur Überwindung der deutschen Spaltung blockieren«.[54]

Der Vorstoß der SED war nicht ungeschickt plaziert. Nach dem Antikommunismus der Gründungs- und Aufbaujahre der westlichen Bonner Demokratie begann das Pendel in den sechziger Jahren umzuschlagen. Bei der *Spiegel*-Affäre 1962 gingen Studenten und Intellektuelle für die Freiheit der Presse und gegen Franz Josef Strauß spontan auf die Straße. In den Antinotstandskampagnen artikulierte sich Anfang/Mitte der sechziger Jahre ein breiteres Spektrum gesellschaftlichen Protestes von Studenten und Gewerkschaftlern, Universitätsprofessoren wie Wolfgang Abendroth und Karl Dietrich Bracher, Freidemokraten, linken Sozialdemokraten, Ostermarschierern und offenen wie verkappten Kommunisten.[55] Die Protestbewegung, die im Sommer 1965 eskalierte, war noch im Gange. Intellektuelle und akademische Eliten machten Front gegen die Notstandsgesetze, mokierten sich über Erhards »Formierte Gesellschaft« und begehrten gegen den »Muff der Adenauer-Zeit« auf, in der SPD hatte sich die Opposition gegen die Notstandsgesetzgebung vor allem in Hessen Süd und mit den Jusos als Vorreitern formiert, und auf dem Parteitag stand eine

Debatte darüber an. Gleichzeitig kündigten sich deutschland- und ostpolitische klimatische Veränderungen an. Publikationsorgane wie *Die Zeit*, der *Stern* und der *Spiegel* redeten einer Reform der Deutschland- und Ostpolitik und dem Ausgleich mit den Nachbarn im Osten das Wort und sahen in der DDR ein von Selbstvertrauen und erwachendem Nationalgefühl getragenes »Staatsbewußtsein im Entstehen«.[56] Für besonderes Aufsehen sorgte die Denkschrift der EKD vom Oktober 1965, in der dezidiert zu einer Aussöhnung mit den östlichen Nachbarn aufgerufen und für eine Anerkennung der Oder-Neiße-Grenze als Faktum plädiert wurde.[57] Aus Sicht der SED-Führung deutete sich in »Westdeutschland« eine »Sammlung aller demokratischen Kräfte« gegen die »Diktatur der kapitalistischen Monopole, gegen Revanchisten und Militaristen« und eine wachsende Bereitschaft breiter Schichten der Bevölkerung an, »sich gegen die Bonner Politik [...] zur Wehr zu setzen«.[58] Mit dem »Offenen Schreiben« und nachfolgenden Vorschlägen an die SPD-Fraktionen in den an die DDR angrenzenden Bundesländern zu Verhandlungen über die Einrichtung eines »Kleinen Grenzverkehrs« suchte die SED einen Keil in die SPD zu treiben und den Bonner Konsens in Grundfragen der Deutschlandpolitik zu stören.[59]

Dieses Kalkül wurde durchkreuzt, als die SPD-Spitze statt abzublocken offensiv reagierte und sich dafür des Rückhalts aus der Regierungskoalition versicherte. Die Sozialdemokratie nahm das Angebot zu einem Redneraustausch an und nominierte dafür mit Willy Brandt, Fritz Erler und Herbert Wehner ihre drei herausragenden Führungskräfte. Mit sieben Fragen an die SED rückte sie Menschen- und Bürgerrechte, nationale Frage und Unterdrückung ins Zentrum der Auseinandersetzung. So hieß es gleich zu Beginn: »Wie soll denn in Deutschland offen und unbefangen diskutiert werden, wenn auf Menschen geschossen wird, weil sie aus dem durch Minenfelder, Mauer und Stacheldraht abgetrennten Teil ihres deutschen Vaterlandes ausbrechen wollen? Oder weil sie einfach nur von Deutschland nach Deutschland wollen, zu ihren Angehörigen, ihren Freunden, ihren Landsleuten?«[60]

Diese klare, öffentliche Kritik an ihrem diktatorischen System traf die SED hart. Nachdem sie diesen offenen Redneraustausch propagiert hatte, saß sie nun in der selbstausgelegten Falle. Sie spielte auf Zeit und Teilinformation. So wurde die zweite Offene Antwort der

SPD zuerst nur auszugsweise und erst sehr verspätet im vollen Wortlaut publiziert und erst einmal eine Verschiebung des Redneraustausches um zwei Monate anvisiert. Als Begründung wurden dafür »die fehlenden Sicherheitsgarantien für die möglichen SED-Redner« ins Feld geführt.[61]

Mit diesem Argument traf das SED-Regime einen wunden Punkt, der auch den Befürworten eines Redneraustausches in Bonn und jeden innerdeutschen Dialogs zu schaffen machte. Anfang der fünfziger Jahre hatte die Bundesrepublik in der Atmosphäre des Kalten Krieges ihr politisches Strafrecht rigoros verschärft und hohe Barrieren gegen fast jede Art von Kommunikation errichtet. Nicht nur Bestrebungen, sondern selbst mit dem Grundgesetz kollidierende Gesinnung wurde mit Strafe bedroht und verfolgt, so daß Adolf Arndt, der angesehene Kronjurist der SPD, bald von einem »Schlangenei« sprach, das sich die Demokratie ins Nest gelegt habe.[62] Der Verfolgungszwang gegen alle DDR-Offiziellen erwies sich nun als eine selbstgeschmiedete Fessel. Mit einem »Gesetz über Freies Geleit«, das von SPD-Juristen angeregt und in einem mühsamen Prozeß interfraktionell ausgehandelt und schließlich eingebracht wurde, konnte eine »befristete Freistellung von der deutschen Gerichtsbarkeit« durch die Bundesregierung beschlossen und so die rechtliche Klippe umschifft werden.[63] Dieses vom DDR-Regime als Anmaßung, »völkerrechtswidrig annexionistisch« und »unerhörte Beleidigung aller Bürger der DDR« apostrophierte Gesetz über das Freie Geleit lieferte ihm den Vorwand, die Kontakte über den Redneraustausch abzubrechen. Als »Handschellengesetz« avancierte es zu einem festen Bestandteil der SED-Agitation und wurde immer wieder aufgewärmt, obwohl es im Frühjahr 1970 im Zuge des Treffens von Bundeskanzler Willy Brandt und DDR-Ministerpräsident Willi Stoph in Kassel aufgehoben worden war.

Mit dem Redneraustausch tat man in der Bundesrepublik den Schritt, die kommunistischen Machthaber im anderen Teil Deutschlands nicht zu negieren. Indem die Sozialdemokraten bereit waren, sich öffentlich direkt mit Vertretern der SED-Staatspartei auseinanderzusetzen, entwanden sie den östlichen Machthabern ihr popagandistisches Instrument, es sei die Bundesrepublik, die abblocke, während sie selbst doch zum Dialog bereit seien. Der Rückzieher der SED beim Redneraustausch war letztlich ein Eingeständnis, daß sie eine offene

Auseinandersetzung nicht bestehen konnte. Ulbricht und Co. hatten sich in eine Zwickmühle manövriert, aus der ihnen nur ein schmählicher Rückzug blieb. Fast zeitgleich ließ das SED-Regime im Sommer 1966 auch die Verhandlungen über ein neues Passierscheinabkommen platzen. Es igelte sich auf dem deutsch-deutschen Terrain ein und stellte den Verkehr mit Ausnahme des innerdeutschen Handels auf der bilateralen Schiene ein.

Welches Motivbündel die SED-Machthaber bei ihrer Blockadepolitik trieb und welche Rolle die Sowjetunion dabei spielte, ist schwer auseinanderzudividieren. Es fällt jedoch auf, daß sie in dem Moment auf erneutes hartes Abschotten schalteten, als sich in der Bundesrepublik die Anzeichen für eine größere deutschlandpolitische Beweglichkeit verdichteten. Denn nicht nur bei der SPD, sondern auch bei einigen Politikern der Regierungskoalition wurden Gedanken ventiliert, die neue Wege markierten. So brachte der Vorsitzende der FDP und Minister für gesamtdeutsche Fragen, Erich Mende, schon im Frühjahr 1964 den Vorschlag gesamtdeutscher technischer Kommissionen ins Gespräch, lief damit aber in der Bundesregierung auf.[64] Im Frühsommer 1966 wagte sich dann der Fraktionsvorsitzende der CDU/CSU, Rainer Barzel, vor, als er den Verbleib sowjetischer Truppen in einem vereinigten Deutschland und gesteigerte »Wirtschaftsleistungen« an die UdSSR als denkbar und machbar skizzierte und selbst eine Anerkennung der »SBZ als DDR« ins Auge faßte. Er mußte dafür heftige Kritik aus seiner Fraktion einstecken und verlor an Rückhalt.[65] Fast zur gleichen Zeit erregten Aussagen von Franz Josef Strauß Aufsehen, in denen er für den Vorrang der westeuropäischen Integration und »einer Lebensgrundlage für alle europäischen Völker« plädierte, statt des »Beharrens auf einer staatlichen Wiedervereinigung«. Er glaube nicht an eine »Wiederherstellung eines deutschen Nationalstaates, auch nicht innerhalb der Grenzen der vier Besatzungszonen«.[66]

Diese Signale einer neuen Elastizität von zwei führenden Politikern der Union blieben zwar im Osten ohne Resonanz. Doch für die politische Landschaft in der Bundesrepublik waren sie von Bedeutung. Die Parteienlager und ihre herausragenden außenpolitischen Akteure suchten vorsichtig nach neuen Wegen und rückten deutschlandpolitisch eher enger zusammen. Der Schulterschluß zeigte sich nicht nur beim Redneraustausch, der im Grundsatz auch von den

Regierungsparteien mitgetragen wurde, sondern in den sogenannten »Deutschlandgesprächen«, auf die besonders die SPD gedrängt hatte. Seit dem Frühjahr 1966 trafen sich dazu die Spitzen von CDU/CSU, SPD und FDP mit Bundeskanzler Ludwig Erhard.[67] Diese Gemeinsamkeit gründete auf der Überzeugung, daß die deutsche Politik nach Osten hin initiativ werden und vom »toten Punkt« wegkommen müsse. Eine mobilere Deutschlandpolitik erschien als das Gebot der Stunde. Nur noch wenige, wie der frühere Regierungssprecher und stellvertretende Vorsitzende des Gesamtdeutschen Ausschusses Felix von Eckardt, wandten sich offen gegen den »Mobilismus«. Der habe »nur Ärger eingebracht«: »Ich bekenne mich zum Immobilismus.«[68] Aber insgesamt setzte sich in der Öffentlichkeit allmählich der Eindruck fest, daß die Union doch eher als Bremser wirkte und die Sozialdemokratie deutschland- und ostpolitisch die Zeichen der Zeit besser erkannte und umsetzte.

Über den geeigneten Weg, das Dickicht nach Osten zu lichten und zu durchschreiten, gingen die Meinungen noch weit auseinander. Gerhard Schröders Ansatz der Umgehung blieb stecken, Franz Josef Strauß' Absage an den Nationalstaat und das Setzen auf eine Europäisierung und Europa als dritte Kraft bot nur eine äußerst langfristige Perspektive, aber kaum Konkretes für die Gegenwart und nahe Zukunft. Das Plädoyer des greisen Altkanzlers Adenauer für einen direkten Dialog mit der Sowjetunion, die »in die Reihe der Völker eingetreten« sei, »die den Frieden wollen«[69], zeugte zwar von der Einsicht, daß sich nur mit und nicht gegen die Sowjetunion etwas in der deutschen Frage bewegen ließ. Seine Empfehlung, dies gestützt und im engen Verbund mit de Gaulles Frankreich zu tun, war allerdings in mehrfacher Hinsicht auf Sand gebaut. Der französische Staatspräsident de Gaulle war wohl doch nicht der feste Verfechter der deutschen Sache und seine Force de frappe kaum die Verstärkung des atomaren Schutzes für die Bundesrepublik, wie Adenauer meinte, sondern ein teures Spielzeug zur nationalen Aufwertung Frankreichs. Die eigenwilligen Alleingänge des Generals mit der Blockade in Europa und der Abkehr von der Integration in der NATO bedingten eher eine Schwächung der westlichen Position.

Die Bundesrepublik blieb angewiesen auf den engen Zusammenhalt mit der westlichen Führungsmacht USA und den atomaren Schirm, den nur sie so gewähren konnte. Dies war die außenpolitische Ratio der Bundesrepublik seit ihrer Gründung, und sie blieb es bis zum Ende des Ost-West-Konfliktes und der deutschen Einigung. Nur im Einklang mit den USA und den in ihrer Außenpolitik dominierenden Grundlinien ließ sich von der Bundesrepublik etwas nach Osten bewegen. Darin lagen die Grenzen ihrer Handlungsspielräume. Diese Einbettung in die große Politik war auf seiten der SPD Politikern wie Willy Brandt und Fritz Erler stets bewußt. In diesem Sinne waren sie ausgesprochene Atlantiker aus Überzeugung, vertieft durch langjährige gute USA-Kontakte, und natürlich bei Willy Brandt auch aus der nüchternen Einsicht, daß West-Berlin ganz unmittelbar auf die Schutzmacht USA angewiesen war.

Bei dem gebürtigen Dresdner Herbert Wehner, ganz anders sozialisiert und geprägt, ohne eigene Kenntnis der Welt der westlichen Alliierten, war von dieser USA-Orientierung weniger zu spüren. Der führende deutschlandpolitische Exponent der SPD in den fünfziger Jahren und langjährige Vorsitzende des Gesamtdeutschen Ausschusses des Bundestages suchte eher nach Mobilität auf dem direkten Weg. Schon der Redneraustausch war auf Westseite vorrangig das Werk Wehners, der auch nach dessen Scheitern nicht lockerließ. Im Herbst 1966 brachte er die Bildung einer »Deutschen Wirtschaftsgemeinschaft« bzw. eines »Deutschen Bundes« ins Gespräch. Der DDR, argumentierte er, solle auf verschiedene Weise, besonders wirtschaftlich, geholfen werden, um sie so unabhängiger vom Sowjetblock zu machen. So sollte für die Menschen jenseits von Mauer und Stacheldraht konkret etwas getan und allmählich ein Weg vom Nebeneinander zum Miteinander gebahnt werden, der schließlich in einer »Wiedervereinigung unseres Volkes in einem demokratischen Staat« münden könnte.[70] Gewisse Ähnlichkeiten mit dem Ansatz, wie er bei Bahr zu erkennen war, deuteten sich an. Beide gingen von einem nationalstaatlich geprägten historischen Deutschland aus, und bei beiden spielte Europa kaum eine Rolle. Europa bzw. die europäische Integration galten expressis verbis oder immanent eher als problematisch gegenüber dem primären nationalen Ziel.

Das weitgehend festgefügte Bild, als sei die neue Deutschland- und Ostpolitik im Kern nur von Berlin ausgegangen und zum festen Kitt zwischen den Sozial- und den Freidemokraten avanciert, bedarf doch einiger Nuancierungen und Ergänzungen. Als im Herbst 1966 die Regierung Erhard zerbrach, die Karten für eine nachfolgende Regierung neu gemischt wurden und alle Parteien miteinander Sach- und Koalitionsgespräche führten, hofften viele in der SPD auf eine Regierung mit den Freidemokraten, in der die SPD den Kanzler stellen würde. Dafür sprach auch, daß es in der Außen-, Sicherheits- und Deutschlandpolitik weitgehende Übereinstimmung mit der FDP gab und sie so als der geeignete Partner für eine neue Ost-, Deutschland- und Entspannungspolitik erschien, die im Einklang mit der westlichen Führungsmacht stand und die in Berlin beschrittenen Ansätze weiterentwickelte. In der FDP, fast schon traditionell eine Protagonistin ost- und deutschlandpolitischer Initiativen, waren Tendenzen zu einer Anerkennung der Oder-Neiße-Grenze und die Bereitschaft zu spüren, der DDR entgegenzukommen.[71] Sie suchte dazu auch als Partei den direkten Kontakt mit Vertretern der DDR. Am 31. März 1966 trafen sich in Bad Homburg führende Repräsentanten der Freidemokraten mit drei Abgesandten der ostdeutschen Liberal-Demokratischen Partei Deutschlands (LDPD) zu einer öffentlichen Diskussion.[72] Zugleich wurden bei der FDP, bis zum Bundesschatzmeister Wolfgang Rubin, Erwägungen laut, eine Anerkennung der DDR ins Auge zu fassen. Von der Öffentlichkeit merkwürdigerweise kaum beachtet, haben die Freidemokraten die direkten Kontakte mit der Blockpartei LDPD fast kontinuierlich bis zum Ende der DDR gepflegt und sie nach der deutschen Einigung in ihre Reihen integriert.

Zu einer Anerkennung der DDR, wie sie bei den Freidemokraten erwogen wurde, war die Sozialdemokratie sowohl aus Überzeugung wie aus taktischen Gründen nicht bereit. Nachdem es zuvor nur einzelne in ihren Reihe waren, welche die Diskussion angestoßen und wie die Berliner Senats-Crew nach neuen Weg gesucht hatten, bekannte sich die Partei nun auf ihrem Dortmunder Parteitag vom Juni 1966 zu einer gewandelten Konzeption. Vorrang sollte haben, das Los der Menschen zu erleichtern und die Folgen der Teilung erträglicher zu gestalten. Aus dem Grundsatz der Nichtanerkennung sollten wir »nicht das Seil machen, durch das wir uns selber fesseln«. Es komme darauf an, ein »qualifiziertes, geregeltes und zeitlich begrenztes Nebeneinander der beiden Gebiete« anzustreben. Ähnlich behutsam und zugleich bahnbrechend war die Empfehlung, Grundelemente einer vertraglichen Regelung, soweit sie die Grenzfragen gegenüber Polen und der ČSSR betrafen, schon jetzt auszuhandeln.[73] Im Kern hatte die SPD damit nach langem Ringen die Positionen markiert, von der sie sich in der Ost- und Deutschlandpolitik der sozial-liberalen Koalition leiten ließ und deren Substanz sich in den verschiedenen Ostverträgen bis einschließlich des Grundlagenvertrages niederschlug.

Große Koalition und
Prager Frühling

In der Geschichte der Bundesrepublik markierte das Jahr 1966 eine entscheidende Wende. Seit siebzehn Jahren stellte die CDU den Kanzler und regierte das Land, abgesehen von der Alleinherrschaft der Jahre 1957 bis 1961, zusammen mit den Freidemokraten. Fast schien es so, als sei sie die geborene Regierungspartei des westdeutschen Teilstaates und die SPD zu einem Daueroppositionsdasein verbannt. Nach den Abnutzungs- und Krisenerscheinungen am Ende der Adenauer-Ära hatte die Union wieder Tritt gefaßt und mit dem in der Bevölkerung populären Ludwig Erhard die Wahllokomotive gefunden, die ihr 1965 den Wahlsieg bescherte. Er schien der Garant für eine weitere Vorherrschaft zu sein. Doch es verging kein Jahr, da begann die Autorität des so eindrucksvoll vom Wähler honorierten neuen Kanzlers, der für die Union 47,6 Prozent der Stimmen errungen hatte, zu bröckeln. Altkanzler Konrad Adenauer schürte die Zweifel an seiner Regierungs- und Durchsetzungsfähigkeit und eine Reihe anderer aus der Union sägten an seinem Stuhl, nicht zuletzt aus eigenem Ehrgeiz. Erhards Maßhalteappelle verpufften und erweckten den Eindruck von Hilflosigkeit. Der Nimbus des »Vater des Wirtschaftswunders« verblaßte.

Die Kohlekrise und aufgebrachte Kumpel an der Ruhr, eine rückläufige Konjunktur und erstmals in der Bundesrepublik ein Ansteigen der Arbeitslosigkeit schufen ein Gefühl von Krise und prägten das politisch-gesellschaftliche Klima. Erhard als Symbol des Wohlstandes verlor gerade auf seinem Terrain rasch an Autorität und Popularität. Die großes Aufsehen erregende Generalsaffäre im Sommer 1966 brachte neue Belastungen wie die Devisenausgleichsforderungen der US-Amerikaner. Die USA-Reise Erhards mit dem Besuch bei Präsident Lyndon B. Johnson und ihrem familien- und folkloristischen Beiwerk wurde zum Flop und verstärkte den Eindruck, daß dieser gemütliche Kanzler dem Ernst der Lage nicht gewachsen sei und vor den Forderungen der Amerikaner bei jeder ernsthaften Herausforderung einknicke.[74] Bei der ohnedies schon äußerst angespannten Haushaltslage bedeuteten die Devisenausgleichsleistungen den Tropfen, der das Faß endgültig zum Überlaufen brachte. Als die Länder unabhängig von der Parteifärbung ihrer Regierungen den Haushaltsentwurf des Bundes einhellig ablehnten, glich dies einer schallenden Ohrfeige für den einst so gefeierten Mann mit der Zigarre.[75] Die Regierung Erhard war faktisch am Ende, die Distanzierung des Koalitionspartners FDP von der eigenen Regierung bis zu ihrem Austritt aus der Koalition dann das definitive Aus.

Während Unionsparteien und FDP wie gelähmt orientierungslos vor sich hin dümpelten, ergriff die SPD in dieser ziemlich verworrenen Situation mit einem klar abgesteckten Aufgabenkatalog die Initiative. West- und bündnispolitisch sei das Verhältnis zu den USA und Frankreich wieder in Ordnung zu bringen, ferner der »Ehrgeiz auf atomaren Mitbesitz« aufzugeben. Nach Osten müsse eine neue Bundesregierung »aktiv für die Normalisierung unseres Verhältnisses zu den östlichen Nachbarvölkern und für die Versöhnung mit ihnen eintreten« und »Klarheit schaffen über unseren eigenen Handlungsspielraum gegenüber den Ostberliner Machthabern«.[76]

In der Außen-, Sicherheits- und Deutschlandpolitik paßten die Auffassungen von SPD und FDP, wie Brandt bei einer Gesprächsrunde mit den Freidemokraten unterstrich, »fast nahtlos zueinander«. Doch auch mit der Union, mit der zunächst sehr ausführlich über die Außen- und Deutschlandpolitik gesprochen wurde, zeigten sich, wie deren Kanzlerkandidat Kurt Georg Kiesinger erklärte, »keine unüberwindlichen Probleme«. Dem SPD-Verlangen nach einer Normalisierung des Verhältnisses zu den Ländern Osteuropas stimmte er zu, und bezogen auf die Lage in Deutschland einigte man sich im Grundsatz auf die sozialdemokratische Forderung, »unterhalb der Schwelle einer völkerrechtlichen Anerkennung bestehende kulturelle Kontakte, Behördengespräche und Handelsbeziehungen zu intensivieren, um die nationale Substanz zu erhalten und jeden nur möglichen Ansatz zur Überwindung der Teilung zu verfolgen«.[77] Ende November 1966 stand die neue Koalition aus CDU/CSU und den Sozialdemokraten, und am 1. Dezember wurde Kurt Georg Kiesinger zum neuen Bundeskanzler gewählt.

In der ersten Regierungserklärung umriß Kiesinger, der Kanzler der neuen Großen Koalition, das Konzept einer »europäischen Friedensordnung«, offerierte erneut das Angebot von Gewaltverzichtsvereinbarungen und fand Worte des Verständnisses für das Verlangen der Polen, »endlich in einem Staatsgebiet mit gesicherten Grenzen zu leben«.[78] Bezogen auf die DDR, reichte es nur bis zur Entwicklung von Beziehungen »mit unseren Landsleuten im anderen Teil Deutschlands« und zur Bereitschaft von Behördenkontakten.[79]

Durch den Regierungswechsel in Bonn vollzog sich eine Veränderung der Prämissen und der Politstrategien in der Bonner Politik gegenüber dem Osten. Anfang Januar 1967 nannte Herbert Wehner in einer Rundfunkansprache die Ulbricht-Aufforderung, Bevollmächtigte beider Seiten sollten prüfen, wieweit Grundsatzbestimmungen des Potsdamer Abkommens zur »Sicherung des Friedens und der Demokratie in Deutschland« realisiert seien, einen nachdenkenswerten Vorschlag und signalisierte so die Bereitschaft zu einem begrenzten deutsch-deutschen Dialog.[80] Als gesamtdeutscher Minister und eine der tragenden Säulen der Großen Koalition hatte er zusammen mit Außenminister Willy Brandt und dem SPD-Fraktionsvorsitzenden Helmut Schmidt maßgeblichen Anteil an der Konzeption und Umsetzung der »neuen Ostpolitik«, wie sie damals genannt wurde.

Eine völkerrechtliche Anerkennung der DDR kam für beide Koalitionspartner nicht in Frage. Sie war und blieb ein Tabu. Ausdrücklich hieß es in der ersten Regierungserklärung, daß Kontakte zwischen beiderseitigen Behörden »keine Anerkennung eines zweiten deutschen Staates« bedeuteten.[81] Doch so, wie die SPD auf ihrem Dortmunder Parteitag gefordert hatte, legte die Große Koalition nun den Akzent vor allem auf die Entwicklung »von menschlichen, wirtschaftlichen und geistigen Beziehungen mit unseren Landsleuten im anderen Teil Deutschlands«.[82] Das war nun in der Tat ein entscheidender Wandel in der Bonner Regierungspolitik, die Umkehr von fruchtlosen Wiedervereinigungsreden zur konkreten Politik praktischer Verbesserungen.

Daß Kiesinger die Worte »Deutsche Demokratische Republik« und DDR nicht in den Mund nahm und er sich im Oktober 1967 zu der verschrobenen Floskel verstieg, »daß sich da drüben etwas gebildet hat, ein Phänomen«[83], mochte den Spott mancher Publizisten und

Medien hervorrufen, die einer in ihrem Sinne progressiveren Ostpolitik frönten und mit der Anerkennung spielten. Die Behandlung der DDR als Nichtstaat war sicherlich obsolet geworden und belastete die Außenpolitik der Bundesrepublik. Doch auch andere wie Bahr retteten sich lange in Ersatzbezeichnungen wie »der andere Teil«, und bis ans Ende der DDR blieb es im Westen im Grundsatz bei dem Kürzel, während das ausgeschriebene »Deutsche Demokratische Republik« nur in Verträge und formelle Dokumente Eingang fand, aber zu Recht nicht in den Sprachgebrauch. Denn »Demokratisch« war der diktatorische SED-Staat nie, und »Demokratisch« wurde die DDR erst, nachdem das Volk mit der friedlichen Revolution Freiheit und Demokratie Bahn brach. Es war und blieb eine Gratwanderung zwischen dem notwendigen Maß, den real existierenden zweiten deutschen Staat so weit hinzunehmen, daß Vereinbarungen mit ihm möglich wurden, und der aus Verfassung und Grundwerten erwachsenden Vorgabe, ihm die völlig gleichrangige Reputation und finale Staatsexistenz zu verwehren.

Willy Brandt traf 1969 mit seiner Formel von den »zwei Staaten auf deutschem Boden, die füreinander nicht Ausland sind« die präzis abgewogene Mitte als Basis für operative Politik und ohne im Kern die Substanz preiszugeben. Doch schon die Große Koalition sprang an einem wichtigen Punkt über den alten Schatten, als Kanzler Kiesinger sich auf einen Briefwechsel mit Ministerpräsident Willi Stoph als dem Repräsentanten des DDR-Regimes einließ.[84] Dieser Schritt fügte sich in eine veränderte Strategie ein, mit der die Regierung der Großen Koalition Deutschland- und Ostpolitik zu betreiben suchte. Sie nahm Abschied von der »Politik der Umgehung« über die osteuropäischen Staaten und legte die Priorität nun auf die Beziehungen zur Sowjetunion. Denn, so der Kanzler der Großen Koalition in einer Bundestagsrede vom 17. Juni 1967: »Wir alle wissen, daß die Überwindung der Spaltung unseres Volkes, wenn wir nicht auf eine der skurrilen und gefährlichen Launen der Geschichte warten wollen, in der Tat nur durch ein Arrangement mit Moskau möglich sein wird.« Bonn sei doch nicht so töricht zu glauben, es könne eine Politik zur Schaffung einer europäischen Friedensordnung und zur Überwindung der deutschen Teilung betreiben, indem »wir im Osten Unfrieden säen und die dortigen Länder gegen Moskau aufhetzen«.[85]

Die grundsätzliche Bereitschaft, für »Entspannung« und eine gerechte, dauerhafte europäische Friedensordnung zu wirken, hat die neue Regierung mehrfach sehr dezidiert betont. Sie vollzog damit eine fundamentale Wende und Weichenstellung. Statt der alten Prioritätenabfolge Wiedervereinigung und danach und dadurch Entspannung, die letztlich in einer Sackgasse geendet war, stand nun die Entspannung an vorderer Stelle. Zuerst müsse die europäische Teilung überwunden bzw. zumindest eingeebnet sein, ehe die Überwindung der deutschen Spaltung möglich sei, also eine Strategie der »Wiedervereinigung durch Entspannung« und über eine europäische Friedensordnung. Ansatz und Abfolge deckten sich mit dem von den westlichen Alliierten vertretenen Konzept, für »Entspannung« einzutreten und auf eine »europäische Friedensordnung« hinzuarbeiten, mit der auch die Spaltung Deutschlands überwunden werden könnte. So wurde es im sogenannten »Harmel-Bericht« über die »Zukunft der Allianz« fixiert, den die NATO im Dezember 1967 als verbindliche Leitlinie für das Bündnis verabschiedete. Neben der klassischen Aufgabe der Verteidigung wurde damit die Politik der Entspannung als gleichrangiges Ziel postuliert.[86]

Die Bundesrepublik fügte sich mit ihrer deutschland- und ostpolitischen Strategie nun wieder in den Mainstream der westlichen Politik gegenüber dem Osten ein. Tatsächlich waren so im Westen weitgehende Voraussetzungen vorhanden und grundlegende Bedingungen dafür geschaffen, daß es zu einer Auflockerung der Fronten und zu einer Entspannung kommen konnte. Gerade an der Nahtstelle des Ost-West-Konfliktes bestand, wenn man den Menschen im geteilten Land wirksam helfen wollte, daran ein fundamentales Interesse. Das von manchen übernommene Urteil von Arnulf Baring, die Große Koalition habe »sich als unfähig [erwiesen], die Stagnation unserer Ostpolitik zu überwinden«[87], trifft so nicht den Kern und geht an der Sache vorbei, wie ein Diktum, »aktive Ostpolitik wäre in der Großen Koalition unmöglich gewesen«, zunächst in »Berlin wie später in Bonn«.[88] Es waren nicht die »Unfähigkeit« in Bonn, auch nicht fehlender Wille und Einsicht im Westen, sondern die Barrieren und Blockaden im Osten, die damals jeden Durchbruch verhinderten.

Die DDR reagierte auf die neue Beweglichkeit der Regierung der Großen Koalition mit einer Politik verschärfter Abgrenzung. Eine Vereinigung der beiden deutschen Staaten ohne eine grundlegende Veränderung der politisch-wirtschaftlich-gesellschaftlichen Verhältnisse im Westen lehnte sie rigoros ab. Energisch verkündete nun Walter Ulbricht öffentlich die These von zwei »deutschen Staatsvölkern zweier voneinander unabhängiger deutscher Staaten«.[89] Mit dem Anfang 1967 verabschiedeten Gesetz über die »Staatsbürgerschaft der DDR« wurde diese Parteilinie zweier unterschiedlicher »Staatsvölker« und einer besonderen »Bevölkerung« West-Berlins in »sozialistisches Recht« umgesetzt. Unisono und stereotyp forderte das SED-System die Anerkennung der DDR als Voraussetzung eines Dialogs und propagierte die Behandlung West-Berlins als »selbständige politische Einheit«.[90]

Besonders alarmiert wurde das Ulbricht-Regime durch die an keine Bedingung geknüpfte Aufnahme diplomatischer Beziehungen zwischen der Bundesrepublik und Rumänien am 31. Januar 1967. Als Sekundant agierte das Polen Gomułkas, das vor allem wegen der Grenzfrage unbedingt ein Ausscheren anderer Ostblockländer verhindern wollte. Aber letztlich hatte natürlich Moskau das Sagen. Rumänien wurde beim Warschauer-Pakt-Treffen vom Februar 1967 wegen der Verletzung der Solidarität mit der DDR streng gerügt und die übrigen osteuropäischen Staaten verpflichtet, Freundschaftsverträge mit der DDR nach dem Muster des 1964-Vertrages zwischen Moskau und Ost-Berlin abzuschließen. Polen und die Tschechoslowakei reagierten prompt. Zusammen mit Ost-Berlin bildeten Warschau und Prag nun das sogenannte »Eiserne Dreieck« gegen die neue, elastischere Ostpolitik der Bundesrepublik, und gegen die langsam überholte Hallstein-Doktrin setzte das SED-Regime nun die Ulbricht-Doktrin, wonach kein anderer Staat des »sozialistischen« Blocks der DDR bei der Aufnahme von Beziehungen zur Bundesrepublik vorgreifen durfte.[91] Formell sanktioniert wurde sie von der Konferenz der Warschauer-Pakt-Staaten im April 1967 in Karlsbad (Karlovy Vary). Moskau und mit ihm seine Satelliten stellten die Ampeln auf Rot und errichteten mit einem Katalog von verlangten Vorleistungen – Anerkennung der DDR und der bestehenden Grenzen in Europa, Aufgabe des Alleinvertretungsanspruchs und Verzicht auf atomare Bewaffnung – fast unüberwindbare Hürden – und starteten gleichzeitig eine Propagandakampagne gegen die »revanchistische« neue Bonner Ostpolitik.[92]

Die strittigen Probleme einfach auszuklammern, wie dies noch bei der Normalisierung der Beziehungen zu Rumänien gelang, war nicht mehr möglich. Im Grunde erwies sich der Erfolg in Bukarest als Pyrrhussieg. Er stand noch in der Tradition von Schröders »Politik der Umgehung«. Die Skepsis des neuen Außenministers Willy Brandt, ausgerechnet bei Rumänien zu beginnen, war nur zu berechtigt[93] und die harte Frontstellung Moskaus fast zu erwarten. Nur bei dem blockfreien, gleichwohl kommunistisch-sozialistischen Jugoslawien verbuchte die Große Koalition mit der Wiederaufnahme der zehn Jahre zuvor abgebrochenen diplomatischen Beziehungen noch einen Erfolg. Aber dazu mußte sie von der Hallstein-Doktrin Abschied nehmen. Gegen erhebliche Widerstände in der Union, die besonders in der dramatischen Fraktionssitzung vom 12. Dezember 1967 aufbrachen, setzte sich Kanzler Kiesinger durch. Doch ohne das Drängen Willy Brandts, der sich überdies des Rückhaltes der oppositionellen FDP versicherte, wäre die Entscheidung wohl kaum so zügig gefallen. Alle juristischen Haarspaltereien konnten nicht darüber hinwegtäuschen, daß mit der Entsendung eines Botschafters der Bundesrepublik nach Belgrad, in dem seit zehn Jahren schon die Botschaft der DDR residierte, eine Weichenstellung vollzogen wurde. Die Hallstein-Doktrin erhielt ein »stilles Staatsbegräbnis«[94], und Bonn stellte sich auf eine flexiblere Ost- und Deutschlandpolitik ein, die die DDR nicht mehr ausgrenzte und ihre staatliche Existenz als Faktum zur Kenntnis nahm.

Die starre Haltung, die von der Bundesregierung gegenüber dem östlichen Europa lange an den Tage gelegt worden war, lieferte den Machthabern in Moskau und in den Hauptstädten der Satelliten immer wieder Munition für ihre Propaganda-Feldzüge gegen den »westdeutschen Revanchismus und Militarismus«. Ein diktatorisch-totalitäres System wie der Sowjetkommunismus lebte von Feindbildern. Das betraf schon die Scheinlegitimierung der Herrschaft im Innern, und es galt erst recht für das Moskauer Diktat in dem von ihm in der Nachkriegsära gezimmerten Block. Die kommunistischen Regime in diesen Staaten waren überwiegend ohne die sowjetischen Panzer nicht denkbar und hingen, so wie sie waren, von Moskau ab. Aber im Unterschied zu Sowjetrußland gab es vor allem in den westlichen Randstaaten des sowjetischen Blocks stärkere Relikte und Traditionen einer Verbindung zur westeuropäisch-bürgerlich-aufklärerischen Welt, und im Unterschied zur DDR verfügten sie über eine eigenständige nationale Identität. Während

Rumänien unter dem fast allmächtigen Diktator Nicolae Ceauşescu zwar außenpolitisch partiell eigene Wege ging, aber im Innern stalinistisch verfaßt war und blieb, zeigten sich sowohl in Polen und Ungarn wie in der Tschechoslowakei Reformbestrebungen, die im kommunistischen Sprachgebrauch als »revisionistisch« galten. Durch János Kádárs »Gulaschkommunismus« galt Ungarn als »fröhlichste Baracke« des Ost-Blocks.[95] In Polen, das nie so monolithisch wie andere Satelliten verfaßt war, regte sich erneut der Reformbazillus. Aber das Gefühl, daß die polnische Westgrenze immer noch von der Bundesrepublik in Frage gestellt wurde, machte die Polen eben empfänglich für Bedrohungsängste durch den »westdeutschen Revanchismus« und perpetuierte Feindbilder. Und die Zurschaustellungen der Vertriebenenverbände mußten sie fast zwangsläufig darin bestärken. Die vorsichtigen Signale, wie sie aus der EKD-Denkschrift und der Publizistik und unter den Politikern bis dahin fast nur von Fritz Erler kamen, reichten nicht aus. Und die erkennbare Hinwendung Bonns zur Vormacht Moskaus mußte in Polen zumindest zwiespältige Gefühle wecken. Die Bedingungen für einen eigenständigeren Weg Polens waren insofern damals vergleichsweise eher ungünstig.

Die Tschechoslowakei, in der Zwischenkriegszeit das wirtschaftlich am meisten entwickelte Land in Osteuropa und nun unter der Herrschaft der Kommunisten heruntergewirtschaftet, hatte bisher zu den Hardlinern im sowjetischen Block gehört. Sie war, außer dem Sonderfall Albanien, das einzige osteuropäische Land, das sich noch zu keiner Handelsvertretung der Bundesrepublik bereit gefunden hatte. Erst im August 1967 kam wenigstens ein Handelsabkommen zustande.[96] Im Zuge des Prager Frühlings deutete sich an, daß sogar eine Vereinbarung über diplomatische Beziehungen und Gewaltverzicht machbar schien, bei dem auch eine Lösung für die Erledigung des Münchener Abkommens in Aussicht stand.[97]

Die kurze Ära des Prager Frühlings, in der ein »Sozialismus mit menschlichem Antlitz« möglich schien, hat nicht nur in der Tschechoslowakei große Hoffnungen geweckt. In der Erinnerung vieler Menschen sind heute oft nur die Bilder von der Niederwerfung des Prager Frühlings im August 1968 mit den sowjetischen Panzern und den friedlich dagegen protestierenden Menschen haftengeblieben. Als sich im Frühjahr 1968 Alexander Dubček und seine Mitstreiter in der Kommunistischen Partei der Tschechoslowakei durchzusetzen begannen, ging es zunächst nur um graduelle Reformen. Die Sowjets ließen sie anfangs gewähren. Doch was als Reform aus dem Apparat einer kommunistischen Partei begann, entwickelte bald eine Eigendynamik.

Der Prager Frühling war ungleich mehr als nur ein tschechoslowakisches Ereignis – er strahlte über die Grenzen aus nach Ungarn, Polen und die angrenzenden Gebiete der Sowjetunion mit ihren ethnischen Minderheiten. Der Drang nach Freiheit und mehr Selbstbestimmung und das Aufbegehren gegen ein kommunistisches Zwangssystem hatte gewiß seine spezifischen Ursachen in der ČSSR. Aber dieser zunächst so hoffnungsfrohe »Frühling« hatte wohl auch etwas mit dem Zeitgeist und der verbreiteten Aufbruchstimmung zu tun, die, ausgehend von den USA, auch in der Bundesrepublik die Gesellschaft erfaßte und mit ihrem Ruf nach mehr Demokratie und Partizipation wirkungsmächtig wurde. Es ist wohl eine Folge der ein halbes Jahrhundert währenden Spaltung Europas in zwei sich hochgerüstet gegenüberstehende Macht- und Systemblöcke, daß wir uns angewöhnt haben, Entwicklungen in Ost und West, in diesem Fall Prag und das gesellschaftliche Aufbegehren im Westen mit der Speerspitze der Studentenbewegung, so völlig isoliert zu sehen. Vielleicht sollten wir versuchen, etwas mehr in unserer Erinnerung zu kramen. Dann fällt dem einen oder anderen vielleicht wieder ein, wie viele Linke im Westen vom Prager Sozialismus mit menschlichem Antlitz fasziniert waren und wie sehr eine Reihe der Reformer in der ČSSR von einer Art freiheitlicherem Sozialismus träumten, den damals auch viele Jugendliche und Intellektuelle im Westen auf ihr Banner geschrieben hatten. Es war eine Zeit, in der sich eine neue gesellschaftliche Dynamik Bahn brach und Menschen in Ost und West von einer Konvergenztheorie träumten, die suggerierte, daß sich im Zuge eines Wandlungsprozesses beide Systeme verändern und annähern würden. Am fernen Horizont schien dabei das Bild eines dritten Weges und einer Synthese von Kapitalismus und Sozialismus auf, in der alte Gegensätze verschmelzen würden und eine neue humane, sowohl gerechte wie freiheitliche Ordnung möglich schien.

Es war nicht zu verkennen, daß die Botschaft des »Sozialismus mit menschlichem Antlitz« auch in der DDR vernommen wurde. Gerade bei jungen Menschen fand sie Anklang. Für viele, die am Ende der

DDR die Opposition formten, spielte dies eine zentrale Rolle für ihr politisches Bewußtsein. Wenn älter gewordene Westdeutsche von 1968 sprechen, dann denken sie an die Studentenrevolte, bei denen aus dem Osten unseres Landes aber steht 1968 für Prag.[98] Dieser Traum eines erneuerten, freiheitlichen Sozialismus ließ die tatsächlichen und potentiellen Dissidenten und Oppositionellen in der DDR nicht los und führte sie schließlich im Winter 1989/90 in schwieriges Terrain, als die Menschen auf den Straßen und Plätzen nach »Deutschland einig Vaterland« riefen und der Zielvorstellung der Bürgerbewegung von einer wahrhaft demokratischen eigenständigen DDR eine Absage erteilten. Von den Sehnsüchten und Wünschen der durch Prag inspirierten jungen Menschen war in Bonn damals zuwenig bekannt, und wenn, wurden sie jedenfalls kaum zur Kenntnis genommen.

Denn Bonn hatte sich unter der Regierung der Großen Koalition gerade dazu durchgerungen, die Machthaber in Ost-Berlin nicht mehr auszuklammern, sondern sie in ihre neue Ostpolitik einzubeziehen. Das entsprach der Strategie, wie sie von Willy Brandt, assistiert von Egon Bahr und Heinrich Albertz, schon in Berlin praktiziert worden war, und in der großen Linie auch dem Konzept, wie es Bahr in Tutzing entwickelt hatte. »Die treibende Kraft aber, möglichst ungeachtet rechtlicher Schranken Kontakte zum Regime Ulbrichts zu stiften, war Herbert Wehner.«[99] Im Unterschied zu Brandt und Bahr, die aus guten Gründen auf die Moskauer Karte setzten, zeigte sich bei ihm in bezug auf die Beziehungen zur Sowjetunion eine gewisse Distanz. Ob die Gründe dafür in seinen eigenen Moskauer Erfahrungen und/oder unzulänglichen Erfahrungen und Einschätzungen der tatsächlichen Machtgewichte lagen, läßt sich kaum entschlüsseln. Aus der gemeinsamen Vergangenheit war er mit dem Denken und Handeln der deutschen Kommunisten vertraut wie niemand sonst, und er verfügte über verdeckte Kontakte, die bei dem von ihm gesuchten »Kompromiß mit der Zone« nützlich sein konnten. Ein Rätseln über Wehners letzte Pläne und ein Mißtrauen gegen ihn blieb bei vielen bestehen. Und so sorgte sich beispielsweise der CDU/CSU-Fraktionsvorsitzende Rainer Barzel im Oktober 1967, ob ein solches »geregeltes Nebeneinander« von Bonn und Ost-Berlin nicht am Ende in ein »sozialistisches Miteinander« übergehen solle.[100]

Das Phänomen Herbert Wehner hat gerade durch das Rätselhafte und Verschlüsselte, das ihm anhaftete, immer wieder zu Spekulationen Anlaß geboten. Darüber wird später noch zu reden sein. Doch von politischer Relevanz war damals vor allem, daß er in der Zeit der Großen Koalition maßgeblichen Einfluß auf die Politik gegenüber Ost-Berlin ausübte und er dafür Kanzler Kiesinger gewann, der von Wehners Persönlichkeit und deutschlandpolitischem Engagement tief beeindruckt war. Die von Wehner verfochtene Linie, die kaum lösbaren Grundsatzfragen auszuklammern und über konkrete, praktische kleine Schritte Verbesserungen zu erreichen, nahm Kiesinger mit der Regierungserklärung zur Deutschlandpolitik vom 12. April 1967 auf. Sie schlug unter anderem Vereinbarungen über Reise- und Zahlungsverkehr, Kooperation in Wirtschaft, Verkehr und Transport, Wissenschaft, Kultur und Sport vor, im Kern also ein Wunschkatalog, wie ihn die nachfolgende Regierung Brandt bei dem Erfurter Treffen mit DDR-Ministerpräsident Stoph unterbreitete.[101]

Das Angebot zu einem solchen Spitzentreffen enthielt das Schreiben von Ministerpräsident Willi Stoph, mit dem die DDR am 10. Mai 1967 auf den Vorstoß der Bundesregierung reagierte. Wie später (1970) in Erfurt konterte das SED-Regime mit seinen bekannten Forderungen nach Anerkennung der bestehenden Grenzen und normalen Beziehungen, Vereinbarungen über Gewaltverzicht und eine atomwaffenfreie Zone. Briefe von den offiziellen DDR-Repräsentanten an die Bundesregierung hatte es immer wieder gegeben. Sie wurden ungeöffnet einfach nach Ost-Berlin zurückgeschickt. Auch dieses Schreiben wurde wieder an der Pforte des Kanzleramtes abgegeben.[102] Doch nun wurde es angenommen und nach längeren Beratungen sogar beantwortet. In solchen formalen Äußerlichkeiten, die vielleicht jüngeren Menschen eher als lächerlich erscheinen, damals aber bitterer Ernst waren, dokumentierte sich ein entscheidender Wandel. Die Bundesregierung wich dem Kontakt nicht mehr aus, sondern griff das Angebot, wie schon die SPD beim Redneraustausch im Jahr zuvor, auf und übernahm so die Initiative. Kanzler Kiesinger betonte in seiner Antwort, die auf Anraten von Wehner »so direkt wie möglich« ausfiel[103], die dringliche Notwendigkeit einer Verbesserung der Beziehungen zwischen den Deutschen in West und Ost und schlug Gespräche von Beauftragten beider Seiten vor, die ohne politische Vorbedingungen eine Verständigung über praktische Fragen suchen sollten. Und eher moderat setzte der Kanzler der Zwei-Staaten-Theorie der DDR entgegen, daß die Deutschen doch ein Volk seien und es bleiben wollten.[104]

Mit dem nachfolgenden Schriftwechsel zwischen DDR-Ministerpräsident Stoph und Bundeskanzler Kiesinger schienen sich die Fronten eher wieder zu verhärten. Die DDR grenzte sich mit dem Zwei- bzw. Drei-Staaten-Modell scharf von gesamtdeutschen Ideen ab und schraubte den Preis höher. Ganz ohne Resultat aber blieben die Kontakte nicht. Hinter den Kulissen bewegte sich wenigstens etwas bei den humanitären Härtefällen. Der Freikauf von politischen Häftlingen war schon unter Wehners Vorgängern als gesamtdeutsche Minister Rainer Barzel und Erich Mende praktiziert worden. Doch unter Herbert Wehner gewann dies eine neue Qualität. Seit seinen Anfängen in der Bonner Politik als Vorsitzender des Gesamtdeutschen Ausschusses des Deutschen Bundestages hatte er sich stets besonders um die politischen Häftlinge in der SBZ/DDR gekümmert. Als gesamtdeutscher Minister sah er nun die Möglichkeit, mehr für diese vom SED-Regime verfolgten Menschen zu tun und ihr schlimmes Los zu erleichtern. Zu Rechtsanwalt Wolfgang Vogel, dem Nachfolger Kauls als Kontaktmann für die Freikaufaktionen auf DDR-Seite, entwickelte sich ein vertrauensvolles Verhältnis, das er noch zu Zeiten der Großen Koalition für vorsichtige Sondierungen nutzte.[105] Für Wehner, diesen sonst so harten, aber wenn es um Menschen ging, weichen und warmherzigen Politiker, lag hier wohl der wichtigste Beweggrund, warum er in der Deutschland- und Ostpolitik so sehr auf Ost-Berlin setzte. Dabei spielte natürlich mit, daß er manche der führenden SED-Politiker noch persönlich kannte und von da aus über ganz andere Ansatz- und Ansprechmöglichkeiten verfügte als andere auf der Bonner Bühne. Darin lagen Chancen, aber zeigten sich eben auch deutliche Grenzen und Gefahren. Denn zum einen klammerte dies die Vormacht Moskau weitgehend aus und funktionierte nur in aller Diskretion, zum anderen war Wehner geneigt, rechtliche Aspekte niedriger zu hängen und der DDR-Seite in der Praxis mehr entgegenzukommen.

Das entsprach im Kern auch der Grundstimmung eines gewichtigen Teils der veröffentlichten Meinung. Von der *Zeit* und dem *Stern* über *Spiegel*, *Süddeutsche Zeitung*, *Kölner Stadt-Anzeiger* und *Frankfurter Rundschau* dominierten die Stimmen, die sich für eine

Anerkennung der Oder-Neiße-Grenze, Ausgleich und Versöhnung mit den östlichen Nachbarn aussprachen und einem Arrangement mit der DDR mit einer Art Anerkennung das Wort redeten. Gegen eine solch »progressive« Politik, wie sie in diesen Medien verkauft und der SPD nahegelegt wurde, gab es in der Partei selbst nun doch erhebliche Vorbehalte und Bedenken. So mahnte Helmut Schmidt die ungeduldig auf »mehr Entspannung« Drängenden nachdrücklich, Außenpolitik »könne nicht nur daraus bestehen, daß wir uns [...] im Anerbieten von Konzessionen auf die schiefe Ebene setzen, ins Rutschen gelangen und dann nur noch hoffen können, daß die anderen Konzessionen machen«.[106]

Für eine Politik des do ut des war damals im Osten nicht die Bereitschaft vorhanden. Moskau und Ost-Berlin fuhren einen harten Kurs, attackierten Berlins Bindungen an die Bundesrepublik, beharrten auf einer völkerrechtlichen Anerkennung der DDR als Vorbedingung und benutzten schließlich wieder einmal den Hebel Berlin zu Schikanen und Pressionen. Im April 1968 untersagte die DDR Mitgliedern und leitenden Mitarbeitern der Bundesregierung die Benutzung des Landwegs nach Berlin (West), und am 11. Juni 1968 führte sie eine allgemeine Paß- und Visumspflicht im Reise- und Transitverkehr Bundesrepublik–West-Berlin ein.[107]

Der russische Bär war durch den Prager Frühling nervös geworden. Als sich die Indizien verdichteten, daß der Reformbazillus des Sozialismus mit menschlichem Antlitz auf andere Länder und Staaten in seinem Imperium überzugreifen begann, reagierte er zusehends irritiert. Das altehrwürdige probate Mittel, das Schreckgespenst des bedrohlichen »westdeutschen Revanchismus, Militarismus und Faschismus« zu beschwören und so seine Satelliten bei der Stange zu halten, verlor nach den Bonner Öffnungssignalen zumindest graduell an Wirkung und Gewicht. Auch gegenüber Moskau hatte die Große Koalition deutliche Signale der Verständigungsbereitschaft ausgesandt, die Kontakte intensiviert und eine Vereinbarung über gegenseitigen Gewaltverzicht vorgeschlagen. Entsprechende Vorschläge wurden der Sowjetunion vom damaligen Staatsminister im Auswärtigen Amt, Klaus Schütz, am 7. Februar 1967 übergeben. Doch die Gespräche und Verhandlungen schleppten sich hin und gingen im Juli 1968 ergebnislos zu Ende. Während Bonn mit einer Gewaltverzichtserklärung die Hoffnung verknüpfte, sich die Option für eine friedliche Veränderung des Status quo in Europa zu wahren und so die deutsche Frage offenzuhalten, wollte Moskau eine Anerkennung des Status quo, das hieß seiner territorialen Gewinne im Gefolge des Zweiten Weltkrieges, und forderte neben der Unantastbarkeit der Grenzen, Ungültigkeit des Münchner Abkommens von Anfang an, Unterzeichnung des Atomwaffensperrvertrages noch mehr: West-Berlin als besondere politische Einheit zu achten und Maßnahmen gegen »die Entwicklung des Militarismus und Nazismus im Hoheitsgebiet der Bundesrepublik« zu treffen. Und es beharrte zugleich auf der Beibehaltung der Feindstaatenklausel der UN-Charta gegenüber Bonn.[108]

Auf diesen Maximalkatalog konnte die Bundesregierung kaum eingehen, weder aus Gründen der Koalitionsräson noch aus innerer Überzeugung. Aber für jeden Klarsichtigen war eigentlich zu ersehen, daß Moskaus harsche Gangart gegenüber der Bundesrepublik mit der Erosion seines Herrschaftsanspruchs durch den Prager Frühling zusammenhing. Das erschien aus Sicht der kommunistischen Machthaber im Kreml wohl auch deshalb besonders bedrohlich, weil sie sich in Ostasien von dem selbst- und machtbewußt auftretenden China Mao Tse-tungs bedrängt fühlten. Soviel wir heute wissen, hat die sowjetische Führung längere Zeit geschwankt, bis sie sich schließlich zur militärischen Intervention in der Tschechoslowakei entschloß. Am 20./21. August marschierten die sowjetischen Truppen, unterstützt von ihren Satelliten, ein und besetzten Prag. Die Nationale Volksarmee erledigte dabei Hilfsdienste, überschritt aber nicht mit Panzern die Grenze, so daß den Tschechen wenigstens der erneute Anblick deutscher Besatzer erspart blieb.[109] Der Panzerkommunismus errang noch einmal einen Sieg, aber letztlich um einen hohen Preis. Denn damit wurde wahrscheinlich der letzte aussichtsreichere Versuch erschlagen, den »real existierenden Sozialismus« so zu reformieren, daß er auf Dauer lebensfähig blieb. So sehen es heute viele, die Ende der achtziger Jahre gegen die kommunistischen Herrschaftssysteme aufstanden und sie schließlich überwanden.

Damals besiegelte die militärische Niederschlagung des Prager Experiments endgültig die schon beim Mauerbau durchdringende Erkenntnis, daß sich Moskau und Washington auf eine säuberliche Trennung ihrer Einflußsphären in Europa verständigt hatten. Mit ihrem Krisenmanagement waren sie einen Schritt weitergekommen. So waren die Truppen des Warschauer Pakts erst marschiert, als US-Präsident Lyndon B. Johnson auf Generalsekretär Leonid Breshnews Anfrage, »ob sich die Vereinigten Staaten noch an die Vereinbarungen von Jalta und Potsdam gebunden fühlten, Moskau versichert hatte, Washington werde nichts unternehmen, um die Invasion zu stoppen«.[110]

Eine solche Art von Blankoscheck im Tausch für eine sowjetische Zurückhaltung in Vietnam glich einer Art von Bestandsgarantie für Moskaus Machtausübung in seinem Hegemonialbereich. Nur die westliche Vormacht konnte den Sowjets das bieten, nicht die Bundesrepublik oder einer der anderen Westalliierten. Die USA gaben damit den Sowjets die Sicherheit, daß sie in ihrem Macht- und Herrschaftsgebiet schalten und walten konnten. Mit der sogenannten Breshnew-Doktrin, mit der Generalsekretär Leonid Breshnew seit 1968 die These von der begrenzten Souveränität der Satellitenstaaten im sowjetischen Machtimperium verkündete, untermauerte die Sowjetunion ihren Anspruch, über deren innere Verfassung zu bestimmen und bei Verstößen und Abweichungen von ihrer Lehrmeinung selbst militärisch zu intervenieren.[111] Faktisch galt dies natürlich auch schon in den Jahren davor – erinnert sei nur an das Eingreifen sowjetischer Truppen beim 17. Juni 1953 und die blutige Niederschlagung des ungarischen Freiheitskampfes 1956. Doch nun wurde diese Doktrin öffentlich und offiziell. Dieses Damoklesschwert der militärischen Intervention von außen hing bis in die zweite Hälfte der achtziger Jahre über jedem Versuch in jedem der sowjetischen Satelliten, das herrschende kommunistische Regime zu verändern oder in Frage zu stellen. Erst als Gorbatschow das Ende der Breshnew-Doktrin verkündete und dies 1987 an dem symbolträchtigen Ort Prag unterstrich, trat eine wirkliche Wende ein, obwohl die Ängste, die Sowjettruppen würden im Ernstfall doch wieder marschieren, weiter bestehenblieben.

Was das Ost-West-Verhältnis in Europa anbetraf, war das Terrain aber klar und unzweideutig abgesteckt und die Spaltung Europas zementiert. Die beiden großen Siegermächte des Zweiten Weltkriegs hatten ein vitales Interesse an Ruhe und Stabilität in Europa, gerade weil sie auf anderen Schauplätzen dieser Welt in Konflikte involviert und mit neuen Herausforderungen konfrontiert waren. Die USA hatten sich in Vietnam immer tiefer in einen Krieg verstrickt, der trotz ihrer ungeheuren militärtechnischen Überlegenheit und einem sich immer weiter steigernden Einsatz nicht zu gewinnen war und Mitte der siebziger Jahre in einem Desaster endete. Für die Sowjets ihrerseits wuchs sich der Konflikt mit dem schwer berechenbaren China zu einer gefährlichen Bedrohung aus, der gerade durch die ideologische Dimension zusätzlichen Zündstoff barg. Mit dem Einmarsch in die Tschechoslowakei hatte die Moskauer Führung in ihrem Sinne ihre westliche Flanke stabilisiert und gesichert, und der große Kontrahent hatte ihr dazu fast im Geist von Jalta das Okay erteilt. Dies zählte für sie und nicht, was Bonn dazu sagte.

Als Helmut Schmidt bei einem Besuch sozialdemokratischer Parlamentarier im August 1969 in Moskau die tschechoslowakische Tragödie ansprach, beschied ihn Außenminister Andrej Gromyko barsch, dies gehe die Deutschen nichts an, es sei eine Angelegenheit im sowjetischen Hegemonialbereich.[112] Trotz dieser offenen Kontroverse war dieser Moskau-Besuch ein Erfolg. Er erfolgte zur rechten Zeit und war klug vorbereitet und geplant. Über Kontakte mit der reformorientierten KP Italiens, die als eine Art Mediator diente, war das Terrain erkundet worden. Nach diesen Sondierungen schien es so, daß Moskau die Karlsbader Maximalforderungen von 1967 nicht mehr für sakrosankt erklärte und bereit war, partiell von ihnen abzurücken.[113] Diese elastischere Politik gegenüber Bonn paßte in das Konzept der Gesprächsbereitschaft mit dem Westen, wie es in dem sogenannten Budapester Appell des Warschauer Paktes vom April 1969 signalisiert worden war.[114] Neben der bilateralen Karte spielten die Moskauer mit dem Gedanken einer europäischen Sicherheitskonferenz parallel die multilaterale. Moskau, so schien es, war nun an einem Arrangement mit dem Westen interessiert.

In Bonn überwog auch nach der militärischen Invasion der ČSSR bei den politisch Verantwortlichen die Überzeugung, daß es letztlich keine Alternative zu einer Entspannungspolitik geben könne. Schon vor dem 21. August 1968 hatte gerade Kanzler Kiesinger dringend gemahnt, gegenüber der Tschechoslowakei alles zu vermeiden, was Bonn als Provokation ausgelegt werden könne. Und schon zwei Tage nachdem die sowjetischen Panzer über die Prager Straßen rollten und die Tschechen mit ihrem friedlichen Protest die Menschen im Westen beeindruckten, gab er vor dem »Dienstagskreis«, der wöchentlichen Koalitionsrunde, die Losung aus, »die bisherige Politik der Entspannung und der Anbahnung einer europäischen Friedensordnung müsse fortgesetzt werden«.[115]

Auch in der Innenpolitik setzte Bonn deutliche Signale, die das Klima gegenüber Moskau verbesserten. Staatsschutzbestimmungen und politisches Strafrecht, die in der Zeit des Koreakrieges und zum Höhepunkt des Kalten Krieges drastisch verschärft worden waren und sogar Gesinnung, die als verfassungsfeindlich galt, mit Strafe bedrohte, wurden gelockert.[116] Knapp einen Monat nach Prag trat ein Gründungsausschuß für eine kommunistische Partei in Frankfurt zusammen, und im Oktober 1968 wurde die DKP offiziell gegründet und fast zeitgleich vom Bundesgerichtshof der Haftbefehl gegen den ehemaligen KPD-Vorsitzenden Max Reimann aufgehoben.[117] Zwar führte die Einberufung der Bundesversammlung zur Wahl des neuen Bundespräsidenten am 5. März 1969 nach Berlin noch zu gewissen Störungen und Irritationen[118], doch Anfang Juli 1969 wurde der Dialog über einen Gewaltverzicht zwischen Moskau und Bonn schließlich aufgenommen.[119] Nachdem schon im Juli 1969 die FDP-Politiker Walter Scheel, Wolfgang Mischnick und Hans-Dietrich Genscher in Moskau konferierten, brachte der Besuch der sozialdemokratischen Parlamentarierdelegation unter Helmut Schmidt im August die Dinge einen konkreten Schritt voran, als die Sowjets sich darauf einließen, unter Ausklammerung der strittigen Problemfelder über realisierbare Regelungen zu verhandeln.[120]

Wichtige Weichen wurden in der Zeit der Großen Koalition schon so gestellt, daß sich der Zug Bonn–Moskau in Bewegung setzen konnte und dabei auch die Stationen Ost-Berlin und Warschau angefahren wurden. Als Lokführer in der Bonner Regierung fungierte Willy Brandt, der den Sowjets signalisierte, daß Vorbedingungen nicht zu akzeptieren seien, aber am Ende von Verhandlungen eine graduelle Anerkennung der europäischen Realitäten stehen könne[121], und als Heizer Egon Bahr, der unermüdlich im Planungsstab des Auswärtigen Amtes an Konzepten strickte. Die Übereinstimmungen über die Grundrichtung einer neuen Ost- und Deutschlandpolitik waren größer, als es nach dem Wahlkampfgetöse klang, in der Kanzler Kiesinger SPD und FDP eine »illusionäre Ostpolitik«

vorwarf und Außenminister Willy Brandt über »rückwärtsgerichtete Kräfte« in der Koalition klagte, die eine konsequente Entspannungspolitik behinderten. Der trotz der in der Endphase der Großen Koalition schärfer hervortretenden Diskrepanzen eingeschlagene elastischere ostpolitische Kurs bildete in gewisser Weise die Brücke zu der neuen Ost- und Deutschlandpolitik der sozial-liberalen Koalition.

Die neue Ost- und Deutschlandpolitik

Aufbruch zum »geregelten Miteinander«

Als am 28. September 1969 die Wahllokale schlossen und ab 18 Uhr das Stimmenauszählen begann, fieberten unzählige Menschen und warteten mit Spannung auf die Prognosen und Hochrechnungen. Die Wahlforschung war damals noch nicht so entwickelt. Es wurde ein langer Wahlabend, und fast wie eine Fieberkurve schwankte und wechselte die Stimmung. Kanzler Kurt Georg Kiesinger verkündete sich im Fernsehen schon als Wahlsieger. Doch mit jeder neuen Hochrechnung verschob sich das Bild, und schließlich stand um etwa 22 Uhr fest, daß es zu einer Koalition der gestärkten Sozialdemokratie mit den Freidemokraten reichen würde. Die Mehrheit war denkbar knapp – 42,7 Prozent für die SPD und gerade noch 5,8 Prozent für die FDP, die Union war mit 46,1 Prozent die stärkste Fraktion, und es gab in der SPD einflußreiche Politiker, voran Herbert Wehner, die eine Fortführung der Großen Koalition vorzogen und dafür auch noch spät am Wahlabend warben.

Der Mann der Stunde war Willy Brandt. Mit zupackender Energie und Entschlossenheit schmiedete er noch an diesem Wahlabend die Koalition mit Walter Scheel von den durch den Wähler gebeutelten Freidemokraten, deren Präsidium an diesem Abend fast in Permanenz tagte. Dieser 28. September war der Geburtstag der sozial-liberalen Ära, in der unter den Kanzlern Willy Brandt und Helmut Schmidt nun für dreizehn Jahre die Geschicke der Bundesrepublik geprägt wurden.

In seinem Buch »Machtwechsel« urteilt Arnulf Baring: »Die Regelung unseres Verhältnisses zur Sowjetunion und zu den osteuropäischen Staaten einschließlich der DDR war die eigentliche, wenn nicht sogar die einzige wirkliche Basis des sozial-liberalen Bündnisses an seinem Beginn.«[1] Ob dies tatsächlich so war oder vielleicht nur lange Zeit im Rückblick so schien, als die Ost- und Deutschlandpolitik als Markenartikel der sozial-liberalen Epoche galt und gewürdigt wurde, ist nicht so eindeutig. Nach den langen Jahren der Kohl-Ära, dem Umbruch im östlichen Europa, der deutschen Einigung und dem Zerfall des sowjetkommunistischen Machtimperiums haben sich die Urteile oft, zum Teil in Nuancen, zum Teil aber auch gravierend verändert. Zu einem gewandelten, konservativ angehauchten Klima schien es besser zu passen, langfristige Kontinuitäten stärker herauszustreichen und im Extremfall sogar Adenauer als Wegbereiter der Einigung zu feiern. Zum anderen gehörte dazu, daß es am Beginn der sozial-liberalen Regierungszeit doch auch einen Fundus an innenpolitischen Gemeinsamkeiten von Sozial- und Freidemokraten gab, zum Beispiel in der Bildungs- und Rechtspolitik, um nur zwei zu nennen.

Das Leitmotiv in Willy Brandts Regierungserklärung vom 28. Oktober 1969 lautete: »Wir wollen mehr Demokratie wagen«.[2] Dies kam einer Stimmung entgegen, die sich nicht nur mit der Studentenbewegung, sondern in vielen gesellschaftlichen Bereichen unüberhörbar artikulierte. Etablierte Autoritäten, überkommene Verhaltensmuster, Rollenverteilungen und Denkweisen wurden in Frage gestellt. Durchbrechung der verkrusteten Strukturen, einschneidende Veränderungen in vielen Lebensbereichen und eine Demokratisierung von Staat und Gesellschaft beherrschten die Schlagzeilen. Ein antikonservativer, libertärer Zeitgeist bestimmte die Stunde, und nicht nur Willy Brandt, sondern besonders die kleine sich wandelnde FDP trugen ihm Rechnung. Auf dem Freiburger Parteitag vom Januar 1968, auf dem Walter Scheel den bisherigen Bundesvorsitzenden Erich Mende ablöste, vollzogen die Freidemokraten mit ihren »Freiburger Thesen« die sozial-liberale Wende, die eine Grundlage für ein zureichendes Maß an innenpolitischen Gemeinsamkeiten für die Bildung der Regierung Brandt/Scheel schuf. Ost- und deutschlandpolitisch bekräftigte Freiburg dagegen eigentlich nur den Kurs, mit dem Männer wie Wolfgang Schollwer, einflußreicher Referent der Partei, und Hans Wolfgang Rubin, der Bundesschatzmeister, das Profil der FDP als deutschlandpolitische Vorreiter prägten. Als Oppositionspartei natürlich freier, ließ sie schon im Herbst 1968 im Parlament erkennen, daß sie zu einer Anerkennung der DDR, zwar nicht als Ausland, aber doch in der politischen Realität bereit war.[3] Im Januar 1969 brachte sie sogar den Entwurf zu einem Staatsvertrag mit der DDR im Deutschen Bundestag ein[4], der auf eine Art Modus-vivendi-Regelung mit dem zweiten deutschen Staat zielte. Im Unterschied zur FDP, die auf die deutsch-deutsche Karte setzte, war den ost- und deutschlandpolitischen Vordenkern und Strategen in der Sozialdemokratie klar, daß zuerst ein Arrangement mit der östlichen Vormacht in Moskau angebahnt werden mußte, in dessen Rahmen und Kontext dann das Verhältnis zur DDR vertraglich geregelt werden konnte.

In den Kernpunkten, daß eine Neuorientierung der bundesdeutschen Ost- und Deutschlandpolitik anstand und es dazu hohe Zeit war, bahnte sich immer deutlicher ein Konsens zwischen den Frei- und den Sozialdemokraten an, während die CDU/CSU nach der Niederwerfung des Prager Frühlings 1968 und mit Blick auf die Bundestagswahlen zusehends wieder auf alte Adenauersche Positionen zurückfiel, das heißt die »strikte Nichtanerkennung der DDR als Staat«.[5] In einem späteren Interview deutete Egon Bahr dies so: »Nach dem Einmarsch in die Tschechoslowakei reduzierte sich die Bereitschaft der CDU, real weiterzumarschieren, auf annähernd null und wurde dann zu einer Minusgröße in dem Maße, in dem der Wahltermin von 1969 näher rückte.«[6] Die Gemeinsamkeiten dieser »Ehe auf Zeit« waren weitgehend aufgebraucht, und die Differenzen auf fast allen Gebieten und eben auch in der Deutschland- und Ostpolitik keimten immer stärker auf, je näher der Wahltermin rückte.

Bei der Wahl Gustav Heinemanns zum neuen Bundespräsidenten räumte die FDP durch ihr diszipliniertes, geschlossenes Wahlverhalten Vorbehalte bei vielen Sozialdemokraten aus, die, begründet durch vergangene Erfahrungen, an der Verläßlichkeit der Freidemokraten große Zweifel hegten und der »Umfallerpartei« deswegen mit Reserven begegneten. Gustav Heinemanns damals vielfach kritisiertes Wort von dem Stück »Machtwechsel«, der mit seiner Wahl im März 1969 eingeleitet wurde, hatte insofern seinen wahren Kern, als damit der Auftakt zur Ablösung der Union als Kanzlerpartei, zur Bildung der Regierung Brandt/Scheel und zur sozial-liberalen Ära gegeben wurde.

Was auf der Bonner Bühne lief, war nur ein Stück in dem großen Welttheater, bei dem die großen Akteure in Washington und Moskau den Ton bestimmten und den Rahmen absteckten, innerhalb dessen die anderen ihren Part spielen durften. Die USA drängten unter der Präsidentschaft Richard Nixons, der am 20. Januar 1969 sein Amt angetreten hatte, Bonn zu einer aktiveren Rolle bei der Ost- und Deutschlandpolitik. Der überaus einflußreiche US-Sicherheitsberater und strategische Kopf in der US-Außenpolitik Henry Kissinger mokierte sich in seinen »Erinnerungen« über die »Nichtanerkennungspolitik« der Christdemokraten, die »starr an den politischen Maximen der 50er Jahre« festhielten. »Ihr an Besessenheit grenzender Eifer, die einmal eingeschlagene Richtung beizubehalten, erregte die Ungeduld einer amerikanischen Regierung, die neue Perspektiven eröffnen wollte.« Bonn werde dadurch »zunehmend in Konflikte« mit den Verbündeten und den neutralen Staaten getrieben und hätte, wenn es bei diesem Kurs geblieben wäre, »unter Umständen bei einer Krise mit dem Osten praktisch allein« gestanden.[7] Ebenso bedeutend wie der schon seit Jahren spürbare, jetzt noch verstärkte Anpassungsdruck aus dem Westen war für die Bonner Ostpolitik eine erkennbar veränderte Interessenslage im Osten.

Gerade die militärische Intervention des Warschauer Paktes in der Tschechoslowakei hatte erneut brutal demonstriert, daß der Kreml das Zepter schwang und Moskau mit harter Hand über sein Imperium verfügte. Doch dieser Panzerkommunismus zwang zwar Alexander Dubček und die Seinen in die Knie. Aber er diskreditierte zugleich den Moskauer »Sozialismus« und seine »brüderliche Hilfe« vor den Augen der Welt. Er beendete, wie wir heute deutlicher wissen, den Traum von Reformern und vieler ehrlicher Sozialisten, daß eine grundlegende Wandlung aus dem System heraus in Richtung eines freiheitlich, demokratisch-humanen Sozialismus möglich sei.

Doch dies waren sehr langfristige, letztlich schwer faßbare Prozesse. Konkreter und drängender war für die Kremlmachthaber und ihre Adlati das Faktum, daß die Ökonomie und das Bruttosozialprodukt immer weiter hinter denen der Vereinigten Staaten, Westeuropas und Japan zurückblieben und wirtschaftliche Krisensymptome stärker zu Tage traten. Die Sowjetunion geriet schließlich in eine so schwere Versorgungskrise, daß Generalsekretär Breshnew bei dem Krimtreffen der Ostblockführer am 31. Juli 1972, bevor man zum Essen ging, den »Bruderstaaten« umgehende Hilfslieferungen an Nahrungsmitteln und sonstigen dringend benötigten Gütern oktroyierte, um die ärgsten Engpässe zu lindern.[8] Um aus der ökonomischen Misere herauszukommen, die letztlich durch die Ineffektivität des Systems bedingt war, zielte die sowjetische Politik nun darauf ab, zu einer wirtschaftlichen und technologischen Zusammenarbeit mit dem Westen zu kommen. Dazu aber brauchte es kompetente und wirtschaftlich leistungsstarke Partner, und außer den USA bot sich dafür eben die Bundesrepublik an.[9]

Die angeführte Krimkonferenz liefert zugleich eindrucksvolle Belege, wie sehr der Konflikt mit Peking die Moskauer Gemüter bewegte und mit Sorgen erfüllte. Die schon seit langem schwelende Krise mit Maos China war im März 1969 bis zu blutigen Scharmützeln zwischen sowjetischen und chinesischen Truppen am Grenzfluß Ussuri eskaliert.[10] Moskau hatte nun einen bedrohlich wirkenden Gegner im Nacken, der sich kaum berechnen ließ, und angesichts der schwer zu kalkulierenden Risiken an der südöstlichen Front des Riesenreiches sprachen die natürlichen Interessen dafür, den Status quo in Europa so zu fixieren, daß eine Art friedlicher Ausgleich und Entspannung möglich wurde und so für Entlastung sorgte.[11]

»Die Wende leitete nicht Bonn ein, sondern Moskau«, betont Hans Georg Lehmann in einer Studie über die »Entstehung der Ost- und Entspannungspolitik« mit einigem Recht.[12] Das Angebot der Sowjetunion über Gespräche zum Gewaltverzicht war am 12. September 1969 noch an die Regierung der Großen Koalition ergangen. Doch die Antwort gab erst die sozial-liberale Regierung, als Außenminister Walter Scheel dem sowjetischen Botschafter am 30. Oktober, zwei Tage nach Brandts Regierungserklärung, mitteilte, man nehme das Angebot an.[13]

Willy Brandts Regierungserklärung vom 28. Oktober 1969 »markierte den wirklichen Beginn der sozial-liberalen Ostvertragspolitik«.[14] An dem außenpolitischen Teil hatte Egon Bahr entscheidend mitgewirkt. Aus seiner Studie über die »Außenpolitik einer künftigen Bundesregierung« und dem von seinem Planungsstab erarbeiteten und am 18. September vorgelegten »Rahmenvertrag mit der DDR« flossen wesentliche Elemente in die Grundsatzerklärung der Regierung ein. Die Momente, Intentionen und Ziele, die Bahr dabei leiteten, werden von Vogtmeier sehr präzise beschrieben[15] und werden von Egon Bahr selbst in seinen rückblickenden Erinnerungen ausgiebig dargestellt und analysierend erläutert.[16] Nicht eine »endgültige Regelung« wurde angestrebt, sondern eine Art Modus vivendi über das Verhältnis der »beiden Teile [Deutschlands] einschließlich Berlins bis zur endgültigen Lösung der deutschen Frage«. Auf der einen Seite berge dies zwar »die Gefahr, er werde den endgültigen Teilungsprozeß einleiten«, auf der anderen verbinde sich damit die Erwartung der Bundesrepublik, »daß nach formeller Klärung des Verhältnisses der beiden deutschen Staaten zueinander die materiellen Elemente des Vertrages und die darin enthaltenen zwischendeutschen Anknüpfungspunkte politisches Gewicht gewinnen und zugunsten der Überwindung der Teilung in unserem Sinne wirken«.[17]

»Im Zeichen der Kontinuität und im Zeichen der Erneuerung«, so Willy Brandt in seiner Regierungserklärung vom 28. Oktober 1969, solle die Politik der sozial-liberalen Koalition stehen. Der neue Bundeskanzler bezog dies sowohl auf die Innen- wie die Außenpolitik. Er knüpfte konkret an die von der Großen Koalition bekundete Bereitschaft zu gegenseitigen Gewaltverzichtsabkommen unter Einbeziehung der DDR an und charakterisierte die neue Ostpolitik quasi als eine logische Weiterentwicklung der unter Adenauer beschrittenen Westpolitik. Für manche dezidierten Anhänger und Verfechter der sozial-liberalen Ost- und Deutschlandpolitik, die besonders das fundamental Neue hervorkehrten, geraten diese Aspekte eher zur Nebensache. Für Brandt war er das nicht, auch nicht einfach verständliche Taktik. Wer seine große Rede zur Verleihung des Friedensnobelpreises liest[18], findet diesen Gedanken wieder und fast noch stärker herausgearbeitet als in seiner Regierungserklärung.

Willy Brandt ging es im Kern darum, als Konsequenz aus dem von Hitler-Deutschland entfesselten Krieg und angesichts der furchtbaren Verbrechen nun die überfällige Verständigung und Aussöhnung mit den östlichen Nachbarn zu suchen. Dies war, verglichen mit der Westpolitik und Westintegration aus der Adenauer-Ära, eine noch ungleich dornigere, schwierigere Aufgabe. Sie forderte von den Deutschen die Einsicht in zu erbringende Opfer. Zudem herrschte in der DDR ein System, das sich fundamental von dem westlichen Werteverständnis unterschied, diktatorisch-autoritär verfaßt war und sich in einem schon Jahrzehnte andauernden Macht- und Systemkonflikt mit dem Westen befand. An der Fortdauer dieses Grunddissenses ließ Willy Brandt keinen Zweifel. Ebenso hat er die unzweideutige, feste Verankerung der Bundesrepublik im westlichen Vertrags- und Kooperationssystem (EG, NATO, atlantische Partnerschaft, besondere Bindung an Frankreich) als unverrückbare Fundamente bundesrepublikanischer Politik herausgestellt.[19] Doch unverkennbar war auch, daß Brandt mit seiner unzweifelhaften Vergangenheit und der unbeugsamen Gegnerschaft gegen den Nationalsozialismus, für die er zuvor herbe, oft verletzende Kritik hatte einstecken müssen, freier und souveräner auftrat und sprach als seine Vorgänger als Regierungschefs. Sein Wort anläßlich der Kanzlerwahl im Kreis von ausländischen Journalisten, er fühle sich »als Kanzler nicht eines besiegten, sondern eines befreiten Deutschlands«[20], markierte eine neue Qualität.

Aus dieser Grundkonstellation heraus war er wie kein anderer geeignet, mit seiner ersten Regierungserklärung für die neue sozialliberale Koalition den zentralen Startimpuls für die Politik der Ostverträge zu geben. Die Botschaft konzentrierte sich in wenigen Sätzen: »Diese Regierung geht davon aus, daß die Fragen, die sich für das deutsche Volk aus dem Zweiten Weltkrieg und aus dem nationalen Verrat durch das Hitler-Regime ergeben haben, abschließend nur in einer europäischen Friedensordnung beantwortet werden können. Niemand kann uns jedoch ausreden, daß die Deutschen ein Recht auf Selbstbestimmung haben wie alle anderen Völker auch. Aufgabe der praktischen Politik in den jetzt vor uns liegenden Jahren ist es, die Einheit der Nation dadurch zu bewahren, daß das Verhältnis zwischen den beiden Teilen Deutschlands aus der bisherigen Verkrampfung gelöst wird.« Am Selbstbestimmungsrecht als einem fundamentalen Recht und als ein Mittel, um in Frieden, Freiheit und im Einvernehmen mit Nachbarn und Partnern eine Einigung Deutschlands zu schaffen, hat nicht nur Willy Brandt, sondern die sozial-liberale Koalition unter beiden Kanzlern unbeirrt festgehalten. Die Einheit der Nation nicht nur in Verfassungsbestimmungen und Sonntagsreden zu beschwören, sondern sie im Bewußtsein der Deutschen auch in den Zeiten der Teilung wachzuhalten, war einer der wichtigsten Beweggründe dieser neuen Ost- und Deutschlandpolitik. Mit dem Begriff »Kulturnation« und häufiger noch mit dem von Carlo Schmid entlehnten Begriff der »Bewußtseinsnation« suchte Brandt deutlich zu machen, was diese Deutschen beiderseits des Stacheldrahts durch Sprache und Geschichte »mit ihrem Glanz und Elend« verband und was sie darüber hinaus in dem gegenwärtigen Bewußtsein der Zusammengehörigkeit einte, unter anderem »Verantwortung für den Frieden unter uns und in Europa«.

»20 Jahre nach Gründung der Bundesrepublik Deutschland und

der DDR«, fuhr Brandt fort, »müssen wir ein weiteres Auseinanderleben der deutschen Nation verhindern, also versuchen, über ein geregeltes Nebeneinander zu einem Miteinander zu kommen. Dies ist nicht nur ein deutsches Interesse, denn es hat seine Bedeutung auch für den Frieden in Europa und für das Ost-West-Verhältnis.« Die Bundesregierung biete in Fortsetzung der mit der Großen Koalition eingeleiteten Politik »dem Ministerrat der DDR erneut Verhandlungen beiderseits ohne Diskriminierung auf der Ebene der Regierung an, die zu vertraglich vereinbarter Zusammenarbeit führen sollen«. Eine »völkerrechtliche Anerkennung« schloß die Regierungserklärung ausdrücklich aus und sie stellte ebenso klar, daß vertragliche Regelungen nicht dem Ziel einer Lösung der deutschen Frage auf der Grundlage des Selbstbestimmungsrechtes und im Rahmen einer europäischen Friedensordnung entgegenstehen dürften.[21]

Richard von Weizsäcker hat den Satz in Brandts Regierungserklärung vom 28. Oktober 1969, in der er erstmals von der Existenz von »zwei Staaten in Deutschland« sprach, »die fundamentale Weichenstellung« genannt.[22] Brandt hatte hinzugefügt, sie seien »doch füreinander nicht Ausland; ihre Beziehungen zueinander können nur von besonderer Art sein«. Mit der Umbenennung des Ministeriums für gesamtdeutsche Fragen in »Ministerium für innerdeutsche Beziehungen« etablierte die sozial-liberale Koalition eine Sprachformel, die sich dem Wandel anpaßte. Treffender für das Verhältnis, das sich nun zwischen der Bundesrepublik und der DDR herausbildete, war allerdings die Version von den »deutsch-deutschen Beziehungen«, die sich mehr und mehr auch im Sprachgebrauch durchsetzte.[23]

Die Botschaft wurde im Osten gehört, in Ost-Berlin, in Warschau und natürlich auch im Kreml. Am 8. Dezember 1969 wurden in Moskau die deutsch-sowjetischen Vorgespräche über einen Gewaltverzicht aufgenommen. Geführt wurden sie von Botschafter Helmut Allardt für die Bundesrepublik Deutschland und Außenminister Andrej Gromyko für die UdSSR. Sie verliefen weitgehend fruchtlos, was wohl nicht nur an dem unflexiblen, in den alten Bahnen argumentierenden Allardt, sondern auch an Gromyko und der sowjetischen Seite lag.[24] Auf einer Konferenz der Warschauer-Pakt-Staaten Anfang Dezember 1969 suchte Breshnew seine Satelliten auf einen gemeinsamen Kurs festzulegen, und dies bedeutete natürlich auch, daß die Sowjetunion die unbestrittene Hegemonie besaß und die anderen sich fügen sollten. Der Politische Beratende Ausschuß, also das Führungsgremium des Paktes unter Moskauer Führung, attestierte der Bundesregierung Realismus und verzichtete auf das bis dahin festgeschriebene Postulat, daß die Bundesrepublik vor einer Regelung der Beziehungen zu den osteuropäischen Staaten erst die DDR anzuerkennen habe.[25]

Versuche eines deutsch-deutschen Dialogs

»In gewissem Sinne war die gesamte Ostpolitik Deutschlandpolitik.« Mit diesem kurzen, prägnanten Satz beginnt Garton Ash sein Kapitel »Deutschland und Deutschland«[26], in dem er das Verhältnis von Bundesrepublik und DDR vom Beginn der sozial-liberalen Ära bis zum Ende der DDR beschreibt und analysiert. Diese Feststellung gilt zu Recht. Sie wird in fast allen Untersuchungen unterstrichen. Hier geht es um die direkten Beziehungen zwischen den »beiden Staaten in Deutschland«, wie die Formel in der Bundesrepublik zunächst hieß und für die sich alternierend allmählich die von der DDR bevorzugte Bezeichnung zwischen »den beiden deutschen Staaten« einbürgerte.[27]

In Ost-Berlin herrschte der eigenwillige Walter Ulbricht, der zwar um die Gefährlichkeit einer Botschaft der Einheit der Nation wußte, sie aber propagandistisch ausspielen konnte, solange Bonn sich gegen Gespräche sperrte. Doch schon nach dem Redneraustausch und den deutschlandpolitischen Lockerungsübungen der Großen Koalition suchte er Zuflucht zu der These von den zwei Staaten in einer Nation.[28] Als nun Willy Brandt bei seinem Verhandlungsangebot an die DDR von der Existenz zweier Staaten in Deutschland sprach und der DDR damit erstmals »Staatsqualität« attestiert hatte, kam dies zwar partiell dem Anliegen der DDR-Führung nach Aufwertung ihres Staates entgegen. Daß der Kanzler aber gleichzeitig von Sonderbeziehungen zwischen diesen beiden Teilen Deutschlands ausging und den Akzent auf das Fortbestehen einer deutschen Nation legte, erschien in den Augen der Ost-Berliner Machthaber zumindest ambivalent.

Ulbricht begegnete dieser »Umarmungsstrategie der sozial-liberalen Koalition« zunächst mit einer harschen Kritik an dem »Vormundschaftsanspruch« der Bundesrepublik Deutschland gegenüber der DDR.[29] Fast gleichzeitig offerierte er mit einem Schreiben an Bundespräsident Gustav Heineman vom 17. Dezember 1969 »Verhandlungen« über ein »friedliches Nebeneinander« und fügte gleich den »Entwurf eines Vertrages über die Aufnahme gleichberechtigter Beziehungen« zwischen der DDR und der Bundesrepublik bei.[30] Er scheint fast vergessen – zu Unrecht. Im Kern enthielt dieser im *Neuen Deutschland* veröffentlichte Entwurf weitgehend den Forderungskatalog, wie er zuvor von der ganzen östlichen Seite erhoben wurde. Auf ihn griff die DDR zunächst auch beim Einstieg zu den Verhandlungen über den Grundlagenvertrag zurück. Natürlich war die in Artikel VII vorgesehene Verpflichtung beider Seiten, »den Status Westberlins als selbständige politische Einheit zu achten«, für die Bundesrepublik unannehmbar. Zwischen alle Stühle aber setzte sich Ulbricht mit der ausdrücklichen Forderung in Artikel II auf Anerkennung der »Grenze an Oder und Neiße« durch beide deutsche Staaten. Denn damit verletzte er nicht nur polnische Empfindungen, da Polen diese Grenze natürlich bilateral in einem Abkommen mit der Bundesrepublik anerkannt haben wollte. Er stellte sich damit auch gegen die Interessen der Führer der Sowjetunion, die dadurch ihr Privileg als Vor- und Verfügungsmacht verletzt sahen. Schließlich waren sie es, die mit dem Moskauer Vertrag den Polen die Grenzgarantie durch die Bundesrepublik gewissermaßen als ihr Präsent übergaben.

Wenn es Ulbrichts Hauptziel gewesen sein sollte, »jede weitere Annäherung zu blockieren und den angestrebten Dialog zu unterbinden«, wie es Andreas Vogtmeier interpretiert[31], so gelang dies jedenfalls nicht. Auch die Logik dessen, was danach geschah, spricht dagegen. Es ging wohl vielmehr darum, seine Maximalforderungen festzuzurren und in Überschätzung seiner Macht- und Wirkungsmöglichkeiten nicht nur Polen, sondern dem großen Bruder in Moskau zu demonstrieren, daß seine DDR bei der Regelung der Beziehungen zur Bundesrepublik den Ton angeben wollte.

Aber weder Polen noch die Sowjetunion waren bereit, sich dem Diktat Ulbrichts zu unterwerfen. Unter Berufung auf einen streng vertraulichen Brief Brandts an den Ministerpräsidenten der UdSSR Alexej Kossygin vom 19. November 1969[32] meldete sich kurz vor

Weihnachten ein vorgeblicher sowjetischer Journalist Waleri Lednew bei Egon Bahr und berichtete, so notierte es Bahr, die »sowjetische Seite« sei zu »einem vertraulichen Meinungsaustausch« bereit. Was die DDR und die Bundesrepublik anbelange, gehe es nicht um die »Forderung nach völkerrechtlicher Anerkennung«, sondern darum, »daß das Verhältnis auch völkerrechtlich verbindlich sein müsse«.[33] Dies war der Beginn des geheimen »Kanals«, über den Lednew (Deckname »Leo«) und sein KGB-Vorgesetzter Wjatscheslaw Keworkow (Deckname »Slawa«) unverzüglich den KGB-Chef Juri Andropow informierten, der seinerseits sofort Bericht an Breshnew erstattete.[34]

»Wegen des Ulbricht-Briefes mit blockierenden Maximalforderungen, der vor einer Woche gekommen war, brauchten wir uns bis auf weiteres keine Sorgen zu machen.« So steht es bei Egon Bahr zu lesen[35], und weiter: »Er wurde nicht beantwortet.« Tatsächlich antwortete Bundespräsident Heinemann allerdings schon zwei Tage später, er habe die Vorschläge an die zuständige Bundesregierung mit der Bitte um schleunige Prüfung und Stellungnahme weitergeleitet.[36] Am 22. Januar 1970 schlug Bundeskanzler Brandt dem DDR-Ministerpräsidenten Willi Stoph in einem Schreiben die »Aufnahme von Verhandlungen über den Austausch von Gewaltverzichtserklärungen« nach dem »Grundsatz der Nichtdiskriminierung« vor. Dabei sollte auch über die Regelung praktischer Probleme, die das »Leben der Menschen im gespaltenen Deutschland« erleichtern können und alle anderen »zwischen unseren beiden Staaten anstehenden Fragen, darunter denen gleichberechtigter Beziehungen«, gesprochen werden.[37]

Nur wenige Tage später gab die Regierung bekannt, daß Egon Bahr die Gespräche und Verhandlungen mit der Sowjetunion führen werde.[38] Moskau hatte den Vorrang. Mit ihm wurden die Eckpunkte ausgelotet und der Rahmen abgesteckt. Die Regierung Brandt hatte ihre ost- und deutschlandpolitische Strategie von Beginn an darauf angelegt, die Antennen »primär nach Moskau (nicht nach Ost-Berlin)« auszurichten, und schöpfte diese Möglichkeiten und Handlungsspielräume voll aus.[39] Mit dem Angebot in der Regierungserklärung zu Verhandlungen auch mit der DDR auf der Basis der Gleichberechtigung und dem Wort von den »zwei Staaten in Deutschland« gab sie ein eindeutiges Signal und beseitigte damit Barrieren, die bisher die gesamten Neuansätze der Deutschland- und

Ostpolitik behindert und blockiert hatten. Aber in der operativen Politik hielt sich die sozial-liberale Regierung gegenüber der DDR zunächst eher zurück. Als Marschroute deutete Brandt Ende November 1969 im Parteivorstand an, es sei »in der gegenwärtigen Situation nicht beabsichtigt, der DDR ein umfassendes Verhandlungsangebot zu unterbreiten«.[40] So verzichtete sie bewußt auf eine Gegenvorlage zu dem von Ulbricht vorgelegten Vertragsentwurf. Bonn nahm den Ball zwar auf, doch mit anderer Richtung und anderem Ziel. Obwohl Ministerpräsident Stoph in einem Brief darauf erneut insistierte, negierte sie die in Ulbrichts Entwurf fixierten Forderungen und griff nur Stophs Vorschlag zu Treffen der beiden Regierungschefs auf. Wie schon der vorhergehende Schriftwechsel wurden auch diese Briefe publiziert, und dieses Austragen auf öffentlicher Bühne war charakteristisch für diese ersten Sondierungsversuche, die in das Erfurter Spitzentreffen mündeten.[41]

Von seiten der DDR-Führung wurden die Sondierungsversuche von dramatischen Beschwörungen drohender Gefahren (es gehe um »Frieden oder Krieg«) und einer verschärften Abgrenzungsstrategie begleitet. Neben ihrer bekannten Maximalforderung »gegenseitiger völkerrechtlicher Anerkennung« polemisierte sie massiv gegen Brandts Theorie von der »Einheit der Nation« und verstieg sich zu der Parole: »Zwischen den Krupps und den Krauses, zwischen den Milliardären und Multimillionären und dem werktätigen Volk gibt es keine nationale Einheit.«[42] Mit besonderer Schärfe verdammte Ulbrichts Noch-Kronprinz Erich Honecker die sozial-liberale Regierung unter Brandt: »Unter Ausnutzung der wirtschaftlichen Potenzen des westdeutschen Imperialismus und der sozialdemokratischen Ideologie, einer Form der bürgerlichen Ideologie«, wolle sie »versuchen, die Vorherrschaft über Europa schrittweise zu verwirklichen«, verkündete er vor der SED-Parteihochschule. »Einmal soll sie im Sinne des langfristigen Eindringens in die sozialistischen Länder ›das Tor nach Osten öffnen‹. Zweitens soll sie angesichts der wachsenden Widersprüche das staatsmonopolistische System in Westdeutschland für die Auseinandersetzung mit dem Sozialismus effektiver machen.«[43]

Bundeskanzler Brandt ging, wie er zu dieser Zeit dem US-Präsidenten Nixon schrieb, wohl zu Recht davon aus, »daß Ost-Berlin nicht nur propagandistisch, sondern auch in den blockinternen Auseinandersetzungen alle erdenklichen Anstrengungen unternehmen wird, um ein Übereinkommen zwischen uns und den Sowjets zu verhindern«.[44]

Es wurde fast zum geflügelten Wort, daß der Schlüssel zum Erfolg der neuen Ost- und Deutschlandpolitik in Moskau lag und über Moskau das Tor aufgestoßen wurde. Wenn dieses so ausschließlich galt, welchen Stellenwert hatte dann das Gespräch mit der DDR-SED, nur einen flankierenden oder einen eigenständigen Wert? In der Regierung jedenfalls gingen die Meinungen über den Nutzen direkter Kontakte zur DDR auseinander. Positiv sah man im Bundesministerium für innerdeutsche Beziehungen ein »wachsendes Selbstbewußtsein« der DDR »selbst gegenüber der Sowjetunion im politischen Bereich«[45]. Egon Bahr wollte dagegen durch die umgehende Zustellung des Brandt-Briefes an Stoph vom 22. Januar 1970 an den sowjetischen Botschafter in Bonn dokumentieren, daß Bonn ausschließlich auf die sowjetische Vormacht setzte.[46] Brandt kam es darauf an, durch die Bekundung der Gesprächsbereitschaft mit der DDR-Regierung »negative Einflüsse Ost-Berlins auf Moskau abzuschwächen und gleichzeitig deutlich zu machen, daß es im Sinne unserer Politik wichtige Bereiche gibt, in denen wir mit einzelnen Partnern des Warschauer Paktes selbst zu Regelungen kommen wollten. [...] Unsere Politik verlangte Initiative nach allen Seiten, nicht zuletzt gegenüber der DDR.«[47] Obwohl das DDR-System mauerte und sich abschottete, kam es am 19. März 1970 zu dem Treffen von Bundeskanzler Brandt und DDR-Ministerpräsident Stoph in Erfurt.

Nachdem Brandt im Februar 1970 Stophs Vorschlag zu einem Besuch aufgenommen hatte, wurde in Bonn intensiv dafür gearbeitet. Dazu gehörten Materialien über Abkommen und Verträge der DDR mit der EWG und der EFTA, zur Mitgliedschaft beider deutscher Staaten in internationalen Organisationen, über »Vorbehalte der interalliierten Vereinbarungen und der Pariser Verträge«, die »Interpretation des Potsdamer Abkommens durch die DDR« und die »Bedeutung und Funktion des Begriffs ›Nation‹« im DDR-System, die zumeist von Jürgen Weichert und Hansjürgen Schierbaum vom Bundesministerium für innerdeutsche Beziehungen erstellt worden waren.[48] Der Vorsitzende der Oppositionsfraktion Rainer Barzel, der von sich aus seine Mitwirkung anbot, erhielt wenigstens in sein Urlaubsquartier in Palermo eine kurze Mitteilung Brandts.[49]

Am 2. März 1970 nahmen die beiden Delegationen zur »technischen« Vorbereitung des Treffens mit einem ersten Gespräch in Ost-Berlin ihre Arbeit auf. Geleitet wurde die DDR-Delegation von Gerhard Schüßler, dem stellvertretenden Leiter des Büros des Vorsitzenden des Ministerrates Willi Stoph, während auf der Seite der Bundesrepublik Ulrich Sahm, Ministerialdirektor im Bundeskanzleramt, die Delegation anführte, unterstützt unter anderen von Ministerialdirigent Jürgen Weichert vom Bundesministerium für innerdeutsche Beziehungen und Ministerialrat Ernst-Günter Stern aus dem Kanzleramt. Das Brandt-Stoph-Treffen sollte ursprünglich in Ost-Berlin stattfinden. Während die DDR-Seite »Westberlin«, für sie eine selbständige politische Einheit, natürlich ganz heraushalten wollte, beharrten die Bonner auf einem Akt symbolischer Einbindung von Berlin (West), konkret durch die Abreise des Kanzlers über die Sektorengrenze in den westlichen Teil der Stadt. An den Modalitäten der An- und Abreise hakten sich die Gespräche fest, so daß in Bonn schon Helsinki als Ausweichort erwogen und entsprechend in Helsinki sondiert wurde. Als Schüßler dann am 12. März mit dem Vorschlag Erfurt und 19. März kam, folgte prompt Sahms Erklärung, er sei bevollmächtigt, »diesen Vorschlag sofort anzunehmen«.[50]

Die notwendigen weiteren technischen Vorbereitungen wurden verhältnismäßig reibungslos zwischen den Delegationen abgeklärt, und in Bonn steuerte ungefragt noch ein Mitarbeiter des Kanzleramtes, der wenige Jahre darauf sehr bekannt wurde, eine gute Idee bei: In einem kurzen Vermerk für Kanzleramtsminister Horst Ehmke schrieb Günter Guillaume am 13. März, im nur 20 km von Erfurt entfernten Konzentrationslager Buchenwald sei am 28. August 1944 »der SPD-Vorsitzende Rudolf Breitscheid umgebracht worden. Es würde meiner Ansicht nach besonders im Ostblock sehr beachtet und positiv aufgenommen werden, wenn der Bundeskanzler dort am Mahnmal einen Kranz niederlegen würde.«[51] Der Vorschlag dieses »Ostexperten«, der allerdings die Fakten ein wenig zurechtbog (Rudolf Breitscheid kam bei einem Luftangriff auf das KZ Buchenwald am 24. August 1944 ums Leben) und wohl nicht nur aus eigenem Antrieb handelte[52], wurde aufgegriffen und der DDR als Brandts Wunsch übermittelt. Nachdem die DDR am 17. März 1970 ihr Placet erteilt und der Bundesnachrichtendienst am gleichen Tag einige Informationen über Buchenwald geliefert hatte[53], stand diesem symbolischen Akt der Referenz vor den Opfern der nationalsozialistischen Gewaltherrschaft nichts mehr im Wege.

In Bonn wurde in diesen Tagen intensiv an der so bedeutungsvollen Eingangserklärung Brandts gearbeitet, zu der Sahm am 13. März einen ersten Entwurf geliefert hatte. Nach mehrfachen Überarbeitungen auch durch Brandt selbst und unter Einbeziehung von Scheel, Franke, Dorn, Ehmke, Wehner, Mischnick und Helmut Schmidt lag schließlich am 18. März, am Tag von Erfurt, der Text für die grundlegenden »Ausführungen« des Bundeskanzlers »in Erfurt am 19. März 1970« vor.[54]

Bei seiner Reise mit dem Sonderzug zu diesem historischen Treffen wurde Willy Brandt von einer kleinen Delegation begleitet: dem Bundesminister für innerdeutsche Beziehungen, Egon Franke (SPD), dem Parlamentarischen Staatssekretär im Innenministerium, Wolfram Dorn (FDP), dem Sprecher der Bundesregierung und Chef des Bundespresseamtes, Conrad Ahlers, Ministerialdirektor Ulrich Sahm und Ministerialdirigent Jürgen Weichert, beides deutschlandpolitische Experten. Zur Delegation von DDR-Ministerpräsident Willi Stoph gehörten Außenminister Otto Winzer, die Staatssekretäre Michael Kohl und Günter Kohrt sowie Gerhard Schüßler vom Büro des Ministerrates und Hans Voss vom Ministerium für Auswärtige Angelegenheiten.

Am 19. März 1970 um 10.00 Uhr morgens begann die Konferenz. In jeweils ausgiebigen Grundsatzerklärungen von Brandt und Stoph sowie langen Erwiderungen wurden die Positionen abgesteckt, Vorwürfe an die andere Seite erhoben und zurückgewiesen. Doch es wurde auch sachorientiert argumentiert und jedenfalls nichts verbaut. Beide, Brandt wie Stoph, nannten das Treffen nützlich und vereinbarten eine Fortsetzung des Dialogs bei einem neuen Spitzentreffen in Kassel.[55] Historisch war dieses Treffen schon deshalb, weil hier erstmals die beiden Regierungschefs der so ungleichen beiden deutschen Staaten an einem Tisch saßen. Äußerlich war dieser Besuch zunächst ein Prestigegewinn des DDR-Regimes. Doch Bonn mußte diesen Preis aus übergeordneten Gesichtspunkten zahlen. Denn mit diesem Signal lieferte Bonn der Sowjetführung den sichtbaren Beweis, daß die Bundesregierung bereit war, die in den Moskauer Gesprächen bekundete Politik zu praktizieren. Wohl noch wichtiger als alles, was in Erfurt in den förmlichen Sitzungen und daneben unter vier Augen besprochen wurde[56], waren die Geschehnisse am Rande: Die »Willy, Willy Brandt«-Rufe für den sich am Fenster des »Erfurter Hofes« zeigenden Willy Brandt waren unüberhörbare Signale. Erfurt zerriß in einem kurzen Moment den Traumschleier, in den sich die DDR-Herrscher hüllten. Die Hoffnungen auf den Zusammenhalt der Deutschen in der DDR waren lebendig und die Erwartungen auf eine Wende zum Besseren durch die sozialdemokratische Lichtgestalt Willy Brandt groß. Die Hilflosigkeit der DDR-Sicherheitskräfte wurde zum Lehrstück, daß sich die Autorität der Staatsgewalt der DDR nur durch einen Masseneinsatz der »Staatssicherheit« durchdrücken ließ.[57] Für das Regime verband sich mit Erfurt die Furcht, doch für die Menschen wurde Erfurt zu einem Symbol für die Hoffnungen auf einen Wandel, die sich mit Brandts Ost- und Deutschlandpolitik verbanden.

Nachdem Erfurt die Schwächen des SED-Staates so bloßgestellt hatte, ging man an die Vorbereitung des zweiten Treffens mit aller pedantischen Gründlichkeit, deren das System nur fähig war. Nichts sollte dem Zufall überlassen werden. Am 28. April wurde eine besondere Parteikommission eingesetzt, die sich mit den Vorarbeiten befaßte. Ihr gehörten Erich Honecker, damals Politbüromitglied und Sekretär des ZK der SED, Albert Norden, Vollmitglied des Politbüros und ZK-Sekretär für Propaganda, Hermann Axen, ZK-Sekretär für Internationale Beziehungen, Werner Lamberz, Leiter der Abteilung Agitation, Heinz Geggel, Sekretär der Westkommission beim Politbüro, DDR-Außenminister Otto Winzer, sein Staatssekretär Peter Florin, Frank-Joachim Herrmann als Staatssekretär für westdeutsche Fragen sowie natürlich auch Erich Mielke, der Chef des Ministeriums für Staatssicherheit (MfS), an.[58] Am 15. Mai hielt sich eine Partei- und Regierungsdelegation unter Leitung Walter Ulbrichts und Willi Stophs in Moskau auf, um mit den sowjetischen Führern Breshnew, Podgorny und Kossygin zu beraten.[59] Am 19. Mai 1970, zwei Tage vor Kassel, bestätigte schließlich das Politbüro die »überarbeiteten Dokumente für Kassel«. Sie enthielten die Erklärungen Stophs – beim Eintreffen in der Bundesrepublik (Anlage 1) und vor Beginn der offiziellen Gespräche (Anlage 2), die Grundsatzerklärung (Anlage 3) und eine »Konzeption« für die Abschlußerklärung (Anlage 4) – sowie ein Kommuniqué zur Aufnahme in die UNO (Anlage 6). Den größten Umfang hatten die »Stellungnahmen zu möglichen Vorschlägen und taktischen Manövern der westdeutschen Delegation« (Anlage 5), in der in insgesamt 26 Einzelpunkten jeweils die Positionen und Argumente der Stoph-Seite festgeschrieben wurden.[60]

Es war der Wille der SED-Oberen, es in Kassel zu keiner Annäherung kommen und das Treffen auf jeden Fall ergebnislos ausgehen zu lassen. Selbst für den ganz unwahrscheinlichen Fall der »Bereitschaft der Bonner Regierung zur Anerkennung der DDR« (»5.25.« der Stellungnahmen) wurden noch Barrieren aufgebaut. Die DDR-Führung suchte bei Kassel die Konfrontation. Daß Rechtsradikale mit ihren Aktionen dazu noch propagandistisches Material lieferten, war nur Beigabe. Der restriktive Verweigerungskurs stand vorher fest.[61]

Natürlich bereitete man auch in Bonn das Kasseler Treffen gründlich vor. Neben den technischen Vorgesprächen und Dokumentationen über Gesetzesregelungen, die für das Verhältnis Bundesrepublik – DDR relevant waren, ging es dabei vor allem um den rechtlichen Rahmen für den Aufenthalt Stophs und seiner Begleitung in der Bundesrepublik Deutschland. An dem seit 1966 geltenden Gesetz »über die befristete Freistellung von der deutschen Gerichtsbarkeit« (sogenanntes Freies Geleit) stieß sich die DDR und verteufelte es als »Handschellengesetz«. Es war freilich ohnedies durch die 1968 vorgenommene Änderung der Strafprozeßordnung obsolet geworden. Mit seiner Aufhebung schuf Bonn, wie Brandt am 8. Mai Stoph mitteilte, Voraussetzungen für die von der DDR geforderten »gleichberechtigten Verhandlungen ohne Diskriminierung«.[62] Mit besonderer Sorgfalt arbeitete man im Kanzleramt an dem bekannten 20-Punkte-Katalog. Nach drei mehrfach korrigierten Entwürfen, deren dritter am 19. Mai noch 22 Punkte enthielt, war dann am Vortag des Treffens eine abschließende Fassung erstellt worden.[63]

Am 21. Mai 1970 trafen sich Bundeskanzler Willy Brandt und DDR-Ministerpräsident Willi Stoph mit ihren Delegationen zu ihrer zweiten Gesprächsrunde im Schloßhotel in Kassel-Wilhelmshöhe. Den harten Ton gab Stoph sofort vor, als er in einer Eingangserklärung noch schärfer als in der »beim Eintreffen in der BRD« die »völkerrechtswidrigen Anmaßungen der Bundesrepublik« anprangerte und Brandt wie der Bundesregierung vorwarf, sie würden nichts gegen »die faschistischen Umtriebe und die direkte Mordhetze gegen Repräsentanten der DDR« unternehmen. Fast wie bestellt flatterte direkt nach dieser Suada und ehe Brandt noch antworten konnte, der Zettel mit der Nachricht herein, daß die DDR-Fahne vor dem Schloßhotel vom Mast geholt und zerfetzt worden war. Erst nach diesen Eingangskontroversen, die schon nichts Gutes erwarten ließen, kam man zum Kern, den Grundsatzerklärungen von Brandt und Stoph.[64]

Nach dem Vorlauf und der erkennbaren Intransigenz der DDR konnte es nicht verwundern, daß Willy Brandt mit dem 20-Punkte-Katalog, mit dem die Bundesregierung ihre Positionen zur Lage der Nation, zum Inhalt eines Vertrages und zu menschlichen Erleichterungen umriß, beim Kasseler Treffen zunächst ins Leere stieß. Die darin formulierten Grundsätze und inhaltlichen Elemente für eine vertragliche Regelung der Beziehungen zwischen Bundesrepublik und DDR markierten in gewisser Weise das Bonner Gegenkonzept zum Vertragsentwurf der DDR vom Dezember 1969. Ein Vergleich dieser Eck- und Ausgangspunkte für Verhandlungen mit dem schließlich geschlossenen Grundlagenvertrag, wie ihn Jens Hacker für notwendig erachtete[65], führt auf einen Holzweg, weil dabei letztlich Unvergleichbares gegeneinandergestellt wird. Im Mai 1970 war die SED-Führung nicht einmal bereit, überhaupt noch ernsthaft die Einheit der Nation anzuerkennen. Genau darauf aber zielten die grundsätzlichen Passagen des Kasseler Brandt-Kataloges, der nicht nur von »Angehörigen einer Nation« (Punkt 10) sprach, sondern in Punkt 1 als Ziel einen Vertrag zweier »in ihren Verfassungen auf die Einheit der Nation ausgerichteter« Republiken nannte, den sie »im Interesse des Friedens sowie der Zukunft und des Zusammenhalts der Nation« schlössen.[66] In Kassel lief trotz einer Reihe sachorientierter Einzelerörterungen und immerhin mehrerer Vier-Augen-Gespräche[67] letztlich doch nichts. Kassel markierte nicht nur »eine Denkpause«, wie es eher verharmlosend hieß[68] und wie es häufig auch in der Literatur gewertet wurde. Die »Denkpause« war im Sinne von SED-Chef Walter Ulbricht und seinem Ministerrats-Adlatus Willi Stoph nur auf die Bundesregierung gemünzt, die zur »realistischen« Einsicht in die DDR-Positionen finden sollte.[69] Auch wenn die Wertung durch Detlef Nakath[70] zu positiv erscheint, besaß Kassel dennoch seinen Stellenwert. Es zwang letztlich die SED zur Auseinandersetzung mit einem geregelten Miteinander der beiden deutschen Staaten, wie sie Brandt mit dem 20-Punkte-Katalog offerierte.

Doch dazu bedurfte es erst des Umweges über Moskau, wo die Weichen gestellt wurden.

Am gleichen Tag, als das Kasseler Treffen weitgehend ergebnislos zu Ende ging, gerieten auch die Moskauer Bahr-Gromyko-Gespräche in die Sackgasse. Der kritische Punkt war der »Brief zur deutschen Einheit«. Die Verhandlungen drohten zu scheitern. Eine Reihe von Bonner Politikern sehen sich als Väter dieses Briefes, oder es wird ihnen dieses Verdienst zugeschrieben. Walter Scheel, der damalige Außenminister, gehört dazu, aber auch der damalige Oppositionsführer Rainer Barzel, der mehrfach sehr dezidiert dargelegt hat, es sei fast ausschließlich seinem Einsatz zu verdanken, daß die Option einer möglichen Einheit beim Moskauer Vertrag gewahrt wurde.[71] Andreas Vogtmeier hat eindeutig nachgewiesen, daß Egon Bahr klar und kategorisch in den Moskauer Verhandlungen darauf bestand, daß das Thema Deutsche Einheit in dem Vertrag berücksichtigt wurde. Seit dem zeitigen Frühjahr versuchte er dies mit der Idee eines einseitigen Briefes der Bundesregierung zur »Deutschen Einheit« zu realisieren, zu dem er schon damals einen ersten Entwurf verfaßte.[72] Weil Gromyko die Annahme eines derartigen »Briefes« bis fast zuletzt verweigerte, drohten schließlich die Verhandlungen am 21. Mai zu platzen. Doch einen Tag später lenkte die Sowjetführung ein. In der abschließenden Sitzung der Bahr-Gromyko-Runde wurde nun die Entgegennahme des von Bahr vorgelegten Entwurfes eines solchen »Briefes zur deutschen Selbstbestimmung« grundsätzlich akzeptiert. Der entscheidende Satz lautete, die Bundesregierung stellte »folgendes fest: Der heute unterzeichnete Vertrag beeinträchtigt nicht das politische Ziel der Bundesrepublik Deutschland, unter Wahrung der legitimen Interessen aller Beteiligten an der Schaffung einer europäischen Friedensordnung mitzuwirken, die dem deutschen Volk seine Einheit wiedergibt, wenn es sich dafür in freier Selbstbestimmung entscheidet.«[73]

Bei den abschließenden Vertragsverhandlungen, die Außenminister Scheel und Gromyko vom 27. Juli bis 7. August 1970 führten, wurden die Formulierungen zwar noch verändert[74] und dazu die Modalitäten der Übergabe abgestimmt. Der entscheidende Durchbruch aber war schon von Bahr Ende Mai erzielt worden. Es war gelungen, mit der Sowjetunion einen Vertrag auszuhandeln, der zum Schlüssel der ganzen Ostpolitik wurde, und die Option auf eine Wiederherstellung der deutschen Einheit in einer europäischen Friedensordnung zu bewahren, ohne daß dieses Offenhalten weiterhin alles belastete und blockierte.

Es ist nur zu verständlich, daß Egon Bahr eine positive Bilanz zog und auch Vogtmeier in seiner Darstellung über »Egon Bahr und die deutsche Frage« die Verdienste Bahrs herausstellte und darauf abhob, daß es gelungen sei, nicht nur die Option auf Wiedergewinnung der deutschen Einheit zu erhalten, sondern mit dem Moskauer Vertrag auch langfristig Wege zu eröffnen, die Sowjetunion mit einer »Wiedererlangung der staatlichen Einheit Deutschlands zu versöhnen«.[75] Bei aller Kritik, die damals vor allem von der Opposition und zeitgenössischen Akteuren an der Ost- und Deutschlandpolitik geübt wurde, setzte sich doch die Erkenntnis von einer bahnbrechenden historischen Leistung durch. Auch wenn nach der deutschen Einigung und dem Zusammenbruch des Sowjetimperiums vereinzelt wieder negative Töne laut wurden, läßt sich im Kern daran nicht deuteln. Selbst ein so dezidiert kritischer Politikwissenschaftler und Jurist wie Jens Hacker erkennt diese Leistung an: »Das historische Verdienst Egon Bahrs bleibt es, als Architekt der im Herbst 1969 von der SPD/FDP-Bundesregierung eingeleiteten neuen Ostpolitik dafür gesorgt zu haben, daß die 1970 mit der UdSSR und Polen geschlossenen Verträge die deutsche Frage politisch, rechtlich und historisch offen ließen.«[76]

Berlin-Abkommen und erste
bilaterale Verträge

In Moskau ging es um den Rahmen und die Schlüsselgewalt über den Ostzugang zum deutschen Haus. Der Kreml hatte nicht nur gegenüber seinem DDR-Vasallen das Sagen, sondern er sprach bei Berlin ein ganz entscheidendes Wörtchen mit. Die gefährdete Insel der Freiheit West-Berlin hatte Moskau im Verbund mit seinem Ost-Berliner Satelliten immer wieder als Druckmittel gedient. Eingeschnürt und eingesperrt von einem feindlichen Umland, spürten die West-Berliner ungleich stärker und hautnäher die brutale Härte des Macht- und Systemkonflikts, und weit stärker als vielen anderen in Bonn war den zu Berlinern gewordenen Willy Brandt und Egon Bahr die Bedeutung Berlins für das geteilte Deutschland bewußt. Wohl doch in Überschätzung oder Überzeichnung der realen Interessen vieler Deutscher im Westen brachte Willy Brandt 1961 zu Papier: »Wenn die Deutschen an ihr Vaterland denken, kreisen ihre Gedanken um Berlin. Diese Stadt ist ihr politischer Mittelpunkt. Sie ist ihre geistig-seelische Mitte. [...] Deshalb ist Berlin für die Deutschen, wo immer sie auch ihre politische Heimat gefunden haben mögen, nicht nur das Symbol der deutschen Teilung, sondern mehr noch ihres unveräußerlichen Anspruchs auf die Wiederherstellung der staatlichen Einheit Deutschlands. [...] Berlin, das ist der Anspruch auf das ganze Deutschland. Berlin, das ist die Hoffnung auf das ganze Deutschland.«[77]

Jenseits von solchen emotional gefärbten und überpointierten Aussagen über die Rolle Berlins ging es bei der ganzen Ost- und Deutschlandpolitik zentral darum, die bedrohte und gefährdete Position West-Berlins besser abzusichern und Berlin – jedenfalls faktisch – in die Regelung der Ostbeziehungen einzubinden. Klaus Schütz, über Jahre Brandts enger Berater und seit Oktober 1967 Regierender Bürgermeister von Berlin, hatte das Berliner Desiderat auf die Kurzformel der »drei Z« gebracht: Zuordnung (zur Bundesrepublik Deutschland mit der Repräsentanz von Bundesbehörden in West-Berlin und der Vertretung von West-Berlin durch Bund und Bundesbehörden), Zugang (von der Bundesrepublik nach West-Berlin und umgekehrt), Zutritt (von West-Berlinern nach Ost-Berlin und in das Gebiet der DDR).[78]

Während der Moskauer Verhandlungen weigerte sich Gromyko strikt, über den Problembereich »Berlin« zu sprechen. Dies sollte ausschließlich bei den Vier-Mächte-Verhandlungen geschehen, die am 26. März 1970 im ehemaligen Kontrollratsgebäude aufgenommen worden waren.[79] An ihnen besaßen auch die USA ein vitales Interesse. Für Henry Kissinger, der, wie Willy Brandt schrieb, wohl »die heiklen Ost-West-Fragen am liebsten insgesamt selber in die Hand genommen hätte«[80], waren sie ein Instrument, um die Ostpolitik der neuen selbstbewußt agierenden Bundesregierung zu kontrollieren und einzubinden. Sein überlieferter Ausspruch aus einem Gespräch mit dem Bonner Staatssekretär im Auswärtigen Amt, Paul Frank: »Das eine sage ich Ihnen: wenn Entspannungspolitik, dann machen wir sie und nicht

Sie«[81], wurde von der Wirklichkeit überholt. Aber mit der Vier-Mächte-Verantwortung und den Vier-Mächte-Verhandlungen besaßen die USA einen entscheidenden Einfluß- und Kontrollhebel über die nun so selbstbewußt agierende Bonner Ostpolitik, und sie nutzten sie zugleich als Instrument bei den Rüstungskontrollgesprächen mit Moskau. Für Kissinger stellte sich dieses »linkage« (Verknüpfung) so dar: »Während ich die Berlin-Verhandlungen verzögerte, um bei SALT rascher voranzukommen, verzögerte Gromyko die SALT-Verhandlungen, um die Berlin-Gespräche zu beschleunigen.«[82]

Welche Beweggründe gab es für Moskau, die Vier-Mächte-Gespräche über Berlin voranzubringen, war Berlin doch stets ein Instrument, um den Westen unter Druck zu setzen? Resultierte die sowjetische Bereitschaft, einer Regelung über Berlin zuzustimmen, wirklich aus dem Interesse der UdSSR an einer europäischen Sicherheitskonferenz? Egon Bahr ging davon aus: weil dies nicht ohne die Bundesrepublik gehe, ist dies »unser Hebel«.[83] Ob sich alles, was in den komplexen Gedankengebäuden und Analysen konstatiert und brillant formuliert wurde, genau mit der Wirklichkeit deckte, steht nun freilich nicht so unumstößlich fest, wie es sich manchmal liest. Denn ganz so zwingend erscheint die Logik nicht.

Noch bleibt einiges für die Historiker zu tun, um die Motive und Strategien der Moskauer Führung in der damaligen Zeit zu entschlüsseln. Die Sorgen wegen Maos China und die Gefährdung ihrer empfindlichen südöstlichen Flanke und dementsprechend ein Interesse an einer Entschärfung der Konfrontation an ihrer westlichen Front mit dem mächtigen Gegenüber der USA waren verständlich wie der Wunsch, aus der internationalen Isolierung nach Prag herauszukommen. Auch Erwartungen auf einen westlichen Wirtschafts- und Technologietransfer spielten wohl mit. Jedenfalls ließ sich die Sowjetunion auf die Vier-Mächte-Verhandlungen über Berlin ein. In seinen Erinnerungen hat Egon Bahr ausführlich dargestellt, welch großen Anteil die Brandt-Regierung an dem Zustandekommen dieses Abkommens hatte und welch entscheidenden Part er dabei spielte.[84]

Natürlich hatte die Bundesrepublik von allen Beteiligten das mit Abstand vitalste Interesse an einer Berlin-Regelung, die West-Berlin besser absicherte. Auf fünf Gebieten sollte nach den Vorstellungen Willy Brandts ein Abkommen Verbesserungen bringen: »Für den Verkehr zwischen dem Bundesgebiet und Berlin, für Besuche in Ost-berlin und der DDR, für die Vertretung nach außen und die konsularische Betreuung in der Sowjetunion, für die Teilnahme an den internationalen Aktivitäten des Bundes, für die Bindungen an den Bund.«[85] Nach dem Abschluß der Moskauer Bahr-Gromyko-Gespräche und vor den konkreten letzten Verhandlungen, die von den beiden Außenministern Walter Scheel und Andrej Gromyko am 27. Juli 1970 in Moskau aufgenommen wurden, erklärte die Bundesregierung, »ohne Sicherung Berlins – durch das Vier-Mächte-Abkommen – würde der Vertrag mit der Sowjetunion nicht in Kraft gesetzt werden können«.[86]

Vor der Abreise Scheels wurde das sogenannte »Berlin-Junktim« als Verhandlungsauftrag in einer Kabinettssitzung so formuliert: »Die Bundesregierung ist der Auffassung, daß Fortschritte in der europäischen Entspannung untrennbar verbunden sind mit Fortschritten in Richtung auf eine befriedigende Regelung der Lage in und um Berlin. Ein Gewaltverzichtsvertrag wird daher erst dann in Kraft gesetzt werden können, wenn entsprechende Vereinbarungen vorliegen.«[87] Dieses Junktim, schreibt Garton Ash, »war ein weiteres Glücksspiel, denn es legte das Schicksal der westdeutschen Ostpolitik ebenso in die Hände der drei Westmächte wie der Sowjetunion«.[88] Sowohl Brandt wie Bahr vermieden es aus Sorge vor einem sowjetischen Gegenjunktim, von einem förmlichen Junktim zu sprechen, aus dem »eine politische Zwangsjacke« werden könnte.[89] Doch diese förmliche Verknüpfung war der innenpolitische Preis, der schon an die in der Koalition zu zahlen war, denen Bahrs Verhandlungsstrategien und -ergebnisse zu vage waren und die stärkere Absicherungen und Garantien wünschten.

Rückblickend erscheint vieles in einem rosigeren Licht, und weil das Ergebnis dieser neuen Ostpolitik langfristig zu positiven Ergebnissen führte, versucht jeder, der damals in irgendeiner Form verantwortlich beteiligt war, natürlich seine jeweiligen Verdienste herauszustreichen. Am Beispiel des Briefes zur Einheit wurde dies schon angedeutet und erörtert. Und natürlich gab es auch in Bonn bei den verschiedenen Akteuren auf der ostpolitischen Bühne persönliche Animositäten, Profilierungssüchte und Konkurrenz. Dazu kamen Ressortreibereien, gemischt aus sachlichen Argumenten und Rivalitäten, und der Drang von Parteien und Parteiführern, ihr Gewicht und ihre Bedeutung vor der Öffentlichkeit und dem Wähler herauszustreichen.

Wohl kaum jemand konnte, wenn er ehrlich ist, damals wirklich voraussehen, welches der richtige Weg zur Verkoppelung des Moskauer Vertrages mit einer Berlin-Regelung durch die vier Mächte war. Die Vermeidung eines förmlichen Junktims, wie es Bahr und Brandt favorisierten, barg das Risiko, daß Moskau den Vertrag bekam und dann bei Berlin mauerte. Die Herstellung eines Junktims beschwor die Gefahr eines Moskauer Gegenjunktims herauf, mit dem eine Zustimmung zum Vier-Mächte-Abkommen von einer vorherigen Ratifizierung des Moskauer Vertrages abhängig gemacht wurde. So geschah es in der Tat – und letztlich war dies fast eine logische Konsequenz, denn mit dem Berlin-Abkommen der vier Mächte gab Moskau partiell ein Druckmittel aus der Hand.

Schwieriger wurde es zusehends in Bonn, wo die sozial-liberale Koalition nur über eine knappe Mehrheit verfügte und in deren Reihen es Vorbehalte und sogar vehemente Kritik und Opposition von einzelnen gegen die neue Ost- und Deutschlandpolitik gab. Dazu kam eine starke CDU/CSU, die nach den ostpolitischen Lockerungsübungen in der Zeit der Großen Koalition nun in der Opposition auf harschen Widerstand gegen die deutschland- und ostpolitischen Initiativen der Brandt-Regierung schaltete und sie vehement angriff. Für zusätzlichen Ärger sorgten die aufmüpfigen Jungsozialisten. Gegen den ausdrücklichen Willen der Parteiführung besuchte im Juni 1970 eine Juso-Delegation, geführt von Karsten Voigt und Wolfgang Roth, die DDR und machte dem SED-Chef und Staatsratsvorsitzenden Walter Ulbricht ihre Aufwartung. Vom Präsidium der Sozialdemokratie wurde diese Visite ausdrücklich mißbilligt.[90] Denn solch ein eigenmächtiges Vorgehen der Jusos unterlief nicht nur die ostpolitische Strategie der Regierung und wertete den »Spitzbart« auf, sondern dokumentierte auch eine bedenkliche Verwischung der grundsätzlichen Unterschiede, die Sozialdemokraten und Kommunisten trennten. Die Revitalisierung marxistischer Vorstellungen in den Reihen der Jusos und die Schwärmerei für einen Sozialismus, der wenig mit der sozialen Demokratie à la Godesberg zu tun hatte, wuchs sich im Verbund mit dem schwelenden Antikommunismus zum Problem aus. Für die von der Opposition attackierte Brandt-Regierung, die eine gouvernementale Ostpolitik betrieb und die normative Distanz zum östlichen System wahrte, war dies mehr als nur ärgerlich.

Eine Angriffsfläche bot zudem die Person Egon Bahrs. Nicht nur aus den Reihen der Opposition und Teilen der Öffentlichkeit schlug ihm ein tiefes Mißtrauen entgegen, das durch die Art seiner geheimnisumwitterten Gespräche und Verhandlungen immer wieder genährt wurde. Auch unter maßgebenden Politikern und erst recht bei einigen Hinterbänklern der Sozialdemokratie und der Freidemokraten gab es schwerwiegende Vorbehalte. Die Veröffentlichung des »Bahr-Papiers« im Juni 1970 durch die Illustrierte *Quick*[91] hat der »deutschen Verhandlungsposition«, wie Bahr feststellt, »geschadet«, weil nun jede Änderung zu einer »Prestigefrage für die Sowjetunion« wurde und überdies die Vertrauenswürdigkeit und Verläßlichkeit der Bonner Regierung in Frage stand. Aber dieser schwerwiegende Vertrauensbruch eines mit den Texten Vertrauten[92] war auch ein Symptom für das abgrundtiefe Mißtrauen gegen den Unterhändler Bahr. Nicht wenige hielten ihn für einen Verräter an der deutschen Sache, und manche verdächtigten ihn gar als einen heimlichen Helfershelfer der anderen Seite.[93] Hätten Opposition und ihm kritische Medien damals schon gewußt, welche geheimen Kanäle zu hohen Mitarbeitern des KGB Bahr damals unterhielt, wäre der Aufschrei über den »Spion« und »Verräter« wahrscheinlich so harsch ausgefallen, daß er kaum mehr zu halten gewesen wäre.

Das Loblied über den Nutzen und die Dichte seiner geheimen Drähte nach Osten durchzieht das Erinnerungswerk Bahrs, ebenso wie er den vertraulichen Kanal zu Henry Kissinger ausgiebig würdigt, dessen Kongenialität als Denker und Gestalter hervorhebt und das vertrauensvolle Verhältnis rühmt, das sie verband.[94] Die »beiden Metternichs der Détente« hat Garton Ash sie genannt.[95] In seinen Memoiren charakterisiert Kissinger Egon Bahr als einen »ungewöhnlich intelligenten Mann«, »stark auf seine Fähigkeit« vertrauend, »Formeln« zur Bewältigung »scheinbar auswegloser außenpolitischer Situationen« zu finden und »entschlossen die Beziehungen der Bundesrepublik zum Osten zu verbessern; er glaubte, gute Beziehungen zu sowjetischen und ostdeutschen Persönlichkeiten würden ihm bei diesen Bemühungen helfen. Seine Eitelkeit verführte ihn dazu, mit diesen Kontakten zu protzen, und das wurde von seinen Gesprächspartnern gelegentlich zweifellos ausgenutzt. Seine Feinde – und das waren viele – warfen ihm eine prosowjetische Haltung vor; viele mißtrauten seiner angeblichen Verschlagenheit.«[96]

Sicherlich mischt sich in Kissingers Urteil etwas von eigener Eitelkeit, wie fast stets bei den politischen Größen. Wie sich diese diversen Ostkontakte in den sowjetischen Quellen lesen, wäre natürlich von großem Interesse. Doch anders als viele DDR-Verbindungen, über die dortige Aufzeichnungen zugänglich sind, sind die zentralen sowjetischen Akten bisher verschlossen, und erst recht die des KGB. US-amerikanische Akten, die jetzt freigegeben wurden, dokumentieren das Mißtrauen von US-Präsident Richard Nixon und seines Sicherheitsberaters Henry Kissinger gegen die Ostpolitik Brandts und besonders gegen Bahr. Dem UNO-Botschafter der Volksrepublik China, Huang Hua, vertraute Kissinger danach am 4. August 1972 an: »Wir wissen aufgrund bestimmter Informationen, daß Egon Bahr der Sowjetunion sehr nahe steht und daß er über ziemlich jedes Gespräch seinem sowjetischen Kontaktmann berichtet.«[97] Offenkundig verfügten die US-Amerikaner also über nachrichtendienstliche Quellen, und da die Information sich nur auf einen der beiden »Kanäler« Bahrs bezog, ist anzunehmen, daß diese aus dem KGB-Umfeld, entweder von »Leo« (Waleri Lednew) oder »Slawa« (General Wjatscheslaw Keworkow) gespeist wurden. Kissinger hielt Bahr für »einen deutschen Nationalisten, der Deutschlands zentrale Lage ausnutzen wollte, um mit beiden Seiten zu feilschen«. Im Unterschied zu anderen westdeutschen Politikern sei er »kein überzeugter Anhänger der westlichen Gemeinschaft« und »auch frei von allen gefühlsmäßigen Bindungen an die Vereinigten Staaten. Für ihn war Amerika nur ein Gewicht, das auf die richtige Art und zur rechten Zeit zugunsten der Bundesrepublik auf die Waagschale gelegt werden mußte.«[98] Aus der Perspektive Egon Bahrs sah dies anders aus. Er verstand sich als Sachwalter der Deutschen und ihrer Nation. Für ihn wurde es zur »kompliziertesten Aufgabe«, bei den Vier-Mächte-Verhandlungen »die vitalen deutschen Interessen einzubringen, ohne am Tisch der Vier Mächte zu sitzen«.[99] In Bahrs Konzeption der Ost- und Deutschlandpolitik bildete das Vier-Mächte-Abkommen »das ostpolitische Scharnier«, das die Entspannungsbestrebungen von Bundesrepublik und Westalliierten verband und »bewirkte, daß der Moskauer und Warschauer Vertrag in Kraft treten« konnten[100]. Für Henry Kissinger, den strategischen Denker in den USA, war dies »ein klassischer Fall für die Verkoppelung verschiedener außenpolitischer Bedürfnisse«.[101]

Das gesamte System der Gespräche und Verhandlungen, die seit Anfang 1970 über die Gestaltung des Ost-West-Verhältnisses in und um das gespaltene Deutschland geführt wurden, war ineinander verschränkt und miteinander verkoppelt. Auf einem kleinen Nebenschauplatz war zwischen der Bundesrepublik und der DDR – nach Beginn der Vier-Mächte-Verhandlungen, aber noch vor dem Kasseler Treffen – wenigstens eine bilaterale Vereinbarung erfolgt. Am 29. April 1970 verständigten sich die Postministerien beider Staaten im Zuge eines Abkommens über die Verrechnung gegenseitig erbrachter Leistungen auf die Schaltung »zusätzlicher Fernsprech- und Telexleistungen«. Dies war immerhin ein winziger Schritt zur Verbesserung der innerdeutschen Kommunikation.[102] Doch erst nachdem am 12. August 1970 der Vertrag mit der östlichen Vormacht unterzeichnet, damit Eckpunkte für das deutsche Szenario markiert und auch bei den Vier-Mächte-Verhandlungen über Berlin im Herbst 1970 substantielle Fortschritte erkennbar waren – am 25. September wurden erstmals Papiere ausgetauscht und Anfang Oktober ein erstes gemeinsames Papier konzipiert –, gab die DDR ihre Blockadetaktik gegenüber Gesprächen und Verhandlungen über konkrete Maßnahmen auf.

Bei den Vier-Mächte-Gesprächen, so liest man bei Bahr, stellte er gemäß seinem Operationsplan, »die beiden Großen vorsichtig an die Hand nehmen und zusammenführen«[103], über seine Kanäle zu Kissinger wie zu »Leo« und »Slawa« die Weichen und führte sie mit dieser »halsbrecherischen Methodik« und durch die »deutsche Führungsrolle« zum Erfolg.[104] Andere Beteiligte bewerteten dies wohl etwas anders. Auch der Auftakt zu den ersten konkreten Gesprächen mit der DDR erscheint nach anderen Quellen in unterschiedlichem Licht. Um die DDR an den Verhandlungstisch zu bringen, bedurfte es nicht nur der Versuche der Bundesrepublik, sondern der Bereitschaft der östlichen Seite. Moskau hatte die DDR nach Erfurt und Kassel dazu verpflichtet, erst einmal weitere Treffen auszusetzen und stand direkten Kontakten sehr kritisch gegenüber.[105] Noch Ende August, also nach Unterzeichnung des Moskauer Vertrages, forderte Breshnew von Honecker und einer SED-Delegation einen klaren Abgrenzungskurs gegenüber der Bundesrepublik sowie eine entschiedene Absage an die deutsche Nation und gab der SED-Delegation unmißverständlich und fast drohend zu verstehen, daß die »Zukunft der DDR« in der »sozialistischen Gemeinschaft« liege und die sowjetischen Truppen in der DDR die Macht und Garanten für ihre Verläßlichkeit seien: »Es gibt, es kann und es wird zu keinem Prozeß der Annäherung zwischen der DDR und der BRD kommen.«[106]

Im Herbst 1970 zeigte sich die DDR auf einmal gesprächsbereit. Ob dies direkt auf Anweisung Moskaus geschah, das nach den Fortschritten bei den Vier-Mächte-Verhandlungen nun die Zeit für begleitende deutsch-deutsche Gespräche gekommen sah, läßt sich nicht schlüssig belegen. Noch regierte in der DDR Walter Ulbricht, auch wenn das Schlußkapitel seiner Herrschaft schon eingeleitet war. Nicht zuletzt die wirtschaftlichen Kalamitäten trugen neben seiner Eigenwilligkeit zu seiner schrittweisen Entmachtung bei.[107] Diese erzeugten zugleich aber auch einen Druck, sich wenigstens in Teilbereichen mit der Bundesrepublik zu arrangieren.

Am 28./29. Oktober 1970 erschien Professor Herbert Bertsch als »persönlicher Beauftragter« von DDR-Ministerpräsident Willi Stoph im Bonner Kanzleramt und signalisierte das Interesse der DDR an Kontakten und Gesprächen, um die Vier-Mächte-Verhandlungen zu unterstützen.[108] Mit der Formel, die beiden Regierungen hätten vereinbart, »auf offiziellem Wege einen Meinungsaustausch über Fragen zu führen, deren Regelung der Entspannung im Zentrum Europas dienen würde und für beide Seiten von Interesse sind«, wurde dies öffentlich verkündet.[109] Bertschs Gesprächspartner waren Kanzleramtsminister Horst Ehmke, Ulrich Sahm aus dem Kanzleramt, Bundeskanzler Willy Brandt und Staatssekretär Egon Bahr.

Anläßlich der Treffen in Erfurt und Kassel hatte Bundeskanzler Willy Brandt noch Egon Franke als den Beauftragten für konkrete Gespräche mit der DDR benannt[110] und dazu mitgenommen. Als Bundesminister für innerdeutsche Beziehungen war Franke für die DDR kaum akzeptabel. Nach seinen Moskauer Verhandlungen lief alles auf Egon Bahr hinaus. Er saß schon in den Startlöchern und entwickelte gleich über Bertsch seinen Fahrplan für die Art, den Ablauf und die Themen der bilateralen Gespräche, bei denen zunächst, ohne die Vier-Mächte-Gespräche zu stören, Fragen, die mit Berlin zusammenhingen, bevorzugt behandelt werden sollten.[111]

Die neue Regierung unter Brandt war noch kein Jahr im Amt, und mit einem geradezu atemberaubenden Tempo ging sie ihre Ost- und Deutschlandpolitik auf den verschiedenen Ebenen an. Der Moskauer

Vertrag war schon unterzeichnet, die Vier-Mächte-Verhandlungen liefen, mit Polen verhandelten zunächst Staatssekretär Ferdinand Duckwitz, anschließend Paul Frank und ab Anfang November dann Außenminister Walter Scheel über die endgültige Fassung des Warschauer Vertrages, und nun bereitete sich Egon Bahr auf sein erstes Treffen mit dem DDR-Staatssekretär Michael Kohl am 27. November 1970 in Ost-Berlin vor. Der »Rotkohl«, wie er im Westen von manchen genannt wurde, war ein schwieriger Partner, »grob, stur, eng, linkisch, komplexbeladen und humorlos«, so empfand ihn Bahr.[112]

Bevor es zu den zahllosen innerdeutschen Kohl-Bahr-Runden über Transitabkommen, Verkehrs- und schließlich den Grundlagenvertrag kam, mußte die Regierung Brandt/Scheel erst einmal eine innenpolitische Bewährungsprobe bestehen. In Hessen und Bayern standen Landtagswahlen an (8. und 22. November 1970), denen besonders Scheels FDP mit Bangen entgegensah. Doch die FDP konnte sich in Hessen behaupten und legte in Bayern leicht zu – wohl auch auf Kosten der SPD, die Einbußen zu verzeichnen hatte.[113] Sie sah sich dadurch in ihrer Entscheidung für die sozial-liberale Koalition bestätigt und war ihre Existenzsorgen zunächst los. Gleichzeitig und ebenso wichtig: die rechtsradikale NPD, die sich als nationale Opposition gegen den Ausverkauf Deutschlands gerierte und mit Demonstrationen dagegen zu Felde zog, erhielt einen kräftigen Dämpfer und zog nicht mehr in die Landtage ein, in denen sie zuvor vertreten war. Von einer Krise der Regierung, von der zuvor die Rede war, ließ sich nicht mehr sprechen. Sie hatte ihren ersten Wählertest bestanden und für ihre Ost- und Deutschlandpolitik Zuspruch und Zustimmung erfahren.

Am 27. November 1970 traf sich Egon Bahr zu seinem ersten Gespräch mit dem DDR-Unterhändler, dem Staatssekretär beim Ministerrat der DDR Michael Kohl. Im Wechsel zwischen Bonn und Ost-Berlin kamen die beiden mit ihren jeweiligen Stellvertretern Ulrich Sahm und Karl Seidel und den Delegationen bis Frühjahr 1971 im Vierzehn-Tage-Zyklus, danach in etwas größeren Abständen, zusammen. Im Kern ging es bei diesen Gesprächen, auch wenn andere Fragen bis zur Nation dabei durchaus angesprochen wurden, zunächst um das Transitabkommen. In Ergänzung der Vier-Mächte-Verhandlungen und im Auftrag der vier Mächte sollte dabei eine bilaterale Regelung des Transitverkehrs zwischen der Bundesrepublik und Berlin (West) ausgehandelt werden.

Für das Zustandekommen einer Regelung brauchte es nicht nur fünf Mächte, die vier Alliierten und die Bundesrepublik, sondern letztlich sechs. Zu Anfang des Jahres 1971 hatte der widerspenstige Walter Ulbricht seine Rolle definitiv ausgespielt. Ende Januar ersuchte eine Mehrheit der Politbüromitglieder der SED Leonid Breshnew um eine Ablösung. Und als der Große Bruder aus Moskau im April 1971 den Rücktritt de facto verfügte, beugte sich der alte Herr, und die SED-Führung vollzog nur noch förmlich die Übertragung der Machtbefugnisse des Ersten Sekretärs der SED in die Hände Erich Honeckers.[114] Mit der Installierung des bisher als loyaler, gefügiger Gefolgsmann geltenden Honecker war der Weg geebnet, daß nun die DDR bei den Gesprächen über die Transitregelungen jedenfalls kaum mehr eine Blockade durchstehen konnte.

Am 3. September 1971 wurde das Vier-Mächte-Abkommen über Berlin unterzeichnet, mit dem Berlin (West) nun endlich eine gesichertere Zukunft bekam.[115] Die Bindungen zur Bundesrepublik Deutschland wurden darin anerkannt, obgleich das Fehlen einer offiziellen deutschen Fassung Interpretations- und Auslegungsdifferenzen heraufbeschwor, ob nun das »ties« bzw. das russische Pendant mit »Bindungen« gleichzusetzen war, wie es die Bundesrepublik sah, oder mit den weit schwächeren »Verbindungen«, worauf die DDR beharrte. Drei Tage nach der Unterzeichnung wurden die Verhandlungen der beiden deutschen Delegationen unter Egon Bahr und Michael Kohl nun offiziell geführt. Sie blieben schwierig genug.[116] Die DDR-Seite zeigte sich bei der Konkretisierung einzelner Bestimmungen wie Fahrtunterbrechung, Kontrollen und Plombierung hartleibig und mauerte bei dem Rückgriff auf internationale Abkommen, wie sie die Bundesrepublik wünschte. Über die richtige Taktik bestand in Bonn Dissens. Die Ansichten schwankten zwischen dem Abblocken der DDR in multilateralen Organisationen als Hebel, wie es Scheel und das Auswärtige Amt favorisierten, oder dem mühsamen Festlegen von Details, wie es dann geschah.[117] Dazu kamen noch die gleichzeitig laufenden Verhandlungen auf der Grundlage des Vier-Mächte-Abkommens zwischen dem Berliner Senat und der DDR über Besuchsregelungen für West-Berliner und einen Gebietsaustausch sowie die Unterhandlungen zwischen den beiden Postministerien über den Post- und Fernmeldeverkehr unter Einschluß Berlins.[118]

Nicht nur die rechtliche und sachliche Verknüpfung dieser Vereinbarungen mit dem Vier-Mächte-Abkommen, sondern vor allem die Bereitschaft der östlichen Vormacht Sowjetunion zu diesen Schritten der Entspannung in Deutschland hat das Zustandekommen dieser ersten deutsch-deutschen Vertragsabkommen befördert. Bei dem Besuch von Bundeskanzler Willy Brandt bei Leonid Breshnew in Oreanda auf der Krim (16. bis 18. September 1971), der besonders durch die lockere Atmosphäre unter anderem mit Bootsausflug für viel Aufsehen sorgte, war der Geist der Entspannung und ein ganz neues, vertrauensvolles Klima zwischen den Mächtigen in Moskau und Willy Brandt mit seiner Regierung zu spüren.[119]

Im Dezember 1971 konnte die Regierung Brandt greifbare Früchte ihrer neuen Deutschland- und Ostpolitik ernten. Die Würdigung dessen, was sie bisher angestoßen, bewegt und geleistet hatte, ging dabei den formellen Unterzeichnungen voraus. Am 10. Dezember 1971 wurde Willy Brandt in Oslo der Friedensnobelpreis verliehen. Dies war die Anerkennung für einen charismatischen Staatsmann, der mit seiner Politik des Friedens und der Versöhnung mit den östlichen Nachbarn hohes internationales Ansehen für das von ihm symbolisierte, freiheitliche und friedfertige Deutschland gewonnen hatte. Am nächsten Tag paraphierten Egon Bahr und Michael Kohl das Abkommen »über den Transitverkehr von zivilen Personen und Gütern« zwischen der Bundesrepublik und Berlin (West) und in Berlin (West) der DDR-Staatssekretär im Außenministerium, Günter Kohrt, und der Chef der Berliner Senatskanzlei, Ulrich Müller, zwei Vereinbarungen über Gebietsaustausch und »Erleichterungen und Verbesserungen des Reise- und Besuchsverkehrs«, die am 17. bzw. 20. Dezember förmlich unterzeichnet wurden.[120]

Noch standen alle diese Vereinbarungen nur auf dem Papier und besaßen keine Rechtskraft. Fast alles hing davon ab, daß die miteinander verflochtene Ratifizierung der beiden Ostverträge und das Inkrafttreten des Vier-Mächte-Abkommens über die Bühne gingen. In der Zwischenzeit verhandelten Egon Bahr und Michael Kohl weiter über einen Verkehrsvertrag, mit dem der Verkehr in und durch die beiden Staaten auf eine gesicherte rechtliche Grundlage gestellt werden sollte. Dieser erste rein zwischenstaatliche, nicht durch die vier

Mächte vorgezeichnete Vertrag wurde am 26. April 1972 paraphiert und am 26. Mai förmlich unterzeichnet.[121] Allein 42 größtenteils mehrtägige Gesprächsrunden in Ost-Berlin und Bonn waren erforderlich gewesen, bis das Transitabkommen am 17. Dezember 1971 soweit geregelt und endlich am 26. Mai 1972 der Verkehrsvertrag unter Dach und Fach gebracht war.[122] Die praktischen Verbesserungen, die das Transitabkommen und der Verkehrsvertrag mit den ergänzenden Regelungen für die Verbindungen zwischen Westdeutschland und Berlin (West) brachten und die damit eröffneten Möglichkeiten für Besuche in der DDR waren nur ein erster Schritt. Gemessen an westlichen Maßstäben, konnte selbst von begrenzter Freiheit nicht die Rede sein. Doch im Vergleich zu dem alten Zustand brachte dies einen großen Schritt nach vorn. Nachdem die DDR schon vorab zu Ostern und Pfingsten 1972 vorgesehene Maßnahmen praktiziert hatte, traten mit der Unterzeichnung des Schlußprotokolls des Vier-Mächte-Abkommens am 3. Juni 1972 zunächst die Transitregelungen und nach der Ratifizierung des Verkehrsvertrages zum 17. Oktober 1972 die Transit- und Verkehrsregelungen, zusammen mit den von der DDR verkündeten Reiseerleichterungen, in Kraft.[123]

Der Grundlagenvertrag

Im Frühjahr 1972 stand das Schicksal der Regierung Brandt und damit der Ost- und Deutschlandpolitik auf des Messers Schneide. Denn am 27. April stimmte der Deutsche Bundestag über das konstruktive Mißtrauensvotum der CDU/CSU ab. Die Regierung Brandt/Scheel hatte schon 1971 ihre erste Krise erlebt, als Bundesfinanzminister Alex Möller im Mai wegen der angespannten Haushaltslage zurückgetreten war. Wegen der neuen Ost- und Deutschlandpolitik und aus Anlaß der anstehenden Ratifizierung der Ostverträge schieden einige Abgeordnete – drei von der FDP, einer von der SPD – aus ihren Fraktionen aus, und bei einigen weiteren war die Loyalität zumindest zweifelhaft. Als Rainer Barzel und seine Unionsfraktion nun den Ernstfall probten, glaubten sie mit einiger Sicherheit, daß der CDU/CSU-Fraktionsvorsitzende der nächste Bundeskanzler sein würde. Eine unbeschreibliche Stimmung herrschte im Land, gebannt lauschten die Menschen an Radio und Fernseher, und das Gefühl der Spannung war mit Händen zu greifen. Und dann die Erlösung bei Brandt und den Seinen und tiefe Enttäuschung bei den anderen. Dem Unionsantrag fehlten zwei Stimmen an der erforderlichen absoluten Mehrheit. Willy Brandt war gerettet. Seine Anhänger jubelten, und die Sozialdemokraten spürten neuen Schwung.[124]

Von Stimmenkauf war danach und später vielfach die Rede. Zumindest in einem Fall ließ sich dies ziemlich unzweifelhaft belegen.[125] Doch möglicherweise gab es so etwas Ähnliches mehr – und wohl in beiden Richtungen. Bei dem, was auf dem Spiel stand, erscheint dies, bei aller berechtigten Empörung über den Mangel an Moral, sogar verständlich. Daß natürlich auch der Osten ein dezidiertes Interesse am Überleben der Regierung Brandt/Scheel besaß, ist evident. Dies galt für Moskau, Warschau und Ost-Berlin.

Einen Tag vor der Abstimmung über das Mißtrauensvotum empfing Erich Honecker Egon Bahr zu einem geheimen Treffen in Ost-Berlin. Nach der Darstellung Bahrs[126] ging es bei diesem Gespräch vorrangig um die Festlegung der Reiseerleichterungen beim Verkehrsvertrag und die Einbeziehung Berlins. Beides, zuvor von Michael Kohl verweigert, wurde nun vom SED-Chef zugestanden, so daß noch am gleichen Tage der erfolgreiche Abschluß der Verhandlungen auf einer Pressekonferenz verkündet werden konnte. »Wenn alles gutgeht«, so Honecker nach dieser Quelle, sei die DDR bereit, die grundsätzlichen Beziehungen im Geiste guter Nachbarschaft zu regeln. Er spielte damit auf die am nächsten Tag stattfindende Abstimmung im Bundestag an. In einer von Michael Kohl verfaßten Aufzeichnung über dieses Gespräch sind die Akzente anders gesetzt. Danach gab Bahr zunächst seine Einschätzung zum besten, daß er ziemlich sicher sei, »daß die CDU 2 bis 3 Leute der Regierungskoalition gekauft habe«, es aber auch in der CDU Leute gebe, »die Barzel gern ein Bein stellen möchten«, so »daß es sich wirklich um ein offenes Rennen handele«.[127] Honeckers Angebot, die schon zu Ostern praktizierte Anwendung der verbesserten Reiseregelungen (entsprechend dem Transitabkommen) »noch heute« in Kraft zu setzen, wenn dies »der Regierung der BRD förderlich wäre«, wertete Bahr zwar höflich als »weiteres Entgegenkommen« der DDR, »hielt es aber für günstiger, diesen Schritt nicht zu tun«.[128] Dieser Rat erfolgte sicher zu Recht, denn eine zu offensichtliche Unterstützung der Brandt-Regierung durch das Honecker-Regime hätte in der angespannten innenpolitischen Situation wohl eher geschadet. Dennoch lag die Verkoppelung der jeweiligen ost- und deutschlandpolitischen Schritte mit dem innenpolitischen Geschehen in der Bundesrepublik auf der Hand. So war es denn kein Zufall, sondern gezielt, daß der Verkehrsvertrag am Vorabend des Mißtrauensvotums, also am 26. April, abschließend vereinbart wurde.

Die Regierung Brandt hatte das Mißtrauensvotum überstanden, doch einen Tag später, am 28. April 1972, gab es bei der Haushaltsabstimmung ein Patt, und dies hieß Ablehnung des Bundeskanzleretats. Die Bundesregierung konnte nun ihre Ostpolitik und die Abstimmung über die Verträge nicht mehr gegen die Opposition durchbringen, sondern war darauf angewiesen, sich mit der Union jedenfalls so zu verständigen, daß eine positive Entscheidung im Bundestag möglich wurde. Nach tagelangen intensiven Spitzengesprächen einigten sich Regierung und Opposition zunächst auf den Wortlaut einer gemeinsamen Resolution zur Ostpolitik, die den vier Alliierten Siegermächten zugeleitet werden sollte. Mit ihr wurden die Vorbehalte akzentuiert, die Verträge schüfen »keine Rechtsgrundlage für die heute bestehenden Grenzen« und nähmen »eine friedensvertragliche Regelung für Deutschland nicht vorweg«.[129]

Nun geriet die CDU/CSU-Opposition in die Bredouille, und es kam zu schweren Auseinandersetzungen zwischen denen, für die die Verträge nun »zustimmungsfähig« waren, voran der Fraktionsvorsitzende Barzel, und denen, die wie Strauß schwere Bedenken vorbrachten. Schließlich entschied sich die Fraktion fast in letzter Minute, am Vormittag der Abstimmung, für Enthaltung.[130] In namentlicher Abstimmung ratifizierte der Bundestag am 17. Mai 1972 den Moskauer Vertrag mit 248 Stimmen – bei 10 Neinstimmen und 238 Enthaltungen – und den Warschauer Vertrag ebenfalls mit 248 Jastimmen – bei 17 Neinstimmen und 231 Enthaltungen. Mit dem denkbar knappsten Ergebnis wurden diese Eckpfeiler der neuen Ostpolitik so im Bonner Parlament durchgesetzt, eine Tatsache, die vielfach schon in Vergessenheit geraten zu sein scheint, nachdem sich die Union dann unter Bundeskanzler Helmut Kohl dazu durchrang, in die Fußstapfen der sozial-liberalen Ost- und Deutschlandpolitik zu treten und die Kontinuität der operativen Politik zu wahren.

Nachdem auch der Bundesrat am 19. Mai bei Stimmenthaltung der CDU/CSU-Mehrheit die Ostverträge gebilligt, der Bundespräsident die Ratifikationsgesetze am 23. Mai unterzeichnet und Polen am 26. Mai den Warschauer und die Sowjetunion am 31. Mai den Moskauer Vertrag ratifiziert hatten, konnten die Verträge mit dem Austausch der Ratifikationsurkunden am 3. Juni 1972 in Kraft treten. Am gleichen Tage geschah dies durch die Unterzeichnung des Schlußprotokolls auch mit dem Vier-Mächte-Abkommen.

Die schweren Hürden der Verträge und ihrer Ratifizierung hatte die Regierung Brandt/Scheel genommen. Aber sie verfügte nicht mehr über eine Mehrheit im Parlament, war angeschlagen, fast handlungsunfähig, zudem noch in sich zerstritten, und mit einem Kanzler Willy Brandt, der in einer Mischung aus Depression, Ärger und Lustlosigkeit davon sprach, »den ganzen Kram« hinzuwerfen.[131] Die Regierung schien fast am Ende. Als dann auch noch Superminister Karl Schiller, die Wahllokomotive von 1969, Anfang Juli zurücktrat[132], wurde es immer schwerer denkbar, daß sie noch lange weitermachen und Neuwahlen gewinnen könne.

War es sinnvoll und überhaupt machbar, in dieser Situation einen Grundvertrag mit der DDR anzusteuern? War ein Grundvertrag überhaupt der richtige Weg? Oder bot es sich an, nun, da das Vier-Mächte-Abkommen in Kraft und Berlin entlastet war, eher auf einzelne Abkommen über verschiedene Sachfelder mit der DDR zu setzen, wie es beispielsweise Herbert Wehner vorgeschlagen hatte?[133] Und wenn es ein Grundvertrag sein sollte, setzte die Regierung sich nicht in Zugzwang, als feststand, daß es noch im Jahre 1972 zu Neuwahlen kommen würde? Kritiker der Ost- und Deutschlandpolitik haben dies damals und später der Brandt-Regierung vorgehalten.

Anfang Juni 1972 war der sowjetische Außenminister, Andrej Gromyko, zu Besuch in Bonn und führte auch Gespräche mit Kanzler Brandt.[134] Am 15. Juni 1972 traf sich Bahr mit seinem alten Verhandlungspartner Michael Kohl zum nächsten Gespräch. Dabei ging es nicht mehr um Einzelbereiche, sondern um eine umfassende Regelung, die sogenannte »Normalisierung der Beziehungen zwischen der Deutschen Demokratischen Republik und der Bundesrepublik Deutschland«, wie Kohl es nannte. Die Positionen beider Seiten klafften noch weit auseinander. Sichtbar wurde dies besonders an dem von Michael Kohl vorgelegten Vertragsentwurf »über die

Grundlage der Beziehungen« und den von Bahr skizzierten »Grundsätzen« der Bundesrepublik für eine Regelung des Verhältnisses zur DDR.[135] In der öffentlich verbreiteten Version liefen die vier ersten Runden (15. Juni bis 2. August 1972) als Meinungsaustausch. Den Auftrag zu offiziellen Verhandlungen erhielt Bahr am 9. August vom Bundeskabinett, die, wie es hieß, dann am 16. August begannen. Tatsächlich aber waren es schon seit dem 15. Juni durchaus richtige Verhandlungen, wie es auch die in Ost wie in West geführten Akten belegen.[136]

Bonns erprobter Ostunterhändler steuerte trotz mancher Bedenken wegen der Wahlen nun erst recht zielstrebig »einen Grundvertrag« mit der DDR an. Dies, schreibt er, war für ihn damals »die Hauptsache. Nicht aus Geringschätzung für das Schicksal der Regierung, sondern weil ich hier einen vielleicht entscheidenden Hebel zur Sicherung der Regierung sah«. Er wollte, auch wenn »der Kanzler zweifelnd seinen Kopf schüttelte«, »mit dem Grundvertrag vollendete Tatsachen vor der Wahl schaffen«.[137]

Nach einem schwierigen Abstimmungsprozeß verständigten sich die Bonner Parteien schließlich auf vorgezogene Neuwahlen, die nach den Vorgaben des Grundgesetzes nur über ein gescheitertes Vertrauensvotum gemäß Artikel 68 für den Kanzler zu erreichen waren. Die entsprechende Abstimmung fand am 22. September im Bundestag statt. Am gleichen Tage löste Bundespräsident Gustav Heinemann das Parlament auf. Als Datum für die Wahlen wurde der 19. November festgelegt. Im Sommer, als man sich intern auf diesen Wahltag verständigte, war er, so schreibt Bahr, sich schon sicher, »die Sache«, das hieß der Vertragsabschluß, »könne bis zum 1. November erreicht werden«.[138] Wesentlich zurückhaltender klang dies bei Brandt: Für ihn sei nicht zu erkennen gewesen, »ob die Verhandlungen über den Grundvertrag zwei oder zwölf Monate dauern würden«. Die »Pessimisten« hätten noch Ende August damit gerechnet, die »Russen würden jetzt auf Abstand gehen« und sich auch nicht für das Zustandekommen dieses Vertrages interessieren.[139]

Tatsächlich aber waren die Weichen im Osten schon bei einem Treffen der Ostblockführer am 31. Juli auf der Krim in Richtung eines positiven Abschlusses noch vor den Bundestagswahlen gestellt worden. Konsens gab es zwischen der DDR und dem Kreml, daß nicht nur – in ihrer Sprache – die »Revanchisten und Militaristen«

und der damit partiell identifizierte »Block der CDU/CSU« gefährlich seien, sondern natürlich auch die sozial-liberale Koalition. Hinter den Floskeln und Solidaritätsbekundungen zeigten sich in Nuancen aber Unterschiede. Honecker, der am Ende der Ulbricht-Ära die Brandtsche neue Ostpolitik hart attackiert und den »Sozialdemokratismus« verdammt hatte[140], argumentierte, die Brandt-Regierung werde vorzeitige Wahlen nur nutzen, »um ihre feindselige Politik gegenüber der DDR fortzusetzen«. Er plädierte eher für Abwarten. Der große Bruder Breshnew favorisierte eine Linie abgestimmter »eigner Schritte«, die »uns maximalen Nutzen bringen und für Brandt nützlich sind«. Seine von János Kádár sekundierte Argumentation, zu überlegen, »wie man Brandt helfen kann, damit wir doch mit ihm zu tun haben und nicht mit der CDU/CSU, nicht Strauß und Barzel«[141], lief darauf hinaus, der Bundesregierung von seiten der DDR entgegenzukommen, um ihre Wahlaussichten zu verbessern. Die parlamentarische Schwäche der sozial-liberalen Koalition entpuppte sich in den Verhandlungen über den Grundlagenvertrag eher als eine Stärke. Der oft erhobene Vorwurf, die mit Blick auf die Wahlen an den Tag gelegte Hast habe zu unnötigen Zugeständnissen an die DDR geführt[142], stößt ins Leere. Tatsächlich war es eher umgekehrt. Der von den vorzeitigen Wahlen erzeugte Effekt führte vielmehr zu Konzessionen der DDR, die sonst schwerer zu erzielen gewesen wären.

Natürlich hatte der Kreml das letzte Wort, und er handelte nicht selbstlos. Die Sowjetunion litt unter einer ernsten Versorgungskrise. Sie hatte von daher ein ausgeprägtes Interesse am Westen und mutete der DDR dafür etwas zu. Doch gleichzeitig warnte sie diese, sich in Abhängigkeit von der Bundesrepublik zu begeben. In Breshnews Worten klang das so, »daß nicht nur die CDU/CSU, sondern auch die Regierung Brandt und die gesamte heutige Regierungskoalition ein Maximum aus der DDR herauspressen möchten, daß sie versuchen, unsere Freunde durch solche Abkommen zu binden, die der BRD die Möglichkeit geben, die DDR ökonomisch und politisch zu beeinflussen. Wir meinen, Genossen, daß solche Absichten gefährlich sind, und wir müssen in dieser Beziehung hohe kollektive Wachsamkeit an den Tag legen.«[143]

Wir wissen natürlich zuwenig, was in den Köpfen der Spitzengenossen wirklich vorging – und vielleicht werden wir es nie genau erfahren –, fest steht aber, daß die Kohl-Bahr-Verhandlungen in den ersten sechs Wochen bis Ende August nicht recht vom Fleck kamen. Der entscheidende Durchbruch zeichnete sich ab, als Honecker sich direkt einschaltete und am 7. September mit Bahr über Stunden den ganzen Problemkatalog erörterte. Im Kern wurden dabei die Weichen zu den Regelungen mit den Protokollvermerken und dem Brief der Bundesregierung zur Einheit gestellt, wie sie sich schließlich im Grundlagenvertrag mit seinem Beiwerk niederschlugen. Gleichzeitig wurde die Marschroute für den Abschluß der Verhandlungen bis November festgelegt.[144] Am nächsten Tag berichtete Bahr darüber Kanzler Willy Brandt, der dazu schrieb: »Es sieht so aus, als ob die meisten für einen Grundvertrag wichtigen Fragen, den Umständen entsprechend, befriedigend gelöst werden können.«[145] Die nachfolgenden Kohl-Bahr-Gesprächsrunden sieben bis dreizehn[146] waren zwar noch aufreibend und mühsam genug. Selbst um Klammern oder Kommata wurde bis zuletzt gerungen, doch letztlich waren dies alles nur mehr Nuancen und Konkretisierungen dessen, was in der großen Linie am 7. September verabredet worden war.

Kein Zweifel, die DDR – oder genauer der SED-Chef und Vorsitzende des Nationalen Verteidigungsrates – war im September auf eine Kompromißlösung eingeschwenkt. Vogtmeiers Interpretation und Sicht, die Verhandlungen seien im Herbst 1972 festgefahren gewesen und erst nach Bahrs Besuch am 10. Oktober bei Leonid Breshnew habe sich die DDR konzessionsbereiter gezeigt[147], ist wohl zu sehr von der Bahr-Logik des Schlüssels in Moskau geprägt. Es war komplexer. Auch im Machtapparat der kommunistischen Diktaturen existierten Unterschiede der Positionen und bei den Personen. Denkbar ist, daß Michael Kohl noch den ausdrücklichen Segen aus Moskau brauchte, und logisch scheint, daß der Chef eine Rückversicherung suchte. Der SED-Chef war mit seinem dokumentierten Interesse an der Fortdauer der »Regierung Brandt/Scheel« zwar im Einklang mit dem Großen Bruder in Moskau. Doch nun zeigte sich bei Honecker auch eine Art Sorge, gegenüber der Sowjetunion und Polen ins Hintertreffen zu geraten. Eine gewisse Rolle für ein verbessertes Klima spielten sicher die Olympischen Spiele in München, bei denen die DDR-Athleten erstmals mit Flagge und Emblem im Westen auftraten, überaus freundlich von den Zuschauern begrüßt und, wenn sie als Deutsche siegten, gefeiert wurden. Für das Selbstwertgefühl des SED-Regimes und des dafür besonders empfänglichen Honecker war diese Anerkennung und Aufwertung von nicht zu unterschätzender psychologisch-politischer Bedeutung.

Trotz der nun eher günstigeren Grundkonstellation verliefen die weiteren Bahr-Kohl-Runden weiter zähflüssig. Wenn auch sehr mühsam und mit Finten, Haken und Ösen bahnte sich allmählich eine Lösung für den Bezug auf die Nation an. Diese Kröte erklärte sich die DDR schließlich bereit, halbwegs zu schlucken, das hieß durch die Darlegung der unterschiedlichen Auffassungen in der Präambel und die Entgegennahme eines Briefes zur deutschen Einheit analog dem Moskauer Modell. Dafür steckte die Bonner Delegation schließlich bei der Erwähnung des Friedensvertragsvorbehaltes zurück. Für die DDR blieb dies bis zuletzt ein Knackpunkt, selbst in der seit Oktober eingehender debattierten abgeschwächten Form eines Bezugs auf die Fortgeltung der Rechte und Verantwortlichkeiten der vier Mächte. Erst beim Abschlußgespräch am 6. November verzichtete Bahr auf die Erwähnung des Friedensvertragsvorbehaltes in der Präambel und gab sich mit dem Briefwechsel mit den Noten an die Alliierten zufrieden. Die vorgesehene gemeinsame Formel zur Staatsangehörigkeitsfrage (»Staatsangehörigkeitsfragen konnten durch den Vertrag nicht geregelt werden. Die Deutsche Demokratische Republik geht davon aus, daß der Vertrag eine Regelung der Staatsangehörigkeitsfragen erleichtern wird.«), an der Genscher »Anstoß genommen« hatte, wurde in letzter Minute gekippt, statt dessen wurden die getrennten Erklärungen zu Protokoll gegeben. Dem DDR-Verhandlungsführer Kohl schien diese »im Ergebnis der Intervention von Genscher vereinbarte Regelung« allerdings »günstiger als unsere Ausgangsvariante«.[148]

Nach dieser letzten Verhandlungsrunde am 6. November wurde der Grundlagenvertrag zwei Tage später in Bonn paraphiert und schließlich, nachdem noch ausgiebig über Modalitäten der Unterzeichnung gefeilscht worden war, von den Verhandlungsführern Bahr und Kohl am 21. Dezember 1972 in Berlin (Ost) förmlich unterzeichnet.

Zwischen der Paraphierung und der Unterzeichnung lagen die Bundestagswahlen vom 19. November 1972, bei denen die sozial-liberale Koalition einen fulminanten Wahlsieg erreichte. Noch wenige Wochen zuvor sahen die Prognosen düster aus, doch nun überflügelte die SPD die Union und erreichte mit 45,8 Prozent das beste Ergebnis in ihrer langen Geschichte. Auch die FDP schnitt mit 8,4 Prozent, ein Zuwachs von 2,6 Prozentpunkten, unerwartet gut ab. Insgesamt legte die Koalition in diesen sogenannten »Willy-Wahlen«, die zugleich ein Votum über die Ost- und Deutschlandpolitik waren, um 5,7 Prozentpunkte zu. Natürlich hatte die Regierung versucht, die Erfolge dieser Politik und insbesondere den erfolgreichen Abschluß des Grundlagenvertrages herauszustreichen. In den Medien, die der Koalition wohlgesinnt waren und sich für die Ostpolitik eingesetzt hatten, geschah das gleiche. Besonders der *Stern* Henri Nannens tat sich dabei hervor, der mit einer passend zur Wahl erscheinenden Titelgeschichte und entsprechendem Titelbild »Die Bräute aus der DDR« den Eindruck erweckte, mit dem Grundlagenvertrag sei zwischen den beiden deutschen Staaten nun beinahe alles im Lot und Übersiedlung und Reisen fast schon selbstverständlich.[149] Diese euphorische Hochstilisierung der Ost- und Deutschlandpolitik durch Anhänger und Sympathisanten hat im Verbund mit dem Willy-Kult entscheidend zum zuvor nicht erwarteten Wahlerfolg beigetragen. Die Wirklichkeit dessen, was mit dem Grundlagenvertrag erreicht und vereinbart worden war, sah viel nüchterner aus.

Der »Vertrag über die Grundlagen der Beziehungen zwischen der Bundesrepublik Deutschland und der Deutschen Demokratischen Republik« war formal in der Tat »ein uneinheitliches und nicht leicht zu überschauendes Vertragswerk«.[150] Es bestand aus dem eigentlichen Grundlagenvertrag, einem Zusatzprotokoll mit Protokollvermerken zur unterschiedlichen Sicht der »Staatsangehörigkeitsfragen«, dem Briefwechsel zu Familienzusammenführung, Reiseerleichterungen und nichtkommerziellem Warenverkehr mit Erläuterungen, einem weiteren zur Öffnung weiterer Grenzübergangsstellen, Erklärungen zu Protokoll und dem Briefwechsel zu den Noten an die Alliierten, in dem versichert wurde, daß die Rechte und Verantwortlichkeiten der vier Mächte nicht berührt werden können, sowie aus einer schriftlichen »Mündlichen Vereinbarung über politische Konsultationen«.[151]

In dem kurzen Kernvertrag verpflichteten sich die Bundesrepublik Deutschland und die DDR, »normale gutnachbarliche Beziehungen zueinander« zu entwickeln (Artikel 1), sich »von den Zielen und Prinzipien« der Charta der Vereinten Nationen »leiten« zu lassen

(Artikel 2), »ihre Streitfragen ausschließlich mit friedlichen Mitteln« zu lösen (Artikel 3), »friedliche Beziehungen« und »Zusammenarbeit« in Europa »zu fördern« und für Abrüstung zu wirken (Artikel 5) sowie »die Unabhängigkeit und Selbständigkeit jedes der beiden Staaten in seinen inneren und äußeren Angelegenheiten« zu respektieren (Artikel 6), ausgehend von dem »Grundsatz« der Beschränkung der »Hoheitsgewalt« auf das jeweilige »Staatsgebiet«. Dies kam, wie die Bekräftigung der »Unverletzlichkeit der zwischen ihnen bestehenden Grenze« und der »uneingeschränkten Achtung ihrer territorialen Integrität« (Artikel 3), vorrangig der DDR entgegen, während die in Artikel 7 erklärte »Bereitschaft, im Zuge der Normalisierung ihrer Beziehungen praktische und humanitäre Fragen zu regeln«, mit das wichtigste Anliegen Bonns markierte.

Der Grundlagenvertrag war weder rechtlich noch politisch ein Teilungsvertrag. Die »Nichtberührungsklausel« in Artikel 9 stellte wie beim Moskauer und Warschauer Vertrag sicher, daß die alliierten Abmachungen und Abkommen unberührt und damit die deutsche Frage offengehalten wurde. Bekräftigt wurde dies in Analogie zum Moskauer Vertrag durch einen Brief der Bundesregierung zur deutschen Einheit.[152] Das Bundesverfassungsgericht hat in seinem Urteil vom 31. Juli 1973 den »Doppelcharakter« des Grundlagenvertrages betont, der einerseits eine Art völkerrechtlicher Vertrag zwischen zwei eigenständigen Staaten sei, andererseits aber die Fortdauer der Vier-Mächte-Verantwortung für Deutschland als ganzes bekräftigte und den Fortbestand einer deutschen Nation und eines deutschen Staatsvolkes fixierte.[153] Mit der Bedeutung dieses Urteils haben sich Politiker und Juristen, Politikwissenschaftler, Historiker und Publizisten in einer Fülle von Beiträgen auseinandergesetzt. Nach der friedlichen Revolution und der deutschen Vereinigung erscheint einiges in einer veränderten Perspektive. Wer sich ex post allerdings auf das hohe Roß setzt, sollte bedenken, daß man immer klüger ist, wenn man vom Rathaus kommt.

Die Union war in ihrer Haltung zum Grundlagenvertrag eher unsicher und in sich gespalten. Selbst Franz Josef Strauß schien fast zu schwanken.[154] Nachdem die Bundestagswahlen vom 19. November 1972 der Brandt-Regierung ein beeindruckendes Vertrauensvotum für ihre Ost- und Deutschlandpolitik beschert hatten und die SPD erstmals die CDU/CSU überflügelte, war die parlamentarische

Schlacht um den Grundlagenvertrag vorentschieden. Die Koalition verfügte nun im Bundestag über eine sichere Mehrheit. So wurde das Vertragsgesetz mit 268 Ja- gegen 217 Neinstimmen am 11. Mai 1973 gebilligt. Der Bundesrat, in dem die CDU/CSU-geführten Länder am 2. Februar zunächst eine Ablehnung durchgesetzt hatten, sprach sich gegen die Stimme Bayerns am 25. Mai gegen die Anrufung des Vermittlungsausschusses aus. Nach dem Abschluß des Ratifizierungsverfahrens in Bonn und Ost-Berlin und dem entsprechenden Notenaustausch trat der Grundlagenvertrag am 21. Juni 1973 in Kraft. Als das von der bayerischen Staatsregierung angerufene Bundesverfassungsgericht[155] am 31. Juli »Im Namen des Volkes« entschieden hatte, daß das Vertragsgesetz zum Grundlagenvertrag »mit dem Grundgesetz vereinbar« sei[156], war auch die letzte Hürde überwunden.

Mit dem Grundlagenvertrag schloß sich der Kreis der grundlegenden Verträge, mit denen die Bundesrepublik unter der Regierung Brandt ihre neue Ost- und Deutschlandpolitik vorantrieb und die Weichen für Ausgleich, Entspannung und eine bessere Zukunft stellte. Alle Ostpolitik war stets auch Berlin- und Deutschlandpolitik, und allen Bonner Regierungen von Willy Brandt über Helmut Schmidt bis Helmut Kohl ging es vor allem darum, »die Folgen der Teilung für die Menschen in Deutschland erträglicher zu machen« und das Zusammengehörigkeitsgefühl der Deutschen in beiden deutschen Staaten zu bewahren und zu beleben.[157] Nach der fast totalen Abschnürung, die neben den am härtesten betroffenen DDR-Bürgern vor allem die West-Berliner zu spüren hatten, brachten das Vier-Mächte-Abkommen, der Transit- und Verkehrsvertrag, die am 3. Juni 1972 in Kraft getretene Vereinbarung von Berliner Senat und DDR[158] und schließlich der Grundlagenvertrag spürbare Verbesserungen. Der bisher mit vielfachen Schikanen und Belästigungen verbundene Transitverkehr zwischen Berlin (West) und der Bundesrepublik verlor an Schrecken. Das Abfertigungsverfahren auf der Straße wie in den Zügen war sichtbar einfacher und zügiger, Transitgebühren wurden pauschal von Bonn an Ost-Berlin gezahlt und Durchsuchung und Festnahme von Reisenden war nur mehr bei dringendem Tatverdacht zulässig. Doch ungeachtet solcher Erleichterungen blieben die bedrückenden Erfahrungen der schlimmen Grenzsperren und des Grenzregimes.

Die deutlichsten Fortschritte gab es bei den Reisen vom Westen in den Osten. Das berührte vor allem die bis dahin fast völlig von Besuchen im Ostteil der Stadt ausgesperrten West-Berliner. Nun waren beiden, den Bewohnern des Bundesgebietes und Berlins (West), einmal oder mehrmals Besuche bis zu insgesamt dreißig Tagen im Jahr, Tagesaufenthalte in Ost-Berlin und in grenznahen Kreisen gestattet. Mit dem Grundlagenvertrag wurden zudem vier weitere innerdeutsche Grenzübergänge geöffnet. Doch Zwangsumtausch und Visagebühren (die für West-Berliner allerdings pauschal entrichtet wurden) bildeten neben der harten DDR-Wirklichkeit Barrieren. Tatsächlich machten von den neuen Reisemöglichkeiten vor allem die West-Berliner Gebrauch, während die Zahl der DDR-Besucher aus Westdeutschland nicht in dem Maße stieg, wie es sich die Architekten dieser Deutschlandpolitik wohl erträumt hatten.[159]

Wesentlich dürftiger als bei den Reisen von West nach Ost fielen die Fortschritte in der Gegenrichtung aus. Die seit 1964 bestehenden Möglichkeiten für Rentnerreisen in den Westen wurden in homöopathischen Dosierungen ein wenig erweitert: nach dem Inkrafttreten des Verkehrsvertrages nun generell mehrmals im Jahr bis zu einer Höchstdauer von 30 Tagen. Mit den am 17. Oktober 1972 von der DDR erlassenen »Regelungen im Reiseverkehr von Bürgern der DDR« in den Westen wurden auch Besuche bei »Großeltern, Eltern, Kindern und Geschwistern« erlaubt, wenn es sich um »dringende Familienangelegenheiten« handelte. Die restriktive Begrenzung auf »Geburten, Eheschließungen, lebensgefährliche Erkrankungen und Sterbefälle« wurde im Juni 1973 etwas ausgeweitet. So kamen nun u. a. »60-, 65-, und 70jährige Ehejubiläen« hinzu. Während die Zahl der Rentnerreisen von bis dahin gut einer Million ab 1973 auf für Jahre gleichbleibend etwa 1,3 Millionen wuchs, blieb der Kreis der Westreisenden, die noch nicht im Rentenalter waren, äußerst beschränkt. Etwa 40 000 waren es pro Jahr.[160] Trotz der im Grundlagenvertrag festgeschriebenen »normalen gutnachbarlichen Beziehungen« öffnete das DDR-Regime – außer bei den Rentnern – das Türchen für Westreisen nur einen winzigen Spalt.

Genauso hartherzig verhielt es sich bei den Familienzusammenführungen und »Kinderrückführungen«. Der Grundlagenvertrag hat daran im Kern zunächst wenig geändert, obwohl die DDR sich darin ausdrücklich zur »Lösung von Problemen der Zusammenführung von Familien« verpflichtet hatte. Das galt ebenso für die politischen Häftlinge, abgesehen von einer vom Staatsrat der DDR am 6. Oktober 1972 verkündeten Amnestie, durch die ca. 2000 Inhaftierte wieder ihre Freiheit erhielten. Bei den Häftlingsfreikäufen und den Familienzusammenführungen dachte das SED-Regime nicht daran, von dem einträglichen Geschäft mit Menschenschicksalen abzugehen, bei dem in der Art eines mittelalterlichen Lösegelds zu Geiseln gewordene Menschen gegen harte DM freigekauft wurden.[161] Im eigentlichen humanitären Bereich sah die Bilanz des mit dem Grundlagenvertrag Erreichten also eher düster aus. Die Hoffnungen auf wirkliche menschliche Erleichterungen im Zeichen einer vertraglich geregelten »gutnachbarlichen« Beziehung mußten erst einmal begraben werden.

Mit dem Grundlagenvertrag verknüpft waren die Einrichtung der Ständigen Vertretungen im Frühjahr 1974[162] und der Beitritt der Bundesrepublik und der DDR zur Organisation der Vereinten Nationen. Als der Bundestag im Frühjahr 1973 über den Beitritt zur UN-Charta zu entscheiden hatte, taten sich Teile der CDU/CSU-Opposition selbst damit schwer.[163] Denn für die Kritiker bedeutete dies die Hinnahme des Wegs zur internationalen Anerkennung der DDR und zu ihrer Aufnahme in die internationale Staatengemeinschaft. Tatsächlich kam dieser Prozeß zeitlich erst voll mit dem Grundlagenvertrag in Gang. Außerhalb des kommunistischen Blocks hatte die DDR bis 1969 nur vereinzelt in der Dritten Welt die diplomatische Anerkennung erreicht. Bis 1972 waren zwölf weitere Staaten hinzugekommen. Von der Paraphierung des Grundlagenvertrages bis Ende 1973 vollzogen 67 weitere diesen Akt. Mit Blick auf diese »Anerkennungswelle« konstatieren Bleek/Bovermann zu Recht, daß »viele Staaten die längst beabsichtigte Normalisierung ihrer Beziehungen zur DDR lediglich bis zum baldigen Abschluß des Grundlagenvertrages zurückgestellt hatten. Diese Entwicklung hat der Grundlagenvertrag nicht initiiert, sondern höchstens gebündelt und beschleunigt.«[164] Auch die Zuziehung zu internationalen Konferenzen über Sicherheit und Zusammenarbeit[165] dokumentierte die außenpolitische Aufwertung und den internationalen Prestigegewinn der DDR. Mit der gleichzeitigen Aufnahme beider deutschen Staaten in die UNO am 18. September 1973 erhielt sie gleichsam ihre höheren Weihen.

Der SED-Staat hatte damit eines seiner wichtigsten Ziele seit Gründung der DDR erreicht, eine Anerkennung durch die internationale Staatengemeinschaft, auch wenn die diplomatische Anerkennung sich vereinzelt noch hinzog. Durch die USA erfolgte sie erst im September 1974 und durch Kanada sogar erst bei der KSZE-Konferenz in Helsinki 1975.[166] Mit dem Eintritt in die UNO-Gemeinde unterwarf die DDR sich jedoch zugleich den Normen und Regeln der Völkergemeinschaft und stand von nun an in direktem, offenem Wettbewerb mit der Bundesrepublik. Der vom Regime durch die außenpolitische Aufwertung zweifellos erhoffte und erwartete Zuwachs an innerer Reputation und Stabilität blieb letztlich aus.

Eine volle Anerkennung im völkerrechtlichen Sinne hat die DDR mit dem Grundlagenvertrag und dem UN-Beitritt in seinem Gefolge nicht erzielt; diese blieb für das SED-System ein Desiderat, das ab 1980 mit Honeckers Geraer Rede wieder deutlich hervortrat, aber bis zum Ende der DDR nicht erreicht wurde. Die internationale Staatenwelt aber wertete den Grundlagenvertrag faktisch doch als eine volle Anerkennung der DDR und die Hinnahme der staatlichen Teilung Deutschlands auf unübersehbare Dauer.[167]

Die Entspannungspolitik zielte auf eine Auflockerung der Fronten zwischen der Bundesrepublik Deutschland und den östlichen Nachbarn, von der Sowjetunion über Polen bis zur DDR, nicht aber auf eine Verwischung der grundsätzlichen Gegensätze zwischen freiheitlicher Demokratie und kommunistischen Diktaturen. Gerade um dies zu verdeutlichen und sich gegen offene Flanken und kommunistisch-linkssozialistische Näherungen abzusichern, hatte die Parteiführung der Sozialdemokratie im Winter 1970/71 die ideologisch-politische Abgrenzung von den Kommunisten unzweideutig markiert. Zugleich versuchte sie sowohl aus Grundsatzerwägungen wie aus praktisch-politischer Taktik Parteikontakte zu den östlichen Staatsparteien zu unterbinden.[168] Auch wenn der von Bundeskanzler Willy Brandt und sozialdemokratischen Innenministern und Landesregierungen im Januar 1972 initiierte Extremistenerlaß vorrangig innenpolitisch motiviert war und auf die Ausgrenzung verfassungsfeindlicher Aktivisten aus dem öffentlichen Dienst zielte[169], so lag der Zusammenhang mit der neuen Ostpolitik doch auf der Hand. Denn es ging darum, die Auflockerung nach Osten – und das hieß zu kommunistischen Regimen und Staaten – nicht durch Mißverständnisse über den demokratisch-freiheitlichen Konsens zu belasten. Im Ergebnis aber hat dieser bald überwiegend als Radikalenerlaß bezeichnete Beschluß mit seinen problematischen Verfahrensregeln im In- und Ausland Angriffsflächen geschaffen und letztlich wohl mehr Schaden als Nutzen gestiftet. Für die Bundesrepublik, ihre demokratische Kultur und ihre in Bewegung geratene Gesellschaft durchdrangen sich bei der neuen Ost- und Deutschlandpolitik eben auch außenpolitische Zielsetzungen und Zwänge mit innenpolitischen Veränderungsprozessen.

»Früher hatten wir keine Beziehungen, jetzt haben wir wenigstens schlechte«, dieser Satz seines Freundes Bahr beschrieb, so Peter Bender, »besser als alle feierlichen Erklärungen, wie es nach Abschluß der ersten Verträge zwischen Bonn und Ost-Berlin aussah«.[170] Eine gewisse Skepsis über das weitere Verhalten der DDR ließ Bahr schon im Februar 1973 erkennen, und zu Michael Kohl sagte er dann im Mai, nach Ratifizierung und UN-Beitritt werde die DDR wohl erklären, »die BRD kann uns den Buckel runter rutschen. Der Mohr hat seine Schuldigkeit getan, der Mohr kann gehen«[171]. Auch wenn Bahr öffentlich vor Illusionen und zu großem Optimismus warnte (»das ist nicht einfach, das wird schwierig«)[172], so war er nach Vogtmeier doch auf die Verhärtung der DDR so nicht vorbereitet und davon enttäuscht.[173]

Bahrs Vertragspolitik mit der DDR war darauf angelegt, durch ein Entgegenkommen an das Status-Bedürfnis des SED-Regimes praktische Verbesserungen für eine Anerkennung unter Wahrung der Option nationale Einheit einzuhandeln. In seinem strategischen Konzept wie in seiner eher sophistisch angelegten Verhandlungsstrategie kam eine andere Dimension deutsch-deutscher Politik weniger zum Tragen. Sie läßt sich auf den Nenner bringen: harte DM gegen humanitäre Erleichterungen, und das wurde seit Jahren beim Häftlingsfreikauf und bei Familienzusammenführungen praktiziert. Es war Bahrs Fehlkalkulation, daß sich die DDR mit dem Abschluß der Verträge nun wie ein einigermaßen zivilisierter Staat verhalten würde. Das Faustpfand Anerkennung war im Rahmen der politisch und rechtlich möglichen und vom Bundesverfassungsgericht strikt markierten Grenzen ausgereizt. Die Gegenleistungen der DDR waren jedoch nur in Teilen wirklich vertraglich festgeklopft, andere wie der Abschluß von Abkommen »zum beiderseitigen Vorteil« auf dem Gebiet etwa von Wirtschaft, Wissenschaft, Recht und Kultur als Absicht definiert und bei den für die Menschen so entscheidenden »praktischen und humanitären Fragen« nur die »Bereitschaft« deklariert, sie »im Zuge der Normalisierung« zu »regeln«.[174] An diesem Punkte hakte es schon, noch bevor die Tinte unter dem Grundlagenvertrag getrocknet war.

Der Grundlagenvertrag trug seinen Namen in dem Sinne zu Recht, wie das innerdeutsche Ministerium es nannte, daß er »Grundlagen für die Beziehungen zwischen den beiden deutschen Staaten« legte[175], aber nicht so, wie Bender meinte, daß er »das Gesamtverhältnis zwischen Bundesrepublik und DDR« regelte und »eine solide Basis« schuf, »auf die sich beide Seiten bis zur Vereinigung stützten und beriefen«.[176] Grundsätzliche Fragen wie die der Nation und des Wertesystems blieben offen und kontrovers und mußten es sein und bleiben. Natürlich »sträubte« sich die DDR doch, keineswegs »nicht mehr«, wie es Bender meint, »die Verhältnisse in Deutschland zu normalisieren«.[177]

Schon während der laufenden Vier-Mächte- und innerdeutschen Verhandlungen hatte die DDR-Führung mit einer Reihe von Maßnahmen die Kontrollmechanismen ausgebaut und die Sicherung »der Staatsgrenze zur BRD und zu Westberlin« verstärkt. Kaum war der Grundlagenvertrag abgeschlossen, wurden die Grenzsicherungsmaßnahmen weiter verschärft, die Grenzanlagen durch Minen und Selbstschußanlagen des Typs SM-70 noch todbringender ausgestaltet und weiter eine kompromißlose Anwendung der Schußwaffe verfügt.[178] Gleichzeitig wurden die Stasi ausgebaut, die Mitarbeiterzahl des MfS erweitert (von 1970 bis 1975 um ca. 37 Prozent)[179], die Methoden der Überwachung und Unterdrückung verfeinert und subtiler ausgestaltet, der Kreis der Geheimnisträger mit West-Kontakt-Verbot ausgeweitet, die ideologische Abgrenzung verschärft, die Bezüge auf die gesamtdeutsche Nation noch deutlicher eliminiert und die enge Anbindung an die Sowjetunion weiter verstärkt.[180] Als Leitlinie gab das Politbüromitglied Werner Lamberz direkt nach der Unterzeichnung des Grundlagenvertrages aus, diese harte Abwehr sei notwendig: »Denn der Klassenfeind wird alles versuchen, auch aus dem Prozeß der Entspannung, aus den Erfolgen unseres Kampfes um Koexistenz und Sicherheit in Europa, um die völkerrechtliche Anerkennung der DDR für sich neue, direkte Einflußmöglichkeiten herauszuholen.« Für seine »ideologische Diversion« benutze er »die

Massenmedien, vor allem Rundfunk und Fernsehen, um bürgerliche Ideologie bei uns einzuschleusen«.[181] Doch das Unterfangen des SED-Regimes, den Empfang der Westkanäle zu erschweren und zu unterbinden, war vergebens. Nach einer Kurswende konnte sich ab 1973 fast die gesamte DDR-Bevölkerung, wenn sie wollte und nicht im »Tal der Ahnungslosen« (der Raum um und östlich von Dresden) lebte, aus dem Westfernsehen informieren und die so andersgeartete westliche Bildschirmkultur konsumieren. Die Wirkung dieses Mediums reichte weit, von Information, auch über Vorgänge in der DDR, Politik, Wirtschaft, Kultur, Wohlstand und Lebensgefühl, Freizeit und Unterhaltung. Über das westliche Fernsehen öffnete sich so etwas wie eine attraktive Gegenwelt zu der Tristesse des eigenen Alltags, und es bot eine Art Flucht aus der Bevormundung durch das System, unter dem man lebte. Das Propaganda- und Meinungsmonopol, eines der wichtigsten Instrumente diktatorisch-autoritärer und totalitärer Systeme zur Beeinflussung und Manipulation ihrer Bürger, wurde ausgehöhlt und durchbrochen.

Mit Restriktionen und Repressionen gegen östliche Informanten und westliche Journalisten suchte das Regime den Informations- und Kommunikationsfluß zu kanalisieren und zu bremsen. Gestützt auf die fast allmächtige Partei, die Stasi und sowjetische Panzer, ohne eigene nationale Identität und der Bundesrepublik unterlegen, gehörten Gängelung, Repression und Sperrung der Grenze zu den Zwangsinstrumenten, ohne die der zweite deutsche Staat kaum existieren konnte. Das kommunistische SED-System mußte sich fast zwangsläufig abschotten, weil ihm eine wirkliche Legitimation durch die Bürger fehlte und es Freizügigkeit und Selbstbestimmung nicht aushalten konnte. »Normale gutnachbarliche Beziehungen«, wie sie der Grundlagenvertrag in Artikel 1 anvisierte, konnten es nie wirklich werden und wurden es nie, solange das SED-Regime herrschte, seinen Bürgern die Freiheit verwehrte, sich ein wenig Humanität abhandeln ließ und nur ein Minimum an Liberalität unter äußeren Zwängen konzidierte.

EIN HAUCH VON
NORMALISIERUNG

Auftakt zu einer
neuen Phase

Das Treffen Herbert Wehners mit Erich Honecker am 31. Mai 1973 in der Schorfheide nördlich von Berlin wurde durch den Wirbel über die Steiner-Affäre, einen Stimmenkauf beim Mißtrauensvotum gegen Brandt,[1] überdeckt. Von Garton Ash – und einigen anderen – wurde dieser Besuch im Kontext der sogenannten humanitären Fälle, also der Freikäufe und Familienzusammenführungen, gewürdigt.[2] Schon allein aus Gründen der Menschlichkeit war die Bonner Politik gefordert, sich um die Menschen und Familien zu kümmern, die von der Trennung und Willkürherrschaft besonders hart getroffen und in Kerkern eingesperrt waren. Der Freikauf politischer Häftlinge, die wegen »versuchter Republikflucht« oder eines anderen »politischen Vergehens« zu hohen Gefängnisstrafen verurteilt waren und in den berüchtigten Haftanstalten wie Bautzen und Torgau saßen, lief schon seit Jahren über den »Anwaltskanal«. Es war ein Geschäft mit Menschenschicksalen wie das Verfahren der Familienzusammenführung, insbesondere von Kindern, das ebenfalls über den Kanal Wolfgang Vogel und Ludwig Rehlinger vom gesamtdeutschen, seit 1969 innerdeutschen Ministerium abgewickelt wurde.[3] Seit seiner Zeit als gesamtdeutscher Minister in der Großen Koalition war damit auch Herbert Wehner befaßt. Als bald nach der Unterschrift unter den Grundlagenvertrag die Familienzusammenführung stockte, wollten Brandt wie Ehmke und Bahr das Problem auf der »Verhandlungsebene«, das heißt über die noch einzurichtende Ständige Vertretung angehen[4], während Wehner auf den ihm schon gut bekannten Anwalt Wolfgang Vogel setzte und über ihn den Kontakt zu Erich Honecker herstellte. Am 30. Mai 1973 fuhr er, chauffiert von Greta Wehner, zum Treffen mit seinem früheren Kampfgefährten, mit dem er gemeinsam gegen den Anschluß der Saar an das nationalsozialistische Deutschland agitiert hatte.

»Deutschlandpolitik in der Krise« wählten Klaus Wiegrefe und

Carsten Tessmer als Titel für ihren Beitrag über das Wehner-Honek-ker-Treffen.[5] Was die Vorgeschichte anbelangt, so trifft ihre Analyse den Punkt. Es handelte sich zunächst um die »Kofferfälle«, Menschen, denen die Ausreise noch im Jahr 1972 avisiert, dann aber verwehrt wurde und die nun gleichsam auf ihren Koffern saßen. Es ging um Hilfe für Menschen, die Opfer des SED-Regimes geworden waren, und die Lösung humanitärer Härtefälle.[6] Wehner hat sich dafür stets mit großem persönlichem Engagement eingesetzt. Doch ihm und seinem Vorsitzendenkollegen von der FDP-Fraktion, Wolfgang Mischnick, der gleichzeitig in die DDR fuhr, sich zunächst mit dem LDPD-Vorsitzenden Manfred Gerlach traf und schließlich zu dem Treffen stieß[7], ging es um mehr. Sie suchten die Stagnation in der Deutschlandpolitik zu überwinden, die nach dem Grundlagenvertrag und mit dem anstehenden Urteil des Bundesverfassungsgerichts drohte.

Die Bedeutung dieses Besuchs reichte in Wirklichkeit noch weiter. Denn mit ihm wurde die Basis für direkte vertrauliche Kontakte zu SED-Chef Honecker geschaffen und eine Schiene um die diplomatischen Kanäle herum und »ohne den großen Bruder« gelegt.[8] Auf ihr herrschte bald ein reger Verkehr, bei dem Rechtsanwalt Wolfgang Vogel als verschwiegener Bote und Mittler fungierte. Es ging dabei zwar auch, aber keineswegs nur um humanitäre Fragen, sondern insbesondere um die Substanz der deutsch-deutschen Beziehungen bis zu konkreten Abmachungen auf verschiedenen Gebieten. An Gewicht und Bedeutung übertraf dieser verdeckte Kanal seit dem Winter 1973/74 für eine ganze Zeit alles, was über die zahlreicher werdenden anderen Drähte lief.

Nach der Unterzeichnung des Grundlagenvertrages liefen die Gespräche Kohls mit Bahr über den neuen Chef des Bundeskanzleramtes, Horst Grabert, zunächst weiter. Es ging dabei vorrangig um die Aushandlung und Ausfüllung der in Artikel 7 des Grundlagenvertrages vorgesehenen Folgeverträge zum Post- und Fernmeldewesen, zu Verkehr, Wirtschaft, Wissenschaft und Technik, Gesundheitswesen, Sport, Kultur und Umweltschutz und zum Rechtsverkehr. Bei den humanitären Erleichterungen, vor allem bei den Reiseverbesserungen und Familienzusammenführungen, stieß Bahr allerdings auf Granit. Die DDR mauerte und schaltete auf Blockade.[9] Gleichzeitig liefen ergänzende Expertengespräche unter anderem über die Arbeitsmöglichkeiten für Journalisten, gemeinsame Kommissionen wie die Transit- und die Grenzkommission. Besonderes Gewicht erlangten die ab November 1973 laufenden Verhandlungen zwischen dem designierten Leiter der Ständigen Vertretung der Bundesrepublik in Ost-Berlin, Günter Gaus, und dem stellvertretenden DDR-Außenminister, Kurt Nier, bei denen es vor allem um die Einrichtung der Ständigen Vertretungen gemäß Artikel 8 des Grundlagenvertrages ging.[10]

Die DDR beharrte dabei auf dem diplomatischen Status nach der Wiener Konvention, während die Bundesrepublik den Unterschied zu einer diplomatischen Vertretung nicht nur über die faktische Anbindung an das Kanzleramt deutlich zu machen wünschte. Den Ausweg aus der Sackgasse ermöglichte schließlich die über den Kanal Mitte Februar 1974 angebotene Formel: »Für die Ständigen Vertretungen … gelten die Bestimmungen der Wiener Konvention v. 18. 4. 1961 entsprechend (oder gemäß)«.[11] In der Fassung »entsprechend« wurde genau dieser Text in das Protokoll »über die Einrichtung der Ständigen Vertretungen« übernommen, das am 14. März 1974 unterzeichnet wurde. Es trat am 2. Mai in Kraft, und gleichzeitig nahmen die Ständigen Vertretungen der Bundesrepublik Deutschland in Berlin (Ost) und der DDR in Bonn ihre Arbeit auf.[12] Zudem konnten im Frühjahr 1974 wenigstens einige erste Folgeverträge unter Dach und Fach gebracht werden; so das am 25. April unterzeichnete Gesundheitsabkommen, das einen Rechtsanspruch auf medizinische Versorgung bei akuter Erkrankung sicherte, die am gleichen Tage geschlossenen Vereinbarungen über den Transfer von Unterhaltszahlungen und Sparguthaben in bestimmten, eng begrenzten Fällen sowie das Protokoll vom 8. Mai zwischen dem Deutschen Sportbund der Bundesrepublik und dem Deutschen Turn- und Sportbund der DDR.[13]

Es kam also doch etwas in Gang, und dies betraf nicht nur die vertragliche Ebene. Seit 1973 fanden bei den großen Messen in Hannover und Leipzig regelmäßige Gespräche auf Staatssekretärs- und Ministerebene über Handelsfragen statt[14], und auch die Bonner Opposition streckte im November 1973 erste Fühler zur SED-Führung aus. Walther Leisler Kiep, der Schatzmeister der CDU, trug bei einem Treffen in Hamburg Herbert Bertsch, Professor und Hauptabteilungsleiter beim IPW[15] und hochrangiger Berater der DDR-Führung, das Anliegen der Union vor, »zu jeder Zeit« in der DDR Gespräche mit »kompetenten Vertretern« des Regimes zu führen. Das Anerbieten schien Ost-Berlin wichtig genug, daß sich Honecker damit befaßte und Wehner kontaktierte.[16] Seine Anfrage bei Wehner war ein Indiz, daß der am 31. Mai 1973 geknüpfte Draht politisch funktionierte.

Nach dem 31. Mai war zwischen Wehner und Honecker ein intensiver Meinungsaustausch in Gang gekommen, bei dem kaum ein Problem ausgeklammert wurde und Honecker den Fraktionsvorsitzenden der SPD und früheren kommunistischen Kampfgefährten mit Vertrauens- und Gunstbeweisen überhäufte. Wehner war seinerseits bemüht, dem SED-Chef das Zutrauen in die gegenseitige Verläßlichkeit zu demonstrieren und sich bei Bundeskanzler Brandt als der zu geben, der als einziger substantielle Fortschritte im innerdeutschen Verhältnis und für die Menschen verbürgen könne. Ein Musterbeispiel liefert dafür seine Aufzeichnung vom 2. Dezember 1973, die als eine Art deutschlandpolitisches »Testament« Brandt übergeben und auch Honecker übermittelt wurde. Wehner leitete sie mit einer im September 1973 zugegangenen Botschaft Honeckers ein, er werde das »gegenseitige« Vertrauensverhältnis »nicht überstrapazieren und die Grenzen des Möglichen immer wahren. Er sieht dieses Verhältnis auch als sehr nützlich für die Zukunft, den Entspannungsprozeß in Europa und für gutnachbarliche Beziehungen an.«[17]

Im Spätherbst 1973 war das Verhältnis von Wehner und Brandt zerrüttet. Sachliche Differenzen und persönliche Animositäten eskalierten schließlich in Wehners öffentlicher Schelte in Moskau, der Kanzler »bade gern lau«.[18] Schon aus diesem Grund schien es nicht einfach, den Wehner-Draht zum Tragen zu bringen. Dazu kamen zunehmende Belastungen bei den innerdeutschen Beziehungen. Den von Bahr angestoßenen Versuch der Bundesregierung, ein Bundesamt für Umweltschutz in Berlin zu errichten, behandelten Moskau und Ost-Berlin als unfreundlichen Akt.[19] Drakonische Strafen von Gerichten der DDR gegen Fluchthelfer aus der Bundesrepublik und Berlin (West) und heftige Anklagen gegen einen Mißbrauch der Transitwege zeugten von der Achillesferse des SED-Regimes, das seine Bürger eingesperrt hatte und nicht willens war, ihnen Wege nach Westen zu öffnen. Die drastische Heraufsetzung der Zwangsumtauschsätze, die vom DDR-Finanzministerium am 5. November

1973 verfügt wurde, war ein harter Schlag. Der Mindestumtausch wurde glatt verdoppelt – auf 20 Mark je Person und Tag bei Aufenthalten in der DDR und auf 10 Mark bei Tagesbesuchen in Ost-Berlin. Auch Rentner, die bisher freigestellt waren, wurden nun dem Zwangsumtausch unterworfen. Mit diesem unfreundlichen Akt suchte der SED-Staat die menschliche Kommunikation durch Reisen von Westdeutschen und West-Berlinern in die DDR zu erschweren, auch wenn als Argument dafür Devisenprobleme herhalten mußten.[20] Die gerade erst kräftig gestiegenen Besucherzahlen aus dem Westen gingen wieder drastisch zurück, was sich in den Jahresbilanzen nur unzulänglich und dennoch deutlich genug widerspiegelt.[21]

Merkwürdig mutet es schon an, daß Wehner die ihm zugegangenen Interpretationen seines »Gesprächspartners vom 31. 5.« scheinbar kommentarlos referierte und ebenso dessen Lob über die »millionenfachen Begegnungen«, die »Aufhebung des Verbotes« des Fernseh- und Rundfunkempfangs aus dem Westen, »die Reduzierung der Geheimnisträger auf den engsten Kreis«. Wehner erweckte dazu den Eindruck, daß eine Lösung der humanitären Fragen, vor allem Häftlingsentlassung in den Westen und Familienzusammenführungen, nur über den Weg seiner diskreten Kontakte zu Honecker zu bewerkstelligen und dieser zu weiteren positiven Schritten gegenüber der Regierung Brandt bereit sei.[22]

Egon Bahr hat daraus einen »Verrat« Wehners an Brandt konstruiert, ein gravierender Irrtum und eine Entstellung wider besseres Wissen.[23] Notizen über diese Mitteilungen hatte Wehner dem Kanzler schon im September vorgetragen. Nun brachte er sie in einer ausführlichen Stellungnahme zu Papier und übergab sie Brandt am 9. Dezember zusammen mit einer neuen Botschaft Honeckers. Trotz seiner Verbitterung über Wehner, die sich noch in seinen Erinnerungen widerspiegelt, machte Brandt von dem direkten Draht zur Nr. 1 der DDR Gebrauch, und Bahr arbeitete dabei mit.[24] Es kam wieder Bewegung in die ziemlich festgefahrene Situation. Wehner wirkte dabei als Motor und Spiritus rector. Über ihn liefen die Botschaften, die in Form mündlicher Nachrichten und Aufzeichnungen zwischen ihm, Honecker und Brandt ausgetauscht wurden. Am 18. Dezember signalisierte der Kanzler über Wehner, man versuche, »den Dingen wieder eine positive Wendung zu geben« und habe den Eindruck gewonnen, »daß die Haltung der DDR sich versteift« habe.[25] Nachdem auf den anderen Schienen nichts lief, setzte Brandt nun auf den geheimen Kanal Wehners.

Auf der von Wehner »Kontaktebene« genannten Schiene erfolgten die wesentlichen Vorklärungen über die Anbindung der Ständigen Vertretung beim Bundeskanzleramt und das Sportabkommen[26] sowie die Sondierungen über eine Wirtschaftskooperation, für die von der DDR eine Verlängerung der bisherigen Swing-Regelung um fünf Jahre als Bedingung gefordert wurde.[27] Bahr wurde darüber nicht nur informiert, sondern war auch damit befaßt. Selbst Originale an Brandt gerichteter Mitteilungen Wehners finden sich in seinen Unterlagen statt in denen Brandts, so unter anderem auch das einer am 2. Februar 1974 übermittelten Botschaft Honeckers, in der er vom Bemühen um konstruktives Handeln sprach. Häftlingsentlassungen und Ausreisen würden großzügig erledigt, und er persönlich erwäge ein Treffen mit Brandt.[28] Wehner als Intermediator war sichtlich bemüht, Optimismus auszustrahlen und für seine deutschlandpolitische Konzeption zu werben, die nicht auf den von ihm als verfehlt benannten Umweg über Moskau, sondern auf bilaterale Verständigung und das Interesse der DDR-Führung setzte, die SPD und die von ihr geführte Koalition durch Zugeständnisse zu stützen. So stellte er es jedenfalls in einem Schreiben dar, das er Anfang April 1974 an Honecker richtete.[29]

Am 24. April wurden in Bonn der Kanzleramtsspion Günter Guillaume mit seiner Ehefrau und Helferin Christel festgenommen. Er gab sich bei seiner Vernehmung als Offizier des DDR-Ministeriums für Staatssicherheit zu erkennen. Der Öffentlichkeit wurde dies am 25. April bekannt. Mit den Versäumnissen und Pannen, die dazu führten, daß Guillaume im Kanzleramt avancieren und während Brandts Sommerurlaub 1973 in Norwegen Geheimmaterial bis zur höchsten NATO-Geheimhaltungsstufe einsehen und kopieren konnte, haben sich neben den Medien, Sicherheitsdiensten, Politikern und einer Sonderkommission natürlich auch Politikwissenschaftler, Historiker und damals Verantwortliche befaßt.[30] Daß diese zumeist die Fehler bei den anderen suchen und den eigenen Part eher entschuldigend darstellen, ist nicht überraschend. Ausgerechnet Markus Wolf, der langjährige Spionagechef im Ministerium für Staatssicherheit, versuchte der Öffentlichkeit in seinen Memoiren die Tätigkeit seines Spions Guillaume sogar als bedauerliche Panne seines Dienstes zu verkaufen.[31] Auf eine ganz andere Art schuf der Fall Guillaume

Probleme für den ersten Mann der SED, Erich Honecker. Denn es ist nicht auszuschließen, daß bei der Art, in der Brandt seine Unterlagen über den Wehner-Vogel-Kanal bis Ende Februar 1974 verwahrte[32], möglicherweise Guillaume sie in die Finger bekommen haben könnte. Das Risiko, das hier für Honecker lag, spricht eher gegen die Spekulation, daß er präzise Kenntnis von der Tätigkeit Guillaumes besaß.

Aber für Markus Wolf und seinen Chef Erich Mielke war Guillaume von unschätzbarem Wert. Während der Bundesnachrichtendienst aus der DDR zumeist wenig Substantielles in Erfahrung brachte und ein früherer Bundeskanzler Journalisteneindrücke und -informationen höher einstufte, hatte Wolf Grund zum Stolz auf seinen Dienst. Von »Topas« in der NATO bis zu Gabriele Gast im Bundesnachrichtendienst[33] reichte das Netz der Spionage, das die Bundesrepublik überzog. Erst nach der deutschen Einigung wurden die meisten Spione enttarnt und das ganze Ausmaß in Umrissen sichtbar. Als »Kundschafter des Friedens« wurden sie ausgegeben und als Idealisten, die »zur längsten Friedensperiode in der modernen Geschichte Europas und zur Verhinderung eines atomaren Infernos beigetragen« haben, verkauft Wolf diese geheimdienstlichen Tätigkeiten der DDR noch heute.[34] Das Risiko der DDR-Spione im demokratisch-rechtsstaatlichen Westen war kalkulierbar. Nach einer Entlarvung und Verurteilung wurden sie nach einer Schonfrist auf dem »Basar der Spione« getauscht, über den auch Guillaume im Oktober 1981 in sein Auftrags- und Heimatland kam.[35]

Die Guillaume-Affäre wurde zum Anlaß für den Rücktritt Willy Brandts; aber sie war nicht der, sondern nur ein Grund neben anderen. Andere, die sich dabei eher Versäumnisse als der Bundeskanzler vorhalten lassen mußten, wie der damalige Bundesinnenminister Hans-Dietrich Genscher, haben die Affäre ausgesessen. Aber Brandt hatte nicht sein Stehvermögen, besaß eine andere Persönlichkeit und war, ungeachtet nachträglicher Legenden, die ihn wieder als handlungskräftig zeichnen[36], als Kanzler ersichtlich angeschlagen. Die starken Zweifel an seinem Durchsetzungsvermögen, die schon im Sommer 1973 Ablösungs- und Rücktrittsgedanken nährten, nahmen zu, als sich seit Herbst 1973 die Folgen der ersten Ölkrise drastisch bemerkbar machten. Als dann im Frühjahr 1974 die ÖTV unter ihrem mächtigen Chef Heinz Kluncker der öffentlichen Hand zweistellige Lohnerhöhungen abtrotzte[37], schlug dies in der Öffentlichkeit voll auf den Kanzler durch. Es zeichnete sich eine Grundstimmung ab, daß es für die anstehenden finanziellen und wirtschaftlichen Probleme eines anderen tatkräftigen, auf diesen Feldern kompetenteren Bundeskanzlers bedurfte als des zögerlichen, innenpolitisch wenig überzeugenden Brandts.

Als der am Abend des 6. Mai von Brandt in einem Schreiben an Bundespräsident Heinemann erklärte Rücktritt bekannt wurde, war die Enttäuschung unter den Brandt-Anhängern und -Sympathisanten zwar groß. Aber mit der Übernahme des Bundeskanzleramtes durch Helmut Schmidt ging so etwas wie ein Ruck durch das Land. Die angeschlagene sozial-liberale Koalition stabilisierte sich wieder und dank des hohen Ansehens, das sich Schmidt im In- und Ausland erwarb, konnte sie noch bis 1982 in Bonn regieren. Für das so überaus positive, stark von Gefühlen geprägte Brandt-Bild, das sich in großen Teilen der SPD und auch der Öffentlichkeit bis heute manifestierte, wirkte es sich jedenfalls eher günstig aus, daß der durch den Friedensnobelpreis geadelte Brandt scheinbar durch einen DDR-Spion stürzte und er so nicht in den Niederungen des politischen Geschäftes bis zum Geht-nicht-mehr versackte.

Die neue Deutschland- und Ostpolitik verband sich vor allem mit dem Namen Willy Brandt, gewiß auch mit dem Namen Egon Bahr. Daß »ohne Brandt [...] niemand mehr die Entspannung aus der Mitte Europas vorantreiben« würde, erschien aus dessen Sicht und angesichts der charismatischen Wirkung Brandts verständlich.[38] Doch die Triebkraft der Ost-, Deutschland- und Sicherheitspolitik, wie sie Bahr vorschwebte, war schon vor dem Rücktritt Brandts erlahmt. Nachdem die großen Verträge geschlossen und damit beide Seiten, die Bundesrepublik und ihre Verbündeten wie Moskau, Warschau und natürlich auch Ost-Berlin, ihre jeweiligen Interessen und Anliegen in einem Kompromißbündel austariert hatten, ging es nun auf der Basis der erreichten Stabilität um die Umsetzung und die Positionierung im konkreten.

Vom sowjetischen Parteichef Leonid Breshnew, den seit Oreanda ein enges, auch persönlich vertrautes Verhältnis mit Brandt verband, wurde der Rücktritt bedauert. Über »Slawa«, den einen der beiden sowjetischen »Kanäler« Bahrs, ließ er diesem am 7. Mai mitteilen, dies »sei ein schwerer Schlag für die Politik des Friedens«, und er »werde die europäische Politik, aber auch die Weltpolitik schwerer machen«.[39] Zuvor, steht dort zu lesen, habe Breshnew Brandt gedrängt, im Amt zu bleiben und mehrfach Honecker harsch wegen des Guillaumes-Falles kritisiert.[40] Doch nimmt man als Maßstab, was gesagt und geschrieben wurde, so handelte dieser nicht anders als Breshnew. Mit einem Schreiben vom Tag des Rücktritts, aber noch ohne Kenntnis davon – er wurde erst am Morgen des 7. Mai bekannt –, startete Honecker nach seinem Verständnis eine Art Unterstützungsaktion für Brandt. Er rühmte darin das »Vertrauensverhältnis« zu Wehner, das auch »schwersten Belastungen standhält«, und das »Verständnis«, »das selbst von Quengeleien des politischen Alltags nicht angeschlagen werden« könne. Durch den »Störfaktor« seien leider die seit Jahresbeginn »unternommenen Schritte zur Ausfüllung des Grundlagenvertrages« überschattet worden. »Zu beklagen« sei »im Fall G. nicht nur das Unvermögen der zuständigen Stelle der DDR, den Mann rechtzeitig aus dem Verkehr zu ziehen, sondern auch das Zurückweichen der Bundesregierung vor jenen Kreisen«, die auf den Sturz der Brandt-Regierung zielten und versuchten, den Grundlagenvertrag »und das, was dazu gehört, auszuhöhlen und sozusagen umzukehren«. Die Führung der DDR werde »bei Beibehaltung ihrer prinzipiellen Position (nationale Frage und Frage Staatsbürgerschaft) alles unternehmen«, damit »die reaktionärste Spielart deutscher Politik in der BRD nicht zum Tragen kommt«.[41]

Honecker unterbreitete dann einen Zehn-Punkte-Katalog, von dem die letzten beiden Punkte kurzfristig bemessen waren und ohnedies vom Politbüro sistiert wurden. Die Punkte eins bis acht aber besaßen weiterreichende Bedeutung. Sie lauteten:

»1. Fortführung der Familienzusammenführungen, einschließlich Kinderfälle,
2. Entlassung von ehemaligen Häftlingen aus der Staatsbürgerschaft der DDR, Genehmigung ihrer Ausreise in die BRD, mit Ausnahme von Angehörigen kommerzieller Menschenhändlerorganisationen,
3. Differenzierung beim Mindestumtausch, insbesondere für ganze Familien bei längerem Besuchsaufenthalt, wobei die Überlegung auf der BRD-Seite zu diesem Komplex noch erwartet wird,
4. Abschluß einer Vereinbarung, die es ermöglicht, Berlin (West) in den nächsten Jahren jährlich 300 MW Strom durch die DDR zu liefern,

5. Abschluß eines Abkommens über den Bau einer Autobahn von Berlin (West) nach Hamburg unter Ausnutzung der bereits im Bau befindlichen Autobahn zwischen Berlin und Rostock,

6. Kooperation zwischen der DDR-Industrie und den entsprechenden Betrieben bzw. Konzernen der BRD, sowohl untereinander, als auch gegenüber dritten Staaten,

7. Möglichkeit, die Reisen von Bürgern der DDR in die BRD nicht nur in dringenden Familienangelegenheiten, sondern auch zu touristischen Zwecken zu erweitern, im engen Zusammenhang mit den ökonomischen Möglichkeiten der DDR (Devisen),

8. Vereinbarung über den Abbau der Braunkohlevorkommen im Raum Harbke sowie über die Nutzung des Erdgasvorkommens im Gebiet Salzwedel zum beiderseitigen Vorteil.«

Die Vorschläge waren taktisch, wie es hieß, dazu »gedacht, um inzwischen zurückgetretenen BK gegen Hetze zu stützen« und ihm innenpolitisch Schützenhilfe zu geben. Doch seien sie auch »mit dem Blick auf die Zukunft« konzipiert, und so ließ Honecker nach dem Kanzlerwechsel in Bonn sofort wissen, sie seien hoffentlich »auch für den neuen BK als Starthilfe nützlich«, und Herbert Wehner könne sie »je nach Zweckmäßigkeit verwenden«. Ein Treffen mit dem neuen Bundeskanzler bei passender Gelegenheit schloß der SED-Chef nicht aus.[42]

Mit der Kanzlerschaft Helmut Schmidts gewann die Wehner-Schiene noch an Gewicht. Der neue Kanzler mußte sich erst in den Stand der Deutschlandpolitik einarbeiten. Schmidt war allerdings auf dem Gebiet der Deutschland- und Ostpolitik alles andere als ein Homo novus. Eine verkürzte Sicht der sozial-liberalen Ostpolitik hat sich zu sehr auf Bahr und Brandt fokussiert und andere wichtige Initiatoren und Mitgestalter zuwenig beachtet und gewürdigt. Gerade Helmut Schmidt hatte sich früher sehr dezidiert und engagiert deutschlandpolitisch exponiert. Er war beispielsweise als erster Minister der Bundesregierung überhaupt zu einem Besuch in die DDR gefahren[43], hatte bei privaten PKW-Reisen bis nach Polen, das ihm besonders am Herzen lag, den Osten erkundet und noch zu Zeiten der Großen Koalition Sondierungsgespräche in Moskau geführt[44], die äußerst hilfreich bei der Initiierung der Ost- und Deutschlandpolitik der sozial-liberalen Koalition waren. Dazu kamen Schmidts prononcierte sicherheitspolitische Vorstellungen vom Kräftegleichgewicht zwischen West und Ost, die besser und präziser als vieles andere, was sicherheitspolitisch von anderen gedacht und initiiert wurde, umrissen, was die Grundvoraussetzung für eine Entspannung zwischen West und Ost war. Diese Schmidtschen Grundüberlegungen haben sich als richtungweisend erwiesen und letztlich eine Kontinuität über den zweiten Kalten Krieg bis in die späteren achtziger Jahre ausgemacht.

Nach der Übernahme der Kanzlerschaft nahmen Schmidt die finanz- und wirtschaftspolitischen Probleme voll in Anspruch. Das hob das Gewicht Wehners, der in dieser Zeit gewissermaßen den deutschlandpolitischen Mentor des neuen Bundeskanzlers spielte, ihn mit Briefen und Informationen fütterte und zu erkennen gab, daß auf der offiziellen Gaus-Nier-Schiene »außer Akkreditierungsterminen« nichts herauskomme, Honecker aber ihm das notwendige Vertrauen entgegenbringe. So wurden Wehner geheime DDR-Aufzeichnungen über Einzelheiten der Bahr-Kohl-Verhandlungen von 1972 zugeleitet und ihm signalisiert, Honecker könne sich bei einer gesonderten Handhabung von Punkt 7 (Reiseerleichterungen für DDR-Bürger) auch mit Vorschlägen wie etwa »Herabsetzung Altersgrenze = 1 Mio. zus[ätzlicher] Reisender aus DDR« anfreunden.[45]

Bei seinen deutschlandpolitischen Initiativen hatte der SPD-Fraktionsvorsitzende in dem Vorsitzenden der FDP-Fraktion – und wie er früherer Dresdner – Wolfgang Mischnick einen wertvollen Mitstreiter und Vertrauten. Er war im Mai 1973 mit bei Honecker, und man traf sich bei internen Bonner Besprechungen im kleinsten Kreise. Mischnick erwähnte Honecker von Zeit zu Zeit in einem Zug mit Wehner. Die Art, wie der »Onkel« argumentierte und operierte, Botschaften austauschte, sich ins Spiel brachte und seine guten Drähte zu Honecker herauskehrte, wies zweifellos auch befremdliche Züge auf. Sein Agieren trug in manchem den Charakter des Konspirativen, so als er Alexander Schalck-Golodkowski einführte und im Juli 1974 ein geheimes Treffen von Staatssekretär Karl Otto Pöhl mit Schalck in einer verschwiegenen West-Berliner Adresse vermittelte.[46] Doch gegenüber Kanzler Schmidt war Wehner loyal und aus jeder Faser war zu spüren, daß es dem »Urgestein« um die Sache ging: um konkrete Verbesserungen für die Menschen, mehr innerdeutsche Kontakte und um politische Verzahnungen auf möglichst vielen Ebenen.

Tatsächlich kam seit dem Sommer 1974 wieder Bewegung in die vorher weitgehend festgefahrene Situation. Bei dem Treffen mit Finanzstaatssekretär Pöhl im »Haus Viktoria« gab Schalck seinen Einstand als Verhandler mit der Bonner Regierung auf einem verdeckten Kanal. Auf Pöhl machte Schalck, der »ohne ideologische Scheuklappen« verhandele, einen guten Eindruck. Beide sondierten »mit großer Offenheit und ohne die sonst üblichen formalen Finessen« in mehreren Treffen die Palette möglicher konkreter Schritte. Es ging um Autobahnbau, Transitpauschale, Stromversorgung Berlins, nichtkommerziellen Zahlungsverkehr, wirtschaftliche Kooperation und Swing. Die heikelsten Punkte, Mindestumtausch, also Reduzierung der Umtauschsätze und Freistellung von Rentnern, Reisemöglichkeiten für DDR-Bürger, besonders eine Herabsetzung der Altersgrenze, und Familienzusammenführung wurden zwar offen angesprochen, sollten aber »auf dem ›bewährten Kanal‹ weiter behandelt werden«.[47]

Die sich nach diesen Sondierungen über den neuen und den alten »Kanal« Wehner – Vogel – Honecker abzeichnenden Resultate fanden in dem Schriftwechsel Schmidt – Honecker vom 6. und 10. September 1974 ihren Niederschlag.[48] Einige Grundlinien standen fest, so die Fortführung des Swing bei Limitierung und späterem schrittweisem Abbau, ein Ausbau der Verkehrswege nach Berlin, wirtschaftliche Kooperationsvorhaben und einige Erleichterungen für die Einreise in die DDR. Über die konkrete Ausfüllung der vorgesehenen Verabredungen führte der Leiter der Ständigen Vertretung Günter Gaus von September bis Ende November zahlreiche Gespräche; allein dreimal traf er sogar mit Honecker zusammen.[49]

In den schwierigen Punkten, Rücknahme des Mindestumtausches über ein kleines Zugeständnis der DDR hinaus, Herabsetzung des Reisealters und mehr Verbindlichkeit bei den Familienzusammenführungen, tat sich die DDR schwer. Der Bundeskanzler und der Generalsekretär mußten einiges höchstpersönlich in die Hand nehmen, wobei Schmidt deutlich und offen mehr Entgegenkommen der DDR als Bedingung für eine Absprache forderte.[50] Honecker, der pragmatisch-nüchtern argumentierte, betonte, daß auch er »alles tun werde, um auf breiter Basis die Entwicklung gutnachbarlicher Beziehungen zu fördern«[51] und den »Dialog« ergebnisorientiert weiterzuführen.[52] Es war deutlich zu spüren, wie sehr er sich bemühte, eine Art Vertrauensverhältnis zu Schmidt aufzubauen, und sich mit seiner Person für praktische Zugeständnisse der DDR verbürgte. Ein maßgebendes Verdienst daran hatte neben Herbert Wehner zweifellos

Wolfgang Vogel, dessen Art und Vermittlungstätigkeit der Bundeskanzler schätzengelernt hatte und dies auch offen würdigte.[53]

Als die Dinge durch Indiskretionen über Kontakte und sachliche Differenzen bei Mindestumtausch und Swing im Oktober ins Stokken zu geraten schienen, wußte Wehner zu berichten, das »Politbüro werfe die Tür nicht zu, auch nicht später«.[54] Dies war ein wichtiges Signal, weil die DDR zuvor in einer Art Nacht- und Nebelaktion am 27. September 1974 eine Änderung der Verfassung vorgenommen hatte, mit der alle Bezüge auf die Einheit der Nation getilgt wurden.[55] Von der Bundesregierung war dies eher zurückhaltend kommentiert worden.[56] Offenbar ging man in Bonn davon aus, daß eine solche Art der Abgrenzung von der gemeinsamen deutschen Nation ein Preis sei, der an die Hardliner im SED-System entrichtet wurde. In den Gesprächen und Verhandlungen hat diese Frage kaum eine Rolle gespielt. Es ging im Kern um ein hartes Tauschgeschäft, und zwar substantielle Verbesserungen beim Mindestumtausch, Vertretung der West-Berliner durch die Ständige Vertretung der Bundesrepublik und Humanitäres gegen finanzielle Gegenleistungen. Unter den von der DDR genannten Alternativen – höhere Zahlungen bei den Verkehrsprojekten, größere Beträge beim »Freikauf«, großzügiger Swing – schien das letztere am ehesten machbar.[57]

Als Schmidt schließlich am 4. November zu verstehen gab, »ohne eine Freistellung der Rentner vom Mindestumtausch im gleichen Umfang wie vor dem 15. November 1973« könne er den »Verhandlungen« nicht zustimmen[58], berichtete Wolfgang Vogel, die »Lage« habe sich »verhärtet« und sei »sehr ernst«. »Es droht Gefahr, daß alles im Briefwechsel bisher vereinbarte hinfällig werden kann. E. H. hat im Politbüro sein Gesicht verloren, es gibt ernste Stimmen, die davon reden, er lasse sich erpressen.«[59] Erst über den Wehner-Kanal wurden von dem Quartett Schmidt, Wehner, Vogel, Honecker in den folgenden Tagen Durchbrüche erzielt und die Schritte und Maßnahmen abgestimmt, bei der jede Seite ihr Gesicht wahren konnte.[60]

Ende November/Anfang Dezember 1974 war das Paket, wenn auch bis zuletzt noch mit einigen Haken und Ösen, endgültig geschnürt[61], das in einem komplexen System von Leistungen und Gegenleistungen den ersten richtigen Schritt zur Ausfüllung des Grundlagenvertrages brachte. Es sah Verbesserungen bei den Verkehrswegen nach Berlin und Reiseerleichterungen vor, so die Benutzung von privaten PKW und »Aufenthaltsberechtigungen« für West-Berliner in der gesamten DDR. Von besonderer Bedeutung war die Zusage der DDR zum Ausbau der Verkehrswege nach Berlin (West) und zur Öffnung weiterer Grenzübergänge. Schmidt würdigte das Ergebnis in seiner Regierungserklärung vom 11. Dezember als »das Positivste, das seit Abschluß des Vier-Mächte-Abkommens und seiner Zusatzvereinbarungen für die Berliner erreicht worden ist«.[62]

Vor allem hatte die DDR eine spürbare Herabsetzung des Mindestumtausches von 20 auf 13, bzw. bei Tagesaufenthalten von 10 auf 6,50 DM konzediert – eine entsprechende Verordnung erging schon am 5. November. Darüber hinaus sagte Honecker verbindlich zu, daß die Rentner ab Dezember wieder vom Mindestumtausch befreit würden. Verkündet wurde dies am 10. Dezember; zehn Tage später trat die Verordnung in Kraft.[63] Im Gegenzug wurde am 12. Dezember 1974 die Vereinbarung über die Verlängerung des Swing bis zum 31. Dezember 1981 – nun allerdings mit einer Höchstgrenze von bis zu 850 Millionen DM – geschlossen.[64]

Das von der Regierung Schmidt erzielte Ergebnis konnte sich wahrlich sehen lassen. Es resultierte aus einer im Kern nüchtern-pragmatischen neuen Deutschlandpolitik, die auf das Interesse der DDR an Westhandel, Westdevisen und wirtschaftlicher Kooperation setzte und dafür Reiseerleichterungen und Verbesserungen für Berlin (West) einkaufte und den direkten Draht zu SED-Generalsekretär Honecker nutzte – möglichst unter Umgehung des Apparates und auf verschwiegenen Kanälen. Das ideologisch Trennende blieb bei diesem Kompensationsgeschäft im Hintergrund. Es war Realpolitik, aber mit einem großen Gespür für die Psyche der Mächtigen und aus einem hohen Verantwortungsbewußtsein für die konkret betroffenen Menschen.

Im Zeichen von Helsinki

Der innerdeutsche Boden war vergleichsweise gut bereitet und zudem das internationale Klima günstig, als sich Helmut Schmidt und Erich Honecker zum erstenmal persönlich in Helsinki bei der KSZE-Schlußkonferenz Ende Juli/Anfang August 1975 begegneten. Die

Konferenz über Sicherheit und Zusammenarbeit in Europa war ursprünglich ein sowjetisches Projekt aus der zweiten Hälfte der sechziger Jahre. Es zielte darauf ab, den Status quo in Europa unter einer Art Stabführung der UdSSR festzuschreiben und die USA möglichst herauszuhalten. Im Zuge der deutschen Ostpolitik, des Vier-Mächte-Abkommens, der ersten Verträge über Rüstungsbegrenzung (SALT-I-Abkommen und ABM-Vertrag) flossen zusehends auch die westlichen Wünsche und Anliegen über die Achtung von Grundfreiheiten, Menschenrechten und Selbstbestimmung ein. Nachdem im September 1973 mit den offiziellen Vorarbeiten begonnen wurde, die vor allem der Ausformulierung der »Schlußakte« galten, trafen sich am 30. Juli/1. August die Staats- und Regierungschefs von 35 Staaten zur großen Schlußkonferenz in Helsinki. Auch die USA mit Präsident Gerald Ford und Kanada mit Pierre Trudeau waren dabei; aus Europa fehlte nur Albanien.[65]

Helsinki, das für einige Tage zu einer Art Hauptstadt Europas wurde, markierte den ersten großen Baustein zu einer multilateralen Entspannungspolitik und wurde geradezu zum Synonym für eine friedliche Ausgleichs- und Verständigungspolitik. Die von allen Teilnehmerstaaten am 1. August unterschriebene Schlußakte betraf Prinzipien der Sicherheit in Europa, das Bekenntnis zur Fortführung der Entspannungspolitik, zu Abrüstung und »vertrauensbildenden Maßnahmen«, zum Gewaltverzicht und zur Unverletzlichkeit der Grenzen, die aber ausdrücklich eine friedliche Grenzänderung nicht ausschlossen. Ein sogenannter zweiter Korb befaßte sich mit Grundregeln der Zusammenarbeit auf dem Feld der Wirtschaft sowie bei Wissenschaft, Technik und Umwelt. Der ursprüngliche »Korb III« (als solcher wird er stets bezeichnet, obwohl er in der Schlußakte durch die Einfügung eines Teils über »Sicherheit und Zusammenarbeit im Mittelmeerraum« tatsächlich die Nummer vier trug) bezog sich auf Grundfreiheiten, Grundsätze der Menschenrechte sowie eine Zusammenarbeit in humanitären Fragen. Für die westlichen Demokratien war dies mit der wichtigste Punkt und für die Menschen, die im Europa jenseits von Mauer und Stacheldraht lebten, waren gerade diese Festlegungen auf ein Minimum an Grund- und Freiheitsrechten von zentraler Bedeutung.

Helsinki bot den dort versammelten Staats- und Regierungschefs von Breshnew bis Ford, Schmidt bis Honecker, wie den Außenministern und Beratern Gelegenheit zu einer Reihe kleinerer Treffen und vielen bilateralen Gesprächen, natürlich vor allem zwischen Ost und West. Helmut Schmidt sprach unter anderen mit Leonid Breshnew, Josip Tito, János Kádár, Todor Schiwkow, Gustáv Husák und Lubomír Štrougal und Nicolae Ceauşescu und – für ihn am wichtigsten – mit Edward Gierek[66]; Honecker traf sich etwa mit Anker Jørgensen (Dänemark), Olof Palme (Schweden), Aldo Moro (Italien), Pierre Trudeau (Kanada) und US-Präsident Gerald Ford.[67] In Helsinki kam es auch zu der ersten Begegnung und nachfolgenden intensiven Gesprächen zwischen dem Bundeskanzler der Bundesrepublik, Helmut Schmidt, und dem SED-Chef und mächtigsten Mann des zweiten deutschen Staates, Erich Honecker.

Über den Kanal Wehner – Vogel war schon mehrfach über ein Treffen Schmidt – Honecker geredet worden.[68] Nun hatte Schmidt die Initiative ergriffen. Bei einer Unterredung mit Wolfgang Vogel am 2. April 1975 in Hamburg, an der Wehner teilnahm, sagte er, »daß er gerne ein ausführliches Gespräch« mit Honecker in Helsinki führen wolle. Es sei, ließ er dem Generalsekretär ausrichten, »unangenehm«, wenn »Mitteilungen« von ihm an Honecker nach Moskau durchsickerten. »Eine gewisse Vertraulichkeit müsse gewahrt bleiben, auch wenn beide Seiten nicht den Eindruck hervorrufen wollten, als ob sie etwas hinter dem Rücken Moskaus täten.«[69] Honecker griff den Vorschlag auf und ließ über den »Kanal« ausrichten, daß er zu einem Treffen »am Rande der Gipfelkonferenz« bereit sei und die notwendigen Vorabsprachen über diesen Draht laufen sollten.[70]

Das Klima war in der Tat so, daß auf dem »Kanal« durchaus offen von beiden Seiten gesprochen wurde. Von Wolfgang Vogel kam beispielsweise der Rat, die Rechtsvertretung von verhafteten Bundesbürgern bei Prozessen vor DDR-Gerichten effektiver zu organisieren, denn die Leitung der Ständigen Vertretung tue nicht genug.[71] Jedenfalls wirkte es so, als ließe sich auf dieser Schiene etwas bewegen. Dafür sprachen die Resultate vom Spätherbst 1974, und Wehner trug mit seiner Aversion gegen die bürokratischen Apparate und seiner Vorliebe für diskrete Wege dazu bei, diesen Eindruck zu erhärten. Zweifellos war auch Helmut Schmidt zu dieser Zeit davon überzeugt, daß der Draht zur Nr. 1 der SED der sinnvollste und von Honecker am ehesten auf diesem Wege etwas Positives zu erwarten sei. Das Diktum von Garton Ash, für Schmidt hätten »direkte Beziehungen

mit der DDR nicht die gleiche Priorität« wie für Brandt besessen und
er habe von Honecker »eine ziemlich geringe Meinung« gehabt[72],
trifft so nicht zu. Schmidt engagierte sich sehr persönlich und baute
gerade auf direkte Kontakte. So begrüßte er ausdrücklich, daß der
SED-Chef »die Entscheidungen über humanitäre Fragen an sich gezogen« habe. Er verstehe, warum Honecker »auf seiner Seite möglichst wenige Stellen des Apparates beteiligen« wolle.[73]

Im Kanzleramt hatte man den Eindruck gewonnen, daß im Osten
auch auf anderen Feldern Blockierer am Werke waren. Die Verhandlungen über den Ausbau der Verkehrsverbindungen zwischen der
Bundesrepublik und Berlin, die Honecker schon im September 1974
in Aussicht gestellt hatte und die im Dezember fest zugesagt worden
waren[74], kamen nicht vom Fleck. Sie sollten im Januar 1975 beginnen,
wurden von der DDR zunächst verschoben und schließlich Anfang
Juli für drei Monate unterbrochen.[75] Dazu standen Verhandlungen
über eine Neufestsetzung der Transitpauschale ab 1976 an. Natürlich
ging es dabei entscheidend um die Verteilung der finanziellen Lasten.

In dem »Bericht zur Lage der Nation« am 30. Januar 1975 hatte
Schmidt als Richtschnur ausgegeben, er und die Bundesregierung
würden »diese Chance« zur Stärkung »der Bindungen« mit Berlin
»nicht vertun« und sich »bei der Kosten-Nutzen-Analyse« nicht allein
»auf ökonomische Kategorien beschränken«, vielmehr »auch die
menschlichen und politischen Verbesserungen mit in die Waagschale
dieser Analyse legen müssen«. Er kritisierte hart und offen »Terror-
urteile« der DDR bei Fluchthelferprozessen sowie »Mauer, Stacheldraht, Todesstreifen und Schießbefehl«, die »ihre Unmenschlichkeit
nicht verloren« hätten. Doch er erwähnte auch »die positiven Ergebnisse« gerade im Bereich »humanitärer Probleme«, bekannte sich zur
Politik eines »geregelten Miteinanders« und mahnte, die DDR »als ein
mitteleuropäischer Staat« müsse »sich ihrer Verantwortung für die
Entspannung in Europa stellen«.[76]

Auf der deutsch-deutschen Agenda lag ein breites Spektrum von
Fragen und Problemen: die bilateralen Beziehungen mit konkreten
Projekten und die Einbindung beider deutschen Staaten in den europäischen Entspannungs-, Friedens- und Kooperationsprozeß bis hin
zu den Fragen der Menschen- und Bürgerrechte, wie sie sich im
»Korb III« von Helsinki niederschlugen. Gerade die KSZE-Schlußkonferenz Ende Juli/Anfang August 1975 in Helsinki bot einen guten

Boden für das erste persönliche Treffen von Schmidt und Honecker. Die Aufnahmen von der ersten freundlichen Begegnung – das Staatenalphabet hatte sie nebeneinander plaziert – gingen als symbolträchtig um die Welt.[77]

Die beiden Gespräche, die Schmidt und Honecker am 30. Juli und 1. August führten, waren gründlich vorbereitet worden. Die Themen, die dabei debattiert wurden, umfaßten ein weites Tableau. Die Palette reichte vom Lob für Wolfgang Vogel und einem Rückblick auf die Entwicklung seit dem Grundlagenvertrag über Probleme des Reiseverkehrs, den Mindestumtausch, die Familienzusammenführung, die Berlin-Fragen, wie die Einbeziehung in Abkommen und die Vertretung von West-Berlinern im östlichen Ausland, die Grunderneuerung der Transitautobahnen und die strittige Kostenaufteilung, die Höhe der Transitpauschale und der Straßenbenutzungsgebühren, Handel und wirtschaftliche Kooperation bis zur Frage engerer Konsultationen über internationale Fragen.[78] Das von Honecker kritisierte »Wiedervereinigungsgerede« in der Bundesrepublik kam nur kurz zur Sprache, weil, so Helmut Schmidt, er »keine Lust« verspürte, sich »ausgerechnet« mit Honecker über »das Grundgesetz« zu streiten.[79] Was das Atmosphärische und seine Eindrücke von Honecker anbelangt, der ihm weniger »als Funktionär Moskauer Prägung« vom Typus Ulbricht erschien, sondern als ein Mann, »der noch immer seinen Jugendidealen nachhing, obwohl er längst ihre Bodenlosigkeit, ihre Vergeblichkeit ahnte«, läßt sich bei Schmidt nachlesen.[80] »Insgesamt« sei »das Treffen mit Schmidt nützlich« gewesen, hieß es in der DDR-Fassung. Als »offen, sachlich und konstruktiv« hätten es beide gesehen, und »man wolle, daß sich Helsinki positiv auf den Frieden und für die Menschen auswirke«, lautete die Version der Kanzleramtsaufzeichnung. Als seinen Eindruck aus diesen Helsinki-Gesprächen hielt Schmidt fest: »[...] das Gefühl, daß Erich Honecker ein verläßlicher Vertragspartner war«.[81]

Treffen und Gespräche mit den Staatsmännern dieser Welt, um etwas zu bewegen, waren das Metier eines Kanzlers, der mit respektvollem, manchmal leicht ironischem Unterton als »Weltökonom« apostrophiert und vom US-Nachrichtenmagazin *Time* als »The Doer« und »Man of the Year« gefeiert wurde. Es entsprach dem Politikverständnis Helmut Schmidts, daß Politik vor allem von den berufenen Führungskräften und starken Persönlichkeiten gestaltet würde. Auch von diesem Grundansatz her setzte er auf den »kommunistischen Machthaber Honecker«, in dem, wie es ihm schien, »auch ein Quentchen mitmenschlicher Solidarität« und daneben eine »Portion sehr deutschen Stolzes sowohl auf die eigene Karriere als auch auf die Leistungen des von ihm regierten Staates« steckte.[82]

Nach dem Großereignis von Helsinki ging es auf dem schwierigen deutschen Terrain zunächst weniger um das spektakuläre Handeln der Großen, sondern um nüchterne, pragmatische Maßnahmen und Vereinbarungen im kleinen. Doch erst durch das Treffen von Helsinki kam Bewegung hinein. Nun konnten die Verhandlungen über den Ausbau und die Verbesserung der Verkehrswege nach Berlin zügig vorangetrieben und mit der Verkehrsvereinbarung vom 19. Dezember 1975 abgeschlossen werden. Verknüpft wurden sie mit einem Abkommen über die Neufestsetzung der Transitpauschale, die der DDR für die Jahre 1976 bis 1979 im Schnitt jährlich 400 Millionen DM einbrachte.[83] Daneben liefen zahlreiche weitere Gespräche und Verhandlungen über kleinere Projekte und Verbesserungen. Auch hier konnten in einer Reihe von Fällen Ergebnisse erzielt werden. Einige Beispiele mögen dies exemplarisch erläutern: die Aufnahme des telefonischen Selbstwählverkehrs, Vereinbarungen über Rettungsmaßnahmen an der Berliner Sektorengrenze, über Trinkwasserversorgung in einem Grenzgebiet, über grenzüberschreitenden Braunkohlenabbau und schließlich das nach dreijährigen Verhandlungen am 30. März 1976 unterzeichnete Postabkommen.[84]

Ein wenig Normalität und Alltag schienen einzuziehen. Davon zeugte, daß sich die beiden deutschen Außenminister, Hans-Dietrich Genscher und sein DDR-Amtskollege Oskar Fischer, zunächst am Rande der UNO, dann auch in Helsinki zum fast regelmäßigen Meinungsaustausch trafen.[85] Für die CDU unter ihrem Parteivorsitzenden Helmut Kohl, der im Juni 1973 die Nachfolge Rainer Barzels angetreten hatte, führte Walther Leisler Kiep, der außenpolitische Sprecher ihres Präsidiums, seit Januar 1975 regelmäßige Gespräche mit hohen DDR-Vertretern. Zum engsten Kontaktmann wurde der Leiter der Westabteilung im ZK der SED, Herbert Häber, ein Honecker-Vertrauter und aufgeschlossener Gesprächspartner.[86] Das war ein nicht zu übersehendes Zeichen, daß sich die CDU-Führung auf Dialog und Kontakt mit den Mächtigen im SED-Staat umstellte, allerdings argwöhnisch beäugt von den Hardlinern in den eigenen Reihen.

Der Versuch, vertrauliche Drähte zur Staatspartei in der DDR zu knüpfen, war die eine Seite der Unions-Medaille, die andere ihr hartnäckiger öffentlicher Widerstand gegen die Ost- und Entspannungspolitik der Regierung.[87] Bei aller legitimen und gebotenen Kritik einer Opposition überspannte die CDU/CSU dabei den Bogen. In einer maßlosen, überzogenen Weise machte sie gegen die KSZE-Schlußkonferenz in Helsinki und die Helsinki-Schlußakte Front, die sie als Bestätigung der sowjetischen Dominanz in Europa und »weltweite Täuschung« verunglimpfte. Bei der Ablehnung von Helsinki fand sie in Europa nur einen Alliierten, das Albanien Enver Hodschas, denn auch sämtliche anderen christdemokratischen Parteien Europas stimmten Helsinki zu. Die CDU/CSU manövrierte sich bei Helsinki in eine Selbstisolierung[88] und beging, wie Helmut Kohl als Bundeskanzler 1993 öffentlich eingestand, einen außenpolitischen Fehler.[89]

Trotz vieler Kontakte, kleiner Verbesserungen und Näherungen waren die Beziehungen zwischen der Bundesrepublik und der DDR nicht normal, und erst recht nicht die trennende Grenze. Die innere Situation der DDR aber kam in Bewegung – nicht von oben durch das Regime, sondern von unten durch mutige Menschen. Der KSZE-Prozeß und die Helsinki-Schlußakte mit ihrem »Korb III« entfalteten in den Staaten jenseits des Eisernen Vorhangs Wirkung, allerdings mit unterschiedlicher Intensität und Breite. Auch in der DDR, die sich mit ihrer Unterschrift in Helsinki zur Einhaltung der menschenrechtlichen Postulate aus »Korb III« verpflichtet hatte, zeigten sich erste Regungen. So forderte schon bald danach eine Gruppe um den Berliner Arzt Karl-Heinz Nitschke unter Bezug auf die KSZE-Schlußakte die Ausreisegenehmigung und bezichtigte die DDR in einer Petition an die Signatarstaaten und das UN-Menschenrechtskomitee der Freiheitsberaubung, Verweigerung der Emigration und Verletzung der Menschenrechte.[90] Die mit der Helsinki-Akte eingegangenen Verpflichtungen ermöglichten es nun konkret den »Bürgern, sich gegenüber der eigenen Staatsführung auf international verbürgte Individualrechte zu berufen«.[91] »Offensichtlich«, meinte Honecker nach dem Ende der DDR, habe man die im »Korb III« »langfristig angelegten Wirkungen unterschätzt. Freie Meinungsäußerung, freie Bewegung der Menschen, nichts war aus unserer Sicht dagegen zu sagen.«[92]

Wäre die DDR tatsächlich ein freiheitlicher Staat gewesen, so träfe das zu. Aber so wie sie beschaffen war – ein diktatorisches Repressionssystem, ohne wirkliche Akzeptanz und Legitimation ihrer Bürger –, bargen die Vereinbarungen von »Korb III« über Grundrechte, Information und menschliche Kontakte Sprengstoff für das System. Das galt nicht zuletzt für Reise- und Besuchserleichterungen wie für die Familienzusammenführung. Schon kurz nach der Veröffentlichung des Helsinki-Dokumentes versuchte die SED-Führung, die eingegangenen humanitären Verpflichtungen zu relativieren und von zusätzlichen zwischenstaatlichen Vereinbarungen abhängig zu machen.[93] Die Ausweisung des *Spiegel*-Korrespondenten Jörg R. Mettke im Dezember 1975 war ein deutliches Signal, daß dem SED-System nicht nur Freiheit und Freizügigkeit journalistischer Arbeit ein Dorn im Auge waren, sondern es generell die Grundsätze der Helsinki-Schlußakte und Offenheit nicht ertrug und sich dagegen abzuschotten suchte.[94] Als Instrument der Reglementierung und Abstrafung von Journalisten diente das von der SED verfügte Gebot, keine »Verleumdungen oder Diffamierungen« der DDR, ihrer Organe, führender Persönlichkeiten und der verbündeten Staaten zuzulassen. Ein Jahr nach Mettke wurde der ARD-Fernsehkorrespondent Lothar Loewe abgestraft, der häufiger kritisch über die DDR berichtete. Als er auch noch das Grenzregime und den wiederholten Gebrauch der Schußwaffe gegen Flüchtlinge ansprach, wurde er ausgewiesen.[95]

Die Brutalität dieser Grenze und die Rigorosität, mit der Menschen an der Flucht in den Westen gehindert wurden, hat unsägliches Leid verursacht und viele Menschen das Leben gekostet. Nach neuesten Angaben sind insgesamt 938 Flüchtende bei dem Versuch, in den Westen zu gelangen, zu Tode gekommen.[96] Die entscheidende Verantwortung für dieses mörderische Grenzregime trugen die kommunistischen Machthaber im Osten. Allerdings verübten in vereinzelten Fällen auch Flüchtende und Fluchthelfer nicht zu entschuldigende Bluttaten, so am 18. Juni 1962 in einem Fluchttunnel in Berlin. Was damals im Westen kaschiert und vertuscht wurde, war ein Verbrechen.[97] Als im Dezember 1975 der flüchtende NVA-Grenzsoldat Werner Weinhold zwei seiner Kollegen erschoß, gerieten Bundesregierung, westdeutsche Justiz und Öffentlichkeit in eine Zwangslage. Sie konnten und durften die Tötung zweier Menschen nicht ungestraft lassen, und so wurde Weinhold auch vor Gericht gestellt.[98] Mehrere folgende Grenzzwischenfälle, bei denen Menschen niedergeschossen und getötet wurden, zeugten von der Unmenschlichkeit des Grenzregimes, das provozierte und Brutalität offenbarte.[99] Auch wenn die Schuld nicht ausschließlich bei den »Grenzern« lag, so war dies für Schmidt doch Anlaß, Honecker deutlich zu mahnen, »auf Gewaltanwendung zu verzichten« und ihn persönlich dafür in die Pflicht zu nehmen.[100] Nach einem vertraulichen Gespräch Schmidt–Vogel in Hamburg ließ Honecker mitteilen, er habe »Maßnahmen veranlaßt, die weitgehend unterbinden sollen, daß Personen aus der BRD, die die Grenze verletzen, Schaden erleiden. Es sei denn, es handelt sich um sichtbar angelegte Provokationen. Bei einer solchen erkennbaren Absicht gilt das Prinzip, den Grenzverletzer ohne Gefahr für Leib und Leben der DDR-Grenzer unverletzt festzunehmen.« Honecker habe dies, so Vogel, »auf seine eigene Kappe genommen, ohne bestimmte Gremien hinzuziehen«, und fügte mündlich noch hinzu: »Es wäre allerdings schlecht, wenn nun plötzlich gesagt würde, daß ›der Schießbefehl aufgehoben‹ sei.«[101]

Dies war ein Signal, Wohlverhalten zu demonstrieren, um weitere Belastungen der Beziehungen zur Bundesrepublik zu vermeiden. Es war aber auch ein Ausdruck der Zwänge aus dem Kodex eines internationalen Wohlverhaltens, denen sich die DDR besonders durch die Unterzeichnung der Helsinki-Schlußakte unterworfen hatte. Die explosionsartig anschwellende Zahl von Ausreiseanträgen im Gefolge des Helsinki-Prozesses wurde zum Fanal. Die Konferenz der europäischen kommunistischen Parteien Ende Juni 1976 in Ost-Berlin, auf der Reform- und Eurokommunisten aus dem Westen zu Wort kamen, erzeugte Unsicherheit. Der Leiter der Ständigen Vertretung der Bundesrepublik, Günter Gaus, konstatierte eine »Angespanntheit der Lage«, die »allgemein größte Zurückhaltung uns gegenüber angeraten erscheinen« lasse.[102]

Im August 1976 sorgte die Selbstverbrennung des Pfarrers Oskar Brüsewitz in Zeitz für Aufsehen und Irritationen. Dadurch geriet auch die sich abzeichnende Entkrampfung des Verhältnisses von SED und evangelischen Kirchen in Gefahr, um die sich beide Seiten ungeachtet bestehender Gegensätze bemühten.[103] Der SED-Staat war in dieser Zeit nicht nur damit beschäftigt, mit den Folgen von Helsinki fertig zu werden. Er geriet nun – verzögert – in den Sog der durch den Ölpreisschock ausgelösten Weltwirtschaftskrise. Die Zuwachsraten beim Wohnungsbau, bei Konsumgütern und Investitionen sowie beim gesamten Bruttoinlandsprodukt gingen trotz Neuverschuldung drastisch zurück. Ab Mitte der siebziger Jahre geriet die DDR-Ökonomie in eine deutliche Abwärtsspirale. Die Produktivitätsrate und die Wettbewerbsfähigkeit sanken, während die Auslandsverschuldung wuchs und Gelder in ehrgeizigen Projekten der Mikroelektronik, Atomenergie, Veredelungsmetallurgie vergeudet wurden.[104] Doch starrköpfig und unbeirrt hielt die SED-Führungsclique um Honecker an ihrer »Einheit von Wirtschafts- und Sozialpolitik« fest.

Die Bundesrepublik hatte, auch wenn die Nettokreditaufnahme des Bundes drastisch stieg[105], die Folgen der ersten Ölkrise unter der tatkräftigen Hand von Kanzler Helmut Schmidt besser gemeistert als die meisten anderen vergleichbaren Industriestaaten. So warb die SPD für die 1976 anstehenden Bundestagswahlen vor allem mit einer eindrucksvollen Leistungsbilanz und mit dem Slogan »Weiterarbeiten am Modell Deutschland« für die Wiederwahl Schmidts, während die Unionsparteien mit der schon von Hans Filbinger bei den Landtagswahlen in Baden-Württemberg (Frühjahr 1976) verwandten Parole »Freiheit oder Sozialismus«, gern persifliert zur Variante »Freiheit statt/oder Sozialismus«, in den Bundestagswahlkampf zogen.[106] Trotz unverkennbarer Schwächen der SPD – innerparteilicher Streit, Unzulänglichkeiten in Ausübung öffentlicher Ämter etc. – gewann die sozial-liberale Koalition dank des hoch angesehenen Helmut Schmidt wieder die Mehrheit. Allerdings büßte die Sozialdemokratie deutlich an Stimmen ein – sie erreichte 42,6 gegenüber 45,8 Prozent bei den außergewöhnlichen Willy-Wahlen 1972 –, und auch die Freidemokraten verloren leicht – sie erreichten 7,9 statt 8,4 Prozent. Doch es reichte im Bundestag zu einem Vorsprung von zehn Mandaten. Die Koalition wurde fortgesetzt, und Helmut Schmidt am 15. Dezember 1976 zum Bundeskanzler wiedergewählt.

Bei seinem »Bericht zur Lage der Nation« hatte Helmut Schmidt zu Beginn des Jahres in seiner Positivbilanz unter sozial-liberaler Federführung angeführt, »daß wir zu einem Aktivposten der Friedenssicherung in Europa geworden sind«. Er und seine Regierung waren gewillt, weiterhin in diesem Sinne zu wirken und mit diesem Pfund gerade auf dem schwierigen innerdeutschen Terrain zu wuchern. In seiner Regierungserklärung vom 16. Dezember bekannte er sich ausdrücklich zu einer Politik des Friedens in Europa, »in dem das deutsche Volk in freier Selbstbestimmung seine Einheit wieder erlangt«, und zum Festhalten »an einer Nation«.[107]

Noch bevor die sozial-liberale Koalition bestätigt wurde, hatte Bundesaußenminister Hans-Dietrich Genscher vor der UN-Vollversammlung die Kontinuität »unserer Politik, auf dem Wege geduldigen Verhandelns die schmerzlichen Auswirkungen der deutschen Teilung zu überwinden«, betont. Die Bundesregierung resigniere »nicht angesichts der Wirklichkeit einer Grenze«, an der »noch in jüngster Zeit Schüsse« gefallen seien. Damit müsse »Schluß gemacht werden«, und die Regierung werde »nicht müde werden, mit ihrer Entspannungspolitik auch das zu erreichen«.[108]

Beide Seiten, Bonn und Ost-Berlin, waren gewillt, die innerdeutsche Kooperation fortzusetzen. Die erste offizielle Ausstellung der Bundesrepublik in Berlin (Ost) wie ein Besuch des FDGB beim DGB im November 1976 waren kleine Zeichen, daß sich selbst auf der gesellschaftlichen Ebene etwas, wenn auch noch wenig bewegte.[109] Mit einem Interview, das der nun als Generalsekretär der SED firmierende und seit dem 29. Oktober 1976 zum Staatsratsvorsitzenden der DDR avancierte Honecker der *Saarbrücker Zeitung* im Februar 1977 gab, sandte er ein öffentliches Signal nach Westen. Schon die Überschrift markierte die Botschaft: »Mögen Vernunft und guter Wille in den Beziehungen zwischen der Deutschen Demokratischen Republik und der Bundesrepublik stets die Oberhand behalten.«[110] Das konnte auch Bonn unterstreichen, ebenso wie das Wort, daß die Schlußakte von Helsinki als Ganzes verwirklicht werden solle. Doch die Akzente lagen jeweils anders. Ost-Berlin akzentuierte die »Nichteinmischung in innere Angelegenheiten« und die »friedliche Koexistenz«, für Bonn zählte dagegen mehr »Korb III«. Die seit Herbst 1976 zunehmende Zahl von Einreiseverweigerungen, die Kontrolle von Besuchern der Ständigen Vertretung der Bundesrepublik, die Ausweisung des ARD-Fernsehkorrespondenten Lothar Loewe, die Ausbürgerung Wolf Biermanns und der Hausarrest für Robert Havemann zeugten nicht vom Helsinki-Geist. Autoren und Künstler aus der DDR, die sich mit dem Systemkritiker Biermann solidarisierten und gegen seine Ausbürgerung protestierten, wurden gemaßregelt, zum Teil verhaftet und abgeschoben. Das MfS verstärkte gleichzeitig seine Anstrengungen, wie es in dessen typischer Sprache hieß, »durch wirksame politisch-operative Maßnahmen die Möglichkeiten der feindlich-negativen Kräfte weiter einzuschränken« und die Kontaktaufnahme zu westlichen Journalisten zu unterbinden.[111]

Diese auf Disziplinierung und Restriktion im Innern und Behinderung der Kommunikation mit Westjournalisten und Ständiger Vertretung gerichteten Maßnahmen belasteten die Beziehungen und veranlaßten Helmut Schmidt, nun erstmals und an einem Sonntag um 23.00 Uhr von der verabredeten Telefonverbindung Gebrauch zu machen. Nicht nur wegen möglicher heimlicher Mithörer, sondern auch wegen einer argwöhnischen Opposition wirkte manches verschlüsselt. Es ging neben ganz Profanem (Entgasung von Binnentankern) und als Belastung empfundenen Schikanen der DDR (Einreiseverweigerung, Kontrolle von Besuchern der Ständigen Vertretung der Bundesrepublik, neue Kraftfahrzeuggebühren der DDR) um eine Grobabstimmung zur Wiederaufnahme des »notwendigen Gesprächsfadens« zwischen Bonn und Ost-Berlin. Auch wenn Honekker seine Ständige Vertretung ins Spiel zu bringen suchte, verständigte man sich doch wieder auf den bewährten »Kanal«.[112]

Terrorismusanschläge, Schwierigkeiten mit dem FDP-Koalitionspartner und eine westliche Konferenzserie führten dazu, daß sich die vereinbarte vertrauliche Unterredung mit Wolfgang Vogel verzögerte. In dem vierstündigen Gespräch Schmidt/Wehner/Vogel vom 16. Mai 1977 kam fast die ganze Palette der Probleme zur Sprache, von der Abrüstung und dem KSZE-Folgetreffen in Belgrad über US-Präsident Jimmy Carters Engagement für die Menschenrechte, den angestrebten konkreten Einzelprojekten, dem innerdeutschen Reiseverkehr und den Familienzusammenführungen bis zum »Wunschkatalog« der Bundesregierung an die DDR. Natürlich wurden auch Honeckers Vorstellungen von einem Entgegenkommen der Bundesrepublik, etwa in der Staatsbürgerschaftsfrage, vorgebracht. Schließlich kam noch ein Besuch von Bundeskanzler Schmidt in der DDR zur Sprache. Eine ausführliche Aufzeichnung Vogels vermittelt, auch wenn sie die Sicht nur einer Seite referiert, doch ein sehr umfassendes Bild.[113]

Nachdem sich die Bundesregierung im Frühjahr 1977 in der Antwort auf eine Große Anfrage der CDU/CSU und eine weitere Debatte über die Menschenrechte zur Fortsetzung ihrer Deutschlandpolitik bekannt hatte, die trotz aktueller Schwierigkeiten ein Gebot des Friedens und des deutschen nationalen Interesses sei[114], untermauerte Schmidt in einer Regierungserklärung am symbolträchtigen 17. Juni die tragenden Grundsätze dieser Deutschlandpolitik. Der Bundeskanzler bekannte sich darin zu dem hohen Ziel, in Gemeinschaft mit den westlichen Demokratien »einen Ausgleich mit den Völkern des östlichen Europas zu suchen« und bezogen auf die DDR weiter »auf das Prinzip der Offenheit«, Gespräche, Vereinbarungen und auf »weitere Fortschritte auf dem Wege zum geregelten Miteinander« zu setzen.[115] Die internationalen Konstellationen schienen dafür jedenfalls nicht ungünstig: bei den Verhandlungen über das Salt-II-Abkommen zeichneten sich Wege zum Kompromiß ab, bei der Fortführung des KSZE-Prozesses hieß das Stichwort »konstruktiv«, und die Fortsetzung der Entspannungspolitik zwischen Ost und West stand weiter auf der Agenda. Gewisse Irritationen durch den Fall Andrej Sacharow und die Menschenrechtskampagne von US-Präsident Jimmy Carter kamen zwar auf, aber sie tangierten mehr das Verhältnis USA-Sowjetunion. Die Westeuropäer verhielten sich eher bedeckt bis distanziert. Schmidt schien es an der Zeit, die Gunst der Stunde zu nutzen und die innerdeutschen Gespräche und Verhandlungen über ein neues Paket voranzubringen, das Verkehrsverbesserungen, Energietrassen (Gas und Elektrizität), Umwelt, Kultur bis zur Ausweitung des Katalogs bei Ost-West-Reisen beinhaltete.[116]

Obwohl Honecker bei Schmidts Kernanliegen, der »Herabsetzung der Altersgrenze bei Ost-West-Reisen«, auf dessen Brief sein »nein« notierte[117], schien er doch sehr um Konzilianz und einen positiven Grundtenor bemüht. Um sicherzugehen und wohl auch, um sein besonderes Vertrauen zu Herbert Wehner zu unterstreichen, sandte er diesem seinen Antwortentwurf zur Begutachtung. Über Wolfgang Vogel gab er dabei zu verstehen, es gebe bei der »Altersgrenze bei Reisen von drüben nach hier« Spielraum, »wenn wir eine Sprachregelung fänden (z.B. die Pauschale etwas höher setzen und dies nur eine Handvoll wissen zu lassen): E.H. möchte wissen, wann demnächst mal über eine solche Angelegenheit geredet würde, wie sich der BK dazu« stellt.[118] Nachdem Wehner keine Einwände vorgebracht und das Politbüro das leicht abgeänderte Schreiben abgesegnet hatte, ging es mit Datum 2. August 1977 an Helmut Schmidt.[119]

In Sondierungsgesprächen zwischen Hans-Jürgen Wischnewski, der im neuen Kabinett das Amt des Staatsministers im Kanzleramt übernommen hatte und hier erstmals als Unterhändler auftrat, und Michael Kohl, dem Leiter der Ständigen Vertretung der DDR, der bisher ziemlich außen vor geblieben war, wurde ab August über Verkehrsverbesserungen und weitere Erleichterungen verhandelt. Ein erstes Ergebnis wurde kurz vor Weihnachten 1977 über den Ausbau der Abfertigungsanlagen bei Marienborn erzielt, an dessen Kosten sich der Bund beteiligte. Doch die Verhandlungen über weitere Projekte schleppten sich fast ein Jahr hin. Am 16. November 1978 wurde schließlich die Vereinbarung über den Autobahnbau Berlin–Hamburg, gegen den sich die Sowjetunion gesperrt hatte, und den Ausbau der Transitwasserstraßen unterzeichnet. Sie versprach große Vorteile für Berlin, war aber auch mit hohen finanziellen Leistungen der Bundesrepublik erkauft.[120]

Die Betrauung des Schmidt-Vertrauten Wischnewski wie die Schiene über Michael Kohl weckten Animositäten bei denen, die sich übergangen fühlten. Es traf zunächst den ehrgeizigen Schalck-Golodkowski, der sich nach seinem Treffen mit Pöhl 1975 vorerst mit dem Ministerialdirektor im Kanzleramt, Carl-Werner Sanne, begnügen mußte und ab November 1975 zum ständigen Kontaktpartner von Günter Gaus geworden war.[121] Das galt für Gaus[122], der mit eigenwilligen Auftritten den Kanzler nachhaltig verärgert hatte. Schmidt hielt ihn für eine »Fehlbesetzung« und erwog schon seine Ablösung als Leiter der Ständigen Vertretung.[123] Auch Wehner, der wohl nicht ungern vernahm, Wolfgang Vogel habe geraten, »Fragen des Reisealters und ähnliche Punkte, die beim Gespräch Wischnewski/Kohl aufgetaucht seien, nicht auf dieser Ebene intensiv weiter zu verfolgen«[124], war nicht mehr sakrosankt. Männer wie Hans Koschnick und Bruno Friedrich begannen sich nun außenpolitisch stärker zu profilieren und suchten Kontakte mit hohen DDR-Vertretern wie dem ZK-Abteilungsleiter Herbert Häber. Nach seinen Gesprächen Ende September/Anfang Oktober 1977 in Bonn notierte er als Eindruck: »Möglicherweise sieht sich Koschnick als eventueller Nachfolger von Brandt und Friedrich als Nachfolger von Wehner.«[125] Und der Kanzler selbst signalisierte mit der Einschaltung Hans-Jürgen Wischnewskis und mit dem nun immer deutlicher formulierten Wunsch nach einem Treffen mit Honecker, daß er die deutsch-deutschen Beziehungen als absolute Chefsache sah und sie auf sich und seine engsten Vertrauen fokussieren wollte. Eingebettet in ein Konsultations- und Kontaktgeflecht mit den Repräsentanten osteuropäischer Staaten von János Kádár über Edward Gierek bis zu Leonid Breshnew sollte das Treffen mit Honecker dazu dienen, wie er ihm in seinem Weihnachtsbrief schrieb, »die Normalisierung jetzt ein weiteres Stück voranzubringen. Die Menschen in beiden Staaten werden dies in der richtigen Weise zu würdigen wissen.«[126]

Dialogpolitik im Gegenwind

Für 1977 war ursprünglich ein Besuch des sowjetischen Partei- und Staatschefs in der Bundesrepublik geplant, der wegen einer Erkrankung Leonid Breshnews verschoben wurde. Beim innerdeutschen Dialog wirkte dies vor allem für die DDR als retardierendes Moment. Helmut Schmidt charakterisierte in seinem Buch »Die Deutschen und ihre Nachbarn« Honeckers Haltung als »vorsichtig und gelegentlich auch ein wenig eilfertig im Umgang mit seiner Bündnisvormacht, aber wohl mehr deshalb, weil er die sowjetische Machtklammer über der DDR realistisch einschätzte, weniger aus Parteigehorsam.«[127] Die deutsch-deutschen Verhandlungen dümpelten, abgesehen von dem eher mageren Ergebnis vom Dezember 1977 über den Ausbau des Übergangs Marienborn, eher dahin.[128] Doch die Ursachen für die Stagnation lagen nicht nur in Ost-Berlin und im Osten, sondern auch in Bonn, wo ganz andere Sorgen drückten.

In dem von Schleyer-Entführung, Mogadischu und Stammheim überschatteten Herbst 1977 erreichte die terroristische Bedrohung des demokratischen Staates in der Bundesrepublik ihren Höhepunkt. Nach den Morden an Generalbundesanwalt Siegfried Buback und seinem Fahrer Wolfgang Göbel im April und des Vorstandssprechers der Dresdener Bank, Jürgen Ponto, im Juli, war Hanns Martin Schleyer am 5. September entführt und waren seine Begleiter erschossen worden. Als Terroristen schließlich am 13. Oktober noch eine Lufthansa-Maschine kaperten, um die inhaftierten Gesinnungsgenossen freizupressen, erlebten Helmut Schmidt und alle, die mit ihm die Verantwortung trugen, ihre schwersten Stunden. Mit der erfolgreichen Befreiungsaktion auf dem Flughafen von Mogadischu am 18. Oktober und dem Selbstmord von Andreas Baader, Gudrun

Ensslin und Jan-Carl Raspe wurde der gemeinschaftszerstörerische Terrorismus entscheidend getroffen.[129] Die Bundesregierung erfuhr in diesen schweren Tagen von vielen Seiten Hilfe. In einem begrenzten Rahmen erbat sie später sogar von der DDR Informationen über im Jemen vermutete Terroristen.[130] Zum Bild des Umgangs mit solchen Terroristen gehört freilich auch, daß das MfS dann abgetauchten Mitgliedern der RAF Unterschlupf gewährte.

In dem von der Terrorismusbedrohung geprägten Herbst 1977 standen die deutsch-deutschen Beziehungen eher im Hintergrund. Dennoch gab es auf dem innerdeutschen Terrain unterhalb der Regierungsebene politische Kontakte und Bewegung. Der DDR-Emissär Herbert Häber beschrieb seine Eindrücke von seinen Besuchen und Gesprächen mit hochrangigen Bonner Politikern als ambivalent. Auf der einen Seite suchten nicht nur SPD-Politiker, sondern auch die CDU-Führung um Helmut Kohl und Gerhard Stoltenberg, im Jargon der SED »die vernünftigen Kräfte«, über Leisler Kiep Kontakt mit den SED-Oberen. Auf der anderen Seite zeigten sich für ihn im Kontext von Landtagswahlen Verhärtungen, in der Sprache der SED ein »scharfmacherischer Konfrontationskurs«.[131] Auf Versuche, den Helsinki-Geist und die begrenzte Offenheit der DDR durch Besuche von Politikergruppen zu testen, reagierte der SED-Staat zunehmend abweisend. Nach der Zurückweisung von Bussen der Jungen Union im August 1976 durften Delegationen der baden-württembergischen CDU-Fraktion und der SPD-Fraktion im Berliner Abgeordnetenhaus einreisen. Der FDP-Landtagsfraktion aus Niedersachsen und im August 1977 einer Delegation der CDU/CSU-Bundestagsfraktion verweigerte die DDR, nachdem sie zuerst die Erlaubnis erteilt hatte, die Einreise. Gleiches widerfuhr auch dem Oppositionsführer im Deutschen Bundestag, Helmut Kohl, und anderen CDU/CSU-Bundestagsabgeordneten, als sie im Januar 1978 Ost-Berlin besuchen wollten.[132]

Der Machtapparat des SED-Systems war nervös. Mit einer doppelten Strategie aus Repression und hartem Durchgreifen gegen die »feindlich-negativen Kräfte« und dem Austrocknen und Unterwandern tatsächlicher oder potentieller Dissidentengruppen wollte das MfS die Lage in den Griff bekommen. Vor allem aus Gründen der internationalen Reputation bevorzugte es nach Helsinki die Taktik der Abschiebung und Ausbürgerung »kritischer Personen« und eine Verurteilung und Inhaftierung nur in Ausnahmefällen.[133] Mit der Einrichtung einer besonderen Abteilung XX/9 suchte es nun verstärkt die Ansätze zur Ausformung einer »inneren Opposition« in den Griff zu bekommen und zu unterbinden.[134] Offenbar traute man im SED-System selbst nicht ganz einer solchen verfeinerten Strategie, und so wurden zugleich die politischen Strafrechtsbestimmungen verschärft.[135]

Nach außen sichtbar wurden vor allem die Anzeichen einer harten Repression. Kritische Künstler und Literaten, die ihre Stimme erhoben, wurden aus dem Schriftstellerverband und der Partei ausgeschlossen, abgeschoben oder wie die Dissidenten Dieter Borkowski, Sigmar Faust und Ulrich Schacht inhaftiert und verurteilt.[136] Aber die Stimmen der Abweichler und Kritiker konnten nicht einfach zum Verstummen gebracht werden. Im Kern orientierten sich diese Opponenten freilich weniger an der Bundesrepublik, sondern eher an dem Sozialismus mit menschlichem Antlitz des Prager Frühlings von 1968. Zum Bezugspunkt vieler, wenn nicht der meisten der kritischen oppositionellen Geister wurde der prominente Naturwissenschaftler Robert Havemann, ein anerkannter, geachteter Antifaschist und nun Dissident, der schließlich unter verschärften Hausarrest gestellt wurde.[137] Havemann plädierte für einen »demokratischen Sozialismus« als dritten Weg zwischen Kapitalismus und Realkommunismus. Eine beißende kommunistisch-sozialistische Grundsatzkritik übte der frühere hochrangige FDJ-Funktionär und nunmehrige Abteilungsleiter in einem VEB-Kombinat Rudolf Bahro. In seinem Buch »Die Alternative« vom August 1977, das nur im Westen veröffentlicht werden konnte, mokierte er sich über den »Industriedespotismus«, die »Sklerose des Machtapparates« und die »ständige Tendenz zur Inquisition, so daß die Partei schon selbst die eigentliche politische Polizei ist«.[138] Rudolf Bahro wurde ob dieser Herausforderung zu acht Jahren Gefängnis wegen »Geheimnisverrats« verurteilt und nach hartnäckigen westlichen Protesten schließlich 1979 in die Bundesrepublik abgeschoben.[139]

Für noch mehr Aufsehen sorgte – wenigstens zeitweise – das im Januar 1978 im *Spiegel* veröffentlichte »Manifest« eines sogenannten »Bundes demokratischer Kommunisten« in der DDR. Den *Spiegel* bestrafte das System dafür mit der Schließung seines Büros in Ost-Berlin.[140] Ein förmliches »Manifest« hat es nicht gegeben, und die tatsächliche Existenz eines solchen »Bundes« ist mehr als zweifelhaft. Jedenfalls aber brachte das »Manifest« mit seinen Attacken gegen die Politbürokratie und den »demokratischen Zentralismus«

wie seinem Plädoyer für einen »theoretisch und politisch total reformierten Kommunismus« die SED-Dogmatiker und Apparatschiks auf die Palme. Besonders brisant wirkten dabei in Ost-Berlin und in Moskau die Vorwürfe gegen den »neofaschistischen Typ der sowjetischen Machthaber«.[141] Dort witterte man schon »Brunnenvergifter am Rhein«[142], und in Bonn gingen führende Politiker schleunigst auf Distanz, am heftigsten Herbert Wehner, der von einer »Provokation« sprach, aber auch Egon Bahr und selbst Bundeskanzler Helmut Schmidt.[143]

Aus der Sicht der Bonner Regierungspolitik produzierte das durch den *Spiegel* hochgeschaukelte »Manifest« nur unnötig weitere Aversionen im Osten und belastete das ohnehin schon gestörte Verhältnis zwischen Ost und West noch weiter. Nach dem Amtsantritt Jimmy Carters im Januar 1977 hatte sich die US-Politik gegenüber Moskau gravierend geändert, doch in einer Art, daß vieles als sprunghaft und in sich wenig konsistent erschien. Mit seiner von idealistischen Überzeugungen geprägten Menschenrechtspolitik, die in der Art eines moralischen Kreuzzuges geführt wurde, stieß er die bloßgestellten Sowjets vor den Kopf. Nach Auffassung vieler westeuropäischer Staatenlenker gefährdete Carter sogar die Entspannungspolitik.[144] Sein Hin- und Hertaktieren bei SALT-II, der Verzicht auf die strategischen B-1-Bomber und die Verharmlosung der Mittelstreckenwaffen als »Theater Nuclear Weapons« irritierten die Westeuropäer wie auf andere Art den Osten. Als dann im Sommer 1977 die Pläne zur Produktion einer Neutronenbombe bekannt wurden, kam selbst von einem so nüchternen, strategisch denkenden Kopf wie Egon Bahr harte, emotionale Kritik. Er verdammte diese neue Waffe als eine »Perversion des Denkens«.[145]

Moskau, das sich düpiert und von Carters USA doppelt in die Zange genommen sah, reagierte allergisch. Angesichts der schlechten Großwetterlage konnten weder die Bundesrepublik noch die DDR weitere Störungen gebrauchen. Und während sich Helmut Schmidt bemühte, den Streit um die Neutronenwaffe herunterzufahren und auf die amerikanische Politik im Sinne einer in sich konsistenten, berechenbaren Sicherheitspolitik einzuwirken[146], unterlag die DDR-Führung zuvorderst natürlich dem Gebot der Rücksichtnahme auf den Großen Bruder. Abwarten bis zu dem anstehenden Breschnew-Besuch in Bonn schien deshalb in Ost-Berlin geboten.

Mit einem Weihnachtsbrief an Honecker, der eher nüchtern die anstehenden konkreten Projekte von nichtkommerziellem Zahlungsverkehr über den Teltow-Kanal bis zum Autobahnbau Berlin–Hamburg auflistete, sprach Schmidt auch das Thema eines »offiziellen Besuchs in der DDR« an, der sich in die »Reihe der Konsultationen« mit den Staatsparteichefs der anderen östlichen Länder einfüge.[147] Doch erst als Schmidt den SED-Generalsekretär am 18. Januar 1978 anrief, gab dieser zu den vom Kanzler in seinem Schreiben aufgeworfenen Fragen eine erste vorläufige Anwort. Die mehrfachen Hinweise auf notwendige Entscheidungen des »Politbüros« und die »kollektive Führung«, Klagen über »westliche Störmanöver« und »antisowjetische Kampagnen« wiesen ebenso wie das Ausweichen bei dem angebotenen Spitzentreffen und das Hinausschleppen einer schriftlichen Antwort bis nach dem vorgesehenen Breshnew-Besuch in Bonn auf innere Zwänge des Machtapparates und äußere Abhängigkeiten hin.[148] Bei allem Verständnis, das Schmidt für die allergische Reaktion der SED-Führung auf die »Störmanöver« zeigte, gab es für ihn genügend Gravamina, die er offen zur Sprache brachte – von der Schließung des *Spiegel*-Büros bis zur Einreiseverweigerung für Helmut Kohl, die er am nächsten Tag dann im Bundestag kritisierte.[149] Das Telefonat diente dazu, einige Wogen zu glätten, die sich zum Jahreswechsel aufgebaut hatten, und den Kurs wieder in ruhigere Fahrwasser zu lenken. Zu diesem Zweck entsandte der Kanzler seinen Vertrauten, Staatsminister Hans-Jürgen Wischnewski, zu einer Blitzmission nach Ost-Berlin. Bei dessen Gesprächen mit Politbüromitglied Hermann Axen, DDR-Außenminister Oskar Fischer und dem Westexperten Herbert Häber bemühte sich der in schwierigen Missionen erprobte Unterhändler Wischnewski vorrangig um klimatische Verbesserungen.[150] Konkrete Resultate brachte die Mission nicht, und an der Grundkonstellation vermochte die Visite sowenig wie Schmidts Telefonat zu ändern.

Im Frühjahr 1978 begannen sich die Verhärtungen durch verschiedene Geschehnisse zu lockern. Die von Rückschlägen überschatteten Entspannungsbemühungen zwischen dem SED-Staat und dem Bund der Evangelischen Kirchen mündeten am 6. März in einem »Gipfeltreffen« bei Honecker, bei dem ein Modus vivendi gefunden und vereinbart wurde. Staat und Kirche verständigten sich auf eine Kooperation.[151] Selbst für die Bundesregierung überraschend, die mit einer Art vorweggenommenem Doppelbeschluß die Neutronenwaffe zu Vereinbarungen über Rüstungskontrolle und -beschränkung nutzen wollte[152], verkündete Präsident Carter im April auf einmal seine Entscheidung, vorerst auf die Neutronenbombe zu verzichten.[153] Durch die sprunghafte Politik eines Jimmy Carter fiel den Westeuropäern, voran Frankreich und der Bundesrepublik mit dem kongenialen Führungsduo Valéry Giscard d'Estaing und Helmut Schmidt, eine erhöhte Verantwortung für das Ost-West-Verhältnis und die Auslotung der Dialogbereitschaft der Sowjetunion zu. Als eine »heikle Hoffnung« charakterisierte Kurt Becker in der *Zeit* den Besuch des sowjetischen Parteichefs Leonid Breshnew im Mai 1978 in der Bundesrepublik.[154] Ausgiebig wurde über Sicherheitsprobleme und besonders die Mittelstreckenraketen gesprochen. Die darüber ausgetragenen Kontroversen und Schmidts deutliche Kritik an der schon damals rasch wachsenden Zahl der SS-20-Raketen blieben der Öffentlichkeit weitgehend verborgen. Konkrete Ergebnisse brachte dieser Diskurs nicht, sondern nur einen notdürftigen Formelkompromiß, »daß annäherndes Gleichgewicht und Parität zur Gewährleistung der Verteidigung ausreichen«.[155] Doch insgesamt war das Echo der sowjetischen Seite, die nach den Irritationen über Carter und China nun auf die europäische Karte setzte, auf dieses Treffen sichtlich positiv. Der Besuch des Generalsekretärs brachte jedenfalls manches Eis zwischen der UdSSR und Bonn zum Schmelzen, und dazu trug erheblich auch die familiäre Atmosphäre in Schmidts bescheidenem Haus in Hamburg-Langenhorn am letzten Tage bei. Mit dem Wirtschaftsabkommen gaben beide Seiten ein Signal, daß sie auf langfristige Kooperation setzten. Und nicht zuletzt schien der Kreml-Chef trotz des Disputs über Rüstung und Raketen persönlich und politisch von Helmut Schmidt beeindruckt.[156] Dies war ein Moment, das bei den historisch so belasteten Beziehungen nicht wenig wog.

Für das innerdeutsche Verhältnis brachte dies nicht nur Entlastung, sondern erweiterte auch wieder die Spielräume. Eher moderat kritisierte die DDR in ihren nun endlich erteilten Antworten auf Schmidts Botschaften vom Jahreswechsel die »Propaganda-Kampagnen« der westdeutschen Massenmedien und die Tätigkeit von Fluchthilfeorganisationen. Sie mahnte zugleich eine wohlwollendere Haltung der Bundesrepublik zur »Staatsbürgerschaft« der DDR im Sinne der »Respektierung« an, brachte dies in einen »engen Zusammenhang« mit »Fragen des Reiseverkehrs« und unterstrich den eigenen »guten Willen«, zu »vernünftigen« Regelungen zu kommen.[157] Da man im Kanzleramt den Eindruck hegte, daß der Apparat der östlichen Staatspartei als Bremser wirkte und mit Honecker direkt eher zurechtzukommen war, suchte der Kanzler weiter das Gespräch mit dem Staatsratsvorsitzenden. Er verknüpfte einen »offiziellen Besuch« allerdings mit der Bedingung, daß dabei für Reisen von Ost nach West Substantielles, möglichst eine Herabsetzung der Altersgrenze, herauskommen müsse.[158] Ähnlich, wenngleich vorsichtiger und allgemeiner formulierte dies der CDU-Schatzmeister Leisler Kiep bei einem Treffen mit dem SED-Westexperten Herbert Häber in Erfurt. Er plädierte dafür, daß der Besuch »stattfindet«, jedenfalls bei einem »entsprechenden Klima« und erkennbaren »Ergebnissen«.[159]

Die seit Juni laufenden Verkehrsverhandlungen, die für die Bundesrepublik vom Leiter der Ständigen Vertretung Günter Gaus geführt wurden, kamen im Herbst 1978 in die abschließende Phase. Sie betrafen den Autobahnbau Berlin–Hamburg, Verbesserungen auf den Transitwasserstraßen und Erleichterungen beim nichtkommerziellen Zahlungsverkehr. Die Bundesrepublik trug den Löwenanteil der Kosten, und auch die Transitpauschale wurde auf jährlich 525 Millionen DM erhöht, dafür aber bis 1989 festgeschrieben.[160] Mit einem Telefonat als Ersatz für ein persönliches, direktes Gespräch en passant und einem nachfolgenden Brief bemühte sich der Bundeskanzler, in das von den Unterhändlern geschnürte Paket von »Leistungen und Gegenleistungen« noch etwas mehr an humanitären Zugeständnissen, vor allem bei Reisen in dringenden Familienangelegenheiten, hineinzubringen. Beide waren sich darin einig, daß Fortschritte erzielt wurden, die drei Jahre zuvor bei dem Treffen in Helsinki kaum denkbar schienen, und beide zeigten sich willens, auf diesem Wege weiterzumachen und weiterzukommen.[161]

Die Ampeln schienen also trotz einiger Störfälle noch auf Grün zu stehen, und in lockerer Art sprach man selbst über ein Treffen bei einem Segeltörn, als die ersten Schatten des sich verdunkelnden Ost-West-Himmels über die scheinbar sonnige deutsche Landschaft fielen. Es war die forcierte Aufrüstung der UdSSR mit der SS 20, einer neuen, mit atomaren Mehrfachsprengköpfen bestückten Mittelstreckenrakete, die den bisherigen Status quo sowohl im militärischen wie im politischen Bereich störte.

Helmut Schmidt hatte diese Gefahr früh gesehen, war aber bei seinen ersten Versuchen, dies diskret sowohl bei den USA wie direkt bei der Sowjetunion (beim Breshnew-Besuch) anzumahnen, abgeblitzt.[162] Schließlich trug er seine Besorgnisse in einer Rede vor dem Londoner Institut für Strategische Studien im Oktober 1977 in die Öffentlichkeit.[163] Auch in Washington erfolgte im Laufe des Jahres 1978 nun ein Umdenken. Das Viererterffen vom Januar 1979 auf Guadeloupe (Carter, Callaghan, Giscard d'Estaing, Schmidt) wurde zur eigentlichen Geburtsstunde des Doppelbeschlusses. Die Antwort des Westens auf die sowjetische Aufrüstung mit der SS 20, wie sie dann formell mit dem Doppelbeschluß der NATO im Dezember 1979 fixiert wurde, deutete sich also schon Monate zuvor an.[164] Als Breshnew bei seinem Besuch zum 30. Jahrestag der DDR in Ost-Berlin einen begrenzten Truppenabzug aus der DDR und die Bereitschaft zur Reduzierung von Mittelstreckenraketen verkündete, die den sicherheitspolitischen Goodwill der Sowjetunion signalisieren sollten, machte sich Honecker zum Anwalt eines Zusammenwirkens der beiden deutschen Staaten für Abrüstung und zur Sicherung des Friedens. Sein über den Leiter der Ständigen Vertretung der DDR Ewald Moldt an Schmidt übergebenes Non-paper wirkte ein wenig wie eine Gratwanderung zwischen der »brüderlichen« Solidarität mit dem Großen Bruder in Moskau und dem eher zwischen den Zeilen angedeuteten Ruf nach einer Verständigung mit der Bundesrepublik in dieser sich allmählich zuspitzenden Situation.[165]

Ganz ähnlich klang dies auch in einem unmittelbar danach geführten Gespräch Honeckers mit dem Leiter der Ständigen Vertretung der Bundesrepublik, Günter Gaus, am 12. Oktober, in dem er im wesentlichen den Inhalt dieses Non-papers wiederholte und erläuterte.[166] Der Generalsekretär der SED sekundierte mit seinen Botschaften Breshnew, der sich am 11. Oktober mit einem Schreiben an Schmidt und an die anderen westlichen Regierungschefs gewandt hatte, in denen er für seine Vorschläge zur Reduktion von Raketen und Truppen warb, sofern der Westen auf die Nachrüstung verzichte.[167] Doch bei den durch den Präsidentenwahlkampf weitgehend gelähmten USA fehlte es an Dialogbereitschaft mit der UdSSR, und auch in Moskau bestand über den Kurs offenbar keine Klarheit. Bei Gesprächen, die der sowjetische Außenminister Gromyko in Bonn mit Bundeskanzler Schmidt und Außenminister Genscher führte, wirkte er, so Schmidt, »auf mich zum ersten Mal etwas ratlos«. So wie man in Bonn und im Westen über die Motive und Machtverhältnisse im Kreml rätselte, so war sich der Osten offenkundig nicht über die Reaktionen des Westens klar. Wenigstens schien es Schmidt so, als sei Gromyko »ernstlich beunruhigt« und nehme auch seine eigenen »tiefen Besorgnisse ernst«.[168] Fast noch stärker beunruhigt zeigte sich Honecker in einem Telefonat mit Schmidt am 28. November 1979, in dem er fast händeringend um einen Aufschub der NATO-Entscheidung – wenigstens um ein halbes Jahr – bat, Breshnews Angebote als eine »große Chance« für den Frieden pries, den ernsthaften Willen der Sowjetunion zu Verhandlungen betonte und ihre Bereitschaft unterstrich, die »bilaterale Politik« der Zusammenarbeit mit der Bundesrepublik »auch in Zukunft zu fördern«. Sehr dezidiert warb Honecker dafür, »den Dialog« zwischen Bonn und Ost-Berlin fortzuführen. »Schließlich sei man unmittelbare Nachbarn«, und »beide Staaten hätten die Aufgabe, ihren Beitrag zu leisten zur gemeinsamen Sicherheit, Entspannung und Zusammenarbeit in Europa«.[169]

Auch wenn Helmut Schmidt vor allem die beiden Großmächte am Zuge sah, mit langwierigen Verhandlungen rechnete und wie Honecker an der eindeutigen Einbindung in die jeweiligen Loyalitäten keinerlei Zweifel ließ, so kam in dieser schwierigen Situation den beiden deutschen Staaten doch eine besondere Bedeutung zu, nicht als Verhandler, aber doch als Mittler. Die in Bonn erwogene Idee zu einem Treffen Schmidt – Honecker, das Schmidt »von Gesamtsituation + Zeitpunkt« abhängig machte[170], konkretisierte sich, nachdem Gromyko bei seinem Bonn-Besuch Einladungen an Schmidt und Genscher nach Moskau überbracht und betont hatte, wie sehr der UdSSR an einer positiven Entwicklung des »Verhältnisses zwischen den beiden deutschen Staaten« liege.[171]

Es wäre falsch, Honeckers Werben um Bonn ausschließlich als Taktik abzutun, auch wenn nach dem Ende des SED-Regimes und der glücklich gewonnenen Einheit die Sündenböcke eindeutig ausgemacht scheinen und sich nur im Osten eine verklärte Vergangenheitssicht zeigt, von der die SED-Erben profitieren. Doch damals gehörte er nicht zu den wirklichen Hardlinern im Osten. Ihn trieb wohl eine ehrliche Sorge um, daß eine neue konfrontative Zuspitzung zwischen den Supermächten mit all ihren Konsequenzen jedenfalls nicht zum Nutzen seines Staates und seiner Bürger sei. Schmidts Botschaften waren ihrerseits darauf gestimmt, die Sowjetunion zu positiven Maßnahmen in Richtung auf eine Begrenzung der nuklearen Mittelstreckenwaffen und auf Schritte zu einem militärischen Disengagement einzustimmen, den Akzent auf Verhandlungen zu legen, im Verhältnis zur DDR den Kurs auf Festigung und Vertiefung der Beziehungen zu stecken und den Weg zu praktischen Verbesserungen von Hindernissen freizuhalten und zu öffnen.

Immer wieder wurde über ein Treffen zwischen Schmidt und Honecker spekuliert und vorsichtig sondiert. Mit der anstehenden NATO-Entscheidung schien das Gespräch zwischen Ost-Berlin und Bonn noch notwendiger und jedenfalls aus Honeckers Sicht dringlicher. Am 28. November kam es zu dem schon länger geplanten, durch Mißverständnisse und Pannen verzögerten Telefonat, bei dem sich die beiden nun selbst über die Modalitäten und den Termin eines solchen Treffens zu verständigen suchten. Schmidt erklärte sich »bereit, als Erster Sie zu besuchen« – natürlich mit einem späteren »Gegenbesuch« – und plädierte »für einen Arbeitsbesuch, um den protokollarischen Aufwand gering zu halten«. Er schlug dafür entweder Rostock im Januar bzw. Februar oder die Leipziger Messe im März 1980 vor. Für eine vernünftige Vorbereitung war dies eine angemessene Frist. Sein Gesprächspartner Honecker drängte auf äußerste Eile, weil es »natürlich nützlich vor der Tagung der NATO« wäre. Daß ein solcher »Arbeitsbesuch« innerhalb einer Woche nicht realistisch war, machte Schmidt sofort klar. Doch dann griff er im späteren Verlauf des Gesprächs Honecker bei den Hörnern und offerierte ihm, sich mit ihm »ohne Ankündigung, ohne daß jemand vorher etwas davon erfährt«, am kommenden Sonntag, den 2. Dezember 1979, zum Essen zu treffen.

Die nachfolgenden Passagen geben etwas von der direkten Art wieder, mit der Kanzler und Generalsekretär kommunizierten und wie sie politisch divergierende Auffassungen, hier bezogen auf Ost-Berlin, verpackten. Sie seien deshalb nach der wörtlichen Mitschrift zitiert. Auf Schmidts Vorschlag antwortete Honecker prompt:

»H.: Können wir machen.
S.: Oder ist das eine Schnapsidee?
H.: Nein, kann man machen. Dann würde ich allerdings sagen, daß ich da meinen Freund[172], Sie wissen, wen ich meine, einschalte.

S.: Sie meinen den ›Briefträger‹?

H.: Ja, wegen dem Treffpunkt.

S.: Ja, würden Sie für möglich halten – ich meine, es wäre nicht ungewöhnlich, wenn ich mal einen Besuch machte bei unserer Ständigen Vertretung in Ostberlin – wenn ich da mal rüberfahre und Sie erfahren davon und sagen, kommen Sie doch mal vorbei oder so.

H.: Das würde ich natürlich nicht für zweckmäßig erachten.

S.: Wie bitte?

H.: Das würde ich nicht für zweckmäßig erachten. Ich würde es für zweckmäßig erachten, daß Sie sich mal die Hauptstadt ansehen, daß wir uns da mal treffen, bitte sehr.

S.: Wen ansehen?

H.: Daß wir uns einfach treffen irgendwo. Ich würde Sie dann entsprechend leiten lassen.

S.: Vielleicht ist Sonntag abend besser als Sonntag mittag.

H.: Ja, Sonntag abend.«

Schließlich verabredeten sich die beiden, nachdem Honecker noch einmal bekundet hatte, wieviel er sich von »einem Treffen« verspreche, auf dem Friedhof des kleinen Ortes Schönow bei Bernau, wo Loki Schmidt zusammen mit Helga Vogel, der Frau des Rechtsanwalts, die Grabstätte des erstgeborenen Kindes besuchen wollte.[173] Die Einzelheiten sollten noch zwischen Staatsminister Wischnewski und Wolfgang Vogel beredet und sonst nur Herbert Wehner informiert werden. Für den zumeist als spröde eingeschätzten Honecker wirkt es doch überraschend, wie direkt und fast spontan er sich in diesem Telefonat auf ein ganz informelles Projekt eingelassen hatte. Das lag natürlich auch an der zupackenden, sehr persönlichen Art Helmut Schmidts.

Schon kurz danach machte Honecker einen Rückzieher, und dies konnte eigentlich nicht überraschen. Ohne das Plazet aus dem Kreml ging so etwas kaum – erst recht nicht in diesen entscheidungsträchtigen Tagen vor dem NATO-Beschluß. Es völlig geheimzuhalten schien erst recht abwegig. Über Wolfgang Vogel ließ er zwei Tage später mitteilen, Schmidts Gedanke, »bereits am Sonntag, den 2. Dezember zusammen zu kommen, sei leider aus Zeitgründen nicht realisierbar. Ein so kurzfristig verabredetes Treffen wäre übereilt. Bei der Vorbereitung gerate man in Zeitnot. Der Generalsekretär lade den

Bundeskanzler zu einem Arbeitsbesuch in die DDR ein. Als Orte kämen in Betracht: entweder Dierhagen bei Rostock oder Hubertusstock in der Schorfheide. Das Treffen solle intensiv vorbereitet werden.« Gleichzeitig gab er durch die Blume zu verstehen, daß ihm trotz des anstehenden NATO-Beschlusses weiter an dem politischen Dialog mit dem Kanzler und einem persönlich guten Draht zu Schmidt gelegen war. So wolle er Gaus am 3. Dezember empfangen, Loki könne die Grabstätte am 5. Dezember besuchen, und er sei dafür, »diese Möglichkeit« des Telefonierens »öfters« zu nutzen. »Sie habe den Vorteil, daß die Hierarchie nicht eingeschaltet und nicht so viele andere beteiligt werden müßten.«[174]

Nicht alles ging am Telefon, und Bundeskanzler Schmidt war am Zuge. Mit seiner Botschaft für Honecker, die von Gaus am 3. Dezember direkt übergeben wurde, beantwortete er das Non-paper der DDR vom Oktober. Sie konzentrierte sich fast ausschließlich auf die Problematik der Begrenzung atomarer Mittelstreckenraketen und eine anzustrebende Rüstungskontrolle. Wie ein roter Faden zog sich dadurch der Gedanke von Gleichgewicht und Parität. Schmidt ließ keinen Zweifel daran, daß der Westen das »zunehmende Ungleichgewicht bei den kontinentaleuropäischen Waffen in Europa« nicht hinnehmen und die NATO im Dezember einen Doppelbeschluß »von verteidigungs- und rüstungspolitischen Maßnahmen« fassen werde. Aber er begrüßte zugleich die sowjetischen Initiativen »zum Abbau der bestehenden Disparitäten« und für vertrauensbildende Maßnahmen, würdigte die laufenden bilateralen Verhandlungen über »konkrete Verkehrsverbesserungen«, regte Konsultationen mit Blick auf die KSZE-Folgekonferenz in Madrid an und sprach sich für »eine persönliche Begegnung mit Ihnen in den ersten Monaten des kommenden Jahres aus«, die schon bald »durch Beauftragte vorbereitet werden« sollte. »Zweck der Begegnung wäre ein Meinungsaustausch, in dem bilaterale Fragen, die aktuellen Probleme der Rüstungskontrolle und Rüstungsbegrenzung sowie andere beiderseits interessierende Fragen erörtert werden könnten. Eine solche Begegnung könnte der weiteren Entwicklung der Beziehungen zwischen unseren Staaten neue Impulse geben und zu einem besseren gegenseitigen Verständnis der Interessen und Positionen beider Staaten beitragen.«[175] Auch wenn Honecker im Gespräch mit Gaus noch einmal eindringlich vor dem NATO-Beschluß warnte und die »Vorreiter«-

Rolle der Bundesrepublik kritisierte, so wollte er wie Schmidt den »Gesprächsfaden nicht abreißen« lassen und setzte darauf, daß sich beide in den ersten Monaten des kommenden Jahres zu einem »Arbeitstreffen« zusammenfinden würden.[176]

Im Arbeitsstab Deutschlandpolitik des Kanzleramtes machte man sich an die konkreten Vorarbeiten, und am 18. Dezember erschien Wolfgang Vogel, um auf dem bewährten Kanal notwendige Vorabklärungen zu treffen. Er sei, wie er ausdrücklich erklärte, »von Generalsekretär Honecker mit der Vorbereitung des Besuchs beauftragt worden«. Die Ständige Vertretung der DDR, die schon bisher nur eine Nebenrolle spielte, wurde nur davon unterrichtet. Auf der anderen Seite blieb auch die Ständige Vertretung der Bundesrepublik unter dem ehrgeizigen Günter Gaus faktisch durch die Bevorzugung der Anwaltsschiene außen vor. Nachdem Wolfgang Vogel am 18. Dezember zunächst mit dem neuen Staatsminister im Kanzleramt Günter Huonker[177] in Anwesenheit von Hans Otto Bräutigam über Teilnehmer, Ort (Gästehaus des Ministerrats in Dierhagen bei Ahrenshoop), Anreise und die »Beteiligung von Journalisten« konferiert hatte[178], empfing Helmut Schmidt den Anwalt persönlich zu einem Gespräch, an dem noch Staatsminister Huonker teilnahm. Auch dies unterstrich das besondere Gewicht, das der Kanzler diesem direkten Draht zu Honecker beimaß. Wie schon sein Staatsminister wies Schmidt nachdrücklich darauf hin, »daß allen Medien aus der Bundesrepublik die Teilnahme ermöglicht werden sollte«, auch dem in der DDR in Ungnade gefallenen *Spiegel*. »Die Presseorgane der Bundesrepublik dürften nicht restringiert werden.« Als Mitglieder seiner Delegation benannte er den Bundeswirtschaftsminister Graf Lambsdorff, Staatsminister Huonker, die Staatssekretäre Bölling und Gaus, den Leiter des Arbeitsstabes Deutschlandpolitik, Ministerialdirigent Bräutigam, sowie weitere Mitarbeiter. Als Ankunftstermin in Dierhagen schlug er 18.00 Uhr am 24. Februar 1980 (Samstag) vor, »damit ausreichend Gelegenheit zu Vier-Augen-Gesprächen bestehe; er könnte sich vorstellen, daß man am Sonntag abend gemeinsam ißt, und anschließend ein Vier-Augen-Gespräch führt. [...] Am Montag könnten dann die Gespräche fortgesetzt werden; auch dabei sollte genügend Zeit für Vier-Augen-Gespräche vorgesehen werden.« Am Montag nachmittag, dem 26. Februar, sollte anschließend ein Rostock-Besuch mit einer Pressekonferenz und einer Stadtbesichtigung stattfinden. Für den Gegenbesuch Honeckers schlug er Oktober oder November 1980, gegebenenfalls auch Februar 1981 vor, wobei als Ort Hamburg oder Bonn »ohne großes Protokoll« in Betracht komme. Er sei »gern bereit«, einen Besuch Honeckers »im Saarland/Marf (dem Geburtsort von Herrn Honecker) zu organisieren«.[179]

Fast als sei nichts geschehen, ging der deutsch-deutsche Dialog auch nach dem NATO-Doppelbeschluß weiter. Die Verhandlungen schienen, was die konkreten Projekte betraf, die zwischen Gaus und Schalck verhandelt wurden, »auf ordentlichem Weg«. Das Veterinärabkommen sei »unterschriftsreif«, die Gespräche über Verkehrsprojekte »bereits in einem konkreten Stadium«. Für anderes wie die Lösung des Kaliabwässerproblems bei der Werra brauche man allerdings »längere Zeit«, oder es sei »z.Z. nicht aktuell«, so das im Frühjahr zwischen Lambsdorff und Mittag erörterte »langfristige Kooperationsabkommen« und die Energietrasse nach Berlin (Strom und Gas). Selbst für weitere Reiseerleichterungen gab es Hoffnungen, unter anderem bei grenznahem Verkehr, Berliner Besuchsverkehr »in die DDR« und »Erweiterung der Kategorien bei Reisen in dringenden Familienangelegenheiten«.[180] Die Kontakte auf der obersten Ebene begannen sich noch zu verdichten. Die Befürchtungen der Friedensbewegung und einer starken Gruppierung in der SPD, deren Wortführer Erhard Eppler war und die gegen den NATO-Beschluß und die westliche Raketennachrüstung Front machte[181], schienen sich nicht zu bestätigen, jedenfalls was den Eintritt einer Eiszeit zwischen den beiden deutschen Staaten anbetraf. Schmidt wähnte sich ziemlich sicher, daß die Sowjetunion schließlich doch verhandeln würde, auch wenn »man bemüht« sei, »das Gesicht zu wahren«.[182]

Kurz nach Weihnachten traf es die Welt wie ein Schock, als die sowjetische Armee am 27. Dezember 1979 in Afghanistan einmarschierte – das, was die Moskauer Verantwortlichen nicht erwartet hatten, schließlich zum sowjetischen Vietnam werden sollte. Mit dieser militärischen Intervention in einem wenig entwickelten kleineren Land verlor die Sowjetunion ihr Gesicht als »antiimperialistische« Macht und Bollwerk gegen die USA und die alten Kolonialmächte sowie viel von dem Einfluß, den sie in der Dritten Welt bisher ausübte. Das wie ein Überfall wirkende Eingreifen entfachte einen Sturm der Entrüstung besonders in den USA und bei ihrem Präsidenten Jimmy Carter, der noch ein halbes Jahr zuvor Leonid Breshnew in

Wien überaus herzlich und vertrauensvoll bei der Unterzeichnung des SALT-II-Abkommens begegnet war.[183] Nun nannte er Breshnew einen Lügner, verhängte am 4. Januar 1980 eine Exportbeschränkung für die UdSSR, darunter die Nichtlieferung von siebzehn Millionen Tonnen bestellten Getreides, kündete weitere Wirtschaftssanktionen an, setzte die Ratifizierung des SALT-Abkommens aus und drohte als symbolträchtiges Zeichen den Boykott der Olympischen Sommerspiele in Moskau an.[184] Zweifellos traf die Intervention der Sowjets in Afghanistan den Nerv der global operierenden Supermacht USA empfindlicher als den der Westeuropäer mit ihrer begrenzteren kontinentaleuropäischen Sicht, und sie reagierten härter, als es den Westeuropäern angebracht schien, die dem Handelsembargo nicht folgen mochten. Carters emotionsgeladene Reaktionen empfanden besonders Paris und Bonn als einen »Mangel an außenpolitischer Weitsicht«[185], weil trotz allem die Notwendigkeit eines Modus vivendi mit den Sowjets bestehenblieb.

Der Handlungsspielraum der Bundesrepublik wurde durch die US-amerikanischen Reaktionen auf Afghanistan zwangsläufig enger begrenzt, wie auf der anderen Seite erst recht die ohnedies weit restriktiveren Möglichkeiten der DDR. Zwar feilte in Bonn der Arbeitsstab Deutschlandpolitik schon an der Organisation und dem protokollarischen Ablauf des Schmidt-Honecker-Treffens, erstellte einen ersten Rohentwurf für ein gemeinsames Kommuniqué und bereitete das vorgesehene Gespräch Huonkers mit Vogel (am 28. Januar) und die Sitzung des Koalitionskreises am 30. Januar 1980 vor, der sich mit dem Stand der Gaus-Schalck-Verhandlungen befaßte, bei denen es vor allem um Wartha/Herleshausen, Mittellandkanal und Verbesserungen im Eisenbahnverkehr ging.[186] Doch für die Bonner war es keine wirkliche Überraschung und angesichts der Lage der DDR kein Wunder, daß Honecker über seinen »Briefträger« am 28. Januar dem Kanzler die »Botschaft« überbringen ließ, er bitte »um Verständnis dafür«, daß ein Treffen mit dem Bundeskanzler zum jetzigen Zeitpunkt »nichts einbringen« würde. »Letztlich liefe ein solches Treffen im Augenblick in Anbetracht der beiderseitigen Bündnisverpflichtungen auf gegenseitige Vorhaltungen und vor allem auf eine Enttäuschung für die Menschen hinaus, die sich so viel davon versprechen«. Im Klartext bedeutete dies wohl, seine eigenen Handlungsspielräume seien momentan fast null. Dennoch gab er zu verstehen, daß er weiterhin auf einen Ausbau der Beziehungen zur Bundesrepublik und ein Treffen mit Schmidt setzte. Unterstrichen wurde dies durch als großherzig ausgegebene Gesten bei den Familienzusammenführungen. Schmidt verstand den Generalsekretär jedenfalls so, daß beide in Sorge über die Zuspitzung der internationalen Lage waren und ein verbindendes Interesse daran hatten, in ihrem Bündnisblock jeweils mäßigend zu wirken. Sie könnten mithelfen, Fehleinschätzungen und Fehlreaktionen abzubauen. Kaum verhalten ließ er seine Bedenken über Scharfmacher im sowjetischen Machtapparat durchblicken, die möglicherweise selbst die eigenen Verbündeten nicht ganz in die Karten schauen ließen und sogar dem SED-Generalsekretär nicht ganz trauten, vielleicht sogar Telefongespräche überwachten und ihn jedenfalls in seinen Handlungsspielräumen beschränkten.[187]

Mit Besorgnis fragte man sich in Bonn, wie sich die verschlechterte Großwetterlage auf den Stand der innerdeutschen Verhandlungen auswirken würde und wieweit die DDR »unter dem Einfluß Moskaus« noch zu konkreten Abmachungen bereit war. »Zumindest erschien ihre Haltung verhärtet.«[188] In dieser schwierigen Situation erbot sich der Krupp-Generalbevollmächtigte Berthold Beitz, der über gute Kontakte nach Osten verfügte, das Terrain für die Bundesregierung zu sondieren. Doch Schmidt entschied persönlich, Beitz solle nur Grüße ausrichten.[189] Von seinem Gespräch mit Honecker auf dessen Datscha brachte er als Botschaft nur freundliche Gesten mit.[190] Während in der bundesrepublikanischen Presse schon von »einer neuen Eiszeit« zwischen der Bundesrepublik und der DDR geschrieben und auf ein Einschwenken Bonns auf die harte US-Linie abgehoben wurde, bemühte sich Schmidt persönlich, diesem Eindruck entgegenzuwirken. So griff er zum Telefon und sprach am 19. Februar 1980 direkt mit dem SED-Generalsekretär. Man verständigte sich darauf, zunächst die konkreten Verkehrsprojekte, die vor allem der Verbesserung des Berlin-Verkehrs dienten, umzusetzen. Sie wurden vorrangig zwischen den beiderseitigen Verhandlungsführern Schalck und Gaus abgeklärt.[191] Letzte strittige Punkte wurden schließlich beim Besuch Günter Mittags in Bonn abgesprochen, bei dem er am 17. April 1980 auch mit Helmut Schmidt zusammentraf.[192] Am 30. April wurden eine Reihe von Vereinbarungen über Maßnahmen zur Verbesserung des innerdeutschen Verkehrs unterzeichnet. Sie betrafen unter anderem den Autobahnbau bei Wartha/Herleshausen bis östlich Eisenach, den Ausbau des Mittellandkanals und einzelne Baumaßnahmen bei der Eisenbahn, die dem durchgängigen zweigleisigen Verkehr nach Berlin (West) dienten. Insgesamt summierten sich die für die verschiedenen Maßnahmen zu zahlenden Beträge von 500, 268, 200 und 80 Millionen auf über eine Milliarde DM (1,048 Milliarden).[193]

Weitergehende Großprojekte wie die Elektrifizierung der Eisenbahnstrecke nach Berlin, eine West-Berlin einbeziehende Energietrasse und die Frage eines Abkommens über längerfristige wirtschaftliche Zusammenarbeit wurden zunächst abgekoppelt. »Die Bandbreite« für beide deutschen Staaten war schmaler geworden.[194] Die wachsende Konfrontation zwischen den beiden Supermächten und die Eskalation bei der Raketenrüstung waren schon problematisch genug. Dazu kam die sowjetische Intervention in Afghanistan und die Herausforderung der USA durch das Khomeini-Regime in Iran, wo die US-Botschaft besetzt und die Botschaftsangehörigen als Geiseln genommen worden waren.[195]

Die über die Sowjets erbosten und vom Khomeini-Regime gedemütigten USA pochten auf Solidarität der Westeuropäer und erwarteten von ihnen entsprechende Zeichen. Nachdem diese sich beim Handelsembargo sperrten, spitzte sich diese Frage auf einen Boykott der Olympischen Sommerspiele im August 1980 in Moskau zu. Dem glaubte sich die Bundesregierung nicht entziehen zu können, und Schmidt ließ daran auch bei seiner Unterredung mit Günter Mittag keinen Zweifel. In großer Offenheit erklärte der Kanzler dem obersten Wirtschaftslenker der DDR, »daß er sich mitverantwortlich fühle für das Schicksal der Deutschen in der DDR und in Berlin«. Es gebe »vitale Interessen der deutschen Nation, aller Deutschen, gleich wo sie wohnten, ob in Polen, in der Sowjetunion oder in der DDR. Er sehe seine Aufgabe darin, den Zusammenhalt der Deutschen in diesen schwierigen Zeiten zu wahren. Dies sei aber nur möglich, wenn wir unsere europäischen Freunde und Verbündeten auf unserer Seite hätten.« Ebenso deutlich kritisierte der Kanzler das sowjetische Eingreifen in Afghanistan als letztes Glied einer Kette militärischer Interventionen von Angola und Äthiopien bis zum Südjemen und das wachsende Drohpotential an SS 20-Raketen.[196] Aber es war zu spüren, daß sich Schmidt um Entkrampfung bemühte und versuchte,

Ost- und West bei der bedrohlichen Rüstung wieder an einen Tisch zu bringen. In diesem Sinne suchte er auch die DDR-Führung einzuspannen. Die nächste Gelegenheit bot sich dem Kanzler bei den Begräbnisfeierlichkeiten für den verstorbenen jugoslawischen Staatschef Tito, bei denen er sich mit Honecker traf.[197]

Schmidt und Honecker sprachen auch bei diesem persönlichen Gespräch fast wie zwei verläßliche, ehrbare Kaufleute, wenn es um konkrete Projekte ging, und, soweit es die problematische internationale Lage anbetraf, wie zwei gestandene Politiker, die sich des schwierigen Erbes deutscher Geschichte und ihrer Verantwortung für die Sicherung des Friedens und des Ausgleichs zwischen den Blöcken bewußt waren, sich gegenseitig zumindest guten Willen attestierten und wenn nötig ohne Hemmungen Klartext miteinander redeten. Es herrschte trotz der international zugespitzten Situation fast ein Klima des Vertrauens, das sowohl das Gespräch mit Mittag wie den direkten Meinungsaustausch zwischen Schmidt und Honecker prägte. Das Gesprächstableau reichte von Afghanistan und einer möglichen Deeskalation durch Einschaltung eines neutralen Vermittlers über ein Treffen des neuen US-Außenministers Edmund Muskie mit Gromyko bis zur Einschätzung der US-Administration wie der Kremlführung. Konkret ging es dabei auch um den Besuch Helmut Schmidts in Moskau, den dieser für die Zeit nach dem G7-Treffen am 22./23. Juni 1980 in Aussicht genommen hatte und bei dem der Kanzler sichergehen wollte, daß dieses »mit erheblichen Risiken« verbundene Treffen »kein Fehlschlag werde«. Durch die Blume suchte er bei Honecker zu erkunden, wie weit in Moskau Breshnew Herr der Lage sei und wer dort das Sagen habe.[198]

Fast schon händeringend beschworen Mittag wie Honecker den Kanzler, nach Moskau zu fahren und vor allem mit Leonid Breshnew zu konferieren. Honeckers Hinweise, daß dieser »Besuch von den hohen sowjetischen Militärs gebilligt werde«, der KPdSU-Generalsekretär wieder fit und voll an Deck sei und ein Olympia-Boykott der Bundesrepublik Breshnew persönlich treffe, klangen wie verschlüsselte Andeutungen auf Rivalitäten im sowjetischen Machtapparat und wie eine dringliche Mahnung, die eher Verständigungsbereiten zu stützen. Gleichzeitig deutete er mit der Mitteilung, er werde im Sommer mit Breshnew auf der Krim zusammentreffen, an, wie stark er auf Moskau Rücksicht zu nehmen hatte. Am deutlichsten wurde dies durch seine Aussage, daß ein »Arbeitsbesuch« Schmidts in der DDR erst nach der Moskau-Visite des Kanzlers in Frage komme und man sich danach auf einen Termin verständigen könne.[199]

Tatsächlich stieß der Staats- und Parteichef der SED-DDR mit seiner Dialogpolitik zur Bundesrepublik auf Widerstände im eigenen Machtapparat. Den Mittag-Besuch bei Schmidt nahmen Hardliner im Politbüro zum Anlaß, um gegen ihn wie Honecker in Moskau zu intrigieren und Mittag »als Teilnehmer eines deutsch-deutschen Techtelmechtels« anzuschwärzen.[200] Die beiden Initiatoren Werner Krolikowski und Willi Stoph, so Nakath/Stephan, unterstellten »der engeren SED-Führung um Honecker und Mittag ein doppeltes Spiel«: »Einerseits würden sie sich als Vertreter der gemeinsamen Linie der sozialistischen Gemeinschaft präsentieren, um andererseits hinter dem Rücken des Politbüros mit der BRD zu konspirieren.«[201] »Dieser Verdacht erwies sich jedoch«, so Nakath/Stephan, »als unzutreffend.« Konspiration war natürlich überzogen. Doch eine Reihe von Indizien deutete darauf hin, daß Honecker in dieser Zeit mit Widerständen von Hardlinern zu kämpfen hatte und er seinen Dialog mit den Bonner Regierenden gegenüber eigenen Genossen abschirmte und jedenfalls nicht alles offenbarte. So wurden Mitschriften von seinen Telefonaten mit dem Kanzler unter seinen eigenen Akten verwahrt und daneben eine gesonderte Kurzfassung erstellt, die vorrangig für die anderen Politbüromitglieder, aber wohl auch für die Moskauer Genossen gedacht war. Erinnert sei ferner an den Vorgang vom Sommer 1977, als Honecker ein Schreiben an Schmidt zuerst Wehner zuleitete, bevor es dem Politbüro zuging.[202] Davon erfuhr das Politbüro nichts. In den Politbüro- und ZK-Akten fanden sich auch keine Belege für eine Unterrichtung des Apparats über den Dialog auf dem »Kanal« Wolfgang Vogel. Ganz offenkundig schirmte Honecker diesen vertraulichen Kontakt sorgfältig ab.

Über diesen »Kanal« liefen die entscheidenden politischen Sondierungen für das schon mehrfach anvisierte Arbeitstreffen. Mit dem Schmidt-Besuch vom 30. Juni/1. Juli 1980 in Moskau schien die Bahn dafür nun frei zu sein. Denn obwohl der Kanzler dort Afghanistan offen und hart ansprach und es fast nach einem Eklat aussah, brachte das Treffen in der zentralen Raketen- und Rüstungsfrage doch einen kaum erwarteten Fortschritt. Denn die Sowjets erklärten sich schließlich zu Verhandlungen ohne Vorbedingungen über die

Begrenzung nuklearer Mittelstreckenraketen bereit.[203] Im In- und Ausland registrierte man dies als großen Erfolg. Die Tür zu ernsthaften Gesprächen über eine Rüstungsbegrenzung zwischen den USA und der UdSSR wurde damit geöffnet und für das projektierte deutsch-deutsche Treffen die wichtigste Barriere beiseite geräumt.

Am 10. Juli erschien Wolfgang Vogel beim Staatsminister im Kanzleramt, Huonker. Von Honecker habe er »den Auftrag, den Rahmen für die Begegnung abzustecken und das Diffizile (›wo die anderen aus dem Apparat die Flügel strecken‹) zu klären«. Er nannte den »27.–29. August« nun als konkreten Termin. Honecker habe anklingen lassen, er hege Vorbehalte gegen Michael Kohl, den Leiter der Ständigen Vertretung der DDR.[204] Sein besonderes Vertrauen habe Außenminister Fischer, der über diese Mission informiert sei. Man solle im Vorfeld die Themen genau abklären, denn »unter den Bedingungen seines Regimes« sei eine kurzfristige Reaktion auf erst während des Treffens vorgebrachte Anliegen »unmöglich«. Wolfgang Vogel gab zu verstehen, »seine Seite wisse – besonders auch nach den Gesprächen mit Herbert Wehner –, daß im humanitären Bereich etwas herauskommen müsse«. Die »Durchführung« möglicher Erleichterungen sei aber »innenpolitisch schwierig«. Eine »Herabsetzung des Reisealters um jeweils 5 Jahre« für Westbesuche würde »nach Meinung jener, die dagegen sind, folgende Auswirkungen haben: es würden mehr Reisende als bisher nicht zurückkehren; das könnte man ertragen. Diese würden aber noch mehr Anträge auf Familienzusammenführung stellen – und das wäre nicht zu verkraften. Diesen Grund würde Honecker seinem Gast aber so nicht erläutern wollen. Seine Seite (No 1) wäre durchaus zu Maßnahmen bereit, die aber in den Vereinbarungen nicht ›zu sehr enumeriert und selektiert‹ werden sollten.«[205]

Die Herabsetzung des Reisealters für Westbesuche war ein zentrales Anliegen von Kanzler Schmidt und seiner Regierung. Doch wenige Tage später »äußerte« Wolfgang Vogel bei einem weiteren Treffen »Skepsis«, ob dies »jetzt möglich sei«.[206] Er »sehe nicht, daß dafür jetzt die Voraussetzungen gegeben seien«. Anfang August wurde er noch deutlicher: »Im Sicherheitsbereich gebe es starke Bedenken gegen eine gesetzlich festgelegte Herabsetzung des Reisealters.« Honecker »sehe das weniger so«. Sein Spielraum, ließ er durchblicken, sei begrenzt, sein Goodwill gleichwohl vorhanden.[207]

In Bonn machte man sich nun gezielt an die Vorbereitung dieses

Arbeitsbesuchs, wobei die Kärrnerarbeit vor allem beim Arbeitsstab Deutschlandpolitik im Bundeskanzleramt lag, der schon zuvor vorsorglich an ersten Kommuniqué-Konzepten gearbeitet hatte. Einen ersten DDR-Entwurf brachte Wolfgang Vogel am 16. Juli mit.[208] Doch erst am 14. August wurden die Kommuniqué-Verhandlungen mit Karl Seidel vom Ministerium für Auswärtige Angelegenheiten eröffnet, nachdem der Leiter der Ständigen Vertretung Moldt am 11. August die »offizielle mündliche Einladung« Honeckers überbracht hatte.[209] Während die sachliche Vorbereitung des Treffens in Bonn nun auf Hochtouren lief und vor allem das Bundesministerium für innerdeutsche Beziehungen und das Auswärtige Amt umfangreiche Materialien beisteuerten[210] und Ratschläge wie Wünsche von Günter Gaus kamen, der sich ersichtlich zurückgesetzt fühlte[211], meldete sich die CDU/CSU-Opposition zu Wort.

Es war ein Wahljahr. Am 5. Oktober 1980 wurde der Bundestag gewählt, und bei spektakulären Treffen witterte die Opposition fast stets, daß sie auch der Wahlwerbung der amtierenden Regierung dienten. Mit kritischen Mahnungen begleitete die CDU/CSU schon Schmidts Moskau-Besuch im Juni 1980.[212] Entsprechend klang die Begleitmusik auch jetzt für die anvisierte DDR-Reise Schmidts, die, so der CDU-Vorsitzende Helmut Kohl, »in erster Linie ihm selbst und seiner Partei für den Wahlkampf vorteilhaft erscheint«.[213] Der Kanzlerkandidat der Union, der bayerische Ministerpräsident und CSU-Vorsitzende Franz Josef Strauß, meldete sich in Briefen an den Kanzler mit harscher Kritik an dem Grenzregime der DDR und weitgehenden Forderungen zu Wort, die natürlich, im Wahlkampf nicht verwunderlich, anschließend sofort in der Presse publiziert wurden.[214] Schmidt hat dies geärgert, aber die Besuchsvorbereitungen wurden dadurch nicht gestört. [215]

Über das beabsichtigte Arbeitstreffen hatte der Leiter des Arbeitsstabes Deutschlandpolitik am 7. August in der sogenannten »Vierergruppe« die Westalliierten »in groben Zügen« unterrichtet.[216] Nachdem Schmidt in Moskau wieder Bewegung in die Sicherheits- und Abrüstungsproblematik gebracht hatte, lag der Ball nun bei den USA, die aber zusehends durch den Präsidentschaftswahlkampf gelähmt waren. Das deutsch-deutsche Treffen zielte aus Bonner Sicht vorrangig auf eine Verbesserung der bilateralen Beziehungen, besonders im Reiseverkehr. Dazu überstellte Huonker bei einem Treffen mit Wolfgang Vogel am 5. August schon ein Non-paper; eine Liste mit humanitären Härtefällen folgte nach. Auch die Kommuniqué-Verhandlungen waren schon weit gediehen.[217]

In Ost-Berlin hatte das Politbüro am 11. August das »Arbeitstreffen« von Schmidt und Honecker »am 28. und 29. August in der DDR« formell gebilligt.[218] Wenige Tage danach fuhr Honecker zum Treffen mit Breshnew auf die Krim, um die Auffassung des Großen Bruders zu erkunden und sich Rückendeckung für den Besuch des Bundeskanzlers zu holen. Er mußte wegen seiner »Westpolitik« Kritik einstecken.[219] Zuvor war er schon beim Ort des Treffens eingeknickt. Statt des Ostseebades Dierhagen und daran angeschlossen ein Besuch in Rostock, wo – neben Dierhagen – auch der Journalistentroß mit untergebracht werden sollte, sollte es nun Hubertusstock sein und die Journalisten in Berlin (Ost) wohnen.[220] Die von Moldt genannten Gründe, in und bei Dierhagen hielten sich zu der Zeit zu viele Urlauber auf und auch die »Sicherheit des Bundeskanzlers« spiele eine Rolle, klangen nicht nur fadenscheinig, sie waren es. Über Wolfgang Vogel ließ Honecker noch verlauten, er sei »über die Indiskretion« mit Dierhagen »vor allem deshalb verärgert gewesen«, »weil die Sowjets über den in Aussicht genommenen Ort noch gar nicht unterrichtet gewesen seien. Daraufhin sei am 8./9. August die Entscheidung für Hubertusstock getroffen worden.« Zudem habe ihn der große Begleittroß der Journalisten irritiert.[221]

Die gewichtigsten Gründe wurde nicht genannt: Sie kreisten um Polen, wo – ausgehend von Gdansk (Danzig) – sich Streiks und Unruhen ausbreiteten und sich seit August 1980 Solidarność zu formieren begann. Auch nach der Verlegung des Treffens an den Werbellin- und Döllnsee beharrte Schmidt darauf, anschließend nach Rostock zu fahren. Nun lauteten die von Vogel überbrachten »Bedenken«, es werde dort »sehr viel Wirbel« sein. Konkret nannte er ein Jugendtreffen und den Fall, »daß dort tatsächlich ›Jubelperser‹ Spalier stünden«. Ernster klang seine Mitteilung vom 18. August, »er habe heute morgen erfahren, daß im Raum Rostock Ende August ein großes Manöver der Warschauer-Pakt-Streitkräfte vorbereitet werde, an dem etwa 40 000 Mann teilnehmen« würden.[222] Zufall? Wohl kaum, und mit Blick auf Polen erst recht nicht. Vogels Hinweis klang wie ein Fingerzeig auf eine militärische Drohgebärde gegen Polen, wenn nicht gar eine mögliche Intervention.

Zwei Tage später bestätigte Moldt diese Manöver und erklärte, dem Wunsch Schmidts zum Rostock-Besuch könne nicht entsprochen werden, weil die »notwendigen Sicherheitsvorkehrungen« dort »nicht durchgeführt werden« könnten.[223] Das war natürlich eine Ausrede. Der Erfurt-Schock war nicht vergessen, und es gab ganz offenkundig Ängste vor einem Übergreifen des polnischen Bazillus auf die DDR. Das Regime und der Sicherheitsapparat fürchteten, daß der Funke der Freiheit durch Schmidts Besuch angefacht würde. Der von Erich Mielke verfügte »Plan der Maßnahmen zur Gewährleistung der Sicherheit während des Arbeitsbesuches des Bundeskanzlers der Bundesrepublik Deutschland in der Deutschen Demokratischen Republik«, den Honecker am 18. August bestätigte und den Schmidt von Vogel erhielt[224], liest sich wie ein Horrorkatalog. An »Kräften der bewaffneten Organe« sollten 13 700 Mann vom MfS und dem »Wachregiment Feliks Dzierżyński«, dazu 3000 in Reserve, sowie 14 000 Angehörige der Volkspolizei mit 2500 Reservekräften eingesetzt werden. Die Vorgabe für den Besuch hieß, »eine stabile politische Lage« in der DDR »jederzeit zu gewährleisten«, Journalisten und »bevorrechtete Personen« aus dem Westen »wirksam« zu kontrollieren, »jegliche« mißliebige »Handlungen zu unterbinden« und »den Mißbrauch« gewährter Rechte zu verhindern. Es komme darauf an, so der Originaljargon der Staatssicherheit, »die Pläne, Absichten und Maßnahmen sowie Mittel und Methoden der imperialistischen Geheimdienste, Zentren der politisch-ideologischen Diversion, anderer feindlicher Zentren und Institutionen, extremistischer, terroristischer u.a. feindlicher Organisationen, Gruppen und Einzelpersonen, feindlicher und negativer Kräfte zur Störung oder Diffamierung des Arbeitsbesuches, zur Verleumdung, Entstellung oder Herabwürdigung der Politik der DDR oder zur Diskreditierung der DDR und ihres internationalen Ansehens durch demonstratives oder provokatives Auftreten oder durch einseitige Sympathiekundgebungen für die Politik der BRD rechtzeitig und umfassend aufzuklären und konsequent zu verhindern. Provokationen und Störungen sind nicht zuzulassen. Kräfte, von denen derartige Aktivitäten zu erwarten sind, müssen von den Handlungsräumen des Arbeitsbesuches ferngehalten werden.« Zu den »vorbeugenden wirksamen Gegenmaßnahmen« gehörte die »politisch-operative Kontrolle über alle feindselig negativen Personen, insbesondere über solche«, die 1. »wiederholt und hartnäckig rechtswidrige Ersuchen auf Übersiedlung« stellten und versuchten, diese »durch provokatorisch-demonstrative Handlungen zu erzwingen«; 2. die »als Besucher der ständigen Vertretung der BRD oder als Kontaktpartner« von West-Diplomaten und -Journalisten »in Erscheinung traten«; 3. die »durch provokatorisches, rowdyhaftes, dekadentes oder in anderer Weise die kapitalistischen Lebensverhältnisse verherrlichendes Auftreten das Ansehen der DDR schädigen«; 4. die »als potentielle Täter« von Terror und Gewalt »einzuschätzen sind sowie solche, die zu Gewalthandlungen neigen«; 5. die »Verbindung zu extremistischen Organisationen, Gruppen und Kräften« im Westen hätten, deren Auffassungen verträten oder zu derartigen Handlungen neigten; 6. »die auf Grund ungerechtfertigter oder aber auch zur Zeit nicht realisierbarer berechtigter Forderungen und daraus resultierender Verärgerung mit provokatorischen Demonstrativhandlungen negativ in Erscheinung treten können«.

Es ging um nichts weniger als »operative Maßnahmen« gegen das »Volk« mit Ausnahme der Träger- und Tätereliten des SED-Regimes und seiner Gehilfen und Zugreifgesellen. Dieser Maßnahmenkatalog des MfS war das Muster für die beim Schmidt-Besuch im Dezember 1981 praktizierte Abriegelung durch den Sicherheitsapparat. Er dokumentierte, daß einigen aus der alten Garde der ganze Dialog mit der Bundesrepublik nicht paßte. Er war zugleich ein Zeichen, wie sie das eigene Volk fürchteten und wie sehr ihnen – darunter auch Honecker – Polen zusetzte. Die Abschottung und die Streichung eines Besuchs in Rostock gingen bis an die Grenzen dessen, was der Bundeskanzler sich und seiner Koalition noch zumuten konnte. Als er sich am 21. August am Brahmsee mit Wolfgang Vogel traf, hatte dieser zwar einige Zuckerbonbons dabei. Es betraf eine Reihe von Reiseerleichterungen bei Besuchen in der DDR, unter anderem Verlängerung der Aufenthaltsdauer und bei der Geltungsdauer von Mehrfachscheinen sowie eine großzügigere Praxis bei Reisen in sogenannten dringenden Familienangelegenheiten von DDR-Bürgern in den Westen. Doch bei dem Hauptanliegen der Bundesregierung, der Herabsetzung des Reisealters, wiegelte Honecker ab. Ohnedies schien der Katalog so brisant, daß der Generalsekretär das Papier dem Politbüro vorenthielt.[225]

Zwar tendierte Helmut Schmidt jetzt zu einer Absage des Treffens. Er ließ allerdings noch ein letztes Türchen offen und mahnte eindringlich, daß gerade bei der »höchst gefährlichen« Weltlage das Treffen »eine neue Qualität« bekommen hätte und der Verzicht auf das Gespräch international wie bilateral zu Rückschlägen führen könne. »Der Besuch in Rostock sei aber notwendig. Denn er könne nicht so dastehen, als ob er durch das Politbüro ›ausgetrickst‹ worden sei.«[226] Doch Schmidts Conditio sine qua non, ein »Kleinstprogramm für Rostock«, ging über das Vermögen der DDR-Oberen hinaus. »Es müsse bei dem ›nein‹ bleiben«, auch »wenn das Treffen platzt«, richtete Vogel am Abend des 21. August von Honecker aus.[227]

Am 22. August tagte in Hamburg unter Schmidts Vorsitz eine Ministerrunde mit Außenminister Genscher sowie Franke und Matthöfer, auf der die definitive Entscheidung fiel. Vom Gästehaus des Senats in Hamburg rief Helmut Schmidt Honecker an und sagte das Treffen ab. Der Generalsekretär zeigte dafür »Verständnis«. Er habe »mit der Absage gerechnet«. Mit einer abgestimmten Erklärung wurde die Verschiebung des Besuchs verkündet.[228] Den Ausschlag gaben letztlich die Geschehnisse in Polen und die Sorge vor einer weiteren Zuspitzung, sei es durch ein Übergreifen des Funkens auf die DDR, sei es durch eine militärische Intervention. Beide, der Bundeskanzler wie der SED-Chef, erfuhren, wenn auch auf unterschiedliche Art, die Grenzen ihrer Handlungsspielräume. Für Helmut Schmidt ging es nicht nur um einen politischen Gesichtsverlust, sondern um eine übergeordnete gesamteuropäische Verantwortung. Weiter aus dem Fenster gelehnt aber hatte sich sein Gegenüber Erich Honecker mit seinem Adlatus Wolfgang Vogel. Der Katalog der im August 1980 offerierten und in Aussicht gestellten Reiseerleichterungen lief auf substantielle Verbesserungen hinaus, wie sie später mühsam Schrittchen für Schrittchen umgesetzt werden konnten. Noch auffälliger aber war der Grundtenor. Aus ihm sprach zunächst doch ein Ton der Bereitschaft zum Dialog, zu einer Kooperation und wenn auch eng begrenzten Öffnung. Bis zu den polnischen Ereignissen hielt Honecker diesen trotz der Anschwärzungen in Moskau durch. Nun aber setzte sich in der DDR-Führung der Kurs einer schärferen Abgrenzung durch. Er trat im Oktober 1980 mit der drastischen Erhöhung des Zwangsumtausches und der bekannten Geraer Rede Honeckers offen zutage.

ABGRENZUNG
UND BRÜCKENSCHLÄGE

Von Gera nach Werbellin

Am 5. Oktober 1980 waren Bundestagswahlen, aus denen die sozial-liberale Koalition gestärkt hervorging. Zwar gewann die SPD nur 0,3, die FDP dafür 2,7 Prozent hinzu. Geschwächt war vor allem die CDU/CSU-Opposition, die mit ihrem Kanzlerkandidaten Franz Josef Strauß 4,1 Prozentpunkte einbüßte. Mit einem Vorsprung von 45 Mandaten verfügte die Regierung Schmidt/Genscher über eine satte Mehrheit, und weit über die Grenzen des eigenen Anhangs hinaus genoß Kanzler Helmut Schmidt Sympathie und Vertrauen in der Bevölkerung. Während in den USA noch der Präsidentenwahlkampf lief und die Supermacht lähmte, war mit Helmut Schmidt nun wieder einer der wichtigsten Akteure auf der internationalen Bühne voll an Deck.

Im zurückliegenden Wahlkampf hatte Helmut Schmidt mit deutlichen Worten das Regime in der DDR kritisiert und von den sechzehn Millionen »Geiseln« gesprochen, »die sich nicht frei entscheiden« könnten. Ihnen gegenüber stehe die Bundesregierung mit ihrer Ostpolitik in der Pflicht.[1] Noch am Wahltag machte der Kanzler mit einem Schreiben an Honecker deutlich, die neue Bundesregierung setze auf eine »weitere Normalisierung« und werde »die Bemühungen um den Ausbau der bilateralen Beziehungen aktiv fortsetzen«. Beide »deutschen Staaten« könnten »angesichts der gefährlichen Krisenherde in der Welt einen wichtigen Beitrag zur Stabilisierung der internationalen Lage leisten«.[2]

Während Bonn so die Hand ausstreckte, versetzte Ost-Berlin den innerdeutschen Kontakten einen schweren Stoß. Am 9. Oktober 1980, vier Tage nach den Bundestagswahlen, verfügte das Finanzministerium der DDR eine drastische Erhöhung der Mindestumtauschsätze.[3] Pro Tag und Person waren nun 25 DM bei Besuchen in der DDR und Ost-Berlin zwangszutauschen (zuvor 13 DM bzw. 6,50 DM bei Tagesaufenthalten in Ost-Berlin), und dies galt auch für Rentner und Jugendliche ab fünfzehn Jahren. Für alle, denen die Kontakte zwischen den Deutschen am Herzen lagen, und erst recht für die, die durch Besuche die menschliche Kommunikation mit Leben füllten, war dies ein Schlag ins Gesicht. Der heraufgeschraubte Zwangsumtausch führte zu einem drastischen Rückgang der Besucherzahlen. Im November 1980 sanken sie im Vergleich zum Vorjahresmonat um 24 Prozent bei DDR-Reisen, um 30 Prozent im grenznahen Verkehr und sogar um 60 Prozent bei Besuchen von West-Berlinern im Ostteil der Stadt und in der DDR.[4]

Für die gerade erst in den Wahlen bestätigte Regierung Schmidt war die ohne jede Vorwarnung erfolgte Erhöhung des Zwangsumtausches ein herber Affront. Sie verstieß nicht nur gegen den Geist von Helsinki und konterkarierte die Bemühungen um ein verbessertes Verhältnis, sondern wirkte auch wie ein Vertrauensbruch. Kaum hatten Kanzler, Regierung und hochrangige Bonner Politiker diese »willkürliche« Maßnahme angeprangert und dagegen protestiert,[5] erfolgte mit der Geraer Rede Honeckers am 13. Oktober 1980 der nächste Schlag. Zur »Normalisierung des Beziehungen« gehöre, so der SED-Generalsekretär und Staatsratsvorsitzende, die Anerkennung der Staatsbürgerschaft der DDR, die Auflösung der »Zentralen Erfassungsstelle« in Salzgitter, eine Festlegung des Grenzverlaufs auf der Elbe »entsprechend dem internationalen Recht«, also in der Strommitte, und die Umwandlung der Ständigen Vertretungen der Bundesrepublik und der DDR in Botschaften.[6] Im Ton und in der Substanz erinnerte die Rede in manchen Passagen an schlimmste Zeiten des Kalten Krieges.

Honecker hat später versucht, die Bedeutung dieser Rede herunterzuspielen. Sie habe auch positive Elemente enthalten. Mit ihr sei »keinesfalls der Rückwärtsgang in den Beziehungen zwischen der DDR und der BRD eingeschaltet worden«. So steht es in einer »Niederschrift« über sein Gespräch mit Günter Gaus vom 3. November 1980,[7] das den Argwohn Mielkes erregte. Die von Honecker dem Politbüro vorgelegte Aufzeichnung enthalte »nicht die ganze Wahrheit. Das steht eindeutig fest. Er habe weitere Äußerungen zu Gaus getan, die gegen die Interessen der Sowjetunion und DDR sind und Bonn begünstigen.« Bei Honecker, so der Stasi-Chef am 13. November im Gespräch mit dem Ministerratsvorsitzenden Willi Stoph, sei »besonders im Verhältnis zur BRD« deutlich, »daß er öffentlich provokativ auftritt, während er intern gegenüber der BRD für sein öffentliches Verhalten Entschuldigungen abgibt.« Weiter stand in dieser Notiz, die das Politbüromitglied Werner Krolikowski nach Moskau leitete: »Mielke sagte zu W. Stoph: E. H. verschaukelt uns und die sowjetischen Freunde.«[8] Krolikowski setzte nach und schlug den Genossen im Kreml vor, »E.H.s Handlungen in der Außenpolitik gegenüber der BRD sorgfältig zu analysieren und mit ihm über die gemachten Fehler zu sprechen« und die Basis für »einen prinzipiell klaren Kurs gegenüber der BRD« zu schaffen.[9] Am härtesten über Honeckers »politische Geschäfte mit der BRD« äußerte sich Verteidigungsminister Heinz Hoffmann: »Er werde einen Verrat der DDR gegenüber der Sowjetunion niemals mitmachen.«[10]

Soviel steht fest: Honecker hatte seinen Genossen etwas verschwiegen. Wie Gaus berichtete, hatte er ihm gegenüber von »deutsch-deutscher Freundschaft« gesprochen und sogar das Wort »Schießbefehl« benutzt.[11] Wäre den Hardlinern Mielke, Krolikowski, Hoffmann und Stoph alles zu Ohren gekommen, was über den verdeckten Kanal schon gelaufen war und ihnen vorenthalten wurde, hätten sie wohl noch heftiger reagiert. Woher Mielke seine Informationen hatte, läßt sich nur vermuten. Das Mißtrauen war geschürt, und das Anschwärzen in Moskau konnte nicht wirkungslos bleiben. Gerade in der schon durch SS 20, NATO-Doppelbeschluß, Afghanistan und nun vor allem Polen zugespitzten Situation mußten die Handlungsspielräume Honeckers auf dem deutschen Terrain fast zwangsläufig enger werden. Eine im Bundeskanzleramt erstellte Analyse kam Anfang November 1980 zu dem Schluß, »daß Honecker in der gegenwärtigen, durch die Ereignisse in Polen bestimmten, für die DDR schwierigen Lage weitere Eskalationen im innerdeutschen Verhältnis nach Möglichkeit vermeiden möchte, den Dialog über einen weiteren Ausbau der bilateralen Beziehungen aber nicht fortsetzen kann«.[12]

Vieles aus den vertraulichen Kontakten mit Schmidt und seiner engeren Mannschaft deutet darauf hin, daß Honecker sich als Sachwalter einer eher moderaten Haltung im Osten und Barriere gegen Scharfmacher sah. So waren wohl auch seine diskreten Hinweise an Gaus gedacht: »...daß seine Seite nicht die Absicht habe, gegen den Mißbrauch des Transitverkehrs stärkere Maßnahmen zu ergreifen. Auch gelte immer noch seine (Honeckers) Weisung an die Grenztrup-

pen der DDR, den Schießbefehl so zurückhaltend wie möglich aus-
zulegen. Soweit er unterrichtet sei, habe es seit dieser, seiner Weisung
praktisch kaum noch Schüsse an der Grenze gegeben.«[13]

In Schmidts Augen galt Honecker im Rahmen seiner ideologischen
und machtpolitischen Grenzen jedenfalls als ein Konterpart, mit dem
man reden konnte, der wenigstens etwas aufgeschlossen war und
sich ein gewisses »Gefühl für die Nöte der Menschen bewahrt hatte«.[14] Als Joachim Meisner, der neue katholische Bischof von Berlin,
den SED-Generalsekretär »vor allem als einen Erfüllungsgehilfen des
sowjetischen Imperialismus« charakterisierte, hielt Helmut Schmidt
»dem entgegen, daß Honecker auf dem Fundament seiner Ideologie
und im Rahmen seiner Abhängigkeit von Moskau um eine ›gute
Regierung‹ bemüht sei«.[15]

Diese Abhängigkeit von Moskau nahm im Zuge der konfrontativen Zuspitzung des Ost-West-Verhältnisses noch zu, und das Anschwärzen in Moskau und die Rolle der Hardliner im eigenen Apparat taten ihre Wirkung. Dazu kam der schon unter US-Präsident
Jimmy Carter einsetzende, mit der Präsidentschaftswahl Ronald
Reagans voll durchschlagende harte Kurs der USA gegenüber der
Sowjetunion und ihrem Warschauer Pakt. Nach seinen harschen Tönen von Gera verfocht Honecker nun selbst in internen Gesprächen
die Positionen der UdSSR in der Sicherheitspolitik weitgehend undif-
ferenziert und pauschal. Er lastete die Schuld einseitig den USA und
dem Westen an. Mehr als alles andere trug die Lage in Polen dazu
bei, daß in der DDR-Hierarchie die Sicherung des eigenen Systems
absolute Priorität hatte und die Abgrenzung gegen den Westen und
westliche Ideen auf fast allen Ebenen weiter zunahm.

Der ZK-Abteilungsleiter für Internationale Verbindungen, Günter
Sieber, beobachtete »in den Jahren 1979/80 bei Erich Honecker«
einen »Umwertungsprozeß hinsichtlich der Geschehnisse in Polen«.
Er sah dort zunehmend »konterrevolutionäre Aktivitäten« am
Werk, »was er vorher nicht tat«.[16] Die Anerkennung von Solidarność am 10. November 1980 wirkte auf ihn wie ein Schock. Für ihn
war dies die Preisgabe eines zentralen Elements, nämlich der führenden Rolle der Partei.[17] Durch die Wandlungsprozesse in Polen ver-
härtete sich auch Honeckers Position gegenüber der Bundesrepublik. Am 13. November 1980 äußerte Mielke gegenüber Willi Stoph:
»Wenn jetzt EH richtige Forderungen superscharf gegenüber der

BRD vertritt, so ist dies nicht auf die Breshnew-Kritik von der Krim zurückzuführen. EH sind die Ereignisse in Polen in die Knochen gefahren. Er hat Angst, daß es in der DDR auch zu Schwierigkeiten kommt; er fürchtet den Einfluß der BRD.«[18] Alles zusammen genommen, Raketen, Moskau, Stasi, Apparat, Polen und eigene Ängste, stimmte den politischen Grundtenor jedenfalls zuerst einmal auf Abschottung und Abgrenzung.

Willy Brandt, der Vorsitzende der SPD, plädierte öffentlich dafür, erst einmal abzuwarten[19], und Egon Bahr schlug dem Kanzleramt vor: »In den nächsten Wochen gegenüber der DDR die Beziehungen auf kleinster Flamme weiter zu halten, Kontakte und Gespräche auf den Zweck zu beschränken, Verbindungen zu halten und den Puls zu fühlen.«[20] Ganz so weit mochte die Bundesregierung nicht gehen, und dies lag auch an einer unterschiedlichen Bewertung des Geflechts Sowjetunion-DDR. Für den traditionell auf Moskau schauenden Bahr war es »offensichtlich«, daß nicht die DDR, sondern die Sowjetunion der Ansprechpartner für Entspannung sei und »wirksame Veränderungen der politischen Haltung der DDR« allein »durch Druck über Moskau oder auf begrenztem Niveau durch Geld zu erreichen« seien. Im Bundeskanzleramt sah man dies nach den bisherigen Erfahrungen und vielen vertraulichen Kontakten etwas anders. Zumindest von Honecker erwartete man, daß er eher als Moderator und Mittler in Moskau wirken und für die Hinwendung zu einem Kurs der Vernunft hilfreich sein könne. Die »Gorbimanie« im Verbund mit einer zuerst einseitig gegen die westlichen Raketen gewandten »Friedensbewegung« haben dazu beigetragen, den damaligen Rüstungswahnsinn und machtpolitischen Imperialismus der Sowjetunion Ende der siebziger, Anfang der achtziger Jahre etwas in Vergessenheit geraten zu lassen.

Gerade der als »Macher« und Pragmatiker apostrophierte Helmut Schmidt fühlte sich dem Los der Menschen, die unter der Teilung litten, und der Erlangung praktischer Verbesserungen für sie besonders verpflichtet. In seiner Regierungserklärung vom 20. November 1980 ließ der Kanzler keinen Zweifel an den grundsätzlichen Unterschieden. Er bekannte sich zu dem Ziel eines Friedens in Europa, »in dem das deutsche Volk frei über sich selbst bestimmen kann«, und zum »Bewußtsein der Einheit der deutschen Nation« und machte deutlich, daß wir »uns auch nicht mit Minen und Selbstschußanlagen an der Grenze abfinden« können. Trotz des »schweren Rückschlages« durch Maßnahmen der DDR, »z.b. die Erhöhung der Mindestumtauschsätze«, bot er dennoch für »die Zukunft Zusammenarbeit« als einzig gangbaren Weg zur Verbesserung der Lage der Menschen an. »Wir denken nicht daran, Abgrenzungsakte unsererseits mit Abgrenzungsakten zu beantworten; denn dies würde die Gräben zwischen Deutschen und Deutschen nur noch vertiefen.«[21]

Den »Zeitpunkt«, um die »Politik der deutsch-deutschen Kooperation wieder aufzunehmen«, sah Schmidt Anfang 1981 gekommen.[22] Nach der Abberufung von Günter Gaus als Leiter der Ständigen Vertretung der Bundesrepublik sollte Klaus Bölling seine Nachfolge antreten. Über die Ablösung von Gaus wurde schon Ende Oktober 1980 in den Medien berichtet, und sie wurde fast zwangsläufig in Zusammenhang mit den Abgrenzungsaktionen der DDR (Zwangsumtausch und Geraer Rede) gebracht.[23] Doch auch das Verhältnis des Bonner Kanzleramtes zu Gaus war schon seit längerem gestört. Mit Klaus Bölling berief Schmidt einen Leiter der Ständigen Vertretung, zu dem er unbedingtes Vertrauen hatte. Mit der Hinauszögerung seiner Entsendung dokumentierte er zugleich das Befremden über das Vorgehen der DDR[24], von der Anfang 1981 eine winzige Geste guten Willens kam, als sie die Begleitpersonen von Schwerbehinderten und Blinden vom Zwangsumtausch befreite.[25] Dazu erfolgte eine offenkundig großzügigere Behandlung der sogenannten »Härtefälle«.[26]

In Bonn fand Ende Januar/Anfang Februar 1981 eine deutschlandpolitische Bestandsaufnahme statt. Am 28. Januar tagte im Politischen Club in der Bonner Zitelmannstraße zunächst eine Staatssekretärsrunde unter Leitung von Huonker, an der mit Gaus und Bölling sowohl der frühere wie der neue Leiter der Ständigen Vertretung teilnahmen.[27] Sie bereitete das »Gespräch führender SPD-Politiker über Deutschlandpolitik unter dem Vorsitz des Bundeskanzlers am 3. Februar 1981« vor, bei dem fast alle mit Rang und Kompetenz vertreten waren – Brandt, Wehner, Wischnewski, Bahr, Hans-Jochen Vogel als neuer Regierender Bürgermeister und Gaus als Senator von Berlin.[28] Wieweit Honecker mit seinen Abgrenzungssignalen als Erfüllungsgehilfe Moskaus fungierte, wieweit er eigenständig agierte und welche Rolle Polen spielte, konnten die Bonner nicht entschlüsseln. Die Signale waren zu diffus. So ließ Honecker ausrichten, in Gera habe er gesagt, was er ursprünglich bei dem Treffen ausführen wollte, und Staatssekretär Günther van Well vom Auswärtigen Amt wußte zu berichten, die DDR habe »sich bei dem Moskauer Gipfel am 5.12. 1980 für eine Intervention in Polen ausgesprochen«, aber sich damit »nicht durchsetzen« können. Doch ergänzte er sogleich, »Honecker sei dabei vorsichtiger als Mielke, Hoffmann und Axen gewesen«. Über den Kurs der DDR bestand in der Runde keine Klarheit, aber auch nicht über den ihr gegenüber zu verfolgenden Kurs. Während einige zu größerem Entgegenkommen gegenüber der DDR bereit waren, so Wischnewski bei der Elbgrenze und Gaus bei Salzgitter und der Bezeichnung »Bürger der DDR«, blieb der Kanzler standhaft. Solange »an der innerdeutschen und der Berliner Grenze« geschossen werde, kam für ihn eine Auflösung oder Austrocknung von Salzgitter nicht in Frage. Als Grundlinie gab er aus: »Honecker müsse deutlich wissen, daß wir etwas zu bieten haben und daß wir etwas von ihm erwarten. Er muß wissen, daß er sich beim Mindestumtausch im Gesamtkontext der Beziehungen bewegen muß. Wir können nichts Großes tun, bevor sich Honecker nicht bewege.«[29]

Den Antrittsbesuch Böllings beim Staatsratsvorsitzenden Honecker am 9. Februar 1981 nutzte Schmidt zur Übermittlung einer mündlichen »Botschaft«, die wie so oft schriftlich übergeben wurde. Zwar knüpfte er einleitend freundlich an Bekundungen der DDR zu einer »Politik der Friedenssicherung« und zur Verbesserung der bilateralen Beziehungen an, doch folgte die dringliche Mahnung, von deutschem Boden dürften »keine zusätzlichen Belastungen für das Ost-West-Verhältnis ausgehen«. Ganz konkret sprach er »die Lage in und um Polen« an und warnte, daß »jede Einmischung von außen« gegenwärtig »schwerwiegende Konsequenzen für das Ost-West-Verhältnis und die Lage in der Welt haben« würde und »das polnische Volk und die polnische Führung« die Probleme »in eigener Verantwortung« lösen könnten und sollten. Bezogen auf das bilaterale Verhältnis, machte Schmidt aus seiner herben Enttäuschung über die »belastenden Maßnahmen«, das hieß Zwangsumtausch, die »grundsätzlichen Forderungen« und Honeckers Verhalten keinen Hehl und artikulierte »Zweifel, ob in der Politik der Deutschen Demokratischen Republik eine grundlegende Wende eingetreten ist, auf die man sich einzustellen hätte«.[30] Honecker war sichtlich bemüht, das Signal aufzunehmen und ließ postwendend durch Wolfgang Vogel ausrichten, er habe sich »auch in letzter Zeit bei seinen Freunden innerhalb und außerhalb der DDR« dafür eingesetzt, »daß neue Belastungen im deutsch-deutschen Verhältnis vermieden werden sollten«.[31] Zu bezweifeln ist, ob sich dies auch auf Polen bezog. Kanzler Schmidt rechnete wohl bei Polen mit dem Schlimmsten, mit einer militärischen Intervention wie 1968 bei der Niederschlagung des Prager Frühlings. So gab er Wolfgang Vogel mit auf den Weg, daß die Bundesrepublik keinerlei Interesse an einer Destabilisierung habe, sondern sich mit Rat und Tat für eine Stabilisierung einsetze. Komme es aber »zu Gewalt von außen«, dann habe das einschneidende Konsequenzen. Schmidt setzte offenbar – jedenfalls tat er so – auf einen mäßigenden Einfluß Honeckers und packte ihn gewissermaßen am Portepee. Doch »in einer wirklich zugespitzten Situation« sei dieser »sicherlich nicht groß«. Wenigstens ein Nicht-Miteingreifen der Nationalen Volksarmee »könne und solle H. auf jeden Fall erreichen«.[32]

Honecker wich bei Polen aus. Ob er »fest damit gerechnet« hatte, »daß die Sowjetunion in Polen einmarschiert«, wie Mielke im November 1980 äußerte[33], oder eher vorsichtiger agierte, wie van Well berichtete[34], ist kaum zu entschlüsseln. Im Frühjahr 1981 schien sich jedenfalls die Lage in Polen zunächst etwas zu entspannen. Bei den innerdeutschen Beziehungen rückten so die konkreten Fragen und anstehenden Probleme wieder mehr in den Vordergrund. Herbert Häber suchte sich bei zwei Erkundungsreisen im Februar und im Juni 1981 ein Bild über den Zustand der Bonner Koalition und die Lage bei der CDU/CSU-Opposition zu verschaffen und zu sondieren, wie die schwierige Ost-West-Situation, Raketenstationierung und die Friedensbewegung eingeschätzt wurden. Die Liste seiner Gesprächspartner war lang: von der SPD Hans-Jürgen Wischnewski, Horst Ehmke, Egon Bahr, Karl Lietke, Holger Börner, Peter Corterier, Hans Büchler, Eugen Selbmann, Helmut Becker, Karsten Voigt, Gerhard Schröder, von der CDU/CSU Walther Leisler Kiep, Richard von Weizsäcker, Olaf von Wrangel, von der FDP Hans-Günter Hoppe, Uwe Ronneberger; darüber hinaus der Hauptgeschäftsführer des DIHT, Franz Schoser. Während im Februar die Stimmung von Unsicherheit über die außenpolitische Lage und die Stabilität der Regierung geprägt schien, brachten »alle Gesprächsteilnehmer« im Juni zum Ausdruck, »daß sich die Situation derzeit stabilisiert habe«, die

Koalition durchhalten werde und es zu ernsthaften Verhandlungen zwischen den USA und der Sowjetunion komme.[35]

Auch der nur aufgeschobene, nicht aufgehobene Besuch Schmidts in der DDR wurde wieder ernsthaft angegangen, »sobald es die politische Großwetterlage erlaubt«.[36] Zu den vordringlichen Zielen der Bundesregierung gehörte eine substantielle Korrektur des Mindestumtausches. Die von der DDR verfügten Minimalkonzessionen (Begleiter von Schwerstbehinderten und Blinden)[37] waren nur ein Tropfen auf den heißen Stein. Erwartet wurde mehr. Dies deutete Schmidt auch hohen Vertretern der evangelischen und katholischen Kirche aus der DDR an, mit denen er im Sommer 1981 intensive Gespräche führte.[38] Aber die Erwartungen an das Treffen wurden eher niedriger gehängt, bei den Kirchenvertretern der DDR wie in der dortigen Bevölkerung, aber natürlich auch in Bonn und bei Schmidt selbst.

Was Helmut Schmidt vorgeschwebt hatte, war wohl, den von János Kádár in Ungarn beschrittenen Weg der DDR schmackhaft zu machen. Doch weder war Günter Mittag der kompetente, aufgeschlossene Politikmanager, für den Schmidt ihn mit Einschränkungen hielt, noch war Honecker fähig und willens, diese Rolle zu übernehmen. Schmidts damaliges Bild vom SED-Generalsekretär war zweifellos maßgeblich von Herbert Wehner und vor allem durch Wolfgang Vogel geprägt. Dieser war redlich bemüht, zu einer Entkrampfung und in Grenzen zu weiterreichenden Verbesserungen und Erleichterungen beizutragen. Wieweit der Rechtsanwalt dabei noch das Sprachrohr seines Auftraggebers Honecker war oder sich ohne ausreichende Absicherung weiter aus dem Fenster lehnte, ist wahrscheinlich gar nicht säuberlich auseinanderzuhalten. Aber auf die Abhängigkeit der DDR von Moskau und die Ideologie und Praxis des SED-Politbüros hatte Wolfgang Vogel nun wahrlich keinen Einfluß.

Bei seinem Treffen mit Generalsekretär Leonid Breshnew am 3. August 1981 auf der Krim erhielt Honecker zwar soweit grünes Licht für das Treffen, als beide, wie er Schmidt schrieb, in der gegenwärtigen schwierigen Situation »politische Kontakte zwischen den Staatsmännern« unterschiedlicher Systeme für »besonders wertvoll und notwendig« erachteten. Aber noch war nur die Rede von »einem für beide Seiten geeigneten Zeitpunkt«.[39] Auch für die Regierung Schmidt war die Lage schwierig, nicht nur wegen der nach wie vor

problematischen Lage in Polen. Die außerparlamentarische Friedensbewegung, die Front gegen den NATO-Doppelbeschluß und die
Nachrüstung machte, war aktiver denn je. Sie gipfelte schließlich in
der großen Friedensdemonstration am 10. Oktober 1981 in Bonn,
an der rund 300 000 Menschen teilnahmen, die Willy Brandt mit
Sympathie begleitete und auf der unter anderen Erhard Eppler
sprach. Organisationen wie der Schriftstellerverband forderten un-
verzügliche Abrüstungsverhandlungen[40], und in der SPD bröckelte
die Unterstützung für Schmidts Kurs sichtlich ab. Am 27. August
fand im Bonner Ollenhauer-Haus ein Friedensforum der SPD statt,
bei dem eindeutig die ablehnenden Stimmen gegen den NATO-Doppelbeschluß dominierten.[41] Selbst bei Willy Brandt, der Ende
Juni/Anfang Juli 1981 zu Gesprächen in Moskau war und mit
Breshnew zusammentraf, der dabei seinen Moratoriumsvorschlag
präzisierte[42], war eine gewisse Distanz zur Schmidt-Linie zu erkennen. Geradezu empört reagierte man im Kanzleramt, als Bahrs Plan
zu einer Reise in die DDR bekannt wurde. Staatsminister Huonker
»fürchtet einen Eklat«, stand im *Spiegel* zu lesen.[43]

Egon Bahr verfolgte in dieser Zeit schon sein Konzept der »gemeinsamen Sicherheit« und nutzte seine Funktion als Vorsitzender
des Bundestagsunterausschusses für Abrüstung und Rüstungskontrolle gezielt zu eigenen Initiativen. Von seiner Attacke gegen die
Neutronenbombe über die Mittelstreckenraketen bis zu Reagans
utopischem Konzept vom »Krieg der Sterne« häuften sich bei ihm
die kritischen Kommentare über die USA-Politik, und mehr noch als
die UdSSR machte er die USA für den Rüstungswettlauf verantwortlich. Der Vorwurf der »Äquidistanz« besaß insofern einen wahren
Kern.[44] Sein Besuch Anfang September in Ost-Berlin, bei dem er zu
mehreren Gesprächen mit Hermann Axen und Honecker zusammentraf[45], war an sich schon problematisch, weil er damit der Regierung Schmidt in die Quere kam. Zwar gestand er den USA zu, daß
diese den Krieg auch nicht wollten, doch die Symptome einer merklichen Distanzierung von der westlichen Vormacht waren unverkennbar – von dem »keine US-Raketen in Westeuropa« bis hin zu
der lockeren Bemerkung, die Bundesrepublik könne schließlich »keine Fallschirmjäger nach Washington schicken und sagen, wir regeln
das«.[46] Selbst zur Politik des eigenen Kanzlers war eine gewisse Distanz spürbar. Im Kern markierte dieser Ost-Berlin-Besuch eher den

Auftakt zu dem sicherheitspolitischen Diskurs Bahrs mit der SED-DDR in den späteren Jahren als die in dieser Situation eigentlich notwendige Stützung Schmidts. Mit der Vorbereitung des Kanzlerbesuches, wie Bahr dies in seinen Erinnerungen darstellt[47], hatte seine Reise wenig zu tun. Jedenfalls gab Schmidt später zu verstehen, daß ihn Bahr nicht wirklich unterrichtet und er ihn seitdem nicht getroffen habe.[48]

Als Schalck gegenüber Klaus Bölling am 25. September signalisierte, »daß der GS jetzt eine Antwort des BK zum Zeitpunkt des Treffens« und die Begegnung »womöglich noch in diesem Jahr erwarte«[49], begann die Phase der konkreten Vorabklärungen. Das geschah zunächst vorrangig auf der Schiene Bölling/Schalck, die vom Thema Swing, Grenzübergänge in Berlin, Erdgasbezug aus der UdSSR und Mindestumtausch eine breite Palette sondierten. Mit einem Gespräch Genschers und Oskar Fischers Ende September am Rande der UNO-Vollversammlung begann ein Meinungsaustausch der beiden Außenminister über Abrüstung und Rüstungskontrolle.[50]

Entscheidend war, daß sich das internationale Klima zu entspannen schien und sich erste Anzeichen einer wiederauflebenden Gesprächsbereitschaft zwischen den beiden Supermächten USA und UdSSR – als solche galt sie noch zu dieser Zeit – andeuteten. Sie verständigten sich schließlich darauf, ihre Abrüstungsgespräche Ende November 1981 in Genf wiederaufzunehmen. Kurz zuvor stand der Besuch von Generalsekretär Breshnew in Bonn an (22. bis 25. November 1981), der von Schmidt wohl »einen Schlüssel zum Verständnis des neuen amerikanischen Präsidenten« Reagan »zu erhalten hoffte«.[51] Vor diesem Hintergrund konnten die beiden deutschen Regierungs- bzw. Partei- und Staatschefs wieder leichter kommunizieren und sich am 30. Oktober, nachdem Schmidt eine Operation gut überstanden hatte, telefonisch vergleichsweise offen austauschen. Beide stimmten darin überein, daß die Genfer Verhandlungen »wirklich ernsthaft« mit dem Willen zu konkreten Ergebnissen geführt werden müßten, und Honecker zeigte sich aufgeschlossen für Schmidts Appell, »daß wir beide gemeinsam dazu beitragen können, daß die Atmosphäre hier in Mitteleuropa und Zentraleuropa wieder stärker auf Entspannung hin orientiert wird« wie »auf Zusammenarbeit in Europa«, Abbau der »Ängste« und »auf Frieden hin«. Sie verständigten sich darauf, das Treffen vom 16. bis 18. Dezember durchzuführen und die Öffentlichkeit zunächst durch eine Indiskretion über Februar/März 1982 irrezuführen. »Denn dann«, so Schmidt von Honecker assistiert, »kriegt man alle diese Hetzhunde vom Halse. Dann lassen die sich Zeit und legen sich erst einmal schlafen.«[52]

Obwohl Schmidt mit Bölling nun einen Mann seines Vertrauens in Ost-Berlin hatte, mochte er bei der Vorbereitung des innerdeutschen Gipfels nicht auf die Dienste des »Briefträgers« verzichten. Am 13. November 1981 führte er in Anwesenheit Huonkers ein dreistündiges Gespräch mit Wolfgang Vogel, bei dem als endgültiger Termin auf Wunsch Schmidts der 11. bis 13. Dezember festgelegt und ausgiebig Einzelheiten für den Besuch bis zur Bezeichnung »Treffen« abgeklärt wurden.[53] Vom technisch-organisatorischen Ablauf bis hin zu den Tagungsstätten, dem Gesprächsprogramm und den Delegationen sollte dieser Besuch nach den Planungen vom August 1980 ablaufen, also Werbellinsee mit Hubertusstock als Quartier für den Kanzler und seine Delegation, Döllnsee für die von Honecker, neben den Delegationsgesprächen Vier-Augen-Gespräche Kanzler/Generalsekretär mit parallel laufenden Unterredungen Lambsdorff/Mittag sowie Franke/Fischer, Tischreden sowie Toasts und schließlich der Besuch in Güstrow. Weitere Einzelheiten wie Flugzeug und Sonderzug, Kranzniederlegung, Besprechung der »humanitären Fragen« durch Ministerialdirektor Edgar Hirt vom Bundesministerium für innerdeutsche Beziehungen und Wolfgang Vogel, Vorauskommando sowie Bekanntgabe des Besuchs am 2. Dezember 1981 wurden zwischen Huonker und Vogel am 18. November besprochen und die Ergebnisse in einem Non-paper festgehalten.[54] Probleme und gegensätzliche Auffassungen zeigten sich vorrangig bei der Frage Journalisten und Medien. Der Kanzler und sein Staatsminister bestanden entschieden darauf, daß eine »gute Behandlung der Journalisten« unabdingbar sei. Kaum Schwierigkeiten ergaben sich bei dem 1980 so lange verhandelten Kommuniqué, weil man sich darauf verständigte, das im August 1980 schließlich vereinbarte zugrunde zu legen und es nur um aktuelle Bezüge und einige Elemente aus dem gemeinsamen Kommuniqué zum Breshnew-Besuch in Bonn zu ergänzen. So verliefen die erst am 8. Dezember 1981 aufgenommenen Kommuniqué-Verhandlungen denn auch zügig.[55]

Für Ärger und Verstimmung sorgte schon jetzt der vorgesehene Güstrow-Besuch. Mit dem scheinheiligen Argument, »H. befürchte sonst eine Völkerwanderung«, und mit Ausflüchten wie Weihnachtsmarkt suchte die DDR-Seite von vornherein Kontakte mit der Menge abzublocken, während der Kanzler wie seine Mannschaft auf einem Gang durch Güstrow bestanden. »Abschotten und verstecken lasse er sich nicht.«[56] Erst unmittelbar vor dem Treffen teilte Wolfgang Vogel am 10. Dezember telefonisch mit, Honecker habe nun »definitiv entschieden« im Sinne der Bonner Wünsche, daß das Programm in Güstrow mit »Marktbesichtigung« und anschließendem »Gang über den Markt zum Dom« stattfinden werde.[57] Der gigantische Sicherheitsapparat, der Schmidt dann am 13. Dezember fast völlig abschottete, kam nicht zur Sprache. Nur in Vogels Andeutung gegenüber Huonker, »daß auch Leute da seien, die für die Sicherheit sorgen«, und Schmidts nachdrücklicher Bemerkung gegenüber Vogel, die DDR dürfe nicht den Eindruck erwecken, »es gehe ihr bei der Gestaltung des Programms in Güstrow um die Sicherheit des Kanzlers«, klang etwas an.[58] Tatsächlich aber verfuhren die DDR und ihr Ministerium für Staatssicherheit dann genau nach dem Plan vom August 1980, den Schmidt durch Vogel erhalten hatte.

Dem Kanzler kam es, wie er rückblickend schrieb, darauf an, mit dem Besuch und einem umfassenden Meinungsaustausch »sowohl Honecker als auch der Welt das Bewußtsein zu geben, die DDR« gehöre trotz ihrer im zentralen Kern zu mißbilligenden Politik »als eigenständiger Partner in das gesamteuropäische Gespräch über Sicherheit und Zusammenarbeit, über Gleichgewicht und Rüstungsbegrenzung«. Als sein »Ziel« nannte er ein »doppeltes Motiv«: Erstens, Honeckers Selbstwertgefühl »im internationalen Kontext zu heben, die Minderwertigkeitskomplexe der DDR-Führung abzubauen« und so »zu einer wachsenden Souveränität und Großzügigkeit der DDR-Regierung im Umgang mit den von ihr regierten Bürgern beizutragen«, und zweitens, »den DDR-Bürgern [zu] zeigen, daß wir keine Krokodilstränen weinten, sondern mit Engagement und unter Inkaufnahme manchen Risikos uns für ihre Interessen einsetzten«.[59]

Zwischen den Chefetagen in Bonn und Ost-Berlin gab es in bezug auf Rüstungsbegrenzung, Friedenssicherung und Entspannung zumindest eine Art von Gemeinsamkeit: militärisches Gleichgewicht auf möglichst niedriger Ebene und ernsthafte Verhandlungen der beiden Supermächte mit dem Willen zu realen Ergebnissen, Loyalität jeweils innerhalb des eigenen Bündnisses und stilles Wirken für die

Herstellung eines dialogfördernden, entspannungsfreundlicheren Klimas. Schmidt sah, wie er der DDR zu verstehen gab, »seine Aufgabe darin, für die beiden Weltmächte Dolmetscher, Zuhörer und Interpret zu sein«.[60] Unter diesem Zeichen stand das Treffen mit Breshnew in Bonn wie ein geplantes nachfolgendes Gespräch mit Reagan in den USA, das dann ganz von den Ereignissen in Polen überschattet wurde.[61] Aber dazu dienten indirekt auch die direkten Kontakte und Telefonate mit Honecker wie der anstehende Besuch in der DDR. Es war im Kern das Setzen auf Spitzendiplomatie, und bezeichnenderweise war in dem Telefonat vom 30. Oktober – wie in nachfolgenden vertraulichen Gesprächen – von der gerade erst zwanzig Tage zurückliegenden großen Bonner Friedensdemonstration mit keinem Wort die Rede, auch nicht von Honecker. Der Kanzler war sichtlich bemüht, auch dadurch ein Klima des Vertrauens zu schaffen, daß er den SED-Generalsekretär nach seinen Bonner Gesprächen mit Breshnew gleich am 25. November 1981 aus erster Hand über seine Eindrücke informierte und insgesamt eine positive Bilanz zog.[62]

Schmidts Erwartungen an das im Innerdeutschen Machbare bei dem Treffen waren gering. »Ich wußte«, so ist in seinen Erinnerungen zu lesen, »daß es nicht in Honeckers Hand lag, weitreichende Lösungen zu vereinbaren« und Honecker »weder im Ministerrat noch im Politbüro eine Mehrheit für größere Zugeständnisse an uns« besaß.[63] Bei dem Treffen des Kanzlers mit Wolfgang Vogel am 13. November 1981 wurde ausgiebig über Sachthemen gesprochen. Die Kärrnerarbeit der Vorbereitung erledigte natürlich der erprobte Arbeitsstab Deutschlandpolitik im Kanzleramt, der »Punktationen« für das anstehende Gespräch vorlegte, Entwürfe für Erklärungen, Kommuniqués, Non-paper und andere Texte erarbeitete und überarbeitete.[64] Bilaterale Sachthemen im engeren Sinne, wie etwa die Öffnung des Teltowkanals in Berlin, der Grenzübergangsstellen Stolpe-Dorf und Staaken und die Frage einer West-Berlin mit versorgenden Erdgaspipeline wurden dagegen vorrangig auf der Ebene Bölling (zuvor Gaus) – Schalck-Golodkowski verhandelt. Dazu gehörten ferner die Einbeziehung weiterer Städte in den grenznahen Verkehr (Hamburg und Hannover), Handel, Mindestumtausch und Swing sowie – nicht zu umgehen – auch die vier Geraer Forderungen Honeckers.[65]

Besonders in kritischen Situationen und bei Vorabklärungen kam der Sonderkanal über Wolfgang Vogel zum Tragen, für den der

Staatsminister im Kanzleramt der Ansprechpartner war. Unter Wischnewskis Nachfolger Huonker hatten sich diese Kontakte im Kontext der Besuchsplanungen noch verdichtet. Das Außergewöhnliche dieses Drahtes lag darin, daß sich Helmut Schmidt nicht nur dieser Verbindung bediente, sondern er persönlich das direkte Gespräch mit dem Anwalt suchte und er diesen »Kanal« für vertrauliche Sondierungen und Vorabsprachen allen übrigen vorzog. Dabei wurde vergleichsweise sehr offen geredet und auch das schon vorabgeklärt, was Thema von Vier-Augen-Gesprächen zwischen Schmidt und Honecker sein sollte. Konkret ging es Schmidt unter anderem um die Wiedereröffnung des *Spiegel*-Büros in Ost-Berlin, um eine Korrektur des Mindestumtausches, die Regelung »humanitärer Fragen« und daß Honecker »bei den Delegationsgesprächen die Geraer Forderungen keinesfalls überziehen« solle.[66] Erstmals war nun nicht mehr von »Anerkennung«, sondern nur mehr von »Respektierung der Staatsangehörigkeit der DDR« die Rede, worauf der Anwalt besonders aufmerksam machte.[67] Bei den »humanitären Fragen« und bei den Reise- und Besuchsregelungen zeichneten sich unmittelbar vor dem Treffen einige Erleichterungen ab, so bei Reisen in dringenden Familienangelegenheiten. Doch insgesamt waren diese äußerst begrenzt und erst recht beim Mindestumtausch keine substanziellen Verbesserungen zu erkennen und zu erwarten.[68]

Für »mehr Menschlichkeit gegen Kasse« war nicht allein der »Spielraum von H« begrenzt[69], auch die Handlungsmöglichkeiten des Kanzlers und der Bundesregierung waren eingeengt. Sie wußten um den Devisenhunger, die Auslandsverschuldung und die wirtschaftlichen Schwierigkeiten der DDR, und Schmidt brachte sie ganz offen sowohl Honecker wie dem bewährten »Briefträger« Wolfgang Vogel gegenüber zur Sprache. Eine große Lösung mit einem Milliardenkredit, wie er 1983 von Strauß eingefädelt wurde, war noch nicht machbar. Das lag nicht allein am Haushaltsrecht und der knappen Kassenlage, sondern auch an der Bonner CDU/CSU-Opposition, die dagegen Sturm gelaufen wäre und bei den Haushaltsgesetzen der Regierung Schmidt schon größte Schwierigkeiten machte. Sogar der Einsatz eines der wenigen wirksamen Instrumente, des Swing, mit dem die Regierung die DDR in einem Koppelgeschäft zu Entgegenkommen zu bewegen suchte, war ihr ziemlich verbaut. Die Bundesbank stellte sich quer, sosehr sich Schmidt auch bemühte. Zu ihrer restriktiven Geldpolitik mit hohen Zinsen paßte kein zinsloser Kredit wie der Swing. Aber die Bundesbanker sperrten sich möglicherweise nicht nur als Währungshüter, sondern ein wenig auch aus politischen Motiven des mehrheitlich eher unionsausgerichteten Kollegiums.

Mehr als »Schadensbegrenzung«

Am 11. Dezember traf Bundeskanzler Schmidt in einer Boing 707 der Bundeswehr in Berlin-Schönefeld ein, wo er von Honecker begrüßt wurde. Von dort ging es mit dem Wagen zum Jagdschlößchen Hubertusstock am Werbellinsee, am Rande der Schorfheide.[70] Zur Delegation des Kanzlers gehörten der Bundeswirtschaftsminister Otto Graf Lambsdorff von der FDP, der Minister für innerdeutsche Beziehungen Egon Franke, Staatsminister Huonker, die Staatssekretäre Bölling (Ständige Vertretung), Kurt Becker (Bundespresseamt) und Dieter von Würzen (Bundeswirtschaftsministerium) sowie eine Reihe höherer Ministerialbeamter, darunter Hermann von Richthofen vom Arbeitsstab Deutschlandpolitik im Kanzleramt. Auf DDR-Seite bildeten Günter Mittag und Außenminister Oskar Fischer das Pendant zu Lambsdorff und Franke, sowohl bei den Gesprächen im großen Kreis wie in gesonderten Einzelverhandlungen. Daneben gehörten ihrer Delegation der stellvertretende Außenminister Kurt Nier, Staatssekretär Frank-Joachim Herrmann, der Leiter von Honeckers Staatsratskanzlei, Alexander Schalck-Golodkowski, ZK-Abteilungsleiter Herbert Häber, der Leiter der Ständigen Vertretung der DDR in der Bundesrepublik, Ewald Moldt, und eine Reihe weiterer hochrangiger Mitarbeiter an.[71] Außer den beiden Tischreden Schmidts und Honeckers beim Essen im Gästehaus am Döllnsee am 12. Dezember, dem gemeinsamen Kommuniqué vom 13. Dezember und partiell ihren Toasts wurde offiziell nichts verbreitet.[72] Natürlich gab es dazu Informationen in Pressekonferenzen und Gesprächen sowie nachfolgenden Erklärungen in Bonn und Ost-Berlin.

Später hat Helmut Schmidt Näheres über seine Eindrücke und seine direkten Gespräche mit Honecker berichtet.[73] Für Honecker gefertigte Aufzeichnungen von Wolfgang Vogel und Kurt Nier über die Vier-Augen-Gespräche mit Schmidt wurden von Nakath/Stephan publiziert.[74] Ausschnitte aus den östlichen stenographischen Mitschriften über die beiden großen Delegationssitzungen sind bei Potthoff, »Bonn und Ost-Berlin«, nachzulesen.[75] Die westlichen Pendants, ausführliche zusammenfassende Aufzeichnungen, finden sich im Privatarchiv Helmut Schmidts in mehreren Exemplaren und in den Akten des Kanzleramtes.[76] Darüber hinaus enthalten diese auch Informationen über die parallel laufenden Gespräche zwischen Lambsdorff und Mittag sowie Franke und Fischer, jeweils unterstützt von Experten und Note-Takern.[77] Die für Schmidt angelegten Vermerke über die beiden Vier-Augen-Gespräche, das erste für den 12. Dezember erstellt von Huonker, für den 13. Dezember von Richthofen, sind aus dem privaten Schmidt-Bestand ebenfalls bei Potthoff publiziert.[78] Wir verfügen so über einen überaus umfangreichen Material- und Kenntnisstand. Bei dem eingeschränkten Raum eines solchen Buches können hier natürlich nur einige wenige Akzente gesetzt werden.

Die Erwartungen an das Treffen mit Honecker waren nicht hoch geschraubt, sondern eher zurückhaltend und bescheiden. Die Fülle der Materialien und Unterlagen, von denen die »BMB-Standpapiere-Delegationsmappe« allein über achtzig Seiten zählte, und der Nonpaper, von denen allein Franke drei zu den »Arbeitsmöglichkeiten« der Ständigen Vertretung und der Journalisten sowie zu den Haftbedingungen von der Ständigen Vertretung »betreuter Inhaftierter« an Fischer übergab, stand dazu kaum in einem Verhältnis.[79] Ein langes Arbeitspapier des Kanzleramtes listete die »Erwartungen der Bundesregierung« auf, skizzierte »Möglichkeiten des Entgegenkommens der DDR« und markierte mögliche »Entscheidungsnotwendigkeiten« in der Bundesrepublik. Drei Beispiele daraus mögen das verdeutlichen: unter Erwartung stand »substantielle Korrektur des Mindestumtausches«, bei »Möglichkeiten des Entgegenkommens« herabgesetzte Umtauschsätze für »Rentner und Familien mit Kindern«; bei »Humanitäres«, das hieß Häftlinge und Familienzusammenführung, wurde mit einer »positiven« Fortführung der bisherigen Praxis und sogar mit der Bereitschaft der DDR gerechnet, »in Zeiten vermehrten inneren Druckes [...] das Ventil etwas weiter zu öffnen«; bei Reisen »in Ost/West-Richtung« sah man Chancen für ein »Entgegenkommen« durch eine großzügigere Handhabung der Reisen in dringenden Familienangelegenheiten, unter anderem zu runden Geburtstagen. Doch bei vielen Punkten war vermerkt: »DDR ist hierzu nicht bereit«, »Keine Bewegung der DDR« oder »Keine Bewegung der DDR angedeutet«. Positiver sahen die Perspektiven bei der »Energiezusammenarbeit«, »Verbesserungen im Bereich Verkehr« bis zum Ausbau der Eisenbahnstrecke Hannover–Berlin, bei den Postverbindungen und partiell bei »Verbesserungen im Bereich Umweltschutz« aus. Die Aufstellung befaßte sich daneben noch mit dem »Innerdeutschen Handel«, »Kulturaustausch«, »Städtepartnerschaften«, »Arbeitsmöglichkeiten« der Journalisten und der weiteren breiten Palette innerdeutscher Problemfälle.[80] An der Spitze eines weiteren Kanzleramtspapiers über die »Erwartungen der DDR« und die »Möglichkeiten des Entgegenkommens der Bundesregierung« rangierte der »Abschluß langfristiger Swing-Vereinbarungen«, gefolgt von den Geraer Forderungen mit der Modifizierung »Respektierung (nicht ›Anerkennung‹)«. Danach folgten »Projekte, die der DDR Devisen einbringen sollen«, und schließlich ein von der DDR früher gewünschtes, langfristiges wirtschaftliches »Kooperationsabkommen«.[81]

In der Substanz liefen die Gespräche und Verhandlungen am Werbellinsee und Döllnsee nicht schlecht, auch wenn natürlich die gesamte deutsch-deutsche Palette nicht umfassend erörtert, geschweige denn abgearbeitet werden konnte. Doch kamen in den beiden Delegationssitzungen, den Einzelverhandlungen von Minister Otto Graf Lambsdorff und Günter Mittag über Wirtschaftsfragen und -projekte und zwischen dem Minister für innerdeutsche Beziehungen Egon Franke und DDR-Außenminister Oskar Fischer über Reisen und Humanitäres viele der anstehenden, dringlichen Themen zur Sprache.

Von besonderer Bedeutung waren die Vier-Augen-Gespräche von Helmut Schmidt und Erich Honecker. Das erste fand gleich am Ankunftsabend statt und dauerte nach Ausweis der Vermerke von »19.00 bis ca. 23.00 Uhr«. Ein »2. Vier-Augen-Gespräch« am 12. Dezember fand von »16.30 bis 19.10 Uhr« statt. In diesen doch sehr offen geführten Unterredungen ging es zunächst um die internationale Großwetterlage, insonderheit um die Sowjetunion und die USA. Eine zentrale Rolle spielten dabei natürlich die Mittelstreckenraketen und die »Gleichgewichtslücke in Europa«, die gerade aufgenommenen Genfer Verhandlungen sowie die MBFR-Gespräche in Wien und die Aussichten für einen realistischen Rahmen für Abrüstung und Rüstungskontrolle. Schmidt legte den Akzent besonders darauf, daß auf beide Großmächte »Einfluß« und »Druck« ausgeübt werden müsse, wie es die Bundesrepublik vor allem bei den USA tue. Auch wenn die Ansichten erheblich differierten, wurde den beiden Vormächten der gute Wille nicht ganz abgesprochen. So zeigte Honecker immerhin Verständnis für US-Präsident Carter und konzedierte, daß die »Position« der Sowjetunion »heute elastischer« sei »als vor einem Jahr«. Ob »seine Seite« wirklich »das Ohr Moskaus« hatte, war immerhin fraglich, doch Schmidt nutzte dies zu dem Appell, Honecker solle »sein Gewicht in Moskau zu Gunsten ernsthafter, auf substantielle Ergebnisse zielender Rüstungskontrollverhandlungen in die Waagschale« werfen. »Dies müsse nicht öffentlich hörbar geschehen, aber es müsse geschehen.«

Nach einem kurzen Schwenk über die Situation in Mittelamerika, so etwa El Salvador, und DDR-Soldaten und Militärberater in afrikanischen Staaten wandte sich das erste Gespräch dann den innerdeutschen Fragen zu, beginnend mit Handel, Auslandsverschuldung der DDR, Swing und ein mögliches Wirtschaftsabkommen, das Schmidt unter Hinweis auf die »Erhöhung des Mindestumtauschs«, der »zu einer schweren Belastung der Beziehungen« geführt habe, für nicht politisch machbar erklärte. Wie in den Vorgesprächen verabredet, wurde anschließend über die Geraer Forderungen geredet, wobei auch Honecker ausdrücklich von der »Respektierung der Staatsangehörigkeit« sprach. Er betonte, »daß es für ihn in den Gremien leichter wäre, der Bundesrepublik entgegenzukommen, wenn diese wenigstens in einer oder zwei Fragen ihrerseits Entgegenkommen zeigen könnte«. Zwar signalisierte Schmidt, bei einigen konkreten Monita für Abhilfe zu sorgen, so etwa bei der Zustellung von Wehrerfassungsbögen und Wahlbenachrichtigungen, und deutete an, daß bei der Elbgrenzproblematik »mit gutem Willen eine Lösung gefunden werden könne«. In der Substanz machte er aber bei allen vier Wünschen (Salzgitter, Elbe, Aufwertung der Ständigen Vertretungen zu Botschaften und Staatsangehörigkeit) unter ausdrücklichem Verweis auf das Grundgesetz keine Zugeständnisse. Weniger brisant verlief das zweite protokollierte Vier-Augen-Gespräch am Nachmittag des 12. Dezember, in dem sie sich wechselseitig über Macht- und Entscheidungsstrukturen in Ost und West austauschten bis hin zu den Kommandostrukturen im Warschauer Pakt und in der NATO. Danach kamen wirtschaftliche Fragen und Einzelprojekte zur Sprache und zum Schluß noch eine letzte strittige Frage beim Kommuniqué sowie die Abstimmung über die Sprachregelungen gegenüber den Medien.[82]

Am Morgen des 12. Dezember hatte zunächst die erste Sitzung mit den Teilnehmern beider Delegationen stattgefunden. Wie bei solchen Gesprächsrunden im großen Kreis üblich, standen am Beginn längere Statements. Schmidt, der zuerst das Verhältnis der beiden Supermächte ansprach, freimütig seine »Enttäuschung« über den Mindestumtausch bekundete, aber auch »die erfreuliche Entwicklung bei der Familienzusammenführung« und »bei der Häftlingsentlassung« erwähnte, schloß mit den Hoffnungen, die »-zig Millionen Deutsche« in beiden Staaten auf dieses Treffen setzten. Man könne »kein Wunder vollbringen«, trotzdem müsse es möglich sein, den »Menschen Hoffnung zu geben« auf »Frieden« und »Besserung der Nachbarschaft«: »Es ist noch keine gute Nachbarschaft, es ist auch keine normale Nachbarschaft. Hoffentlich wird es durch unseren beiderseitigen Willen zunächst eine vernünftige Nachbarschaft und dann eines Tages auch eine gute Nachbarschaft.«

Nach längeren Ausführungen über die internationale Lage, NATO-Doppelbeschluß und Konzepte militärischer Entspannung kam Honecker zu den bilateralen Beziehungen, wobei er das »Wort« von »guter Nachbarschaft« aufgriff. Was er schon vertraulich über Wolfgang Vogel angedeutet und am Vorabend gegenüber Schmidt erneut bekundet hatte, machte er wahr. Vor Zeugen aus West und Ost nahm er in der Delegationssitzung die Geraer Forderungen etwas zurück. Nicht mehr »Anerkennung«, sondern »Respektierung der Staatsbürgerschaft der Deutschen Demokratischen Republik« lautete nun die Formel – »zu respektieren«, wie er mehrfach ausdrücklich betonte. Den konkreten Forderungen »Akzeptierung des Begriffs ›Bürger der Demokratischen Republik‹ im Rechtshilfeverkehr«, »keine Einziehungen von Pässen« bei legal in die Bundesrepublik Übergesiedelten, »Prinzip der Gegenseitigkeit bei der Rückführung« von »illegal« in den »anderen Staat gelangten Jugendlichen« konnte die Bundesrepublik in der Praxis durchaus entgegenkommen, ohne an ihrer grundsätzlichen Haltung etwas zu ändern (z.B. Verzicht auf Zustellung von Wahlbenachrichtigungen an DDR-Emissäre, Aufhebung der Hinterlegungspflicht für DDR-Pässe bei Ausgabe von westdeutschen Personalpapieren, Einstellung der Praxis, DDR-Pässe ungültig zu machen).

Nach den Einzelgesprächen am Nachmittag des 12. Dezember (Schmidt/Honecker, Franke/Fischer, Lambsdorff/Mittag) traf man sich am Sonntag morgen zur Abschlußrunde im großen Kreis, bei der zunächst die Berichte aus den Einzelrunden erstattet und kurz beredet wurden und am Ende Schmidt und Honecker ihre Schlußworte sprachen. Als »folgenträchtige Gespräche« charakterisierte sie Schmidt. »›Trächtig‹ in dem Sinne, daß noch etwas ausgetragen werden muß, was konzipiert ist oder begonnen hat, das aber noch eine gewisse Zeit der Reife braucht, bis es zum Erfolg führt.«[83]

Immerhin erfolgten im Kontext mit Werbellin zumindest anschließend einige kleinere Verbesserungen bei Reisen und dringenden Familienangelegenheiten[84], und es wurden in Verbindung mit einer für Mitte 1982 geplanten großzügigeren Swing-Lösung[85] weitergehende Erleichterungen anvisiert. Im Kern ging es bei dem Treffen am Werbellin- und Döllnsee darum, das politische Klima so aufzuwärmen, daß der Weg für substantielle Verbesserungen geebnet wurde. Da die Großwetterlage mit den am 30. November 1981 wiederaufgenommenen Gesprächen zwischen den USA und der UdSSR in Genf zumindest Ansätze zur Aufhellung zeigte, schienen die Perspektiven dafür nicht schlecht.

Doch über das deutsch-deutsche Gipfeltreffen legten sich noch während des Schmidt-Besuchs dunkle Schatten. Die gespenstische Atmosphäre beim Aufenthalt in Güstrow mit der allgegenwärtigen Staatssicherheit und den von Straßen und Plätzen verbannten Bürgern dokumentierte vor aller Augen die häßliche Fratze eines Systems, das mit Repression und Einschüchterung herrschte und Freiheitsregungen fürchtete wie der Teufel das Weihwasser. Nach den für den ursprünglich anvisierten Augusttermin 1980 erarbeiteten und am 8. Dezember bestätigten Maßnahmeplänen des Ministeriums für Staatssicherheit war damit zu rechnen, und entsprechend verfuhr die Staatssicherheit. Rund 19 000 Sicherheitskräfte von seiten des MfS und weitere 18 000 vom Ministerium des Innern kamen insgesamt zum Einsatz.[86] Später suchte sich Honecker zum großen Ärger Bonns damit herauszureden, dies sei zur Sicherheit des Kanzlers geschehen und zur Verhinderung eines auf ihn geplanten Attentats. Befürchtungen über terroristische Bedrohungen wurden zwar im August 1980 gehegt, zur Zeit des Treffens von Werbellin war davon jedoch niemals die Rede.[87]

Es war unter anderem die Polenkrise gewesen, die Schmidt im August 1980 zur Absage des Besuchs veranlaßt hatte. Als am Morgen des 13. Dezember die Ausrufung des Kriegsrechts in Polen gemeldet wurde, drängte diese dramatische Entwicklung das Treffen fast ganz in den Hintergrund. Mit drastischen Maßnahmen und Schritten hatten viele im Westen gerechnet, wohl auch Bundeskanzler Schmidt. Was sie befürchteten, war ein militärisches Eingreifen in Polen von außen nach dem Muster der Niederschlagung des Prager Frühlings 1968. Das erklärt mit, warum Schmidt gegenüber den Journalisten am 13. Dezember zunächst gewisses Verständnis für den Jaruzelski-Coup signalisierte, was ihm in einer wenige Tage später stattfindenden Bundestagsdebatte heftige Vorwürfe und »wüste Zwischenrufe von seiten der CDU/CSU« eintrug.[88] Die Erleichterung über eine innerpolnische Lösung und das Ausbleiben der befürchteten äußeren Intervention mit all ihren Konsequenzen war ersichtlich. Aber das Ausmaß der vom Militärrat unter General Jaruzelski praktizierten Repression mit Tausenden von Inhaftierten hat gerade Schmidt besonders getroffen, der eine sehr persönliche Neigung für die durch die nationalsozialistische Herrschaft so schwer geschlagenen Polen hegte. Wenige Tage nach dem Treffen und den dramatischen Nachrichten aus Polen bekundete er öffentlich vor dem deutschen Bundestag, er »stehe mit ganzem Herzen auf der Seite der polnischen Arbeiter«. Er hoffe und erwarte, »daß der Kriegszustand in Polen alsbald beendet werde«.[89] In diesem Sinne schrieb er sowohl an Jaruzelski wie den Partei- und Staatschef der Sowjetunion und versuchte in einem langen Telefonat am 12. Januar 1982 auf Honekker einzuwirken.[90]

Ob Honecker ein geeigneter Adressat war, um im Sinne einer Milderung des Kriegsrechts in Polen und für eine Rückkehr zu einer Politik des Dialogs tätig zu werden, schien allerdings zweifelhaft. Zu sehr waren dem Generalsekretär der SED und Staatsratsvorsitzenden der DDR die früheren Geschehnisse in Polen, angefangen von den großen Streiks über Solidarność bis zu den Kompromissen des Systems mit den neuen Kräften, in die Knochen gefahren. Im Machtapparat des SED-Systems herrschte eine Bunkermentalität gegenüber Polen und gegen jeden nur denkbaren Versuch, »Praktiken der polnischen Konterrevolutionäre in der DDR nachzuvollziehen«.[91] Honecker redete sich mit der Formel »innere Angelegenheiten« Polens heraus, verharmloste das Kriegsrecht als Maßnahme »zur Rettung der polnischen Nation« und stellte Jaruzelski als »polnischen Patrioten« dar, der es nicht verantworten konnte, »daß Polen in ein Chaos versinkt«. »Ordnung schaffen« im Sinne Honeckers, und Ordnung »schaffen, indem man normale Verhältnisse herstellt«, den »Kriegszustand beendet« und die »vielen Tausend Gefangenen freiläßt«, wie ihm Schmidt entgegnete, unterschieden sich fundamental.[92]

»Dialog und Mäßigung« sowie »Kurs zu halten auf Rüstungsbegrenzung, Abgrenzung und Zusammenarbeit« blieben trotz Polen und der daraus resultierenden Zuspitzung zwischen den Vormächten und den Blöcken die Formeln, auf die man sich verständigte.[93] Es bedurfte des guten Willens auf beiden Seiten und einer Entspannung auf der großen Ost-West-Bühne, um diesen verbalen Konsens nur annähernd auszufüllen. »Natürlich hat die politische Krise der Welt, die wir durchmachen«, so der Kanzler am 9. September 1982 im Bundestag, »auch Einfluß auf die deutsch-deutschen Beziehungen. Sie erhöht Barrieren, die man schon meinte schrittweise abtragen zu können.«[94] Sicherheit verläßlicher und Frieden sicherer zu machen entsprach dem fundamentalen Interesse eines Landes an der Schnittstelle des Ost-West-Konfliktes. Schon deshalb suchte die Bundesregierung alles zu fördern, was der Entspannung diente, und ihren Beitrag dazu zu leisten, daß die beiden Vormächte zu Vereinbarungen über Abrüstung und Sicherheit auf einem niedrigeren Niveau fanden. Die Formel des Gleichgewichts bildete dabei für Schmidt den Schlüssel.[95] Das Bemühen um Abbau der Barrieren resultierte aus Verantwortung gegenüber den Menschen in dem geteilten Land. Erst in einem Klima der Entspannung und des Vertrauens zwischen den beiden Großen und in Gesamteuropa konnte auf dem deutsch-deutschen Acker die Frucht wachsen. Dazu gehörten Berechenbarkeit und Stabilität, nicht im inneren legitimatorischen Sinne, sondern als außenpolitisches Paradigma kalkulierbaren staatlichen Handelns.

Garton Ash hat kritisiert, daß »Stabilität« und »Stabilisierung«, zunächst als Mittel zur »Liberalisierung« der kommunistischen Systeme verstanden, über die Jahre hinweg zum »Zweck« verkamen.[96] Doch durch die Gefahr eines atomaren Vernichtungskrieges war Stabilität Grundbedingung für das Überleben der Menschheit. Ein Gorbatschow war damals noch nicht in Sicht. Ex post aus der Kenntnis des friedlichen Umbruchs im östlichen Europa eine Meßlatte anzulegen, über die damals niemand so verfügte, wirkt wie das »Wenn man vom Rathaus kommt, ist man klüger«. Der unterschwellige Vorwurf, man habe einseitig auf eine »Reform von oben«, nicht »eine Revolution von unten« gesetzt[97], trifft so nicht ganz. Was im östlichen Europa, in Ungarn, Polen, später in der DDR, der Tschechoslowakei und der Sowjetunion geschah, war nicht einfach gleich »Revolution«, in Ungarn und der UdSSR mehr eine Reform von oben. Und was sich in Polen zuvor ereignete, glich eher einer Durchmischung von Radikalreform von unten mit quasi-revolutionären Zügen und einem Zickzackkurs Reform-Repression von oben.

Als Vorposten des sowjetischen Machtimperiums und ohne eine nationale Identität wie ihre Nachbarn im Osten und Süden waren die Grenzen für die DDR enger gezogen, der Grat für einen Wandel schmaler und der innere Zustand labiler. Bewegung von unten zeigte sich in der DDR am ehesten in Friedensinitiativen, die sich gegen die Militarisierung des täglichen Lebens, zum Beispiel den Wehrkundeunterricht, wandten, einen »sozialen Friedensdienst« als Wehrersatzdienst forderten und wie die Initiative des Berliner Pfarrers Rainer Eppelmann ihre Stimme für »Frieden schaffen ohne Waffen« erhoben.[98]

Die Haltung des SED-Regimes zur Friedensbewegung war ambivalent. Es organisierte selbst gelenkte, große Friedensdemonstrationen und unterstützte propagandistisch wie organisatorisch die Friedensbewegung in der Bundesrepublik. Doch eigenständige Friedensinitiativen in der DDR unterdrückte es mit harter Hand. »Frieden schaffen ohne Waffen« und »Schwerter zu Pflugscharen« wertete es als unzulässige Kritik der eigenen, einseitigen »Friedenspolitik«.[99] Dagegen war die Friedensbewegung in der Bundesrepublik, solange sie nur die Rüstung im Westen anprangerte und sich einäugig gegen die USA wandte, den Herrschenden in der DDR genehm. Gerade nach der großen Friedensdemonstration vom 10. Oktober 1981 sah man wohl im Osten die Chance, die westliche Friedensbewegung für die eigenen Ziele und Zwecke in der Abrüstungs- und Sicherheitsfrage einspannen zu können. Doch als Vertreter der Friedensbewegung und der Partei Die Grünen den Kontakt zu Freunden in der DDR suchten und sich für bedrängte und verhaftete Regimegegner einsetzten, wurden sie lästig und unbequem.[100] Mit Einreiseverboten und dem Einsatz der Staatssicherheit suchte man diese »Einmischung in innere Angelegenheiten« zu unterbinden.

Bei allem Bemühen, gesellschaftliche Gruppen und Bewegungen im Westen für sich zu instrumentalisieren, wenn sie in das eigene Konzept paßten und den Zwecken des DDR-Regimes bewußt oder unbewußt dienten, war dies doch nur ein Nebenschauplatz. Die Politik und Strategie der DDR war in logischer Konsequenz ihres Herrschaftssystems eines »Demokratischen Zentralismus« im Kern gouvernemental angelegt. Ihr eigentlicher Ansprechpartner in der Bundesrepublik war und blieb die Bundesregierung.

Mitte Februar 1982 hatte die DDR den Katalog der Westreisen in »dringenden Familienangelegenheiten« vornehmlich um runde Geburtstage erweitert und gleichzeitig die Gebührenfreigrenze für mitgebrachte Geschenke im Reiseverkehr verdoppelt. Auch der Jugendaustausch kam einigermaßen in Gang.[101] Der Staatsratsvorsitzende versuchte dies dem skeptischen Bundeskanzler am Telefon als »große Sache« zu verkaufen, die vielen zugute komme. Sie sei für ihn schwerer zu realisieren gewesen als eine Korrektur des Mindestumtausches.[102] Für Helmut Schmidt, der Honecker persönlich die Ersetzung Böllings als Leiter der Ständigen Vertretung durch Hans Otto Bräutigam infolge einer Kabinettsumbildung annoncierte, ging es neben Polen, Raketen und dem Dialog zwischen Ost und West um »Schlußfolgerungen« aus dem Werbelliner Treffen und um den Mindestumtausch. Ein Aide-mémoire der DDR von Anfang Mai 1982 sollte belegen und suggerieren, wie positiv sich der Reiseverkehr insgesamt entwickelt habe, was nur im Westen viel zuwenig gewürdigt werde. Das vom Politbüro abgesegnete Non-paper zu den beim Werbellintreffen von Bonn aufgeworfenen Fragen war in vielem äußerst unbefriedigend. Es referierte eher restriktive Positionen (so bei der Betreuung von Inhaftierten und der Entlassung aus der Staatsbürgerschaft), als daß es Entgegenkommen andeutete.[103] Mit einer Botschaft vom 24. Mai 1982, die Hans Otto Bräutigam, der neue Leiter der Ständigen Vertretung der Bundesrepublik, bei seinem Antrittsbesuch übergab, unterbreitete der Kanzler seinerseits einen Katalog anstehender und konkret machbarer Fragen und Regelungen. Anders als bei dem Aide-mémoire Ost-Berlins lag der Akzent stärker auf den positiven Ansatzpunkten.[104]

Im Zusammenhang mit der am 18. Juni 1982 vereinbarten neuen Swing-Regelung erfolgten immerhin Maßnahmen, die erkennbare Fortschritte brachten. So wurde der nichtkommerzielle Zahlungsverkehr verbessert, und Tagesbesuche von West-Berlinern in Ost-Berlin und der DDR konnten künftig bis 2 Uhr nachts ausgedehnt werden. Dazu wurde ehemaligen Bürgern der DDR, die diese vor dem 1. Januar 1981 »ungesetzlich« verlassen hatten, Straffreiheit zugesichert. So konnten auch sie nun die Transitstrecken benutzen und grundsätzlich wieder in die DDR einreisen.[105] Im Gegenzug räumte Bonn ein, den Swing nicht, wie ursprünglich vorgesehen, in den nächsten Jahren auf 200 Millionen DM, sondern bis zum Jahr 1985 nur von 850 schrittweise auf 600 Millionen DM zurückzufahren.[106] Auch Vereinbarungen über gegenseitige Ausstellungen, Fachministerbesuche und -gespräche und vor allem eine deutliche Steigerung der Reisen in dringenden Familienangelegenheiten[107] deuteten auf eine Entkrampfung und gewisse Lockerungen hin.

Ungelöst blieb allerdings die zentrale Frage einer substantiellen Korrektur des Zwangsumtausches. In der Antwort des SED-Generalsekretärs vom 15. Juni auf Helmut Schmidt fanden sich keinerlei Anzeichen für ein Entgegenkommen. Sie war, wie Honecker mehrfach betonte, vom Politbüro »einstimmig bestätigt« worden und berücksichtigte noch nicht, wie Bräutigam kommentierte, die am 18. Juni geschlossenen Vereinbarungen. Die Botschaft wie das Gespräch Honeckers mit Bräutigam, bei dem sie übergeben wurde, eröffneten zwar keine neuen Perspektiven. Sie dokumentierten zumindest aber die Bereitschaft, den Dialog und die Vertragspolitik fortzuführen und im Sinne von »mehr Normalität« aufeinander zuzugehen.[108]

Die für die deutsch-deutsche Politik maßgebenden Bonner Politiker und Beamten gingen im Sommer 1982 davon aus, daß größere »Bewegung« nicht drin sei.[109] Eine Rücknahme des Zwangsumtausches schien ihnen nur bei einem Entgegenkommen in der Elbgrenzfrage oder der »Respektierung der Staatsbürgerschaft« erreichbar. Dies waren Preise, die Bonn unter Schmidt nicht zahlen wollte und in der Staatsbürgerschaftsfrage so auch nicht konnte. Am ehesten erwartete man nach wie vor noch etwas von Honecker, jedenfalls ein wenig »good will«. Als Bremser galten zum einen die Falken im Politbüro der SED, zum anderen Moskau. Gerade die Unsicherheiten und Unwägbarkeiten des Endes der Breshnew-Ära in der Sowjetunion wirkten sich, so interpretierte es der Kanzler, auf die »politischen Handlungsspielräume der DDR-Führung« aus. Nach dem, was sich aus dem üblichen Sommertreffen von Breshnew und

Honecker auf der Krim ergab, schloß er, daß der SED- und Staatschef »gegenwärtig zu größerer Bewegung nicht in der Lage sei«. Landesbischof Heinrich Rathke aus Mecklenburg, Schmidts Gesprächspartner, »teilte diese Einschätzung«.[110]

Trotzdem setzte die Bundesregierung ihre Bemühungen fort, um im Rahmen des Möglichen das Machbare zu versuchen. In einem langen Non-paper für den DDR-Staatsratsvorsitzenden umriß sie ihre Vorstellungen[111] und entsandte Staatsminister Hans-Jürgen Wischnewski zu einer Sondierungsmission nach Ost-Berlin. Grundlegende neue Erkenntnisse brachte er aus seinen Gesprächen mit Außenminister Oskar Fischer, Günter Mittag und Erich Honecker nicht mit. Die DDR-Seite zeigte nur Entgegenkommen in kleineren Punkten, etwa beim Jugendaustausch, Gesprächen über ein Kulturabkommen, über Berliner Abwasserprobleme und eine S-Bahn-Lösung. Bei den größeren Anliegen Bonns, etwa Mindestumtausch und weitere substantielle Reiseerleichterungen, klang es wie gehabt: keine Bewegung und nur die Andeutung, daß sich etwas tun lasse, wenn die Bundesrepublik bei der »Respektierung der Staatsbürgerschaft« einen Schritt entgegenkomme.[112] Die von Wischnewski bei diesem seinem letzten offiziellen Besuch erörterte Agenda, über die er seinen Nachfolger Philipp Jenninger unterrichtete, bildete die Grundlage für die Fortführung der operativen, praktischen Deutschlandpolitik durch die von Helmut Kohl geführte Regierung, gleichsam Erbe und Auftrag.[113]

Als diese Sondierungen stattfanden, lag die sozial-liberale Koalition schon in ihren letzten Zügen. Seit dem Sommer 1982 lag das Lambsdorff-Papier auf dem Tisch. Die FDP war auf dem Sprung zu ihrer »Wende«. Die Unterhöhlung der Regierungsfähigkeit Helmut Schmidts durch seinen Noch-Koalitionspartner blieb der DDR nicht verborgen. Bei Herbert Häbers Erkundungsreise in der zweiten Juni-Hälfte war davon in vielen Gesprächen mit CDU-, SPD- und FDP-Politikern die Rede.[114] Auch Wischnewski bekam dies bei seinem Besuch im September in Ost-Berlin zu spüren. Doch bis zuletzt blieb Erich Honecker jedenfalls für Bundeskanzler Helmut Schmidt ein zumeist verläßlicher Partner im schwierigen innerdeutschen Geschäft. Ernsthaft beeinträchtigt wurde dieses Verhältnis im Kern nur durch die drastische Heraufsetzung des Zwangsumtausches im Oktober 1980, die Schmidt als groben Vertrauensbruch empfand. Selbst danach und trotz der mehr als schwierigen internationalen Grundkonstellation fand sich wieder eine Basis, auf der Dinge bewegt werden konnten. Dies zeigt, daß es weit mehr als »Schadensbegrenzung« – ein dafür zumeist verwandter Begriff – war, was von Bonn auf dem deutschlandpolitischen Terrain geleistet wurde.

Helmut Schmidt, der als Wirtschafts- und Finanzexperte ausgewiesene Kanzler, baute in seiner Deutschlandpolitik auf die politische und wirtschaftliche Substanz der Bundesrepublik. Er setzte die finanziellen Ressourcen gezielt ein, um über informelle Junktims Gegenleistungen zu erhalten und die Basis für ein innerdeutsches Neben- und Miteinander zu erwirken. Nur so ließen sich ohne Preisgabe der Kernsubstanz Fortschritte erreichen. Schmidt bevorzugte den direkten Weg und setzte stark auf den Staats- und Parteichef der DDR, um Wirkung zu erzielen. Das entsprach seinem dezidiert personenorientierten Politikansatz wie seiner und seiner Mitstreiter Einschätzung der Machtstrukturen und politischen Tendenzen auf der Gegenseite. Vom obersten SED-Funktionär erwarteten sie am ehesten eine gewisse Aufgeschlossenheit. Die Machtapparatschiks der SED und vor allem Moskau sahen sie als Bremser. Dies mag für manche, die der Gorbimanie verfielen, befremdlich klingen. Doch damals gab es dafür nicht nur eine Fülle von Andeutungen, sondern ernstzunehmende Zeugnisse.

Noch im Sommer 1982 waren sich Bundeskanzler Schmidt und der ostdeutsche Landesbischof Rathke einig, »daß Generalsekretär Honecker nationale Identität im Heimatgefühl und einer Hinwendung zur gemeinsamen deutschen Vergangenheit und Geschichte suche«.[115] Es konnte kaum falsch sein, auf nationale Reminiszenzen und humanitäre Anwandlungen eines Erich Honecker zu setzen. In einer Zeit, in der düstere Wolken am Ost-West-Himmel standen und vor allem die »Falken«, nicht die »Tauben«, die Lufthoheit ausübten, war es ein Gebot der Stunde. Noch am Tage seiner Abwahl sandte Schmidt einen Brief an seinen Konterpart Honecker, in dem er die »trotz aller Schwierigkeiten und Rückschläge« im innerdeutschen Beziehungsgeflecht erreichten Fortschritte würdigte und einen »freimütigen Dialog« als beispielgebend »für die künftige Zusammenarbeit zwischen beiden deutschen Staaten« empfahl.[116]

Helmut Schmidt hatte in seiner Kanzlerschaft dafür Wegmarken gesetzt, ohne jede Aufgabe westlicher Positionen durch Koppelge-

schäfte Verbesserungen erreicht und mit Zähigkeit und Einfühlungs-
vermögen für die Menschen im geteilten Land das getan, was unter
den schwierigen Bedingungen nur machbar war. Von Verkehrsprojekten wie dem Autobahnbau Hamburg–Berlin profitierten nicht nur
die Transitreisenden, sie waren auch eine Investition in die Zukunft.
Durch das Vertrauenskapital, über das er verfügte, hielt das deutsch-
deutsche Geflecht selbst schweren Belastungen stand. Die nachfolgende Kohl-Regierung profitierte davon, daß die Bürde der Nachrüstung noch von der sozial-liberalen Koalition geschultert worden
war und sie nur mehr das vollzog, was schon auf den Weg gebracht
war. Gerade weil Helmut Schmidt an der festen Verankerung der
Bundesrepublik im westlichen Bündnis- und Vertragssystem keinen
Zweifel ließ, hatte sein Wort Gewicht, im Westen wie auch im Osten.
Sogar das dornige deutsch-deutsche Terrain wurde so zu einer Brük-
ke zwischen Ost und West und zum Hebel einer Politik des Augen-
maßes und der Vernunft.

NEUE REGIERUNG AUF EINGEFAHRENEN WEGEN

Elemente der Kontinuität und des Wandels

Aus heutiger Sicht sind die großen, entscheidenden Zäsuren der Nachkriegsgeschichte geprägt durch den Macht- und Systemkonflikt zwischen Ost und West, der nach der Niederwerfung des nationalsozialistischen Deutschlands zum Kalten Krieg eskalierte und in dessen Gefolge es zur deutschen Teilung kam. Überschattet wurde er durch die atomare Bedrohung mit der Gefahr einer gegenseitigen Auslöschung, die sich wie ein Spinnennetz über fast alles legte. Mit dem Umbruch im östlichen Europa, der deutschen Einigung und dem Zerfall des Sowjetimperiums ging diese Epoche der Blockkonfrontation zu Ende, an deren Nahtstelle die beiden deutschen Staaten und das durch die Mauer geteilte Berlin lagen. Verglichen mit solchen epochalen Einschnitten reduzieren sich Regierungswechsel in Bonn, selbst wenn sie von Anhängern und Wählern als noch so bedeutend empfunden werden, eher auf Randereignisse des globalen Geschehens.

Doch in der Geschichte der Bundesrepublik markierte das Ende der sozial-liberalen Ära mit der Abwahl von Helmut Schmidt und der Übernahme der Regierung durch Helmut Kohl am 1. Oktober 1982 zweifellos eine Zäsur. Für sechzehn Jahre regierte in der Bundesrepublik Deutschland wie in der Adenauer-Ära wieder eine Koalition aus CDU/CSU und FDP. Die Gewichte in Politik und Gesellschaft wurden unter dem selbsternannten Adenauer-Enkel, der mit der deutschen Einigung fast zum Dauerkanzler und Übervater avancierte, erkennbar von konservativ-neoliberalen Strömungen bestimmt. Auch wenn die ganze Tragweite des Regierungswechsels von 1982 damals sicher nicht jedem so bewußt war, so deutete doch die versprochene und verkündete »Wende« auf einen umfassenden Richtungswechsel und tiefen Einschnitt hin. Allerdings orientierten sich die Bemessungskriterien, die eine solche Bewertung durch öffentliche Meinung, Publizistik und Wissenschaft bedingten, im wesentlichen an der »Binnenpolitik«, also der Wirtschafts-, Finanz-, Ordnungs-

und Gesellschaftspolitik, und der politischen Kultur. In bezug auf die außenpolitische Grundorientierung fällt eine eindeutige Urteilsbildung schwerer, weil die Bemessungskriterien wie Kanzlerpolitik Schmidts oder SPD-Trends variieren. Das gilt in besonderem Maße für die Sicherheits- und auch für das Feld der Deutschlandpolitik.

In der großen, bahnbrechenden Untersuchung des britischen Zeithistorikers Timothy Garton Ash über die Ost- und Deutschlandpolitik erscheint die »Wende« von 1982 nicht als Einschnitt, sondern als eine fast nahtlose Fortführung der Regierungspolitik des Kabinetts Schmidt.[1] Von Christian Hacke wurde die deutschlandpolitische Position der Regierung Kohl/Genscher schon 1989 als »operative Kontinuität« zur sozial-liberalen Koalition, »aber deklaratorischer Wandel« gekennzeichnet.[2] Auch Matthias Zimmer schloß sich in seiner 1992 erschienenen Studie über die Deutschlandpolitik der Regierung Kohl/Genscher 1982–1989 diesem Urteil im Grundsatz an.[3] Bei der intensiven Erörterung der Deutschlandpolitik der achtziger Jahre durch die Enquete-Kommission des Bundestages zur »Aufarbeitung der SED-Diktatur« wie bei den von ihr veranlaßten Gutachten, Stellungnahmen und Anhörungen divergierten die Auffassungen wie die Bewertungen.[4] Zwischen »Wandel« und »Kontinuität« als den beiden Polen und prägenden Elementen lassen sich die Positionen markieren, die der Wirklichkeit näher kommen. Eine solche Sicht und differenzierende Analyse, wie sie in einer 1995 publizierten Dokumentation über die Deutschlandpolitik der achtziger Jahre verfochten wurde[5], prägt auch die detailgesättigte, umfangreiche Studie von Karl-Rudolf Korte über die Deutschlandpolitik unter Helmut Kohl. Sie besticht durch die dafür zur Verfügung gestellten Quellen aus dem Kanzleramt, wodurch sie freilich auch in die Nähe einer auf Kohl zentrierten, perspektivisch verengten Darstellung gerät.[6]

Als Helmut Kohl das Amt des Bundeskanzlers übernahm, befanden sich Ost und West im sogenannten »Zweiten Kalten Krieg«. Mit SS-20-Raketen, NATO-Doppelbeschluß, Afghanistan und Polen spitzten sich die Konfrontationen zu. Die neue Bundesregierung aus CDU/CSU und FDP mit dem Tandem Kohl und Genscher hat die zentrale Bedeutung der Vereinigten Staaten pointiert akzentuiert, die NATO als den »Kernpunkt deutscher Staatsräson« markiert und sich für die Durchsetzung des NATO-Doppelbeschlusses und die Stationierung von Mittelstreckenraketen verbürgt.[7] Sie ließ so keinerlei

Zweifel aufkommen, daß sie in dem Ost-West-Konflikt fest auf der Seite des Westens stand. Diese Grundsatzentscheidung barg dennoch ihre Fallstricke. Denn der verschärfte, konfrontative Kurs der USA gegenüber Moskau, der nach dem Amtsantritt Ronald Reagans voll zum Tragen kam, traf mit der forcierten Aufrüstungspolitik und den Denkspielen über die Führbarkeit von auf Europa begrenzten Atomkriegen – »European Nuclear Theatre« – nicht nur in der Bevölkerung der Bundesrepublik auf kräftigen Widerstand. Gegen ihn gab es auch deutliche Vorbehalte im Bonner Regierungslager. Es war ziemlich offensichtlich, daß dieser harte Reagan-Feldzug gegen das »Reich des Bösen« keineswegs deckungsgleich mit der Position des Westens war, weder ihrer Bevölkerungen noch ihrer Regierungen, und vitale deutsche Interessen dabei Schaden nehmen konnten. Bei aller Betonung der Bündnisloyalität signalisierten die in Bonn Regierenden doch eine gewisse Distanz zu den Hardlinern in den USA.[8]

Europa, oder genauer das westliche Europa, bildete einen Eckpfeiler von Helmut Kohls Politik – vom Beginn bis zum Ende seiner Kanzlerschaft. Er war ein Europäer aus Überzeugung und Einsicht. Als Ausdruck des Willens zur dauerhaften, unverbrüchlichen Integration der Bundesrepublik in das westliche Europa hatte die von der neuen Kohl/Genscher-Regierung ausgesprochene Verpflichtung zur Fortentwicklung der Europäischen Gemeinschaft zu einer »Europäischen Union« ihr eigenes Gewicht. Aber sie markierte darüber hinaus eben auch den Drang nach einem gewissen verläßlichen Gegengewicht zu den USA und ihrer Globalpolitik.

Während diese zwei außenpolitischen »Essentials« – USA und europäische Verankerung – schon mit dem Amtsantritt der Kohl-Regierung unzweideutig klargestellt wurden, erfolgte die eindeutige deutschlandpolitische Positionierung erst, nachdem die Regierung Kohl durch die vorgezogenen Neuwahlen am 6. März 1983 bestätigt worden war. Als ihr Credo – in gewisser Weise ihr drittes außenpolitisches »Essential« – bekannte sich die CDU/CSU-FDP-Koalition zu der Pflicht, »in freier Selbstbestimmung die Einheit und Freiheit Deutschlands zu vollenden«. Mit ihrem ersten »Bericht zur Lage der Nation«, der kennzeichnend wieder den Zusatz »im geteilten Deutschland« trug, bekundete sie zugleich ihre normative Distanz zum SED-Staat.[9] Die entscheidende deutschlandpolitische Frage aber lautete von Anfang an für die neue Regierung, wie Verhärtungen im innerdeutschen Verhältnis vermieden werden konnten und wie es gelingen sollte, »die deutsche Frage nicht nur theoretisch offen zu halten, sondern für das deutsche Recht auf Einheit und Freiheit aktiv einzutreten«.[10]

In seiner ersten Regierungserklärung vom 13. Oktober 1982 hatte sich der neue Kanzler erst am Schluß mit der Deutschlandpolitik befaßt. In der Öffentlichkeit wie in der neuen Regierung beherrschten zunächst die wirtschafts- und finanzpolitischen Probleme die Szene. Daneben ging es vor allem um die Sicherheitspolitik und die Nachrüstung. Kohls Positionsbestimmungen zur deutschen Frage kreisten um Geschichtsbewußtsein und nationale Identität. Die »deutsche Nation« sei »geblieben« und werde »fortbestehen«. Eine mögliche Überwindung der Teilung sei »nur in historischen Zeiträumen denkbar«. Unzweideutig klar und knapp seine Aussage: »Der deutsche Nationalstaat ist zerbrochen.«[11] Die Ankündigung zur Gründung des Bonner Hauses der Geschichte der Bundesrepublik deutete auf eine ausgeprägt westdeutsch eingeengte Identität, die an Konrad Adenauer anknüpfte. Die herausgestellte Kontinuität zum CDU-Gründungskanzler und – damals noch – Übervater der Union entsprach dem Selbstverständnis des »Enkels«. Sie implizierte zugleich eine Herabwürdigung der sozial-liberalen Ära und der von Brandt geprägten Deutschlandpolitik. Von »Wiedervereinigung« war in Kohls Regierungserklärung mit keinem Wort die Rede.[12] Er vermied dieses Wort und diesen Begriff auch in den ganzen weiteren Jahren der Kanzlerschaft. Erst nach dem Mauerfall und dem Zusammenbruch des SED-Regime tauchte bei ihm die »Wiedervereinigung« im Kontext des Weges zur deutschen Einheit auf.[13]

Von denen, die Helmut Kohl gern als Vereinigungskanzler feiern und heute wie selbstverständlich von »Wiedervereinigung« reden, wird dies übersehen oder verdrängt. Dafür werden die normativen Abgrenzungen von der DDR und ihrem System stark herausgekehrt und überpointiert. »Mauer, Stacheldraht und Schießbefehl«, hieß es in der ersten Regierungserklärung Kohls, »sind und können nicht das letzte Wort zwischen Ost und West sein, in Deutschland, Europa und in der Welt. Menschlichkeit und Vernunft weigern sich, dies hinzunehmen. Gedanken sind frei, und Menschen müssen von Deutschland nach Deutschland gehen können ohne Todesgefahr.«[14] Öffentliche Kritik an Mauer und Stacheldraht hatten auch die sozialdemokratischen Vorgängerkanzler Willy Brandt und Helmut Schmidt geübt. Für sie alle ging es dabei um Grundsätzliches. Bei Kohl kam ein weiteres Motiv hinzu. Er wollte, so gewichtet und bewertet es Korte, damit »in das Innere der Union hineinwirken«: »Die Schärfe mancher Abgrenzungen war weniger gegen die DDR gerichtet, schon gar nicht gegen die Opposition, sondern primär als Mittel der Machtabsicherung Kohls durch die Unionsbasis eingesetzt.«[15] Dies war und blieb ein Kernmotiv seines Handelns. Schon daraus resultierte eine Ambivalenz von öffentlich bekundeter Distanz und Kritik und der Bereitschaft zu Dialog und Kooperation in der Praxis.

Von Helmut Schmidt entlehnt war nicht nur der Leitsatz zur Beschreibung des Verhältnisses zur DDR: »Aber von Normalisierung und dem im Grundlagenvertrag angestrebten Verhältnis guter Nachbarschaft sind wir noch weit entfernt.« Die Kohl/Genscher-Regierung setzte auch dessen Prioritäten in der operativen Politik, die Verbesserung des Reise- und Besuchsverkehrs und die Verdichtung von Handels- und Wirtschaftsbeziehungen, fast nahtlos fort.

Die aus Kreisen der SPD für die Ostpolitik nach dem Machtwechsel prognostizierte Eiszeit trat nicht ein.[16] Das lag keineswegs nur an dem für viele Beobachter überraschenden Bekenntnis zur Kontinuität und dem Einfluß der FDP mit ihrem weiter amtierenden Außenminister Hans-Dietrich Genscher. Garton Ash hat die Elemente der Kontinuität wohl zu sehr in der Person von Genscher und seiner FDP verortet, die eine Weiterführung der »bewährten« Politikstrategien verbürgten. Eine nicht zu unterschätzende Rolle spielte zweifellos der Arbeitsstab Deutschlandpolitik im Kanzleramt, der schon unter Schmidt die konkrete deutschlandpolitische Kärrnerarbeit erledigte und dessen Leiter Hermann von Richthofen auch unter dem neuen Kanzler weiter im Amt blieb.[17] Von Matthias Zimmer wurde besonders betont, daß sich in der CDU schon vor der Regierungsübernahme eine deutschland- und ostpolitische Umorientierung bis zur allmählichen Akzeptanz der Ostverträge angebahnt habe. Der Konflikt zwischen den Liberal-Fortschrittlichen und den konservativen Hardlinern wurde durch eine »innerparteiliche Integrationsformel« überdeckt: Sie verknüpfte die Kooperation mit dem Osten, kleine Schritte und den Verzicht auf Destabilisierungsversuche gegenüber der DDR mit einer verbalen Hervorkehrung der »Rechtspositionen und Menschenrechte«. Die Konturen dieses Kurses wurden in Umrissen erstmals auf dem Parteitag der CDU von 1977 abgesteckt.[18] Noch als Oppositionsführer hat sie Helmut Kohl dann im November 1980 in seiner Antwortrede zur Regierungserklärung Helmut Schmidts präzisiert.[19] Mit dem Bekenntnis zur Rechtsgültigkeit der Ostverträge und Kohls Postulat, beide deutsche Staaten »müssen füreinander kalkulierbar handeln«, war nach Zimmer »eine deutliche Absage an die Destabilisierung der DDR verbunden«.[20]

Hinter den Kulissen hatte die CDU-Führung im Handlungsbereich die entscheidende Kehrtwendung schon im Jahr der Helsinki-Konferenz 1975 vollzogen. Der Besuch von Helmut Kohl am 30. September 1975 in Moskau signalisierte, daß die CDU-Führung, die bis 1975 keine Kontakte zu den Herrschenden im sowjetischen Block unterhielt, zu den Verträgen, auch dem gerade von ihr abgelehnten Helsinki[21], stand und das Gespräch mit der Kreml-Führung suchte. Wesentlich diskreter ging es bei den Kontakten von Walther Leisler Kiep zur SED zu. Schon im November 1973 hatte sich der CDU-Schatzmeister über den Hauptabteilungsleiter im IPW[22], Herbert Bertsch, für die CDU um »kompetente« Gesprächspartner in Ost-Berlin bemüht. Der DDR war sein Anerbieten wichtig genug, daß sich SED-Chef Honecker selbst damit befaßte. Mit Rückendeckung des Parteivorsitzenden Kohl und des Generalsekretärs Kurt Biedenkopf führte der außenpolitische Sprecher des CDU-Präsidiums seit Januar 1975 dann regelmäßig vertrauliche Unterredungen mit DDR-Offiziellen. Herbert Häber, seit Ende 1973 Leiter der Westabteilung des ZK der SED, pflegte im Auftrag Honeckers die Kontakte zu den westdeutschen Parteien, vor allem zur CDU, und wurde für sie zu einem geschätzten Gesprächspartner. Mit Leisler Kiep traf er sich in kurzen Abständen zum Gedankenaustausch.[23] Später schalteten sich weitere CDU-Politiker, so der Berliner Landesvorsitzende Peter Lorenz und der stellvertretende Parteivorsitzende Gerhard Stoltenberg, ein und trafen sich mit dem ZK-Abteilungsleiter Häber.[24] Seit 1978 suchte eine wachsende Reihe von Unionspolitikern das Gespräch mit diesem intelligenten, hochrangigen Vertreter der SED-Staatspartei, so Ottfried Hennig, Richard von Weizsäcker, Heinrich Windelen, Norbert Blüm, Ernst Albrecht, Olaf von Wrangel, Heinrich Hellwege, Friedrich Vogel, Birgit Breuel, Walter Wallmann.[25]

Aber auch führende Vertreter der CSU wie Erich Kiesl und allen voran der CSU-Vorsitzende Franz Josef Strauß führten vertrauliche

Gespräche unter anderem mit dem DDR-Vertreter Michael Kohl, bei denen etwa Kiesl versicherte, die CSU sei »für die DDR der zuverlässigere Partner«, und Strauß stets betonte, er werde die geschlossenen Verträge halten. Ziemlich offen kritisierte Strauß den US-Präsidenten Jimmy Carter wie Außenminister Genscher und äußerte sich, wie Kohl in seiner Version notierte, »sehr kritisch zu Brandt und Bahr, die nach seiner Ansicht intensiv an Anti-DDR-Intrigen arbeiten«.[26] Seit Mitte der siebziger Jahre wurden von Vertretern der Union, etwa dem ehemaligen Schatzmeister der CSU Josef März und dem CDU-Schatzmeister Leisler Kiep, zudem schon Kontakte zum DDR-Staatssekretär und -Devisenbeschaffer Alexander Schalck-Golodkowski geknüpft, die sich bei dem Milliardenkredit von 1983 auszahlten.[27]

Im Kern ging es bei diesen vertraulichen[28] Kontakten zur SED, die auf ihre Art schon das Diktum »Nebenaußenpolitik« verdienten[29], um die Anbahnung eines günstigen Klimas für eine Regierungsübernahme durch die Union. Dazu gehörten die stetigen Versicherungen, eine von Kohl geführte »CDU-Regierung« werde selbstverständlich die bestehenden Verträge achten und »im Grunde keine andere Politik« als Helmut Schmidt betreiben; über die Elbgrenze lasse sich reden; die Wiedervereinigung bleibe zwar Ziel, sei aber jetzt nicht »real«. Die kritischen Töne wurden vor allem den Hardlinern in der CDU, von Abelein über Carstens, Dregger, Marx bis zu Windelen, den »Fanatikern« und »5. Kolonne der CSU«, sowie Franz Josef Strauß angelastet, der intern freilich ganz anders rede als öffentlich.[30] In der Grundtendenz, wenn vielleicht auch nicht wörtlich, markierte die von Häber referierte Aussage von Ottfried Hennig die Richtung, die DDR werde mit einer CDU-geführten Regierung »letztendlich besser zurechtkommen als mit der labilen sozial-liberalen Koalition. Konservative Politiker hätten weit mehr Möglichkeiten, mit der DDR zusammenzuarbeiten, als die jetzige Regierung«.[31] Kontinuität, volle Berechenbarkeit und konstruktive Politik bei einem Wechsel in Bonn lauteten die Botschaften, die sich wie ein roter Faden durch die Gespräche zogen.

Der Boden für eine positive Wende in den innerdeutschen Beziehungen war in der Sache schon unter Helmut Schmidt bereitet worden, »als er selbst das Opfer einer anderen ›Wende‹ wurde. Die Früchte der von ihm auf dem schwierigen deutsch-deutschen Acker ausgebrachten Saat konnte sein Nachfolger ernten.«[32] Helmut Kohl knüpfte an dieser Regierungsschiene an. Dies war ein starkes Element der Kontinuität. Mit ihrer vorsichtigen Umorientierung im Deklaratorischen hatte die CDU die Bereitschaft zum Dialog angedeutet. Vor allem aber zahlte sich nun die »Nebenaußenpolitik« der CDU aus der vorhergehenden Oppositionszeit aus, also ihre Kontakte mit der Staatspartei SED mit der Betonung der Verläßlichkeit und der Verlockung, daß eine Kohl-Regierung mit der DDR enger und intensiver zusammenarbeiten könne und werde. So konnte nicht nur der Kanzler mit seinem Kurs der »Kontinuität« und des »Dialogs« an mehreren Strängen anknüpfen, auch für den SED-Staat stellte sich der Regierungswechsel in Bonn nicht so dramatisch dar.

Dem Politbüro der SED, das sich am 20. Oktober 1982 mit Kohls Regierungserklärung beschäftigte, lag dazu eine ausführliche – wohl in der ZK-Westabteilung von Herbert Häber erarbeitete – »Information« vor, die auch »die anschließende Debatte im Bundestag« behandelte. Die Ausarbeitung war eher nüchtern referierend gehalten und bezog weitgehend alle angesprochenen Felder ein. Im Abschnitt »Zu den Beziehungen mit den sozialistischen Ländern« lautete das Resümee, »daß – bei stärkerer Orientierung auf die USA und das NATO-Bündnis – Kohl mit der von ihm formulierten Linie unter dem Einfluß der entstandenen Realitäten die frühere Frontstellung der CDU/CSU gegen die Verträge revidieren mußte und auch in der Haltung zu den Wirtschaftsbeziehungen in seiner Rede davon absah, ihre Weiterentwicklung von politischen Bedingungen abhängig zu machen, wie das bisher von Repräsentanten der CDU/CSU gefordert worden war.« Im Teil »Zu den Beziehungen zwischen der BRD und der DDR« wurden die zentralen Sätze aus Kohls deutschlandpolitischen Passagen zitiert. In den kommentierenden und analysierenden Bemerkungen hieß es dazu, daß sie in »bisher bei der CDU/CSU übliche nationalistische und revanchistische Formeln« eingebettet seien und in Teilen »offenbar einen Kompromiß zwischen den Scharfmachern und den flexibleren und realistischen Kräften in der Union« darstellten. Im Kern klang die Linie des Politbüros danach, erst einmal abzuwarten und ein nüchtern-reduziertes business as usual auch beim sogenannten »Polittourismus« zu praktizieren.[33]

Fürs erste beschränkte sich das SED-Regime darauf, an die 1980 in Gera aufgestellten Grundsatzforderungen zu erinnern, wie Auflösung von Salzgitter, Elbgrenze Mitte Strom, Umwandlung der Ständigen Vertretungen in Botschaften und – so hieß es ursprünglich in Gera – Anerkennung der DDR-Staatsbürgerschaft. Doch gleichzeitig ließ es erkennen, daß es trotz NATO-Doppelbeschluß und Nachrüstung die innerdeutschen Gespräche nicht abreißen lassen wollte. Für die in Bonn mit der Deutschlandpolitik Befaßten ergab sich kein klares einheitliches Bild, zumal die Ständige Vertretung in Ost-Berlin vornehmlich nur von »irritierten Stimmen der SED« berichtete. [34]

Der »Polittourismus« in dem Politbürobeschluß bezog sich konkret auf einen geplanten Besuch des neuen Bundesministers für innerdeutsche Beziehungen, Rainer Barzel, in Dresden und Wittenberg. Für Barzel, der schon unmittelbar nach dem Regierungswechsel der Ständigen Vertretung in Ost-Berlin am 12. Oktober einen Besuch abgestattet und anschließend einen publicity-trächtigen Rundgang durch den Ostteil gemacht hatte, gab es in Ost-Berlin gewisse Sympathien, weil man sich von ihm als innerdeutschem Minister erhoffte, daß er den »Einfluß« von Scharfmachern in der Union abblocken würde.[35] Mit seinem Versuch, die Zuständigkeit für die operative innerdeutsche Politik stärker an sich und sein Ministerium zu ziehen, lief er allerdings beim Kanzler auf, der dafür seinen Vertrauensmann und neuen Staatsminister im Kanzleramt Philipp Jenninger auserkoren hatte.[36]

Gespräche, die der Leiter der Ständigen Vertretung der Bundesrepublik in Ost-Berlin, Hans Otto Bräutigam, im Oktober unter anderem mit den Vorsitzenden der beiden SED-Blockparteien Gerald Götting (CDU) und Manfred Gerlach (LDPD) führte, gehörten zur Kategorie Antrittsbesuche, mehr nicht. Denn Bräutigam, der frühere Leiter des Arbeitsstabes Deutschlandpolitik im Kanzleramt, war erst seit dem 1. Mai 1982 in Ost-Berlin. Er behielt dieses Amt auch unter der Regierung Kohl. Mit seinem ersten Gespräch mit Schalck-Golodkowski gab er zunächst nur sein Entree zu dem eingespielten Verhandlungskanal seiner Vorgänger Gaus und Bölling mit Schalck.[37] Als seinen Gesamteindruck notierte Bräutigam für Bonn: »Der Regierungswechsel in Bonn hat in der Bevölkerung und in der Führung zu Unsicherheit über die weitere Entwicklung des deutsch-deutschen Verhältnisses geführt. Die Befürchtung ist verbreitet, daß hier eher mit Schwierigkeiten als mit einem Abbau der Restriktionen zu rechnen ist.«[38] Warnend signalisierte Rechtsanwalt Wolfgang Vogel seinem Kontaktpartner für humanitäre Fälle Ludwig Rehlinger vom Bundesministerium für innerdeutsche Beziehungen, daß die neue Kohl-Regierung »ohne jedes Wenn und Aber« in die »Abreden mit der Vorgängerregierung« einzusteigen habe, weil sonst mindestens eine Aussetzung durch die DDR drohe.[39] Die ersten Kontakte waren kaum mehr als ein vorsichtiges Herantasten, zwar nicht unfreundlich im Ton und im Klima, doch das Ganze geprägt von Zögern und Abwarten.[40] Dazu gehörte allerdings auch, daß vom Politbüro der SED schon am 2. November beschlossen wurde, »offizielle Beziehungen« zur SPD aufzunehmen und damit Otto Reinhold, den Direktor der Akademie für Gesellschaftswissenschaften beim ZK der SED und Honecker-Adlatus, zu betrauen.[41] Was sich in den SED-Akten wie ein Faktum liest, war zunächst nur Wunschdenken. Tatsächlich achtete die SPD bis zum Ende der DDR darauf, ihre später sehr ausgebauten Kontakte jedenfalls unter der Schwelle ihrer Beziehungen zu demokratischen Parteien zu halten.[42]

Wie in den folgenden Jahren noch häufiger boten Trauerzeremonien für Generalsekretäre der KPdSU in Moskau eine willkommene Gelegenheit zur Beerdigungsdiplomatie. Am Vorabend der Beisetzungsfeierlichkeiten für den verstorbenen Leonid Breshnew trafen sich Bundespräsident Karl Carstens und Außenminister Hans-Dietrich Genscher am 14. November 1982 zu einem Gespräch mit SED-Generalsekretär Erich Honecker. Der Bundespräsident überbrachte dabei die Botschaft des neuen Kanzlers, »daß die Einladung zu einem Besuch in der BRD stehe«. Sehr dezidiert gab Kohl zu verstehen, daß »er auf Kontinuität und Dialog Wert lege«. Die DDR, so der Bundespräsident, könne davon ausgehen, »daß die Politik Bonns fortgesetzt werde«. Er wie der Außenminister nutzten die Gelegenheit, um das Engagement der Bundesrepublik für Abrüstung zu unterstreichen. Neben den üblichen, schon in der Zeit Schmidts geäußerten Wünschen in bezug auf Elbgrenze, Salzgitter und Respektierung der Staatsbürgerschaft und dem gewohnten Herausstreichen, was die DDR alles schon an Reiseerleichterungen getan habe, konnten die beiden die Versicherung Honeckers mitnehmen, »daß ungeachtet des Regierungswechsels in Bonn [...] entsprechend den Abkommen und Vereinbarungen verfahren« werde.[43]

Die moderate, auf weitere Kooperation gestimmte Atmosphäre dieses ersten Spitzengesprächs in der Ära Kohl ermutigte den Kanzler, nun mit seiner persönlichen Brief- und Telefondiplomatie zu starten. In einem Schreiben vom 29. November 1982 bekräftigte er die Einladung an Honecker mit dem Zusatz: »Die Menschen knüpfen an ein solches Treffen hohe Erwartungen. Ich halte an dieser Einladung fest.« Kohl versicherte, daß die »Bundesregierung an guten Beziehungen zur Deutschen Demokratischen Republik interessiert« sei und der Grundlagenvertrag und die anderen Abkommen dabei »Grundlage und Rahmen« bildeten. Die künftige Kooperation zwischen den beiden Staaten »sollte positive Impulse für Zusammenarbeit und Dialog in Europa geben«. Besonderes Gewicht legte er in Anknüpfung an die Regierungserklärung auf Reise- und Besuchserleichterungen und die Rücknahme der Erhöhung der Mindestumtauschsätze. In der so Kohl-typischen Art der persönlichen Ansprache und des Aufgreifens schon gängiger Formeln hieß es, er teile mit Honecker »die Überzeugung, daß von deutschem Boden nie wieder Krieg ausgehen darf«.[44]

Fast zeitgleich mit der Briefaktion entsandte der Kanzler seinen Vertrauten, den mit der operativen Deutschlandpolitik betrauten Staatsminister im Kanzleramt Jenninger, zum Antrittsbesuch nach Ost-Berlin. Entsprechend der DDR-Protokollphilosophie, die die neue Bonner Regierung respektierte, sprach er zunächst mit Außenminister Oskar Fischer und traf sich daneben noch mit dem DDR-Wirtschaftspapst Günter Mittag. Der Austausch diplomatischer Freundlichkeiten und langatmiger Erklärungen zu Grundsatzpositionen von Gera, Vertragstreue, Rüstung wie Abrüstung bis zur gemeinsamen Verantwortung für den Frieden gehörten zum Ritual. Zwar deutete sich in den offenen konkreten Verhandlungsthemen keine Bewegung an, doch bemühte sich Jenninger sichtlich um klimatische Verbesserungen. So betonte er den guten Willen zur Kontinuität, bekräftigte die Einladung an Honecker nicht nur allgemein, sondern stellte eine baldige Konkretisierung »im nächsten Jahr« in Aussicht, sagte zu, »die Bundesregierung wolle sich nicht in die inneren Angelegenheiten der DDR einmischen«, sprach statt des Reizwortes »Zwangsumtausch« von »Mindestumtausch« und rückte von dem Gedanken einer Art Junktims zur Rücknahme des Zwangsumtausches mit anderen Projekten ab. Das trug ihm Kritik von Parteifreunden ein, besonders von Franz Josef Strauß, der ihn scharf attackierte und ihm kritikloses Verhandeln vorwarf.[45]

Der CSU-Parteivorsitzende Strauß, der öffentlich gegen die praktische Deutschlandpolitik Front machte[46], kochte hinter den Kulissen schon längst sein eigenes Süppchen. Über seinen speziellen Freund, den Rosenheimer Fleischhändler und langjährigen CSU-Schatzmeister Josef März, liefen schon 1982 intensive Kontakte zum DDR-Devisenbeschaffer Schalck-Golodkowski, die bis Ende November zu Modalitäten eines Großkredits gediehen. Einen Monat später, wahrscheinlich am 23. Dezember 1982, sprachen Kohl und Strauß darüber. Dem Bayern war natürlich daran gelegen, den Sonderkanal zu Schalck für sich zu reservieren und Gestaltungsmacht zu reklamieren, während es dem Kanzler darauf ankam, die Zügel in der Hand zu halten bzw. in die Hand zu bekommen.[47] Dazu gehörten möglichst ungefilterte Informationen, enge An- und Einbindung des Sonderkanals an das Kanzleramt und ein eigener, direkter Draht zum Vormann der anderen Seite. So griff er zum Telefon.

Am 24. Januar 1983 führten Bundeskanzler Helmut Kohl und SED-Generalsekretär Erich Honecker ihr erstes Telefongespräch, wovon die Öffentlichkeit natürlich nichts erfuhr. Die Telefondiplomatie gehörte zu den bevorzugten Mitteln eines Kanzlers, der besonders auf persönliches, informelles Handeln setzte. So war die Initiative zu diesem Gespräch denn auch von Kohl ausgegangen. Verfügten wir nur über den im Kanzleramt angefertigten handschriftlichen Aktenvermerk, den Korte vollständig, allerdings mit fehlerhafter Datumsangabe zitiert[48], so bliebe unsere Kenntnis über dieses Telefonat sehr beschränkt. Er stammte zum einen nur aus zweiter Hand, angefertigt von Hermann von Richthofen nach Mitteilungen Jenningers, war in bezug auf die bilateralen Kontakte nichtssagend und enthielt überhaupt nichts über die laufenden Kontakte auf der »diskreten Schiene« und Kohls Bereitschaft zu einem »speziellen Gespräch«. Skepsis ist deshalb auch gegenüber westlichen Akten angebracht und darüber hinaus ganz allgemein bei Angaben, was vorgeblich gelaufen ist, existiert bzw. nicht existiert.[49] Doch womit damals wohl kaum jemand gerechnet hatte: wir verfügen über eine östliche Korrespondenzquelle.

Bei ihr handelt es sich nicht um einen aus zweiter Hand nachträglich angefertigten Vermerk, sondern eine wörtliche Mitschrift des Telefonats, das mit einem »Ja hallo«, »Ja, hier ist Kohl. Guten Tag«, »Guten Tag, Herr Kohl«, »Ist dort der Generalsekretär Honecker?«, »Ja, hier ist Honecker« eröffnet wurde. »Ich finde«, so Kohl deutsch-

landpolitisch bescheiden und unverkennbar in der Sprache, »daß
diese Möglichkeit, miteinander zu telefonieren, die Normalität unserer Beziehungen an diesem Punkt, doch glaube ich, in einer wichtigen
Weise unterstreicht.«[50] Nach diplomatischen Artigkeiten über ihren
Briefaustausch und ihrer Übereinstimmung, daß »sie beide in besonderem Maße auch Verantwortung für die Sicherung des Friedens in
Europa« trügen, Kohls Versicherung, daß die ausgesprochene Einladung »ganz selbstverständlich gilt« und einem kurzen Plausch über
das Wetter kam erst einmal Honecker zu Wort. Auch er sah in dem
Anruf »ein gutes Zeichen«, erinnerte an sein Moskauer Treffen mit
Carstens und Genscher und betonte die Bereitschaft der DDR »zu
normalen, sagen wir mal annehmbaren Beziehungen« nach »Buch-
staben und Geist der abgeschlossenen Verträge«. Über den kurz zuvor stattgefundenen Besuch des sowjetischen Außenminister Andrej
Gromyko in Bonn (16. bis 19. Januar 1983) und die anschließende
Visite in Ost-Berlin brachte er das Gespräch auf die letzten sicherheitspolitischen Vorschläge des Warschauer Paktes mit der Prager
Deklaration, in denen unter anderem eine radikale nukleare Abrüstung, die Auflösung von NATO und Warschauer Pakt und ein Gewaltverzicht der bisherigen Paktstaaten propagiert wurde.[51]

Im Bonner Gesprächsvermerk hieß es dazu: »Äußerungen wirkten
vorgelesen.«[52] Tatsächlich vollzog sich das Ganze mit Rede und Ge-
genrede, in der Kohl sich engagiert für »militärisch bedeutsame, ausgewogene, überprüfbare Vereinbarungen zur Rüstungskontrolle und
zur Abrüstung« und für ein Gipfeltreffen Andropow/Reagan »ohne
Propagandatricks« aussprach, ganz kurz auch Verbesserungen »im
Reiseverkehr, humanitäre Anstrengungen« erwähnte und dann verklausuliert auf das zu sprechen kam, was ihm in diesem Moment
offenbar besonders wichtig war. »Mir scheint«, so Originalton Kohl,
»es gäbe vielleicht eine Möglichkeit – im Zusammenhang auch, was
in den wirtschaftlichen Bereich hineinreicht –, sehr rasch vielleicht
einmal – und zwar natürlich in aller Diskretion – zu reden. Ich höre,
da gibt es auch bei Ihnen, wenn ich richtig informiert bin, gewisse
Vorstellungen. Ich habe heute früh gerade eine entsprechende Nachricht erhalten, die über München gelaufen ist, wo offensichtlich Kontakte stattgefunden haben. Wenn das so ist, sollten Sie mich das rasch
wissen lassen auf der gegebenen diskreten Schiene. Ich glaube, wenn
ich mich so ausdrücke, bin ich verstanden worden. Ich möchte auch

dann auf dem Weg nicht weiter das Gespräch vertiefen. Ich will nur meine Bereitschaft deutlich machen zu einem solchen speziellen Gespräch. Ich finde, das ist ja der Vorteil einer solchen telefonischen Möglichkeit. Und ich rate uns beiden, wenn wir etwas haben, die Möglichkeit zu nutzen. Ich bin zu jeder Zeit dazu bereit, um das deutlich noch einmal zu unterstreichen. Ich finde diesen Telefonkontakt für ganz wesentlich. Aber ich glaube, das ist ein Punkt, den sollten Sie bedenken und uns Nachricht geben.«[53]

Ob Honecker ihn »sehr gut verstanden« hatte, wie er auf Kohls Nachfrage: »Haben wir uns insofern verstanden, an dem Punkt«, bestätigte, war zwar aus seinen nachfolgenden Gesprächsbeiträgen kaum zu entnehmen, die sich vor allem um »Frieden mit weniger Waffen« auf der Grundlage von Gleichheit und gleicher Sicherheit und innerdeutsche Fragen wie Elbgrenze, Besuchsreisen, Jugendtourismus, Kulturabkommen und schließlich um Gemeinschaftsprojekte bei der Kernenergie drehten. Und Kohls Andeutungen, die ja indirekt eine Anti-Strauß-Spitze hatten, waren in allem auf Anhieb auch nicht so einfach zu verstehen. Doch noch verklausulierter als Kohl und auf dem Umweg über eine ausführliche Erörterung »der Spekulationen mit Mark der DDR im Westen« und den Umtauschkurs von vier bis fünf zu eins, der sich nicht mit der realen Kaufkraft decke, ließ er schließlich durchblicken, daß es, »was die andere Frage betrifft«, auch »bestimmte Vorstellungen« gebe. Doch diese »Dinge« seien »selbstverständlich sehr schwer zu lösen«. Er »möchte das jetzt auch nicht telefonisch besprechen«. Dem ungeduldig nachsetzenden Kanzler, der drängte, »wir sollten jetzt konkret« und »sehr rasch über die Beauftragten in aller Diskretion« sprechen, »vor allem weil da der eine Punkt darin enthalten ist; mal sehen, was man jetzt machen kann«, erklärte Honecker schließlich: »Gut, einverstanden.« Doch Kohl bohrte weiter, wollte eine »baldige Reaktion« von Honeckers Seite und bot an, »zwischendrin« telefonisch »einfach so miteinander zu reden«. Nach einem erneuten »mein Angebot, a) daß wir zwei miteinander reden und b) daß wir jetzt bald in aller Diskretion etwas hören von Ihnen in ein paar zentralen Punkten« und »dieses Gespräch außerhalb dieser Leitung fortzusetzen«, bedankte sich Honecker artig für die Einladung. Mit einem gegenseitigen »Auf Wiederhören« war dieses erste Telefonat zwischen Bundeskanzler Helmut Kohl und SED-Chef Erich Honecker nach 27 Minuten beendet.[54]

Verglichen mit der direkten, offenen Art, in der Schmidt und Honecker miteinander telefonierten, selbst schon bei ihrem ersten Telefonat am 20. März 1977[55], verlief diese erste telefonische Kontaktaufnahme Kohls eher vorsichtig abwägend und verklausuliert. Das lag nicht nur, wie von Korte unterstellt, an Honecker[56], sondern an der Konstellation und dem neuen Bonner Kanzler, der noch lernen mußte, nicht Schmidts souveräne Art hatte und natürlich Honecker bis zu diesem Zeitpunkt persönlich nie getroffen hatte. Doch seinen wichtigsten Zweck erfüllte das Telefonat. Kohl hatte sich bei Honecker direkt rückversichert, daß tatsächlich etwas Substanzielles an den Kontakten über einen Großkredit war und dies offenkundig den Segen Honeckers hatte. Und was für Kohl noch ungleich wichtiger war: Er hatte dem Generalsekretär unzweideutig signalisiert, daß solche Geschäfte gefälligst über ihn und die von ihm dafür persönlich Beauftragten zu laufen hätten, es kein an ihm Vorbei über seinen Münchener Rivalen Strauß geben dürfe und er das Heft in der Hand halte. Der neue Kanzler hatte, noch ehe er durch Bundestagswahlen im Amt bestätigt war, die Weichen seiner praktischen Deutschlandpolitik ganz in Richtung konkrete Zusammenarbeit und Dialog gestellt, dem SED-Generalsekretär psychologisch geschickt Brücken gebaut, Reibungsflächen vermieden und durch die eigenen Aktivitäten Wege zu einer kontinuierlichen, verdichteten Kooperation mit dem SED-Staat eröffnet und Barrieren fortgeräumt. Nach der Bestätigung durch den Wähler am 6. März 1983 saß Kohl nun endgültig im Sattel. Nun kam es darauf an, den »Männerfreund« und Münchener Rivalen so einzubinden, daß er auf dem deutsch-deutschen Terrain kein Störfaktor mehr war.

Der Milliardenkredit

Die stille, weitgehend reibungslose Fortführung der operativen Deutschlandpolitik im Zeichen der »Kontinuität und des Dialogs« erhielt im Jahr 1983 nachhaltige neue Impulse mit dem Milliardenkredit, nachdem die Zeichen zeitweise eher auf Stagnation und Krise zu stehen schienen. Bedingt war dies nicht zuletzt durch die Bundestagswahlen, die immer Zeiten der Abgrenzung und der Kritik am

SED-System waren. Mit einem Schreiben, mit dem er auf Honeckers Offerte zu einer atomwaffenfreien Zone in Europa antwortete und das natürlich veröffentlicht wurde, machte Kohl deutlich, daß er sicherheitspolitisch auf Distanz zur DDR-Führung bedacht war.[57] Nach den von der Regierung gewonnenen Bundestagswahlen, bei denen die CDU/CSU das zweitbeste Ergebnis in ihrer Geschichte einfuhr, brach im Umfeld der Koalitionsverhandlungen und der Vorbereitungen zur Regierungserklärung ein heftiger deutschlandpolitischer Positionsstreit über den Kurs und die zu verfolgende Strategie aus.[58] Der Tod des Transitreisenden Rudolf Burkert, der am 10. April während einer Vernehmung durch DDR-Grenzbeamte starb, führte zu einer Eskalation des Konflikts in den Regierungsparteien und verstärkte die Irritationen auf beiden Seiten der Grenze.[59] Deutliche Zeichen der aufgeheizten, gespannten Situation waren die Absage eines fest vereinbarten Empfangs von Günter Mittag durch Helmut Kohl[60] und im Gegenzug dann die Absage des geplanten Honecker-Besuchs in der Bundesrepublik durch den verärgerten Generalsekretär.[61]

Die Vorkommnisse und die Begleitumstände des Todes von Burkert durchkreuzten die Strategie des Kanzlers, mit Mittag über den angedachten Großkredit und entsprechende Gegenleistungen der DDR zu sprechen. Kohl, der gerade von einem Arbeitsbesuch in Washington zurückgekommen war, griff umgehend zum Telefon, um mit Honecker über den Fall Burkert zu konferieren und um Verständnis dafür zu ersuchen, daß er Mittag in dieser Situation nicht empfangen könne. Sie verständigten sich auf einen neuen Termin etwa »Mitte/Ende Mai« für ein entsprechendes Gespräch.[62] Fraktion und Kabinett wurden über das Telefonat nur unzulänglich und auch unzutreffend informiert.[63] Doch während Kanzler Kohl noch plante und die SED-Oberen mit ihrer Vormacht in Moskau über eine differenzierte deutschlandpolitische Strategie berieten, sorgte Franz Josef Strauß für eine aufsehenerregende Wende.[64] Am 5. Mai traf er sich erstmals am Chiemsee mit Schalck-Golodkowski, zu dem der Fleischhändler, Strauß-Freund und langjährige CDU-Schatzmeister Josef März die Kontakte geschaffen hatte. Nach zwei weiteren Begegnungen am 25. Mai und 5. Juni, an der auch Jenninger teilnahm, wurden sie sich einig.[65] Als sich Kohl Anfang Juni wieder stärker einschalten wollte, war das Rennen um den Milliardenkredit mit Strauß gelaufen. Am 29. Juni 1983 erfuhr die erstaunte Öffentlichkeit aus der *Frankfurter Allgemeinen Zeitung*, daß Bonn mit einem Milliardenkredit an die DDR »deutschlandpolitisch Akzente« setzt.[66] Am gleichen Morgen wurde dann auch das Kabinett darüber informiert.[67]

Der CSU-Vorsitzende und bayerische Ministerpräsident selbst bezeichnete die nächtliche Kabinettssitzung vom März 1983, in der er zu seiner Verärgerung erstmals von der Einladung Kohls an Honekker erfuhr, als »die geistige Geburtsstunde des Milliardenkredits«[68], den er mit Schalck-Golodkowski, für ihn ein »ebenso gewandter wie zuverlässiger ›Intermediator‹«, aushandelte.[69] Tatsächlich war über einen Großkredit für die DDR schon unter der Regierung Helmut Schmidt verhandelt worden. Dabei konkurrierten und vermischten sich verschiedene Stränge.

Der Devisenmangel und die Verschuldung der chronisch unter Mängeln und Engpässen leidenden DDR ließ selbst eine Tilgung von Altkrediten nur über weitere Kredite zu. Die Westverschuldung war, wie der Vorsitzende der Staatlichen Plankommission, Gerhard Schürer, feststellte, schon 1981 »zu einer Katastrophe geworden«. Die Kürzung der sowjetischen Rohöllieferungen zwang zur verstärkten Nutzung minderwertiger Braunkohle zu hohen Kosten und mit enormen ökologischen Schäden.[70] Der technologische Rückstand zur Bundesrepublik wuchs, der Produktivitätsfortschritt tendierte gegen Null, und die Zahlungsbilanzprobleme wurden immer drückender.[71] Wie das Politbüromitglied Werner Krolikowski in einem Bericht festhielt, war »die Zahlungsfähigkeit der DDR in Gefahr.«[72]

Unter Schmidt hielt sich die Bundesregierung an das eiserne Prinzip, Kredite nur in Verrechnungseinheiten zum Einkauf in der Bundesrepublik oder streng zweckgebunden, etwa für konkrete Verkehrsprojekte, zu gewähren.[73] Selbst beim Swing operierte Schmidts Regierung, allerdings auch bedingt durch finanzpolitische Zwänge, eher restriktiv. Doch schon zur Zeit des Werbelliner Treffens kam über den Schweizer Bankier Holger Bahl das sogenannte »Zürcher Modell« ins Spiel, bei dem auch Karl Wienand mitmischte, der sich hiervon offenkundig etwas versprach und durch seine Kontakte mit der DDR nach der deutschen Einheit als Spion verdächtigt wurde. Die Rede war von einem »Milliardenkredit« als »Gegenleistung für eine Herabsetzung des Rentenalters« für Reisen in die Bundesrepublik. Von Kanzler Helmut Schmidt wurde das damals als unseriös und als »völlig unannehmbares ›Hirngespinst‹« vom Tisch gewischt.[74]

Bei diesem »Zürcher Modell« hatte zunächst auch Schalck-Golodkowski die Finger im Spiel. Neben Wirtschaftsprofessor Jürgen Nitz, dem Berater von DDR-Außenhandelsminister Gerhard Beil, wirkten auf DDR-Seite zwei Direktoren der Intrac, eines Handels- und Finanzdienstleistungsunternehmens von Schalcks KoKo, mit. Als Schaltstelle fungierte der Chef der Bank für Kredit und Außenhandel in Zürich, Holger Bahl, der seit Jahren mit Karl Wienand befreundet war. Später war vor allem Jenningers persönlicher Referent, Thomas Gundelach, involviert. Inwieweit es sich bei diesen Sondierungen, bei denen schließlich von einem Kredit über vier oder fünf Milliarden die Rede war, um wirklich substantielle Gespräche handelte, ist jedoch zweifelhaft. Das »Zürcher Modell« geisterte, später aufgewertet zum »Länderspiel«, mit voller Anerkennung der DDR-Staatsbürgerschaft und vorgeblichen Chancen zu einer deutschen Konföderation, noch bis in die späteren achtziger Jahren durch die Akten-Landschaft.[75] Beim Amtsantritt der Kohl-Regierung hatte Hans-Jürgen Wischnewski, der seinen Nachfolger Jenninger in die Geheimnisse der Telefonverbindung zu Honecker einwies[76], auch über das »Zürcher Modell« informiert. Doch reales Gewicht maß er ihm nicht bei.[77]

Sofort nach dem Regierungswechsel in Bonn suchte der KoKo-Chef Alexander Schalck-Golodkowski den Kontakt zu dem gewieften bajuwarischen Fleischgroßhändler Josef März, der sich durch seine Geschäfte mit den Devisenproblemen der DDR auskannte und als langjähriger CSU-Schatzmeister in Parteifinanzen bewandert war. Über die schon 1966 gegründete, 1976 in den ZK-Apparat eingegliederte und Günter Mittag unterstellte Kommerzielle Koordinierung bemühte sich das SED-System um die »umfassende Erwirtschaftung freier Devisenmittel«. Von der Einschaltung in innerdeutsche Wirtschafts- und Finanzprojekte, Firmen im westlichen Ausland, Kunsthandel und Waffengeschäfte reichte die Palette der KoKo unter ihrem umtriebigen Chef Schalck, der außer als Staatssekretär im Außenhandelsministerium und Manager eines Wirtschaftsimperiums gleichzeitig auch als »Offizier im besonderen Einsatz (OibE)« des Ministeriums für Staatssicherheit agierte.[78]

Über März suchte Schalck den Draht zu dessen engem Freund, dem bayerischen Ministerpräsidenten und CSU-Vorsitzenden Franz

Josef Strauß.[79] Verdeckte Kanäle haben wir schon in der Regierungszeit der beiden SPD-Kanzler kennengelernt. Der von Helmut Schmidt gern ironisch als »Briefträger« titulierte Rechtsanwalt Wolfgang Vogel erfüllte dabei eine wichtige Funktion. Über Jahre des direkten, persönlichen Verkehrs mit Herbert Wehner, den jeweiligen Staatsministern im Kanzleramt und in vielen Treffen mit Helmut Schmidt war allmählich ein Vertrauensverhältnis gewachsen und eine gegenseitige Wertschätzung entstanden. Mit dem Regierungswechsel in Bonn büßte der solid-seriöse Anwalt seine Ausnahmestellung als verschwiegener Bote und Mittler zwischen dem Generalsekretär und dem Bonner Kanzleramt ein. Sein Kontrahent Schalck, der sich bisher mit dem zweiten Platz beim verdeckten Kanal zufriedengeben mußte, nutzte die Gunst der Stunde, also den Regierungswechsel in Bonn und die Devisennotlage in Ost-Berlin, um sich nun zur Nummer eins des geheimen Drahtes aufzuschwingen. Zugute kam ihm dabei, daß er mit psychologischem Gespür und Geschick direkt Franz Josef Strauß ansteuerte. Obwohl sich Strauß bisher als Kritiker der Ost- und Deutschlandpolitik hervorgetan und den Tod des Transitreisenden Burkert am 14. April 1983 öffentlich als »Mord« angeprangert hatte[80], wurden sich die beiden nicht nur überraschend schnell beim Milliardenkredit einig, weil sich Strauß dazu bereitfand, den Kredit ohne jedes ausdrückliche Junktim zu gewähren und nach dem Grundsatz »Vertrauen gegen Vertrauen« auf Gegenleistungen der DDR beim Reiseverkehr und dem Grenzregime setzte.[81] Es entwickelte sich auch ein geradezu kumpelhaftes, freundschaftliches Verhältnis zwischen dem umtriebigen, jovialen DDR-Devisenbeschaffer Schalck und dem Übervater der CSU Franz Josef Strauß.[82]

Strauß hatte Bundeskanzler Kohl im Dezember 1982 bei Gesprächen und gemeinsamen Wanderungen am Tegernsee über die Kreditwünsche und Schalcks Vorsondierungen über den Fleischhändler März informiert.[83] »Die Aushandlung des Milliardenkredits bot für Kohl die Chance«, so interpretiert Korte das Geschehen, »seinen permanenten Widersacher« und »potentiellen Rivalen durch eine ›Politik des Streichelns‹ zu integrieren und damit die eigene politische Stellung zu Beginn seiner Amtszeit zu festigen. Es war das Disziplinieren eines parteipolitischen Widersachers durch Einbindung in den Entscheidungsablauf.«[84] Eine solche Bewertung aus der Sicht eines Kanzlers, der Politik vor allem als Machtsicherung und Personen-

und Personalpolitik verstand, ist legitim und trägt entscheidend zum Verständnis des Systems Kohl bei. Aber wie aus den erwähnten Telefonaten mit Honecker vom 18. April und besonders dem vom 24. Januar 1983 zu ersehen, wollte er sich ursprünglich doch direkter und über besondere Beauftragte in die Aushandlung dieses Geschäftes einschalten. Dabei ging es auch um eine Verkoppelung des Kredits mit Verbesserungen »im Reiseverkehr, humanitäre Anstrengungen« und eine Korrektur der Mindestumtauschsätze, wie sie schon von der Regierung Schmidt und von Kohl in seiner Regierungserklärung vom 13. Oktober 1982 gefordert worden waren. Doch nicht nur der Tod Burkerts und das geplatzte Treffen mit Mittag kamen dazwischen. Offenkundig war es einigen maßgeblichen SED-Größen auch wichtiger, den »kalten Krieger« Strauß für sich einzuspannen und einzubinden, zumal dieser sich so überraschend kooperativ verhielt und offenbar den zögernden Jenninger, der noch an eine Art informelles Junktim dachte, davon überzeugte, »daß eine herkömmliche ›Do ut des‹-Vereinbarung nicht machbar sei«. Ein letzter Versuch von Kohl, doch noch von der DDR eine offizielle Zusage über Gegenleistungen zu erhalten, brachte nichts. »Schalck und Strauß blockten jeden Versuch einer Nachbesserung der Absprachen ab.«[85]

Der ungebundene Milliardenkredit markierte eine qualitative Veränderung in der Deutschlandpolitik. Bis ans Ende der Regierung Schmidt war es Praxis, Finanzleistungen an die DDR nicht nur zweckgebunden zu geben, sondern sie über konkrete Absprachen und Non-paper ganz unzweideutig mit humanitären Gegenleistungen der DDR zu verkoppeln. Auch für die Deutsche Bundesbank, die den Deal genehmigen mußte, stellte ein solcher ungebundener Kredit an die DDR ein Novum dar, und sie stimmte trotz großer Bedenken letztlich nur zu, weil die Bundesregierung die Garantie für die Rückzahlung und Tilgung übernahm.[86]

Vor der Enquete-Kommission des Deutschen Bundestags zur »Aufarbeitung von Geschichte und Folgen der SED-Diktatur in Deutschland« räumte Helmut Kohl später, im November 1993, ein, man sei sich bei dem Milliardenkredit durchaus bewußt gewesen, »daß Geldhingabe die Gefahr einer Stabilisierung des SED-Regimes bedeutete«.[87] Ähnlich klang es schon 1984 bei Jenninger, der öffentlich bekundete, die »Verantwortlichen« in der Bundesrepublik »seien sich im klaren gewesen, daß mit der Ausreichung des Kredits eine Stabilisierung der DDR verbunden sein würde. Es sei aber auch die Chance gesehen worden, auf diese Weise etwas für die Deutschen in der DDR zu tun.«[88] Der ungebundene Milliardenkredit half dem DDR-Regime bei der Überwindung akuter Zahlungsbilanzprobleme und wirtschaftlicher Schwierigkeiten und trug so dazu bei, das System ökonomisch zu stabilisieren und ohne wirkliche Reformen weiterzumachen. Zusammen mit den anderen Geld- und Transferleistungen wirkte er wie ein Beitrag zum Überleben und zu einer »relativen Stabilität«.[89]

Während Strauß wegen des Krediters heftige Kritik im eigenen Lager einstecken mußte[90], honorierte die DDR seine Verdienste mit einem Empfang bei Honecker, für den er als Eintrittspreis noch eine Entschuldigung wegen des Ausdrucks »Mord« zu Burkert entrichtete. Wie von Schalck-Golodkowski war Strauß auch von Erich Honecker stark beeindruckt. Auf der Habenseite konnte er schon jetzt sichtbare Fortschritte registrieren und bedankte sich für die »jetzige Handhabung der Grenzkontrollen durch die Organe der DDR«, die auch Kohl als wohltuend empfinde.[91]

Tatsächlich war schon seit Frühjahr 1983 eine zügigere Abfertigung an der Grenze und ein Rückgang der Verdachtskontrollen im Transitverkehr nach Berlin zu beobachten.[92] Bei dem ersten Besuch, den der neugewählte Fraktionsvorsitzende der SPD, Hans-Jochen Vogel, dem Staatsratsvorsitzenden der DDR und SED-Generalsekretär am 28. Mai 1983 abgestattet hatte, kehrte Honecker heraus, daß dies auf seine ausdrückliche Anweisung geschehen sei.[93] Dem ehemaligen Bundeskanzler Schmidt, der bei einem privaten Besuch in der DDR am 5. September mit Honecker zusammentraf, gab der Generalsekretär »vertraulich« zu verstehen, »daß die DDR ein Zugeständnis zum Mindestumtausch plane«.[94] Er präzisierte dies gegenüber seinem nächsten hochrangigen West-Besucher Richard von Weizsäcker (CDU), dem Regierenden Bürgermeister von West-Berlin, der am 15. September 1983 bei Honecker erschien.[95] Am selben Tage erließ die DDR eine Verordnung, die die Familienzusammenführung wenigstens auf eine rechtliche Grundlage brachte.[96]

Zu diesem Zeitpunkt hatte die DDR auch schon mit dem Abbau der Selbstschußanlagen vom Typ SM 70 begonnen, wie Honecker gegenüber Weizsäcker erkennen ließ und was er Anfang Oktober dann in einem Gespräch mit österreichischen Journalisten öffentlich bekanntgab.[97] Mit der Entfernung der mörderischen automatischen

Waffen erzielte diese »neue Deutschlandpolitik« der großzügigen ungebundenen Kreditgewährung unstreitig einen bedeutenden Erfolg, während Honecker beim »Schießbefehl« weiter mauerte. Er verschanzte sich hinter dem Argument, die Bestimmungen über den Schußwaffengebrauch seien die gleichen wie »für die Polizei in der BRD«, und berief sich bei Kritik am »Schießbefehl« darauf, daß Strauß ihm das auch konzediert hätte.[98] Die Grenze der Zivilisierung der inhumanen Grenze und der Humanisierung des Systems durch Geld, die sich ab 1984 auch in einem starken Anstieg der Häftlingsfreikäufe niederschlug, schien dann erreicht, wenn die Insignien der Souveränität und das Herrschaftsmonopol tangiert wurden.

»Koalition der Vernunft« zwischen Bonn und Ost-Berlin

Raketenstationierung und atomares Wettrüsten waren die beherrschenden Themen in einer Zeit, in der die beiden Politikobersten der Bundesrepublik und der DDR – Kanzler Helmut Kohl und Generalsekretär Erich Honecker – sich übereinstimmend zu einer deutsch-deutschen »Koalition der Vernunft« bekannten. In einem Schreiben vom 5. Oktober 1983 appellierte der SED-Chef an den Bundeskanzler, »daß sich alle, die das Abgleiten der Menschheit in eine nukleare Katastrophe verhindern wollen, zu einer Koalition zusammentun sollten«, um beruhigend und ausgleichend zu wirken. In seiner Antwort nahm Helmut Kohl »den von Ihnen gewählten Begriff der notwendigen Koalition der Vernunft gerne auf«.[99] Beide Briefe wurden publiziert. Sie waren also auch für die Öffentlichkeit bestimmt. Von beiden Schreibern – Helmut Kohl wie Erich Honecker – wurde als gemeinsame Überzeugung und Verpflichtung betont, daß von deutschem Boden nie wieder Krieg ausgehen dürfe. Es war verständlich, erst recht bei solchen öffentlichen Bekundungen, daß jeder der beiden seine Vormacht in Schutz nahm und die Schuld bei der jeweils anderen verortete, und ebenso logisch schien, daß Honecker Sicherheits- und Deutschlandpolitik verkoppelte und von der Gefahr einer »neuen Eiszeit« sprach, während Kohl die Durchführung des NATO-Doppelbeschlusses und innerdeutsche Beziehungen zu entkoppeln suchte.

Auch wenn im heißen Herbst 1983 die Friedensdemonstrationen die Szene beherrschten, die unter ihren Einfluß geratene Sozialdemokratie sich von Helmut Schmidts Doppelbeschlußstrategie abwandte und es selbst im Bonner Kanzleramt Sorgen gab, ob die Nachrüstung wirklich der richtige Weg sei[100], ließ sich der Kanzler nicht beirren. Trotz Drohungen aus Moskau und des unzweideutig bekundeten Willens der Sowjetunion, dann weitere »effektive atomare Waffensysteme« auf ihrem westlichen Vorfeld zu installieren[101], gab sich die Bundesregierung entschlossen, bei einem Scheitern der Verhandlungslösung mit der Stationierung der Pershing II und der Cruise Missiles zu beginnen. Die INF-Verhandlungen in Genf kamen nicht aus der Sackgasse heraus und wurden am 23. November von der sowjetischen Delegation beendet, nachdem der Bundestag am Vortag mit den Stimmen der Regierungsfraktionen CDU/CSU und FDP den Stationierungsbeginn dieser neuen atomaren Mittelstreckenwaffen verabschiedet hatte.[102]

Die lange umstrittene, schwerwiegende Entscheidung war gefallen, von der damals wohl niemand zuverlässig wissen konnte, welche Konsequenzen und Folgen sie zeitigen, wie Moskau agieren und reagieren und wieweit sie das deutsch-deutsche Klima beeinträchtigen und vereisen würde. Es fällt auf, wie sehr Bundeskanzler Helmut Kohl sich in dieser angespannten sicherheitspolitischen Situation um Ost-Berlin bemühte und in freundlichen Tönen Gemeinsamkeiten beschwor. In einem Schreiben vom 14. Dezember an Honecker sprach er von der »Verantwortungsgemeinschaft« der beiden deutschen Staaten »vor Europa und vor dem deutschen Volk«, betonte, sie könnten »einen wichtigen Beitrag für Stabilität und Frieden in Europa leisten, wenn sie aufeinander zugehen und das jetzt Machbare an Zusammenarbeit voranbringen«, und befürwortete ein »Höchstmaß an Dialog und Zusammenarbeit«. Bezogen auf das bilaterale Verhältnis, griff er Honeckers Anregung auf, die Beziehungen »auf ein normales Gleis zu bringen«, und regte an, darüber »alsbald in einen umfassenden Dialog zu treten«. Erstmals beschloß der Kanzler ein politisches Sachschreiben an den Generalsekretär mit dem eigenhändig angefügten »Ihr Helmut Kohl«.[103] Das allererste Mal hatte Kohl dieses handschriftlich zugefügte »Ihr Helmut Kohl« in einem Brief vom 26. August 1983 verwandt, mit dem er die Einladung zu den Luther-Feiern absagte.[104]

Helmut Kohl und seine Regierung reagierten damit auf Signale des SED-Generalsekretärs, der sich zu einer Kontinuität der Beziehungen trotz der Stationierung bekannt hatte. Honecker, so schien es der Ständigen Vertretung der Bundesrepublik, setzte »sein ganzes politisches Gewicht« ein, um in der SED und »auch gegenüber Moskau die Kontinuität des Dialogs und der Zusammenarbeit zu sichern«.[105] Trotz der zuvor so konträren Positionen in der Stationierungs- und Nachrüstungsfrage und der weltpolitischen Konfliktlage deutete sich eine Gemeinsamkeit der Regierungen in der Bundesrepublik und in der DDR an. Beide Seiten rückten im Zeichen von »Schadensbegrenzung« und »Verantwortungsgemeinschaft« für den Frieden enger zusammen und bemühten sich, auf eine Rüstungsbegrenzung hinzuwirken und einen eigenständigen Beitrag zur Friedenssicherung zu leisten.[106]

Für das bilaterale Klima zwischen Bonn und Ost-Berlin war es auch wichtig, daß bundesdeutsche Politiker der fast pathologisch auf Aufwertung und Anerkennung erpichten DDR-Führung in Protokoll- und Statusfragen entgegenkamen. So wertete es diese denn als einen bedeutenden Erfolg, als mit Richard von Weizsäcker erstmals ein Regierender Bürgermeister von Berlin ohne Begleitung der Ständigen Vertretung zu Gesprächen kam und in ihren Augen so der Präsidentenanwärter der CDU und künftige Bundespräsident ihnen seine Aufwartung machte.[107] Obwohl gerade erst am 12. Dezember Bärbel Bohley und Ulrike Poppe von der »Initiative Frauen für den Frieden und Menschenrechte« verhaftet worden waren[108], ließ sich Helmut Kohl davon nicht stören. Während die Grünen-Politiker sich bei einem Honecker-Besuch am 31. Oktober 1983 für inhaftierte Dissidenten verwandten (Kathrin Eilenfeld und Lothar Rochau)[109] und Helmut Schmidt bei seinem Besuch bei Honecker das Vorgehen der DDR gegen Dissidenten kritisierte und eine »Haltung der Toleranz und Gelassenheit« empfahl[110], spielte dies wie die Verhaftung von Bohley und Poppe weder im Kanzlerbrief vom 14. Dezember noch in dem Telefonat Kanzler/Generalsekretär vom 19. Dezember 1983 eine Rolle. Es war Kohl, der zum Hörer griff, das erste nach längerer Pause und sein drittes Telefonat mit Honecker innerhalb eines Jahres.

Staatsminister Jenninger, der während des Telefongesprächs bei Kohl saß, skizzierte einige Zeit später als seinen Eindruck: »Die Atmosphäre des Telefonats war entspannt. Das Gespräch hat seinen

Zweck erfüllt, nach der Entscheidung über die Stationierung zur Entkrampfung beizutragen.« Über dieses Telefonat existieren ein nach Jenningers Angaben im Januar 1984 gefertigter Vermerk und eine wörtliche Aufzeichnung von östlicher Seite.[111] Das Telefonat war geheim. Als es 1994 durch eine Expertise für die Enquete-Kommission bekannt wurde[112], gestand das Kanzleramt auf Journalistenanfrage zwar ein, daß es stattgefunden hatte, gab zu dem Gehalt aber eine sehr einseitige und verkürzte Version.[113] Selbst noch in der Darstellung von Korte ist von diesem Herunterspielen einiges zu spüren.[114] Warum, wird deutlich, wenn man den gesamten Wortlaut liest, der seit 1995 auch veröffentlicht ist.[115]

Alltägliches und Small talk gehört bei Gesprächen der Großen in der Politik dazu und erstaunt nur die, die sich hohe Politik als etwas sehr Abgehobenes vorstellen. Sie ahnen nicht oder vergessen, daß es dabei auch menschelt, erst recht bei einem Politiker wie Helmut Kohl, der hier wie in vielen anderen Gesprächen seine Kindheits-, Jugend- und Familienerlebnisse im Krieg zum besten gab. Kaum überraschend, daß Honecker eine längere Stellungnahme zur Nachrüstung und zu Reagans Doktrin vom »Reich des Bösen« abgab und für eine atomwaffenfreie Zone in Europa und ein Verbot chemischer und bakteriologischer Waffen warb. Fast freundlich erinnerte er an die Geraer Forderungen in der moderaten Form – Respektierung der Staatsbürgerschaft –, zumal Kohl selbst »ja auch schon von Bürgern der DDR gesprochen« habe, und lockte damit, daß eine Regelung »des kleinen Stückchens Elbgrenze« selbstverständlich »von uns aus honoriert [würde], da ja das, was wir hier besprechen, unter uns bleibt«.

Es schien, als hätten die beiden einen persönlichen Draht zueinander gefunden. Fast familiär verständigten sie sich auf die Entsendung von »Vertrauensleuten«, und »zwar wirklich in aller Diskretion«, wie es Kohl sich wünschte. Im Prinzip nahm Honecker die von Kohl erneuerte Einladung zum Besuch in der Bundesrepublik an, und Kohl gab ausdrücklich sein Plazet, »ihn in einer Situation durchzuführen, die auch einen normalen Ablauf dieses Besuches« ermögliche, was im Verständnis der SED-Garde ein Unterbinden kritischer Gegenstimmen in der Bundesrepublik und einen protokollarisch adäquaten Ablauf meinte. Geradezu beredt warb der Kanzler dafür, daß die Beziehungen zwischen den beiden Regierungen wie der Bundesrepublik und der DDR insgesamt besser ausgestaltet werden sollten. Auf »Grund der geltenden Verträge«, betonte Helmut Kohl, gebe es »eine gute Chance, hier mit Vernunft und Augenmaß das Richtige zu tun« und »in aller Souveränität« das »mühsam Aufgebaute« fortzuentwickeln. In der ihm eigenen Art der Vermengung von Historie und Persönlich-Privatem beschwor er ihre gemeinsame »Pflicht« und »Verantwortung vor der deutschen Geschichte« und ihrer beider »ganz persönliche Verantwortung«. Vergessen oder verdrängt, vom Kanzleramt wie von Korte, sind die Worte, mit denen Helmut Kohl dem Generalsekretär der SED wörtlich versicherte: »Sie können vor allem davon ausgehen, das glaube ich, ist sehr wichtig: Sie sprechen hier mit einem Mann, der nichts unternehmen wird, um Sie in eine ungute Lage – ich will es nicht näher interpretieren –, in eine ungute Lage zu bringen.«

Nach der friedlichen Revolution und dem Ende der DDR paßten solche Sätze nicht mehr in das Bild, das sich Kohl, seine politischen Freunde und ihm verbundene Publizisten und Wissenschaftler von einem Kanzler zurechtmalten, der vorgeblich stets auf strikte normative Distanz zu Kommunisten geachtet und die deutsche Nation und Einheit beharrlich angestrebt und schließlich verwirklicht habe.[116] Doch was immer sich Helmut Kohl im geheimen damals dabei gedacht haben mag, es war ein unzweideutiges, nicht zu leugnendes Versprechen des Kanzlers, alle Maßnahmen zu unterlassen, die Honeckers Herrschaft in der DDR hätten gefährden können. In seiner vollen Tragweite bedeutete das selbst den Verzicht auf eine Reformierung des SED-Systems, wie es Ende 1983 war. Es war die Kehrseite der personenbezogenen Politik Helmut Kohls, daß er eindeutig auf die Herrschenden baute und sie damit in einem diktatorischen System wie der DDR in ihrer Herrscherposition mittelbar noch stärkte.

Als sich Kanzler und SED-Generalsekretär in ihrem Telefonat zum Schluß gegenseitig »einen guten Rutsch ins neue Jahr« wünschten, konnten sie nicht ahnen, daß sie sich schon bald darauf persönlich treffen würden. Die Gelegenheit dazu ergab sich anläßlich der Beisetzungsfeierlichkeiten für den verstorbenen sowjetischen Staats- und Parteichef Juri W. Andropow. Am Vorabend, dem 13. Februar 1984, trafen Kohl, begleitet von Genscher, Jenninger und Teltschik, und Honecker, begleitet von Staatssekretär Frank-Joachim Herrmann und dem DDR-Botschafter in Moskau, Egon Winkelmann, zusammen.[117] Genschers Teilnahme an diesem Gespräch hatte in Bonn ein Nachspiel. Der innerdeutsche Minister, Heinrich Windelen (CDU), beschwerte sich heftig darüber, daß nicht sein Ministerium, sondern das Außenministerium zu dem Treffen hinzugezogen worden war. Beim nächsten Beerdigungsgipfel in Moskau (März 1985) durfte Genscher nicht mit, doch nicht wegen Kohls »Sympathie« für Windelen, »sondern zur Dokumentation seiner gewachsenen außenpolitischen Machtfülle«.[118]

In der Sache dominierten bei diesem ersten Treffen zwischen Kohl und Honecker Aspekte der Ost-West-Beziehungen und der internationalen Sicherheitspolitik, vor allem die MBFR-Verhandlungen über gegenseitigen und ausgewogenen Truppenabbau in Wien, die am 16. März 1984 wiederaufgenommen wurden, und die seit dem 17. Januar 1984 laufenden Stockholmer Konferenzgespräche über Vertrauensbildung und Abrüstung (KVAE). In einigen wesentlichen Grundfragen gab es bemerkenswerte Übereinstimmung, so über die besondere Rolle der beiden Staaten im Ost-West-Verhältnis zur Verbesserung des Klimas zwischen den Vormächten. Bilaterale Fragen, im Ostprotokoll überhaupt nicht erwähnt, kamen nach Auskunft des ausführlicheren Westprotokolls nur am Rande zur Sprache, und zwar in bezug auf die von Kohl gewünschte Methode eines vertraulichen Dialogs von persönlichen Beauftragten und die Auflistung eines Arbeitsprogramms. An einer konzeptionellen Agenda fehlte es der Kohl-Regierung, die bisher – abgesehen von dem Milliardenkredit – weitgehend nur die operative Agenda der Schmidt-Regierung abgearbeitet hatte.[119] Auch der ererbte Gegenbesuch Honeckers in der Bundesrepublik kam, aber eher allgemein, zur Sprache.

Im Kern dominierten die »atmosphärischen Aspekte« bei diesem Gespräch, dessen »aufgelockerte, fast freundschaftliche Form« Jenninger noch Wochen später pries.[120] Der Pfälzer Kohl und der gebürtige Saarländer Honecker kamen sich beim Austausch von Jugenderfahrungen und Erinnerungen an gemeinsame Bekannte in einer gelockerten Atmosphäre auch menschlich näher.[121] Selbst noch Mitte der neunziger Jahre, als bei der Union das große Verdrängen der alten DDR-Kontakte schon fast Routine war, fand Kohl Honecker nicht unsympathisch und meinte, daß sie trotz »härtester politischer Gegensätze ein irgendwie menschliches, wenn auch seltsames Verhältnis zueinander hatten«.[122]

»In der persönlichen Geschichte erschloß sich für Kohl die Weltpolitik«, so das Urteil von Korte.[123] Und dieses Persönlich-Menschliche prägte von nun an selbst die Korrespondenz des Kanzler mit dem Generalsekretär. Briefe, die vertraulich und nicht für die Veröffentlichung bestimmt waren, schloß der Bundeskanzler nun stets eigenhändig mit dem vertrauteren »Ihr Helmut Kohl«, statt des nüchternen, distanzierteren »Helmut Kohl«. Bei Schreiben, die auch für die Öffentlichkeit gedacht waren, ließ die Bundesregierung diese handschriftliche Schlußformel bei der Publikation einfach fort, um jeden Anschein von Vertrautheit zwischen den beiden zu kaschieren.

Was die Kohl-Regierung öffentlich zum Verhältnis zur DDR sagte und die Art, wie sie im operativen agierte, gingen erheblich auseinander. Nun wird von Kohl-Getreuen und der Union verbundenen, jedenfalls ihr nicht fernstehenden Wissenschaftlern und Publizisten gern das Argument gebraucht, es sei eben das Einmalige, Besondere ihrer Deutschlandpolitik, daß sie als Regierung zwar mit den anderen verkehren mußte, aber stets auf eindeutige normative Distanz hielt. Gelegenheit, das letztere zu tun, bot vor allem der »Bericht zur Lage der Nation«. Das galt im übrigen aber genauso für die sozialliberalen Vorgängerregierungen; auch Helmut Schmidt hatte es nicht an deutlichen Worten über Mauer und Stacheldraht fehlen lassen.

In der Tat gab es in der Deutschlandpolitik sehr viel Kontinuität, jedenfalls was die Linie und das Agieren der Regierungen betraf. Auch die Überzeugung, daß Deutschland erst in einer europäischen Sicherheits- und Friedensordnung eine Chance für seine Selbstbestimmung erlangen könne, wurde von fast allen verantwortlichen, führenden Politikern in Bonn geteilt. Der eigentliche Dissens bezog sich auf die Abkehr eines großen Teils der sozialdemokratischen Partei vom sicherheitspolitischen Kurs Helmut Schmidts. Unter dem Einfluß der Raketen- und Nachrüstungsdebatte wie der Friedensbewegung orientierte die SPD ihre deutschlandpolitische Sicht zusehends primär an der Sicherheitspolitik. Ihr lag die Prämisse zugrunde, daß im Zeitalter eines möglichen atomaren Holocaust die Friedensbewahrung oberste Priorität besaß. Zwar nicht jeder in der SPD, aber doch die in den achtziger Jahren vorherrschende Richtung ging davon aus, daß die Installierung moderner Mittelstreckenraketen den Frieden nicht sicherer machte, sondern daß dadurch die Gefahr eines militärischen Konfliktes in Europa eher noch wuchs.[124]

Bei seinem Antrittsbesuch in Ost-Berlin hatte der neue SPD-Fraktionsvorsitzende Hans-Jochen Vogel unmißverständlich klargemacht, daß die Sozialdemokratie unverändert zur NATO stehe und sich von den NATO-kritischen Äußerungen des damaligen Saarbrükker Oberbürgermeisters Oskar Lafontaine distanzierte. Es war das erste der nun regelmäßig im Mai stattfindenden Treffen mit Honecker, die korrekt nach der Kleiderordnung unter »Bundestagsfraktion« der SPD liefen. In dem ihm eigenen korrekten und feinen Stil nahm Hans-Jochen Vogel sowohl Kohl wie Reagan gegen Unterstellungen in Schutz. Deutschlandpolitisch operierte der SPD-Fraktionsvorsitzende nach dem schon von der Schmidt- wie von der Kohl-Regierung praktizierten Grundschema: zielstrebig auf menschliche Erleichterungen bedacht zu sein und trotz Hintanstellung von Streitpunkten doch auf subtile Art Gravamina anzusprechen und Grundsatzunterschiede nicht zu verwischen.[125]

Hans-Jochen Vogels Art, dies umzusetzen, hätten sich andere Sozialdemokraten wie einige Unionspolitiker zum Vorbild nehmen können. Die sicherheitspolitische Linie, wie er sie für die SPD vertrat, deckte sich zwar nicht mit dem offiziellen Kurs der Kohl-Regierung. Aber trotz aller Entspannungs- und Abrüstungsbekundungen war sie doch stärker westorientiert als bei manch anderen führenden Sozialdemokraten. Aus dem Gefühl, daß die Deutschen beiderseits des Eisernen Vorhangs die am stärksten Bedrohten seien und aus Skepsis gegenüber beiden Supermächten erwuchs das Konzept, daß es »Sicherheit nur noch gemeinsam gibt«. Egon Bahr hatte es schon im Jahr 1981 erstmals so formuliert.[126] Dieser Begriff von »gemeinsamer Sicherheit« wurde zum Leitmotiv des Berichts der Palme-Kommission (Mai 1982) wie der Versuche der Bahr-Gruppe, zu Vereinbarungen über kollektive Sicherheitsmaßnahmen mit der KPdSU und der SED zu kommen. Bahrs Gespräche, die er Mitte Juli 1983 in Moskau und Ende August in Ost-Berlin unter anderem mit Honecker und Axen führte, dienten zunächst der Sondierung des Terrains.[127] Doch diese Philosophie und Fixierung auf »Sicherheitspartnerschaft« und »Verantwortungsgemeinschaft« entwickelte eine Eigendynamik und Eigengesetzlichkeit, die eine problematische »Antiideologisierung« der Ost-West-Beziehungen implizierte, Freiheit und Menschenrechte tendenziell eher vernachlässigte und der Erhaltung des äußeren Friedens äußerste Priorität zumaß.[128]

Über den Zustand der sowjetischen Führung machte sich im Westen eine gewisse Unsicherheit breit. Es wurde über Krankheiten des Generalsekretärs Andropow sowie die militärischen Befehlsstrukturen und den Kurs des Kremls gerätselt, nachdem eine koreanische Passagiermaschine vom Typ Boing 747 von sowjetischen Kampfflugzeugen abgeschossen worden war.[129] Auf der anderen Seite zeugte das Klima zwischen Ost-Berlin und Bonn eher von einem freundlichen Umgang miteinander, wie nicht zuletzt das Kohl-Honecker-Telefonat dokumentierte. Im Schatten der beide deutsche Staaten am stärksten bedrohenden atomaren Mittel- und Kurzstreckenwaffen entfaltete sich so etwas wie eine deutsch-deutsche Gemeinsamkeit. Sie zeigte sich auf verschiedenen Ebenen – bei den beiden evangelischen Kirchen, bei der Partei Die Grünen und den Friedensbewegungen im Westen wie im Osten, durch den von den SED-Gewaltigen wie den führenden Politikern in Bonn dezidiert bekundeten Willen, von deutschem Boden dürfe nie wieder Krieg ausgehen. Die DDR eignete sich nun Erbstücke deutscher Nationalgeschichte an. Neben dem 1983 aufwendig gefeierten Luther-Jahr wandte man sich vor allem Preußen und seiner Geschichte zu, so etwa mit dem fünfteiligen Fernsehfilm über Scharnhorst (Ende der siebziger Jahre), einer Auseinandersetzung mit Friedrich dem Großen oder einer neuen Sicht Otto von Bismarcks (»Revolution von oben«). Mit dieser Hinwendung zur deutschen Geschichte rückten fast zwangsläufig die tradierten Gemeinsamkeiten der Deutschen und die von der SED negierte deutsche Nation in den Blick.[130]

»Die deutsche Frage rediviva«, lautete der Titel einer 1987 im *Deutschland Archiv* erschienenen Sammelrezension.[131] Auch von anderen Beobachtern und Analytikern ist konstatiert worden, daß in den achtziger Jahren die deutsche Frage »wieder zum Gegenstand des politischen Gegenwartsbewußtseins in Westdeutschland« wurde.[132] Zwar spiegelte sich dies in den demoskopischen Daten kaum wider, doch eine gewisse Belebung des Gefühls »deutscher Gemeinsamkeit« war unstreitig zu verzeichnen. Es gründete vor allem in der Furcht vor den atomaren Kurz- und Mittelstreckenraketen. »Je kürzer die Reichweiten, um so deutscher die Toten«, hat Alfred Dregger einmal formuliert, der Honecker später »als Deutschen unter Deutschen, wenngleich als einen deutschen Kommunisten« begrüßte.[133]

Am stärksten ausgeprägt war diese Raketenfurcht bei der Friedensbewegung und den Grünen, die bei den Wahlen vom März 1983 erstmals mit 5,6 Prozent in den Bundestag eingezogen waren. Mit einer spektakulären Aktion auf dem Ost-Berliner Alexanderplatz protestierten sie gegen das Vorgehen der Sicherheitskräfte gegen »Friedensaktivisten«. Sie bekundeten durch solche Aktionen und den Einsatz für Dissidenten ihre Solidarität mit Friedens- und Umweltgruppen in der DDR. Darin dokumentierte sich ein die trennende Grenze überschreitendes Anliegen und ein Wir-Gefühl, das einte und wirkungsmächtig war. Doch nach der Durchsetzung der Raketenstationierung drohte der Friedensbewegung ein Verlust an Dynamik, und die Grünen fürchteten schon eine Demoralisierung und den Zerfall.[134]

Mit ihrem moralischen Rigorismus, einer friedensbewegten Naivität und mangelndem Verständnis für die harten politischen Realitäten waren die Grünen auf dem Bonner Parkett Außenseiter und mit ihrer mehrheitlich verfochtenen Linie einer Anerkennung der DDR für die anderen Parteien deutschlandpolitisch nicht konsensfähig. Auch wenn die Auffassungen über den sicherheitspolitischen Kurs divergierten und die Regierung die beginnende »Nebenaußenpolitik« der SPD argwöhnisch beäugte, so gab es in Grundfragen der Deutschlandpolitik doch ein hohes Maß an Gemeinsamkeit zwischen der Regierung und der größten Oppositionspartei. Es gab Phasen, in denen der Dissens über den richtigen Weg überwog, und andere, in denen der Konsens bewußt herausgestellt wurde.

Anfang 1984 rückten CDU/CSU, SPD und FDP fast demonstrativ zusammen und verabschiedeten trotz der friedens- und sicherheitspolitisch aufgeladenen Situation am 9. Februar eine gemeinsame Resolution zur Deutschlandpolitik und zur Lage der Nation. Der öffentlich bekundete Schulterschluß bezog sich ausdrücklich auf die Kernelemente der bisherigen Deutschlandpolitik des Kohl/Genscher-Kabinetts, die, wie die SPD besonders betonte, eine Fortführung der Deutschlandpolitik der sozial-liberalen Koalition darstellte.[135] Beim Treffen Kohl–Honecker am 13. Februar in Moskau bestand in »einigen Grundfragen [...] bemerkenswerte Übereinstimmung«[136], und im März fanden sich prominente Westpolitiker geradezu in Scharen bei Honecker ein. Am 5. März traf sich der FDP-Fraktionsvorsitzende Wolfgang Mischnick mit ihm zum Gespräch in Ost-Berlin, am 11. März konferierten auf der Leipziger Messe Bundeswirtschaftsminister Graf Lambsdorff (FDP), der bayerische Ministerpräsident Franz Josef Strauß (CSU), der saarländische Ministerpräsident Werner Zeyer (CDU) und der saarländische SPD-Landesvorsitzende Oskar Lafontaine mit dem Generalsekretär. Wenige Tage später fand sich der SPD-Fraktionsvorsitzende Hans-Jochen Vogel, der zuvor gerade mit einer Delegation, der unter anderem Bahr und Wischnewski angehörten, in Moskau gewesen war, bei Honecker ein.[137] Damit setzte der Polittourismus hochrangiger Politiker aus der Bundesrepublik und solcher, die sich dafür hielten, ein. Er verdichtete sich noch in den folgenden Jahren und gewann erst mit dem Zusammenbruch des SED-Regimes und der friedlichen Revolution eine neue Qualität.

Der Vogel-Besuch, bei dem er von Hans-Jürgen Wischnewski, Egon Bahr, Karsten Voigt und Dieter Schröder begleitet wurde, hatte allerdings insofern eine besondere Dimension, als das erste Projekt einer gemeinsamen Initiative zur Schaffung einer chemiewaffenfreien Zone in Europa anvisiert wurde.[138] Im Sommer 1984 nahm die gemeinsame Arbeitsgruppe von SPD und SED, geführt von Egon Bahr und Hermann Axen, ihre Beratungen auf. Sosehr sich Hans-Jochen Vogel bei dem Treffen bemüht hatte, ungeachtet friedenspolitischer Gemeinsamkeiten den Dissens in zentralen Punkten wie der Staatsangehörigkeitsfrage nicht zu verwischen, so führte doch kein Weg daran vorbei, daß sich die Sozialdemokratie unter der Federführung Bahrs nun auf ein problematisches sicherheitspolitisches Gemeinschaftsprojekt mit der SED-Staatspartei einließ.[139] Es war der eigentliche Auftakt zu der »Nebenaußenpolitik« der SPD, die zu mehreren sicherheitspolitischen Vereinbarungen führte und auf einer anderen Schiene in einem gemeinsamen Papier von SPD und SED mündete.

Als Forum, das Verhältnis zur DDR vor dem Hintergrund des Ost-West Szenarios zu erläutern, diente Kanzler Kohl der »Bericht zur Lage im geteilten Deutschland«, den er am 15. März 1984 vor dem Deutschen Bundestag abgab. Er war auf Dur gestimmt. So wendete er das Diktum, daß von deutschem Boden nie wieder Krieg ausgehen dürfe, in die positive Formulierung: »Von deutschem Boden muß Frieden ausgehen«, die ein Jahr später Eingang in eine gemeinsame Erklärung von Kohl und Honecker fand.[140] In zwei Kernsätzen – »Die Freiheit ist der Kern der deutschen Frage« und »Für uns sind Europapolitik und Deutschlandpolitik wie zwei Seiten einer Medaille« –, die zum Standardrepertoire seiner Reden wurden, verknüpfte er die europäische Einigung mit einer Lösung der deutschen Frage in Freiheit. Diese leitmotivischen Aussagen bestimmten die politische Agenda dieses Kanzlers bis ans Ende seiner Kanzlerschaft.[141] Eingebettet in eine unmißverständliche Kritik an Mauer und Stacheldraht und deutliche Worte über »Erziehung zu Haß und Feindschaft« und die Bedrohung »von Menschenrechten« durch Gewalt stand das Angebot an die in der DDR Herrschenden zum Dialog und zur Kooperation.

Die Gelegenheit bot dem Kanzler dafür der Besuch des DDR-Wirtschaftslenkers Günter Mittag. Nachdem im Vorjahr ein solches Treffen in letzter Minute geplatzt war, kam es nun nach Mittags schon fast zur Routine gewordenem Messebesuch in Hannover am 6. April 1984 zustande. Die Grundsatzunterschiede ließ man beiseite und vermied jede Art einer Einmischung in »innere Angelegenheiten« des anderen. Obwohl natürlich Wirtschaftsbeziehungen im Mittelpunkt standen und so auch Lambsdorff teilnahm, kam wenig Konkretes zur Sprache. Das war nicht Kohls Stärke. Er beschränkte sich darauf, im jovialen Ton und mit Jugenderinnerungen Stimmung zu machen und dafür zu werben, »vernünftig miteinander zu reden«. Er machte allerdings sehr deutlich, »daß die deutschen Kernfragen derzeit nicht auf der Tagesordnung der Weltpolitik stünden«. So stand es im von Teltschik verfaßten Westprotokoll. Nur wenig anders hieß es in der insgesamt ausführlicheren Ostaufzeichnung, »daß die Kernfragen der deutschen Politik, daß die ›deutsche Frage‹ gegenwärtig nicht den Mittelpunkt der Welt bilden würde, und daß das auch auf absehbare Zeit künftig nicht so sei«.[142] Wer in dieser Zeit genau hinhörte, spürte, daß Bonn der Werbende war und die DDR-Führung eher ambivalent-gespalten agierte. Ein wenige Tage nach dem Moskauer Treffen versandtes Schreiben Honeckers an den Kanzler, mit dem er auf dessen Brief vom Dezember 1983 antwortete, deutete in Ton und Inhalt auf eine gewisse Intransigenz.[143] Es wirkte so, als markiere Honecker darin Barrieren. Ob dies am Politbüro lag, das darüber am 15. Februar beraten hatte, oder durch den Wechsel in Moskau von Andropow zu Konstantin Tschernenko[144] und Vorgaben des Großen Bruders bedingt war bzw. beides, läßt sich kaum präzise entschlüsseln. Ganz offenkundig rangen in dieser Zeit in der SED-Spitze verschiedene Strömungen miteinander, wieweit sich die DDR auf Beziehungen zur Bundesrepublik einlassen sollte. Auf Kohls »Bericht zur Lage der Nation« reagierte das offizielle Ost-Berlin moderat.[145] Doch nach dem Kohl-Mittag-Treffen kam es dann zu dem für das Politbüro ganz ungewöhnlichen Fall, daß eine Vorlage, die Kontakte Volkskammer–Bundestag betraf, nicht abgesegnet wurde.[146]

Kurz zuvor hatte sich Honecker gegenüber dem FDP-Fraktionsvorsitzenden Wolfgang Mischnick, der bei seinem Besuch vor allem »die Zusammenarbeit zwischen LDPD und FDP« mit dem Blockparteivorsitzenden Manfred Gerlach besprach, für eine Ausweitung solcher Kontakte ausgesprochen.[147] Nach Mischnicks Gespräch mit Gerlach im Kontext des Wehner-Besuchs von Ende Mai 1973 war der von ihm geforderte »ständige Dialog«[148] abgerissen. Erst 1982, aber noch zu Zeiten der sozial-liberalen Koalition, hatte die FDP die Kontakte zur LDPD als dem »natürlichen Bündnispartner der freien Demokraten«[149] wiederaufgenommen und eine kleine Delegation zum 13. Parteitag der LDPD im Frühjahr 1982, bei dem die Aufnahme offizieller Beziehungen vereinbart wurde, entsandt. Nach einem Geheimtreffen von Gerlach und Hans-Dietrich Genscher im Mai 1982 in Halle setzte Mischnick den Dialog mit seinem Besuch im Frühjahr 1984 fort, bei dem es auch zu dem Treffen mit Honecker kam. Das Maß an Übereinstimmung bei den anzustrebenden sicherheitspolitischen Maßnahmen, vom Verbot chemischer Waffen und einer atomwaffenfreien Zone in Europa bis zu den Wiener MBFR-Verhandlungen und der Stockholmer europäischen Sicherheits- und Abrüstungskonferenz, war schon erstaunlich. So wie Mischnick ein partielles Eingehen auf die Wünsche der DDR bezogen auf Elbgrenze, die Zentralstelle in Salzgitter und die »Respektierung« der DDR-Staatsbürgerschaft signalisierte, so schloß Honecker seinerseits bei der von Mischnick angesprochenen Ausreiseproblematik nicht aus, daß »Problemfälle« auch künftig gelöst werden könnten; doch dürfe dies »nicht zum Normalfall« und »Botschaften und Ständige Vertretung [...] nicht zu einer Schleuse« werden. Für eine »großzügigere« Handhabung des Reiseverkehrs sehe er »durchaus Möglichkeiten«, allerdings könne dies »nicht ohne weiteres formalisiert werden«. Beide äußersten sich erfreut, wie es in der Westaufzeichnung hieß, »daß bei den deutsch-deutschen Beziehungen kein Schnupfen mehr auftrete, wenn es zwischen den beiden Großmächten Abkühlung gebe, und es in den Berlin-Fragen auch nicht mehr zu einer Lungenentzündung komme«.[150]

Zu Mischnicks Gepäck gehörte die Einladung an Honecker, die er im Auftrage des Bundeskanzlers bekräftigte. Kohl und sein Team gingen seit dem Moskauer Treffen »fest davon aus, daß Honecker 1984 die Bundesrepublik besuchen wollte«. Entsprechend organisierte Jenninger schon diskret die Vorbereitungen für diesen Besuch.[151] Günter Mittag versicherte der Kanzler höchstpersönlich, daß dieser »von Gastfreundschaft« bestimmt, »ohne harte Töne verlaufen« und »des Staatsoberhauptes der DDR würdig« sein werde.[152] Franz Josef Strauß mochte dahinter nicht zurückstehen und bot an, für Honecker in München anläßlich des Staatsbesuches ein entsprechendes »Programm« zu organisieren. Er bekundete sogar Verständnis für den Mindestzwangsumtausch und mokierte sich über »das Schmierentheater, das in Berichten über Asylanten in einigen Botschaften getrieben würde« und die in westdeutschen Medien hochgespielte Lieferung von 10 000 PKW der Marke Golf in die DDR.[153]

Das »Schmierentheater« bezog sich auf DDR-Bürger, die in die Botschaft der Bundesrepublik in Prag geflüchtet waren, weil sie in die Bundesrepublik ausreisen wollten. Sie kehrten zunächst in die DDR zurück, nachdem ihnen eine baldige Übersiedlung in die Bundesrepublik zugesagt worden war. Als Mittler wirkte dabei der in »humanitären Geschäften« erfahrene Wolfgang Vogel. Trotz »massiver Diskriminierung und Kriminalisierung« stieg die Zahl der Ausreisebegehrenden stetig an. Mit einer Doppelstrategie aus Zersetzung, Verfolgung und Verurteilung und dem Ausreisenlassen der »Unverbesserlichen« suchte das Regime dem zu begegnen.[154]

Mit der Lieferung der 10 000 Golf setzte das SED-Regime auf Lockung durch Wohltaten. Doch machte es damit nur einer kleinen Gruppe von Privilegierten ein Geschenk. Dieses Geschäft bildete zugleich den Auftakt für einen volkswirtschaftlich bedeutenderen Handel mit der Volkswagen AG. In einem Vertrag mit der DDR, der von Honecker schon im Frühjahr 1984 gebilligt, aber endgültig erst im November unterzeichnet wurde, war die Lieferung von Anlagen zur Lizenzfertigung von VW-Motoren (1,05 l und 1,3 l) vorgesehen. Die Kapazität war auf 300 000 jährlich angelegt. Davon sollten jeweils 200 000 zum Einbau in den Trabant und den Wartburg kommen und die veralteten

236

Zweitaktmotoren ersetzen, die übrigen 100000 als Rumpfmotoren nach Wolfsburg geliefert werden. Zusammen mit einer ersten Lieferung betrug der Liefer- und Leistungsumfang des Vertrags über 500 Millionen DM. Er sollte zunächst bis 1993 gelten.[155]

Der Deal mit VW war ein Zeichen, daß die DDR-Ökonomie sich wenigstens partiell mehr auf Wirtschafts- und Technikbeziehungen mit der Bundesrepublik zu orientieren begann. Gleichzeitig suchten die Verantwortlichen in der DDR Kontakte mit anderen westlichen Staaten, vor allem Frankreich, aufzubauen. Was äußerlich wie eine wirtschaftliche Öffnung zum Westen aussah, war in Wirklichkeit vor allem das Resultat der Ineffizienz und Schwäche der DDR-Wirtschaft. Der erste Milliardenkredit, mit dem Schalck-Golodkowski sein Meisterstück gemacht hatte, verschaffte ihr eine Atempause und gaukelte nach außen eine halbwegs stabile finanzielle Lage vor. Mit der drastisch von 85 auf 200 Millionen DM erhöhten Postpauschale, wobei die DDR noch weit mehr gefordert hatte und Strauß als möglichen Kompromiß 230 bis 300 Millionen sah, flossen ihr neue Gelder zu[156], und seit Dezember 1983 wurde schon über einen nächsten Großkredit auf der Doppelachse Jenninger und Strauß verhandelt, der sich auch schon einen dritten vorstellen konnte.[157]

Im Sommer 1984 griff die Bundesrepublik der DDR erneut mit einer großen Geldspritze unter die Arme. Am 25. Juli 1984 verkündete Staatsminister Jenninger vor der Bundespressekonferenz, daß die Deutsche Bank über eine Luxemburger Tochtergesellschaft der DDR einen Kredit von 950 Millionen DM zur Verfügung gestellt habe, für den die Bundesregierung die Garantie übernommen hatte. Im Gegenzug habe die DDR »in eigener Souveränität beschlossen«, eine Reihe von Reiseerleichterungen für DDR-Besucher, unter anderem Senkung des Mindestumtausches und eine Verlängerung der Aufenthaltsdauer für Rentnerreisen in den Westen, in Kraft zu setzen.[158]

Trotz der andauernden Ost-West-Konfrontation praktizierten Bundesregierung und DDR-Führung ihre von beiden Seiten gepriesene »Verantwortungsgemeinschaft« und »Koalition der Vernunft«. Mit dem zweiten Milliardenkredit markierte Bonn seinen Willen, die DDR finanziell über Wasser zu halten, ihre finanzielle Reputation international zu unterfüttern und weiter auf ihre »relative Stabilität« zu bauen.[159] Für die harte DM zahlte Ost-Berlin dafür den Preis humanitärer Zugeständnisse, Verbesserungen beim Grenzregime beim ersten, Reiseerleichterungen vor allem beim zweiten Milliardenkredit. Begleitet wurde dies von freundlichen Signalen beider Seiten, die fast in Richtung eines deutsch-deutschen Sonderverhältnisses gedeutet werden konnten und so auch gesehen wurden. Von der Bonner Koalition wurde die DDR für ihr partielles Entgegenkommen nicht nur großzügig honoriert, sondern häufig genug auch hofiert. Kohls Dezembertelefonat, Strauß' private Kontakte mit Schalck und Gesten des Verständnisses und des Entgegenkommens bei Elbgrenze, Salzgitter und Respektierung der Staatsbürgerschaft beinhalteten in der Substanz die De-facto-Zuerkennung einer Art von Legitimität für das Honecker-Regiment, auf die der kleine »rote Zar« in Ost-Berlin so erpicht war.

Der Honecker-Besuch in der Bundesrepublik war als eine Art Krönung gedacht, und eifrig bereitete ihn der Staatsminister im Kanzleramt Jenninger vor. Doch die DDR-Spitze war keineswegs so frei, »in eigener Souveränität« zu entscheiden, wie das Jenninger mit diplomatischem Schmeicheln am 25. Juli 1984 vor der Öffentlichkeit sagte. Bei dem gleichen Auftritt sah er sich veranlaßt zu betonen, daß die Bonner Politik gegenüber der DDR Teil einer umfassenden, die UdSSR und den gesamten Ostblock »einbeziehenden Gesamtpolitik« sei. »Es gibt keine wie immer gearteten deutschen ›Sonderwege‹ – weder für uns noch für die DDR.«[160]

Schon seit einiger Zeit reagierten ausländische Beobachter mit Erstaunen und Befremden darauf, daß in beiden Deutschlands offenkundig das Thema einer nationalen deutschen Identität wieder auf die Tagesordnung gekommen sei.[161] Auslöser und Anknüpfungspunkt waren dabei zunächst die Friedensbewegung und der Ablauf der Nachrüstungsdebatte, dann aber auch der Milliardenkredit sowie der dichter werdende Dialog und der Polittourismus hochrangiger westdeutscher Politiker in der DDR mit der besonderes Aufsehen erregenden Reise von Franz Josef Strauß. Mit ihrer Sonderrolle gerieten Bonn und Ost-Berlin in ein Fahrwasser, in dem Irritationen in beiden Blökken aufkamen und die Grenzen der Handlungsspielräume deutlich wurden. Die Vorbehalte und Befürchtungen in der politischen Klasse des westlichen Europas artikulierte am schärfsten der damalige italienische Außenminister Giulio Andreotti. Zwar seien »wir alle damit einverstanden«, daß es »gute Beziehungen« zwischen »den beiden Deutschlands« geben müsse, aber »man darf in dieser Hinsicht nicht übertreiben. [...] Der Pangermanismus muß überwunden werden. Es gibt zwei deutsche Staaten, und zwei sollen es bleiben.«[162]

Nachdem schon Kanzler Kohl mit der dezidierten Betonung der Westbindung in seinem Bericht zur Lage der Nation versucht hatte, jeden Verdacht eines deutschen Sonderweges zu zerstreuen[163], sprach Kanzleramtsminister Jenninger diese Sorgen über deutsche Sonderwege direkt an. Doch dieser Versuch, anläßlich des zweiten Milliardenkredits den Stier öffentlich direkt bei den Hörnern zu packen, ging daneben. Er schürte und verstärkte eher noch solche Befürchtungen, statt sie zu dämpfen, und Moskau schaltete die Ampeln energisch auf Rot.

Am 27. Juli 1984 erschien in der *Prawda* ein geharnischter Artikel, der Bundesrepublik und DDR gleichermaßen aufs Korn nahm. In scharfen Tönen wandte sich Moskau gegen Versuche Bonns, »sich direkt in die Angelegenheiten der DDR« einzumischen und sich als Sprecher aller Deutschen aufzuspielen.[164] Fast fassungslos und aufgeschreckt durch wachsende Drohungen der UdSSR fragte Jenninger telefonisch bei Honecker an: »Ich höre davon, daß Sie nicht kommen können?« Wie Jenninger sich erinnert, antwortete dieser: »Die Außenpolitik der DDR wird in Berlin gemacht und nicht in Moskau«.[165] Das war, auch wenn Honecker gern Selbstbewußtsein zur Schau stellte, natürlich Hochstapelei. Es entsprach nicht den Realitäten, aber ein simpler Lakai und blinder Erfüllungsgehilfe Moskaus war der SED-Generalsekretär auch nicht. Als Schalck-Golodkowski Jenninger zwei Tage nach dem Honecker-Telefonat mitteilte: »Die Sowjetunion wünscht nicht, daß der Besuch zustande kommt, also Honecker wird nicht kommen«, war er im Ergebnis zwar im Recht, doch zunächst dachte der SED-Generalsekretär nicht daran, so einfach vor dem Kreml zu kuschen. Auch das SED-Politbüro ging noch bis Mitte August davon aus, daß er trotz der Moskauer Kampagnen gegen Bonn stattfinden könne.[166]

Bei einem »dramatischen Treffen« einer von Honecker geleiteten DDR-Delegation mit der gesamten sowjetischen Führungsspitze am 17. August in Moskau oktroyierte der Kreml Honecker ein Nein auf. Generalsekretär Konstantin Tschernenko, der Nachfolger des im Februar verstorbenen Andropow, machte den SED-Oberen eindeutig klar, daß die KPdSU-Führung die finanziellen Koppelungsgeschäfte der DDR mit Bonn auf das schärfste mißbilligte, weil sie

Abhängigkeiten schüfen und, bezogen auf die Sicherheit, »einseitige Zugeständnisse der DDR an Bonn« darstellten. In Moskau grassierte die Sorge, daß zu viele Kontakte und eine zu enge Verflechtung der DDR mit der Bundesrepublik das SED-Regime destabilisieren und unterminieren würden. Einen Verstoß gegen die Sicherheitsinteressen der UdSSR warf man der DDR vor, und Verteidigungsminister Marschall Dmitri Ustinow verstieg sich gar zum Vorwurf der Begünstigung von NATO-Spionage. Honecker wurde regelrecht zurechtgestaucht. Um seinen Kopf aus der Schlinge zu ziehen und seinen Posten zu retten, brachte er ein Bauernopfer: Herbert Häber, gerade erst ins Politbüro aufgerückt, wurde zum Sündenbock gestempelt und kaltgestellt.[167]

Während in Bonn die Besuchsvorbereitungen noch weiterliefen, war die Entscheidung für die Absage gefallen, über die Ewald Moldt, der Leiter der Ständigen Vertretung der DDR, am 4. September Jenninger informierte. Diplomatisch verbrämt wurde sie mit beleidigenden Kommentaren aus der Bundesrepublik und der »Politik der Regierung der BRD«, wobei als Aufhänger vorrangig ein Zeitungsinterview des CDU/CSU-Fraktionsvorsitzenden Alfred Dregger diente, die Zukunft der Bundesrepublik hänge nicht davon ab, ob Honecker ihr »die Ehre seines Besuchs« gebe.[168]

Für SED-Generalsekretär Honecker, für den der Besuch in der Bundesrepublik den Königsweg zur internationalen Reputation darstellte, bedeutete die erzwungene Absage unstreitig ein wirkliches Opfer. Aus dem Scheitern dieses Treffens zogen beide Seiten Konsequenzen. Deklaratorisch wurden die jeweiligen Bündnisverpflichtungen und Blockbindungen akzentuiert, besonders von der ungleich abhängigeren DDR. Dies war die eine Seite der Medaille, gleichzeitig im operativen Bereich die Politik der Kooperation weiterzutreiben und Schärfen oder Zuspitzungen, erst recht gegenüber der Sowjetunion, zu vermeiden, die andere. Bei der Analyse der Lage kam die Bonner Staatssekretärsrunde am 7. September 1984 zu dem Schluß, es bestehe kein Anlaß, die Absage »zu dramatisieren und mit antisowjetischer Diskussion zu reagieren«.[169] Unter Verzicht auf jede Forcierung des spektakulären Besuchsprojekts liefen die bilateralen Projekte weiter.

Es war der neue Staatsminister im Kanzleramt Wolfgang Schäuble, der dabei geschickt und energisch die Fäden spann. Mit seinem

Amtsantritt als Bundesminister für besondere Aufgaben und Chef des Bundeskanzleramtes am 15. November 1984 gewann die deutschlandpolitische Schaltzentrale ein ungleich größeres Gewicht. Das Ministerium für innerdeutsche Beziehungen spielte nur eine untergeordnete Nebenrolle. Es kümmerte sich um die Lösung humanitärer Fragen, erarbeitete direkt oder über das angeschlossene Gesamtdeutsche Institut Materialien, und seine Minister durften sich gelegentlich öffentlich zu deutschlandpolitischen Themen äußern. Schäuble stützte sich vorrangig auf den bewährten, schon unter Schmidt eingerichteten Arbeitsstab Deutschlandpolitik, dem nun erhöhte Bedeutung zukam. Mit straffer Lenkung und Leitung koordinierte der Kanzleramtsminister die operative Deutschlandpolitik und konzentrierte sie im Knotenpunkt »Schäuble«. Mit ihm hatte Kohl nun einen überaus fähigen Partner und Chefkoordinator zur Seite, der, gestützt auf das enge Vertrauensverhältnis mit dem Kanzler, »über Maklermacht« und operative Freiräume verfügte.[170]

Mit Elan packte Schäuble seine schwere Aufgabe an. Seine ersten Kontakte knüpfte er auf dem Bonner Parkett über den Leiter der Ständigen Vertretung der DDR, Ewald Moldt. Doch angesichts deren bisheriger Nebenrolle fielen sie politisch kaum ins Gewicht. Zu einem zentralen »Gesprächspartner« wurde Schalck-Golodkowski, mit dem Schäuble bis zum Fall der Mauer nachgewiesenermaßen mindestens 21mal zu Gesprächen zusammenkam und darüber hinaus zahlreiche Telefonate führte.[171] In der Regel traf man sich in Schalcks Privatwohnung in Ost-Berlin. Doch bei der ersten Zusammenkunft am 5. Dezember 1984 mußten noch Wolfgang Vogel und seine Anwaltskanzlei als Cover dienen. Das Treffen mit Schalck bildete bezeichnenderweise den öffentlich verschwiegenen Auftakt von Schäubles Gesprächen am 6. Dezember in Ost-Berlin, bei denen er entsprechend der DDR-Kleiderordnung zunächst mit Außenminister Oskar Fischer und anschließend mit Herbert Häber konferierte.

Nach dem zweiten Milliardenkredit und entgegen Schalcks Rat wurde nun gemäß Schäubles Art Klartext gesprochen, selbst über den jüngsten Todesfall an der Grenze, ohne daß dies das Klima beeinträchtigte. Der Kanzleramtsminister bekannte sich zum Grundlagenvertrag, zur Kontinuität und zu dem im »Brief zur deutschen Einheit« von der damaligen Regierung Brandt postulierten Ziel, »auf einen Zustand des Friedens in Europa hinzuwirken, in dem das deutsche Volk in freier Selbstbestimmung seine Einheit wiedererlangt. Dies aber stehe jetzt nicht auf der Tagesordnung«. Geschickt verknüpfte Schäuble Friedenspolitik mit Freiheit und Humanität. Dies bedeute, so wird er selbst in den Ostaufzeichnungen zitiert: »Friedenspolitik heiße auch, mehr Kontakte, mehr Menschlichkeit, mehr Bürgerfreiheit. – Die unmenschlichen Schüsse an der Mauer, die wieder ein Menschenleben gekostet hätten, würden aufs schärfste verurteilt. Die BRD habe die Veränderung an den Sperranlagen und die Verbesserung des Abfertigungsregimes durch die DDR gewürdigt. Es müsse aber gefordert werden, daß jede Art der Gewaltanwendung aufhöre.«[172]

Nicht nur die Hinnahme dieser Kritik, sondern daß sie für die SED-Spitze so ungeschminkt notiert und trotz der deutlichen Worte dann nüchtern über praktische Fragen geredet wurde, bezeugte das vitale Interesse der DDR-Führung an dem Ausbau der Kontakte. Die lange Wunschpalette der Bundesrepublik, vom Mindestumtausch über die Erweiterung des grenznahen Verkehrs, eine Zwei-Tage-Regelung auch für West-Berliner, eine humanere Ausreisepraxis und schließlich Umweltschutz, ist natürlich auch im Kontext des zweiten Großkredits zu sehen. Dazu signalisierte Schäuble bei den Geraer Forderungen Honeckers immerhin ein gewisses partielles Entgegenkommen beim Grenzverlauf Elbe und deutete selbst Gesprächsbereitschaft bei Salzgitter an. Erst nach einem neuen tödlichen Schußwaffeneinsatz an der Grenze stellte er dies wieder zurück.[173]

So wichtig das Agieren des neuen Mannes Schäuble auf der deutsch-deutschen Bühne auch war, die wirklich entscheidenden Veränderungen vollzogen sich nicht in Bonn und erst recht nicht in Ost-Berlin, sondern in Moskau, wo mit Michail Gorbatschow im Frühjahr 1985 ein Mann an die Spitze gelangte, der mit Glasnost und Perestroika bald für Aufsehen sorgte und mit dem sich das Ost-West-Klima zum Besseren wendete.

Im Strom der Entspannung

Eine problematische
Scheinnormalität

Der März 1985 läutete den beginnenden Frühling in den Ost-West-Beziehungen ein. Am 10. März verstarb der sowjetische Staats- und Parteichef Tschernenko und am Tage darauf wurde Michail Gorbatschow zum neuen Generalsekretär der KPdSU gewählt.[1] Am 12. März nahmen die USA und die Sowjetunion ihre Rüstungskontrollgespräche mit den INF-Verhandlungen in Genf wieder auf. Damit sei, verkündeten Bundeskanzler Kohl und SED-Chef Honecker in ihrer gemeinsamen »Moskauer Erklärung« vom gleichen Tage, »eine neue Phase in den Ost-West-Beziehungen eingeleitet worden«.[2] Nach der Periode der Verhärtungen und abgebrochener und stagnierender Abrüstungsgespräche war dies ein Lichtblick. US-Präsident Ronald Reagan, der am 20. Januar 1985 seine zweite Amtsperiode angetreten hatte, verfolgte nun einen flexibleren Kurs. Die US-Administration suchte das Gespräch mit Moskau, und der Promoter von Rüstung und SDI wollte schließlich als Friedenspräsident in die Geschichte eingehen.

Die wichtigsten Veränderungen aber vollzogen sich in Moskau. Mit dem Aufstieg Gorbatschows zum Generalsekretär der KPdSU und ersten Mann der Sowjetunion setzte eine Umorientierung der sowjetischen Politik ein, zu deren Markenzeichen die Begriffe »Glasnost« und »Perestroika« wurden. Es war der Versuch, durch Veränderungsprozesse und Reformen den verkrusteten Realsozialismus zu modernisieren, umzugestalten und zu öffnen, ohne allerdings die führende Rolle der Kommunistischen Partei aufzugeben. Mit dem »neuen Denken« verbanden sich Vorschläge und Initiativen zur globalen Abrüstung sowie zum Abbau und zur Überwindung der Blockkonfrontation. Anläßlich seines ersten Auslandsbesuchs in Frankreich gebrauchte Gorbatschow erstmals das Wort von »Europa« als »unser gemeinsames Haus«. Aus diesem Bild des »gemeinsamen europäischen Hauses« entwickelte sich das Konzept einer europäischen Zusammengehörigkeit unterschiedlicher Bewohner unter einem Dach.[3] Doch das vorrangige Ziel der neuen Führungscrew in Moskau galt zunächst der Verbesserung des Verhältnisses zur westlichen Führungs- und Supermacht, den USA. Das erste Gipfeltreffen Reagan-Gorbatschow im November 1985 wurde zum Symbol dafür, daß die beiden Supermächte zur Verständigung fähig waren und auf eine Politik des umfassenden Dialogs setzten.[4] Es war ein erster wirklicher Durchbruch zu einer neuen Ära der globalen Entspannung, die für die Gestaltung der deutsch-deutschen Beziehungen verbesserte Rahmenbedingungen bot. Der globale, von den beiden Vor- und Supermächten bestimmte Trend und die deutsch-deutsche »Verantwortungsgemeinschaft« liefen in der großen Linie nun eher wieder synchron.

Das Treffen von Bundeskanzler Kohl mit Staats- und Parteichef Honecker am 12. März 1985 in Moskau markierte so etwas wie eine Bilanz deutsch-deutscher Politik seit dem Amtsantritt Kohls und den Auftakt zu einer neuen Ära. Allerdings gehen die Aufzeichnungen über dieses Gespräch, zu dem Kohl Außenminister Genscher bewußt nicht mitgenommen hatte, zum Teil auseinander. Ein Westvermerk nach mündlichen Mitteilungen aus dritter Hand rühmte den Fortschritt in den Beziehungen und den moderaten Ton Honeckers im Gegensatz zu den scharfen Vorwürfen Gorbatschows an die Adresse Kohls.[5] Mit Stolz resümierte der Kanzler nach dem Ostvermerk, er habe seit seinem Amtsantritt »eine Reihe von Schritten getan, an die seine Vorgänger nicht zu denken gewagt, geschweige denn unternommen hätten. Diese Entwicklung habe ihm nicht geschadet, im Gegenteil.«[6]

Mit ihrer »Moskauer Erklärung« bekundeten sie als ihren gemeinsamen Willen: »Von deutschem Boden darf nie wieder Krieg, von deutschem Boden muß Frieden ausgehen.« Die politisch gewichtigste Aussage war das klare Bekenntnis: »Die Unverletzlichkeit der Grenzen und die Achtung der territorialen Integrität und der Souveränität aller Staaten in Europa in ihren gegenwärtigen Grenzen sind eine grundlegende Bedingung für den Frieden.«[7] Diese Formulierung griff eine fast gleichlautende Passage des Warschauer Vertrages vom Dezember 1970 auf, die Kohl in seinem Bericht zur Lage der Nation im Februar 1985 zitierte[8], doch vor allem kam Kohls Regierung damit dem Bedürfnis des Honecker-Regimes nach Gleichrangigkeit und

De-facto-Aufwertung entgegen. Noch über Jahre stieß dies in den Unionsparteien und auch bei Genscher auf Kritik.[9] In den Augen der SED-Führung begründete dies eine neue Qualität der Anerkennung der DDR durch die Regierung der Bundesrepublik. Über die staatsrechtliche Formel hinaus, wie sie in dem Vertragswerk mit der sozialliberalen Koalition fixiert worden war, sah die SED-DDR mit der »Moskauer Erklärung« nun die förmliche Anerkennung ihrer »Souveränität« durch Bonn garantiert. Honecker und die Seinen empfanden dies als einen eindeutigen Erfolg, dessen Bedeutung sie gegenüber West- wie Ostbesuchern herausstrichen und auf den sie sich nun stets beriefen.[10]

Das Moskauer Treffen hatte für ein positives Klima gesorgt. Die Rahmenbedingungen für eine weitere Verbesserung der innerdeutschen Beziehungen waren günstig. Schwierigkeiten und Probleme zeigten sich eher in Bonn, wo innerhalb der Unionsparteien eine Debatte um die polnische Westgrenze entbrannte. Während Volker Rühe öffentlich die »politische Bindewirkung« des Warschauer Vertrages auch für ein »wiedervereinigtes Deutschland« betonte und sich in der Jungen Union starke Kräfte dafür einsetzten, diese Grenze nicht mehr in Frage zu stellen, stießen sich andere an Passagen wie den in der Moskauer Erklärung, und vor allem der sogenannte »Stahlhelm-Flügel« machte mobil. Verstimmungen und Belastungen erzeugte das »Schlesien bleibt unser« als Motto für das Schlesiertreffen, zu dem der Kanzler sein Kommen zugesagt hatte.[11] Dann sorgte der Besuch mit US-Präsident Reagan auf dem Soldatenfriedhof Bitburg, auf dem auch SS-Männer bestattet waren, erneut für negative Schlagzeilen. Fast zur gleichen Zeit sandten führende Politiker und gesellschaftliche Institutionen aus Anlaß des 40. Jahrestags des 8. Mai 1945 positive Signale der Versöhnung, des Friedens und der Verständigung aus. Am bekanntesten ist wohl die Rede des Bundespräsidenten Richard von Weizsäcker.[12] Nicht vergessen werden darf das gemeinsame »Wort zum Frieden« der evangelischen Kirchen der Bundesrepublik und der DDR. Auch die Sozialdemokratie machte mit Friedens- und Versöhnungsgesten zum 8. Mai als einem Tag der »Befreiung« über die Grenzen hinaus guten Eindruck.[13] Die im Sommer 1984 eingerichtete gemeinsame Arbeitsgruppe von Sicherheitsexperten der SPD unter Egon Bahr und der SED, geleitet von Hermann Axen, legte schließlich im Juli 1985 den »Rahmen für ein

Abkommen zur Bildung einer von chemischen Waffen freien Zone in Europa« vor.[14]

Auf dem deutsch-deutschen Terrain gab es nun auf vielen Ebenen Bewegung. Helmut Kohl und Erich Honecker setzten ihren Meinungsaustausch in einem dichten Briefwechsel fort. Es sei, so der Kanzler, »eine Bewegung in Gang gekommen, die wir nützen müssen, um weiterführende Ergebnisse zum Wohl der Menschen zu erzielen«.[15] Die vertraulichen Briefe ersetzten ein wenig das Telefon. Ein kurz vor Weihnachten 1984 geplantes Telefongespräch des Kanzlers mit Honecker war nicht zustande gekommen.[16] Schalck-Golodkowski berichtete seinem Gesprächspartner Schäuble wenige Wochen später: »Der Generalsekretär telefoniere ungern, da er fürchte, überfahren zu werden.«[17] Zu Zeiten Helmut Schmidts war das nicht so der Fall, und im Telefongespräch erwies sich Honecker als durchaus schlagfertig. Solche Ausflüchte sollte man nicht gleich für bare Münze nehmen. Der wahre Grund dürfte ein anderer gewesen sein. Die Leitung war nicht abhörsicher. Honecker konnte nicht das Risiko eingehen, dem Duo Tschernenko–Ustinow neue Verdachtsmomente zu liefern und seinen Posten zu gefährden. Dennoch scheint unwahrscheinlich, daß es danach kein einziges weiteres Telefonat mehr zwischen Kohl und Honecker gegeben hat, wie das Korte als Faktum nimmt.[18] Auch die Existenz anderer Gespräche räumte das Kanzleramt erst ein, nachdem die DDR-Mitschriften auf den Tisch kamen. Vielleicht gibt es doch noch Überraschungen, wenn die privaten Schatullen richtig geöffnet werden.

Die entscheidenden deutsch-deutschen Drähte liefen jetzt über den verdeckten Kanal Schäuble/Schalck-Golodkowski; die Emissäre trafen sich seit dem Frühsommer 1985 regelmäßig zu vertraulichen Gesprächen zumeist in Schalcks Privatwohnung.[19] Die innerdeutschen Kontakte begannen sich im Konkreten positiv zu entwickeln, auch wenn sie von einer Normalität noch weit entfernt waren. Der Reiseverkehr in West-Ost-Richtung weitete sich zwar allmählich, aber doch kontinuierlich aus auf 1984 annähernd 2,5 Millionen Besuche. Auch in umgekehrter Richtung stieg die Zahl der bis 1983 rückläufigen Rentnerreisen um etwa zehn Prozent pro Jahr an, und gleichzeitig nahm die Zahl der Menschen, denen die Ausreise gestattet wurde, zu. Besonders hoch war sie mit 35 000 im Jahr des zweiten Milliardenkredits 1984.[20] Expertengespräche zum Umweltschutz standen auf der

Agenda, Konsultationen zwischen Beauftragten beider Außenministerien über Abrüstungsfragen wurden vorgesehen, Städtepartnerschaften, angestoßen von der SPD und SPD-regierten Kommunen, wurden möglich, und die langwierigen und lange ergebnislosen Verhandlungen über ein Kulturabkommen kamen in ein konkretes Stadium und wurden, nachdem die Sowjetunion noch einmal Schwierigkeiten machte, im Grundsatz am 11. September 1985 abgeschlossen. Unterzeichnet wurde das Abkommen schließlich am 6. Mai 1986.[21]

Als sich Franz Josef Strauß am 1. September 1985 auf der Leipziger Herbstmesse mit Honecker traf, wertete er den Stand der Beziehungen als »erfreulich« und bedankte sich besonders für die Regelung von Härtefällen, Verbesserungen beim nichtkommerziellen Zahlungsverkehr und die Hilfe der DDR beim Bremsen des Asylantenzustroms in die Bundesrepublik.[22] Bundeskanzler Kohl schloß sich diesem Dank in einem Schreiben an Honecker an. Doch bei allen anzuerkennenden positiven Entwicklungen sei man von Normalität und guter Nachbarschaft noch weit entfernt.[23] Für die Kohl-Getreuen gilt dies wohl auch als Beleg normativer Distanz. Tatsächlich war es nur die fast schon stereotype Formel, mit der die Kanzler kleinere Fortschritte in den innerdeutschen Beziehungen relativierten, und dies angesichts der Mauer- und Stacheldrahtgrenze natürlich zu Recht. Doch Kohl und seine Regierung hatten sich 1985 auf einen Deal mit dem DDR-System eingelassen, bei dem es nicht um Erleichterungen im Reise- und Grenzverkehr ging und die normativen Grenzen sich vermischten.

Zu den bewährten Instrumenten der Bonner Deutschlandpolitik gehörte es, finanzielle Leistungen an die DDR, ob bei Transitpauschalen, Verkehrsprojekten, Swing oder Krediten, mit innerdeutschen Verbesserungen vor allem im Reiseverkehr zu koppeln. Die noch von der Schmidt-Regierung am 18. Juni 1982 geschlossene Swing-Vereinbarung, mit der der zinslose Überziehungskredit von 850 auf 600 Millionen DM zurückgeführt wurde, lief 1985 aus. Das galt ebenfalls für die bisherige Regelung über den Transfer von Sperrguthaben.[24] Von beiden profitierte die DDR, vor allem von dem zinslosen Überziehungskredit, dem Swing. Helmut Schmidt hatte diesen als politischen Hebel für humanitäre Regelungen eingesetzt und versucht, damit eine Reduzierung der Mindestumtauschsätze zu erreichen. Nach dem ganzen bisherigen Verständnis der Bonner DDR-Politik war es eigentlich selbstverständlich, daß man 1985 über den Swing versuchen würde, Zugeständnisse im humanitären Bereich zu erzielen.

Statt dessen wurde er nun als Hebel zur Abblockung von Asylanten, vor allem von Flüchtlingen aus Sri Lanka, benutzt, die über den DDR-Flughafen Berlin-Schönefeld nach West-Berlin und in die Bundesrepublik kamen. Schon im Januar 1985 hatte Franz Josef Strauß darauf gedrungen, die DDR solle Maßnahmen zur Unterbindung dieses Asylantenzustroms ergreifen, und Wolfgang Schäuble hatte dies als »Bitte« seinem Gesprächspartner Schalck-Golodkowski weitergegeben.[25] Eine direkte Verknüpfung mit einem erhöhten Swing, für den Schalck 900 Millionen DM als Vorstellung der DDR nannte, stand zunächst nicht konkret zur Debatte. Bei seinen Gesprächen mit Erich Honecker und Günter Mittag auf der Leipziger Frühjahrsmesse argumentierte Wirtschaftsminister Bangemann vorrangig handels- und wirtschaftspolitisch. Eine Verkoppelung mit der Asylproblematik fände er nicht sinnvoll.[26] Bei dem unmittelbar darauf folgenden Treffen Kohl-Honecker in Moskau spielte die Verknüpfung von Swing und Asylanten dagegen schon hinein, blieb aber noch in der Schwebe. Mit einem Aide-mémoire zur Asylantenfrage ersuchte die Bundesregierung am 22. März 1985 das DDR-Regime vergeblich, Reisen von Ausländern in den Westen nur bei Vorliegen von Aufenthaltserlaubnissen bzw. Sichtvermerken zu gestatten.[27]

Die Behandlung des Asylantenzustroms über Berlin warf schwierige rechtliche und politische Fragen auf. Sie ergaben sich zum einen aus der innenpolitischen Situation in der Bundesrepublik, der Stimmung in der Bevölkerung und den Eigeninteressen der Parteien, zum anderen aus dem Status von Berlin. Die DDR berief sich auf die Transitfreiheit und schob den Schwarzen Peter an die Bundesregierung weiter. Wenn die Bonner in den Asylanten ein Problem sähen, so könnten sie selbst bzw. die westlichen Alliierten dies doch durch Kontrollen bei der Einreise lösen. Darauf beharrte auch Günter Mittag, als er sich am 18. April 1985 in Bonn mit Schäuble traf, und so ging Kohl bei dem nachfolgenden Gespräch darauf erst gar nicht ein.[28]

Die Dinge schienen festgefahren. Doch »mußte« eine Swing-Erhöhung wirklich »für den Stopp des Asylantenstroms genutzt werden«, und drängte sich dies »als Koppelgeschäft förmlich auf«, wie das

Korte meint?[29] Die Union befand sich innenpolitisch in einem erkennbaren Tief und die Sozialdemokratie im Aufwind. Bei den Landtagswahlen an der Saar (10. März) errang sie mit 49,2 Prozent der Stimmen die absolute Mehrheit der Mandate, und Oskar Lafontaine wurde neuer Ministerpräsident. In Nordrhein-Westfalen weitete sie unter Johannes Rau ihren Vorsprung am 12. Mai noch erheblich aus (auf 52,1 Prozent, einem Plus von 5,9 Punkten), während die CDU auch hier erhebliche Einbußen hinnehmen mußte. Schon zu Jahresbeginn war die Nervosität zu spüren, als sich Schäuble bei Schalck über den Empfang hochrangiger SPD-Politiker durch Honecker beklagte und mahnte, dieser solle in »nächster Zeit hochrangige Mitglieder der Regierung« und der Regierungskoalition empfangen. An ihr vorbei könne man keine Politik machen.[30]

Tatsächlich hatte zu diesem Zeitpunkt zwar der nordrhein-westfälische Ministerpräsident, Johannes Rau, gerade die DDR besucht, und als nächster stattete der SPD-Fraktionsvorsitzende, Hans-Jochen Vogel, im Mai Honecker einen Besuch ab.[31] Doch Schäuble ging es wohl vor allem darum, Erwartungen der DDR auf einen möglichen Regierungswechsel in Bonn zu dämpfen, die Spitzenkontakte möglichst für sich zu reservieren und sie zu kontrollieren. Während die Sozialdemokratie mit der Bahr-Gruppe auf einen sicherheitspolitischen Diskurs mit der SED-Staatspartei setzte und Hans-Jochen Vogel das Thema »Einreise von Asylanten über Schönefeld« nur sehr verhalten unter Hinweis auf »einen liberalen Standpunkt« und das »Asyl« vieler Sozialdemokraten in der nationalsozialistischen Zeit ansprach[32], überlagerte bei der Union die Asylantenfrage nun immer stärker das deutsch-deutsche Terrain. Aus innenpolitisch-populistischen Gründen suchte sie einen Erfolg. Während Strauß offenbar bereit war, bisherige Rechtspositionen in Berlin zu verändern, setzten Schäuble und Kanzler Kohl nun eindeutig auf die Verkoppelung mit dem Swing. Ohne ein Entgegenkommen bei der Asylantenfrage wollten sie nicht abschließen. In den intensiven Verhandlungen und vielen Telefonaten, die Schäuble und Schalck miteinander, teilweise mehrere an einem Tag, führten, lief es in der Konsequenz immer deutlicher auf ein informelles Junktim hinaus. Am 5. Juli wurde die neue Swing-Vereinbarung abgeschlossen, mit der der zinslose Überziehungskredit nun kräftig auf 850 Millionen DM bis zum Jahre 1990 erhöht wurde. Am gleichen Tag wurde verkündet, die DDR-Fluggesellschaft

Interflug habe zugesichert, Passagiere aus Sri Lanka, die keine gültigen Papiere oder Visa besäßen, würden zurückgeschickt.[33]

Das über Jahre praktizierte System, durch finanzielle Leistungen der Bundesrepublik humanitäre Erleichterungen zu erwirken, wurde nun dazu benutzt, die Bundesrepublik gegen den Zustrom von Flüchtlingen aus einem Bürgerkriegsland abzuschirmen, in dem die tamilische Minderheit unterdrückt und verfolgt wurde. Menschenrechtsorganisationen kritisierten aus guten Gründen diesen Deal, mit dem den Tamilen der Fluchtweg abgeschnitten wurde und die Bundesrepublik die DDR dafür mit finanziellem Entgegenkommen belohnte.[34] Es war ein erster Schritt zu einer problematischen Normalisierung der Beziehungen zur DDR, bei der die Bundesrepublik Grundsätze ihrer bisherigen Deutschlandpolitik – DM gegen humanitäre Erleichterungen – aufgab und DM nun für die Zurückhaltung von Flüchtlingen durch die DDR, also eigentlich einen Akt der Inhumanität, einsetzte.

Das Problem des Zustroms von Asylsuchenden aber blieb auf der Tagesordnung. Zwar dehnte die DDR im Januar 1986 die Vorschrift, Transitvisa nur bei Vorliegen von Sichtvermerken der Bundesrepublik zu erteilen, auf insgesamt dreizehn Länder (von Äthiopien bis Tunesien) aus, nachdem Schäuble unverhohlen damit gedroht hatte, »ein Anhalten des Zustroms von Asylanten in die Bundesrepublik könne die Beziehungen zur DDR belasten«.[35] Die Regelung lehnte sich an Zugeständnisse an, die von der DDR gegenüber Dänemark und Schweden gemacht worden waren.[36]

Wirkungsvoll zu stoppen war der Zustrom der Asylanten mit der sowjetischen »Aeroflot« und der DDR-»Interflug« über Schönefeld aber nicht, weil diese Verfahren nicht für West-Berlin galten. Das Schlupfloch Berlin blieb offen, und für das DDR-Regime war es ein nützlicher Hebel, den West-Berlin-Status zu testen und sich zugleich als Sachwalter der Alliierten Verantwortung für Berlin zu geben. Hartnäckig, aber ergebnislos drängte Schäuble zunächst bei Ewald Moldt, dem Leiter der Ständigen Vertretung der DDR in Bonn, und anschließend bei einem Treffen mit Schalck-Golodkowski in dessen Privatwohnung auf wirksamere Maßnahmen der DDR und versicherte, die Bundesregierung wolle damit »keine Statusgewinne für Berlin erzielen«.[37] Auch die Unterredung mit Volkskammerpräsident Horst Sindermann, der im Februar Bonn seinen ersten Besuch abstattete, blieb trotz Schäubles Drohungen ergebnislos.[38] Gegenüber dem Regierenden Bürgermeister von Berlin, Eberhard Diepgen, und dem Bundeswirtschaftsminister, Martin Bangemann, mit denen Honecker auf der Leipziger Frühjahrsmesse konferierte, gab sich die DDR als Tugendwächter internationaler Grundsätze der Transitfreiheit, als Anwalt der Asylsuchenden und Gralshüter des Vier-Mächte-Abkommens.[39] Auch der Bundeskanzler schaltete sich nun direkt ein. Er versuchte, Druck auf die DDR auszuüben, und forderte im Gespräch mit Günter Mittag am 9. April 1986 eine rasche Lösung, denn »die illegale Einreise von Ausländern über Schönefeld sei für uns ein elementares Problem«.[40]

Der Zustrom der Asylsuchenden über Berlin-Schönefeld hielt sich in Wirklichkeit in Grenzen. Rund 30 000 waren es im gesamten ersten Halbjahr 1986.[41] Dem Kanzler, seinem Adlatus und Vertrauten Schäuble und anderen in der Unionsführung ging es offenkundig noch um etwas anderes. Die schließlich im Januar 1987 abgehaltenen Bundestagswahlen warfen ihre Schatten voraus. In der Öffentlichkeit wurde das Thema Asyl und Asylanten hochgekocht. Bei den bayerischen Landtagswahlen errangen die Republikaner mit ihren fremdenfeindlichen Kampagnen einen gewissen Erfolg. Der rechte Flügel in der Union drängte auf energische Maßnahmen, und der CDU-Innensenator von Berlin, Heinrich Lummer, wollte schon Kontrollen in West-Berlin zur Abwehr der Asylsuchenden einführen. Solche populistischen Radikallösungen gefährdeten natürlich den Status Berlins.[42] Dazu waren weder der Kanzler noch Schäuble bereit. Doch als Wahlkampfthema kam den Unionsparteien die Asylantenfrage durchaus nicht ungelegen.

Schon Anfang Februar 1986 hatte Schäuble, wie sein Gesprächspartner Schalck vermerkte, ihm mitgeteilt, es sei kein Geheimnis, »daß von seiten der CDU/CSU das Problem des geltenden Asylrechts zum Wahlkampfthema gegenüber der SPD gemacht wird. Wenn es dadurch und vielleicht mit Unterstützung der DDR gelingen würde, die SPD für eine entsprechende Änderung des Grundgesetzes zu gewinnen, so würde durch diese Veränderung des Asylrechts das Problem gelöst werden können.«[43] Die Realität des Vorwahlkampfes sah durchaus so aus, daß die Union versuchte, die SPD beim Asylthema in die Ecke zu drängen. Doch die schwere Reaktorkatastrophe in Tschernobyl (26. April 1986) drängte dann für eine Zeit fast alles in den Hintergrund. Sie war auch eines der zentralen Themen beim Besuch von Johannes Rau und Oskar Lafontaine bei Erich Honecker und nachfolgenden Treffen des SED-Generalsekretärs mit dem bayerischen SPD-Politiker Karl-Heinz Hiersemann und dem SPD-Fraktionsvorsitzenden Hans-Jochen Vogel.[44] Doch nicht nur SPD-Politiker, auch der CDU-Ministerpräsident von Baden-Württemberg, Lothar Späth, fand sich bei Honecker ein.[45] Nach dem Ende des SED-Regimes mutet es eher merkwürdig an, wie sich hochrangige Westbesucher bei dem SED-Generalsekretär fast die Klinke in die Hand gaben und sich von den Fototerminen offenkundig etwas für ihr Ansehen in der Bundesrepublik versprachen.

Bei Vogel gehörten diese Mai-Besuche fast schon zur Routine. Sehr offen und deutlich sprach er dabei die bestehenden Probleme an. Nur in der von Dieter Schröder für Vogel gefertigten Gesprächsaufzeichnung wird das Asylthema erwähnt, während sich in allen anderen Fällen nichts darüber findet. Es war demnach Honecker, der zum Ende der Unterredung darauf zu sprechen kam. Die »Möglichkeiten der DDR zur Einschränkung des Asylantenzustroms nach West-Berlin seien begrenzt, nur die Alliierte Kommandantur Berlin hätte ein Recht zur vollen Kontrolle«. Was für die DDR machbar sei, habe sie getan.[46]

Kortes Interpretation, daß beim Treffen von Rau und Lafontaine sowie Vogel mit Honecker nach der Aktenlage »niemand« das so dringliche Asylthema ansprach, weil Bahr parallel »als SPD-Unterhändler in Sachen Asylkompromiß tätig werden« sollte[47], verzerrt das Bild. Die DDR-Führung, jedenfalls Honecker, favorisierte gewiß die SPD bei Bundestagswahlen. So begrüßte er denn auch Rau »herzlich« als »Bundeskanzlerkandidaten der SPD, der hoffentlich der Bundeskanzler von Morgen ist«, wie es in der östlichen Aufzeichnung hieß. Er wünsche, »daß J. Rau im Januar 1987 die Wahlen gewinnt« und er »habe keineswegs die Absicht, als Wahlhelfer der CDU aufzutreten«.[48] Gemeint war damit sein Besuch in der Bundesrepublik, von dem konkret zu dieser Zeit jedoch nicht die Rede war.

Die Sozialdemokratie setzte bei diesen Wahlen auf ihren Sympathieträger Johannes Rau, der mit seinem Motto »Versöhnen statt spalten« wie ein biblischer Fischer die Menschen für sich einzunehmen suchte. Bei den Vorbehalten gegen die Atomenergie, die in der Bundesrepublik durch Tschernobyl ungeheuren Auftrieb erhielten, und den Sorgen und Ängsten vor Raketen und Rüstungswahnsinn profitierte die SPD von ihrer atomkritischen Haltung und ihrem betonten Einsatz für Frieden und Entspannung. Dies waren ihre Themen, während sie sich beim Asylantenproblem eher in der Defensive befand und gerade ihre beiden Spitzenpolitiker, der Fraktionsvorsitzende Vogel und der Kanzlerkandidat Rau, aus moralisch-ethischen Motiven gegen eine Eingrenzung des Asylrechts waren und große Vorbehalte gegen harte Maßnahmen gegen Asylsuchende hegten. Sowohl aus grundsätzlichen Erwägungen wie aus partei- und wählertaktischen Gründen hatte die SPD-Führung ein dezidiertes Interesse, das Asylthema nicht hoch-, sondern herunterzuspielen.

Diese Linie hielt sie bis in den Hochsommer durch. Doch nun wurde das brisante Thema durch den von Bundesinnenminister Friedrich Zimmermann am 23. Juli 1986 vorgelegten »Bericht zur Asylantenfrage« und zur Haltung der DDR angefacht.[49] Ende August verstärkte sich der Druck, als die Bundesregierung am 27. August Maßnahmen zur Eindämmung des Zustroms beschloß und für September eine Beratung mit den Ländern und den Parteiführern über eine Grundgesetzänderung ankündigte.[50] Schon im Juli hatte sich der Bundeskanzler wegen des »fortgesetzten Zustroms« der »illegal« über die DDR »zu uns einreisenden Ausländer« mit einem Schreiben direkt an Honecker gewandt. Dieser unerträgliche Zustand belaste »den Stand des Verhältnisses zwischen unseren beiden Staaten zunehmend« und eine »Lösung dieser Frage« sei »dringend«.[51]

Ende August fuhr Kanzleramtsminister Schäuble zu einem Geheimtreffen mit SED-Generalsekretär Honecker nach Ost-Berlin, um mit einer diplomatisch verbrämten Sanktionsdrohung eine Lösung des »sogenannten Asylantenproblems« anzumahnen. Er wolle »ausdrücklich betonen, daß die DDR mit der Gestattung der Durchreise der Asylanten gegen keinerlei rechtliche Positionen verstoße. Er habe deshalb auch keine Forderungen an die Adresse der DDR zu stellen. Die Bundesregierung gehe aber davon aus, daß es zu gutnachbarlichen Beziehungen gehöre, wenn sie die Bitte äußere, daß die DDR bei der Lösung dieses Problems helfen möge.« Anders als 1985 hatte Schäuble keine konkreten Anreize, das hieß finanzielle Gegenleistungen, zu bieten. In der Sache erreichte er nichts. Honecker berief sich darauf, daß die Mehrzahl der Asylanten ohnehin mit anderen Fluggesellschaften reisten und das Asylantenproblem »gar nicht« durch eine Einigung mit der DDR bewältigt werden könne, sondern »in erster Linie von der BRD gelöst werden müsse«. Es war sicher kein Ruhmesblatt für die Bundesrepublik, daß ein Oberhaupt eines diktatorischen Systems den berufenen Vertreter einer demokratischen Regierung an das im Grundgesetz garantierte Asylrecht und die Bedeutung des Asyls in der nationalsozialistischen Zeit erinnerte. Schäuble, so stand in dem Vermerk, erwiderte, »daß ihn die Darstellung der persönlichen Erlebnisse von Genossen E. Honecker im Zusammenhang mit der Asylantenfrage sehr beeindruckt hätten« und schlug vor, »daß die DDR den Transit nur gestatten sollte, wenn ein Sichtvermerk des Ziellandes vorliegen würde«.[52]

Die vereinbarten vertraulichen Expertengespräche wurden obsolet. Denn nun wurde die andere große Volkspartei, die Sozialdemokratie, initiativ. Sie fühlte sich durch das Hochspielen des Asylthemas in die Defensive gedrängt und fürchtete, daß die Union dies zum zentralen Wahlkampfthema machen würde. Gunter Rettner, der als DDR-Beobachter des SPD-Parteitages Ende August in Nürnberg weilte, fand Vogel etwas erregt. Er erwarte, daß die DDR nun Maßnahmen zum Stopp des Asylantenzustroms ergreife, denn die Partei gerate durch die Unionskampagnen und die Stimmung in den eigenen Reihen, besonders in den Kommunen, zusehends unter Druck.[53] Noch während dieses Parteitages fiel im kleinsten Kreise die Entscheidung, daß Egon Bahr das Asylantenthema bei einem Besuch in Ost-Berlin ansprechen sollte. Er berief sich bei diesem Treffen mit Erich Honecker auf einen ausdrücklichen Auftrag des Parteivorsitzenden Willy Brandt.[54]

Die Führungsspitze der Sozialdemokratie war sich allerdings in ihrem Verhalten gegenüber der SED nicht völlig einig. Nachdem im Juni 1985 das gemeinsame Konzept für eine chemiewaffenfreie Zone in Europa vorgelegt worden war, verhandelte die sicherheitspolitische Expertengruppe unter Egon Bahr seit Dezember 1985 mit ihren SED-Gesprächspartnern unter Hermann Axen über Grundsätze für einen atomwaffenfreien Korridor in Europa. Zumindest Hans-Jochen Vogel schien es im Sommer 1986 geraten, den Eifer der Bahr-Gruppe etwas zu bremsen. Nicht zuletzt mit Blick auf die Bundestagswahlen hielt er es nicht für »unbedingt notwendig«, eine weitere sicherheitspolitische Gemeinsamkeit mit der SED zu demonstrieren. Dagegen plädierte er dafür, in der Asylantenfrage mit der DDR »ernsthaft über ihre gegenwärtige Praxis« zu reden. Aus Bahrs Sicht nutzte deren Verhalten der Union, die deshalb auch gar kein Interesse an einer Regelung mit der DDR besitze.[55] Nun nahm er das Problem in seine Hand. Wieweit er sich zuvor noch mit Schäuble austauschte, ist umstritten, daß er von dessen Mission bei Honecker wußte, aber wahrscheinlich.[56]

Bahr eröffnete sein Gespräch mit dem Hinweis auf das »Hochpeitschen des Themas« durch die Regierung, um anschließend durch eine Einigung mit der DDR für sich Stimmung im Wahlkampf zu machen. Die DDR übe damit »Einfluß« auf die Innenpolitik in der Bundesrepublik aus, der wichtig wäre, wenn er »der Sache der Verständigung dienen würde«. In der ihm eigenen Art kam Bahr zum Kern seines Anliegens: »Es erhebt sich nur die Frage: gibt es eine Möglichkeit, eine Einigung zu erreichen – nicht eine geschriebene Vereinbarung, sondern eine Einigung – bei der jeder entscheidungsfrei bleibt – die auch im Hinblick auf das Wahlergebnis vom 25. Januar 1987 günstig wäre.« Es war kein Geheimnis, daß die SED-Führung die Sozialdemokratie präferierte, die mit ihr einen Kurs der Sicherheitspartnerschaft probte und die als Opposition verstärkt den Kontakt mit der DDR suchte, und sie der SPD den Erfolg bei den Bundestagswahlen wünschte. Doch Bahr setzte nicht nur auf diese Neigungen des DDR-Regimes, sondern er bot ihm auch konkret etwas an: »Im Auftrag von Willy Brandt möchte ich mitteilen«, so steht es in dem von Axen verfaßten Vermerk: »Wir wollen in aller Form erklären, daß bei der Regierungsübernahme durch die SPD die Regierung der BRD voll die Staatsbürgerschaft der DDR respektieren wird und damit dieses Thema beerdigt wird.«[57]

Im Rückblick hat Egon Bahr diese Zusage ironisch heruntergespielt. Respektiert habe man »die Staatsbürgerschaft der DDR schon lange. Das war gewissermaßen gleich Null. Die volle Respektierung war zweimal Null. Die Ankündigung, zweimal Null in aller Form auszusprechen, war auch nicht mehr wert.«[58] Nun hieß »Respektierung« nicht Anerkennung, wie im Kontext von Werbellin deutlich geworden war, und auch Schäuble gebrauchte den Begriff »respektieren«.[59] Doch »volle Respektierung« wog für den SED-Staat offenbar doch und war für ihn jedenfalls keine »Null«. Honecker wollte »nicht als Wahlhelfer der CDU in Erscheinung treten« und »Kohl nicht nutzen«, sondern der SPD-Opposition und ihrem Kanzlerkandidaten Rau einen Vorsprung verschaffen.

Bahr hatte zugesagt, seine »3 Vorsitzenden«, das hieß Willy Brandt und seine beiden Stellvertreter Hans-Jochen Vogel und Johannes Rau, zu informieren. Aber so ganz wurden alle wohl nicht eingeweiht. Es war Egon Bahr, der die entscheidenden Fäden zog und beide Seiten, also Rau und die SED-Spitze, auf Sprachregelungen festzulegen suchte, die so nicht gedeckt waren. Nach einem Schriftwechsel, Telegrammen und einem Treffen Bahr-Axen am 17. September lag schließlich die »Grundlinie« für die abgestimmte Erklärung des SPD-Kanzlerkandidaten Rau vor.[60]

Am 18. September verkündete Rau in Düsseldorf, er habe »von der Führung der DDR die Zusage bekommen, daß nur solche Personen im Transit befördert werden, die über ein Anschlußvisum anderer Staaten verfügen«. Wenige Stunden später bestätigte ADN eine entsprechende Mitteilung des DDR-Außenministeriums. Damit wurde nun auch das Schlupfloch Berlin für die Asylanten durch die DDR versperrt. Die Resonanz in den deutschen Medien war überwiegend positiv, wobei der Streit nur darum ging, wem dabei die Meriten zukamen.[61] Kanzleramtsminister Schäuble, der selbst erfolglos geblieben war, wertete dies als gute Nachricht, und Bundeskanzler Helmut Kohl sprach dem SED-Generalsekretär in einem Brief ausdrücklich seinen Dank aus.[62] Regierung wie SPD-Opposition legten großen Wert darauf festzuhalten, daß es in dieser Asylantenfrage einen permanenten Informationsaustausch gegeben hätte. Erst nach der deutschen Einigung wendete sich das Blatt. Nun versuchten Unionspolitiker und vor allem auf die SPD als Gegner fixierte Publizisten eine Kampagne gegen Johannes Rau anzuzetteln. Doch Rau war selbst damals kaum aktiv, wohl auch nicht über alle Details informiert. Er konnte den als »Wahlhilfe« gedachten Erfolg für sich reklamieren, doch gewonnen hat er die Wahlen nicht.

In der Asylantenfrage mochten die Staatsräson der Bundesrepublik und das Interesse von Regierung wie SPD-Opposition dafür sprechen, die DDR vor den eigenen Karren zu spannen. Doch beide zahlten dafür einen hohen Preis an politisch-moralischer Glaubwürdigkeit. Es drohte zumindest partiell in den Hintergrund zu treten, daß es sich bei dem SED-Regime nicht um eine demokratisch-freiheitlichen Grundwerten verpflichtete Regierung handelte. Aufgewertet wurde so ein diktatorisches System, das sich als Wächter über das Asylrecht und den betreffenden Grundgesetzartikel aufspielen konnte und seinen Einfluß auf Regierung und Parteien im Westen auskostete. Es fügte sich als ein logischer Schritt in das Verhaltensraster der östlichen Seite, gerade im Vorfeld bundesrepublikanischer Wahlen durch Besuchstermine und kleinere humanitäre Maßnahmen auf die innenpolitische Landschaft der Bundesrepublik einzuwirken. Die Bonner, Regierung wie SPD-Opposition, begaben sich in der Asylantenfrage auf ein glitschiges Pflaster. Zugeständnisse an die DDR ließen sich rechtfertigen, wenn sie dazu dienten, das Los der Menschen im geteilten Land zu erleichtern, die Grenze durchlässiger zu machen und das Zusammengehörigkeitsgefühl der Deutschen am Leben zu halten. Nun aber benutzten sie ein diktatorisches System als Handlanger, um Menschen, die in Not in die Bundesrepublik drängten, fernzuhalten, und zahlten dafür einen Preis. Sie begaben sich damit in Komplizenschaft mit einem Grundrechte, Freiheit und Menschenwürde geringschätzenden und mißachtenden Regime. Es war eine neue Art von deutsch-deutscher zwischenstaatlicher Normalität, die der Bundesrepublik und ihren verantwortlichen Politikern und Parteien nicht zur Ehre gereichte.[63]

Deutsch-deutscher Gipfel

Die Szenen vom Honecker-Besuch in Bonn, als die Flaggen beider deutscher Staaten vor dem Kanzleramt wehten, das Stabsmusikkorps beide Nationalhymnen spielte und der Kanzler der Bundesrepublik Deutschland und der SED-Generalsekretär und Staatsratsvorsitzende der DDR, Erich Honecker, die Front des Ehrenbataillons der Bundeswehr abschritten, sind vielen noch in Erinnerung. Andere möchten diese Bilder wohl am liebsten verdrängen, weil sie das schöne Gemälde von einem konsequent auf normative Distanz zu den Kommunisten bedachten und die deutsche Einheit nie aus dem Auge verlierenden Kanzler Kohl und seiner Union stören. Doch es läßt sich nicht daran deuteln, es war der CDU-Kanzler Helmut Kohl, der Honecker in Bonn mit fast allen protokollarischen Ehren empfing, die dem Staatsoberhaupt eines souveränen anderen Staates zustanden. Die kleinen feinen Unterschiede bei der Zahl der Motorradeskorte nahm die Öffentlichkeit kaum war. Franz Josef Strauß holte dies dafür in München nach, wo er überdies erstmals eine für diesen Anlaß gestiftete Flagge für die Ehrenformation der Polizei wehen ließ.[64]

Schon mehrfach war der Besuch geplant und wieder abgesagt bzw. verschoben worden. Als der DDR-Volkskammervorsitzende, Horst Sindermann, bei seinem Besuch im Februar 1986 in der Bundesrepublik eine Art Probelauf unternahm[65], ließ ihn Bundespräsident Richard von Weizsäcker wissen, in Bonn bestehe Einigkeit, daß Honeckers Besuch erwünscht sei.[66] Doch wie 1984 sein Vorgänger Tschernenko, so brachte auch der neue KPdSU-Chef Gorbatschow zunächst Einwände vor[67], und die Besuchsplanung wurde auch mit Blick auf die Bundestagswahlen erst einmal vertagt.

Im Bundestagswahlkampf spielte die Deutschlandpolitik kaum eine besondere Rolle. Mit einer Äußerung auf einer Wahlkampfveranstaltung am 4. Januar 1987 in Dortmund sorgte Helmut Kohl dann für Aufregung. Er verteidigte dezidiert die Kontakte mit der SED-Führung, doch vergesse man nie, »daß wir dabei auch mit einem politischen Regime sprechen, das immerhin 2000 unserer Landsleute als politische Gefangene drüben in der DDR in Gefängnissen und Konzentrationslagern hält«.[68] Für diesen viele an Auschwitz gemahnenden Begriff hagelte es herbe Kritik in der Bundesrepublik, und Regierungssprecher Friedhelm Ost mußte versuchen, die Wogen zu glätten.[69] Den Part bei Honecker übernahm nach der Bundestagswahl vom Januar 1987 der rheinland-pfälzische Ministerpräsident, Kohls Parteifreund Bernhard Vogel.

Doch Honecker dachte trotz wiederholter Kritik seinerseits keineswegs daran, deswegen die guten Beziehungen zur Regierung Kohl aufs Spiel zu setzen. Aus seiner Sicht gab es dafür gute Gründe. Gorbatschow, der bei der DDR als dem Vorfeld des sowjetischen Machtimperiums durchaus Stabilität zu schätzen wußte und die Bundesrepublik, deren Kanzler sich »wie ein Lakai der USA« verhalte[70], links liegenließ, kündigte im Herbst 1986 Honecker an, die Sowjetunion wolle die Beziehungen zur Bundesrepublik auf eine neue Basis stellen.[71] Dies erweckte Argwohn. Daß mit Glasnost und Perestroika weit mehr als ein Tapetenwechsel beim Nachbarn anstand, versuchten die Gerontokraten an der Spitze des SED-Staates zu verdrängen – Kurt Hager, der Chefideologe der SED, gab ein entsprechend verharmlosendes Interview[72]. Doch ganz so eindimensional und monolithisch war das SED-System nicht. Nachdem

Gorbatschow im November 1986 den anderen osteuropäischen Parteichefs verkündet hatte, die Sowjetunion wolle gegenüber den »befreundeten« Ländern eine freizügigere Gangart einschlagen, deuteten sich zumindest gewisse Spielräume an. Im April 1987 unterstrich Gorbatschow dies im symbolträchtigen Prag, als er betonte, die Parteien und Regierungen sollten die »Verantwortung vor dem eigenen Volk [tragen] und das Recht [haben], souverän die Fragen der Entwicklung des Landes zu lösen«.[73] Für Ungarn und Polen, wo das Jaruzelski-Regime herrschte, aber Solidarność trotz Unterdrückung eine machtvolle Opposition blieb, eröffneten sich mit Gorbatschows neuem Kurs größere Chancen zu Eigenständigkeit und etwas mehr Liberalität. Beide gründeten in einer starken nationalen Identität, während die DDR letztlich ihre Existenz dem sowjetischen Vordringen bis zur Elbe verdankte und trotz allen Geredes über eine neue »sozialistische Nation« im Kern über keine wirkliche eigene Identität verfügte.

Mit Glasnost, Perestroika und den ersten deutlichen Anzeichen eines Abbaus der Blockkonfrontation begann für das SED-Regime, seine tragenden Eliten und unabhängiger denkenden Köpfe eine Gratwanderung. Die erste Phase reichte etwa bis zum Honecker-Besuch in Bonn. Sie wurde von einem Dualismus geprägt. In einer Rede vor »Ersten Kreissekretären« der SED nannte Honecker im Februar 1987 die Existenz von zwei deutschen Staaten »ein unverzichtbares Element für das Kräftegleichgewicht in Europa und für die Schaffung eines internationalen Sicherheitssystems«.[74] Solche Vorstellungen waren damals auch im Westen durchaus verbreitet. Gerade das Konzept einer »Sicherheitspartnerschaft«, wie es in der SPD und vor allem von ihren Sicherheitspolitikern propagiert wurde, war davon nicht so weit entfernt. Auch wenn sie dabei mit anderen osteuropäischen Staatsparteien Kontakt hielten und verhandelten, so lag der Schwerpunkt doch auf der DDR. Nach dem ersten gemeinsamen Papier über eine chemiewaffenfreie Zone legte die gemeinsame Arbeitsgruppe von SED und SPD unter der Leitung von Axen und Bahr am 21. Oktober 1986 ihre von den Führungsgremien beider Seiten gebilligten »Grundsätze für einen atomwaffenfreien Korridor in Mitteleuropa« vor.[75] Das Streben nach »gemeinsamer Sicherheit« prägte nicht nur den sicherheitspolitischen Dialog, es durchzog auch die zahlreichen anderen Kontakte zwischen den Politikern verschiedener parteipolitischer Couleur aus der Bundesrepublik und den Vertretern des Staats- und Gesellschaftssystems der DDR.

Nach den Bundestagswahlen vom 25. Januar 1987, aus der die FDP (mit 9,1 statt 7,0 Prozent) und die Grünen (mit 8,3 statt 5,6 Prozent) als relative Sieger hervorgingen, die SPD etwas (mit 37,0 statt 38,2 Prozent) und die Union stark (mit 44,3 statt 48,8 Prozent) verloren, konnte Helmut Kohl seine CDU/CSU-FDP-Koalition fortsetzen. Sowohl personalpolitische Entscheidungen – Heinrich Windelen, der eher zu den Verfechtern eines härteren Kurses zählte, verlor sein Amt als Minister für innerdeutsche Beziehungen an Dorothee Wilms, und Schäubles deutschlandpolitische Kompetenzen wurden weiter gestärkt – als auch das Abkanzeln einzelner Abgeordneter, die eine operative Wiedervereinigungspolitik einforderten, und die Regierungserklärung, die gegenüber der DDR weit weniger konfrontativ angelegt war als die von 1983, wiesen auf eine eindeutige Fortsetzung der Politik der Kooperation hin. Doch was Kohl einen »politischen Dialog auf allen Ebenen« nannte, bezog sich eben nur auf die Mächtigen des SED-Regimes.[76]

Fast schien es so, als suchten sich die Politiker der Bundesrepublik darin zu übertreffen, Honecker ihre Aufwartung zu machen. Dem CDU-Schatzmeister, Leisler Kiep, der als erster CDU-Politiker die Drähte zu hohen SED-Funktionären geknüpft hatte, wurde diese Ehre nicht zuteil, dafür aber seinem Parteifreund Bernhard Vogel. Er war der erste hochrangige Westpolitiker, der nach der Bundestagswahl den SED-Generalsekretär aufsuchte. Vogels spezieller Auftrag war es, die Wogen über Kohls »KZ«-Äußerung zu glätten. Er unterstrich die positiven Aussagen Kohls zur DDR und entschuldigte die Äußerung als Nebensatz in einer frei gesprochenen Rede, eine Äußerung, die nie wiederholt worden sei. Das war – wie sich herausstellte – eigentlich gar nicht erforderlich. Sonst lief das Gespräch nach einem Muster ab, wie es auch die vielen nachfolgenden prägte. Einen bedeutenden Part nahmen jeweils Fragen der Abrüstungs-, Sicherheits- und Friedenspolitik und das Verhältnis zwischen den beiden Großmächten ein, die besonders von Honecker stets ausführlich thematisiert wurden. Beide Seiten würdigten den erreichten Stand der Beziehungen und die Verbesserungen im Reiseverkehr, besonders bei Reisen in dringenden Familienangelegenheiten und beim Jugendaustausch, wobei das Lob bei Honecker naturgemäß überschwenglicher ausfiel, während die Westbesucher mit unterschiedlicher Intensität Verbesserungen anmahnten und das Grenzregime ansprachen. Vogel nahm es dabei hin, daß ihm der Generalsekretär unter Berufung auf sein Gespräch mit Strauß zum »Schießbefehl« sagte: »Dabei habe sich gezeigt, daß es zwischen der DDR und der BRD keinen Unterschied gebe.« Natürlich brachte Honecker die Geraer Forderungen mit zur Sprache in der Form »Respektierung der Staatsbürgerschaft« und dem Akzent auf Elbgrenze und Salzgitter. Nachdem gerade erst im zurückliegenden November zwei Flüchtlinge von Grenzsoldaten erschossen worden waren und drei Tage später ein weiterer an der Mauer sein Leben verlor, war Vogels Hinweis, Salzgitter sei »viel leichter zu beseitigen«, wenn »es nicht mehr zu Toten an der Grenze komme«, nur zu begreiflich.[77]

Die Aufweichungserscheinungen, die sich bei der Erfassungsstelle Salzgitter in SPD-Reihen zeigten, als die SPD-FDP-Koalition unter Klaus von Dohnányi in Hamburg die Zahlungen einstellte, bescherten dem nächsten Besucher, Ministerpräsident Oskar Lafontaine, natürlich eine Anerkennung des Generalsekretärs.[78] Selbstverständlich spielte das Herauskehren einer größeren Übereinstimmung in vielen Fragen der Friedenssicherung durch Honecker eine stärkere Rolle. Doch in vielen Punkten agierte der SPD-Ministerpräsident ganz ähnlich wie sein CDU-Kollege. Sie rühmten und bemühten sich um gemeinsame Wirtschaftsprojekte mit der DDR, würdigten Städtepartnerschaften als ein ermutigendes positives Zeichen und stellten ihr Land als erwünschte Mitgastgeber beim Honecker-Besuch in ein positives Licht.

Wenige Tage danach standen hochrangige Westbesucher bei der Leipziger Frühjahrsmesse fast Schlange, um sich neben ihren anderen Kontakten und Gesprächen mit DDR-Vertretern auch mit Honecker auszutauschen und ihr Bild von dem gemeinsamen Tête-à-tête in den Medien zu finden. Am 15. März waren es gleich drei: der Bundeswirtschaftsminister Martin Bangemann (FDP), der Regierende Bürgermeister von Berlin Eberhard Diepgen (CDU), und der CSU-Vorsitzende und bayerische Ministerpräsident Franz Josef Strauß, begleitet von Theo Waigel. Dem schwäbischen Landesvater, Lothar Späth, bei dem die Journalisten schon rätselten, warum Honecker und er sich auf der Messe nur kurz begrüßten, wurde die Ehre eines besonderen Empfangs in Ost-Berlin zuteil.[79] Bei Bangemanns Leipziger Messe-Gesprächen ging es um Fragen der Wirtschaft, des Handelsaustausches und konkrete Verkehrsprojekte, aber als Vorsitzender der in den letzten Bundestagswahlen gestärkten FDP natürlich auch um das Herausstreichen der Verdienste der FDP für eine Politik der Kontinuität und des Dialogs. Noch weit stärker standen die Wirtschaftskontakte bis hin zu denen einzelner Firmen im Mittelpunkt des Gesprächs von Honecker und Späth, während es beim Treffen mit Diepgen naturgemäß um konkrete Projekte wie den Gebietsaustausch, verbesserte Besuchsmöglichkeiten im Osten und die im Sommer 1987 anstehende Gestaltung der 750-Jahr-Feier der Stadt ging. Von allen Besuchern erhielt Franz Josef Strauß fast das höchste Lob für seinen Anteil an der Ausgestaltung der Beziehungen, so wie dieser seinerseits das persönliche »Eingreifen« Honeckers besonders herausstrich. Sieht man von Bernhard Vogel ab, der die Todesschüsse an der Grenze offen ansprach, so hielten sich all die anderen Besucher mit Kritik an der Mauer und dem Grenzregime zurück. Sie praktizierten eine Art von Normalität, bei der man sich die DDR-Wünsche in bezug auf Salzgitter und Elbgrenze und Honeckers Zahlen über 573 000 Westreisende unterhalb des Rentenalters in dringenden Familienangelegenheiten anhörte und selbst für die Intensivierung der Beziehungen und Kontakte durch Städtepartnerschaften, Kulturaustausch und Wirtschafts- und Wissenschaftskooperation plädierte.

Ebenso unspektakulär und nüchtern verlief der Besuch von Schäuble in Ost-Berlin, bei dem er zunächst mit Außenminister Fischer zusammentraf und am nächsten Tag, dem 27. März, von Honecker empfangen wurde.[80] Mit einem breitgefächerten Themenkatalog von der Einbeziehung weiterer Städte in den grenznahen Verkehr, Wissenschaft/Technik, Umweltabkommen, Werra-Versalzung, Städtepartnerschaften, Kontaktverbote und Betreuung von Häftlingen zielte Schäuble auf eine Art von pragmatischem »Arbeitsprogramm«. In einem gesonderten Vier-Augen-Gespräch erörterten, wie Schäuble sich erinnert, die beiden »die politisch brisante Problematik der anstehenden 750-Jahr-Feier Berlins« mit wechselseitigen Gegeneinladungen, gegen die von den Westalliierten Bedenken vorgebracht wurden.[81] Auch der »Schußwaffengebrauch« und »Fragen des Grenzregimes« kamen zwischen Schäuble und Fischer zur Sprache, und bei aller Kritik registrierte der Kanzleramtsminister doch aufmerksam die Bemerkung, daß »auch die DDR keine Toten an der Grenze« wolle.[82]

In der von Honecker zum Schluß aufgeworfenen Frage seines Besuchs in der Bundesrepublik »bestand Übereinstimmung, daß diese Frage weiter vertraulich behandelt werde«.[83] Beide Seiten hielten sich daran. Der FDP-Fraktionsvorsitzende Wolfgang Mischnick, der im April den Parteitag der LDPD besuchte und anschließend Honecker aufsuchte, sprach nach Ausweis der Quellen die Besuchsfrage nicht an.[84] Bei dem so kritischen Umgang mit der sogenannten »Nebenaußenpolitik« der SPD mutet es schon merkwürdig an, daß die FDP-Kontakte zur Blockpartei LDPD kaum hinterfragt werden. Dabei markierten sie mit der fast selbstverständlich werdenden Teilnahme hochrangiger Delegationen an den jeweiligen Parteitagen eine höhere Qualität der Parteibeziehungen. Außenminister Genscher war dies jedoch nicht genug, und so regte er bei einem Gespräch mit Otto Reinhold, Rektor der Akademie für Gesellschaftswissenschaften und Mitglied des ZK der SED, Ende August 1987 »kontinuierliche Gespräche« von FDP und SED an.[85] Das Treffen fand anläßlich eines Bonn-Besuchs von Reinhold statt, bei dem das SPD-SED-Papier am 27. August der Öffentlichkeit vorgestellt wurde.

Die Gespräche zwischen der Grundwertekommission der SPD und der Akademie für Gesellschaftswissenschaften beim ZK der SED wurden schon seit 1985 in mehreren Runden geführt, wobei man sich im Wechsel in der DDR und in der Bundesrepublik traf.[86] Den Sozialdemokraten um Erhard Eppler, Johano Strasser, Thomas Meyer und den nun wirklich nicht der Kommunistenfreundlichkeit zu verdächtigenden Richard Löwenthal kam es vor allem darauf an, einen doppelgleisigen Diskurs über Frieden, Sicherheit und Ökologie einerseits, Grundwerte wie Demokratie und Menschenrechte andererseits zu führen. Sie hatten dabei den Eindruck, daß ihre östlichen Gesprächspartner, vor allem Rolf Reißig, aber selbst ein so »versteifter Dogmatiker« wie Erich Hahn, im Zeichen von Glasnost und Perestroika »fast alle zentralen Dogmen der Herrschaftslegitimation des SED-Regimes zur damaligen Zeit auf den Prüfstand stellten und eine Reihe von ihnen direkt und unzweideutig widerriefen und beiseite rückten«.[87] Bei einigen, voran Rolf Reißig, traf dies zweifellos zu, bei anderen war die demonstrierte Offenheit taktisches Kalkül. Otto Reinhold, der Chef der SED-Gruppe, war ein enger Vertrauter Honeckers und handelte in dessen besonderem Auftrag. Dem Generalsekretär kam es darauf an, im Zuge der sich erst allmählich entfaltenden neuen Gorbatschow-Politik zu demonstrieren, daß die DDR fortschrittlicher sei. So verwies er in seiner angeführten Rede vor den Kreissekretären auf die Verwirklichung der Menschenrechte in der sozialistischen Demokratie, mit der selbstverständlich »auch staatsbürgerliche Pflichten« verbunden seien.[88] Man mag dies als Ausfluß einer verbohrten Ideologie und den Verlust an Wirklichkeitssinn deuten, der sich bei Honecker in den kommenden Jahren immer stärker zeigte. Doch mit der Betonung einer gewissen Eigenständigkeit und ein bißchen Liberalität kam er in der Bundesrepublik an und holte sich von dort die Anerkennung und Aufwertung, die er so dringend benötigte.

Als Hans-Jochen Vogel Mitte Mai 1987 zu seinem jährlichen DDR-Besuch fuhr, waren die Gespräche zwischen der Grundwertekommission und der Akademie für Gesellschaftswissenschaften zu ersten Entwürfen eines Papiers gediehen.[89] Wer nur auf das Endergebnis schaut, übersieht, wieviel Strittiges in diesem Diskurs angesprochen und kontrovers diskutiert wurde. Das nach der deutschen Einigung von vielen Publizisten und etlichen Unionspolitikern gezeichnete Bild, als hätten CDU/CSU das Regime durchgängig kritisiert und an der Einheit der Nation festgehalten, während die Sozialdemokraten mit der SED kooperiert und die diktatorische Realität aus den Augen verloren hätten, stimmt mit der Wirklichkeit so nicht überein. Die Fronten verliefen nicht entlang der Parteigrenzen, auch wenn Züge der Gewöhnung und Anpassung bei der SPD stärker ausfielen, sondern machten sich an der Persönlichkeit der Politiker, ihren prägenden Erfahrungen und sie leitenden Grundwerten fest. Es gab auch in den Reihen der Union einschließlich Strauß zu viele, die sich mit gebotener Kritik zurückhielten, während Wolfgang Schäuble eine solche zumeist offen artikulierte, ohne damit dem Gesprächsklima ernsthaft zu schaden.

Wie Schäuble ein Vorbild für Politiker der Regierungsparteien war, so war es bei der Sozialdemokratie ihr Fraktionsvorsitzender Hans-Jochen Vogel, der nach dem Rücktritt von Willy Brandt am 23. März 1987 auch dessen Nachfolge als Parteivorsitzender antrat. Auf eine subtile, feine Art deutete er Grundsatzunterschiede an und kritisierte, wenngleich freundlich-konziliant, Einreiseverweigerungen, Mauer und Grenzregime. Es zeugte von einem hohen Grad des zwischen Axen und Bahr erreichten Vertrauens, daß Axen ihm gegenüber »Befremden« über seinen Fraktions- und Parteivorsitzenden äußerte. Von »allen prominenten Gesprächspartnern aus den Bundestagsparteien der BRD« habe »nur H.-J. Vogel Fragen nach dem Grenzregime und einer Teilnahme E. Honeckers in West-Berlin [bei der 750-Jahr-Feier] aufgeworfen«. Es sei auch »taktlos«, daß sich Vogel »mit Gesprächspartnern aus der DDR ausgerechnet vor einem Bild über die ›Mauer‹ postiere«.[90] Das große Bild hing hinter Vogels Schreibtisch in seinem Bundestagsbüro unübersehbar für den gegenübersitzenden Besucher und ganz bewußt als Mahnung für diesen gedacht. Bahr, »der sehr verlegen und betroffen war«, so steht es in dem Vermerk, gab »Axen recht und sagte ein entsprechendes Gespräch mit Vogel zu«.

Doch Hans-Jochen Vogel blieb sich auch bei seinem Maitreffen mit Honecker treu. Zwar machte er sich Bahrs langfristige Zielvorstellungen von einer »Friedensordnung ohne Warschauer Pakt und ohne NATO« zu eigen, warb für eine Intensivierung von Gesprächen über strukturelle Nichtangriffsfähigkeit und kritisierte Helmut Kohls unpassenden Goebbels-Gorbatschow-Vergleich und verhalten auch dessen Rede zur Eröffnung der 750-Jahr-Feier. Aber ebenso kamen Mauer und Grenzregime, die Verwarnungen westlicher Journalisten durch das Ministerium für Auswärtige Angelegenheiten und die Einreiseverweigerungen zur Sprache, die von der DDR gegen Politiker der Grünen und der Alternativen Liste in West-Berlin verhängt worden waren.[91] Vogels Besuch bildete zugleich den Auftakt für die Aufnahme der Gespräche der Bahr-Axen-Gruppe über vertrauenschaffende Sicherheitsstrukturen in Europa, die dann ab November 1987 liefen.[92] Das Projekt gedieh zwar im Sommer 1989 zum Abschluß, doch war es da schon von der politischen Entwicklung überholt. Die Sozialdemokratie konnte mit ihrer »Nebenaußenpolitik« einen Beitrag zur weiteren Entkrampfung leisten sowie bei der Erreichung kleinerer Verbesserungen im Reiseverkehr und bei der Lösung humanitärer Fälle mithelfen.[93] Mit ihrem sicherheitspolitischen Diskurs leistete sie einen Beitrag zur Vertrauensbildung und stieß die Diskussionen an. Aber Bindewirkung hatte das nicht, auch wenn auf der anderen Seite Vertreter der Staatspartei saßen. Es blieb bei Anregungen – die eigentliche Musik spielten andere.

Im Vorfeld des Honecker-Besuchs, von dem die Öffentlichkeit erstmals am 16. Juli erfuhr, deuteten die Zeichen auf Entspannung und ein verbessertes Klima zwischen Ost und West. Nach dem zweiten Gipfeltreffen von Reagan und Gorbatschow (11./12. Oktober 1986) steuerten die beiden Großmächte im Geiste von Reykjavik auf ernsthafte Abrüstungsvereinbarungen hin. Ende Mai/Anfang Juni stimmte die Bundesregierung im Grundsatz einer doppelten Null-Lösung bei den Kurz- und Mittelstreckenraketen zu und gab Ende August nach kontroversen Diskussionen mit dem Verzicht auf die Pershing-IA-Raketen schließlich ihre Blockade gegen die Aushandlung des INF-Vertrages auf.[94] Ebenso wie der Besuch von Bundespräsident von Weizsäcker in Moskau (Ende Mai 1987) und andere Signale schuf dies vor allem bei Gorbatschow ein verbessertes Klima, der mit dem Rust-Flug und der Landung auf dem Roten Platz drastisch vor Augen geführt bekam, wie wenig verläßlich die sowjetischen Militärmittel waren.[95] Und gegenüber der DDR ließ Schäuble über seinen Gesprächspartner Schalck, so verstand ihn jedenfalls Honecker, durchblicken, »daß eine Klärung der Elb-Grenze-Mitte möglich sei«.[96]

Das große Interesse der DDR an dem Besuch lag auf der Hand. Er sollte den gestiegenen Grad der Anerkennung vor aller Augen demonstrieren, Honecker den Weg in andere westliche Hauptstädte öffnen und zugleich den sowjetischen Brüdern die Eigenständigkeit des SED-Staates zeigen. »Der offizielle Besuch des Genossen Honekker in der BRD«, so das Politbüro am 3. August 1987, »werde die geschichtlich stärkste Aktion zur Durchsetzung der Souveränität der DDR sein«.[97] Mit einer Reihe von Beschlüssen des Staatsrates der DDR über eine allgemeine, auch politisch Verurteilte einschließende Amnestie, die zum Jahrestag der DDR-Gründung in Kraft treten sollte, sowie über die Abschaffung der Todesstrafe und die Einrichtung einer Berufungsinstanz gegen oberste Gerichtsentscheidungen signalisierte die DDR-Führung so etwas wie den Schein von Liberalität. Als vertrauensbildende Maßnahme im Vorfeld des Besuches gegenüber Bonn wurden sie zum Teil wieder dadurch konterkariert, daß den DDR-Bürgern die Geldumtauschbeträge für Westreisen drastisch gekürzt wurden.[98] Schäuble hat dies moniert, und die Bundesregierung hat auch gegen die Übergriffe von Sicherheitskräften gegen westliche Journalisten bei einem Rockkonzert am Brandenburger Tor protestiert.[99] Den einmal eingeschlagenen Kurs, den Besuch Honeckers nun über die Bühne zu bringen, behielt sie unbeirrt bei.

Die intensiven Besuchsvorbreitungen durch den zuständigen

Kanzleramtsminister Schäuble, seine vielen Gespräche mit Schalck-Golodkowski, die Abklärung der Terminfragen, die protokollarischen und sachlich-inhaltlichen Vorbereitungen, die regierungsinterne Koordination, Sprachregelungen und Argumentationslinien und schließlich die Erarbeitung des Kommuniqués und Kohls Tischrede in der Godesberger Redoute werden in aller Breite und mit vielen Details von Korte beschrieben.[100] Das alles ist dort nachzulesen und soll hier nicht in extenso referiert werden.

Große Ziele verfolgten der Kanzler, seine Regierung und sein deutschlandpolitischer Manager Schäuble mit dem Besuch nicht. Als ein Steinchen in einer historischen Kontinuitätslinie seit Adenauer und im großen internationalen Entspannungsklima verkaufte Helmut Kohl ihn der CDU/CSU-Fraktion. Er listete frühere deutschlandpolitische Erfolge auf, besonders den Milliardenkredit, dessen »Erfolg« »eklatant« sei, und dämpfte zugleich hohe Erwartungen. Als Ausdruck gewachsener Normalität bewertete Schäuble, daß der Staatsratsvorsitzende und SED-Generalsekretär nun in die Bundesrepublik komme.[101] Diese Normalität war beiden so wichtig, daß sie sich über Kritiker und Bedenkenträger hinwegsetzten und im Vorfeld mit dafür sorgten, daß, soweit sie dies beeinflussen konnten, Protestaktionen, wie sie etwa von Kreisen der Jungen Union geplant waren, »moderat verliefen und Honecker nicht zu sehr mit kritischen Kundgebungen konfrontiert wurde«.[102]

Bevor in Bonn der rote Teppich für den SED-Generalsekretär ausgerollt wurde, stahl die Sozialdemokratie mit dem am 27./28. August 1987 öffentlich in Bonn und Ost-Berlin vorgestellten Papier »Der Streit der Ideologien und die gemeinsame Sicherheit« der Regierung noch einmal die Show. Das von der Grundwertekommission der SPD und der Akademie für Gesellschaftswissenschaften beim ZK der SED erarbeitete gemeinsame Papier erregte großes Aufsehen, nicht zuletzt durch die Veröffentlichung im *Neuen Deutschland*.[103] Es wurde gelobt, selbst aus Kreisen der Regierungsparteien und von Genscher als »sehr bedeutend« gewürdigt[104], und vielfach als eine verfehlte Verwischung der Gegensätze kritisiert, schon damals auch innerhalb der SPD. Es befaßte sich unter anderem mit der Friedenssicherung und dem friedlichen Wettbewerb der verschiedenen Gesellschaftssysteme, der Notwendigkeit einer Kultur des Dialogs und des politischen Streits und Regeln für eine Kultur des Streits. Die Hauptvorwürfe machten sich an der Aussage fest, »keine Seite« dürfe der anderen die Existenzberechtigung absprechen und Hoffnungen könnten »sich nicht darauf richten, daß ein System das andere abschafft«, sondern daß »beide Systeme reformfähig« seien. Diese durchaus problematischen Formulierungen waren der vom Politbüro der SED eingeforderte Preis, daß es das Dokument absegnete. Gleichzeitig beauftragte es Otto Reinhold, der für die SED-Seite als verantwortlich für das Papier zeichnete, »politisch-ideologische« Abwehrarbeiten gegen dessen Wirkung an der Basis einzuleiten.[105] Der SED-Führung war also einigermaßen bewußt, was sie sich durch das gemeinsame Papier aufhalste. Auf der anderen Seite aber hatte sie im Vorfeld des Honekker-Besuchs ein dezidiertes Interesse, der Kohl-Regierung in Bonn zu demonstrieren, daß sie mit der großen Oppositionspartei, der SPD, auf gutem Fuß stand. Sie versuchte so, einen gewissen Konzessionsdruck auf die CDU/CSU und FDP auszuüben.

Der Honecker-Besuch in der Bundesrepublik wurde bestimmt durch politische Symbolik, Rituale und Gesten. Trotz des Verzichts auf einige protokollarische Ehren (zum Beispiel kein Eintrag ins Goldene Buch der Stadt Bonn; kein Empfang für das Diplomatische Corps) entstand in der Öffentlichkeit doch eindeutig der Eindruck, daß es sich um einen offiziellen Staatsbesuch handelte. Die Flaggen der DDR vor dem Kanzleramt, das Erklingen der Hymnen und das Abschreiten des Ehrenbataillons, die Unterbringung in Schloß Gymnich, das große offizielle Essen in der Godesberger Redoute, der Empfang durch den Bundespräsidenten und den Bundestagspräsidenten, die Gesprächstermine mit Politikern aller Parteien, die von Gewicht waren bzw. sich dafür hielten, das Treffen mit den deutschen Wirtschaftsführern und die anschließenden Besuche in Nordrhein-Westfalen bei Johannes Rau, in Rheinland-Pfalz bei Bernhard Vogel, in der alten Heimat Saar bei Oskar Lafontaine und als letzte Station in Bayern, wo die bayerische Staatsregierung unter Franz Josef Strauß ihn mit den höchsten protokollarischen Ehren empfing, unterstrichen den großen Rahmen und malten das Bild eines bedeutenden, hochrangigen Staatsbesuches aus.[106] Der Pulk von ca. 2400 Journalisten, von denen etwa 1700 aus dem Ausland kamen, unterstrich das enorme Interesse an diesem deutsch-deutschen Gipfel.

Der äußere Ablauf verlief im Vergleich zum Treffen am Werbellin- und Döllnsee nach einem etwas anderen Schema. Nach der Begrüßung durch Helmut Kohl am Kanzleramt traf man sich zuerst im Kreis mit den beiderseitigen Delegationen. Beteiligt waren auf DDR-Seite unter anderem Günter Mittag, Außenminister Fischer, Außenhandelsminister Gerhard Beil, Kurt Nier und Ewald Moldt, von seiten der Bundesregierung neben Kohl und Schäuble Martin Bangemann, Dorothee Wilms und Hans Otto Bräutigam. Anschließend suchte Honecker den Bundespräsidenten auf und führte das sogenannte Vier-Augen-Gespräch im kleinen Kreis mit Kohl, Schäuble und Herrmann, assistiert von den jeweiligen Mitarbeitern Duisberg und Seidel. Der Ablauf des nächsten Tages verlief in umgekehrter Richtung.

Größten Wert hatte Helmut Kohl auf seine Tischrede bei dem offiziellen Essen in der Godesberger Redoute gelegt, die vom Fernsehen, auch dem der DDR, übertragen wurde. Der Bundeskanzler bekannte sich zum Glauben, zum Wunsch und zum Willen der Deutschen, »zueinander zu kommen, weil sie zusammengehören«. Er sprach von dem Leiden an der Trennung und »an einer Mauer«, die im Wege steht, von den unterschiedlichen Auffassungen »zur nationalen Frage« und mahnte die Achtung der Menschenrechte und den Frieden an der Grenze an. Die Präambel des Grundgesetzes (die Vollendung der »Einheit und Freiheit Deutschlands in freier Selbstbestimmung«) stehe nicht zur Disposition. »Die deutsche Frage bleibt offen, doch ihre Lösung steht zur Zeit nicht auf der Tagesordnung der Weltgeschichte, und wir werden dazu auch das Einverständnis der Nachbarn brauchen.« Zwei Jahre später geriet das SED-Regime in die Agonie und die »deutsche Frage« wenige Monate später auf die politische Tagesordnung. Doch davon hatte auch ein Helmut Kohl nicht geträumt. Ihm ging es mit der öffentlichen Hervorkehrung der unterschiedlichen Grundpositionen darum, die Aufwertung des SED-Staates durch den Besuch abzufedern und Kritiker ruhigzustellen. Von Ronald Reagans energischem Ruf am 12. Juni 1987 am Brandenburger Tor: »Herr Gorbatschow, reißen Sie diese Mauer nieder«[107], trennten Kohl und seine Getreuen damals noch Welten. Ihre Ziele waren begrenzt; sie setzten auf mehr Möglichkeiten für die Deutschen beiderseits der Grenzen, sich zu begegnen und zusammenzukommen.

Entsprechend ging es bei den langen Gesprächen im großen wie im kleinen Kreis zumeist eher nüchtern, pragmatisch zu, wenngleich moderat, aber steinhart verhandelt wurde. Geredet wurde über Ver-

besserungen im grenznahen Verkehr und beim Besuchs- und Transitverkehr für die Berliner, Jugendtourismus, Städtepartnerschaften,
Verkehrsprojekte und Elbe-Reinhaltung, was Honecker natürlich an
eine Elbgrenzregelung band, die er zum Dreh- und Angelpunkt weiterer Fortschritte machte. Jedes Entgegenkommen beim Mindestumtausch wehrte er ab. Im Unterschied zu dem »Leisetreter« von
Weizsäcker[108] sparten Kohl wie Schäuble im kleinen Kreis die für Honecker peinlichen, kritischen Themen wie Kontaktverbote, Schießbefehl, Botschaftsflüchtlinge nicht aus, doch betteten sie sie diplomatisch in ein Lob für die Amnestie und die Reiseerleichterungen ein.

Der konkrete Ertrag des Bonn-Besuchs war eher bescheiden. Unterzeichnet wurden Abkommen über Informationsaustausch beim
Strahlenschutz, zum Umweltschutz und zur Zusammenarbeit in Wissenschaft und Technik.[109] Auch in den vielen Gesprächen, zu denen
sich die Westpolitiker eingefunden hatten, und bei Honeckers anschließenden Besuchen im Ruhrgebiet, in Düsseldorf, Trier, Saarbrük-
ken und München wurde nichts Wesentliches bewegt. Das meiste war
Beiwerk zu einem hochrangigen Staatsbesuch, mehr nicht. Immerhin
aber hatte Honecker durch ein Gespräch mit dem niedersächsischen
Ministerpräsidenten, Ernst Albrecht, den Eindruck gewonnen, daß
sich in der Elbgrenzfrage nun doch etwas bewegte.[110]

Die eigentliche Bedeutung des Besuchs lag in der Symbolik. Die
Wirkung nach außen auf die Menschen und Mächte war eher ambivalent. In den Augen der politisch-gesellschaftlichen Eliten des Aus-
landes, auch bei den westlichen Partnern, besiegelte er die deutsche
Zweistaatlichkeit, und für die Menschen in der DDR, sieht man von
den Trägerschichten des Systems und einem gewissen Stolz über die
Bonner Inszenierung ab, brachte er eher Enttäuschungen.

Aus der Perspektive der Bundesrepublik, ihrer Regierung und der
tragenden politischen Parteien fügte sich dieser deutsch-deutsche
Gipfel in die langfristige, beharrliche Strategie ein, Erleichterungen
für die Menschen zu erwirken und die Teilung ein wenig erträglicher
zu machen. Vieles deutete darauf hin, daß diskrete Kontakte und ein
direkter persönlicher Draht zu dem kleinen »roten Zaren« in Ost-
Berlin ein Mehr an humanitären Verbesserungen versprachen und
ergaben, als es sonst wohl möglich gewesen wäre. Denn nachdem
Honecker seine Macht gefestigt hatte, gefiel er sich in der Rolle eines
gnädig gewährenden Landesfürsten und Friedensapostels, der vor-

geblich bestehende Barrieren in seinem Apparat und Staatssystem beiseite zu räumen suchte. Im Vorfeld des Besuchs bedeuteten die von der DDR praktizierten Verbesserungen im Reiseverkehr und die Amnestie so etwas wie Anzahlungen auf die Fahrkarte nach Bonn. Ob der Drang nach westlicher Anerkennung und harten Devisen wirklich immer in extenso so ausgeschöpft wurde, wie es denkbar schien, bleibt im letzten Spekulation. Kotaus vor den Machthabern in Ost-Berlin waren jedoch nicht angebracht und wirken noch heute peinlich. Auch wer hart und offen verhandelte und sprach wie Helmut Schmidt, Wolfgang Schäuble und einige wenige andere, machte Eindruck und konnte Erfolge vorweisen. Doch die Handlungsspielräume waren nicht nur durch Grundgesetz und Verfassungsgerichtsurteil begrenzt, die innere Verfassung der DDR ließ sich selbst durch die Morgengabe des Empfangs in Bonn kaum beeinflussen.

Für den SED-Generalsekretär und Staatsratsvorsitzenden der DDR bedeutete die Anerkennung durch den Empfang in Bonn so etwas wie die »Krönung seines Lebenswerks«.[111] Sie stieß dem so Geadelten und Geehrten das Tor zu den großen westlichen Hauptstädten auf. Schon im Oktober 1987 fuhr er zu einem offiziellen Besuch nach Belgien und Anfang 1988 dann nach Paris. In seinem Bericht für das Politbüro zog Honecker das Resümee, dieser »erste offizielle Besuch« und »die durchgesetzte politische und protokollarische Behandlung des Genossen Erich Honecker als Staatsoberhaupt eines anderen souveränen Staates dokumentierten vor aller Welt Unabhängigkeit und Gleichberechtigung beider deutscher Staaten, unterstrichen ihre Souveränität und den völkerrechtlichen Charakter ihrer Beziehungen.«[112]

Dieses Bewußtsein eigener »Souveränität« und Gleichberechtigung deutete die DDR Honeckers nun zunehmend auch gegenüber Gorbatschows Sowjetunion an. Die Aufwertung ihres Staates und Regimes durch den Westen mit dem Höhe- und Gipfelpunkt Bonn beförderte noch zusätzlich den wachsenden Realitätsverlust der Ost-Berliner Gerontokraten. Die durch mannigfache Bonner Finanzspritzen wenigsten partiell ermöglichte soziale und materielle Scheinblüte suggerierte eine Art von Überlegenheit im »sozialistischen Lager«; die Hofierung durch die Bonner Politiker, Regierung wie SPD-Opposition, hob das Selbstwertgefühl selbst gegenüber dem großen Bruder im Kreml; und die durch Flucht, Aussiedlung, Ausbürgerung, reglementierten Reiseverkehr, kleine Wohltaten und umfassende Repression bedingte »Ruhe« im Innern wiegte die hohen roten Herrscher in ein Gefühl von Stabilität und Sicherheit, das für den Osten vorbildhaft sein sollte.

Scheidewege

Normalität sollte der Honecker-Besuch bezeugen, hatte Wolfgang Schäuble gemeint. Normalität aber konnte es letztlich nie geben, solange dieses SED-Regime herrschte, seine Bürger gängelte und Mauer und Stacheldraht die Grenze nach Westen versperrten. In einer vermeintlichen Normalität sonnten sich nach der Visite allerdings Bonner Politiker und ein Großteil der westdeutschen Bevölkerung. Die Westdeutschen hatten sich in der Bundesrepublik als ihrem Staat eingerichtet. Dieser war für sie ihre Welt und die Normalität. Die Quote derjenigen, die in der deutschen Einheit noch das wichtigste Ziel der Politik sahen, sank auf kaum noch meßbare Werte. Zwar gab es schwache Indizien für eine gewisse Belebung des Gefühls der Zusammengehörigkeit und »deutscher Gemeinsamkeit«. Gleichzeitig aber wuchs noch die Zahl derjenigen, für die die europäische Einheit vorrangig war und die von der Existenz zweier deutscher Staaten ausgingen.[113]

Mit der »Selbstanerkennung« durch die Bürger und die politisch-gesellschaftlich prägenden Kräfte und der Ausformung einer bundesrepublikanischen Identität traten nicht nur die gemeinsamen Bezugspunkte mit den Deutschen in der DDR in den Hintergrund. Viele und gerade die jüngeren gingen bewußt oder unbewußt davon aus, in der DDR müsse sich ein ähnliches Identitätsgefühl entwickelt haben, und es wuchs die latente Bereitschaft, die Grundordnungen und politisch-gesellschaftlichen Systeme beider deutscher Staaten tendenziell eher gleichzusetzen. Das Gespür für das Wesen des SED-Staates und das Leben in einer Diktatur ging ersichtlich verloren.[114] Der Unrechtscharakter wurde verharmlost, die Leistungsfähigkeit der DDR überschätzt, zweischneidige Entwicklungen zur »Nischengesellschaft« verklärt und die DDR zunehmend als ein ganz normaler Staat mit einem im großen und ganzen zufriedenen Staatsvolk empfunden. Zu dem positiven Erscheinungsbild trugen die gewachsene internationale Reputation und Erfolge der DDR im Sport maßgeblich bei. Gekrönt wurde dieses schöne Gemälde durch die Eisprinzessin Katharina Witt, die mit ihrer Ausstrahlung und Wortgewandtheit ein Glamourbild personifizierte, das vorzüglich in die westliche Mediengesellschaft paßte. Selbst das Ansehen von Erich Honecker war bei der westdeutschen Bevölkerung durch seinen Besuch in der Bundesrepublik und die ihm von der Politik gezollten Ehren deutlich gestiegen. Der Sympathiewert für die DDR, der fast stetig im negativen Bereich lag, erreichte im Herbst 1987 seinen höchsten jemals gemessenen Wert.[115] Über die reale Wirklichkeit des SED-Staates und seiner Legitimations- und Akzeptanzschwäche sahen die meisten Westdeutschen hinweg.

Nur Experten, Publizisten und Bürger mit Bindungen zur DDR nahmen eigentlich an den Deutschen jenseits von Mauer und Stacheldraht noch wirklichen Anteil. Die Kontakte durch Reisen, Besuche, Pakete, Briefe und Telefonate hielten, waren nur eine Minorität, zumeist durch Herkunft, private und persönliche Beziehungen den Menschen in der DDR verbunden. Dies galt auch für viele Mitarbeiter des Bundesministeriums für innerdeutsche Beziehungen und des ihm angegliederten Gesamtdeutschen Instituts. Unter ihnen war die Perzeption der DDR-Wirklichkeit tendenziell realistischer, viele Ausarbeitungen gepaart aus Sachkunde und Gespür von hoher, noch heute lesenswerter Qualität.[116] Doch auf der politischen Entscheidungsebene wollte man solche Einschätzungen nicht zur Kenntnis nehmen. Erst recht fanden die öffentlichen Stimmen von Wissenschaftlern, die als Regimegegner in den Westen gekommen waren, »zwar Zuhörer, aber keine Gemeinde«. Ihre Resonanz blieb sehr begrenzt.[117]

Die Bundesregierung setzte nach dem Honecker-Besuch ihre Politik der Kooperation in den überkommenen Bahnen fort, ohne daß eine neue konzeptionelle Linie erkennbar wurde. Fast schien es so, als begnüge man sich mit dem im Kontext des Besuches zu verzeichnenden Reiseerleichterungen. Zwar stagnierten die Besuche von Westdeutschen und West-Berlinern in die DDR und nach Ost-Berlin bzw. waren sogar rückläufig (1986 knapp 6, 1987 5,5 Millionen), dafür stieg die Zahl der Rentnerreisen und der Reisen in dringenden Familienangelegenheiten in den Westen rapide an: auf 3,8 (1986 1,516) bzw. 1,2 (1986 0,244) Millionen.[118] Beim Bundeskanzler schien sich fast das Interesse an der DDR zu verlieren, und er tauchte als deutschlandpolitischer Akteur, abgesehen von einem Empfang für das Politbüromitglied Werner Felfe, den Landwirtschaftsexperten der SED, am 26. November 1987, »förmlich ab«.[119] Die inneren Zustände der DDR schienen in Bonn kaum noch zu interessieren, und man spielte eine Normalität der Beziehungen.

Doch von Normalität konnte in dem anderen deutschen Staat nicht die Rede sein. Eine noch immer hermetisch abgeriegelte Grenze und ein gigantischer Sicherheitsapparat, der die Bürger überwachte, ausspionierte und unterdrückte, waren nun wirklich kein Zeugnis für Zivilität eines Staates, der sich auf seinen angeblich so humanen Sozialismus soviel zugute hielt. Schon im Jahre 1987 geriet die SED-DDR an den Scheideweg, und an einen Scheideweg gelangte eigentlich auch die Bonner Politik gegenüber der DDR. Doch sie machte weiter wie bisher. Das Rockkonzert im Juni 1987 am Brandenburger Tor war ein Fanal. Es waren keine Dissidenten oder Oppositionellen, sondern schlicht junge Menschen, die sich für Rockmusik begeisterten und sich auf der anderen Seite der Mauer drängten. Sie waren jung, aufgewachsen und sozialisiert in der seit 1961 durch die Mauer scheinbar stabilisierten Ost-Republik. Ihre Eltern hatten sich in diesem verordneten, geordneten Kollektivgefüge eingerichtet und sich – so gut es ging – ihre Nischen geschaffen, von denen die Datscha wohl die wichtigste war. Selbst in diesen Nischen war die fast allgegenwärtige Firma »Horch und Guck« nur zu häufig mit dabei. Die Begeisterung für die Rockklänge von jenseits der Mauer und das Desinteresse an Parteiparolen und Ideologie waren noch kein politischer Protest. Aber sie waren Symptome für ein vorpolitisches Ausscheren aus dem Druck und dem kleinbürgerlichen Mief der verordneten Diktatur und der tradierten autoritären Strukturen. Der brutale Einsatz der Sicherheitskräfte gegen die versammelten Rockfans machte aus dem Rockereignis ein richtiges Politikum bis zu Rufen »Die Mauer muß weg«.[120] Durch die Westjournalisten, die von Vopo und Stasi malträtiert wurden, kamen die Geschehnisse vor allem via Bildschirm in den Westen und wirkten über diesen Umweg in die DDR zurück.

Im Vorfeld des Honecker-Besuches wurden die traurigen Geschehnisse wieder schnell verdrängt und vergessen. Sie waren keine einmaligen Ausrutscher. Nachdem der Honecker-Besuch absolviert war, zog das Regime die Zügel der Repression Zug um Zug an. In der SED begann eine Periode der Säuberungen, bei der reformverdächtige Mitglieder und Funktionäre ausgebootet wurden. Das traf beispielsweise auch Manfred Uschner, der sich als Mitglied der sicherheitspolitischen Arbeitsgruppe mit der SPD wohl zu offen gegenüber den Sozialdemokraten gezeigt hatte.[121] Auch Rolf Reißig, der mit Thomas Meyer von der Grundwertekommission der SPD hauptsächlich das SED-SPD-Papier ausgehandelt hatte, fing sich ein Disziplinarverfahren ein.[122] Nachdem das Politbüro schon im Sommer 1987 Gegenmaßnahmen zu dem Papier eingeleitet hatte, ging der Chefideologe Kurt Hager in einem Artikel im *Neuen Deutschland* im Herbst auf deutliche Distanz, unter anderem mit der Bemerkung, der »Imperialismus« sei »nicht friedensfähig«.[123]

Eine für die Ministerin für innerdeutsche Beziehungen Dorothee Wilms angefertigte Ausarbeitung und Analyse konstatierte zu Recht: »Die Wirkungen des Papiers dürften in Ost und West verschieden sein.« Im Westen werde es wohl »schnell in Vergessenheit« geraten – aus der es nach der Einigung aber von der SPD wenig Wohlgesinnten immer wieder geholt wurde –, dagegen werde »die Resonanz in der DDR – nicht zuletzt durch die volle Veröffentlichung des Dokuments im ND *[Neues Deutschland]* vom 28. 8. – wohl nachhaltiger sein: Für die DDR-Bürger ist – insbesondere durch V[eröffentlichung] eine weitere Berufungsgrundlage für ein wenig mehr Freiheit geschaffen worden.«[124]

Dies war in der Tat der Fall. Gerade weil das Dokument offiziell abgesegnet war, konnten sich Bürger, Parteimitglieder und kritische Geister darauf berufen. Frühere Dissidenten und kirchliche Kreise aus der DDR haben den Wert dieses Papiers denn auch ausdrücklich gewürdigt und seine Wirkung überwiegend positiv eingeschätzt.[125] Es setzte eine lebhafte Diskussion in Gang, die der SED ausgesprochen unangenehm wurde. Die Stasi-Berichte und eine sogenannte »Information« des obersten Stasi-Chefs, Erich Mielke, legten Zeugnis über diese Reaktion in der Bevölkerung und der Parteimitgliedschaft der SED ab.[126] Auch ein sehr kritischer Bewerter der SPD-SED-Kontakte kommt zu dem Ergebnis, das »Papier habe stimulierende Auswirkungen innerhalb der DDR gehabt« und »in der DDR wachsende Kritik von unten hervorgebracht«.[127] Im Sinne der »Kultur des politischen Streits«, wie sie von der Grundwertekommission intendiert war, schien dies ein ermutigendes Zeichen. Doch man sollte den Einfluß auch nicht überschätzen und nicht vergessen, daß Glasnost und Perestroika letztlich für das SED-Regime ungleich gefährlicher waren. Denn nun konnten sich Kritiker des verkrusteten Systems auf die Sowjetunion berufen, die so lange als Lehrmeister gegolten hatte, während Honecker und die Seinen einen Abwehrkampf gegen den für sie bedrohlich werdenden Reformbazillus aus der Sowjetunion führten. Aus seiner Sicht hat Erich Honecker im Rückblick das Jahr 1987 als Schicksalsjahr der DDR gekennzeichnet.[128]

In der Bundesrepublik war man zu dieser Zeit vor allem mit sich selbst beschäftigt und wiegte sich mehrheitlich in Träumen von einer Zukunft in Frieden und Freundschaft. Die Barschel-Affäre hatte im September 1987 für große Aufregung und Empörung gesorgt. Auch nach dem Rücktritt (2. Oktober) und dem Selbstmord Uwe Barschels (11. Oktober 1987) in Genf drehte sich in Medien und Gesprächen fast alles um diese skandalösen Vorgänge. Sie schädigten die politische Kultur und das Ansehen der Parteien. Besonders betroffen war die CDU, während die SPD nun Morgenluft witterte. Zudem zeichnete sich außenpolitisch eine qualitativ neue Etappe der Abrüstung und Entspannung ab, in der es denkbar und notwendig schien, an der Architektur eines gemeinsamen europäischen Hauses zu arbeiten.

Nach dem SED-SPD-Papier und dem Honecker-Besuch bemühte sich zuerst eine Reihe von SPD-Politikern, durch DDR-Besuche das Terrain für eine weitere Entkrampfung und Intensivierung der Beziehungen zwischen den beiden deutschen Staaten zu erkunden. Es war der für diese Jahre so typische Polittourismus von Ministerpräsidenten und -anwärtern, die sich in der DDR umsahen und mit einem fernsehgerechten Händeschütteln mit Honecker auf Prestigegewinn hofften. Den Reigen eröffneten Ende Oktober 1987 der saarländischen Ministerpräsident Oskar Lafontaine zusammen mit den beiden Regierungschefs der Hansestädte und Stadtstaaten Hamburg und Bremen, Klaus von Dohnányi und Klaus Wedemeier, gefolgt vom baden-württembergischen Spitzenkandidaten Dieter Spöri (im November) und dem nordrhein-westfälischen Ministerpräsidenten Johannes Rau Anfang des neuen Jahres.[129] Die politische Substanz dieser Gespräche hielt sich in Grenzen. Es ging zumeist um eine positive Würdigung des Honecker-Besuchs, des SPD-SED-Papiers, der gestiegenen Reisezahlen und des sich zum Positiven verändernden internationalen Klimas sowie Wünsche nach weiteren Städtepartnerschaften und wirtschaftlicher Zusammenarbeit, während Honecker eher verhalten an die Umsetzung der bei seinem Bonn-Besuch getroffenen »Vereinbarungen« zur Lösung der Elbgrenzfrage und zu Salzgitter erinnerte.[130] Zur Elbfrage unterbreitete Schäuble seinem Gesprächspartner Schalck-Golodkowski zunächst den Vorschlag »zu einem streng vertraulichen Gespräch Schäuble, Albrecht und ein Beauftragter der DDR« und deutete später an, »daß man eventuell zu einer Lösung auf der Grundlage einer einvernehmlich festzulegenden Grenze kommen könne«.[131] Ziemlich eindeutig wies der Generalsekretär es gegenüber Spöri und Rau von sich, daß mit dem kritischen ND-Artikel von Kurt Hager eine Abkehr von dem gemeinsamen Papier intendiert sei.[132]

Tatsächlich schaltete das SED-System im Winter 1987/88 zusehends auf verschärfte Repression und ging gegen Dissidenten und Abweichler mit rigorosen Mitteln vor. Mitte November 1987 wurden die Umwelt-Bibliothek bei der Zionskirche durchsucht und mehrere Personen festgenommen. Das Vorgehen gegen die unter dem Dach der Zionskirche in Ost-Berlin agierenden unabhängigen Friedens- und Umweltgruppen löste eine breitere Solidarisierung mit den Verhafteten aus, die von einem wachsenden Mut der Dissidenten und Kritiker zeugte. Mit weiteren Aktionen ging der Sicherheitsapparat des SED-Staates in den folgenden Tagen gegen oppositionelle Gruppen in weiteren Städten vor.[133]

Den traditionellen großen Massenaufmarsch zum Gedenken an die Ermordung von Rosa Luxemburg und Karl Liebknecht nutzten Mitglieder unabhängiger Bürgerrechts- und Friedensgruppen am 17. Januar 1988, um mit Sprüchen und Transparenten mit dem Luxemburg-Wort »Freiheit ist immer die Freiheit der Andersdenkenden«, das sie an die Adresse der Bolschewiki gerichtet hatte, zu protestieren und Freiheit und Toleranz einzuklagen. Sicherheitskräfte des MfS und der Vopo verhafteten einen Teil der Protestler. Es folgten Gerichtsverfahren »wegen des begründeten Verdachts landesverräterischer Beziehungen«, zahlreiche weitere Verhaftungen und Verurteilungen in Ost-Berlin und anderen Städten der DDR »wegen Zusammenrottung«, vorgeblicher »krimineller Handlungen« und »landesverräterischer Beziehungen« sowie Abschiebungen unter anderem von Stephan Krawczyk und Freya Klier, Verhöre, Verwarnungen und die Inhaftierung von Ausreisebegehrenden. Es war die umfassendste Verhaftungsaktion seit dem 17. Juni 1953.[134] In den Kirchen der DDR kam es zu zahlreichen Fürbittegottesdiensten für die Eingesperrten und Abgeschobenen, die wie das harte Vorgehen gegen die Dissidenten durch Rundfunk und Fernsehen der Bundesrepublik große Publizität erhielten und über den Empfang der westlichen Kanäle wieder auf die DDR zurückstrahlten.[135]

Zwar hatte die Bundesministerin für innerdeutsche Beziehungen Dorothee Wilms schon das Vorgehen bei der Zionskirche mit den Worten kritisiert, die Bundesregierung werde nicht darauf verzichten, »Unrecht als das, was es ist, beim Namen zu nennen«, und sie prangerte auch die Verfolgung der Dissidenten bei und nach der Rosa-Luxemburg-Demonstration mit deutlichen Worten an.[136] Das ehrte sie persönlich, denn »die Klagen über den repressiven Charakter des DDR-Regimes und dessen innere Legitimation« nach Honekkers Besuch wurden »zunächst zurückhaltender formuliert«.[137]

Zufrieden konstatierte SED-Generalsekretär Erich Honecker im Gespräch mit Milos Jakes, seinem Amtskollegen der tschechoslowakischen KP, »daß die BRD-Regierung sich bei den jüngsten Provokationen gegen die DDR, im Gegensatz zur SPD, zurückgehalten habe«.[138] Der Ärger des Generalsekretärs richtete sich zunächst gegen die Grünen, die »sogar über die Grenzen hinweg ihre Organisation auch in der DDR aufzubauen« suchten[139], nun aber zusehends auch gegen Sozialdemokraten. Wie die Grünen suchten einige Vertreter der Sozialdemokratie die Verbindung zu den Kirchen und kirchlichen Kreisen in der DDR. Das hatte schon Helmut Schmidt als Kanzler getan. Nun waren es vor allem Johannes Rau, Jürgen Schmude und Erhard Eppler, die als Politiker und Synodale bzw. Präses der EKD viele regionale Kirchentage in der DDR aufsuchten und sich dabei mit Angehörigen von Bürgerrechts- und Friedensgruppen trafen. Das MfS Mielkes zählte in einer »Information« 48 solcher Kontakte führender Sozialdemokraten auf, verglichen mit 24 der Grünen, 21 der CDU/CSU und 3 der FDP.[140] Daraus erwuchs eine enge Verbindung zum Kreis um Pfarrer Friedrich Schorlemmer. Mit Rückendeckung durch den Fraktionsvorstand nahmen Jürgen Schmude, Horst Sielaff und Gert Weisskirchen ab Anfang Dezember 1987 Kontakt zu Rainer Eppelmann, dem Friedenskreis der Samariter-Gemeinde in Berlin und weiteren kirchlichen Oppositionsgruppen auf. Besonders engagiert setzte sich Gert Weisskirchen für die Friedensfreunde und Bürgerrechtler ein. Die SED-Führung war so verärgert, daß sich Weisskirchen und ihm Gleichgesinnte »die Betreuung von Dissidenten in der DDR zur Aufgabe gemacht hatten«, daß sie mehrfach Einreiseverbote verhängte, wogegen sowohl Hans-Jochen Vogel wie Oskar Lafontaine heftig protestierten.[141]

Nach den Vorfällen bei der Liebknecht/Luxemburg-Demonstration waren es insbesondere Erhard Eppler von der Grundwertekommission und der Partei- und Fraktionsvorsitzende Hans-Jochen Vogel, die diese Repressionen mit harten Worten geißelten. Mit einer Entschließung der SPD-Fraktionsvorsitzenden aus Bund und Ländern wurde dies anschließend bekräftigt.[142] Das für Februar 1988 angesetzte Treffen der SPD-Grundwertekommission mit den Vertretern der Akademie für Gesellschaftswissenschaften war nahe davor zu platzen.[143] Nun galt es für Sozialdemokraten als eine Art Pflicht, bei Besuchen in der DDR über die offiziellen Vertreter der Kirchen hinaus möglichst auch, wenngleich im Rahmen der Kirchen, mit Friedens- und Bürgerrechtsgruppen zu reden.[144] Besonders die Begegnungen und Erlebnisse auf dem Evangelischen Kirchentag vom Juni 1988 in Erfurt trugen dazu bei, daß der Kontakt und Dialog mit Dissidenten und Systemkritikern gesucht wurde und sich bei einer Reihe von Sozialdemokraten ein wacheres Gespür für die schwierige Gelenksituation entwickelte, in der sich die Menschen und das System in der DDR befanden.[145]

Bei den Unionsparteien waren es nur ganz wenige Außenseiter wie Stefan Schwarz, Heribert Scharrenbroich und Werner Schreiber sowie der CSU-Abgeordnete Eduard Lintner, die sich vorwagten und eine Verbindung zu Rainer Eppelmann herstellten, während Norbert Blüm noch im Herbst 1987 vom Kanzleramt gebremst wurde.[146] Die öffentliche Aufforderung dieser kleinen Außenseitergruppe vom Dezember 1987, die Ständige Vertretung der Bundesrepublik solle »nicht nur mit den Unterdrückern, sondern auch mit den Unterdrückten enge Kontakte pflegen«[147], ehrte sie. Aber der geeignetere Adressat wäre wohl die eigene Parteiführung und die Bundesregierung gewesen.

Helmut Kohls Regierung hielt sich nicht nur bei den Dissidenten und Oppositionellen völlig zurück. Sie verzichtete selbst auf eine harsche Kritik an dem scharfen Vorgehen der Sicherheitskräfte und der sichtbar gewordenen Repression. Das geschah nicht aus Unacht-samkeit, sondern bewußt, wie Schäuble seinem engen Verhandlungs-partner telefonisch mitteilte: »Wie Sie merken, halten wir uns sehr zurück und haben auch weiterhin die Absicht, diese Position einzu-nehmen.«[148] Fast mit Genugtuung teilte er dem Regierenden Bürger-meister von West-Berlin, Diepgen, mit, »die DDR dürfte bemerkt haben, daß wir uns zurückhaltend geäußert haben«.[149] Und dieser hielt sich bei beiden Gesprächen, die er innerhalb weniger Wochen mit Honecker führte (am 11. Februar und am 13. März 1988), ent-sprechend zurück. Zu »tiefer Besorgnis« bei vielen Menschen raffte er sich gerade auf und würdigte gleich noch die »Besonnenheit«.[150] Von bewußter Zurückhaltung der Bundesregierung, die kein »Öl ins Feuer gießen« wolle, sprachen übereinstimmend der Leiter der Stän-digen Vertretung Bräutigam gegenüber Krenz, Graf Lambsdorff – als schlichtes Präsidiumsmitglied der FDP erinnerte er wenigstens an den Helsinki-Korb über Menschenrechte – gegenüber Honecker und der CDU-Ministerpräsident von Rheinland-Pfalz, Bernhard Vogel; dieser hoffte darauf, »daß die DDR den eingeschlagenen Kurs fort-setzen werde«.[151]

Eine solche Art des Verhaltens, die sich mit Kritik am herrschen-den SED-Regime, der Repression und der Verletzung von Menschen-rechten zurückhielt und davon absah, »Öl ins Feuer zu gießen«, wäre bei Sozialdemokraten und Grünen getadelt worden. Bei der Kohl-Re-gierung wurde sie von ihr selbst wie von ihr geneigten Publizisten und Wissenschaftlern als weise Mäßigung ausgegeben und ihr staats-männische Qualität zugeschrieben. Kohl und Schäuble hielten sich aus den inneren Angelegenheiten der DDR heraus. Die Sachverhand-lungen etwa über eine neue erhöhte Transitpauschale liefen unbe-rührt von Menschenrechtsverletzungen routiniert weiter, und es fan-den sich keine Belege, daß sich Schäuble etwa »für die Rechte der wachsenden Opposition in der DDR offensiv einsetzte«.[152] Die Kohl-Regierung »betrieb zu keinem Zeitpunkt eine Destabilisierung«. Trotz zunehmend repressiven Vorgehens gegen Oppositionelle und Demonstranten gab sie der DDR »eine Bestandsgarantie«[153], und das bedeutete eine solche eben auch für das reale staatliche System.

Die Argumentation des »Stabilitätsgebots« bezieht ihre Rechtfer-tigung daraus, daß jede Destabilisierung der DDR mit zu hohen Ri-siken verbunden gewesen wäre und die DDR als Vorposten ihres

Hegemonialsystems für die Sowjetunion unverzichtbar schien.[154] Es gab sicherlich gute Gründe für die Sorge, daß es sonst zu schlimmen Rückschlägen und einer Eiszeit kommen und in Moskau die konservativen Kräfte wieder Oberwasser erlangen könnten. So hatte es eine Logik, möglichst alles zu vermeiden, was Gorbatschow und seine Reformen gefährden konnte, und auf weiteren allmählichen Wandel durch Reformen von oben zu bauen, um auf diesem Gleis langfristig Veränderungen in der DDR mit zu befördern.

Garton Ash hat aber zu Recht die Frage aufgeworfen, ob zu diesem Zeitpunkt nicht eine andere Politik möglich und angemessen gewesen wäre, die innere Reformen in der DDR wirklich angemahnt, Dissidenten nicht allein gelassen, die Achtung der Menschenrechte stärker akzentuiert und dafür mit dem Lockmittel größerer finanzieller Leistungen der Bundesrepublik geworben hätte.[155] Denn das Honecker-Regime geriet selbst schon in dieser Zeit im sogenannten sozialistischen Lager zusehends aufs Abstellgleis. Die Ungarn probten weitere Reformen und eine Öffnung, in Polen wurden die Zügel gelockert, und in der Sowjetunion machten Glasnost und Perestroika Fortschritte. Mit seiner Lehrmeister-Attitüde eines rechthaberischen Sozialismus Marke DDR verärgerte Honecker Gorbatschow und die Seinen und mit dem Verbot der Verbreitung sowjetischer Publikationen, voran die Zeitschrift Sputnik, machten die SED-Oberen schließlich offen Front gegen den Glasnost-Bazillus.[156] Für ihre Repressivität und sture Reformunwilligkeit gab es außer Ceauşescus Rumänien kaum noch Alliierte.

Doch die Bonner Regierung hielt sich nicht nur mit Kritik zurück, de facto wertete die führende Politikergarde der Bundesrepublik die halsstarrigen Alten im Osten eher noch auf. Der Polittourismus hochrangiger Politiker nach drüben, die Honecker dabei ihre Aufwartung machten, kam voll zur Blüte. Es waren nun verstärkt CDU-Politiker aus Bund und Ländern, die sich zum Gespräch und zum Fototermin beim SED-Generalsekretär drängten, weil sie sich davon offenkundig einen Prestigezuwachs erhofften. Die Liste der Westbesucher, denen die Ehre eines Empfangs bei Honecker im ersten Halbjahr 1988 zuteil wurde, liefert für sich schon genug Illustration. Nach Johannes Rau (SPD), der noch vor den schlimmen Vorfällen im Kontext der Liebknecht/Luxemburg-Demonstration zu Gast war (14. Januar), erschien als erster Otto Graf Lambsdorff (FDP) im Gebäude des Staatsrates (4. Februar), gefolgt von Eberhard Diepgen (CDU) im Schloß Niederschönhausen (11. Februar). Diepgen wie Rau wurden vom Staatsratsvorsitzenden sogar ein zweites Mal, auf der Leipziger Messe am 13. März, empfangen. Nachdem der rheinland-pfälzische Ministerpräsident, Bernhard Vogel (CDU), am 21. April und der stellvertretende Vorsitzende der CDU/CSU-Bundestagsfraktion, Volker Rühe, am 28. April Honecker ihre Aufwartung im Staatsratsgebäude gemacht hatten, traf am folgenden Tag der SPD-Partei- und Fraktionsvorsitzende Hans-Jochen Vogel zu seinem jährlichen Meinungsaustausch im Jagdschlößchen Hubertusstock ein. Den Reigen in diesem ersten Halbjahr beschloß der CDU/CSU-Fraktionsvorsitzende, Alfred Dregger. Das Gespräch mit dem gemeinhin als konservativen Hardliner und »Stahlhelmer« eingestuften Dregger fand am 27. Mai 1988 in Honeckers Amtsräumen im Staatsrat statt.[157] Anderen Westpolitikern, die sich wie die Bundesminister Rita Süssmuth (Jugend, Familie, Frauen und Gesundheit) und Jürgen Möllemann (Bildung und Wissenschaft) zu offiziellen Besuchen in der DDR aufhielten, wurde die Ehre eines Empfangs bei Honecker nicht zuteil.

Der Bogen der Gespräche folgte zumeist einem eingefahrenen Ritual: Begrüßung und Grüße, grundsätzlichere Kommentare zur internationalen Politik, insbesondere Sicherheit, Abrüstung und Wunsch nach Frieden, und im Anschluß daran Fragen der bilateralen Beziehungen, bei denen es vorrangig um Reisen und Reiseerleichterungen, bei der DDR natürlich vor allem um Elbgrenze und Salzgitter ging. Daneben kamen konkrete Projekte wie Wirtschaftskooperation und Städtepartnerschaften und im Falle Berlin (West) noch viele Einzelprobleme zur Sprache. In vielen Fällen hatten sich die Besucher mit dem Kanzleramt, vorrangig mit Schäuble, abgestimmt und sich vom Arbeitsstab Deutschlandpolitik eine Art Briefing erstellen lassen.[158]

Bezogen auf die Situation in der DDR, reichte das Spektrum bei den Unionspolitikern von einer Art vorauseilendem Gehorsam (Diepgens Selbstverpflichtung zur Vorsorge gegen eine »Beschallung« des Ostens beim Rockkonzert Michael Jacksons) über eher verhaltene Anmahnungen weiterer Reise- und Besuchserleichterungen (Bernhard Vogel, Dregger, doch auch Diepgen) bis zur Kritik, die Volker Rühe in der Frage der Menschenrechte übte. Direkt angesprochen wurden von ihm vor allem Einreiseverweigerungen für einige CDU-Abgeordnete, wie für Scharrenbroich, Schreiber und Lintner, die den

Kontakt zu Rainer Eppelmann aufgenommen hatten, sowie der Grünen.[159] Wie von Hans-Jochen Vogel schon gewohnt, brachte auch er kritische Punkte wie die Zurückweisung von Bundestagsabgeordneten und die Vorgänge vom Januar zur Sprache. »Konflikte«, mahnte er an, ließen sich »konstruktiv« nur dann lösen, »wenn nach einem politischen Dialog gesucht und nicht gleich zu staatlichen Machtmitteln gegriffen würde«.[160] Daß die SPD keine »Destabilisierung« wolle, entsprach der gängigen Linie in Bonn. Mit dem Ausscheren einzelner sozialdemokratisch regierter Länder und schließlich auch der Fraktion, die Erfassungsstelle Salzgitter betreffend, aber geriet die Sozialdemokratie auf eine abschüssige Bahn, auf der die Distanz zu einem kommunistisch-diktatorischen System ins Rutschen kam.[161]

Der Polittourismus mit Gesprächs- und Fototermin bei Honecker lief in der Folgezeit weiter. Allerdings waren es im zweiten Halbjahr nur drei, Lafontaine im August, Bangemann Anfang September und schließlich Schäuble am 10. November, denen diese Ehre zuteil wurde.[162] Bewegendes und wirklich Substantielles kam dabei nicht zutage. Bei Schäuble ging es um eine Art Zwischenbilanz und weitere kleinere konkrete Schritte zur Ausgestaltung der Beziehungen, wobei das Atmosphärische, nicht das Substantielle, dominierte.

Am Ende des Gesprächs übergab Schäuble wie bei jeder anderen Begegnung eine Liste mit humanitären Härtefällen. Eine solche führten stets auch die anderen Westpolitiker mit, die sich zu Treffen mit Honecker und anderen hochrangigen Vertretern des SED-Systems einfanden. Bis auf wenige Ausnahmen ist die Übergabe dieser Verzeichnisse, die helfen sollten, das Los von Menschen zu lindern, in den Ost-Protokollen nicht vermerkt. Honecker, der die Regelung solcher menschlicher Akte für sich reservierte, gab sich dabei gern großzügig und signalisierte Entgegenkommen und Hilfe. Bei den Kontakten zu Dissidenten aber blockten er und seine hohen Mitgenossen ab. Die Besuche dürften nicht für Propaganda, Diskreditierung der DDR und »konspirative Dinge mißbraucht werden«: »Wenn solche Dinge damit verbunden werden, z. B. Treffen bei Pfarrer Eppelmann, dann sei es nicht verwunderlich, wenn diese Leute von den Sicherheitsorganen nicht mehr in die DDR gelassen werden.«[163] Und bei den Menschenrechten redete er sich damit heraus, sie seien für die DDR ein hohes Gut, vor allem in bezug auf Frieden und Arbeit.[164]

Dennoch ließ sich über viele Jahre im direkten Kontakt und Verbund mit Honecker manches im bilateralen Bereich bewegen, gerade weil er darin eine Anerkennung von Souveränität sah und er Zugeständnisse als ein Zeugnis von Liberalität ausgeben konnte, während er gleichzeitig eine innere Liberalisierung versagte. Auf diesem Ohr war er schon früher schwerhörig und wurde zum Ende der achtziger Jahre fast taub. Die Regierung Kohl und die CDU-Länderfürsten aber vermieden fast alles, was als eine Einmischung in innere Angelegenheiten der DDR ausgelegt werden könnte. Nur einige wenige, wie Schäuble, sprachen wenigstens die Schüsse an der Grenze an.

Bundeskanzler Kohl beschränkte sich neben einem rein privaten Besuch im Mai 1988 in der DDR, der aus der Sicht Honeckers »eine große Pleite« war[165], weitgehend auf die zögerliche Beantwortung von Honecker-Briefen, in denen dieser weitere Schritte zu Abrüstung und »einem gesicherten Frieden« anregte. Zumindest ließ er darin einfließen, »daß es wirklichen Frieden nicht geben kann, ohne daß die Rechte der einzelnen Bürger für ein Leben in Freiheit und Humanität« gewährleistet sind.[166] Die »wichtigsten Fortschritte« seien die, »die den Menschen unmittelbar zugute kommen, ihre Freiräume vergrößern, der Humanität und damit in besonderer Weise dem Frieden dienen«, teilte er im Oktober 1988 Honecker mit und sprach sich für einen weiteren Ausbau der Kontakte, trotz weiterhin bestehender Belastungen, aus.[167] Das nun schlichte »Helmut Kohl« statt des bisherigen eigenhändigen »Ihr Helmut Kohl« deutete an, daß die privat aufgeräumte »Männerbeziehung« zu Honecker einen Riß bekommen hatte und für Kohl nun der Alltag eingekehrt war.

Harte DM gegen Verbesserungen im Reiseverkehr und Erleichterungen an der Grenze waren die Maxime einer unter Schmidt begonnenen und unter Kohl erfolgreich fortgeführten pragmatischen Deutschlandpolitik. Für ein neues Koppelgeschäft mit einer Paketlösung bot sich die 1989 auslaufende Transitvereinbarung und die Aushandlung einer neuen Transitpauschale an. Schon nach dem Honecker-Besuch hatten die Vorverhandlungen zwischen Schäuble und Schalck begonnen, die im Sommer 1988 in ihre entscheidende Phase kamen. Im Ergebnis wurde mit der am 14. September 1988 erzielten Vereinbarung die bisherige jährliche Transitpauschale von 525 auf 860 Millionen DM heraufgeschraubt. Die Gegenleistung der DDR war diesmal äußerst bescheiden: Gespräche über die Elbe-

Reinhaltung ohne eine vorherige Regelung des strittigen Grenzverlaufs.[168] Sicherlich hat es die Verhandlungsposition Schäubles nicht
gerade gestärkt, daß dem MfS über »Dorn« Interna aus der von
Schäuble geleiteten Deutschlandpolitischen Koordinierungsgruppe
zugingen.[169] Konzeptionell fiel den Bonner Deutschlandexperten
kaum mehr etwas ein. Das System DM gegen Reiseerleichterungen
war an eine Grenze gekommen. Das Regime erhielt harte Devisen,
die es so dringend brauchte und die ihm Luft verschaffen sollten,
und die Kohl-Regierung richtete sich darauf ein, daß sich inner-
deutsch offenbar kaum mehr etwas bewegen ließ. Gerade der auf
zehn Jahre – von 1990 bis 1999 – angelegte neue Transitabschluß
belegte, daß die Bundesregierung nicht im entferntesten mit dem
rechnete, was 1989/90 eintrat: der Zusammenbruch der DDR und
die deutsche Einigung.

Vor dem Deutschen Bundestag und der Öffentlichkeit erklärte
Kanzler Kohl am 1. Dezember 1988 in seinem »Bericht zur Lage der
Nation«, die Bundesregierung betrachte »die inneren Schwierigkeiten des politischen Systems in der DDR« mit Sorge, fast so, als ob
dessen Geschick auch das der westlichen Demokratie sei. »Wir haben kein Interesse, daß die inneren Schwierigkeiten in der DDR weiter zunehmen.«[170] Business as usual und eine nüchterne Normalität
wie zwischen zwei gleichrangigen souveränen Staaten, eine Art »Sta-
bilitätszusicherung für die DDR«[171] und eine unbestimmte Hoffnung, daß sich die DDR-Führung dem Sog zu Veränderungen im
östlichen Europa auf Dauer nicht werde entziehen können[172], waren
die Eckpunkte, die das Verhalten der Kohl-Regierung gegenüber der
DDR bis zum Umbruch prägten.

Agonie und Wandel

Als die Glocken und Feuerwerkskörper das neue Jahr ankündigten
und die Menschen sich gute Wünsche für 1989 sagten, hatte wohl
kaum jemand daran gedacht, daß in dem gleichen Jahr die Mauer,
dieses steinerne inhumane Monument der Trennung, fallen würde.
Noch im Januar dieses Jahres sprach Erich Honecker dem »antifaschistischen Schutzwall« eine unübersehbare Lebensdauer zu. »Sie

[die Mauer] wird in fünfzig und auch in hundert Jahren noch bestehen bleiben. Das ist schon erforderlich, um unsere Republik vor Räubern zu schützen. Ganz zu schweigen von denen, die gerne bereit sind, Stabilität und Frieden in Europa zu stören.«[173] Drei Wochen später, am 6. Februar, wurde der junge Chris Gueffroy bei dem Versuch erschossen, dem Arbeiter-und-Bauern-Staat zu entkommen. Er war der letzte Tote an der Mauer. Von der Schußwaffe wurde danach noch gegen Flüchtende Gebrauch gemacht, die im März versucht hatten, die Grenzsperren mit einem LKW zu durchbrechen.[174] Nach den vielen Protesten rang sich das Regime endlich zu einer wirklichen Revision des Schießbefehls durch. Seit den Anordnungen vom 3./4. April 1989 durften die Schußwaffen »zur Verhinderung von Grenzdurchbrüchen nicht« mehr angewandt und nur »bei Bedrohung des eigenen Lebens« eingesetzt werden.[175] In seinem letzten Lebensjahr hatte das SED-System nun eine Humanisierung des Grenzregimes vollzogen, wie sie für einen zivilisierten Staat selbstverständlich war. Doch damit bröckelte ein Steinchen aus dem Mosaik, mit dem dieses System seine Existenz abstützte.

Die in den ersten Monaten des Jahres 1989 kräftig ansteigende Zahl der Ausreiseanträge (Januar bis März 26000)[176] war ein Signal, daß immer mehr Menschen bereit waren, Diskriminierung und Einschüchterung auf sich zu nehmen, nur um endlich diesem System zu entkommen, und dieses sie ziehen ließ, weil es nicht mehr die rücksichtslose Energie hatte, um sie daran zu hindern. Es öffnete damit ein Ventil, von dem es sich erhoffte, daß der Druck aus dem Kessel wich. Der Erlaß einer Verordnung für »Reisen von Bürgern der DDR nach dem Ausland«, die seit dem 1. Januar 1989 galt und auch »ständige Ausreisen«, also Übersiedlungen in den Westen, regelte, war insofern ein Fortschritt, als damit Reisemöglichkeiten einklagbar wurden. Doch grenzte sie den Kreis zugleich wieder ein. Erst nachdem sich die DDR bei der Wiener KSZE-Folgekonferenz im Januar, nicht zuletzt auf Druck der UdSSR, zur gesetzlichen Garantie der »Ausreise« und auf »Rückkehr« verpflichtet hatte, besserte sie die Regelung nach. Die restriktive Handhabung in der Praxis erregte erst recht wieder Unmut und verstärkte den Ausreisedruck.[177] Die wachsende Unzufriedenheit der Menschen ließ sich damit nicht auffangen. Trotz der Schwächung, die oppositionelle Regungen durch die Abwanderung erfuhren, konnte das System ihrer nicht mehr Herr werden.

Der Mut und die Bereitschaft von Dissidenten und Bürgerrechtsgruppen wuchs, das Regime nicht mehr gewähren zu lassen, sondern ihm kontrollierend auf die Finger zu schauen. Bei den Kommunalwahlen vom Mai 1989, bei denen die SED-Kader in zynischer Machtverblendung die Ergebnisse fälschten, erhielt dieses Gebäude aus Lug und Trug einen tiefen Riß.[178] Die Entlarvung von Wahlmanipulationen durch Bürgerbeobachter und die nachfolgenden Proteste wurden zum Menetekel, das Honecker und die Seinen in ihrer ideologischen Verbohrtheit ignorierten und verdrängten. Sie klammerten sich an ein rosig verklärtes Bild von einer vorgeblich fortschrittlichen, technisch hochstehenden und eine wahre sozialistische Demokratie verkörpernden DDR, die mit der Wirklichkeit nichts zu tun hatte.

Verblendet waren nicht nur die Gerontokraten in Ost-Berlin. Viele der maßgebenden Politiker und Parteien in der Bundesrepublik hatten die Zeichen der Zeit nur unzulänglich erkannt. Im Jahr 1988 schickte sich die CDU im Vorfeld ihres Wiesbadener Parteitages an, die »Lösung der deutschen Frage« als »gegenwärtig nicht zu erreichen« hinter die erstrebte europäische Einigung zu stellen und die »Wiedervereinigung« als programmatisches Ziel zu streichen. Erst kurz vor dem Parteitag erfolgte die Kehrtwende und mit dem Adenauer-Wort von der »Wiedervereinigung in Freiheit« hielt sie programmatisch an dem Recht der Deutschen »auf Selbstbestimmung« und Wiedererlangung der Einheit fest, so wie die CSU stets unverändert die Wiedervereinigung propagierte.[179]

Bei der SPD wagte sich Egon Bahr im gleichen Jahr weit vor, als er öffentlich für separate Friedensverträge mit beiden deutschen Staaten votierte und von der erstmaligen Chance der DDR sprach, »ihre Identität zu gewinnen, das heißt, einen Zustand zu schaffen, in dem die Regierung von der Bevölkerung akzeptiert wird«.[180] Doch der Sicherheits-, Entspannungs- und Deutschlandpolitiker Bahr stieß in und außerhalb der Sozialdemokratie auf heftigen Widerspruch von Gesine Schwan über Hans Büchler und Horst Ehmke bis zu Politikern der Grünen, erst recht in Unionskreisen.[181] Für großes Aufsehen sorgten die Äußerungen der sozialdemokratischen Vaterfigur Willy Brandt von der »Wiedervereinigung«, die »zur Lebenslüge der zweiten deutschen Republik« geworden sei.[182] Brandt ging es um das »Wieder«-Vereinigen im Unterschied zum Ziel deutscher Einheit. Es war die Absage an die lange propagierte Fiktion der Wiederherstellung des gewesenen Deutschlands in seinen Vorkriegsgrenzen. Und eine »Wiedervereinigung« in diesem Sinne gab es 1990 nicht, sondern eine Einigung der Deutschen in beiden deutschen Staaten durch die Selbstbestimmung der Menschen in der DDR und ihren Beitritt zur Bundesrepublik Deutschland. Während Willy Brandt, Hans-Jochen Vogel und andere an der Einheit der deutschen Nation festhielten, stand die immer stärker hervordrängende »Enkelgeneration« der deutschen Einheit eher gleichgültig bis skeptisch gegenüber.[183] Zumindest partiell drohte, doch nicht nur bei Sozialdemokraten, in den Hintergrund zu treten, daß es sich beim DDR-Regime nicht um ein demokratisches und auch kein »sozialistisches« System im Sinne eines freiheitlich-demokratischen Sozialismus handelte, wie ihn die SPD verstand.

Kritisch ist auch die Praxis der Bonner Politikergarde zu bewerten. 1989 setzte sich der Polittourismus in die DDR und zum obersten Wächter Erich Honecker zunächst ungebremst fort. Es waren einmal mehr die Ministerpräsidenten von Bundesländern, sowohl Christ- wie Sozialdemokraten, die der DDR eine Visite abstatteten und sich ihrem Rang entsprechend beim Staatsratsvorsitzenden zum Meinungsaustausch einfanden. Als erster traf Björn Engholm (SPD) ein, der nach der Barschel-Affäre und dem Sieg der SPD bei den Landtagswahlen im Mai 1988 zum Ministerpräsidenten Schleswig-Holsteins gewählt worden war.[184] Der nächste Besucher war der baden-württembergische Ministerpräsident Lothar Späth (CDU), der damals den Höhepunkt seines Ansehens erreichte und schon als neuer Kanzler gehandelt wurde. Gleich am nächsten Tag folgte Hamburgs Erster Bürgermeister Henning Voscherau (SPD), und anläßlich der Leipziger Messe traf sich Johannes Rau (SPD), der Ministerpräsident von NRW, mit dem Staatsratsvorsitzenden. Als nächster Ministerpräsident kam Ernst Albrecht (CDU) aus Niedersachsen. Zur Sprache kamen dabei vorrangig eine praktikable Lösung der Elbgrenzfrage und natürlich auch Salzgitter.[185] Zumeist ging es bei diesen Ministerpräsidentenbesuchen um Handel, Wirtschaftsfragen und Unternehmenskooperation. Entsprechend waren auf DDR-Seite Günter Mittag und Außenhandelsminister Gerhard Beil beteiligt. Daneben gehörten Abrüstung, Frieden und kleiner Grenzverkehr zu den Themen. Zu dem Tod von Chris Gueffroy hielt sich Späth bedeckt; es war Honecker, der ihn ansprach. Dage-

gen haben die beiden SPD-Politiker Voscherau und Rau die Grenzzwischenfälle an der Mauer und den Schußwaffeneinsatz von sich
aus kritisch kommentiert. Doch selbst jetzt redete sich Honecker
damit heraus, es gebe schon seit Jahren keinen Schießbefehl, wie der
Minister für Nationale Verteidigung Heinz Keßler gesagt habe. Entweder sollte es »Selbstverteidigung« und »Rowdytum« gewesen
sein, dann waren wieder die Medien im Westen oder der Bundesnachrichtendienst schuld.[186]

Gegenüber Hans-Jochen Vogel, der am 25. Mai 1989 seinen schon
traditionellen Besuch in Hubertusstock abstattete, berief er sich wieder darauf, der Schußwaffengebrauch sei wie in der Bundesrepublik
geregelt. Er erfolge »nur bei Angriffen auf Leib und Leben der Posten«, und es »gebe die Anweisung, keinen Todesschuß abzugeben«,
was seit April tatsächlich so galt. In klaren Worten, wie man sie sich
von mehr Politikern aus der Bundesrepublik gewünscht hätte, prangerte der SPD-Partei- und Fraktionsvorsitzende den Schußwaffengebrauch an und machte klar, daß in der Bundesrepublik bei unerlaub-
ten Grenzübertritten jedenfalls keine Schußwaffen eingesetzt werden
dürften.[187] Indirekt und durch die Blume mahnte Vogel wie zuvor
schon Rau innere Reformen in der DDR an. Vor allem Ungarn, wo
Anfang des Jahres die Gründung politischer Parteien erlaubt, die
Einführung eines Mehrparteiensystems auf den Weg gebracht und
der Abbau der Grenzanlagen zu Österreich und Jugoslawien angekündigt wurde, diente als ein Modell, im positiven Sinne aus der
Sicht von Westpolitikern, im negativen aus der Warte der in der DDR
herrschenden Gerontokratie. Die »DDR entwickle sich ›sehr stabil
und dynamisch‹«, wollte Honecker weismachen: »Die innere Situation in der DDR ›war noch nie so stabil wie gegenwärtig, zumal sich
in unserem Rücken einige Dinge verändern‹, in Polen und Ungarn
wie insbesondere in der Sowjetunion.«[188] Selbst in China schien sich
etwas zu bewegen, wo die Reform- und Demokratiebewegung zunächst von der Partei toleriert zu werden schien, bis ihr die Hardliner
um Li Peng mit dem blutigen Massaker auf dem Tiananmen-Platz
am 4. Juni 1989 den Garaus machten. Honeckers Bemerkung gegenüber Hans-Jochen Vogel, er »hoffe, daß entsprechend den letzten
Meldungen der Platz des Himmlischen Friedens auch ein Platz des
irdischen Friedens bleibe«[189], klang wie eine Andeutung dessen, was
geschah.

Die Furcht vor einer chinesischen Lösung bestimmte maßgeblich das Verhalten von Politikern und Bürgern mit, die auf die Entwicklung in der DDR schauten. Dies bestätigte alle die in ihrer Skepsis, die ohnedies nur auf vorsichtige Reformen von oben setzten und mit ihrem gouvernemental-etatistischen Ansatz etwas von den Herrschenden erwarteten. Der vom Abgeordneten der Grünen Helmut Lippelt gegen Kanzler Kohl erhobene Vorwurf, er stabilisiere mit seiner Deutschlandpolitik wie sein Vorgänger Helmut Schmidt »die reformfeindlichen Kräfte in der DDR«, hatte einen berechtigten Kern und markierte das Dilemma.[190] Schon bei Polen hatte die Bonner Politik ganz überwiegend die gesellschaftliche Dynamik von Solidarność unterschätzt und sich einseitig von ihrem Stabilitätsparadigma leiten lassen. Insgesamt wurde wohl die Bedeutung der mittelosteuropäischen Staaten und der Entwicklungen, die sich in Ungarn, Polen und der Tschechoslowakei abspielten, unterschätzt und deren Anteil an dem Reformprozeß im östlichen Europa zuwenig gewürdigt.

Die Bonner Ostpolitik war und blieb stark auf die Sowjetunion fixiert, was angesichts der Rolle, die sie als Supermacht, Vormacht im Osten und Protektoratsmacht auf deutschem Boden spielte, verständlich war. Noch bis in das Jahr 1987 hinein wirkte die sowjetische Führung auf dem deutsch-deutschen Terrain eher als bremsendes Element, was bei der Gorbimanie leicht verdrängt und vergessen wird. Mit seinem unglücklichen Goebbels-Vergleich hatte Kanzler Kohl das Verhältnis noch unnötig belastet. Die Mißstimmung hielt trotz eines Entschuldigungsbriefes lange an.[191] Die Rolle der Vorreiter für ein verbessertes Verhältnis zu Moskau spielten Außenminister Hans-Dietrich Genscher und Bundespräsident Richard von Weizsäcker, der entgegen den üblichen Gepflogenheiten vor dem Kanzler im Juli 1987 zum Staatsbesuch nach Moskau fuhr. Damit wurde eine neue Seite in den deutsch-sowjetischen Beziehungen aufgeschlagen, und von Gorbatschow kam ein erstes Signal, daß die deutsche Zweistaatlichkeit nicht notwendig für alle Ewigkeit sein müsse.[192]

Nachdem die CDU im Vorfeld mit ihrem von Nikolaj Portugalow angemahnten »ostpolitischen Bad Godesberg« auf dem Wiesbadener Parteitag vom Juni 1988 Hindernisse aus dem Weg geräumt hatte[193], fuhr Helmut Kohl, begleitet von einem Troß von Mitarbeitern, Managern und Bankiers sowie mit einem Kredit über drei Milliarden DM im Gepäck, nach Moskau. Bei diesem Moskau-

Besuch vom 24. bis 27. Oktober 1988 wurde »das Eis gebrochen«, so sah es damals Gorbatschow, nach Helmut Kohl gleich ein ganz »neues Kapitel« der deutsch-sowjetischen Beziehungen aufgeschlagen.[194] Des Kanzlers euphorische Metapher auf der Pressekonferenz übernahm später Gorbatschow in seine Erinnerungen[195], und heute dient es unter Zitierung Gorbatschows als Beleg für positive Bewertungen.[196] Zwar brachte Helmut Kohl das Gespräch auf das Ziel der Einheit, nannte die Teilung »widernatürlich« und deutete an, daß sie nicht das letzte Wort sei. Aber Gorbatschow winkte kühl mit den Realitäten der beiden deutschen Staaten ab, »die Geschichte könne nicht umgeschrieben werden«.[197] Tatsächlich, so übereinstimmend Kohls Vertraute und Berater Eduard Ackermann und Horst Teltschik, kam man in der deutschen Frage »keinen Zentimeter weiter«.[198] Noch funktionierte das Zusammenspiel Moskaus mit Ost-Berlin, wobei sich, wie Gorbatschow es formulierte, ein »Dreieck« Moskau–Ost-Berlin–Bonn herausbildete. Im Vorfeld des Kohl-Besuchs hatten sich der Kreml und die DDR-Führung beraten, und unmittelbar danach wurde sie von Moskau durchaus zutreffend und umfassend unterrichtet.[199]

Tatsächlich wurde das neue Kapitel erst bei Gorbatschows Besuch in der Bundesrepublik (12. bis 15. Juni 1989) aufgeschlagen, bei dem die Gorbimanie mit Händen zu greifen war. Später nannte Kanzler Kohl sein Gespräch im Garten des Kanzlerpalais den »entscheidenden Moment« auf dem Weg zur deutschen Einheit.[200] Tatsächlich lagen die Positionen, soweit es die DDR, deren Souveränität, die Systemgrenzen und die deutsche Frage betraf, noch weit auseinander. Doch trotz dieses Dissenses war eine Distanz Gorbatschows zum DDR-Regime unüberhörbar und der erzielte Konsens, daß zuerst die Teilung Europas überwunden und ein Europa des Friedens und der Zusammenarbeit heranwachsen müßte, ein großer Schritt nach vorn.[201]

Erst im Rahmen einer solchen europäischen Friedensordnung schien es denkbar und möglich, daß die Deutschen ihr Recht auf Selbstbestimmung würden wahrnehmen können. Es war die um 1969 von Brandt, Bahr, Scheel und ihren Mitstreitern entfaltete Vision, die Helmut Kohl sich zu eigen machte, die sein Handeln prägte und die nun Eingang in eine gemeinsame Erklärung mit Gorbatschow fand. Sie beruhte auf der Prämisse, daß Veränderungen und Wandel im Kern nur durch die hohe Politik, die Staaten und ihre

Staatenlenker zu bewirken seien und daß sie Stabilität und Berechenbarkeit des europäischen Staatensystems wie Stabilität und Berechenbarkeit im Innern bedingten. Tatsächlich haben sich die Dinge ganz anders entwickelt. »Im Ablauf«, so Egon Bahr 1993, »haben sich alle geirrt. Wir haben die deutsche Einheit, aber keine europäische Friedensordnung.«[202] Nicht nur im Ablauf, sondern auch über die Akteure haben sie sich geirrt, wenn Bahr mit »alle« die Politiker meinte. Wolfgang Schäuble, der wie Bahr gern auf verdeckten Kanälen operierte und die Fäden möglichst allein zog, beschrieb Karl-Rudolf Korte seine Eindrücke »über das Regierungshandeln im Jahr 1989« so: »Wir saßen wie Kinder vor dem Weihnachtsbaum und haben uns die Augen gerieben.«[203]

Es waren die einfachen Menschen und mutigen Bürger, die die Politiker in Erstaunen versetzten, ihr Geschick in die eigenen Hände nahmen und dafür sorgten, daß die Dinge so anders liefen, als diese sich das vorstellen konnten. Vorangetrieben wurde der Prozeß durch die Entwicklung in Ungarn und Polen, wo der Weg demokratischer Reformen eingeschlagen wurde und sich eine Mehrparteiendemokratie herauszubilden begann. Schon im zeitigen Frühjahr hatte Ungarn den Abbau der Grenzanlagen zu Jugoslawien und Österreich angekündigt.[204] Als ungarische Soldaten dann am 2. Mai den Stacheldraht an der österreichischen Grenze entfernten, überquerten fast 250 DDR-Bürger die Grenze. Eine größere Zahl, die abgefangen wurde oder nach anderen Wegen suchte, drängte in die Botschaften der Bundesrepublik in Budapest, Prag, Warschau und Ost-Berlin. Weder den »um Stabilität besorgten Politkern gelang« es, »diese Fluchtbewegung aufzuhalten«, noch fruchteten die Drohgebärden und Überredungsversuche von DDR-Vertretern.[205] Am 19. August gingen 661 Ostdeutsche während eines »Friedenspicknicks« über die ungarisch-österreichische Grenze, und unter den etwa 6000 Flüchtlingen, die sich um die Botschaft der Bundesrepublik in Budapest drängten, wuchs die Ungeduld. Schließlich entschied sich das politische Ungarn für eine radikale, humane Lösung. Am Abend des 10. September 1989 verkündete Außenminister Gyula Horn die Öffnung der Grenze, und ab Mitternacht fuhren dann Tausende DDR-Bürger in Bussen und hupenden Trabis und Wartburgs zur Grenze nach Österreich, und die ungarischen Grenzer winkten sie freundlich durch.[206] Allein im September gingen etwa 30000 DDR-Bürger über Ungarn in den Westen.

Dieser Massenexodus, eine »Abstimmung mit den Füßen«, war der Auftakt zum vorletzten Akt. Alle Abwehrversuche des SED-Regimes schlugen fehl. Als das Politbüro durch ein Reiseverbot »das Loch Ungarn« dichtzumachen suchte, strömten die Menschen in die Botschaften der Bundesrepublik in Prag und Warschau. Durch Vermittlung des sowjetischen Außenministers Eduard Schewardnadse verständigten sich die beiden Außenminister Genscher und Fischer auf eine Ausreise dieser Flüchtlinge mit Reichsbahnzügen über die DDR in die Bundesrepublik. Mit einem medienwirksamen Auftritt, bei dem dem neuen Kanzleramtsminister Rudolf Seiters nur eine Statistenrolle blieb, verkündete Hans-Dietrich Genscher vom Balkon des Palais Lobkowitz am 30. September den sehnsüchtig Wartenden die frohe Botschaft.[207] Der neue Fluchtweg verstärkte nur den Ausreisedruck. Weder die Aufhebung des »visafreien Reiseverkehrs« in die ČSSR noch Kontrollen in den Zügen und massive Einsätze von Sicherheitskräften gegen Demonstranten und Menschen, die versuchten, auf die Züge zu springen, konnten ihn stoppen. Mit wenig glaubwürdigen Lockrufen umwarben DDR-Offizielle und gelenkte Presse vergeblich die Menschen und versprachen, die Ursachen für den Exodus abzustellen. Nach der Ablösung Honeckers und eines Teils seiner alten Garde durch Egon Krenz und Genossen suchten diese ihr Heil in einer liberaleren Reisepraxis, zu spät und vergeblich.[208]

Für die Bonner Politik bedeutete die unerwartete Flucht- und Ausreisewelle Herausforderung und Chance zugleich. Gefordert waren nicht nur die Bundesregierung, sondern alle Parteien, Administration, Hilfsorganisationen, gesellschaftliche Kräfte und die Bürger der Bundesrepublik, denen die dramatischen Ereignisse via Bildschirm ins Haus geliefert wurden und von denen viele über die Flüchtlinge erst wieder ein persönliches Empfinden für das bekamen, was sich in der DDR tat. In der Sozialdemokratie, die sich auf ein besonders dichtes Netz von Kontakten mit der SED eingelassen hatte, war angesichts des rapiden Wandels im östlichen Europa seit dem Frühjahr 1989 eine Diskussion in den Führungszirkeln der Partei in Gang gekommen, wie man darauf reagieren solle und welche Folgen das für die DDR und das eigene Verhältnis zur DDR habe.

Das Spektrum war breit. Die Sicherheitspolitiker um Egon Bahr, die ihr fast zum Selbstzweck gewordenes Metier gegen jedwede Art von Störungen abzuschotten suchten, machten wie gehabt weiter und brachten ihr drittes gemeinsames Projekt zur strukturellen Nichtangriffsfähigkeit und Vertrauensbildung im Juli 1989 bis zum Abschluß.[209] Für sie und eine Reihe anderer Sozialdemokraten galten die »Epplers« und »Weisskirchens«, die Repressionen in der DDR kritisierten und Kontakt zu Dissidenten suchten, bis in den Sommer hinein als Störenfriede des vermeintlich wichtigeren Dialogs über gemeinsame Sicherheit, Reiseerleichterungen, Kooperation und Städtepartnerschaften.[210] Einige ließen sich zu höchst problematischen Verhaltensweisen hinreißen, wie Karsten Voigt mit seiner »Information« im Fall der DDR-Oppositionellen Bärbel Bohley und Wolfgang Templin.[211] Oskar Lafontaine, der, wie berichtet wird, sich von den »Weisskirchens« und dem »ideologischen Streit« distanzierte, Anfang Juni 1989 eine DDR-Delegation unter Egon Krenz eher freundschaftlich im Saarland empfing und Mitte August seinen Staatssekretär Hans-Peter Weber nach Ost-Berlin entsandte, um Wege zur Eindämmung der Fluchtwelle zu erörtern[212], beschritt einen Weg, der zum Holzweg wurde. Bei etlichen Sozialdemokraten, die einer Fehlperzeption der DDR-Realität unterlagen, verwischte sich die Distanz zu den »DDR-Sozialisten«. Es fehlte den postnational geprägten Enkeln an Gefühl und Bewußtsein für das Sehnen der Mehrheit der Menschen in der DDR. Andere, die mit Solidaritätsaktionen für Solidarność Zeichen setzten oder harte, offene Kritik an der DDR übten[213], hatten ein sensibleres Gespür für den Wandel und die Gebote der Stunde. Bei allem, was später an dem Stabilitätskurs kritisiert wurde, dürfen wir jedoch nicht die tiefsitzende Sorge vergessen, daß ein Aufbegehren schlimme Konsequenzen haben könnte, wie 1953 in der DDR, 1956 in Ungarn, 1968 in der Tschechoslowakei und Anfang Juni 1989 auf dem Tiananmen-Platz in Peking. Während beispielsweise in Ungarn die Medien diese »Massenmorde« kritisierten, stellte sich die Volkskammer der DDR am 8. Juni einstimmig, also auch die Blockparteien CDU und LDPD, hinter die Niederwerfung der Demokratiebewegung in China.[214]

Während im Westen viele diese Furcht quälte, faßte Hans-Jochen Vogel seine Eindrücke von seinen Gesprächen mit DDR-Besuchern auf dem Evangelischen Kirchentag so zusammen, »sie hätten keine Angst mehr«.[215] Anläßlich des Gorbatschow-Besuchs forderte Vogel die Durchlässigkeit der Grenzen in Deutschland ein und äußerte seine Hoffnung auf einen Sieg reformerischer Kräfte in der DDR.[216] In der aufsehenerregenden Rede zum Tag der Deutschen Einheit am 17. Juni erinnerte Erhard Eppler an »nationale Realitäten« und interpretierte die deutsche Einheit »als einen Prozeß, als wachsende Gemeinsamkeit im Tun«.[217] Damit klang öffentlich an, daß die deutsche Frage eine neue Dimension erreicht hatte. Der Ost-Berliner rote Zar reagierte darauf allergisch. Bei dem Gespräch mit Walter Momper, dem neuen Regierenden Bürgermeister von Berlin, zeigte er sich völlig unzugänglich für jede Art von Kritik und beschwor eine Traumwelt einer vorgeblich paradiesischen DDR.[218] Während dieser vorletzte Westbesucher etwa die Themen Kommunalwahlen, China oder mehr Partizipation für die Bürger beim Namen nannte, hielt sich der letzte Honecker-Besucher, Rudolf Seiters, der Nachfolger Schäubles als Kanzleramtsminister, damit zurück, und selbst die Ausreisewelle streifte man nur verklausuliert.[219] »Der Besuch bewegte sich noch in den alten Kulissen des ›deutsch-deutschen Kriechgangs‹.«[220]

»Weiter am Stabilitätskurs festhalten« und Deutschlandpolitik als »Reparaturunternehmen an der sonst akzeptierten Zweistaatlichkeit« erhielt Seiters als Devise nach seinem Amtsantritt im Frühjahr 1989.[221] Mit der Flucht- und der Ausreisewelle änderte sich nichts an diesem Kurs. Als »Krisenmanagement« hat Korte das Handeln der Bundesregierung in dieser Phase der »Massenausreise und Botschaftsflüchtlinge« beschrieben.[222] Sie äußerte tiefe Besorgnis über den Massenexodus und rief zu Zurückhaltung auf. An keiner Stelle der Akten findet sich etwas vom Ringen um Einheit. Die Konstante des Regierungshandelns blieb, nicht zur Destabilisierung beizutragen, sondern im Dialog mit den Herrschenden nach Lösungen für die konkreten Probleme zu suchen und wie selbstverständlich auf die Fortexistenz des zweiten deutschen Staates zu setzen. Immer wieder versicherte die Kohl-Regierung, an ihrer Bereitschaft zu einer vernünftigen Fortentwicklung der Beziehungen habe sich nichts verändert und sie wolle die DDR keinesfalls in die Ecke drängen. Der Bundeskanzler selbst teilte Honecker am 14. August mit, »daß es das Interesse der Bundesregierung und mein ganz persönliches Interesse bleibt, die Beziehungen in einer vernünftigen Weise weiterzuentwickeln, wie wir es bei Ihrem Besuch vor zwei Jahren besprochen« haben.[223] Selbst intern, so in der Kabinettssitzung vom 24. August, drängte Kohl auf Zurückhaltung. Eine Politik der Destabilisierung verbiete sich.[224] Vor dem Deutschen Bundestag nannte er Anfang

September die Beziehungen zwischen beiden deutschen Staaten »ein wesentliches Element der Stabilität in Europa« und warnte eindringlich: »Wer diese gefährdet, muß wissen, welche Folgen dies für alle Beteiligten hätte.« Er sagte dies als verantwortlicher Bundeskanzler, doch Helmut Kohl rang zugleich um seine angeschlagene Position. Sein Ansehen bei den Wählern war auf dem Tiefpunkt, in der Union probten Späth, Albrecht und Geißler seine Ausbootung als CDU-Vorsitzender, und die SPD befand sich im Aufwind. Doch nach der Rückkehr aus dem Urlaub war der Kanzler wieder ganz Wahlkämpfer, und so geriet diese Haushaltsdebatte zu einer heftigen Attacke auf die Deutschlandpolitik der Sozialdemokratie, bei der Kohls designierter neuer Generalsekretär Volker Rühe ihr den Vorwurf des »Wandels durch Anbiederung« entgegenschleuderte.[225]

Tatsächlich verhielten sich die Bonner Regierung wie die Opposition eher wie Zuschauer eines Großereignisses, das sich in der DDR abspielte. Als die Ausreisewelle über Botschaften, die ungarische Grenze und per Bahn eskalierte, waren es im Westen vor allem die Medien, die eine zentrale Rolle spielten. Mit ihren Berichten und Bildern verbreiteten sie nicht nur Nachrichten, sondern beeinflußten auch die Stimmung, beförderten den Ausreiseschub und erzeugten einen politischen Druck. Während der Leitsatz der offiziellen Politik »keine Destabilisierung« lautete, agierten die Medien in Richtung einer rasch sich steigernden Delegitimierung und Diskreditierung des Systems und einer Ermutigung derer, die sich ihm zu entziehen suchten.

Die Flüchtlingswelle war der Vorbote des politischen Umbruchs. Durch sie und die schwankende Reaktion des SED-Staates, der dabei schon einiges von seiner Autorität einbüßte, fühlten sich Dissidenten und Demonstranten ermutigt. Nach den ersten Kundgebungen am 4. September in Leipzig, bei denen das »Wir wollen raus« ertönte, skandierte eine aufbegehrende Minderheit seit dem 18. September das trotzige »Wir bleiben hier«. Aus dem losen Netzwerk von Aktivisten und Basisgruppen begannen sich im Spätsommer 1989 die Oppositionsgruppen zu formieren und in der zweiten und dritten Septemberwoche förmlich zu konstituieren. Während sich das Neue Forum um Bärbel Bohley, Jens Reich, Jochen Tschiche und andere als Plattform für eine basisdemokratische, gesellschaftliche Diskussion begriff, definierte sich die seit dem 26. August an die Öffentlichkeit tretende, am 7. Oktober in Schwante formell gegründete »Sozialdemokratische

Partei« (SDP) um Martin Gutzeit, Markus Meckel und Ibrahim Böhme bewußt als Partei. Sie griff so das Monopol der SED direkt an und forderte als einzige der Oppositionsgruppen eine Kehrtwende zur parlamentarischen Demokratie. »Demokratie jetzt« um Ulrike Poppe, Wolfgang Ullmann und Konrad Weiß, institutionalisiert am 12. September, plädierte für eine »friedliche demokratische Erneuerung«, der zwei Tage später konstituierte »Demokratische Aufbruch« um Rainer Eppelmann, Friedrich Schorlemmer und Wolfgang Schnur für »eine sozialistische Gesellschaft auf demokratischer Grundlage« und die »Vereinigte Linke«, die sich aus unzufriedenen SED-Mitgliedern und Gewerkschaftern rekrutierte, für eine sozialistische Alternative unter dem Banner der Rätedemokratie. Diese Auffächerung in konkurrierende Gruppen war eine Folge der SED-Diktatur und der moralischen, innengeleiteten Politikauffassung, die unter den Dissidenten Kompromisse erschwerte. Doch trotz ihrer Rivalitäten verband die Oppositionsgruppen der Wille, »Staat und Gesellschaft demokratisch umzugestalten«, und so suchten sie auf einem Treffen am 4. Oktober 1989 zu einem »gemeinsamen politischen Handeln« zusammenzufinden.[226]

Diese Oppositionsgruppen waren das Herz der friedlichen Revolution, Schrittmacher und Organisatoren des Aufbruchs und die Avantgarde für eine grundlegend reformierte, wahrhaft demokratische, friedliche, ökologische »Deutsche Demokratische Republik« und einen freiheitlichen Sozialismus bzw. bei der SDP eine soziale Demokratie. Sie forderten freie Wahlen unter UNO-Kontrolle, Achtung der Menschen- und Bürgerrechte, Abschaffung des SED-Machtmonopols, aber keine von ihnen die Vereinigung mit der Bundesrepublik.

Die entscheidende Sprengkraft erhielt der demokratische Aufbruch durch die Massendemonstrationen. Mit dem 40. Jahrestag der DDR am 7. Oktober, den das Regime mit gewohntem Aufwand und Massenaufmarsch in Ost-Berlin zelebrierte, wurde aus dem bisherigen friedlichen Protest einiger Tausender der Massenprotest und Leipzig zur »Heldenstadt« der »friedlichen Revolution«. Während in Ost-Berlin und anderen Städten Stasi und Volkspolizei noch brutal gegen Dissidenten vorgingen, zeichnete sich am 8. Oktober in Dresden erstmals ein Weg aus der Gewaltspirale ab. Als dann am 9. Oktober die aufmarschierten Sicherheitskräfte in Leipzig nicht das von manchen befürchtete deutsche »Tiananmen« veranstalteten, hatte die friedliche ostdeutsche Revolution einen entscheidenden Durchbruch erzielt. Mit jeder Woche schwoll die Zahl der Demonstrationsteilnehmer in Leipzig und davon ermutigt in anderen Städten an: In der Woche des 16. Oktober insgesamt 190 000, davon allein 110 000 in Leipzig, und in den folgenden Wochen ansteigend auf 675 000, 1 159 000 und 1 055 000.[227] Am 4. November kulminierte die Protestwelle mit der Großkundgebung auf dem Berliner Alexanderplatz, an der mehr als eine halbe Million, nach anderen Angaben sogar eine Million Menschen teilnahmen.[228]

Aller Mut der Dissidenten und Demonstranten hätte das Regime nicht in die Knie gezwungen, wenn die alte Garde in Ost-Berlin noch die sowjetische Führung und die Panzer der Sowjetarmee hinter sich gehabt hätte und das System im Innern nicht so morsch und ausgelaugt gewesen wäre. Durch Gorbatschows eindringliche Mahnungen zu Reformen bei seinem DDR-Besuch angespornt, wagten Krenz und seine Verbündeten aus der Führungsgarde hinter Honecker den Machtwechsel, der bei der Struktur des Politbüro- und Nomenklatura-System nur in der Form einer Palastrevolution stattfinden konnte. Was Honeckers ehemaliger Kronprinz Egon Krenz nach der Machtergreifung am 18. Oktober als drastische »Wende« erst dem ZK und anschließend gleichlautend über den Fernsehschirm verkündete, war halbherzig, klang wenig glaubwürdig und enttäuschte viele Zuhörer. Als »Wendehälse« wurden er und seine neu-alten Politbürokumpel verspottet. Skepsis und Mißtrauen schlugen ihnen entgegen. Die Gesten und Signale eines Neuanfangs und einer Liberalisierung ermutigten die Protestler eher zu mehr und stellten die nach wirklich demokratischen Reformen und Freiheit Verlangenden nicht zufrieden.[229]

Das offizielle Bonn begegnete diesen dramatischen Ereignisse vorsichtig verhalten. Die Grünen, die durch ihre Friedens-, Ökologie- und basisdemokratische Bewegung in früheren Jahren eine Stütze für DDR-Dissidenten waren, reagierten hilf- und konzeptlos auf das, was sich in der DDR tat, und manövrierten sich durch ihre Fixierung auf die Zweistaatlichkeit und ihre Warnungen vor einer Wiedergeburt eines deutschen Nationalstaats selbst ins Abseits. Die FDP, die in den achtziger Jahren, abgesehen von Wolfgang Mischnicks DDR-Besuchen, den Kontakten zur LDPD und Genschers Gesprächen mit Otto Reinhold, deutschlandpolitisch kaum präsent war, katapultierte Hans-Dietrich Genscher mit seinem medienwirksamen Auftritt auf dem Balkon der Prager Botschaft mit einem Schlag wieder ins Rampenlicht. Solche Bilder prägten sich beim Bürger ein und halfen der FDP entscheidend mit, daß sie mit dem Hallenser Genscher zu einer Hoffnung für Ostdeutsche wurde. Mit ihrer Verbindung zur LDPD, deren Parteitag Mischnick mit einer Delegation der FDP-Fraktion noch Ende Oktober 1989 besuchte, schuf sie eine Basis für das spätere Aufsaugen dieser Blockpartei durch die FDP. Mischnick sprach bei dieser Gelegenheit nicht nur mit dem LDPD-Vorsitzenden Manfred Gerlach, sondern wurde am 25. Oktober als erster westlicher Politiker von dem frisch zum Staatsratsvorsitzenden gekürten Egon Krenz (Wahl am 24. Oktober) empfangen.[230] Von allen Bonner Parteien blieb die FDP wohl am stärksten dem Stabilitätskurs verhaftet, wahrte Distanz zur Opposition in der DDR und riet, möglichst alles zu tun, was zu einer Stabilisierung der Lage beitrage.[231]

In der Phase des schrittweisen Zusammenbruchs des SED-Systems fand die SPD nicht zu einer klaren Linie. Die Partei rang um einen Kurswechsel. Empfehlungen, was zu tun und was zu ändern sei, gab es viele. Am 11. September, als Ungarn die Grenze öffnete und Oskar Lafontaine noch die Ökologie als das zentrale Thema sah, wagte sich Johannes Rau hinter geschlossenen Türen zu der Prognose vor, »die Wiedervereinigungsfrage komme zu einer Neubewertung«.[232] Den konträren Standpunkt, die deutsche Frage stehe nicht auf der Tagesordnung, vertrat Egon Bahr, wogegen sich der Parteivorsitzende Hans-Jochen Vogel wandte. Die meisten argumentierten auf einer Linie, wie sie Eppler markiert hatte: »in der jetzigen Lage weder die Einheit fordern noch gar sie ablehnen«. Im Konflikt über den richtigen Kurs verständigte man sich auf einen Kompromiß: Suspendierung der Kontakte der Grundwertekommission, Durchführung fest verabredeter Besuche mit den »offiziellen wie mit den oppositionellen Vertretern der DDR« und die Anmahnung von Reformen, Glasnost, korrekten Wahlen und Pluralismus.[233] Für die Abkehr vom Bahr-Kurs prägte Norbert Gansel das Wort, für »die nächste Phase der Deutschlandpolitik« sei nicht mehr »Wandel durch Annäherung«, sondern »Wandel durch Abstand« richtig und wichtig.[234] Die vom Parteivorstand am 18. September nach lebhafter, kontroverser Diskussion verabschiedete Entschließung mahnte Reise-, Meinungs-, Informationsfreiheit »und die selbstverantwortliche Mitwirkung aller Bürgerinnen und Bürger der DDR an der Gestaltung der gesellschaftlichen Verhältnisse« an und betonte, daß die DDR »durch Reformen nicht destabilisiert, sondern stabilisiert« werde.[235]

Im Kern verzichtete die Partei auf eine eigenständige Initiative und überließ es der kleinen Gruppe der mutigen Initiatoren, schließlich die Gründung der SDP zu wagen. Für eine Partei mit einer solchen Freiheitstradition wie die Sozialdemokratie war dies zu halbherzig. Doch nach manchen Vorbehalten sprach sie ihnen jetzt wenigstens Mut zu und begrüßte nach der formellen Gründung am 7. Oktober im Pfarrhaus von Schwante öffentlich diesen Schritt. Mit den persönlichen Kontakten und Verbindungen – so nahm Steffen Reiche am 24. Oktober an Sitzungen des Präsidiums und der Fraktion teil – wuchsen im Laufe des Herbst Zuneigung und Respekt für die kleine, mutige Schar der SDP, die mit ihrer Partei das Herrschaftsmonopol der SED direkt herausforderte und aus dem Stand bei Null eine neue Sozialdemokratie im Osten begründete. Mit ihrer tatkräftig von der SPD unterstützten Aufnahme in die Sozialistische Internationale bekam sie ein wenig Schutz gegen die noch amtierenden Machthaber. Aus der Ex-post-Perspektive ist es immer einfach, einer Partei Versäumnisse und Fehler vorzuhalten. Doch in dieser kritischen Phase vor der Maueröffnung, als noch kaum jemand ahnte, daß die DDR endgültig und unblutig kollabierte, wagten die SDP-Gründer einen Schritt, der sie ehrte und für die Sozialdemokratie zu einem Markstein in ihrer Tradition als Anwalt von Freiheit und Bürgerrecht wurde, den es zu bewahren gilt.[236]

Die Regierung Helmut Kohls hielt sich in dieser Zeit mit Kritik und Forderungen an die SED-Führung zurück. Sie beschränkte sich auf Krisenbewältigung und suchte die Sozialdemokratie darauf einzuschwören, auf alles zu verzichten, was die angespannte Lage verschärfen könnte. Die beruhigenden Elemente sollten, so Helmut Kohl, gestützt werden, und Hans-Jochen Vogel gab er zu verstehen, daß der Grundlagenvertrag und die »Moskauer Erklärung«, mit der die Souveränität der DDR bekräftigt wurde, für ihn bindend bleibe.[237]

Auch nach dem Wechsel zu Krenz war keine grundsätzliche Abkehr vom bisherigen Kurs erkennbar. Bei Sondierungsgesprächen, die Kanzleramtsminister Seiters, Schalck und sein altvertrauter Partner Schäuble am 24. Oktober führten (die übrigens in der großen Aktenedition »Deutsche Einheit« fehlen), präsentierte der Devisenbeschaffer Finanzforderungen von rund zwanzig Milliarden DM allein für neue Reiseregelungen. Das war nur in weit größeren Dimensionen noch immer das alte System DM gegen Reiseerleichterungen und in der Methode das eingefahrene Spiel mit dem Sonderkanal, auf dem nun auch ein Telefonat der Chefs vereinbart wurde.[238]

Der Kanzler wünschte bei diesem Telefongespräch am 26. Oktober 1989 Egon Krenz für die »sehr wichtige und sehr, sehr schwierige Aufgabe« als Staatsratsvorsitzender »eine glückliche Hand und Erfolg«. Ganz auf der bisherigen Linie der Absage an eine Destabilisierung der DDR versicherte Helmut Kohl: »In unserem Interesse, im Interesse der Bundesregierung und auch vor allem in meinem Interesse ist nicht, daß sich die Entwicklung in der DDR in einer Weise darstellt, daß eine ruhige vernünftige Entwicklung unmöglich gemacht wird.«[239] Kohls Anliegen, »Neuregelung der Reisefreiheit«, eine Amnestie für wegen Republikflucht Verurteilte und bei den Demonstrationen Festgenommene verband er »bewußt auch mit Ihrem Namen«, und er widersprach nicht, als Krenz deutlich sagte, »Wende« bedeute »jedoch keinen Umbruch, da hoffe ich stimmen Sie mit mir überein, daß eine sozialistische DDR auch im Interesse der Stabilität Europas ist«. Eine »vernünftige Linie der Zusammenarbeit fortzusetzen«, Grundsatzunterschiede nicht zu thematisieren und auf den eingefahrenen Kanälen Möglichkeiten »auszuschöpfen, um den Menschen zu helfen«, war die Botschaft des Kanzlers.[240]

Als der umtriebige Schalck-Golodkowski wenige Tage vor der Maueröffnung wieder Milliardenbeträge forderte und dafür substantielle politische Reformen bis zu freien Wahlen signalisierte, hielten sich seine beiden Gesprächspartner Seiters und Schäuble bedeckt und deuteten nur einen Deal von vier Milliarden DM für einen Reisedevisenfonds gegen Aufhebung des Zwangsumtausches an.[241] Noch am gleichen Abend entschied sich im Kanzlerbungalow der Dreierkreis Kohl, Schäuble, Seiters, die Zurückhaltung ein wenig aufzugeben. So verkündete der Kanzler denn am 8. November 1989 mit seinem »Bericht zur Lage der Nation« im Deutschen Bundestag »gegenüber der neuen SED-Führung« seine »Bereitschaft, einen Weg des Wandels zu stützen, wenn sie zu Reformen bereit ist. Kosmetische Korrekturen genügen nicht. Wir wollen nicht unhaltbare Zustände stabilisieren. Aber wir sind zu umfassender Hilfe bereit, wenn eine grundlegende Reform der politischen Verhältnisse in der DDR verbindlich festgelegt wird.«[242] Doch operativ wollte Helmut Kohl jetzt noch nichts ändern und warnte intern ausdrücklich vor Wiedervereinigungserwartungen.[243] Zögerlich bis zuletzt, auf Kontinuität und Stabilität bedacht, auf die Beziehungen zu den Herrschenden des SED-Staates setzend, jede Destabilisierung vermeidend und vor jedem Aktionismus warnend, reagierte der Kanzler in dieser Umbruchphase, in der die Menschen in der DDR zusehends das Geschick in die eigene Hand nahmen und das SED-System in Agonie verfiel und implodierte.

Am 7. November, drei Tage nach der Großdemonstration auf dem Alexanderplatz, trat die Regierung Willi Stoph zurück, am folgenden Tag zogen für die Altkader Mielke, Hager, Axen und andere weniger kompromittierte wie Hans Modrow und Gerhard Schürer ins Politbüro ein, am gleichen Tage demonstrierten sogar Parteiaktivisten für wirklichen Wandel und wurde das Neue Forum offiziell anerkannt. Am 9. November befaßten sich das Zentralkomitee der SED und der Ministerrat der DDR im Umlaufverfahren mit dem Entwurf eines neuen Reisegesetzes. Bis zum Abend hatte die machtpolitische Realität der Mauer noch Bestand. Sie hatte bis dahin die Deutschlandpolitik und das gesamte deutsch-deutsche Neben- und Miteinander überschattet. Nun brach sie für fast alle in Ost und West völlig überraschend ein, als die verunsicherten Grenzposten dem Ansturm nachgaben und die Menschen über die Grenze strömten. Das Volk der DDR, das aus seiner geregelten, verordneten Untertanen- und Opferrolle herausbrach, bestimmte für eine entscheidende Zeit das Gesetz des Handelns und riß wie ein reißender Strom die Barrieren weg. Als noch in der Nacht vom 9. auf den 10. November Jugendliche am Brandenburger Tor auf der Mauer die neugewonnene Freiheit feierten, hatte dieses steingewordene Monument der Teilung und der Trennung seinen Schrecken verloren. Es begann, den meisten zunächst noch nicht bewußt, die Geschichte der deutschen Vereinigung in Frieden und Freundschaft mit den Nachbarn. Ein Traum wurde Wirklichkeit.

Vom Mauerfall zur deutschen Einigung

Der Traum vom Dritten Weg

Der 9. November ist ein besonderer Tag in der deutschen Geschichte. Am 9. November 1848 wurde Robert Blum, ein herausragendes Mitglied des deutschen Parlaments in der Paulskirche, in Wien durch Erschießung hingerichtet – Symbol der Niederwerfung der demokratischen Bestrebungen durch die Monarchie und ihre Soldaten. Am 9. November 1918 besiegelte die deutsche, weitgehend friedliche und spontane Revolution das Ende der Monarchie und schuf damit die Voraussetzung für die Weimarer Republik. Fünf Jahre später, am 9. November 1923, probte Adolf Hitler in München seine Gegenrevolution. Am Abend des 9. November 1938 brannten die Synagogen und klirrten die Scheiben, das im Volksmund als »Kristallnacht« bezeichnete Judenpogrom, das Fanal für unermeßliches Leid und systematische »Entjudung«, Auftakt zu den mörderischen Verbrechen, die im Holocaust endeten und zum Zweiten Weltkrieg führten.

Am 9. November 1989 fuhr Bundeskanzler Kohl mit einer großen Delegation zu einem offiziellen Besuch nach Polen. Überschattet wurde diese Reise vom heftigen Streit über die polnische Westgrenze, bei dem eine offene Kontroverse in der Koalition drohte, und von der unseligen Idee Helmut Kohls, ausgerechnet auf dem für die Polen durch die oberschlesischen Kämpfe nach dem Ersten Weltkrieg so belasteten Annaberg einen Versöhnungsakt zu zelebrieren.[1] Kurz nach 18.00 Uhr traf sich Kohl zu einem Gespräch mit dem Vorsitzenden der Solidarność, Lech Wałęsa. Dieser war voller Sorge: Was geschehe, »wenn die DDR ihre Grenzen voll öffne und die Mauer abreiße«. Er bezweifle, »ob die Mauer in ein oder zwei Wochen noch stehen wird«.[2] Helmut Kohl sah die Lage nicht so dramatisch, doch der große polnische Dissident, Freiheitskämpfer und Solidarność-Führer hatte das bessere Gespür. Um 19.00 Uhr ging dieses Treffen zu Ende.

Wenige Minuten zuvor, kurz vor 19.00 Uhr an diesem 9. November 1989, kramte Günter Schabowski auf einer vom DDR-Fernsehen direkt übertragenen Pressekonferenz einen Zettel hervor und verkündete eher beiläufig eine neue, freiere Regelung für Ausreisen und Privatreisen in den Westen. Auf Nachfragen von Journalisten kam seine knappe Antwort: »Sofort, unverzüglich.«[3] Nun kam ein Prozeß von ungeheurer Dynamik in Gang. Als »sensationelle Mitteilung«, »DDR öffnet die Grenzen«, »Grenzöffnung« und »Die DDR-Grenze ist offen« verbreiteten Agenturen, Radio und Fernsehen diese Mitteilung. Sie »suggerierten damit als Realität, was noch gar nicht galt«, und trugen durch die »Verbreitung dieses falschen Realitätsbildes« entscheidend dazu bei, »das gemeldete Ereignis Wirklichkeit werden zu lassen«.[4] Die Medien und vor allem das Fernsehen, das schon mit seinen Bildern und Berichten von der Flüchtlings- und Ausreisewelle und den Herbstdemonstrationen eine ermutigende, beflügelnde Wirkung erzeugt hatte, spielten in der Zeit nach dem 9. November erst recht eine herausragende, die Entwicklung zu Demokratie und Einheit verstärkende und beschleunigende Rolle.[5] Elektrisiert von der Fernseh- und Rundfunkberichterstattung, zogen am Abend des 9. November immer mehr Berliner an die Grenzübergänge. An der Bornholmer Straße, wo der Ansturm am größten war, ließen die Grenzer schließlich einige Menschen passieren, wobei sie die Ausweise ungültig stempelten. Doch diese »Ventillösung« und die laufende Life-Berichterstattung der West-Medien steigerte noch den Druck und brachte den Kessel schließlich zum Bersten. Um 23.30 Uhr öffneten sich an der Bornholmer Straße die Schlagbäume. Innerhalb einer halben Stunde konnten die andrängenden Menschen auch die anderen innerstädtischen Grenzübergänge und ab 1.00 Uhr nachts dann die Passierstellen im Berliner Umland und die innerdeutschen Übergänge unkontrolliert passieren. Der Strom der Menschen, die in Berlin am Wochenende über die Grenzen zur Bundesrepublik drängten, war so gewaltig und unwiderstehlich, daß der Einsturz der Mauer unumstößlich wurde.[6]

Mit der Öffnung der Mauer strömten die ostdeutschen Bürger in den Westen, um die neugewonnene Freiheit auszukosten und diese für sie bisher weitgehend nur aus dem Fernsehen bekannte Welt zu erkunden. Allein in den ersten zwei Wochen fuhren fast drei Viertel der Bevölkerung aus der DDR nach West-Berlin und in die Bundesrepublik. Es herrschte eine ausgelassene, freudetrunkene Stimmung. West-Berlin war voller Menschen, und die hupenden Trabis mit fröhlich erregten Menschen füllten die Straßen bis weit in den Westen der Bundesrepublik. Neben aller Euphorie lockte dabei natürlich auch das Begrüßungsgeld und die Faszination der Konsumwelt. Nicht alle gaben sich mit den Westexkursionen zufrieden und kehrten wieder zurück. Die Fluchtwelle wurde durch die Grenzöffnung nicht gestoppt, sondern der Exodus in den Westen stieg im November 1989 auf weit über das Doppelte an: Über 133 000 Menschen kehrten der DDR im November den Rücken, und in den folgenden vier Monaten Dezember 1989 bis März 1990 waren es weitere 227 000, die ihnen nachfolgten.[7]

Der Fall der Mauer wurde weder von Günter Schabowski verkündet, noch war er von der SED-Führung so gewollt. Sie wollte unter dem Ausreisedruck nur ein neues Reisegesetz konzedieren und wurde wie ihre Grenzorgane von der Entwicklung überrollt. Die »Ordnung« wiederherzustellen, wie das einige der SED-Oberen kurzfristig noch erwogen, blieb illusorisch. Das ausgehöhlte Regime und seine verunsicherten Helfershelfer waren dazu nicht mehr fähig und willens.

Wie der Machtapparat des SED-Systems, so wurden die Politiker und Regierungsapparate in Bonn, Moskau und der westlichen Welt von der Maueröffnung überrascht. Bundeskanzler Kohl, gerade am 9. November auf Besuch in Polen, reagierte auf die Nachricht zunächst skeptisch, ohne innere Freude, eher geprägt durch »die Ungewißheit, wie es weitergehen soll«.[8] Doch schließlich fiel der Entschluß, den Besuch zu unterbrechen und auf der von der SPD initiierten großen Kundgebung am 10. November vor dem Schöneberger Rathaus zu sprechen, bei der Willy Brandt das historische Wort »Jetzt wächst zusammen, was zusammengehört« fand.[9] Helmut Kohl, sichtlich erbost über seinen Vorredner Walter Momper, wurde bei seiner Rede, in der er die deutsche Nationalhymne zitierte, von einem Pfeifkonzert gestört. Diese vom Fernsehen übertragene Szene empfand er »als einen Reinfall sondergleichen«.[10]

Als Bundeskanzler und Staatsmann wurde Kohl nun voll gefordert. Noch am gleichen Abend führte er Telefonate mit Margaret Thatcher, George Bush und François Mitterrand[11] sowie am 11. November mit Egon Krenz und Michail Gorbatschow. Zwei Tage nach Öffnung der Mauer, die so unbeschreibliche Freudengefühle auslöste, fand der deutsche Bundeskanzler gegenüber dem SED-Generalsekretär zu einem »das ich sehr, sehr begrüße, diese sehr wichtige Entscheidung der Öffnung«. Doch jetzt sei »nicht Aufgeregtheit«, sondern »eine ruhige Gelassenheit« am Platz, und er wolle möglichst rasch mit ihm in der DDR zusammenkommen, um »einmal zu überlegen, was geht und was nicht«. Auf Krenz' Einwand, die Grenze durchlässiger zu machen bedeute nicht, sie abzubauen, erwiderte Kohl, er habe »immer wieder darauf hingewiesen, daß das, was meine Politik, daß jede Form von Radikalisierung gefährlich ist«.[12] Die Absage an die »Radikalisierung« war kein nebenhin gesagtes Wort. Im zusammenfassenden Vermerk Teltschiks hieß es kurz und klar: »Es komme jetzt darauf an, jede Form von Radikalisierung zu vermeiden.«[13] In dem Kanzleramtsvermerk über das nachfolgende Telefongespräch mit Michail Gorbatschow ist ebenfalls zu lesen: »Er, der Bundeskanzler, lehne jede Form der Radikalisierung ab. Dies habe er schon die ganzen vergangenen Tage gesagt und auch gestern in Berlin wiederholt.«[14] Helmut Kohl wollte keine »Destabilisierung«, sondern eine »ruhige« Entwicklung, Stabilität, »vernünftige Beziehungen« mit der SED-Führung und einen besonnenen Reformkurs in der DDR. Zwar seien »wir«, so Kohl zu Krenz, auf die »Verfassung vereidigt und da steht das Selbstbestimmungsrecht drin«, was »wir anders wie Sie« interpretieren. »Bloß das ist jetzt nicht das Thema, das uns am meisten beschäftigt.«[15]

Helmut Kohl blieb auch nach der Maueröffnung bei seiner Politik der Kooperation mit den SED-Oberen, und er stand dabei in der Bundesrepublik nicht allein. Nur war er mit seiner Koalition gegenüber der DDR-Führung, die vor einer Finanzkatastrophe stand, in einer Position der Stärke. Die Bundesregierung konnte die Bedingungen für ihre Hilfe diktieren. Hans Modrow aber, der am 13. November von der Volkskammer nach einer ungewohnt offenen Debatte frisch gekürte Ministerpräsident der DDR, der als »Hoffnungsträger« begrüßt wurde und zeitweise Anklang fand, sah sich gegenüber Bonn »der wichtigsten Verhandlungsmasse für Milliardenbeträge zur ökonomischen Stabilisierung der DDR beraubt; mit dem Mauerdurchbruch hatte das Volk die letzte kreditwürdige Immobilie der DDR gesprengt«.[16] Er bekam das sofort zu spüren, zuerst bei einer scheinbaren Kleinigkeit, als Seiters Schalck am 15. November signalisierte, Kohl wäre »sauer, wenn evtl. eine Öffnung des Brandenburger Tores ohne die Bundesregierung mit anderen Parteien und Politikern erfolgt«[17], und dann in aller Deutlichkeit, als Seiters am 20. November mit Krenz und Modrow in Ost-Berlin verhandelte.[18] So wie der sich »merklich zurückhaltende Kanzler«, der in der Bundestagsdebatte vom 16. November Wirtschaftshilfe von Reformen abhängig machte und auf weiteren politischen Wandel baute[19], gab sich Kanzleramtsminister Seiters gegenüber den Kreditwünschen der Modrow-Regierung von fünfzehn Milliarden DM reserviert und bot nur die »Bildung eines Devisenfonds« als Zahlungsbilanzhilfe an.[20]

Mit dem von Modrow unterbreiteten Vorschlag einer »Vertragsgemeinschaft« griffen die DDR-Regenten nach einem Rettungsanker und suchten durch Anlehnung an Bonn ihre Souveränität zu wahren. Einige westdeutsche Beobachter und Publizisten sahen darin schon Vorboten einer nun »unausweichlich« werdenden Einheit.[21] Die früher so skeptischen und zurückhaltenden Westdeutschen unterstützten nun zu siebzig Prozent eine Vereinigung, und eine knappe Mehrheit glaubte, daß sie tatsächlich möglich werden könne.[22] Dies blieb auch auf den Kanzler nicht ohne Wirkung, ebenso wie die sich nun auf den großen Demonstrationen in der DDR mehrenden Rufe »Wir sind ein Volk«. Aber noch zögerte Helmut Kohl. Erst Horst Teltschiks Gespräche am 21. November mit dem sowjetischen Deutschlandexperten Nikolai Portugalow und die Signale, die Führung der UdSSR mache sich ernsthaft mit dem Gedanken einer möglichen Einigung zwischen den beiden deutschen Staaten vertraut, wendeten das Blatt. Kohls langjähriger enger Mitarbeiter und Vertrauter gewann gegen die Bedenkenträger den Kanzler dafür, sich »an die Spitze der Bewegung zu stellen« und bei der anstehenden Haushaltsdebatte öffentlich mit einem Stufenprogramm zur deutschen Einheit vorzupreschen.[23]

Kohls berühmt gewordenes »Zehn-Punkte-Programm« vom 28. November ist so häufig publiziert, ausführlich zitiert und referiert worden[24], daß sich eine längere Wiedergabe erübrigt. Beginnend mit Sofortmaßnahmen und konkretem Beistand, für die als Bedingung freie Wahlen, Markt und Brechung des SED-Machtmonopols sowie »gemeinsame Institutionen« gefordert wurden, bot der Kanzler einer demokratischen DDR-Regierung an, »konföderative Strukturen zwischen beiden Staaten in Deutschland zu entwickeln mit dem Ziel, eine Föderation, d. h. eine bundesstaatliche Ordnung in Deutschland zu schaffen«. Eingebettet war das Angebot in ein Plädoyer für Abrüstung, Fortführung des KSZE-Prozesses, Stärkung der internationalen Zusammenarbeit, Weiterführung der europäischen Integration und Verknüpfung mit dem gesamteuropäischen Prozeß. Zur polnischen Westgrenze fehlte ein klares Wort.

Mit seinem überraschenden Vorstoß, mit dem die deutsche Einheit auf die Agenda operativer Politik kam und Helmut Kohl nun die Initiative ergriff, löste er heftige Reaktionen aus. In Moskau und den Hauptstädten der meisten Verbündeten, voran London, Paris und Rom, stieß man sich an dem Vorpreschen Kohls, und selbst in Washington wollte man ihn bremsen. Als Anstachelung zur Wiedervereinigung mit Blick auf die Bundestagswahlen im Jahr 1990 bewertete man diesen Coup.[25]

Im Bundestag reagierten die überraschten Abgeordneten zumeist mit großer Zustimmung. Als »historischen Beitrag« wertete die CDU/CSU-Fraktion diese Initiative, der nicht eingeweihte und daher verärgerte Außenminister Hans-Dietrich Genscher gratulierte: »Helmut, das war eine große Rede.« Daß Hans-Jochen Vogel als SPD-Fraktionsvorsitzender zuvor als erster Redner einen eigenen Fünf-Punkte-Plan zur Schaffung einer »deutschen Konföderation« vorgetragen hatte, scheint vergessen. Der außenpolitische Sprecher Karsten Voigt, der über Jahre einer der Hauptpromoter des sicherheitspolitischen Dialogs mit der SED war, betonte die Übereinstimmung, und die Mehrheit der SPD-Fraktion stimmte dem Stufenplan Kohls zu.[26] Auch die westdeutschen Medien begrüßten überwiegend den Konföderationsvorschlag, der die Einheit näher bringen könne, und erst als die internationale Kritik zu laut wurde, schwenkten sie um und bemäkelten den Kohlschen Alleingang.[27]

»Nur die Linke störte«, konstatierte Konrad Jarausch, die Bonner »Harmonie«.[28] Linksintellektuelle wie Günter Grass warnten vor einem nationalen Rückfall und beschworen dabei Ängste vor einem geeinten Deutschland, deutscher Macht und Überheblichkeit.[29] Die Grünen, die eine Rückkehr zum deutschen Nationalstaat verwarfen und sich mehrheitlich einer Zweistaatlichkeit verschrieben hatten, blieben auch nach der Öffnung der Mauer bei ihrer Absage an eine Wiedervereinigung und forderten »ein unbeschränktes Selbstbestimmungsrecht auf einen eigenen Weg« für die DDR-Bevölkerung, der in eine basisdemokratisch-ökologische Richtung führen sollte.[30] Die Grünen hatten über Jahre Kontakt zu Dissidenten, Friedens-, Umwelt- und Bürgerrechtsgruppen unterhalten, sie gestützt und sich mutig für sie eingesetzt. Sie hatten darauf gesetzt, daß Wandel von unten möglich sei, wenn Menschen ihr Geschick in die eigene Hand nehmen. Dieses geschah nun in der DDR. Auch in dem basisdemokratischen Ansatz, der im parlamentarischen System des Westens wie ein Fremdkörper wirkte und im Osten zum Sprengsatz wurde, zeigte sich eine Art Verwandtschaft mit der Bürgerbewegung und den oppositionellen Gruppen, die das SED-System unterminierten, erschütterten und schließlich mit zur Aufgabe zwangen. Doch nun verpaßten die Grünen den Zug der Zeit, indem sie sich an alte Strickmuster klammerten und nicht die Brücke zu denen in der DDR fanden, die Demokratie, Ökologie und Einheit wollten.

Die deutsche Sozialdemokratie war trotz der kleinen, mutigen jungen Schwesterpartei SDP und der mehrheitlichen Zustimmung der Fraktion zum Konföderationsplan nicht auf der Höhe der Zeit. Willy Brandt entdeckte mit sicherem Instinkt sein nationales Herz, fand nicht nur am 10. November mit dem »Jetzt wächst zusammen, was zusammengehört« die richtigen Worte und träumte, etwas weniger realistisch, schon von einem neuen sozialdemokratischen Zeitalter. Auch andere in der Führungsspitze spürten, daß der Kurs in Richtung deutsche Einheit wies und diese auf die Tagesordnung kam. Ulrich Klose, Johannes Rau und der Parteivorsitzende Hans-Jochen Vogel gehörten dazu. Sie erahnten, daß die Stimmung in der DDR-Bevölkerung sich nicht mit dem Traum der Oppositionsgruppen, sogar der SDP, von einer weiterhin eigenständigen demokratisch-friedlichen DDR deckte. »Bei den Menschen auf der Straße«, registrierte Johannes Rau schon am 13. November, »gebe es geradezu eine Wiedervereinigungseuphorie.«[31] Andere, wie Björn Engholm und Gerhard Schröder, reagierten eher zögerlich, und Egon Bahr verharrte ziemlich unbeirrt auf seinem Kurs des Vorrangs von Stabilität, Sicherheitsarchitektur und europäischer Friedensordnung.

Für Zündstoff sorgte Oskar Lafontaine, der gegen »Deutschtümelei« zu Felde zog und Ende November 1989 gar forderte, DDR-Bürger nicht mehr als Deutsche im Sinne des Grundgesetzes zu behandeln, und meinte, daß die Übersiedlungen so zu bremsen seien.[32] Lafontaine war der Protagonist einer »Enkelgeneration«, die im Einklang mit einer postnationalen Stimmung kaum mehr eine Beziehung zu einem deutschen Nationalstaat hatte, sich gegen das Denken in »nationalen

Kategorien« wandte und die »soziale Frage«, Ökologie und westlichen Internationalismus in den Vordergrund rückte.[33] Sie bestimmte weitgehend das Bild in der Öffentlichkeit, und die Partei konnte über Lafontaines Kurs, der mit dem Nationalstaat wenig am Hut hatte, »einem verqueren Internationalismus« anhing[34] und Kohl mit Ökologie und Sozialem in die Ecke treiben wollte, kaum in Zweifel sein, als sie ihn auf ihrem Berliner Programmparteitag (18. bis 20. Dezember 1989) feierte und fast schon zum Kanzlerkandidaten kürte. Es zeigte die innere Unsicherheit, daß der gleiche Parteitag Willy Brandt zu seiner ganz auf deutsche Einheit und Nation gestimmten Rede fast ebenso stürmisch applaudierte und auch Markus Meckel als Sprecher der neuen Sozialdemokratie überaus herzlich begrüßte.[35] In dem Zwiespalt, in dem die SPD steckte, fand sie zu keinem klaren Kurs, sondern überdeckte zentrale Streitpunkte durch Formelkompromisse und flüchtete sich in ein wenig glaubwürdiges »sowohl als auch«. Johannes Raus eindringliche Warnung, »wenn die SPD den Zug der Einheit verpasse, verpasse sie auf lange Jahre die Chance, Wahlen zu gewinnen und wieder in Regierungsverantwortung zu gelangen«[36], erwies sich als eine für die Sozialdemokratie zutreffende Prophezeiung. Natürlich war sie im Einigungsprozeß als Opposition gegenüber der Regierung und den Koalitionsparteien im Nachteil, die über eine ganz andere Macht verfügten und die DM einsetzen konnten. Doch Willy Brandt machte mit seinen Auftritten in der DDR vor, wie man Ansehen und Profil in Anklang bei den Menschen umsetzen konnte, wenn man den richtigen Ton traf.

»Anfang Dezember 1989 stand die DDR am Rande des Abgrunds.«[37] Die Modrow-Regierung und der Staatsapparat wurden zusehends handlungsunfähig, die SED durch Flügelkämpfe gelähmt, die marode Wirtschaft begann zu kollabieren, der Exodus in den Westen ging weiter, und ein deutsches Nachrichtenmagazin notierte: »Die Macht liegt auf der Straße.«[38] Regionale Zentralen der verhaßten Stasi wurden gestürmt, die Forderung nach freien Wahlen immer lauter. Plakate karikierten Honecker in Gefängniskleidung, »Schluß SED, leck uns am Arsch« und ähnliche drastische Losungen erklangen. Bei den großen Massendemonstrationen gerieten sich Anhänger einer weiteren Unabhängigkeit einer grundlegend reformierten DDR und Verfechter der Einheit zusehends in die Haare.[39] Die Rufe »Deutschland, einig Vaterland«, »Ja zur Einheit Deutschlands«,

»jetzt wollen wir die Einheit« wurden immer lauter und mächtiger, und Tausende riefen auf Demonstrationen nun »Deutschland, Deutschland!« und »Wiedervereinigung jetzt«.[40]

Es waren wieder die demonstrierenden Massen, die den Prozeß vorantrieben und so eine Art Wende in der Wende herbeiführten. Die verschiedenen organisierten Oppositionsgruppen wie Neues Forum, Demokratischer Aufbruch, Demokratie Jetzt bis zur SDP begriffen sich als Herz und Hirn der friedlichen Revolution. Sie fochten wie die anderen in der Bürgerbewegung für demokratische Reformen, Menschenrechte, Meinungs- und Versammlungsfreiheit, Bürgerpartizipation, aktiven Einsatz für den Frieden und eine humane, soziale und solidarische Gesellschaft. Abgesehen von der SDP und dem Demokratischen Aufbruch, die sich zum parlamentarischen System bekannten, dachten fast alle anderen organisierten Gruppierungen dieser friedlichen Revolution zumeist in den Kategorien einer direkten Demokratie und vertrauten auf die Kraft des Dialogs. Sie wollten die DDR erneuern und träumten von einer wahren Zivilgesellschaft.[41] Der überwiegend basisdemokratische Ansatz war sicherlich auch ein Reflex auf die Jahrzehnte des repressiven Systems, in dem grundlegende Freiheiten versagt und die Bürger gegängelt worden waren, und spiegelte zudem Vorbehalte gegenüber dem parlamentarisch-markwirtschaftlich-»kapitalistischen« System der Bundesrepublik wider. Doch vergleichbare basisdemokratische Orientierungen und Erscheinungsformen finden sich fast immer in revolutionären Umbruchperioden. Erinnert sei nur an die Räte und die Vorstellungen von einer Rätedemokratie, die sich in der Epoche der Revolutionen am Ende des Ersten Weltkrieges in ganz unterschiedlich entwickelten und strukturierten Ländern fanden. Daß die Träume und Visionen der zersplitterten Opposition 1989 eher vage blieben, kann angesichts des dramatischen, rapiden Wandels nicht überraschen.

Es war der Traum von einem Dritten Weg, den auf teils verwandte, teils ganz andere Art auch viele andere hegten, die sich nun zu Wort meldeten. Für einen radikalen, demokratischen Sozialismus im Geiste Rosa Luxemburgs plädierten etwa frühere Parteiintellektuelle. Die sich wendenden alten Blockparteien sprachen vom Dritten Weg, um ihre dunkle Vergangenheit abzustreifen und doch mit der SED unter Modrow weiter zu regieren. Dieser gab sich »als Ministerpräsident nicht einer Partei«, sondern als Sachwalter der Gemeinschaft.

Er wolle dem ganzen Volke dienen und versprach, den Sozialismus durch Reformen zu verbessern. Die ins Trudeln geratene SED trennte sich zwar von besonders Belasteten und von manchen alten Strukturen, doch im Ringen von Traditionalisten und Reformern reichte es nur zu einer viertel- bis halbherzigen Wende. Sie firmierte seit ihrem Parteitag vom 8. Dezember 1989 als SED-PDS, als Partei des Demokratischen Sozialismus, und erkor sich mit Gregor Gysi einen alerten Vorsitzenden mit ausgesprochenem Medientalent. Er gehörte zu der Garde gewandter Amateurpolitiker, die in dieser Umbruchperiode ins Rampenlicht traten und ganz nach oben kamen wie Lothar de Maizière (Ost-CDU), Wolfgang Schnur (Demokratischer Aufbruch) und Ibrahim Böhme (SDP). Doch diese scheinbar Unbelasteten entpuppten sich entweder als Agenten der Stasi oder gerieten zumindest in den Verdacht einer zwielichtigen Stasibeziehung. Ein Stasi-Offizier, der Devisenbeschaffer Alexander Schalck-Golodkowski, Dauergesprächspartner von Schäuble und nahezu Kumpel von Strauß, setzte sich Anfang Dezember 1989 in die Bundesrepublik ab und fand Zuflucht in Bayern.

In der sich dramatisch zuspitzenden Krise wurde der Runde Tisch zu der charakteristischen Institution des Übergangs und zu dem Symbol einer spezifischen politischen Kultur. Angelehnt an ähnliche Beispiele aus Polen und Ungarn und angestoßen von den Oppositionsgruppen und der evangelischen Kirche in der DDR, konstituierten sich lokale und regionale Runde Tische und am 7. Dezember 1989 ein zentraler Runder Tisch für die ganze DDR. »Aus tiefer Sorge um unser in die Krise geratenes Land, seine Eigenständigkeit und seine dauerhafte Entwicklung« sollte dieses Gremium als Sammlung aller politisch relevanten Kräfte die Zeit bis zu freien Wahlen überbrücken. Mit den Kirchen als Gastgebern und Moderatoren saßen die Vertreter der Oppositionsgruppen nun mit den Blockparteien, der SED-PDS, dem FDGB und weiteren Altorganisationen an einem Tisch.[42] Der Runde Tisch hatte seine großen Verdienste beim Abbau alter Machtstrukturen und bei der Durchführung einigermaßen geordneter Reformen. Doch besaß er weder wirkliche Macht, noch war er ein wirkliches Revolutionsorgan. Als eine Art parlamentarischer Rat des Umbruchs aber wurde er fast zu einem Mythos, der die DDR überlebte und bis heute als Modell beschworen wird.

Die Mitarbeit am Runden Tisch zeugte von dem hohen Verantwortungsbewußtsein der Oppositionsgruppen. Aber während sie sich um demokratische Veränderungen und Rechtsstaatlichkeit in der DDR bemühten, gingen die Entwicklungen auf der Straße schon über sie hinweg. Den immer lauter werdenden Rufen nach Einheit paßten sich zunächst die SDP, die am 7. Dezember für die »nationale Einheit« in einer konföderativen Vertragsgemeinschaft votierte, und danach auch Demokratie Jetzt mit ihrem »Dreistufenplan der nationalen Einheit« etwas an. Auch Ost-Grüne, LDPD und Ost-CDU schwenkten nun um.[43] Doch mit den in der organisierten Bürgerbewegung tief verwurzelten Vorbehalten gegen den wachsenden Drang nach Wiedervereinigung, die der Runde Tisch noch zum Kohl-Besuch am 19./20. Dezember in Dresden artikulierte[44], geriet sie nun immer stärker ins Abseits des überbrodelnden Einheitsverlangens.

Als der Kanzler am 19. Dezember mit einem stattlichen Gefolge zu seinem lang vorbereiteten Treffen mit Ministerpräsident Modrow in Dresden eintraf, ging es in der Sache um die Gestaltung einer Vertragsgemeinschaft, Zusammenarbeit in Verkehr, Wirtschaft und Umweltschutz sowie Modrows Bitte um einen »Lastenausgleich« von fünfzehn Milliarden DM, den Kohl als Begriff »nicht akzeptieren« mochte. Bei einem Gespräch am nächsten Tag mit Vertretern der Oppositionsgruppen war die SDP nicht dabei.[45] Doch diese Gesprächsrunden wurden zum historischen Beiwerk durch das, was sich auf der Straße abspielte. Kohls Versicherung im erweiterten Kreis gegenüber Modrow, »auf keinen Fall zur Destabilisierung der DDR beizutragen«, wurde durch das Geschehen vor den Ruinen der Frauenkirche zu Makulatur. Ein Meer schwarz-rot-goldener Fahnen wehte auf dem Platz, Jubel und frenetischer Beifall schallten dem Bundeskanzler bei jedem Satz über Hilfe, Hoffnung und Einheit der Nation entgegen, und »Helmut, Helmut, wir brauchen dich« erklang aus Tausenden Kehlen. Die euphorischen Ausbrüche der Einheitsträume erzeugten einen stimulierenden, durch das Fernsehen entscheidend verstärkten Effekt. Durch seinen Dresdener Besuch bündelte Kohl die wachsenden, aber diffusen Einheitshoffnungen auf seine Person.[46]

Am 22. Dezember 1989 öffnete sich, wie in der »von uns«, das heißt von Bonn, formulierten Erklärung Modrows nach dem Treffen verkündet, das Brandenburger Tor.[47] Gemeinsam durchschritten Helmut Kohl, Hans Modrow und die beiden Bürgermeister West und

Ost, Walter Momper und Erhard Krack, dieses Symbol deutscher Einheit und deutscher Trennung. Volksfeststimmung und die mediale Begleitung erhoben diesen Akt zu einem historischen Ereignis. Es war der Auftakt zu einer glücklichen Festtagsstimmung. Rechtzeitig zu Weihnachten konnten Bürger der Bundesrepublik und West-Berliner nun ohne Visa den Osten besuchen.[48] Um die 1,2 Millionen fuhren in diesen Tagen in den Westen, und um die 760 000 West-Berliner und etwa 380 000 Westdeutsche besuchten den östlichen Teil.[49] Die Silvesternacht wurde am Brandenburger Tor in Berlin zu einer glückseligen Massenparty.

Ein Traum war wahr geworden, den die meisten in Ost und West kaum mehr gehegt hatten. Die durch die brutale Grenze über Jahrzehnte getrennten und sich zumeist fremd gewordenen Deutschen in Ost und West konnten sich wieder begegnen, aufeinander zugehen und zueinanderfinden. Die scheinbar so unüberwindbare Bastion des SED-Regimes war gefallen, kaum für möglich gehaltene Freiheiten waren errungen und die Mauer, dieses steinerne Monument der deutsch-deutschen und Ost-West-Konfrontation, zu einem Objekt von Freudensinszenierungen geworden. Es waren die Menschen in der DDR, die auf die Straße gingen, Freiheiten und Grenzöffnung erwirkten, die in dieser Umbruchphase die eigentlichen Akteure waren. Rückhalt und Ermutigung erfuhren sie dabei vorrangig durch die Medien, während die professionelle Politikergarde in Ost und West tatsächlich nur reagierte, nicht agierte. Doch noch bestand die DDR als Staat, war die Stasi noch nicht völlig verschwunden, freie Wahlen und wirkliche parlamentarisch-demokratische Institutionen standen erst auf der Agenda, die internationale Mächtekonstellation zur deutschen Frage war noch schwierig und diffizil, vor allem bei der Sowjetunion. Und bei aller verständlichen und berechtigten Begeisterung über den demokratischen Aufbruch standen den Menschen in der DDR noch harte Proben bevor, bis sich für die einen der Traum von deutscher Einheit erfüllte und die anderen ihren Traum von einer eigenständigen, erneuerten Deutschen Demokratischen Republik endgültig begraben mußten.

Weichenstellungen

Das neue Jahr 1990 war noch keine zwei Monate alt, da hatten sich schon fundamentale Veränderungen vollzogen, mit denen die Weichen in Richtung deutsche Einheit gestellt waren. Die hoffnungsfrohe Aufbruchstimmung in der DDR-Bevölkerung schlug um. Am 11. Januar malte Modrow ein düsteres Bild vom Rückgang der Produktion und von einem Haushaltsdefizit von fünf bis sechs Milliarden Mark. Am gleichen Tag veröffentlichte das über Jahrzehnte als Sprachrohr der SED fungierende *Neue Deutschland* einen schockierenden Artikel über die Wirtschaftsmisere der DDR.[50] Durch ihre starrköpfige Zentralverwaltungswirtschaft hatte das Regime die Ökonomie ruiniert. Mit Hilfe der Bonner Milliarden hatte sich die DDR notdürftig über die Runden gerettet. Doch diese Transfers waren kaum produktiv für Investitionen genutzt worden, sondern hatten dazu gedient, Kreditwürdigkeit und finanzielle Solidität nach außen vorzugaukeln.[51] Nun stand die DDR de facto vor dem Bankrott, und nach all der Schönfärberei wurde die Öffentlichkeit damit konfrontiert, daß die DDR wirtschaftlich-finanziell am Ende war. Von einem Haushaltsdefizit von siebzehn Milliarden Mark war nun die Rede. Lothar de Maizière, der Vorsitzende der mitregierenden, noch halbwegs Block-CDU, betrachtete die »wirtschaftliche Situation des Landes« als hoffnungslos; für ihn war »die Stimmung kurz unterhalb des Siedepunktes und die Tendenz zu Gewalttätigkeiten unübersehbar«.[52]

Der Versuch der Modrow-Regierung, als Ersatz für das MfS ein neues Amt für nationale Sicherheit aufzubauen, stachelte den Volkszorn gegen die Stasi nur noch an. Am 15. Januar erstürmten im Zuge einer Großdemonstration »gegen Stasi und Nasi« mit etwa 100 000 Teilnehmern Demonstranten die berüchtigte, verhaßte Zentrale des MfS in der Ost-Berliner Normannenstraße. Zwischen sie mischten sich getarnte Stasi-Agenten zur Ablenkung, während ihre Kollegen brisantes Material verschwinden ließen. Auch in anderen Städten entlud sich die Wut auf die Stasi und die SED in großen Demonstrationen. Das verhaßte Überwachungs- und Repressionsorgan hatte mit der Erstürmung der Normannenstraße seine Einschüchterungsmacht verloren, und die schwankende Modrow-Regierung ihren Kredit verbraucht. Ihre Warnung, »die Demokratie, die sich gerade beginnt zu entwickeln, ist in höchster Gefahr«[53], zog nicht mehr bei den Menschen. Nur durch das Engagement früherer, nun beim Runden Tisch aktiver Dissidenten wie Konrad Weiß von Demokratie Jetzt und die Einsetzung eines Bürgerkomitees gelang es, Akten der Stasi zu sichern und sie so, gerade auch im Interesse der Verfolgten, für die Aufklärung über die SED-Stasi-Diktatur zu bewahren.

In dieser schwerwiegenden Vertrauenskrise, in der Chaos, Gewalt und ein fast völliger Verfall jeder Ordnung drohten, die SED-PDS das »SED« fallen ließ und sich an die neue Lage anzupassen suchte, entschieden sich die Oppositionsgruppen vom Runden Tisch nach längerem Ringen, auf Modrows Angebot zur Kooperation einzugehen. Gegen erhebliche Bedenken sowohl in und um die Ost-CDU, beim Demokratischen Aufbruch, dem Neuen Forum und bei der SDP, wo Ibrahim Böhme zunächst mauerte, ließen sie sich Anfang Februar aus Verantwortungsgefühl auf das Risiko einer »Regierung der nationalen Verantwortung« ein. Auch wenn die Vertreter der Bürgerbewegung weder administrative Kompetenz noch Macht hatten und sich weitgehend auf die Kontrolle von Grundsatzentscheidungen beschränkten, übten sie doch einen wirksamen Einfluß in dieser so kritischen Phase aus und förderten vor allen Dingen die dringliche weitere Demokratisierung.

Als ein »Zeichen der Vernunft« und Stabilität begrüßten viele Medien diese Notlösung.[54] Doch die ökonomische Katastrophe konnte diese Kooperation sowenig abwenden wie die Lebensbedingungen verbessern und die politische Krise überwinden. Die Bevölkerung wollte immer weniger auf die Botschaften der Bürgerbewegungsgruppen von Zivilgesellschaft, wirklicher Demokratie, ökologischem Umbau und Drittem Weg hören. Sie forderte immer lauter soziale Markwirtschaft, freie Wahlen in der DDR und die deutsche Einheit als Rettungsanker in der Krise und Hafen der Hoffnung. Nach Umfragen des Leipziger Jugendforschungsinstituts vom 12. Februar forderten 72 Prozent der Demonstranten in der Stadt die Vereinigung, weitere 20 Prozent zumindest bedingt. In der DDR stieg die Zahl der Anhänger einer deutschen Einheit rapide auf etwa zwei Drittel der Befragten an.[55] Es war so etwas wie eine bei vielen revolutionären Umbrüchen zu beobachtende zweite revolutionäre Welle, bei der vorrangig soziale Erwartungen in den Vordergrund traten und das Gesetz des Handelns diktierten. Wie eigentlich bei der Ausgangslage zweier deutscher Staaten – der eine repressiv, autoritär-kollektiv verfaßt und wirtschaftlich rückständig, der andere in Wohlstand, Freiheit und Demokratie – nicht anders zu erwarten, fokussierten sich die Erwartungen immer stärker auf die Vereinigung mit der glücklicheren Bundesrepublik.

Die Rahmenbedingungen dafür begannen sich im Januar 1990 sichtbar zu verbessern. Schon nach dem Treffen vom Dezember 1989 mit Ministerpräsident Hans Modrow war erkennbar, daß Helmut Kohl dieser DDR-Regierung nicht viel zutraute und er nicht gewillt war, sie über Wasser zu halten, auch wenn aus seinem »Mund ab und zu Gegenteiliges zu hören« war.[56] Die Bonner Politik steckte in einem gewissen Dilemma, denn einerseits wollte sie das halbherzige Reformregiment unter Modrow nicht stabilisieren, andererseits wußte sie um die Vorbehalte der Bürgerrechtsopposition gegen eine Vereinigung. Aus Verantwortung gegenüber den Menschen konnten Helmut Kohl und seine Regierung eigentlich kein Interesse an einem weiteren Kollaps der DDR haben. Tatsächlich aber versagten sie der DDR-Regierung die von dieser dringlich erbetene finanzielle Hilfe und unternahmen fast nichts, um die weitgehend auch von den Oppositionsgruppen gewünschte innere Konsolidierung einer reformierten DDR zu stützen. Als Modrow am 17. Januar 1990 einen Vertragsentwurf über »Zusammenarbeit und gute Nachbarschaft« vorlegte, der eine Vertragsgemeinschaft auf dem »Weg zu einer Konföderation« und einen Wirtschafts- und Währungsverbund vorsah, taktierte die Kohl-Regierung hinhaltend. Denn der Kanzler hatte entschieden, nun »die SED-PDS so schnell wie möglich aus der Regierungsverantwortung zu drängen« und »über die Vertragsgemeinschaft erst nach den freien Wahlen zu verhandeln«.[57]

Als Mitte Januar das wirtschaftlich-finanzielle Desaster und das Ausmaß der Unzufriedenheit offenkundig wurde, vollzog Helmut Kohl einen Kurswechsel und stellte die Weichen um. Seit Jahresanfang hatten er, seine Regierung und Vertrauten sich intensiv darum bemüht, auf dem internationalen Parkett Irritationen über die Entwicklung in Deutschland auszuräumen, Ängste zu beschwichtigen und das Terrain für eine mögliche Vereinigung der Deutschen zu sondieren. Gegenüber Frankreich und seinem Präsidenten François Mitterrand, der zum Bonner Ärger noch Ende Dezember 1989 demonstrativ die DDR besucht hatte, bekräftigte Kohl sein Interesse an einer Einbettung der bevorstehenden Entwicklung in den europäischen Kontext und die Fortführung der europäischen Integration. Gegenüber Moskau half die großzügige, sofortige Erfüllung der Bitte um Lebensmittelhilfe, das Klima zu verbessern. Und während die Eiserne Lady Margaret Thatcher kräftig mauerte, stellten sich US-Präsident George Bush und seine Administration bereits auf einen Kurs möglichst zügiger Wiedervereinigung um.[58]

Die Deutschen haben den USA viel zu verdanken. Über Jahrzehnte hatten sie die Sicherheit und Stabilität der Bundesrepublik und West-Berlins verbürgt, und im Einigungsprozeß waren sie es, die den Weg zur Einigung am eindeutigsten von allen Mächten begleiteten, förderten und stützten. Doch auch die Möglichkeiten dieser Supermacht waren in einem zentralen Punkt begrenzt: Über die trennende Blockgrenze reichten ihre Einwirkungsmechanismen im Kern kaum hinaus. Sie übte Einfluß aus, aber das von Robert Hutchings gezeichnete Bild der Rolle der USA an der Selbstbefreiung Ostmitteleuropas und des Endes der europäischen Spaltung ist wohl etwas einseitig gefärbt.[59] Weder durch Atomwaffen, Stationierungsstreitkräfte und markige Worte über das »Reich des Bösen« ließ sich das Sowjetimperium so verändern, daß es schließlich einer friedlichen deutschen Einigung zustimmte. Noch so viele Deklarationen und Bekenntnisse zur deutschen Einheit führten letztlich nicht weiter, wie die Deutschen 1961 beim Mauerbau schmerzlich erfahren hatten. Mit der häufig als Ursache für den Wandel in der Sowjetunion angeführten Nachrüstung wurden die Ressourcen des Ostens sicherlich stark strapaziert, und Überforderung wie Ineffizienz beförderten wohl ein Einlenken und den Schwenk zu einer Kooperation mit dem Westen. Doch das Beispiel des ebenfalls geteilten und heute immer noch getrennten Korea lehrt, daß alles konfrontative Widerstehen, alle materielle Überlegenheit und alle Bekenntnisse zu Einheit und Freiheit nicht ausreichen, um Wandel in einem diktatorischen Imperium zu bewirken. Es bedarf dazu vor allem eben auch eines Klimas der Entspannung, des Vertrauens und einer aus vielfältigen Kontakten allmählich erwachsenden Zivilisierung des Systems, wie es mit der neuen Ost- und Deutschlandpolitik der sozial-liberalen Koalition auf den Weg gebracht und von der Regierung Kohl fortgeführt worden war. Dies war mit der wichtigste Beitrag, den die Deutschen für den Wandel im östlichen Europa geleistet haben.

Im Januar 1990 reifte in Moskau die Einsicht, daß der Weg zu einer deutschen Vereinigung wohl nicht mehr aufzuhalten war und die sowjetische Politik nach dem Zusammenbruch der DDR auf eine Verhandlungslösung umzuorientieren sei. Eduard Schewardnadse, Außenminister der UdSSR und Realist, gab gegenüber DDR-Außenminister Oskar Fischer am 20. Januar 1990 zu verstehen, ein »Wunsch nach engerer Zusammenarbeit und – wenn die Deutschen so entscheiden – staatlicher Einheit werde respektiert, wobei es sich verstehe, daß Einheit entsprechende Bedingungen voraussetzt. Für die Sowjetunion sei z. B. ein Deutschland in der NATO nicht hinnehmbar.«[60] Vier Tage später verkündete der Moskauer Deutschlandexperte Nikolai Portugalow in einem Interview mit der *Bild-Zeitung*: »Wenn das Volk der DDR die Wiedervereinigung will, dann wird sie kommen.«[61]

Als DDR-Ministerpräsident Hans Modrow am 30. Januar in Moskau eintraf, hatte die dortige Führung nach harten Diskussionen ihren Kurs schon abgesteckt: »Die Wiedervereinigung Deutschlands sei unvermeidlich. Die UdSSR solle die Initiative zu einer Konferenz der ›Sechs‹ ergreifen, also der vier Siegermächte und der beiden Deutschen Staaten.«[62] Entsprechend äußerte Gorbatschow gegenüber den Medien, es gebe »ein gewisses Einverständnis darüber bei den Deutschen in Ost und West sowie bei den Repräsentanten der Vier Mächte, daß die Vereinigung der Deutschen niemals und von niemandem prinzipiell in Zweifel gezogen wird«.[63] Mit seiner Analyse, daß die »Zweistaatlichkeit von einem wachsenden Teil der Bevölkerung nicht mehr mitgetragen« werde, und mit seinem Vorschlag zu einer schrittweisen deutschen Vereinigung stieß Modrow nur noch offene Türen auf. Die Grundsatzentscheidung der Gorbatschow-Riege für die deutsche Vereinigung war gefallen. Es ging nun mehr um die Einbettung in den europäischen Kontext und die sicherheitspolitische Architektur. Ein vereintes neutrales Deutschland, das Gorbatschow für die USA als denkbar und reizvoll darstellte, wollten diese nun partout nicht hinnehmen, und die Zugehörigkeit zur NATO, die für die UdSSR undenkbar schien, stand noch nicht ernsthaft zur Debatte.[64]

Bei dem Moskau-Besuch von Bundeskanzler Kohl, Außenminister Genscher und Kanzlerberater Teltschik am 10. Februar bekräftigte Gorbatschow die Zusage, die Sowjetunion werde die Entscheidung der Deutschen, in einem Staat zu leben, respektieren und stimme einer deutschen Einigung im Grundsatz zu.[65] Mit einer grundlegenden Umorientierung verstand es Gorbatschow, »aus der Not eine Tugend zu machen und den Gipfel mit Kohl in einen Festakt deutsch-sowjetischer Freundschaft umzumünzen«.[66] Drei Monate nach dem Fall der Mauer ging es nicht mehr um das Ob, sondern nur mehr um das Wie und das Tempo einer deutschen Vereinigung.

Washington war bereit, Bonn beim Zustandekommen der Vereinigung zu helfen, sofern die eigenen Interessen gewahrt wurden. Ein neutrales wiedervereinigtes Deutschland galt für die USA als nicht akzeptabel. Sie sahen seine künftige Rolle in der NATO und machten seine Mitgliedschaft in der westlichen Allianz quasi zur Bedingung für ihre Zustimmung zur Einheit. Da diese NATO-Bindung für die USA nicht verhandelbar und für Gorbatschow noch unakzeptabel war, blieb dieses Problem sowohl bei Gorbatschows Treffen mit US-Außenminister James Baker am 9./10. Februar wie bei dem direkt anschließenden Gesprächen mit Kohl noch in der Schwebe. Zwar schrillten bei Genschers Forderung nach einer Beschränkung der NATO auf das Gebiet der Bundesrepublik in Washington die Alarmglocken. Die Präsenz amerikanischer Truppen in Europa und die NATO-Zugehörigkeit Deutschlands nannte Baker unverzichtbar. Doch sollte der NATO eine andere politische Rolle zugewiesen und ihre Jurisdiktion nicht auf ostdeutsche Gebiete ausgeweitet werden. Mit der Offerte, auf ABC-Waffen zu verzichten und die NATO nicht auf DDR-Territorium auszudehnen, ging Kohl einen Schritt weiter. Das Tandem Washington/Bonn bot Moskau im Verbund mit einer endgültigen Anerkennung der polnischen Westgrenze damit eine Lösung an, bei der es eher sein Gesicht und seine Sicherheitsinteressen wahren konnte.

Indem sich beide Seiten bei diesen Moskauer Gesprächen – zunächst Bakers, dann Kohls – darauf verständigten, die außen- und innenpolitischen Entwicklungen und Entscheidungen zu entkoppeln, wurde der gordische Knoten durchschlagen. Die Klärung der grundlegenden außen- und sicherheitspolitischen Fragen sollte im Wege der Zwei-plus-Vier-Verhandlungen erfolgen, während davon losgelöst der Prozeß der inneren Vereinigung voranschreiten konnte. Damit wurde eine wegweisende Weichenstellung vollzogen, und voller Stolz teilte der Kanzler den Deutschen mit, Gorbatschow habe der deutschen Einigung zugestimmt. Anschließend bestätigte TASS offiziell, »zwischen der UdSSR, der BRD und der DDR« gebe es »keine Meinungsverschiedenheiten, daß die Deutschen selbst die Frage der Einheit der deutschen Nation lösen und selbst ihre Wahl treffen müssen, in welchen Staatsformen, zu welchen Zeitpunkten, mit welchem Tempo und zu welchen Bedingungen sie diese Einheit realisieren werden«. Kanzlerberater Teltschik wertete dies als einen »Durchbruch« und als einen »Triumph für Helmut Kohl, der als Kanzler der deutschen Einheit in die Geschichte eingehen wird«.[67]

Am 13. Februar vereinbarten bei der internationalen Außenministerkonferenz in der kanadischen Hauptstadt Ottawa die Minister der Vier Alliierten Siegermächte und der beiden deutschen Staaten die Aufnahme der Zwei-plus-Vier-Verhandlungen[68] (die nach vorbereitenden Beamtengesprächen dann am 5. Mai in Bonn aufgenommen wurden). Korrekt, aber kühl empfing die Bonner Regierung am gleichen Tag und nur drei Tage nach dem Moskauer Durchbruch Modrow mit seiner Delegation. Während Modrow vor Überhastung warnte, bot die Kohl-Regierung Verhandlungen über eine Wirtschafts- und Währungsunion an und stellte die Einführung der DM in Aussicht, um so den Übersiedlungsstrom zu stoppen und den Menschen in der DDR eine Perspektive zu geben. Der Kanzler war nicht mehr daran interessiert, mit Modrow noch Verabredungen zu treffen, und Kohl und seine Mitarbeiter reagierten auf die mitgereisten Minister des Runden Tisches und ihre Vorstellungen fast schon allergisch. Es war eine Brüskierung, wie nun sogar die Vertreter der Bürgerbewegung behandelt wurden, die doch den Wandel in der DDR erst möglich gemacht hatten.[69] Hans-Jochen Vogels Kritik, es gehe »nicht um den Anschluß eines herrenlosen Territoriums«, sondern um die Vereinigung »mit Menschen, die sich selbst die Freiheit erkämpft haben«[70], traf gewiß einen bedenkenswerten Punkt, aber Helmut Kohl hatte den besseren Instinkt.

Der Kanzler steuerte nun eindeutig auf eine Beschleunigung des Einigungsprozesses hin. Verschiedene Motive wirkten dabei zusammen. Er wollte die außenpolitische Gunst der Stunde nutzen und den Vereinigungsdruck in der DDR noch befördern, indem der Mischregierung Hilfen versagt und der Bevölkerung die DM in Aussicht gestellt wurde, sowie mit dem Rückenwind der nationalen Euphorie möglichst vollendete Tatsachen schaffen, bevor soziale Ängste zuviel Gewicht bekamen. Bonn war für die zu bewältigenden Aufgaben konzeptionell kaum gerüstet. Die Auflösung des Forschungsbeirats für Fragen der Wiedervereinigung unter der sozialliberalen Koalition war aus heutiger Sicht wohl ein Fehler. Ob die professoralen Theoretiker 1990 wirklich Konkretes hätten beisteuern können, ist zumindest zweifelhaft. In dem Kabinettsausschuß »Deutsche Einheit«, der am 7. Februar 1990 eingesetzt wurde, schuf sich die Regierung ein Koordinierungsinstrument für alle mit dem deutsch-deutschen Annäherungsprozeß zusammenhängenden Fragen.[71]

Mit der öffentlich zuerst im Januar von der SPD-Finanzexpertin Ingrid Matthäus-Maier geforderten, intern vor allem von Ministerialrat Thilo Sarrazin und Staatssekretär Horst Köhler im Bundesfinanzministerium konzipierten und vom Kanzler der überraschten CDU/CSU am 6. Februar präsentierten Währungsunion offerierte Helmut Kohl den Bürgern der DDR die harte DM.[72] Während andere, wie Genscher und de Maizière, warnten, die Einheit sei nicht zum Nulltarif zu bekommen und die Teilung nur durch Teilen zu überwinden, und die Bundesdeutschen überwiegend Steuererhöhungen ablehnten, versprach Kohl, daß die Vereinigung ohne persönliche Opfer finanziert werden könne. Das war so im Kern natürlich eine glatte Lüge, aber sie war wirksam und half, den Prozeß der Einigung zu beschleunigen und kam der vorherrschenden Stimmung entgegen. Denn eine überwältigende Mehrheit im Osten und im Westen versprach sich von der Währungsunion gerade eine Vereinigung ohne große Kosten.[73] Der Kanzler schielte mit der Währungsunion auch auf die Wähler und ganz gezielt auf die für März angesetzten Volkskammerwahlen. Mit dem von Kohl und seinem Kanzleramtsminister Seiters am 5. Februar geschmiedeten Wahlbündnis »Allianz für Deutschland«, zu dem sich der ehemals oppositionelle Demokratische Aufbruch, die CSU-geförderte Neugründung Deutsche Soziale Union und die gewendete, ehemalige Blockflöte Ost-CDU mit ihrer starken Organisation zusammenfanden, verschaffte sich der Kanzler »die notwendige Plattform für große Wahlkampfauftritte in der DDR«[74] und ein Instrument für die Umsetzung seiner politischen Strategien im Osten. Mit der DM als Hebel und dem Versprechen »blühender Landschaften« sollten die Wähler für den Unionskanzler gewonnen und die Vereinigung vorangetrieben werden.

322

Nicht nur Margaret Thatcher und andere Politiker und Politintellektuelle in Ost und West wie in der Bundesrepublik Deutschland begegneten einem raschen Einigungsprozeß noch mit Skepsis bis Ablehnung. Die Bürger, und nicht nur in Deutschland-Ost und -West, waren manchmal weiter als ihre politische Klasse und erst recht als die Intellektuellen, unter denen sich Günter Grass dazu verstieg, »die Erfahrung Auschwitz« schließe »einen deutschen Einheitsstaat aus«.[75] Über drei Viertel der Bürger der Bundesrepublik unterstützten nach Umfragen vom Februar 1990 eine deutsche Vereinigung, auch wenn sich viele wegen des Tempos noch sorgten. Aber selbst in anderen Ländern war die Sympathie dafür groß, am höchsten in Italien (78 Prozent), obwohl Andreotti sich für die Zweistaatlichkeit ausgesprochen hatte, gefolgt von Spanien (73 Prozent), Frankreich und Ungarn (je 68 Prozent), den USA mit der hilfreichen Bush-Administration und dem Großbritannien der sperrigen Thatcher (je 61 Prozent). Selbst in der Sowjetunion war immerhin eine knappe Mehrheit (51 Prozent) dafür, während die Mehrzahl der Polen (64 Prozent) eine Vereinigung ablehnte.[76] Die ausgeprägten Vorbehalte in der polnischen Bevölkerung gründeten nicht nur in historischen Reminiszenzen, sondern waren ein Reflex auf die zögerliche Haltung der Bonner Regierenden bei der polnischen Westgrenze. Während die FDP im Einklang mit der SPD und Teilen in der Union für eine eindeutige Festlegung plädierten, blockten widerstrebende Kräfte aus CSU und CDU ab. So blieb dem Kanzler nur das schwierige Manövrieren zwischen dem Beharren auf dem Rechtsstandpunkt, die endgültige Festlegung könne erst ein geeintes Deutschland treffen, und stetig wiederholten Signalen, die polnische Westgrenze werde respektiert und ihre förmliche Anerkennung von ihm garantiert.[77]

Die eigentliche Entscheidung über die deutsche Einigung lag bei den Bürgern in der DDR, die sich zu ihren ersten und letzten freien Volkskammerwahlen am 18. März 1990 rüsteten. Der Ausgang schien völlig ungewiß. Prognosen sprachen von einer schrumpfenden PDS, zersplitterten Oppositionsstimmen, vielen Unentschiedenen und von einem voraussichtlichen Wahlsieg der wiederauferstandenen Sozialdemokratie, die sich seit Januar SPD nannte und sich nun ausdrücklich zur Einheit der deutschen Nation bekannte. Ibrahim Böhme, der sich fast schon als Wahlsieger sah und in Moskau wie der

künftige Ministerpräsident empfangen wurde[78], und die junge Sozialdemokratie erhielten zwar Hilfe aus dem Westen. Verglichen mit dem
massiven Wahlkampfaufgebot der »Allianz für Deutschland«, der
Machtmittel der Bundesregierung und den Kanzlerauftritten waren
SPD und die ganz auf sich allein gestellten Bürgerrechtsgruppen, die
sich zum Bündnis 90 zusammenschlossen, weit unterlegen. Der Widerstand des designierten Kanzlerkandidaten der West-SPD Oskar
Lafontaine gegen eine frühe Währungsunion und eine rasche Vereinigung wirkte angesichts der vorherrschenden Stimmung und der
hochgesteckten Erwartungen wie eine Katastrophe.[79]

Die SPD in der DDR und die Bonner Sozialdemokraten erlebten
eine herbe Enttäuschung. Die SPD erhielt nur 21,9 Prozent der Stimmen. Der überragende Wahlsieger war die »Allianz für Deutschland«, die mit insgesamt 48,1 Prozent die absolute Mehrheit nur
knapp verfehlte. Im überfüllten Saal der gewendeten Ost-CDU, die
der Allianz angehörte, feierte man den überraschenden Erfolg von
40,8 Prozent, im Bonner Kanzleramt war »die Begeisterung« groß,
und als »Gottesgeschenk« kommentierte Kohl dieses Ergebnis.[80] Mit
ihrer Stimme entschieden die Bürger der DDR nicht nur über Politiker und Parteien, verschiedene politische Konzepte und eine neue
Regierung, sondern über das Schicksal der DDR.

Nach Jahrzehnten der Diktatur und der gedeichselten Scheinwah-
len war allein schon diese erste freie Wahl zur Volkskammer ein
ungeheurer Erfolg für die Demokratie. Sie war, obwohl vielen wohl
gar nicht so bewußt, auch ein Votum für die parlamentarische Demokratie. Mit einer Wahlbeteiligung von 93,8 Prozent wurde sie zu
einer Art Volksabstimmung über die deutsche Einigung. Nach über
vierzig Jahren der erzwungenen Zweistaatlichkeit siegte mit der gewonnenen Freiheit der Drang der ostdeutschen Bevölkerung zur nationalen Einheit. Die Bürger der DDR gaben mit ihrem Votum der
Volkskammer ein demokratisches Mandat und schufen mit überwältigender Mehrheit eine »unwiderlegbare Legitimation für den inneren und äußeren Vereinigungsprozeß«.[81] Die Weichen für den Beitritt
einer nun wirklich demokratisch legitimierten »Deutschen Demokratischen Republik« zur größeren, glücklicheren Bundesrepublik
Deutschland wurden am 18. März 1990 endgültig so gestellt, daß
der innerdeutsche Zug zur Vereinigung freie Fahrt aufnehmen konnte und sein Ziel am 3. Oktober 1990 erreichte.

Der Weg zum geeinten Deutschland

Die demokratisch gewählte Volkskammer war eine Schule in parlamentarischer Demokratie. In der kurzen Zeit ihrer Existenz haben die gerade erst zu Parlamentariern gewordenen politischen Newcomer in hohem Maß Verantwortungsbewußtsein bewiesen und Profil gewonnen. In einem eindrucksvollen Akt vollzog das Parlament einen symbolischen Bruch mit einer schweren Last der Vergangenheit, als es sich für die Ermordung der Juden und andere nationalsozialistische Verbrechen, das Leiden Rußlands im Zweiten Weltkrieg und die Niederschlagung des Prager Frühlings entschuldigte. Mit der Versicherung der Unantastbarkeit der Grenze sandte sie unverzüglich auch an Polen ein besonderes Signal.[82] Nach innen setzte die Volkskammer mit der Entscheidung über den Zugang zu den Stasi-Akten und die Öffnung der Staats- und Parteiarchive ein Zeichen, das die Aufarbeitung der Vergangenheit ernst genommen wurde. Die treibende Kraft war dabei vor allem Joachim Gauck. Was als ein Selbstreinigungsprozeß der neugewonnenen freiheitlich-demokratischen Ordnung intendiert war, kam zwar in dem sich überstürzenden Einigungsvorgang nicht mehr zum Tragen. Doch es darf und sollte nicht vergessen werden, daß die Aufarbeitung der Vergangenheit nicht von der Bundesrepublik der früheren DDR übergestülpt wurde, sondern aus den freien Entscheidungen derer erwuchs, die in der Umbruchperiode nach einem wirklichen Neuanfang und einer ehrlichen Auseinandersetzung mit dem SED- und Stasi-System strebten.

Das Ergebnis der Volkskammerwahlen bedeutete für eine Reihe früherer Dissidenten eine herbe Enttäuschung. Die Bürgerbewegung wurde geradezu marginalisiert (auf weniger als 5 Prozent), und Bärbel Bohley trauerte »über die verlorene Chance, daß hier wirklich etwas hätte entstehen können, was ganz neu ist in dieser Welt«.[83] Der Traum von einer basisdemokratischen, zivilen, solidarischen Gesellschaft, den viele dieser Oppositionellen hegten und propagierten, ließ sich nicht realisieren, weil die übergroße Mehrheit der DDR-Bevölkerung ihnen die Gefolgschaft versagte. Dem Bündnis 90, in dem sich die Reste des Neuen Forums, von Demokratie Jetzt und die Initiative für Frieden und Menschenrechte zusammengefunden hatten, fehlte selbst eine Unterstützung durch die westdeutschen Grünen, die aus

Respekt vor einem eigenen »Weg« im Osten auf ein Engagement verzichteten. Als eine Art Vermächtnis der friedlichen Revolution formulierte der Runde Tisch noch vor seiner Auflösung einen Verfassungsentwurf für ein »demokratisches und solidarisches Gemeinwesen«.[84] Obwohl nach dem Ausgang der Volkskammerwahlen kaum mehr von politischem Gewicht, ist dieser Entwurf ein Zeugnis des Aufbruchs zu Freiheit und Demokratie.

Die Regierungskoalition unter Ministerpräsident Lothar de Maizière, der neben der CDU Vertreter der SPD, der DSU (Deutsche Soziale Union), des Demokratischen Aufbruch und des BFD (Bund Freier Demokraten aus alter LDPD und neuer FDP) angehörten, war erst nach langwierigen Verhandlungen am 12. April zustande gekommen. Erst nachdem der designierte sozialdemokratische Kanzlerkandidat Oskar Lafontaine seinen Widerspruch aufgegeben, der als Stasi-Mann enttarnte Ibrahim Böhme seinen Rücktritt erklärt und die DSU sich für ihre verleumderischen Wahlkampfattacken entschuldigt hatte, setzten sich in der Ost-SPD die Befürworter einer Regierungsbeteiligung um den Fraktionsvorsitzenden Richard Schröder und den künftigen Außenminister Markus Meckel durch.

In seiner ersten Regierungserklärung verkündete der neue DDR-Ministerpräsident als Leitmotiv: »Nach Jahrzehnten der Unfreiheit und der Diktatur wollen wir Freiheit und Demokratie unter der Herrschaft des Rechts gestalten.« Mit dem »katastrophalen Erbe« der SED-Herrschaft wie Stasi, Parteijustiz und Indoktrination solle aufgeräumt und selbstbewußt im Interesse der Bürger der DDR die Einheit sozial abgefedert werden. »Die Einheit muß so schnell wie möglich kommen, aber ihre Rahmenbedingungen müssen so gut und so zukunftsfähig sein wie nötig.«[85] Der DDR-Regierung unter Lothar de Maizière ging es vor allem um die Verteilung der Lasten, Vermeidung sozialer Härtefälle, Anpassungshilfen für die Wirtschaft, feste Haushaltszusagen und die Bewahrung von Souveränität gegenüber einer Bevormundung durch die Bonner Regierung. Doch die nun demokratisch legitimierte DDR-Regierung sollte ihre Vorstellungen in den Einigungsprozeß nur wenig einbringen können. Ihre administrativ unerfahrenen, wenn auch von einigen Experten aus dem Westen unterstützten Verhandlungsführer waren der versammelten Fachkompetenz und den Politprofis aus Bonn weit unterlegen und bis hin zu den Flugtickets von deren Goodwill abhängig.

Lothar de Maizière, bereits seit November 1989 Vorsitzender der Wende-CDU, war jedoch keineswegs die kleine Wachsfigur in den Händen des übermächtigen Helmut Kohl, als den ihn Karikaturen später gern zeichneten. Mit der Verknüpfung von Elementen der friedlichen Revolution mit einem besonnenen Weg in die Vereinigung, ostdeutschem Selbstbewußtsein, Würde und Glaubwürdigkeit fand er mit seiner Regierung Anklang bei den Bürgern im Osten und beeindruckte zunächst auch viele im Westen, in der Politik wie in der Öffentlichkeit. Mit den Volkskammerwahlen und der neuen Regierung hatten sich die Rahmenbedingungen für eine Vereinigung zweifellos entscheidend verbessert.

Die Bürger der DDR hatten sich mit überwältigender Mehrheit für eine rasche Vereinigung entschieden. Damit wurden auch Weichen für einen Beitritt nach Artikel 23 Grundgesetz gestellt, wie er von Kohl und der »Allianz für Deutschland« propagiert worden war und auf den sich dann auch die Regierung de Maizière in ihrer Koalitionsvereinbarung verständigte. Der von der West- wie Ost-SPD favorisierte Weg zur Einheit über den Artikel 146 wurde letztendlich obsolet. Die Fusion der beiden deutschen Staaten über eine schrittweise Konföderation war vom Tisch. Der Kurs wies nun eindeutig in Richtung eines Anschlusses der DDR an die Bundesrepublik Deutschland.

Die Schatten der düsteren Vergangenheit lasteten jedoch schwer auf dem ganzen Prozeß des Umbruchs und des demokratischen Neuanfangs. Kurz vor der Volkskammerwahl war der frühere Regimekritiker, Anwalt, Mitbegründer und Vorsitzende des Demokratischen Aufbruch, Wolfgang Schnur, als langjähriger Stasi-Mitarbeiter enttarnt worden. Ende März 1990 wurde durch den *Spiegel* bekannt, daß auch Ibrahim Böhme, der Vorsitzende der SPD in der DDR, ein Stasi-Mann gewesen war und die Opposition skrupellos zersetzt und als SPD-Vorsitzender weiter für das MfS gearbeitet hatte. Das bedrückende Gefühl, daß fast jeder ein Stasi-Spitzel gewesen sein konnte – bis hinein in den engsten Freundeskreis und die eigene Familie –, schuf eine Mentalität des Sich-Abkapselns und des begründeten Mißtrauens gegen andere. Die Einsicht in die Notwendigkeit von Kompromissen als einem Wesenselement einer pluralistischen, parlamentarisch-demokratischen Gesellschaft hatte unter den DDR-Bedingungen kaum Wurzeln schlagen können. Schwarz oder weiß, lautete verkürzt das Muster, in dem sich auch in der Umbruchphase die Auseinandersetzung vollzog.

Dabei war nicht nur der DDR-Alltag in vielem grau gewesen. In Grauzonen hatten sich viele DDR-Bürger bewegt, die sich in ihrem Staat eingerichtet hatten und aus durchaus verständlichen opportunistischen Gründen mitgelaufen waren. Nach dem Zerfall der alten Welt suchten sie abzustreifen, was sie daran erinnerte. Ihr Minderwertigkeitsgefühl und gebrochenes Alltagsbewußtsein glaubten sie dadurch kompensieren zu können, daß sie ihre Identität an deutscher Nation und Einheit festmachten und sich auf die Seite derer schlugen, die Wohlstand und harte DM als Ausweis deutscher Tüchtigkeit repräsentierten und sie als Deutsche unter Deutschen, wie es schien, willkommen hießen. In der Person von Kanzler Helmut Kohl bündelten sich die Erwartungen einer glückhaften Zukunft in »blühenden Landschaften«. Nicht kritischer Rückblick und die Mühsal eines eigenen Weges, sondern der radikale Schnitt durch die Zuflucht unter die Fittiche der wohlhabenden Bundesrepublik Deutschland schien für eine Mehrheit der Bevölkerung in der DDR das Gebot der Stunde.

Nach dem Erdrutschsieg der Einheitsbefürworter bei den Volkskammerwahlen schlossen auch Frankreich und die anderen kontinentaleuropäischen EG-Länder »ihren Frieden mit dem deutschen Einigungsprozeß«[86]. Durch eine gemeinsame deutsch-französische Initiative zur Schaffung einer europäischen Währungs-, Wirtschafts- und politischen Union wurde die Herstellung der deutschen Einheit in eine westeuropäische Integration eingebettet. Selbst Margaret Thatcher gab ihren Widerstand nun auf und fügte sich in das wohl Unvermeidbare der deutschen Einigung. Gleichwohl bedurfte es noch schwieriger Unterhandlungen – vor allem im Dreieck Washington, Moskau, Berlin –, bis schließlich ein Durchbruch gelang.

Für die Sowjetunion war der Ausgang der DDR-Wahlen ein bitteres Ergebnis. Denn dem sich nun abzeichnenden Beitritt der DDR zur Bundesrepublik nach Artikel 23 begegnete die Kreml-Führung mit Skepsis. Unter dem Druck der Ereignisse in Deutschland und der inneren Krise der Sowjetunion wirkte Moskau wie gelähmt. Während der Westen in einer Charme-Offensive mit NATO-Reform und Kooperationsangeboten lockte, blieb Moskaus Haltung schwankend und ambivalent.[87] Es schaute zu, wie immer weitere vollendete Tatsachen geschaffen wurden. Durch die unentschlossene Haltung Moskaus und die sich darin offenbarende Schwäche ergaben sich für den deutschen Einigungsprozeß die zügig und entschlossen genutzten Spielräume.

»Entweder die Bürger der DDR gehen weiter zur DM oder die DM kommt zu den Menschen«, auf diese knappe Formel haben Gestalter und Beobachter der Währungsunion die anstehende Entscheidung gebracht. Um die fortdauernde Übersiedlung zu stoppen – ca. 4000 Menschen gingen pro Woche in die Bundesrepublik – und den Menschen in der DDR eine wirtschaftlich-soziale Perspektive zu geben, bot sich die Einführung der DM, Symbol westdeutscher Tüchtigkeit, wirtschaftlicher Stärke, von Wohlstand und Identität, förmlich an. Am 24. April verständigten sich Bundeskanzler Kohl und DDR-Ministerpräsident de Maizière bei einem ersten Arbeitstreffen auf Grundsätze einer Währungsunion, die Kohl bereits im Februar der Öffentlichkeit präsentiert hatte. Drei Tage später nahmen die beiden Delegationen unter Wolfgang Schäuble und Günter Krause, parlamentarischer Staatssekretär der Regierung de Maizière, die Gespräche auf. Die beiden Finanzminister West und Ost, Theo Waigel (CSU) und Walter Romberg (SPD), standen ihnen zur Seite. Nach zügigen Verhandlungen wurde der Staatsvertrag über die Schaffung einer Wirtschafts-, Währungs- und Sozialunion am 18. Mai 1990 in Ost-Berlin von den Finanzministern in Anwesenheit beider Regierungschefs unterzeichnet.[88] Er trat am 1. Juli 1990 in Kraft – die DM kam nun zu den Nochbürgern der DDR und mit der harten Währung zahllose westliche Vorschriften und Gesetze. Die nicht konvertierbare Ost-Mark hatte nicht nur fatale Nachteile für die Wirtschaft der DDR, sondern erzeugte auch ein Gefühl von Minderwertigkeit bei ihren Bürgern, während die Kaufkraft der DM wie ein Zaubermittel zur Überwindung des Mangels und zum Erwerb ersehnter Konsumgüter wirkte. Neben den konkreten Erfahrungen in Intershops und im Urlaub neben den Westdeutschen, den Erzählungen der Rentnerreisenden und dem Auftreten westdeutscher Verwandter und Freunde bei DDR-Besuchen trug vor allem das westliche Fernsehen mit seiner Konsumwunderwelt in Werbung und Serien dazu bei, daß sich an die DM so hohe Erwartungen knüpften.

Der im Westen bei Finanz- und Wirtschaftsexperten, aber auch bei Politikern heftig umstrittene Umtauschkurs von eins zu eins für Löhne, Gehälter und Ersparnisse bis viertausend Mark kam den Wünschen und Forderungen der DDR-Regierung und der Bürger im Osten entgegen. Gegen den Rat von Finanz- und Wirtschaftsexperten wie Bundesbankpräsident Karl Otto Pöhl und BDI-Präsident Tyll Necker, die ein schrittweises Vorgehen und einen Umtauschkurs von etwa vier zu eins favorisierten, sowie gegen Bedenken quer durch die politischen Parteien hatte sich Helmut Kohl mit seinem Drängen auf eine rasche Verwirklichung der Währungs- und Wirtschaftseinheit durchgesetzt. Es war eine Entscheidung für den Konsum und zu Lasten einer wettbewerbsfähigen Produktion mit langfristigen Folgewirkungen.

Es war nicht zu übersehen, daß mit der Wirtschafts-, Währungs- und Sozialunion auch politische Vorgaben festgeschrieben werden sollten, mit denen die Sozialstaatlichkeit im Sinne ordoliberaler Vorstellungen verändert werden sollte. Im Verbund von De-Maizière-Regierung, Sozialdemokratie West und Ost sowie dem sozialpolitischen Flügel der Union war es gelungen, mit der Währungsunion die »schöpferische Zerstörung« der alten Strukturen einigermaßen sozial abzufedern. Die schlaumeierische Taktik des SPD-Kanzlerkandidaten Oskar Lafontaine bei der Ratifizierungsdebatte in Bundestag und Bundesrat grenzte beinahe an eine Posse. Auch wenn sich die Sozialdemokratie mit großer Mehrheit für die Währungsunion aussprach, geriet sie durch Lafontaines düstere Prognosen und öffentlich formulierte Vorbehalte ins Zwielicht.[89]

Einer der wichtigsten Punkte im Prozeß der deutschen Vereinigung war die Eigentumsfrage. Gegenüber der Regierung de Maizière hatte Moskau darauf insistiert, daß die zwischen 1945 und 1949 in der sowjetischen Besatzungszone vollzogenen Enteignungen nicht rückgängig gemacht werden dürften. Darüber gab es Absprachen zwischen Ost-Berlin und Moskau, die Bonn zur Kenntnis nahm und mit der »Gemeinsamen Erklärung« zu den offenen Vermögensfragen vom 15. Juni 1990 übernahm, auch wenn einige dies heute nicht mehr wahrhaben möchten.[90] Der mit diesem ersten Staatsvertrag sonst so dezidiert festgeschriebene Grundsatz der Rückgabe von Eigentum vor Entschädigung war in Bonn durchaus umstritten. Nicht nur manche Experten und Sozialdemokraten, sondern selbst herausragende Matadore des Einigungsprozesses bei der Union hätten sich eine weniger starre Regelung gerade im Interesse von Investitionen gewünscht. Doch die liberale Klientelpartei FDP unter Hans-Dietrich Genscher und Otto Graf Lambsdorff pochte auf das Prinzip und setzte sich durch. Besonders Horst Teltschik machte seiner Verärgerung darüber gelegentlich Luft.[91]

Die Aufbruchstimmung, die noch im Vorfeld der Wirtschafts- und Währungsunion herrschte, und die Glücksgefühle über die DM und die Westprodukte, die man nun fast allerorten kaufen konnte, wandelten sich in ein Gefühl aus Halbzufriedenheit, Hoffnung, Unmut und Sorge, als man die sozialen Auswirkungen der schockartigen Umstellung registrierte. Der Zusammenbruch des Ostmarktes, Arbeitslosigkeit und schrumpfende Nettoeinkommen[92] führten zu Verunsicherung und Ärger, für die die unter der De-Maizière-Regierung geschaffene Treuhandanstalt unter dem West-Ökonomen Detlev Karsten Rohwedder zum Blitzableiter wurde.

Nach intensiven Konsultationen mit den Verbündeten im Westen und den Nachbarn im Osten liefen seit dem 5. Mai die Zwei-plus-Vier-Verhandlungen. Sie hatten nur ein begrenztes Mandat. Während Moskau und London noch einen Friedensvertrag favorisierten und Paris auf ein umfassendes Mandat drängte, zogen Washington und Bonn in diesem Punkt am gleichen Strang und setzten sich durch. Das Themenspektrum wurde auf die Rechte und Verantwortlichkeiten der vier Mächte, Berlin, Grenze und militärisch-politische Fragen beschnitten. Mit diesen Punkten hatten sich die Sowjets versöhnt und den Widerstand aufgegeben. Doch mit ihrem Vorschlag, die äußeren Aspekte abzukoppeln und auf die lange Bank zu schieben, muteten sie einem geeinten Deutschland eine eingeschränkte Souveränität unter einer fortgeltenden Oberhoheit der Siegermächte zu. Aus dieser Sackgasse mußte erst noch ein Ausweg gefunden werden.

»Wir wollen kein deutsches Europa, sondern ein europäisches Deutschland«, mit diesem Wort von Thomas Mann gab Hans-Dietrich Genscher eine Bonner Leitlinie für die Einbindung eines geeinten Deutschland in Europa vor.[93] Diese Botschaft sollte Besorgnisse zerstreuen und die Nachbarn mit einem größeren Deutschland versöhnen. Für das sich nach Westen öffnende Polen ging es um eine eindeutige, vertragliche Festschreibung seiner Westgrenze. Ihre definitive Anerkennung war eine unverzichtbare Voraussetzung für die Verwirklichung der Einheit. Mit Zusicherungen und Absprachen über einen vom vereinten Deutschland abzuschließenden Grenzvertrag sowie entsprechenden Willenserklärungen beider deutscher Parlamente suchten Washington und Bonn die Grenzfragen zu entschärfen. Die am 21. Juni von Bundestag und Volkskammer verabschiedete Resolution, die Grenze werde »durch einen völkerrechtlichen Vertrag« zwischen Polen und dem vereinten Deutschland endgültig »bekräftigt«, reichte den Polen nicht aus. Erst im Juli, nachdem ein Durchbruch bei der Sowjetunion geglückt war, bahnte sich die Lösung der polnischen Grenzfrage an. Bei dem dritten Außenministertreffen der Zwei-plus-Vier-Runde am 17. Juli 1990 in Paris unter Teilnahme des polnischen Außenministers Krzysztof Skubiszewski wurde schließlich der gordische Knoten durchschlagen. Am 25. Juli willigte der polnische Premier Tadeusz Mazowiecki offiziell ein, den Grenzvertrag erst nach der deutschen Einigung zu unterzeichnen.[94]

Die Sicherheitsarchitektur für ein geeintes Deutschland und für Europa war das dornigste, schwierigste Problem im Prozeß der äußeren Einbettung der deutschen Einigung. Es schien kaum denkbar und der Sowjetunion schwer zumutbar, daß sie ihr sicherheitspolitisches Vorfeld preisgeben und einer Ausdehnung des NATO-Gebietes zustimmen würde. Ohne Gegenleistungen, Anreize und Garantien des Westens war sie nicht zu diesem Verzicht bereit. Beim dringend benötigten Geld half Bonn mit einem Kredit über fünf Milliarden DM und vermittelte Moskau das Gefühl, sich für weitere Hilfen des Westens einzusetzen. Doch in der strittigen Frage der NATO-Zugehörigkeit war es Washington, das die Zügel in der Hand hielt und der Sowjetunion entscheidende Zugeständnisse abrang. Bei dem amerikanisch-sowjetischen Gipfel Ende Mai/Anfang Juni 1990 in Washington und Camp David zeichnete sich eine Wende ab. Gorbatschow ließ sich erstmals prinzipiell darauf ein, daß zur Selbstbestimmung der Deutschen das Recht auf freie Bündniswahl gehöre.[95] Durch eine Begrenzung der deutschen Streitkräfte, eine Stärkung der KSZE sowie eine Umstrukturierung der NATO suchten vor allem die USA, der Sowjetunion eine Brücke zu bauen. Mit der von den NATO-Außenministern am 8. Juni verabschiedeten »Botschaft von Turnberry« bot die Allianz dem zerfallenden Warschauer Pakt »die Hand zur Freundschaft und Zusammenarbeit« an.[96] Auf dem Sondergipfel am 5./6. Juli revidierte die NATO auf Betreiben der USA ihre Nuklearstrategie auf eine des »letzten Rückgriffs« und unterbreitete mit der »Londoner Erklärung« ein Angebot, sich nicht länger als Gegner zu sehen, sondern nach einer Partnerschaft des Friedens zu streben.

Nachdem Gorbatschow den für ihn schwierigen Parteitag der KPdSU Anfang Juli überstanden hatte, wirkte die NATO-Offerte als Katalysator, um das strittige Thema einer deutschen NATO-Mitgliedschaft abzuhaken und sich für die dringlichen Wirtschaftsreformen die Unterstützung des Westens zu sichern. Verzuckert mit einer Aufwertung und Stärkung der KSZE, Wirtschaftshilfen, Finanzspritzen und einer Begrenzung des Umfangs der Streitkräfte eines vereinten Deutschlands war der Boden schon gut bereitet, als Helmut Kohl und Außenminister Genscher das Flugzeug nach Moskau bestiegen.

Bei den Gesprächen in Moskau am 15. Juli und anschließend in der Idylle des Kaukasus am 16. Juli verständigten sich Gorbatschow und Kohl auf Lösungen für die bisher strittigen Punkte, bei denen Moskau den Deutschen weit entgegenkam. Die Vereinbarungen, die von Politikern und Medien als »Wunder«, »phantastisches Ergebnis« und »politische Sensation« gefeiert wurden, umfaßten folgende Punkte: 1. »Die Einigung umfaßt die Bundesrepublik, die DDR und Berlin«; 2. Ablösung der Vier-Mächte-Rechte mit Vollzug der Einheit und die »volle und uneingeschränkte Souveränität« für das geeinte Deutschland; 3. Freie Entscheidung über die Bündniszugehörigkeit, also auch über die Zugehörigkeit in der NATO; 4. Zweiseitiger Vertrag über den Abzug der sowjetischen Truppen »innerhalb von zwei bis drei Jahren«; 5. Während der Übergangszeit keine Ausdehnung der »NATO-Strukturen auf Ost-Deutschland«; 6. Verbleib westlicher Truppen in Berlin für die Dauer der Präsenz der Sowjetarmee; 7. Verpflichtung des geeinten Deutschlands auf eine Reduzierung der Streitkräfte auf eine Stärke von 370 000 Mann in drei bis vier Jahren; 8. Verzicht »auf Herstellung, Besitz und Verfügung von ABC-Waffen« und Fortgeltung des atomaren Nichtweiterverbreitungsvertrages.[97] Im Gegenzug erhielt Moskau weitreichende Zusagen über Milliardenzahlungen und Wirtschaftshilfe. Doch mit Geld und gutem Willen allein wäre Moskaus Zustimmung nicht zu erreichen gewesen. Entscheidend war das neue Denken in der Sowjetunion und der Bruch mit alten Tabus bei den Kreml-Herren. Moskau gab sein früher als unverzichtbar geltendes Vorfeld auf und setzte mit diesem Akt der »Realpolitik« (Gorbatschow) die Reintegration in Europa durch, und zwar mit Hilfe der dankbaren Deutschen. Der über Jahre hochgehaltene Leitsatz, nur über und nach einer europäischen Friedensordnung sei eine Lösung der deutschen Frage denkbar, war obsolet geworden. Die Verhältnisse kehrten sich um. Nun wurde das geeinte Deutschland zu der Hoffnung und Brücke für ein auch den Osten und die Sowjetunion umfassendes europäisches Haus.

Der Kalte Krieg schien überwunden, das Tor zu Frieden und Freundschaft offen und der Weg zur deutschen Einigung nun wirklich frei. Das Zwei-plus-Vier-Treffen am 17. und 18. Juli in Paris bestätigte im Kern nur diese bilaterale Verständigung. Nun mußten Bonn und Ost-Berlin ihre Hausaufgaben mit dem Einigungsvertrag erledigen, über den nach längeren Vorarbeiten seit dem 6. Juli 1990 offiziell verhandelt wurde. Es wurde trotz des Willens der beiden Chefunterhändler Schäuble und Krause, unkompliziert und rasch zu verfahren, zu einem mühsamen Hindernislauf. Das Gerangel um Finanz- und Lastenverteilung im Westen wie politische Konfusion und Spannungen im Osten, die zum Austritt zunächst des Bundes der Liberalen und dann auch der Ost-SPD aus der Regierung de Maizière führten, machten das Ganze neben den unzähligen Bestimmungen und Übergangsregelungen zu einem schwierigen Prozeß. Staatsfinanzen, Verfassungsreform, Stasi-Hinterlassenschaften, Eigentumsfragen und das Abtreibungsrecht waren Hürden, die genommen werden mußten. Als ein aus vielen Versatzstücken gefertigtes Dokument deutschen Perfektionshangs regelte der Einigungsvertrag in 45 Artikeln die Kernbereiche und in weiteren 19 Kapiteln Übergangsmodalitäten, so daß der gesamte Text schließlich fast 1000 Seiten umfaßte.[98] Am 31. August 1990 setzten Wolfgang Schäuble und Günter Krause im Berliner Kronprinzenpalais ihre Unterschrift unter das Werk.

Zwei Wochen später wurde bei dem vierten Zwei-plus-Vier-Treffen der Außenminister am 12. September in Moskau der »Vertrag über die abschließende Regelung in bezug auf Deutschland« unterzeichnet, mit dem die Rechte und Verantwortlichkeiten der vier Mächte »in bezug auf Berlin und Deutschland als Ganzes« aufgehoben wurden und die staatliche Einheit sanktioniert wurde. Am 20. September verabschiedeten der Deutsche Bundestag und die Volkskammer der DDR den Einigungsvertrag. Er trat am 29. September in Kraft. Am 2. Oktober übergaben die Alliierten bei der KSZE-Außenministertagung in New York das Schreiben, mit dem ihre Vorbehaltsrechte über Deutschland förmlich außer Kraft gesetzt

wurden. Das geeinte Deutschland in den Grenzen der zwei nun vereinten Staaten und Berlin erhielt seine Souveränität.

Am 2. Oktober 1990 um 24.00 Uhr hörte die DDR auf zu bestehen. Mit dem Beitritt zur Bundesrepublik Deutschland nach Artikel
23 Grundgesetz verschwand die DDR als Staat. Über vierzig Jahre
Zweistaatlichkeit und Trennung waren nun definitiv zu Ende. Um
die gleiche Zeit, um 0.00 Uhr am 3. Oktober, war die Einheit da. Die
Wahl dieses Termins war Symbol für einen von Gezänk und taktischen Geplänkeln überschatteten Prozeß, bei dem sich Politiker und
Parteien durch immer frühere Termine auszustechen suchten. Nach
einem mühsamen Gerangel hatte sich die Volkskammer am 23. August schließlich auf den 3. Oktober als erstmöglichem Datum nach
dem Zwei-plus-Vier-Akt verständigt.[99] Solch kleinliches Hickhack,
das das endgültige Ende der DDR und eine Reihe der abschließenden
Verhandlungen begleitete, war ein Zeichen, daß es bei diesem großen
Ereignis der wiedergewonnenen Einheit nicht immer nur um hehre
Werte ging, die von den Politikern in großen Worten beschworen
wurden, sondern stets auch harte konkrete Interessen, Eifersüchte-
leien und Profilierungssüchte mitschwangen.

Den Moment der Einheit Punkt Mitternacht erlebten in Berlin, wo
der offizielle Staatsakt stattfand, etwa eine halbe Million Menschen
auf den Straßen, und in Ost und West saßen Millionen vor dem
Fernsehschirm, um dieses historische Ereignis mit zu verfolgen. Mit
dem Hissen einer übergroßen schwarzrotgoldenen Flagge vor dem
Reichstag, dem Läuten der Freiheitsglocke und einem farbenpräch-
tigen Feuerwerk wurde die Einheit begrüßt. Ungeachtet des wohl
unumgänglichen Pathos bei den sorgfältig choreographierten offiziellen Staatsakten prägte diese Feiern ein würdiger, zurückhaltender,
demokratischer Stil. Auch bei den Hunderttausenden, die den Eini-
gungsakt wie ein Volksfest feierten, gab es bis auf wenige Ausrutscher keinen nationalen Überschwang. Es war ein Tag der Freude
über die gewonnene Einheit und der ambivalenten Gefühle, die gerade viele Ostdeutsche in diesem Moment hatten. Die eher nach-
denkliche Stimmung an diesem Festtag war ein Zeichen, daß das
neue geeinte Deutschland seinen Platz in Europa und der Welt beson-
nen und nüchtern suchte und fand.

Mit der Erhebung zum neuen Nationalfeiertag und einer Feier-
tagsrhetorik sollte der 3. Oktober 1990 zu einer Art von Gründungs-

mythos für das vereinigte Deutschland werden. Doch bei aller Freude und Befriedigung über diesen Tag der zurückgewonnenen Einheit stellten sich keine spontanen Freudengefühle ein wie in den späten Abendstunden, als sich die Mauer öffnete. Der Fall der Mauer in der Nacht vom 9. auf den 10. November 1989 ist das historische Ereignis, das sich ins Bewußtsein der Menschen am tiefsten eingeprägt hat. Es ist der Tag, an dem die Bürger sich den Weg in die Freiheit gebahnt und die Stunde der deutschen Einheit eingeläutet haben. Es waren die mutigen Frauen und Männer, die damals in Gang brachten, was von den Regierungen, Parlamenten und Bürokraten schließlich in staatsrechtliche Form gegossen und am 3. Oktober 1990 förmlich besiegelt worden ist.

Ein Fazit

Über etwa 1378 Kilometer zog sich die Mauer mit einem ausgeklügelten und lebensbedrohenden System von elektrischen Zäunen, Todesstreifen, Wachtürmen und Fahrwegen für die Streifen durch das Land und rund um das westliche Berlin. Die Grenze trennte nicht nur Deutsche von Deutschen, sondern auch zwei gegensätzliche Gesellschaftsordnungen und zwei sich konfrontativ gegenüberstehende Paktsysteme mit der Vormacht USA und der Bestimmungsmacht UdSSR.

Die sowjetischen Divisionen und die Nationale Volksarmee im Osten sowie Bundeswehr, US-amerikanische, britische, französische, belgische, niederländische und kanadische Truppen im Westen standen sich an dieser Nahtstelle des Ost-West-Konfliktes hochgerüstet gegenüber. Tausende nuklearer Sprengköpfe waren auf mitteleuropäische Ziele gerichtet. Der Schatten dieser Bedrohung und potentiellen atomaren Auslöschung blieb trotz des mit dem Mauerbau fixierten Status quo fast allgegenwärtig. Das Bedürfnis nach Sicherheit vor dem anderen und die Sehnsüchte nach friedlichem Ausgleich schufen eine Gemengelage, die ambivalent war. Strategisches Gleichgewicht als verläßlichster Garant zur Bewahrung des Friedens im Zeichen der Bombe wie die Entschärfung konfrontativer Elemente und Strukturen entsprachen dem fundamentalen Interesse der von einem Krieg am stärksten bedrohten Mitteleuropäer

Die USA, zunächst Vorreiter einer Ausgleichs- und Entspannungspolitik mit dem sowjetisch beherrschten Block, spielten seit den ausgehenden siebziger Jahren vor allem den Part des harten Kontrahenten, der Moskau und sein Imperium in die Schranken wies. Die Macht und die Standfestigkeit der westlichen Supermacht, verbunden mit der Bereitschaft und Fähigkeit zum Krisenmanagement, zwang den Kreml allein nicht in die Knie. Zwar beförderte dies ein Umdenken bei der letztlich überforderten einstigen östlichen Supermacht. Doch neben dem abschreckenden Machtpotential eröffnete der Westen dem Osten eben auch Perspektiven für ein Ein- und Umlenken. Die Verlockungen zur Teilhabe an westlicher Wirtschaftsleistung, Modernität und Effizienz bis zur Aussicht auf eine Art Einzug ins europäische Haus wogen schwer.

Die Erosion des sowjetischen Blocks begann nicht erst mit Michail Gorbatschow. Bevor sich in der Mitte des Imperiums der Geist des Wandels regte, zeigten sich am Rande schon Reform- und Aufbruchsdrang, die zu einem Wandel im Warschauer Pakt führten. Die Ungarn praktizierten unter János Kádár mit ihrem »Gulaschkommunismus« längst ein bißchen Öffnung, Wohlstand und Liberalität. Die Polen machten sich mit der machtvollen, trotz des Jaruselzki-Regimes nicht mehr einzudämmenden Solidarność-Bewegung auf den Weg zu Pluralismus. Das unterhöhlte die »führende Rolle der Partei«, das Fundament der kommunistischen Systeme. Für die SED Walter Ulbrichts und Erich Honeckers waren die uneingeschränkte Bestimmungsmacht im Innern und die Stabilität des »realsozialistischen« Blocks unveräußerliche Grundlagen ihrer Politik. Mit der Mauer riegelte der SED-Staat nicht nur eine Grenze hermetisch ab. Er suchte nun zusehend auch, Bezüge zur deutschen Nation zu eliminieren. »Deutschlandpolitik« firmierte bei ihm unter dem Etikett »Westpolitik«. Ihr Ziel war die völkerrechtliche, zumindest eine staatsrechtliche Anerkennung und die Bekräftigung der Souveränität als zweiter deutscher Staat durch die Bundesrepublik und die internationale Staatengemeinschaft.

Die DDR wurzelte in keiner eigenen Identität, sondern gründete ihre Existenz auf ihre Funktion als Vorposten des sowjetkommunistischen Machtimperiums. Freizügigkeit konnte der SED-Staat nicht gewähren, weil er sonst ausblutete, und wirkliche Freiheit nicht zulassen, weil sich sonst nicht nur die Frage der Herrschaft, sondern zugleich die der deutschen Einheit stellte. Die Mauer war sein Faustpfand und seine Überlebensgarantie. Die DDR blieb der wirtschaftlich unterlegene, sportlich zwar erfolgreiche, aber unfreie eintönig graue zweite deutsche Staat, der mit der größeren glücklicheren Bundesrepublik, ihrem Wohlstand, ihrem glitzernden Konsum und ihren Freiheiten nie auch nur annähernd mithalten konnte. Weder durch Ideologie, Repression und kollektive Erfassung ließ sich eine innere Akzeptanz erzwingen, noch durch soziale Sicherungen, Friedensbekundungen und kleinere private Nischen eine Mehrheit für den »real existierenden Sozialismus« gewinnen. Die meisten richteten sich in der DDR irgendwie ein, und mit Fleiß und Improvisationstalent suchten viele Bürger ihr privates Lebensumfeld zu verbessern. Aber sie blieben eingebunden in ein kollektivistisches System. Es bestimmte nicht nur die alltägliche Wirklichkeit, sondern das Leben in einer verordneten, durchorganisierten sozialen Welt prägte auch nachhaltig die Mentalitäten. Die Deutschen in Ost und West lebten sich auseinander. Es entstand eine Mauer in den Köpfen, die weiterwirkte, nachdem die reale Mauer schon gefallen war.

Durch Deklarationen, Wiedervereinigungsrhetorik und das Beharren auf Rechtspositionen allein waren keine Fortschritte zu erzielen. Mit dem Mauerbau und spätestens als Peter Fechter vor den Augen West-Berliner und westalliierter Beobachter verblutete und keiner eingriff, wurde offenkundig, daß die alte Bonner Politik gescheitert und die Teilung nun wirklich zementiert war. In Korea, diesem anderen geteilten Land, ist es über Jahrzehnte bei den starren Positionen geblieben. Noch jede Regierung und jedes Regime hat sich nachdrücklich zur Einheit und zur Wiedervereinigung bekannt. Doch die Grenze blieb hermetisch gesperrt, Kontakte und Kommunikation gab es nicht, nur das feindliche Gegeneinander zweier unterschiedlicher Staaten und Gesellschaftssysteme. Erst nach der deutschen Einigung begann man in Süd-Korea stärker nachzudenken und versucht nun eine vorsichtige Politik der kleinen Schritte.

Der Umdenkungs- und Umorientierungsprozeß im westlichen Deutschland ging vor allem von Berlin aus, vollzog sich schrittweise, tastend und testend. Die Insellage des abgeschnürten und eingemauerten West-Berlin schuf ein ganz waches Gespür für die Zwänge und die Notwendigkeiten einer Politik, die den Menschen konkret half und die gefährdete Stadt besser absicherte. Willy Brandt und seiner Berliner Crew, zusehends auch nüchtern und klar denkenden Politikern und Bürgern der Bundesrepublik wurde bewußt, daß sich Verbesserungen nur über Arrangements mit der östlichen Vormacht Sowjetunion und ihrem ungeliebten Vasallenstaat erreichen ließen. Sie zogen daraus die Konsequenzen. Wer etwas erreichen wollte, mußte verhandeln und etwas bieten. Die Anerkennung von Realitäten, so schwer dies auch fiel, war der Preis, um überhaupt eine Basis für ein einigermaßen geregeltes Nebeneinander zu finden. Erst durch das geduldige Ringen um praktische Verbesserungen und Reiseerleichterungen, durch viele Gespräche und mühsames Verhandeln, mehr Kommunikation und Kontakte ließen sich die trennenden Barrieren wenigstens etwas abbauen. Aus Dialogbereitschaft wurde wenigstens partiell Dialogfähigkeit. Durch das sich allmählich herausformende Klima der Entspannung, des Vertrauens und beginnender Kooperation wurden Konfrontationen abgebaut und Wandel erst möglich.

Willy Brandt und seine Politik erreichten schließlich Bonn, das sich unter dem Gründungskanzler Adenauer gegen den Entspannungskurs gestemmt, sich unter Erhard noch gegen die Berliner Passierscheinregelung gewehrt und sich erst mit der Großen Koalition unter Kiesinger auf den Vorrang der Détente eingelassen hatte. Mit ihrer neuen Ost- und Deutschlandpolitik ergriff die sozial-liberale Koalition die Initiative. Sie schlug Breschen in die Mauer, durch die wieder Menschen zu Menschen kommen konnten, und ermöglichte einen Ausgleich mit den Nachbarn im Osten. Es war eine historische Leistung. Verbesserungen im Reiseverkehr und bei den Transitwegen und eine gewisse Humanisierung des Grenzregimes ließ sich der ökonomisch kränkelnde und nach Devisen lechzende SED-Staat nun in harter DM honorieren; für Geld war er selbst bereit, als Handlanger der Bundesrepublik beim Stoppen des Asylsuchendenstroms zu fungieren. Die wirtschaftlichen und finanziellen Ressourcen, schon eines der wichtigsten und wirksamsten Instrumente der Bundesrepublik bei der Integration in die westliche Staatengemeinschaft, verfehlten ihre Wirkung nicht. Ein höheres Maß an innerdeutscher Gemeinsamkeit, wie es sich während des sogenannten zweiten Kalten Krieges andeutete, und verstärkte Kooperation mit der Bundesrepublik stieß nicht nur auf Widerstände im SED-Apparat, sondern erweckte auch den Argwohn Moskaus. Die Spielräume der DDR waren eng begrenzt. Als Moskau seine Satelliten in der zweiten Hälfte der achtziger Jahre allmählich aus der Vormundschaft entließ, igelte sich das um seine Existenz bangende SED-System ein. Nachdem nun mit Glasnost und Perestroika der Reformbazillus selbst von der östlichen Vormacht kam, brauchte das Regime praktisch eine zweite Grenze, um sich abzuschotten und zu überleben.

Unter wechselnden Kanzlern und Regierungen baute die Bundesrepublik mit Umsicht und Geduld an Brücken der Verständigung. Der westdeutsche »Revanchismus« und »Militarismus« verlor seine

Schrecken, auch wenn die zögerliche Haltung der Union und ihres Kanzlers zur Oder-Neiße-Grenze gerade in Polen Vorbehalte in der Bevölkerung lange perpetuierte. Aufs Ganze gesehen ist es durch die beharrliche, kontinuierliche Politik des Dialogs gelungen, ein Vertrauenskapital aufzubauen, das selbst in schwierigen Zeiten trug. Daran haben alle Kanzler ihren Anteil und selbstverständlich auch die Bemühungen der politischen Parteien um einen Diskurs. Die Positionen und Aktionen von Regierung und Opposition unterschieden sich nicht so diametral, wie es öffentlich gern dargestellt wurde. Nicht eben selten war es im Operativen ein abgestimmtes Spiel mit verteilten Rollen, und deklaratorische Differenzen dienten eben auch der Politiker- und Parteienprofilierung, vor allem in Wahlkampfzeiten. Konsens und Kontinuität waren ausgeprägter, als es vordergründig schien.

Deutschlandpolitik, wie sie von der sozial-liberalen Koalition initiiert und unter Helmut Kohl fortgeführt wurde, war das schwierige, mühsame Unterfangen, durch Kontakte, Kooperation und Vereinbarungen mit den Mächtigen des zweiten deutschen Staates Stückchen für Stückchen Verbesserungen zu erreichen, die Teilung ein wenig erträglicher zu machen und die Kommunikation zwischen den Deutschen beiderseits der Mauer zu erleichtern. Die Politik konnte nur versuchen, Rahmenbedingungen zu schaffen und dafür zu wirken, daß eine Zivilisierung der DDR Chancen erhielt, ohne die Option auf Selbstbestimmung und Einheit preiszugeben. Dies war eine Gratwanderung.

Deutschlandpolitik war vor allem Chefsache. In Ost-Berlin hielten Walter Ulbricht und Erich Honecker das Heft in der Hand. In Bonn lag das Entscheidungs- und Gestaltungszentrum der operativen Deutschlandpolitik bei den Kanzlern und im Kanzleramt. Das gesamtdeutsche Ministerium, das unter Rainer Barzel, Erich Mende und vor allem Herbert Wehner eine eigenständigere Rolle gespielt hatte, geriet, nun als innerdeutsches Ministerium firmierend, mit der Zuordnung und Anbindung der innerdeutschen Beziehungen ans Kanzleramt auf ein Nebengleis. Mit Willy Brandt und Egon Bahr, Helmut Schmidt und Herbert Wehner, assistiert von den Kanzleramtsministern Hans-Jürgen Wischnewski und Günter Huonker, sowie schließlich mit Helmut Kohl, Philipp Jenninger und Wolfgang Schäuble waren es immer nur wenige Hauptakteure in Bonn, die handelnd, entscheidend und gestaltend auf der obersten Ebene tätig waren. Allen anderen, ob den Leitern der Ständigen Vertretungen, dem Bundesministerium für innerdeutsche Beziehungen, dem Auswärtigen Amt, den Ministern, Parteipolitikern und diversen Unterhändlern blieb im Kern nur eine Nebenrolle.

Deutschlandpolitik, obwohl doch für die Menschen im geteilten Land gedacht, war vor allem gouvernemental-etatistisch angelegt. Das war die Konsequenz der Machtstrukturen und der Verfügungsgewalten. Seit den ersten Anfängen mit »Wandel durch Annäherung« und »kleinen Schritten« hatte sich das Konzept entfaltet und bewährt. Im Schatten der globalen Macht- und Zerstörungspotentiale wurde Stabilität zum Schlüsselwort und blieb der Blick auf die Mächtigen fixiert. Das richtige Maß zwischen notwendiger Nähe und gebotener Distanz wurde dabei nicht immer gewahrt. Das resultierte unter anderem aus einer gewissen Politikerkastenmentalität. Etwas mehr selbstkritische Reflexion bei etlichen Politikern könnte gewiß nicht schaden. Doch auch die westdeutsche Bevölkerung sollte sich fragen, warum so viele im Zeichen einer sich gern postnational ausgebenden bundesrepublikanischen Identität so sehr das Interesse an den Deutschen verloren, deren Los es war, in der DDR zu leben.

Fast gebetsmühlenartig predigten führende verantwortliche Politiker, daß eine Lösung der deutschen Frage, wenn überhaupt, nur im Zuge und als Konsequenz einer europäischen Friedensordnung möglich sei, mit der die Spaltung Europas überwunden würde. Bei der Selbstzufriedenheit eines großen Teils der Deutschen im Westen war dies ein Verdienst der Politik. Aber fast unisono verkündeten die Politiker auch, daß die deutsche Frage auf absehbare Zeit nicht auf der Tagesordnung stehe und sie eine Destabilisierung des östlichen Deutschland weder wünschten noch wollten. Sie blieben dem Denken in den eingefahrenen Gleisen verhaftet, und fast schien es so, als habe sich die Deutschlandpolitik im Klein-Klein erschöpft, als der DDR im September 1988 für die Jahre 1990–1999 eine erhöhte Transitpauschale um den Preis für Gespräche über die Gewässergüte der Elbe konzediert wurde. Wirtschaftshilfen und Geld, dieses erprobte, bewährte Mittel Bonner Politik, begann politisch erst wieder mit dem Zusammenbruch des SED-Regimes zu greifen. Die ökonomischen Perspektiven und die realen Finanzleistungen der Bundesrepublik halfen 1990 maßgeblich dabei mit, den Wandel im Osten zu befördern und schließlich die Einheit und Souveränität zu gewinnen.

Zehn Jahre nach dem Fall der Mauer scheint es manchmal so, als wären es nur die großen Staatsmänner, denen wir Freiheit und Einheit zu verdanken hätten. Sie haben ihre Verdienste, von Helmut Kohl über Gyula Horn bis zu Michail Gorbatschow und George Bush. Doch für die Bewegung sorgten die Menschen in der DDR, die sich die Ausreise über Ungarn und die Botschaften erzwangen. Während die Bonner Politik sich noch im Krisenmanagement erschöpfte, erhoben die Dissidenten und Demonstranten ihre Stimme und bewirkten mit ihrer Massenbewegung die friedliche Revolution. Weder Günter Schabowski noch Helmut Kohl oder Ronald Reagan haben die Mauer geöffnet. Selbst Michail Gorbatschow hat nur mittelbar daran mitgewirkt, daß das verunsicherte SED-Regiment seine Bürger ziehen ließ. Die entscheidenden Akteure waren Bürger der DDR, die mit dem »Wir sind das Volk« Freiheiten einforderten und sich in den späten Abendstunden des 9. November schließlich den Weg durch die Mauer bahnten. Für eine kurze Zeit trat das Volk aus seiner passiven Rolle heraus, bestimmte weitgehend das Gesetz des Handelns und riß wie ein reißender Strom Politik und Politiker mit. Den Menschen, die den Mut hatten zu widerstehen und den aufrechten Gang des mündigen Bürgers probten, ist dieses Buch gewidmet.

Anmerkungen

Einleitung

1 Vgl. dazu ausführlich Hans-Hermann Hertle: *Chronik des Mauerfalls*, 7. Aufl., Berlin 1998; ders.: *Der Fall der Mauer. Die unbeabsichtigte Selbstauflösung des SED-Staates*, Opladen 1996.

2 Den eigentlichen Auftakt gab dazu der Artikel von Christian von Ditfurth in *Der Spiegel* vom 24.8.1992.

3 So der anklägerische Untertitel von Jens Hacker: *Deutsche Irrtümer. Schönfärber und Helfershelfer der SED-Diktatur im Westen*, Frankfurt a.M. 1992 (TB 1994).

4 Timothy Garton Ash: *Im Namen Europas. Deutschland und der geteilte Kontinent*, München/Wien 1993.

5 Materialien der Enquete-Kommission *Aufarbeitung von Geschichte und Folgen der SED-Diktatur in Deutschland* (12. Wahlperiode des Deutschen Bundestages), hrsg. vom Deutschen Bundestag, Baden-Baden/Frankfurt a.M. 1995. »Deutschlandpolitik, innerdeutsche Beziehungen und internationale Rahmenbedingungen« finden sich in den drei Teilbänden V/1–3.

6 Vgl. Martin und Sylvia Greiffenhagen: *Ein schwieriges Vaterland. Zur politischen Kultur Deutschlands*, München 1979, S.423.

7 Das gilt auch für die sehr lesenswerten verschiedenen Überblicksdarstellungen von Peter Bender. Sein Buch *Neue Ostpolitik. Vom Mauerbau bis zum Moskauer Vertrag*, München 1986, ist als 3. Neuaufl. erschienen unter dem neuen Titel: *Die »Neue Ostpolitik« und ihre Folgen. Vom Mauerbau bis zur Vereinigung*, München 1995.

Der Mauerbau als Zäsur

1 Vgl. u.a. Werner Link: *Der Ost-West-Konflikt*, Stuttgart u.a., 2. Aufl., Stuttgart 1988, Kap. 10.

2 Beispielhaft dafür ist die fünfbändige *Geschichte der Bundesrepublik Deutschland,* Stuttgart/Wiesbaden 1981–1987.

3 Vgl. Enquete-Kommission, Bd. I, S. 411 und Bd. V/1, S. 34 f. Es handelte sich um eine Resolution des Bundestages vom 23. 9. 1949.

4 So u. a. selbst das Mehrheitsvotum in der Enquete-Kommission, gestützt auf die Expertise von Rudolf Morsey: »Die Deutschlandpolitik der Bundesregierungen Adenauer und die politisch-parlamentarische Diskussion 1949–1963«, in: Enquete-Kommission, Bd. I, S. 409 und Bd. V/2, S. 1849 ff.

5 Vgl. Manfred Loth: *Internationale Rahmenbedingungen der Deutschlandpolitik 1961–1989,* in: Enquete-Kommission, Bd. V/2, S. 1744–1765, hier S. 1746.

6 Siehe *Verhandlungen des Deutschen Bundestages,* Sten. Ber., Bd. 40, S. 823 ff., 917 ff., 1015 ff. und 1057 ff.

7 Deutscher Wortlaut dieser Rundfunk- und Fernsehansprache in: *Europa Archiv 1991,* D 498 ff.

8 Julij A. Kwizinskij: *Vor dem Sturm. Erinnerungen eines Diplomaten,* Berlin 1993.

9 Text dieser Erklärung u. a. in: *Dokumente zur Deutschlandpolitik,* Reihe IV, Bd. 6, S. 934.

10 Zum Stand der Forschung und den teilweise divergierenden Bewertungen vgl. Gerhard Wettig: »Die sowjetische Deutschlandpolitik während der Berlinkrise 1958 bis 1962. Der Stand der Forschungen«, in: *Deutschland Archiv 1997,* H. 3, S. 383 ff.

11 Vgl. dazu bes. Hope M. Harrison: *Ulbricht and the Concrete »Rose«: New Archival Evidence on the Dynamics of Soviet-East German Relations and the Berlin Crisis 1958–1961,* Washington 1993, S. 47 ff.; Michael Lemke: *Die Berlin-Krise 1958 bis 1963. Interessen und Handlungsspielräume der SED im Ost-West-Konflikt,* Berlin 1995, S. 157 f. Bei Peter Bender: *Episode oder Epoche? Zur Geschichte des geteilten Deutschlands,* München 1996, S. 86, findet sich die nicht belegte These, Ulbricht habe »ganz Berlin« gewollt und Chruschtschow entschieden, »eine Mauer zu errichten«.

12 Vgl. Klaus Schroeder unter Mitarbeit von Steffen Alisch: *Der SED-Staat. Geschichte und Strukturen der DDR,* München 1998, S. 167.

13 Vgl. Peter Wyden: *Die Mauer war unser Schicksal,* Berlin 1995, S. 59.

14 Siehe Dieter Mahncke: »Das Berlin-Problem – Die Berlin-Krise 1958–1961/62«, in: Enquete-Kommission, Bd. V/2, S. 1766–1821, hier S. 1789.

15 Siehe Willy Brandt: *Begegnungen und Einsichten. Die Jahre 1960–1975,* Hamburg 1976, S. 9 f.

16 Hans-Peter Schwarz: *Die Ära Adenauer. Epochenwechsel 1957–1963.* (Geschichte der Bundesrepublik Deutschland, Bd. 3), Stuttgart/Wiesbaden 1983, S. 152 und ausführlicher S. 221.

17 Horst Osterheld: *»Ich gehe nicht leichten Herzens ...« Adenauers letzte Kanzlerjahre – ein dokumentarischer Bericht,* 2. Aufl., Mainz 1987, S. 50–59.

18 Zu dieser Berlin-Problematik hat vor allem Dieter Mahncke eine Fülle von Publikationen vorgelegt. Neben der schon oben zitierten Expertise für die Enquete-Kommission sei vor allem verwiesen auf ders.: *Berlin im geteilten Deutschland,* München/Wien 1973.

19 Wortlaut der Noten und Reden in: *Dokumente zur Berlin-Frage, 1944– 1966,* S. 296 ff. und 301 ff.

20 Vgl. zusammenfassend Mahncke: *Berlin-Problem,* S. 1785 ff.

21 Kennedy am 25. 9. 1961 vor den Vereinten Nationen; Wortlaut in: *Dokumente zur Deutschlandpolitik,* Reihe IV, Bd. 7, S. 518; zu Acheson siehe Horst Osterheld: *Außenpolitik unter Bundeskanzler Ludwig Erhard. Ein dokumentarischer Bericht aus dem Kanzleramt,* Düsseldorf 1992, S. 351.

22 Ein Bericht über dieses Gespräch aus sowjetischen Quellen wird zitiert bei Harrison: *Ulbricht and the Concrete »Rose«,* S. 30.

23 Vgl. Willy Brandt: *Erinnerungen,* Frankfurt a. M. 1989, S. 58.

24 *Bulletin des Presse- und Informationsamtes der Bundesregierung* vom 3. 8. 1961, S. 1381, und vom 18. 8. 1961, S. 1479.

25 Vgl. Mahncke: *Berlin-Problem,* S. 1789.

26 Zu den entsprechenden Direktiven des ZK-Sekretariats der SED siehe Falco Werkentin: *Strafjustiz in der Ära Ulbricht,* Berlin 1995, S. 255.

27 In: *Tatsachen – Argumente,* Nr. 21, August 1961.

28 Vgl. Schroeder: *SED-Staat,* S. 168.

29 Siehe Mahncke: *Berlin-Problem,* S. 1791.

30 Siehe Jochen Staadt: *Die geheime Westpolitik der SED 1960 bis 1970. Von der gesamtdeutschen Orientierung zur sozialistischen Nation,* Berlin 1993, S. 57 f.

31 Vgl. Werner Filmer/Heribert Schwan: *Opfer der Mauer. Die geheimen Protokolle des Todes,* München 1991, S. 375.

32 Aus dem Protokoll der Sitzung des Nationalen Verteidigungsrates, zit. nach Mahncke: *Berlin-Problem,* S. 1791.

33 Vgl. Schwarz: *Ära Adenauer 1957–1963,* S. 149.

34 Pressekonferenz der Arbeitsgemeinschaft 13. August am 11. August 1997 in Berlin, angeführt bei Schroeder: *SED-Staat,* S. 169.

35 Vgl. Brandt: *Begegnungen und Einsichten,* S. 36.

36 Vgl. Schroeder: *SED-Staat,* S. 168 und 171 sowie die zuvor zit. Pressekonferenz der Arbeitsgemeinschaft 13. August.

37 Manfred Rexin: *Die SPD in Ost-Berlin 1946–1961*, mit Beiträgen von Siegfried Heimann und Horst Hoffke, Berlin 1989, bes. S. 8 und 29.

38 Schroeder: *SED-Staat*, S. 172.

39 Mahncke: *Berlin-Problem*, S. 1793.

40 Strobe Talbott (Hrsg.): *Chruschtschow erinnert sich*, Reinbek 1971, S. 457.

41 Heinrich Krone: »Aufzeichnungen zur Deutschland- und Ostpolitik 1954–1969«, in: Rudolf Morsey/Konrad Repgen (Hrsg.): *Adenauer-Studien III*, Mainz 1974, S. 162.

42 Vgl. Eugen Gerstenmaier: *Streit und Friede hat seine Zeit. Ein Lebensbericht*, Frankfurt a. M. 1981, S. 451 f.

43 Vgl. Konrad Adenauer: *Teegespräche 1959–1961*, bearb. von Hanns-Jürgen Küsters, Berlin 1984, S. 538 ff.

44 Armin Mitter/Stefan Wolle: *Untergang auf Raten. Unbekannte Kapitel der DDR-Geschichte*, München 1993, S. 364; vgl. auch Brandt: *Begegnungen und Einsichten*, S. 29 f.

45 *Bild-Zeitung* vom 16. 8. 1966.

46 Schwarz: *Ära Adenauer 1957–1963*, S. 222 f. (mit Meinungsumfragen).

47 Siehe Detlef Nakath: *Zur Geschichte der deutsch-deutschen Handelsbeziehungen. Die besondere Bedeutung der Krisenjahre 1960/61 für die Entwicklung des innerdeutschen Handels* (Hefte zur ddr-geschichte 4), Berlin 1993, mit dem geheimen Ergebnisprotokoll von 1960.

48 Schwarz: *Ära Adenauer 1957–1963*, S. 222 f.; nach Allensbach, *Die Stimmung im Bundesgebiet*, August 1961, 25. 8. und 1. 9. 1961.

49 Vgl. u. a. Brandt: *Begegnungen und Einsichten*, S. 22 ff., bes. S. 29 f.

50 Ebd., S. 29, sowie Schwarz: *Ära Adenauer 1957–1963*, S. 146 und 151.

51 Ebd.

52 Vgl. ebd., S. 221 f.

53 Ebd., S. 223.

54 Brandt: *Erinnerungen*, S. 58.

GEZEITENWECHSEL IN DER DEUTSCHLANDPOLITIK

1 In den vorstehend angeführten Punkten stimmen sowohl das Mehrheits- wie das Minderheitenvotum der Enquete-Kommission zur »Aufarbeitung der SED-Diktatur« überein. Siehe Enquete-Kommission, Bd. I *(Anträge, Debatten, Bericht)*, S. 416 f. und 420 f.

2 Über den »Freikauf« unterrichten vor allem Ludwig Rehlinger: *Freikauf. Die Geschäfte der DDR mit politisch Verfolgten 1963–1989*, Berlin

1991; Ludwig Geissel: *Unterhändler der Menschlichkeit. Erinnerungen,* Stuttgart 1991; ferner Craig R. Whitney: *Advocatus Diaboli. Wolfgang Vogel, Anwalt zwischen Ost und West,* Berlin 1993; Armin Volze: »Kirchliche Transferleistungen in die DDR«, in: *Deutschland Archiv* 1991, H. 1, S. 59–63.

3 So Rehlinger: *Freikauf,* S. 247. Die detaillierte, auf Unterlagen Wolfgang Vogels gestützte und nach Jahren aufgeschlüsselte Aufstellung bei Whitney: *Advocatus Diaboli,* S. 400, gibt für den Zeitraum 1964 bis 1990 insgesamt 33 375 freigekaufte Häftlinge an.

4 Auch hierfür finden sich die präzisesten Angaben bei Whitney: *Advocatus Diaboli,* S. 400; vgl. ferner Rehlinger: *Freikauf,* S. 56 und 66; Peter Przybylski: *Tatort Politbüro,* Bd. 1: *Die Akte Honecker,* Berlin 1991, S. 367; die eher pauschale Angabe von »insgesamt 3,4 Mrd.« bei Armin Volze: »Innerdeutsche Transfers«, in: Enquete-Kommission Bd. V/3, S. 2779 f.

5 Schwarz: *Ära Adenauer 1957–1963; AdG* 1961, S. 9287 und 10044; *Dokumente zur Deutschlandpolitik,* Reihe IV, Bd. 7, S. 195 f. und 201 ff.

6 Vgl. Andreas Vogtmeier: *Egon Bahr und die deutsche Frage. Zur Entwicklung der sozialdemokratischen Ost- und Deutschlandpolitik vom Kriegsende bis zur Vereinigung,* Bonn 1996, S. 68.

7 »Wird Berlin ein zweites Algerien?«, in: *Der Spiegel* vom 5. 9. 1962, S. 25 f.

8 Erklärung vor dem Berliner Abgeordnetenhaus am 6. 9. 1962, in: *Dokumente zur Deutschlandpolitik,* Reihe IV, Bd. 8, S. 1032 ff.

9 Helga Haftendorn: *Sicherheit und Entspannung. Zur Außenpolitik der Bundesrepublik Deutschland, 1955–1982,* Baden-Baden 1986, S. 140.

10 Vgl. dazu bes. die Studie von Hans-Jürgen Grabbe: *Unionsparteien, Sozialdemokratie und Vereinigte Staaten von Amerika 1945–1966,* Düsseldorf 1983, bes. Kap. 6, Abschn. 4, und Kap. 7.

11 Text des Vertrages u. a. in: *AdG* 1963, S. 10375; *Bulletin* vom 24. 1. 1983.

12 Vgl. bes. Brandt: *Erinnerungen,* S. 52 ff.; *Dokumente zur Deutschlandpolitik,* Reihe IV, Bd. 9, S. 46 ff. und 61 ff.; Vogtmeier: *Egon Bahr,* S. 67 ff.

13 Deutscher Wortlaut in: *Dokumente zur Deutschlandpolitik,* Reihe IV, Bd. 9, S. 385.

14 Text in: *Bulletin* vom 29. 6. 1963, S. 1008 ff.

15 Vortrag Willy Brandts in der Evangelischen Akademie am 15. 7. 1963, in: *Dokumente zur Deutschlandpolitik,* Reihe IV, Bd. 9, S. 567 ff.

16 Wortlaut u. a. ebd., S. 572 ff.; siehe dazu besonders Egon Bahr: *Sicherheit für und vor Deutschland. Vom Wandel zur Annäherung zur Europäischen Sicherheitsgemeinschaft,* München/Wien 1991, S. 12 ff; ders.: *Zu meiner Zeit,* München 1996, S. 155 f.; Vogtmeier: *Egon Bahr,* S. 62 f.

17 Ebd., S. 61 und 65.

18 Karsten Schröder: *Egon Bahr*, Rastatt 1988, S. 114.

19 Brief Brandts an Bahr vom 11.8. 1963, in: AdsD, Dep. E.B. 348; vgl. auch Bahr: *Zu meiner Zeit*, S. 158; Vogtmeier: *Egon Bahr*, S. 65.

20 So jedenfalls Egon Bahr; Arnulf Baring: *Machtwechsel: Die Ära Brandt–Scheel*, München 1984, S. 210, schreibt dieses Wort Walter Ulbricht zu.

21 Siehe dazu Staadt: *Geheime Westpolitik*, S. 91 ff.

22 Vgl. Schroeder, *SED-Staat*, S. 191.

23 Zu den entsprechenden Anweisungen des Politbüros an Wendt siehe Staadt: *Geheime Westpolitik*, S. 84.

24 Vgl. dazu insgesamt bes. Diethelm Prowe: »Die Anfänge der Brandtschen Ostpolitik in Berlin 1961–1963«, in: Wolfgang Benz/Hermann Graml (Hrsg.): *Aspekte deutscher Außenpolitik im 20. Jahrhundert*, Stuttgart 1976, S. 249–289; *Dokumente zur Deutschlandpolitik*, Reihe IV, Bd. 9, S. 1023 (Text der ersten Vereinbarung); Brandt: *Erinnerungen*, S. 81.

25 Siehe dazu Hans-Jürgen Heß: *Innerparteiliche Gruppenbildung. Macht- und Demokratieverlust einer politischen Partei am Beispiel der Berliner SPD in den Jahren von 1963 bis 1981*, Bonn 1984, S. 57.

26 Schroeder, *SED-Staat*, S. 192.

27 Ebd.

28 Vgl. Klaus Hildebrand: *Von Erhard zur Großen Koalition 1963–1969* (Geschichte der Bundesrepublik Deutschland, Bd. 4), Stuttgart/Wiesbaden 1984, S. 94.

29 Vgl. *Zehn Jahre Deutschlandpolitik. Die Entwicklung der Beziehungen zwischen der Bundesrepublik und der Deutschen Demokratischen Republik 1969–1979. Bericht und Dokumentation*, hrsg. vom Bundesministerium für innerdeutsche Beziehungen, Bonn 1980, S. 43 f.

30 Wortlaut u. a. in: *Dokumente zur Deutschlandpolitik*, Reihe IV, Bd. 10., S. 720 f.

31 Der Artikel 10 lautete: »Im Falle der Schaffung eines einheitlichen, demokratischen und friedlichen deutschen Staates oder des Abschlusses eines deutschen Friedensvertrages kann der Vertrag vor Ablauf von zwanzig Jahren auf Wunsch jeder der Hohen Vertragsparteien überprüft werden.«

32 Vermerk Bahrs für Brandt vom 13.6. 1964 zum Freundschaftsvertrag, in: AdsD, Dep. E.B. 45 B; vgl. Vogtmeier: *Egon Bahr*, S. 78 f.

33 Zu der dadurch ausgelösten Debatte über die Hallstein-Doktrin vgl. Wolfgang Wagner: »Überprüfung des deutschen politischen Instrumentariums. Die Hallstein-Doktrin nach Ulbrichts Besuch in Ägypten«, in: *Europa Archiv* 1965, S. 157–165.

34 Vgl. *AdG* 1965, S. 11724 und 11758; ferner *Der Spiegel* vom 3.3. 1965, S. 24.

35 Vgl. Schroeder: *SED-Staat*, S. 193.

36 Zum sog. »Jaksch-Bericht« vgl. Richard Löwenthal: »Vom Kalten Krieg zur Ostpolitik«, in: Richard Löwenthal/Hans-Peter Schwarz (Hrsg.): *Die zweite Republik*, Bonn 1974, S. 666.

37 Hildebrand: *Erhard*, S. 187 f.

38 Vgl. ebd., S. 84 und 90.

39 Siehe *Europa Archiv* 1965, D 256.

40 Schröder am 10. 3. 1964 vor der CDU/CSU-Bundestagsfraktion, zit. nach Hildebrand: *Erhard*, S. 92.

41 Vgl. dazu auch die Erinnerungen von Erich Mende: *Von Wende zu Wende 1962–1982*, München/Berlin 1986.

42 »Denkschrift von Wolfgang Schollwer zur deutschen Frage. Verklammerung und Wiedervereinigung. 9. 4.62«, in: *Dokumente zur Deutschlandpolitik*, Reihe IV, Bd. 8, S. 376 ff.; Peter Bender: *Offensive Entspannung. Möglichkeit für Deutschland*, Köln/Berlin 1964.

43 Für den Wortlaut von Erlers Erklärungen auf der Pressekonferenz am 14. 1. 1965 siehe »Die SPD-Fraktion teilt mit – An alle Fraktionsmitglieder« vom 18. 1. 1965, in: *Dokumente zur Deutschlandpolitik*, Reihe IV, Bd. 11, S. 57 f.

44 Vgl. Hildebrand: *Erhard*, S. 95.

45 Vgl. Heinrich Potthoff (Bearb.), *Die SPD-Fraktion im Deutschen Bundestag. Sitzungsprotokolle 1961–1966*, Bd. 2, Düsseldorf 1993, S. 336 und 562 ff.; Protokoll der »Sitzung des Parteivorstandes am 22./23. 1. 1965«, in: AdsD, SPD-Parteivorstand vom 22./23. 1. 65 bis 14. 8. 1965; SPD-Pressemitteilungen vom 22. 1. (Nr. 29/65 und 31/65) und vom 23. 1. 1965 (Nr. 32/65 und 34/65). Für Jaksch siehe »Jaksch widerspricht Erler«, in: *Frankenpost* vom 26. 1. 1965.

46 Siehe die in der vorigen Anm. genannten Pressemitteilungen mit dem Wortlaut des Kommuniqués.

47 So Hildebrand: *Erhard*, S. 100.

48 *AdG* 1965, S. 11826, und Beitrag Erich Mendes im Bundeshauptausschuß der FDP vom 30. 4. 1965.

49 Zum Kontext vgl. etwa Peter Siebenmorgen: *Gezeitenwechsel. Aufbruch zur Entspannungspolitik*, Bonn 1990, S. 146 ff. und 331 ff.

50 Zu den Gesprächen, die er dabei auch mit Erler und Brandt führte, vgl. Brandt: *Begegnungen und Einsichten*, S. 113; ders.: *Erinnerungen*, S. 50, und den Bericht »Sitzung des Präsidiums [der SPD] vom 28. 8. 1964«, in: AdsD, SPD-Präsidium vom 27./28. 6. 1964 bis 11. 12. 1964.

51 Siehe dazu seine Bundestagsrede vom 9. 10. 1962 und erneut in seiner Regierungserklärung vom 6. 2. 1963, in: *Verhandlungen des Deutschen Bundestages*, Sten. Ber., Bd. 39, S. 1639, und Bd. 57, S. 2576.

52 Abgedr. u. a. in: *Bulletin* vom 26.3. 1966, S.329 ff.; *AdG* 1966, S.12402 ff.; *Dokumente zur Deutschlandpolitik*, Reihe IV, Bd.12., S.381 ff.

53 Vgl. Schroeder: *SED-Staat*, S.193.

54 Zu dem Briefwechsel siehe *Dokumente zur Deutschlandpolitik*, Reihe IV, Bd.12, S.175 ff., 355 ff., 392 ff. und 471 ff.; *Jahrbuch der Sozialdemokratischen Partei Deutschlands* 1966/67, Bonn o.J.; die regelmäßige Kolumne in *Neues Deutschland* zur »Aussprache mit Sozialdemokraten« (ab 6.3. 1966); Regina Siewert/Helmut Bielstein: *Gesamtdeutsche Kontakte. Erfahrungen mit Parteien- und Regierungsdialog*, Opladen 1969, S.23 ff.

55 Vgl. Michael Schneider: *Demokratie in Gefahr? Der Konflikt um die Notstandsgesetze: Sozialdemokratie, Gewerkschaften und intellektueller Protest (1958–1968)*, Bonn 1968.

56 Vgl. zur Kritik daran Hacker: *Deutsche Irrtümer*, S.396 f.

57 Die »Denkschrift« vom 15.10. 1965 wurde publiziert unter dem Titel: *Die Lage der Vertriebenen und das Verhältnis des deutschen Volkes zu seinen östlichen Nachbarn. Eine evangelische Denkschrift*, Hannover 1965.

58 So Honecker in einer Lageanalyse für das ZK der SED vom 15.12. 1965, in: *Dokumente zur Deutschlandpolitik*, Reihe IV, Bd.11, S.1011 und 1015.

59 Vgl. ebd, Reihe IV, Bd.12, S.323 f.; *Neues Deutschland* vom 5.4. 1966; *AdG* 1966, S.12465.

60 *Dokumente zur Deutschlandpolitik*, Reihe IV, Bd.12, S.355 ff.

61 In *Neues Deutschland* vom 30.4. 1966 erschienen Auszüge, der volle Wortlaut erst in der Ausgabe vom 25.5. 1966. Vgl. *Jahrbuch der SPD* 1966/67, S.165; *Dokumente zur Deutschlandpolitik*, Reihe IV, Bd.12, S.471 f.

62 Adolf Arndt: »Die geistige Freiheit als politische Gegenwartsaufgabe«, in: *Bundeskongreß der Sozialdemokratischen Partei Deutschlands 1956*, Hannover o.J., S.123; zum Kontext vgl. Reinhard Schiffers: *Zwischen Bürgerfreiheit und Staatsschutz. Wiederherstellung und Neufassung des Politischen Strafrechts in der Bundesrepublik Deutschland 1949–1951*, Düsseldorf 1989.

63 Informationen und Belege zur Entstehungsgeschichte bei Potthoff: *SPD-Fraktion im Deutschen Bundestag 1961–1966*, Bd.2, S.871 ff., 877 ff., 884, 897 und 902 f.

64 Zu Mendes Vorschlag, zunächst auf dem Bundesparteitag der FDP am 22.3. 1964, und der Reaktion vgl. *Dokumente zur Deutschlandpolitik*, Reihe IV, Bd.11, S.307 ff., bes. S.315; *AdG* 1964, S.11773 f., sowie

das *Spiegel*-Gespräch mit Mende in: *Der Spiegel* vom 14. 4. 1965, S. 34 und 37.

65 So in fast gleichlautenden Reden Barzels in Washington am 17. 6. und in New York am 18. 6. 1966; in: *Dokumente zur Deutschlandpolitik*, Reihe IV, Bd. 12, S. ff. und 944; *Europa Archiv* 1966, D 404 ff. Zur Kritik in der CDU/CSU-Fraktion vgl. Rainer C. Barzel: *Auf dem Drahtseil*, München/Zürich 1978, S. 84 ff.

66 Diese Absage formulierte Strauß u. a. in einem Interview mit der *Zeit* vom 8. 4. 1966 und in einer aufsehenerregenden Rede vor dem Royal Institute of International Affairs am 17. 6. 1966, siehe *Europa Archiv* 1966, D 396 ff.; *Dokumente zur Deutschlandpolitik*, Reihe IV, Bd. 12, S. 435 ff; vgl. Hacker: *Deutsche Irrtümer*, S. 233.

67 Vgl. Potthoff: *SPD-Fraktion im Deutschen Bundestag 1961–1966*, Bd. 1, S. CXII f., und Bd. 2, S. 850 und 859 f.

68 Siehe *Dokumente zur Deutschlandpolitik*, Reihe IV, Bd. 12, S. 1543, sowie Hildebrand: *Erhard*, S. 192 f.

69 Rede Adenauers auf dem Bundesparteitag der CDU am 21./22. 3. 1966 in Bonn, in: Hans-Peter Schwarz (Hrsg.): *Konrad Adenauer. Reden 1917–1967. Eine Auswahl*, Stuttgart 1975, S. 482.

70 Wehner machte diese Vorschläge in einem Interview mit Günter Gaus für die Zeitschrift *Deutsches Panorama*, das vorab in Auszügen in H. 11 vom 13.–26. 10. 1966 erschien. Siehe *Dokumente zur Deutschlandpolitik*, Reihe IV, Bd. 12, S. 1489 ff.; Günter Gaus: *Staatserhaltende Opposition oder: Hat die SPD kapituliert? Gespräche mit Herbert Wehner*, Reinbek 1966; Potthoff: *SPD-Fraktion im Deutschen Bundestag 1961–1966*, Bd. 2, S. 971 ff.

71 Vgl. zusammenfassend Hildebrand: *Erhard*, S. 194 f. und 197 f.

72 Siehe *Gesamtdeutscher Disput in Bad Homburg. Wortlaut der Podiumsdiskussion zwischen FDP und LDPD am 31. März 1966*, hrsg. vom LDP-Bundesbeirat der FDP, Bonn 1966.

73 Für die deutschlandpolitischen Entschließungen und wichtigsten Reden siehe *Protokoll der Verhandlungen und Anträge vom Parteitag der Sozialdemokratischen Partei Deutschlands vom 2.–5. Juni 1966 in Dortmund*, hrsg. vom Vorstand der SPD, Bonn 1966, S. 60 ff., 436 ff., 509 ff. und 1049 ff.; sowie *Dokumente zur Deutschlandpolitik*, Reihe IV, Bd. 12, S. 807 ff., 821 ff. und 849 ff.

74 Vorgeschichte und Verlauf der Krise der Erhard-Regierung schildern neben Hildebrand: *Erhard*, S. 202 ff., bes. ausführlich Heribert Knorr: *Der parlamentarische Entscheidungsprozeß während der Großen Koalition 1966 bis 1969*, Meisenheim am Glan 1975, S. 49 ff.; Volker Hentschel: *Ludwig Erhard. Ein Politikerleben*, München/Landsberg a. L. 1996, S. 622 ff.

75 Siehe *Verhandlungen des Deutschen Bundestages*, Anlagen, Bd. 107, Drucksache V/1000 (Antrag 2).

76 Der Aufgabenkatalog wurde veröffentlicht in: *Die SPD-Fraktion teilt mit*, Nr. 463 vom 2. 11. 1966, abgedr. bei Potthoff: *SPD-Fraktion im Deutschen Bundestag 1961–1966*, Bd. 2, S. 1000 (Anm. 7). Zur Entstehung und zum Kontext siehe Hartmut Soell: »Fraktion und Parteiorganisation. Zur Willensbildung der SPD in den 60er Jahren«, in: *Politische Vierteljahresschrift* 1969, S. 604 ff.

77 Vgl. die prägnante Zusammenfassung bei Klaus Schönhoven: »Entscheidung für die Große Koalition. Die Sozialdemokratie in der Regierungskrise im Spätherbst 1966«, in: Wolfram Pytha/Ludwig Richter (Hrsg.): *Gestaltungskraft des Politischen. Festschrift für Eberhard Kolb*, Berlin 1998, S. 393 f.

78 Wortlaut der Regierungserklärung vom 13. 12. 1966 u. a. in: Dieter Oberndörfer (Hrsg.): *Kurt Georg Kiesinger. Die Große Koalition 1966–1969. Reden und Erklärungen des Bundeskanzlers*, Stuttgart 1976, S. 6 ff.

79 Vgl. Garton Ash: *Im Namen Europas*, S. 84; Reinhard Schmoeckel/Bruno Kaiser: *Die vergessene Regierung. Die große Koalition 1966 bis 1969 und ihre langfristigen Wirkungen*, Bonn 1991, S. 146.

80 *Dokumente zur Deutschlandpolitik*, Reihe V, Bd. 1, 1. Hbd., S. 267 ff.

81 Siehe für die Regierungserklärung vom 13. 12. 1966 Anm. 78.

82 Zu diesem am 12. 4. 1967 vorgelegten Katalog siehe u. a. Schmoeckel/Kaiser: *Die vergessene Regierung*, S. 149 f.

83 So im Oktober 1967 vor dem Deutschen Bundestag, Wortlaut u. a. in: *Texte zur Deutschlandpolitik*, Bd. I/2, S. 22 ff., Zitat S. 28.

84 Siehe dazu Schmoeckel/Kaiser: *Die vergessene Regierung*, S. 151 f. Der Briefwechsel ist u. a. abgedr. in: *Dokumentation zur Deutschlandfrage*, 4. Hbd., S. 575–684; auch *Dokumente zur Deutschlandpolitik*, Reihe V, Bd. 1, 1. Hbd., S. 1115 f., 2. Hbd., S. 1274 ff. und 1733 f.

85 Abdruck der Rede u. a. in: *Bulletin* vom 20. 6. 1967, S. 541 ff.; vgl. zur Bewertung Garton Ash: *Im Namen Europas*, S. 85.

86 Vgl. u. a. Hildebrand: *Erhard*, S. 604.

87 Baring: *Machtwechsel*, S. 200; nach Vogtmeier: *Egon Bahr*, S. 103 »urteilt« Baring so »zu Recht«.

88 Vgl. Bahr: *Zu meiner Zeit*, S. 166.

89 Vgl. Jens Hacker: »SED und nationale Frage«, in: Ilse Spittmann (Hrsg.): *Die SED in Geschichte und Gegenwart*, Köln 1987, S. 50.

90 Vgl. Schroeder: *SED-Staat*, S. 195.

91 Vgl. Garton Ash: *Im Namen Europas*, S. 87.

92 Vgl. Gerhard Wettig: *Die Sowjetunion, die DDR und die Deutschlandfrage 1965–1976*, Stuttgart 1976, S. 41 ff.

93 Vgl. Hildebrand: *Erhard*, S. 328; Baring: *Machtwechsel*, S. 236.

94 Franz Schneider: *Die große Koalition – Zum Erfolg verurteilt?*, Mainz 1968, S. 114, sowie Hildebrand: *Erhard*, S. 329.

95 Die Begriffe gebrauchten Medien zur Kennzeichnung des ungarischen Reformkurses.

96 Dazu u. a. Bahr: *Zu meiner Zeit*, S. 220 ff.; Hildebrand: *Erhard*, S. 79.

97 Bahr: *Zu meiner Zeit*, S. 222 f.

98 Darauf hat zu Recht Markus Meckel mehrfach hingewiesen, aber auch viele andere Autoren und Publizisten aus dem Umfeld der Bürgerbewegung und Opposition in der DDR.

99 Hildebrand: *Erhard*, S. 331.

100 Siehe Klaus Gotto: »Neue Dokumente zur Deutschland- und Ostpolitik Adenauers«, in: Morsey/Repgen (Hrsg.): *Adenauer-Studien III*, S. 200.

101 Abgedr. u. a. in: Oberndörfer (Hrsg.): *Kurt Georg Kiesinger, Die Große Koalition 1966–1969*, S. 46 ff.

102 Siehe dazu bes. Schmoeckel/Kaiser: *Die vergessene Regierung*, S. 151 f.

103 Protokoll der SPD-Fraktionssitzung vom 6.6. 1967, in: AdsD, SPD-Bundestagsfraktion.

104 Siehe *Dokumente zur Deutschlandpolitik*, Reihe V, Bd. 1, 1. Hbd., S. 1115 ff., 2. Hbd., S. 1277 ff. und 1733.

105 Schreiben Wehners an Vogel vom 27.2. 1969, in: BStU 000017.

106 Protokoll der Sitzung des Parteirats vom 30.6. 1967, in: AdsD, SPD-Parteivorstand.

107 Vgl. Hildebrand: *Erhard*, S. 333.

108 Vgl. ebd., S. 334, sowie Schmoeckel/Kaiser: *Die vergessene Regierung*, S. 173; *Die Politik des Gewaltverzichts – Eine Dokumentation der deutschen und sowjetischen Erklärungen zum Gewaltverzicht. 1949 bis Juli 1968*, hrsg. vom Bundespresseamt, Bonn 1968.

109 Siehe Lutz Prieß/Vaclav Kural/Manfred Wilke: *Die SED und der »Prager Frühling« 1968. Politik gegen einen »Sozialismus mit menschlichem Antlitz«*, Berlin 1996.

110 Hildebrand: *Erhard*, S. 337.

111 Vgl. Schroeder: *SED-Staat*, S. 185.

112 Hildebrand: *Erhard*, S. 337.

113 Zu den Kontakten über die KPI siehe Heinz Timmermann: »Im Vorfeld der neuen Ostpolitik«, in: *Osteuropa*, Nr. 6, 1971, S. 394 ff. Zum Moskau-Besuch vgl. auch Helmut Schmidt: *Menschen und Mächte*, Berlin 1987, S. 25 ff.

114 Hildebrand: *Erhard*, S. 335.

115 So nach Protokoll »Dienstagskreis (Koalitionsrunde) 1968–1969«, Sitzung vom 23. 8. 1968, zit. nach Hildebrand: *Erhard*, S. 337.

116 Hildebrand: *Erhard*, S. 336.
117 Siehe *AdG* 1968, S. 14214 f.
118 Vgl. *AdG* 1969, S. 14523 f. und 14531 f.
119 Vgl. Schmoeckel/Kaiser: *Die vergessene Regierung*, S. 182; Hildebrand: *Erhard*, S. 338.
120 Vgl. Brandt: *Begegnungen und Einsichten*, S. 256 ff.
121 Vgl. Vogtmeier: *Egon Bahr*, S. 102 ff.; Bahr: *Zu meiner Zeit*, S. 224 ff.

Die neue Ost- und Deutschlandpolitik

1 Baring: *Machtwechsel*, S. 199.
2 *Verhandlungen des Deutschen Bundestages*, Sten. Ber., Bd. 71, S. 20 ff.
3 Vgl. Hildebrand: *Erhard*, S. 340 ff.; Enquete-Kommission, Bd. I., S. 424.
4 Vgl. Hildebrand: *Erhard*, S. 350.
5 Vgl. etwa schon Günther Schmid: *Politik des Ausverkaufs? Die Deutschlandpolitik der Regierung Brandt/Scheel*, München 1975, S. 22.
6 Interview mit Egon Bahr am 26. 11. 1973, in: ebd., S. 245.
7 Henry Kissinger: *Memoiren 1968–1973*, München 1979, Bd. 1, S. 109 und 442, sowie Vogtmeier: *Egon Bahr*, S. 122 f.
8 Siehe die Aufzeichnung »Streng geheim. Stenogramm des Freundschaftstreffens führender Vertreter der Kommunistischen und Arbeiterparteien der sozialistischen Länder, 31. Juli 1972«, in: SAPMO, DY 30, IV 2/1/460. Auszüge abgedr. bei Potthoff: *Bonn und Ost-Berlin*, S. S. 208–216.
9 Vgl. dazu etwa das bei Vogtmeier: *Egon Bahr*, S. 122, angeführte Urteil Bahrs.
10 Vgl. *AdG* 1969, S. 14532 ff.
11 Vgl. hierzu schon Klaus Behnert: »Der Moskauer Vertrag«, in: *Osteuropa. Zeitschrift für Gegenwartsfragen des Ostens* 1970, S. 812 ff.
12 Hans Georg Lehmann: *Öffnung nach Osten. Die Ostreise Helmut Schmidts und die Entstehung der Ost- und Entspannungspolitik*, Bonn 1984, S. 160.
13 Vgl. Vogtmeier: *Egon Bahr*, S. 123.
14 Ebd., S. 120.
15 Ebd., S. 113 ff.
16 Bahr: *Aus meiner Zeit*, S. 243 ff.
17 Zit. nach Vogtmeier: *Egon Bahr*, S. 116 f.
18 Dieser Vortrag vom 11. 12. 1971 in Oslo ist u. a. abgedr. in: Willy Brandt: *Der Wille zum Frieden. Perspektiven der Politik*, Hamburg 1971,

S. 353 ff.; vgl. auch seine anschließende Rede in Stockholm am 12. 12. 1971, in: ebd., S. 372 ff.

19 Vgl. Enquete-Kommission, Bd. I, S. 427.

20 Brandt: *Begegnungen und Einsichten*, S. 296; ders: *Anatomie einer Veränderung*, Düsseldorf 1970, S. 91.

21 *Verhandlungen des Deutschen Bundestages*, Sten. Ber., Bd. 71, S. 21.

22 Richard von Weizsäcker: »Deutsche Ost- und Westpolitik«, in: Dietrich Rollmann (Hrsg.): *Die CDU in der Opposition – Eine Selbstdarstellung*, Hamburg 1970, S. 41.

23 Vgl. Garton Ash: *Im Namen Europas*, S. 189.

24 Zur Sicht von Botschafter Allardt siehe Helmut Allardt: *Moskauer Tagebuch. Beobachtungen, Notizen, Erlebnisse*, Düsseldorf/Wien 1974. Zu Beginn und Verlauf der Verhandlungen vgl. Detlef Nakath: »Gewaltverzicht und Gleichberechtigung. Zur Parallelität der deutsch-sowjetischen Gespräche und der deutsch-deutschen Gipfeltreffen in Erfurt und Kassel im Frühjahr 1970«, in: *Deutschland Archiv* 1998, H. 2 , S. 196 ff.

25 Vgl. *Zehn Jahre Deutschlandpolitik*, S. 7.

26 Garton Ash: *Im Namen Europas*, S. 189.

27 Der »Bericht zur Lage der Nation« vom 14. 1. 1970 sprach sowohl von »beiden Staaten in Deutschland« bzw. »auf deutschem Boden« wie schon von »beiden deutschen Staaten«. Die verschiedenen Formulierungen finden sich auch in dem 20-Punkte-Katalog des Kasseler Treffens. Siehe u. a. *Verhandlungen des Deutschen Bundestages*, Sten. Ber., Bd. 71, S. 840 f. und 846; *Zehn Jahre Deutschlandpolitik*, S. 119, 138 und 394–400, bes. 399; Hacker: *Deutsche Irrtümer*, S. 427 f.

28 Vgl. Schroeder: *SED-Staat*, S. 194 f.; Hacker: »SED und nationale Frage«, S. 52.

29 Vgl. Schroeder: *SED-Staat*, S. 195.

30 Text u. a. in: *Zehn Jahre Deutschlandpolitik*, S. 73 ff.

31 Vogtmeier: *Egon Bahr*, S. 124.

32 Der Brief ist jetzt veröffentlicht bei Wjatscheslaw Kerwokow: *Der geheime Kanal, der KGB und die Bonner Ostpolitik*, Berlin 1995, S. 50 ff.

33 Gesprächsvermerk Bahrs, in: AdsD, Dep. E. B. Zum Kontext siehe auch Detlef Nakath: »Der Vertrag über die Grundlagen der Beziehungen zwischen beiden deutschen Staaten vom 21. Dezember 1972«, in: Jürgen Hofmann/Detlef Nakath: *Konflikt, Konfrontation, Kooperation*, Potsdam 1998, S. 14 f.; Bahr: *Zu meiner Zeit*, S. 282 f.

34 Kerwokow: *Der geheime Kanal*, S. 61 f.; vgl. auch Nakath: »Gewaltverzicht und Gleichberechtigung«, S. 198 f.

35 Bahr: *Zu meiner Zeit*, S. 283.

36 *Zehn Jahre Deutschlandpolitik*, S. 121.

37 Ebd.

38 Vgl. Vogtmeier: *Egon Bahr*, S. 125 ff.

39 Karl Dietrich Bracher/Wolfgang Jäger/Werner Link: *Republik im Wandel 1969–1974. Die Ära Brandt.* (Geschichte der Bundesrepublik, Bd. 5/I), Stuttgart/Wiesbaden 1986, S. 215.

40 Zit. nach ebd.

41 Veröffentlicht wurden sie in *Neues Deutschland* bzw. im *Bulletin*; Wortlaut in: *Zehn Jahre Deutschlandpolitik*, S. 121 ff.

42 So Walter Ulbricht am 19. 1. 1970, zit. nach Hacker: »SED und nationale Frage«, S. 52.

43 Schroeder: *SED-Staat*, S. 196.

44 Bracher/Jäger/Link: *Republik im Wandel*, S. 215.

45 Aufzeichnung Weicherts (BMB) für Sahm (Bundeskanzleramt) vom 16. 2. 1970, in: BA, B 136/6689.

46 Vermerk von Sanne für Ehmke vom 22. 1. 1970, in: BA, B 136/6689.

47 Brandt: *Begegnungen und Einsichten*, S. 501.

48 Unterlagen in: BA, B 136/6689.

49 Kopie des Brandt-Briefes an Barzel mit Vermerk vom 16. 2. »heute Barzel übergeben«, in: BA, B 136/6689.

50 Protokollarische Niederschriften, Notizen und Unterlagen über diese Gespräche, darunter auch eine ms. Aufzeichnung über das Gespräch vom 12. 3. 1970, in: BA, B 136/6689.

51 Vermerk Guillaumes für Ehmke vom 13. 3. 1970, in: BA, B 136/6689.

52 Bei Markus Wolf: *Spionagechef im geheimen Krieg. Erinnerungen*, Düsseldorf/München 1997, S. 257, heißt es: »Die Anregung zu dem ursprünglich nicht vorgesehenen Besuch Brandts im ehemaligen Konzentrationslager Buchenwald soll von ihm ausgegangen sein.«

53 Nachricht von Schlichter (Gruppe I/2) an Abteilungsleiter II vom 17. 3. 1970, in: BA, B 136/6689.

54 Ausarbeitungen und Unterlagen in: BA, B 136/6689, sowie AdsD, Dep. E. B., 535.

55 Zum Erfurter Treffen siehe Heinrich Potthoff: *Bonn und Ost-Berlin 1969–1982. Dialog auf höchster Ebene und vertrauliche Kanäle. Darstellung und Dokumente*, Bonn 1997, S. 135–159, sowie *Zehn Jahre Deutschlandpolitik*, S. 123–124 (mit den veröffentlichten Grundsatzerklärungen); Detlef Nakath: *Erfurt und Kassel. Zu den Gesprächen zwischen dem BRD-Bundeskanzler Willy Brandt und dem DDR-Ministerpräsidenten Willi Stoph im Frühjahr 1970* (hefte zur ddr-geschichte, 24), Berlin 1995, S. 16–31; außerdem: *AdG* 1970, S. 15349.

56 Über die Vier-Augen-Gespräche Brandt – Stoph siehe bes. Brandt: *Erinnerungen*, S. 227 f.

57 Zur Einschätzung der Demonstrationen und des Einsatzes der Sicherheitskräfte durch das MfS und das Politbüro siehe bes. die bei Nakath: *Erfurt und Kassel*, S. 51–55, abgedr. »Information über die Erfurter Vorkommnisse«; ferner ebd., S. 29–31.

58 Sitzungsprotokolle und Unterlagen dieser Kommission finden sich in: SAPMO, DY 30, J IV 2/201/842.

59 Vgl. *DDR-Handbuch,* wissenschaftliche Leitung Hartmut Zimmermann, hrsg. vom Bundesministerium für innerdeutsche Beziehungen, 3. Aufl., Köln 1985, Bd. II, S. 1584; Nakath: *Erfurt und Kassel,* S. 32 f.

60 Materialien zur Politbürositzung vom 19. 5. 1970 in: SAPMO, DY 30, J IV 2/2A/1441.

61 Vgl. dazu das angeführte Urteil Axens schon von Mitte April, in Kassel werde sich nichts bewegen. Angeführt bei Nakath: *Erfurt und Kassel,* S. 32.

62 Aufzeichnungen und Materialien in: BA, B 136/6688; »Notizen für Kassel 21. 5.70«, in: Willy-Brandt-Archiv im AdsD, Nachlaß Brandt, Bundeskanzler 91. Das Schreiben Brandts, das am 6. 5. 1970 von Sahm übergeben wurde, ist abgedr. bei Potthoff: *Bonn und Ost-Berlin,* S. 162 f., dort auch Informationen zu dem Stoph-Brief vom 5. 5. 1970 und weitere Hinweise.

63 Fassungen der verschiedenen Entwürfe finden sich in: BA, B 136/6688.

64 Nach dem Kasseler Treffen wurden eine Reihe von Erklärungen publiziert. Sie sind zusammengefaßt in: *Zehn Jahre Deutschlandpolitik,* S. 136–154. Die »Stenographischen Mitschriften« der DDR, die nicht veröffentlichten Teile zusammen mit östlichen und westlichen Vermerken über die Vier-Augen-Gespräche Brandt – Stoph sind abgedr. bei Potthoff: *Bonn und Ost-Berlin,* S. 164–188. Eine westliche Mitschrift von dem »Treffen von Bundeskanzler Brandt mit dem Vorsitzenden des DDR-Ministerrats Stoph im Schloßhotel in Kassel am 21. Mai 1970«, in der die schon damals publizierten Erklärungen ausgelassen wurden, sowie ein »unkorrigiertes Manuskript 25. 5. 1970« finden sich in: BA, B 136/6688. Die Abweichungen zwischen den westlichen und östlichen Fassungen beschränken sich auf seltene, ganz unwesentliche Unterschiede, die wohl durch die jeweilige Übertragung aus dem Stenogramm bedingt sind.

65 Jens Hacker: »Die Deutschlandpolitik der SPD/FDP-Koalition 1969–1982«, in: Enquete-Kommission, Bd. V/2, S. 1489–1552, hier S. 1530 ff.

66 Siehe den Wortlaut der 20-Punkte, die Brandt in seinen grundsätzlichen Ausführungen zu Beginn vortrug, in: *Zehn Jahre Deutschlandpolitik,* S. 138.

67 Vier-Augen-Gespräch und persönliches Gespräch Brandt – Stoph vom

21. 5. 1970 aus H. S. privat, DDR 1966–1974, Bd. I, abgedr. bei Potthoff: *Bonn und Ost-Berlin*, S. 170 ff. und 185 ff.

68 So wird Stoph in *Zehn Jahre Deutschlandpolitik*, S. 8, ausgelegt.

69 Ebd., S. 154 (Ende der Ausführungen Stophs in der Nachmittagssitzung).

70 Nakath: *Erfurt und Kassel*, bes. S. 47–50.

71 Barzel: *Auf dem Drahtseil*, S. 106; ders.: *Im Streit und umstritten. Anmerkungen zu Konrad Adenauer, Ludwig Erhard und den Ostverträgen*, Frankfurt a. M./Berlin 1986, S. 138; ders.: *Die Tür blieb offen. Mein persönlicher Bericht über Ostverträge, Mißtrauensvotum und Kanzlersturz*, Bonn 1998.

72 Vogtmeier: *Egon Bahr*, S. 133 ff.; vgl. auch Bahr: *Zu meiner Zeit*, S. 310 ff.

73 Fernschreiben Bahrs an das Auswärtige Amt vom 27. 5. 1970, in: AdsD, Dep. E. B. 392; sowie Vogtmeier: *Egon Bahr*, S. 136; Nakath: »Gewaltverzicht und Gleichberechtigung«, S. 211.

74 Der Wortlaut des endgültigen »Briefes zur deutschen Einheit«, wie er am 12. 8. 1970 übergeben wurde, in: *Texte zur Deutschlandpolitik*, Bd. 6, S. 96.

75 Bahr: *Zu meiner Zeit*, S. 335 ff.; Vogtmeier: *Egon Bahr*, S. 136 ff.

76 Hacker: *Deutsche Irrtümer*, S. 244.

77 Willy Brandt: »Stehen die Deutschen zu Berlin?«, Mai 1961, in: AdsD, Dep. E. B. 47 B.

78 Garton Ash: *Im Namen Europas*, S. 116; Bender: *Neue Ostpolitik*, S. 187 f.

79 Vgl. Vogtmeier: *Egon Bahr*, S. 145.

80 Brandt: *Begegnungen und Einsichten*, S. 380.

81 Brandt: *Erinnerungen*, S. 189; Bender: *Neue Ostpolitik*, S. 184.

82 Zit. nach Bender: *Neue Ostpolitik*, S. 184 f.

83 Memorandum 4 Egon Bahrs betr. Moskau vom 14. 1. 1970, in: AdsD, Dep. E. B. 436; zit. bei Vogtmeier: *Egon Bahr*, S. 150.

84 Bahr: *Zu meiner Zeit*, S. 349 ff., 362 ff. und 367 ff.

85 Brandt: *Begegnungen und Einsichten*, S. 514.

86 Ebd., S. 510.

87 Wortlaut dieser Instruktion vom 23. 7. 1970 für Außenminister Scheel in: Presse- und Informationsamt der Bundesregierung (Hrsg.): *Der Vertrag vom 12. August 1970 zwischen der Bundesrepublik Deutschland und der Union der Sozialistischen Sowjetrepubliken*, Bonn 1970, S. 167.

88 Garton Ash: *Im Namen Europas*, S. 115.

89 Vgl. Vogtmeier: *Egon Bahr*, S. 144 und 146; Brandt: *Begegnungen und Einsichten*, S. 510.

90 Siehe SPD-Pressemitteilungen und Informationen 197/70 vom 25. 6. 1970.

91 *Quick* vom 8.7. 1970.

92 Den von Bahr: *Zu meiner Zeit,* S. 325, erhobenen Vorwurf gegen Immo Stabreit hat dieser zurückgewiesen. Vgl. »Nachwort«, S. 594, zu der 1998 erschienenen, sonst unveränderten Taschenbuchausgabe.

93 Bahr: *Zu meiner Zeit,* S. 324.

94 Vgl. ebd., bes. S. 263 f., 271 f., 282 f., 285 f., 290 ff. und 297 f.

95 Garton Ash: *Im Namen Europas,* S. 115.

96 Kissinger: *Memoiren 1968–1973,* S. 443.

97 Siehe *Der Spiegel* vom 18.1. 1999, S. 19.

98 Kissinger: *Memoiren 1968–1973,* S. 443; vgl. auch S. 174.

99 Egon Bahr: *Sicherheit für und vor Deutschland. Vom Wandel durch Annäherung zur Europäischen Sicherheitsgemeinschaft,* München/Wien 1991, S. 40.

100 Bender: *Neue Ostpolitik,* S. 190.

101 Kissinger: *Memoiren 1968–1973,* S. 876.

102 *Zehn Jahre Deutschlandpolitik,* S. 89.

103 Bahr: *Zu meiner Zeit,* S. 353 f.

104 Ebd., S. 349 ff., bes. 352 und 354.

105 Vgl. Manfred Uschner: *Die Ostpolitik der SPD. Sieg und Niederlage einer Strategie,* Berlin 1991, S. 93; auch Garton Ash: *Im Namen Europas,* S. 118.

106 Peter Przybylski: *Tatort Politbüro,* Bd. 2: Honecker, Mittag und Schalck-Golodkowski, Berlin 1992, S. 342.

107 Vgl. Schroeder: *SED-Staat,* S. 209.

108 Gespräch Brandt/Bahr – Bertsch vom 29.10. 1970 aus SAPMO, DY 30, J IV 2/2J/3183, ist abgedr. bei Potthoff: *Bonn und Ost-Berlin,* S. 189–193.

109 *Bulletin* vom 31.10. 1970; auch in: *Zehn Jahre Deutschlandpolitik,* S. 158.

110 Vogtmeier: *Egon Bahr,* S. 154; Bahr: *Zu meiner Zeit,* S. 344 f.

111 Wie Anm. 108, S. 192 f.

112 Bahr: *Zu meiner Zeit,* S. 373.

113 Vgl. Alf Mintzel/Heinrich Oberreuther (Hrsg.): *Parteien in der Bundesrepublik Deutschland,* Bonn 1990, S. 397 und 402.

114 Vgl. Schroeder: *SED-Staat,* S. 210.

115 Der Wortlaut des Vier-Mächte-Abkommens und begleitende Dokumente sind abgedr. in: *Texte zur Deutschlandpolitik,* Bd. 8, S. 371–394.

116 Die betreffenden Aufzeichnungen über diese Gespräche und Verhandlungen in: SAPMO, DY 30 (Bestände Arbeitsprotokolle des Politbüros und Protokolle des ZK); AdsD, Dep. E. B. 375–378 (Berlin Bahr/Kohl Protokolle I, II, III und IV). Eine ausführliche Darstellung bei Bahr: *Zu*

meiner Zeit, S. 357 f., 368 f., 371–380 zu den Vorgesprächen mit M. Kohl und zum Transitabkommen sowie S. 381–393 über den Verkehrsvertrag; ferner Vogtmeier: *Egon Bahr*, S. 160 ff.

117 Vgl. Bracher/Jäger/Link: *Republik im Wandel 1969–1974*, S. 220.

118 Vgl. *Zehn Jahre Deutschlandpolitik*, S. 9, 34 f., 163 ff., 175 ff. und 178 ff.

119 Siehe zu Oreanda bes. Brandt: *Begegnungen und Einsichten*, S. 460 ff., sowie die Gesprächsunterlagen in: Willy-Brandt-Archiv im AdsD, Nachlaß Brandt, Bundeskanzler 91.

120 *Zehn Jahre Deutschlandpolitik*, S. 169–174 und 175–180.

121 Ebd., S. 9, 39 f. und 183–188.

122 Vgl. oben die Hinweise in Anm. 116.

123 Vgl. *Zehn Jahre Deutschlandpolitik*, S. 9 f., 39 f., 42 f., 45 f. und 188 f.

124 Vgl. Bracher/Jäger/Link: *Republik im Wandel 1969–1974*; Brandt: *Erinnerungen*, S. 290 f.

125 Es handelte sich um den Abgeordneten Julius Steiner, CDU.

126 Bahr: *Zu meiner Zeit*, S. 389–391.

127 Der Vermerk über das Gespräch Bahr – Honecker vom 26. 4. 1972 aus SAPMO, DY 30, J IV 2/2J/4057, ist abgedr. bei Potthoff: *Bonn und Ost-Berlin*, S. 194–198.

128 Ebd., S. 195.

129 Vgl. Bracher/Jäger/Link: *Republik im Wandel 1969–1974*, S. 209 ff.; Brandt: *Begegnungen und Einsichten*, S. 473.

130 Bracher/Jäger/Link: *Republik im Wandel 1969–1974*, S. 212 f.

131 Bahr: *Zu meiner Zeit*, S. 394.

132 Vgl. *AdG* 1972, S. 17204 ff.

133 Siehe Bahr: *Zu meiner Zeit*, S. 434 f.; Bracher/Jäger/Link: *Republik im Wandel 1969–1974*, S. 220.

134 Vermerk Sahms über das Gespräch Brandt – Gromyko vom 4. 6. 1972, in: Willy-Brandt-Archiv im AdsD, Nachlaß Brandt, Bundeskanzler 74.

135 Eine »Stenographische Niederschrift« über das Treffen von Ostseite findet sich u. a. in: SAPMO, DY 30, J IV 2/201/1145; ein West-»Protokoll« dieser Sitzung und ein Vermerk Bahrs vom 16. 6. 1972 über das anschließende Vier-Augen-Gespräch ist zugänglich in: AdsD, Dep. E. B. 378 A. Siehe auch die abgedr. Auszüge bei Potthoff: *Bonn und Ost-Berlin*, S. 199–207.

136 Die westliche Aufzeichnung lautete »Protokoll der ersten Delegationssitzung anläßlich der 1. Begegnung [...] am 15. Juni 1972«. Protokolle der westlichen Seite über die weiteren Sitzungen, zusammen mit Vermerken und Anlagen, in: AdsD, Dep. E. B. 378 B (bis zum 8. Treffen am 26.–28. 9. 1972) und 379 (zum 9. Treffen am 10.–12. 10. 1972 bis

zur 13. Begegnung am 6.11. 1972). Weitere Unterlagen in 380. Für korrespondierende Ostunterlagen siehe vor allem SAPMO, DY 30, IV 2/1/465.

137 Bahr: *Zu meiner Zeit*, S. 396 f.

138 Ebd., S. 398.

139 Brandt: *Begegnungen und Einsichten*, S. 519.

140 Vgl. Thomas Klein/Wilfriede Otto/Peter Grieder: *Visionen. Repression und Opposition in der SED (1949–1989)*, Frankfurt (Oder) 1997, S. 388 f.

141 Wie Anm. 8.

142 So u. a. von Jens Hacker in seiner Expertise für die Enquete-Kommission »Deutschlandpolitik der SPD/FDP-Koalition«, S. 1521 und 1528; Kay-Michael Wilke: *Bundesrepublik Deutschland und Deutsche Demokratische Republik. Grundlagen und ausgewählte Probleme des gegenseitigen Verhältnisses der beiden deutschen Staaten*, Berlin 1976, S. 125.

143 Wie Anm. 8, bei Potthoff: *Bonn und Ost-Berlin*, bes. S. 212, vgl. auch S. 215.

144 Gespräch Bahr – Honecker vom 7.9. 1972; Abdruck des westlichen Vermerks über das Gespräch aus AdsD, Dep. E. B. 380 A, und der östlichen Aufzeichnungen aus SAPMO, DY 30, IV 2/1/460, bei Potthoff: *Bonn und Ost-Berlin*, S. 217–242. Eine ausführliche Darstellung findet sich auch bei Bahr: *Zu meiner Zeit*, S. 401–405.

145 Brandt: *Begegnungen und Einsichten*, S. 519.

146 Sie fanden an folgenden Terminen statt: Nr. 7 am 13./14. 9., Nr. 8 am 26.–28. 9., Nr. 9 am 10.–12. 10., Nr. 10 am 17. 10., Nr. 11 am 24.–26. 10., Nr. 12 am 2.–4. 11. und Nr. 13 am 6.11. 1972. Zu den Aufzeichnungen und Vermerken siehe Anm. 136. Längere Auszüge des 10., 12. und des Abschlußtreffens (13.) sind abgedr. bei Potthoff: *Bonn und Ost-Berlin*, S. 243 ff., 251 ff. und 268 ff.

147 Vogtmeier: *Egon Bahr*, S. 165.

148 Abschlußgespräche über den Grundlagenvertrag zwischen Bahr – M. Kohl und den beiden Delegationen aus SAPMO, DY 30, IV 2/1/465, abgedr. bei Potthoff: *Bonn und Ost-Berlin*, S. 268–275, hier bes. S. 270.

149 *Stern* vom 5.11. 1972; vgl. *Stern* vom 19.11. 1972.

150 So Wilke: *BRD und DDR*, S. 121.

151 Wortlaut abgedruckt u. a. in: *Zehn Jahre Deutschlandpolitik*, S. 205–211.

152 Ebd., S. 206 f.

153 Das Urteil des Bundesverfassungsgerichts mit Begründung ist veröffentlicht in: *Entscheidungen des Bundesverfassungsgerichts*, Bd. 36, Tübin-

gen 1974, S. 1–37. Es ist auch abgedruckt in: *Zehn Jahre Deutschlandpolitik*, S. 232–243.

154 Laut Herbert Häber erzählte CDU-Schatzmeister Leisler Kiep seinem SED-Gesprächspartner, Strauß leide »unter einem Komplex wegen seiner Haltung zum Grundlagenvertrag«. Bei seiner späteren Darstellung »habe Strauß geschwindelt«. Er wisse »selbst ganz genau, daß Strauß damals intern für die Zustimmung zum Grundlagenvertrag plädiert hat«. Nach »Information« Herbert Häbers über seinen Aufenthalt in der Bundesrepublik am 26. 6. 1975; abgedr. bei Detlef Nakath/Gerd-Rüdiger Stephan: *Die Häber-Protokolle. Schlaglichter der SED-Westpolitik 1973–1985*, Berlin 1999, S. 92 ff., hier S. 93. Strauß selbst deutete dies auch an, siehe Franz Josef Strauß: *Die Erinnerungen*, Berlin 1989, S. 449–453.

155 Von Hacker: »Deutschlandpolitik der SPD/FDP-Koalition«, S. 1534, wird dies als »das unbestreitbare Verdienst« von Strauß gelobt; zuletzt ders.: »Kontinuitäten und Diskontinuitäten in den innerdeutschen Beziehungen der siebziger und achtziger Jahre – Positionen«, in: Peter März (Hrsg.): *40 Jahre Zweistaatlichkeit. Eine Bilanz,* München 1999, S. 269 f.

156 Vgl. Anm. 153.

157 Vgl. dazu etwa den gemeinsamen Beschluß der Bundestagsfraktionen vom 9. 2. 1984, abgedr. in: *Innerdeutsche Beziehungen der Bundesrepublik Deutschland und der Deutschen Demokratischen Republik 1980–1986. Eine Dokumentation,* hrsg. vom Bundesministerium für innerdeutsche Beziehungen, Bonn 1986, S. 172; ferner Garton Ash: *Im Namen Europas*, S. 204 f.

158 Vgl. dazu die Übersicht in: *Zehn Jahre Deutschlandpolitik*, S. 32 f. und 175 ff.

159 Von den West-Berlinern, die zuvor nicht einreisen konnten, besuchten ab 4. Juni bis Jahresende 1972 2 080 000 Ost-Berlin bzw. die DDR, 1973 waren es 3 820 000. Bei den Westdeutschen waren es, bezogen auf das ganze Jahr 1972, 1 540 000, 1973 dann 2 279 000. Zahlen und eine gute Übersicht zum Reiseverkehr insgesamt in: *Zehn Jahre Deutschlandpolitik*, S. 40 ff.

160 Vgl. ebd., S. 43 f., 199, 208 und 231.

161 Vgl. Potthoff: *Bonn und Ost-Berlin*, S. 102–104, mit Zahlen und Literaturhinweisen.

162 Vgl. *Zehn Jahre Deutschlandpolitik*, S. 12 f. sowie Abschnitt IV, 1.

163 Vgl. ebd., S. 10. Die Aufnahme der Bundesrepublik Deutschland und der DDR erfolgte bei der UN-Generalversammlung am 18. 9. 1973.

164 Wilhelm Bleek/Rainer Bovermann: »Deutschlandpolitik der SPD/FDP-

Koalition 1969–1982«, in: Enquete-Kommission, Bd. V/2, S. 1141–1187, hier S. 1165.

165 Die DDR nahm wie die Bundesrepublik schon an den vorbereitenden Konsultationen der KSZE-Konferenz teil, die am 22.11. 1972 in Helsinki begonnen hatten. Bei den in Wien laufenden Verhandlungen über die beiderseitige ausgewogene Reduzierung von Streitkräften (MBFR) waren sie ab 30.10. 1973 vollberechtigte Teilnehmer.

166 Vgl. Bleek/Bovermann: »Deutschlandpolitik der SPD/FDP-Koalition«, S. 1166.

167 Ebd., S. 1163.

168 Zu den Abgrenzungsbeschlüssen des Parteirats vom 14.11. 1970 und des Parteivorstands vom 26.2. 1971 siehe *Jahrbuch der SPD 1970–1972*, Bonn o. J., S. 557–563.

169 Zum sog. Radikalenerlaß vom 28.1. 1972 vgl. bes. die Darstellung und Dokumentation von Peter Frisch: *Extremistenbeschluß. Zur Frage der Beschäftigung von Extremisten im öffentlichen Dienst*, 2. Aufl., Leverkusen 1976.

170 Bender: *Episode oder Epoche*, S. 184.

171 Vogtmeier: *Egon Bahr*, S. 182, nach der Aufzeichnung über die Gespräche Bahr – M. Kohl vom 28. 2. und 16. 5. 1973, in: SAPMO, DY 30, IV B2/20/433.

172 Das Interview Bahrs mit der Überschrift »Die Flitterwochen sind vorbei« in: *Die Zeit* vom 16. 3. 1973.

173 Vogtmeier: *Egon Bahr*, S. 173.

174 Siehe den Wortlaut der betreffenden Artikel in: *Zehn Jahre Deutschlandpolitik*, S. 206.

175 Ebd., S. 11.

176 Bender: *Episode oder Epoche*, S. 184 f.

177 Ebd., S. 185.

178 Vgl. Schroeder: *SED-Staat*, S. 215 f.; Filmer/Schwan: *Opfer der Mauer*, S. 389 ff.

179 Vgl. Jens Gieseke: »Die hauptamtlichen Mitarbeiter des Ministeriums für Staatssicherheit, IV, 1«, in: Klaus-Dietmar Henke (Hrsg.): *Anatomie der Staatssicherheit. Geschichte, Strukturen und Metholden. MfS-Handbuch*, Berlin 1995, S. 99 f.

180 Vgl. Schroeder: *SED-Staat*, S. 225.

181 Werner Lamberz: *Die Aufgaben von Agitation und Propaganda bei der Verwirklichung der Beschlüsse des VIII. Parteitags der SED*, Berlin (Ost) 1972, S. 52.

1 Siehe etwa *Der Spiegel* vom 11. 6. und 18. 6. 1973.

2 Garton Ash: *Im Namen Europas*, S. 214–218.

3 Darüber berichten besonders Rehlinger: *Freikauf;* Geissel: *Unterhändler der Menschlichkeit;* Whitney: *Advocatus Diaboli.*

4 Vgl. dazu Vogtmeier: *Egon Bahr*, S. 181 ff.; Garton Ash: *Im Namen Europas*, S. 215.

5 Klaus Wiegrefe/Carsten Tessmer: »Deutschlandpolitik in der Krise. Herbert Wehners Besuch in der DDR 1973«, in: *Deutschland Archiv* 1994, H. 6, S. 601–627.

6 Siehe dazu bes. Rehlinger: *Freikauf*, S. 76 f.; Whitney: *Advocatus Diaboli*, S. 154–158, der allerdings die Vorgeschichte des Wehner-Honecker-Treffens unzutreffend darstellt und fälschlich konstatiert, es sei erst am 29. 5. 1973 von Vogel angeregt worden. Vgl. ferner Baring: *Machtwechsel,* S. 608–614; Vogtmeier: *Egon Bahr*, S. 181 f.

7 Aufzeichnungen über die zwei Treffen aus dem Bestand SAPMO, DY 30, IV B2/2038/28 und J IV 2/2A/1688 sind abgedr. bei Potthoff: *Bonn und Ost-Berlin,* sowie bezogen auf Wehner schon bei Wiegrefe/Tessmer: »Deutschlandpolitik in der Krise«.

8 So betonte Mischnick gegenüber Garton Ash ausdrücklich, daß Honekker vom »großen Bruder« gesprochen habe. Garton Ash: *Im Namen Europas,* S. 197 und 684.

9 Vgl. u. a. *Zehn Jahre Deutschlandpolitik*, S. 12; Vogtmeier: *Egon Bahr,* S. 180 f.; SAPMO, DY 30 (Bestand Arbeitsprotokolle des Politbüros und Abteilung Internationale Verbindungen) sowie AdsD, Dep. E. B. 379 und 380; Willy-Brandt-Archiv im AdsD, Nachlaß Brandt, Bundeskanzler 75.

10 Unterlagen dazu ebenfalls vor allem in: SAPMO, DY 30 (Bestand Arbeitsprotokolle des Politbüros); AdsD, Deposita E. Bahr und H. Schmidt.

11 Ein Exemplar dieser Wehner-Notiz vom 18. 2. 1974 über eine Mitteilung vom 17. 2. in: AdsD, Dep. E. B. 354.

12 Vgl. *Zehn Jahre Deutschlandpolitik*, S. 13 und 256–258.

13 Ebd., S. 13 und 261–272.

14 Vgl. ebd., S. 21.

15 IPW = Institut für internationale Politik und Wirtschaft.

16 Die Unterredung von Leisler Kiep und Bertsch fand am 22./23. 11. 1973 in Hamburg statt. Siehe dazu den Vermerk vom 17. 12. 1973 über Mitteilungen von W. Vogel an Wehner in: Willy-Brandt-Archiv im AdsD, Nachlaß Brandt, Bundeskanzler 75; weiteres Exemplar in AdsD, Dep. E. B. 354.

17 Aufzeichnung Wehners vom 2. 12. 1973, in: Willy-Brandt-Archiv im

AdsD, Nachlaß Brandt, Bundeskanzler 75; H.S. privat, DDR 1966–1974, Bd. I; Privatarchiv Greta Wehner; ein nur die ersten sechs Seiten, d.h. die Honecker-Mitteilung umfassendes Exemplar in: AdsD, Dep. E.B. 354; vgl. Garton Ash: *Im Namen Europas*, S.215 f. und 689.

18 Vgl. etwa *Der Spiegel* vom 8.10. 1973 über das Zerwürfnis Brandt – Wehner; *Süddeutsche Zeitung* vom 6.10. 1973.

19 Vgl. dazu bes. Vogtmeier: *Egon Bahr*, S.186 f.

20 Vgl. dazu bes. die Übersicht in: *Zehn Jahre Deutschlandpolitik*, S.13, 18 und 248.

21 Vgl. ebd., S.18 und 44.

22 Aufzeichnung Wehners vom 2.12. 1973 (wie Anm.17). Das Schreiben Wehners an Brandt vom 9.12. 1973 in: AdsD, Dep. E.B. 354; H.S. privat, DDR 1966–1974, Bd.I.

23 Bahr: *Zu meiner Zeit*, S.438–447. Zur Kritik an dieser These siehe Heinrich Potthoff in: *Der Spiegel* vom 14.10. 1996. Zahlreiche Belege aus diesem Austausch von Mitteilungen über den Wehner-Kanal finden sich in: AdsD, Dep. E.B. 354, so etwa die Wehner-Schreiben vom 2.12. (nur die ersten sechs Seiten), vom 9.12. 1973, 22.1., 5.2. und 18.2. 1974. In zwei Fällen – Wehner an Brandt vom 2.2. und 29.3. 1974 – handelte es sich sogar um eigentlich in Brandts Unterlagen gehörende Originale.

24 Vgl. die undatierte Notiz Bahrs (in: AdsD, Dep. E.B. 354) zu den beiden Wehner-Aufzeichnungen vom 2. und 9.12. 1973: »Ich würde es für richtig halten, eine Antwort an H.W. in zwei Schritten zu geben: 1) Verwendbar zu Übermittlung, 2) zur Klärung der Situation.« Es folgen dann Formulierungen, die sich in Brandts Antwort vom 18.12. 1973 wiederfinden. Siehe auch die vorige Anm. sowie die hs. Fassung des Briefes von Brandt an Wehner vom 13.2. 1974 mit der von ihm korrigierten und abgezeichneten Entwurffassung für die Antwort an Honekker, ebenfalls in: AdsD, Dep. E.B. 354.

25 Schreiben Brandts an Wehner vom 18.12. 1973 mit einem Vermerk zur Übermittlung an Honecker in: Privatarchiv Greta Wehner; Willy-Brandt-Archiv im AdsD, Nachlaß Brandt, Bundeskanzler 75. Die Botschaft wurde von Wehner am 12.1. 1974 über W. Vogel weitergeleitet. Aufzeichnung Wehners mit Datum 12.1. 1974 im Privatarchiv Wehner und mit hs. Vermerk am Kopf »an [?] EH«, in: H.S. privat, DDR 1966–1974, Bd.I. Die letzte Formulierung deckt sich mit der in der vorigen Anm. angeführten Notiz.

26 Vgl. bes. die Aufzeichnung Wehners vom 18.2. 1974 mit hs. Vermerk »EH an WB«, in: H.S. privat, DDR 1966–1974, Bd.I.; sowie AdsD, Dep. E.B. 354.

27 Ungezeichnete Aufzeichnung »Berlin, den 1.4.1974«, hs. Vermerk »von EH«, in: H.S. privat, DDR 1966–1974, Bd.I.

28 Das Original mit dem Begleitschreiben Wehners, dessen hs. »Lieber Willy« und dem Grünstift-Vermerk Brandts »2/2« befindet sich in: AdsD, Dep. E.B. 354; dabei auch ein Exemplar der ersten Mitteilung Honeckers vom 31.1.1974, ebenfalls von Wehner an Brandt am 2.2.1974 zugestellt. Davon existieren weitere Ausfertigungen in: Willy-Brandt-Archiv im AdsD, Nachlaß Brandt, Bundeskanzler 75; ferner Privatarchiv Greta Wehner und H.S. privat, DDR 1966–1974, Bd.I. Die erste Mitteilung ist schon abgedr. bei Potthoff: *Bonn und Ost-Berlin*, S.292 ff.

29 Ms. Ausfertigung des Schreibens vom 2.4.1974, Orig. in: AdsD, Dep. E.B. 354; mit hs. Paraphe »H.We.« und hs. Vermerk am Kopf »HW an EH« in: H.S. privat, DDR 1966–1974, Bd.I.

30 Siehe dazu als Beispiel Horst Ehmke: *Mittendrin. Von der Großen Koalition zur Deutschen Einheit*, Berlin 1994, S.232 ff., Abschnitt »Der Fall Guillaume«.

31 Wolf: *Spionagechef*, S.286 f.

32 Die entsprechenden Mappen in: Willy-Brandt-Archiv im AdsD, Nachlaß Brandt, Bundeskanzler 75, finden sich als normale Unterlagen »Korrespondenz« – »Herbert Wehner Ostpolitik 5.2.1967, 13.2.1974« und die betreffenden Unterlagen tragen auch keine Geheimstempel.

33 Vgl. Gabriele Gast: *Kundschafterin des Friedens*, Frankfurt a.M. 1999.

34 Wolf: *Spionagechef*, S.485 f.

35 So der Titel des Buches von Norbert F. Pötzl: *Basar der Spione. Die geheimen Missionen des DDR-Unterhändlers Wolfgang Vogel*, Hamburg 1997; zum Guillaume-Austausch ebd., S.267 ff.

36 Bahr: *Zu meiner Zeit*, S.457.

37 Vgl. Bracher/Jäger/Link: *Republik im Wandel 1969–1974*, S.110 f.; Brandt: *Erinnerungen*, S.312 f.

38 Bahr: *Zu meiner Zeit*, S.458.

39 Ebd., S.459.

40 Ebd., S 438 f.

41 Exemplar des Schreibens mit Kopf »Erich Honecker«, hs. unterzeichnet »Berlin, den 6.5.74 Herzlichst grüßt Erich Honecker«, in: H.S. privat, DDR 1966–1974, Bd.I.

42 Ungezeichnete, undatierte Aufzeichnung Wehners über eine Mitteilung Honeckers unmittelbar nach dem 6.5. in Kenntnis von Brandts Rücktritt.

43 Zur Bewertung durch Schmidt selbst siehe Helmut Schmidt: *Die Deutschen und ihre Nachbarn*, Berlin 1990, S.28–31, 41–48 und 50 f. Dieser private Besuch auf der Leipziger Herbstmesse hatte am 7.9.1973 stattgefunden. Vgl. *AdG* 1973, S.18170.

44 Vgl. Schmidt: *Menschen und Mächte*, S. 22 ff.; ders.: *Die Deutschen*, S. 486 f.

45 Vgl. bes. das Schreiben Wehners an Schmidt vom 15. 6. 1974 mit dem zwischen dem 2. 12. 1973 und dem 2. 4. 1974 ausgetauschten Botschaften mit Honecker und sein Brief an Schmidt vom 9. 8. 1974 mit Anlagen aus DDR-Aufzeichnungen über die Bahr-Kohl-Gespräche am 21./22. 6., 16./17. 8. und 25. 10. 1972 sowie hs. Notizen o. D. über einen Besuch W. Vogels bei Wehner am 24. 5. 1974 mit Mitteilungen Honeckers, in: H. S. privat, DDR 1966–1974, Bd. I, und HS und HWe mit DDR.

46 Siehe etwa den hs. Vermerk auf einem Schreiben Wehners an Schmidt vom 13. 6. 1974 und den Brief Wehners an Schmidt vom 11. 7. 1974, in: H. S. privat, DDR 1966–1974, Bd. I.; ferner Notizbucheintragung Wehners vom 10. 7. 1974, Notizbuch 1974 in: Privatarchiv Greta Wehner. Das Treffen fand in der Winklerstraße 5, Haus Viktoria, dem Heim der Luther-Hilfe der Schwedischen Kirche in West-Berlin statt, wobei Carl-Gustav Swingel behilflich war, der Wehner schon früher bei Kontakten zu W. Vogel Dienste geleistet hatte. Vgl. Whitney: *Advocatus Diaboli*, S. 155 ff.; Rehlinger: Freikauf, S. 76.

47 Siehe die Aufzeichnungen Pöhls für Schmidt vom 1. 8. 1974 und 23. 8. 1974 sowie Schreiben Wehners an Schmidt vom 9. 8. 1974 und anhängende »Notizen«, in: H. S. privat, DDR 1966–1974, Bd. I. Vgl. auch Potthoff: *Bonn und Ost-Berlin*, S. 303–308 mit Anm.

48 Die Briefe sind abgedr. bei Potthoff: *Bonn und Ost-Berlin*, S. 305–311.

49 Über das Vier-Augen-Gespräch mit Honecker am 16. 9. 1974 berichtete Gaus in einem Fernschreiben vom gleichen Tage, Exemplar in: H. S. privat, DDR 1966–1974, Bd. I.

50 Vgl. die bei Potthoff: *Bonn und Ost-Berlin*, S. 305–318, abgedr. Schreiben und Botschaften (Nr. 19–23).

51 Schreiben Honeckers an Schmidt vom 10. 9. 1974, abgedr. ebd., S. 309 ff.

52 Schreiben Honeckers an Schmidt vom 25. 10. 1974 mit »Mündlicher Mitteilung« Honeckers für Schmidt, abgedr. ebd., S. 315 f.

53 Zur positiven Einschätzung Vogels vgl. Schmidt: *Die Deutschen*, S. 32, 40 und 67; ferner zahlreiche Belege in den bei Potthoff: *Bonn und Ost-Berlin* erschlossenen Dokumenten.

54 Hs. Notizen Schmidts vom 21. 10. 1974 über Wehners Bericht »über heutiges Gespräch« und hs. Schreiben Wehners an Schmidt vom 21. 10. 1974, in: H. S. privat, DDR 1966–1974, Bd. I.

55 Formal geschah dies durch ein von der Volkskammer beschlossenes Gesetz »Zur Ergänzung und Änderung der Verfassung der Deutschen Demokratischen Republik«, das zum 7. 10. 1974 in Kraft trat.

56 Vgl. die Erklärung von Bundesminister für innerdeutsche Beziehungen Egon Franke; u.a. in: *Zehn Jahre Deutschlandpolitik,* S. 279.

57 Vgl. Schreiben Wehners an Schmidt und hs. Notizen Schmidts zu dessen Bericht »über heutiges Gespräch«, beides vom 21.10. 1974, in: H.S. privat, DDR 1966–1974, Bd. I.

58 Brief Schmidts an Honecker vom 4.11. 1974, abgedr. bei Potthoff: *Bonn und Ost-Berlin,* S. 317 f.

59 Hs. Aufzeichnung Greta Wehners vom 6.11. 1974 über einen »Anruf« W. Vogels »18 Uhr« mit Schmidts Paraphe am Kopf »6/11«, in: H.S. privat, DDR 1974–1978, Bd. II.

60 Siehe die bei Potthoff: *Bonn und Ost-Berlin,* S. 319 ff. abgedr. Aufzeichnung über das Gespräch Schmidt/Wehner – Vogel am 10.11. 1974 sowie S. 322 ff. das Schreiben Wehners an Schmidt vom 17.11. 1974; ferner Aufzeichnung Greta Wehners über »Anruf 11. 11.74 um 20.15« mit Begleitnotiz Wehners für Schmidt vom 12.11. 1974; Schreiben Schmidts an W. Vogel vom 11.11. 1974. Zweitschrift für Wehner mit einer »Erläuterung« zum Protokollvermerk über die Ständigen Vertretungen in bezug auf West-Berliner und dem von der DDR »erbetenen Text«; Aufzeichnung Greta Wehners über »Anruf 18. 11.74 um 14.45«; ms. Aufzeichnung mit hs. Vermerk »Inhaltlich vorgetragen bei H.W. am 22.11.«; alles in: H.S. privat, DDR 1974–1978, Bd. II und HS und HWe mit DDR.

61 Zu den letzten Abstimmungsprozeduren siehe bes. das Schreiben Schmidts an Wehner vom 28.11. 1974 mit hs. Korrekturen und Ergänzungen Schmidts sowie »Notizen« Wehners vom 1.12. 1974 mit Paraphe Schmidts vom »2/12«, in: H.S. privat, HS und HWe mit DDR.

62 *Verhandlungen des Deutschen Bundestages,* Sten. Ber., Bd. 90, S. 9219 f.

63 Vgl. *Zehn Jahre Deutschlandpolitik,* S. 14 f. und 281 ff.

64 Ebd., S. 283 f.

65 Vgl. Schmidt: *Die Deutschen,* S. 440 ff. und 450 ff.

66 Schmidt: *Menschen und Mächte,* S. 73 f.; ders.: *Die Deutschen,* S. 480 ff.

67 Jeweils ein Vermerk über die betreffenden Gespräche als Anlage zum Arbeitsprotokoll der Politbürositzung vom 5.8. 1975 in: SAPMO, DY 30, J IV/2A/1903.

68 Vgl. bes. den Brief Wehners an Schmidt vom 2.10. 1974, in: H.S. privat, DDR 1966–1974, Bd. I.

69 Vermerk vom 21.4. 1975 über das Gespräch Schmidt/Wehner – W. Vogel am 2.4. 1975 in Hamburg, in: H.S. privat, DDR 1974–1978, Bd. II.

70 Hs. Schreiben Wehners an Schmidt vom 28.4. 1975, ebd.

71 Wie Anm. 69.

72 Garton Ash: *Im Namen Europas,* S. 245.

73 Schreiben Schmidts an Wehner vom 23.5. 1975, in: H.S. privat, DDR 1974–1978, Bd.II.
74 Vgl. Honeckers Schreiben an Schmidt vom 10.9. 1974, abgedr. bei Pott-hoff: *Bonn und Ost-Berlin,* S.309, sowie die Vorschläge der DDR vom 9.12. 1974 an die Bundesregierung und den Senat von Berlin, in: *Zehn Jahre Deutschlandpolitik,* S.281–283; ferner die Dokumente Nr.21–25 bei Potthoff: *Bonn und Ost-Berlin,* S.312–328.
75 Einen guten Überblick bieten die für Schmidt gefertigten Vermerke »Be-urteilung der Lage« und »Stand der Verhandlungen mit der DDR«, beide vom 27.10. 1975, in: H.S. privat, HS und HWe mit DDR.
76 Abdruck dieser Erklärung u.a. in: *Zehn Jahre Deutschlandpolitik,* S.414–420; zit. nach ebd., S.415 und 416.
77 Vgl. Schmidt: *Die Deutschen,* S.32.
78 Die Aufzeichnungen über diese Gespräche am 31.7. und 1.8. 1975 sind abgedr. bei Potthoff: *Bonn und Ost-Berlin,* S.329–355.
79 Schmidt: *Die Deutschen,* S.34.
80 Ebd., S.32, 36 und 39f.
81 Ebd., S.39.
82 Ebd., S.40.
83 Vgl. *Zehn Jahre Deutschlandpolitik,* S.21, 47 und 290–294.
84 Vgl. dazu die Einzelheiten in: *Zehn Jahre Deutschlandpolitik,* bes. S.39 und 302ff.
85 Ebd., S.21.
86 Am 15.1. 1975 war Leisler Kiep zunächst mit dem stellvertretenden DDR-Außenminister Horst Grunert und mit dem für die Westpolitik zuständigen Abteilungsleiter im ZK der SED, Herbert Häber, zusam-mengetroffen. Auf Initiative von Leisler Kiep fand dann am 26.6. 1975 ein ausführliches Gespräch mit Häber statt. Siehe die »Information« Häbers vom 27.6. 1975, in: SAPMO, DY 30, IV B2/2028/8. Zu den Gesprächen und Kontakten Häbers zu Westpolitikern siehe Na-kath/Stephan: *Häber-Protokolle,* S.76ff. und 92ff., sowie Heinrich Potthoff: *Die »Koalition der Vernunft«. Deutschlandpolitik in den 80er Jahren,* München 1995, S.16f.; Garton Ash: *Im Namen Europas,* S.243f.
87 Vgl. dazu die Beurteilung durch Schmidt in seinem »Bericht zur Lage der Nation« am 30.1. 1975, in: *Zehn Jahre Deutschlandpolitik,* S.419.
88 So auch Schmidt: *Die Deutschen,* S.452f.
89 Bei seiner Anhörung vor der Enquete-Kommission am 4.11. 1993, in: Enquete-Kommission, Bd. V/I, S.915–944.
90 Dazu Schroeder: *SED-Staat,* S.233 und 235; *Der Spiegel* vom 29.8. 1977, S.34 und 128ff.

91 Bleek/Bovermann: »Deutschlandpolitik der SPD/FDP-Koalition«, S. 1170.

92 Zit. nach Klein/Otto/Grieder: »*Visionen*«, S. 412.

93 Vgl. Hartwig Bögeholz: *Die Deutschen nach dem Krieg. Eine Chronik*, Reinbek 1995, S. 451; Schroeder: *SED-Staat*, S. 233.

94 Vgl. *Zehn Jahre Deutschlandpolitik*, S. 20 und 295. Im Frühjahr 1976 wurde dann noch Journalisten des Deutschlandfunks und der Deutschen Welle die Akkreditierung zur Leipziger Messe verweigert.

95 Zum Fall Loewe siehe die Unterlagen in: BA, B 136/20432, dort auch Akten und Materialien zum Fall Mettke. Zu Loewe ferner *Der Spiegel* vom 5. 9. 1977, S. 156 ff.

96 Vgl. *General-Anzeiger* vom 6. 1. 1999.

97 Siehe dazu *Der Spiegel* vom 22. 2. 1999.

98 Zum Fall des NVA-Soldaten Werner Weinhold, der zunächst in erster Instanz freigesprochen und schließlich vom Landgericht Hagen im Dezember 1978 zu fünfeinhalb Jahren Freiheitsstrafe verurteilt wurde, siehe *Zehn Jahre Deutschlandpolitik*, S. 20, 77 und 79; AdG 1977, S. 20986 f; Potthoff: *Bonn und Ost-Berlin*, S. 377, 415 f. 244 und 433.

99 So am 30. 4. 1976 Michael Gartenschläger und am 24. 7. 1976 Willi Bubbers, die beide von der Bundesrepublik aus in die Grenzanlagen eingedrungen waren.

100 Siehe das Schreiben Schmidts an Honecker vom 28. 7. 1976 und »Mündliche Erläuterungen«, die von Gaus dem stellv. Außenminister Nier am 2. 8. bei der Briefübergabe vorgetragen wurden. Abgedr. bei Potthoff: *Bonn und Ost-Berlin*, S. 356 ff. Gleichzeitig kritisierte die Bundesregierung den Schußwaffengebrauch »und die ihm zugrundeliegenden Weisungen« auch öffentlich und forderte von der DDR die Achtung der Menschenrechte, der UN-Charta und der »Grundsätze der KSZE« ein. Vgl. *Bulletin* vom 29. 7. 1976, S. 847; AdG 1976, S. 20396.

101 Fotokopie einer »Abschrift von Handschrift« mit Paraphe Schmidts »1/9«, die auf Anweisung von Eugen Selbmann von Wehners Original gefertigt wurde, in: H. S. privat, DDR 1974–1978, Bd. II.

102 Vgl. Bleek/Bovermann: »Deutschlandpolitik der SPD/FDP-Koalition«, S. 1170; Schreiben von Gaus an Schmidt vom 2. 8. 1976, in: H. S. privat, DDR 1974–1978, Bd. II. Zur Konferenz der Kommunistischen und Arbeiterparteien am 29./30. 6. 1976 in Berlin (Ost) vgl. Klein/Otto/Grieder: »*Visionen*«, S. 410–412.

103 Helmut Müller-Enbergs u. a.: *Das Fanal. Das Opfer des Pfarrers Brüsewitz und die evangelische Kirche*, Frankfurt a. M. 1993, bes. S. 16; ferner Schroeder: *SED-Staat*, S. 243 f. und 480 f.; Gerhard Besier: *Der SED-Staat und die Kirche. Der Weg in die Anpassung*, München 1993, S. 99 ff.

104 Vgl. bes. Gerhard Schürer: *Gewagt und verloren. Eine deutsche Biographie,* Frankfurt (Oder) 1996, S. 115 f., sowie zusammenfassend Schroeder: *SED-Staat,* S. 243 f.

105 *Statistisches Taschenbuch 1990. Arbeits- und Sozialstatistik,* hrsg. vom Bundesministerium für Arbeit und Sozialordnung, Bonn 1990, Tabelle 1.27 (Staatsverschuldung).

106 Vgl. Susanne Miller/Heinrich Potthoff: *Kleine Geschichte der SPD. Darstellung und Dokumente 1848–1990,* Bonn 1991, S. 235 f.

107 »Bericht zur Lage der Nation« am 29. 1. und Regierungserklärung vom 16. 12. 1976, in: *Zehn Jahre Deutschlandpolitik,* S. 420 ff. und 425 ff.

108 Rede Genschers vor der UN-Vollversammlung am 28. 9. 1976, zit. nach *Zehn Jahre Deutschlandpolitik,* S. 20.

109 Ebd., S. 20 f. und 311 f.

110 *Saarbrücker Zeitung* vom 19. 2. 1977, abgedr. auch in *Neues Deutschland* vom 22. 2. 1977; Auszüge in: *Zehn Jahre Deutschlandpolitik,* S. 314 f.

111 Dazu zusammenfassend Schroeder: *SED-Staat,* S. 238 f. mit weiteren Belegen.

112 Mitschrift des Telefonats Schmidt – Honecker am 20. 3. 1977 aus SAP-MO, DY 30, J IV J/86, ist abgedr. bei Potthoff: *Bonn und Ost-Berlin,* S. 360–367; siehe auch den im Kanzleramt ausgearbeiteten »Leitfaden für Gesprächsführung« bei diesem Telefonat, in: H. S. privat, DDR 1974–1978, Bd. II.

113 »Information« über das Gespräch Schmidt/Wehner – W. Vogel am 16. 5. 1977 in West-Berlin aus SAPMO, DY 30, J IV J86, ist abgedr. bei Potthoff: *Bonn und Ost-Berlin,* S. 368–384.

114 Siehe *Verhandlungen des Deutschen Bundestages,* Sten. Ber., Bd. 101, S. 1225–1230 und 1249 (Beratung am 23. 3. 1977 zur Lage der Menschenrechte in Deutschland und der Deutschen in Osteuropa) und S. 2050–2135 (Debatte am 26. 5. 1977 über die Große Anfrage).

115 Regierungserklärung am 17. 6. 1977, in: *Zehn Jahre Deutschlandpolitik,* S. 316 f.

116 Schreiben Schmidts an Honecker vom 28. 6. 1977, mit Anlage abgedr. bei Potthoff: *Bonn und Ost-Berlin,* S. 385 ff.

117 Ebd., S. 388 Anm. 13.

118 Ms. Entwurf des Honecker-Schreibens, der von Wehner als Abschrift an Schmidt weitergeleitet wurde und mit dessen Paraphe vom »1/8« versehen ist, sowie zwei Schreiben Wehners an Schmidt, beide vom 29. 7. 1977, mit Schmidts Paraphe vom 1. 8., in: H. S. privat, DDR 1974–1978, Bd. II.

119 Das Schreiben Honeckers an Schmidt vom 2. 8. 1977 mit Schmidts

Paraphe »9/8/77« aus H.S. privat, DDR 1974–1978, Bd.II, ist abgedr. bei Potthoff: *Bonn und Ost-Berlin*, S.390 ff. Die Abweichungen zu dem Wehner übersandten Entwurf sind dort angemerkt.

120 Vgl. die Übersicht in: *Zehn Jahre Deutschlandpolitik*, S.16.

121 Vgl. Werner Filmer/Heribert Schwan: *Wolfgang Schäuble. Politik als Lebensaufgabe*, München 1994, S.130.

122 Vgl. dazu die »Information« Häbers vom 20.10. 1977 über ein Gespräch mit Gaus, abgedr. bei Nakath/Stephan: *Häber-Protokolle*, S.142 ff.

123 Gaus hatte schon bei einer Klausurtagung am 21./22.6. 1976 in Schloß Gymnich bei Bonn Aufsehen erregt, wo er über eine sich verhärtende Haltung der DDR und Pläne sprach, West-Berlin von der Bundesrepublik zu isolieren. So berichtete es *Die Welt*; siehe *AdG* 1977, S.20691. Mit einem Interview in *Der Spiegel* vom 31.1. 1977, in dem er u.a. Entgegenkommen in der Staatsbürgerschaftsfrage signalisierte, verärgerte er den Kanzler. Nach einer Aufzeichnung über das Gespräch Schmidt/Wehner – W. Vogel am 16.5. 1977 (abgedr. bei Potthoff: *Bonn und Ost-Berlin*, S.368 ff., hier S.383) sagte Schmidt: »Es sei eine der größten Fehlleistungen, Gaus auf diesen Platz gesetzt zu haben.« Doch momentan sei eine Ablösung nicht machbar. »Er hielte sogar einen Überlauf zur Opposition aus Eitelkeit nicht [für] ausgeschlossen.«

124 Vermerk über das Gespräch Staatssekretär Spangenberg – W. Vogel am 19.8. 1977, in: H.S. privat, DDR 1974–1978, Bd.II.

125 »Information« Häbers »über meinen Aufenthalt in der BRD vom 28.9. bis 5.10. 1977«, abgedr. bei Nakath/Stephan: *Häber-Protokolle*, S.132 ff., hier bes. S.142.

126 Das Schreiben Schmidts an Honecker vom 22.12. 1977 ist abgedr. bei Potthoff: *Bonn und Ost-Berlin*, S.292 f.

127 Schmidt: *Die Deutschen*, S.40.

128 Siehe *Zehn Jahre Deutschlandpolitik*, S.3225 ff.

129 Vgl. die Erklärung von Bundeskanzler Schmidt am 20.10. 1977 vor dem Deutschen Bundestag, in: *Verhandlungen des Deutschen Bundestages*, Sten. Ber., Bd.103, S.3756–3760.

130 Vgl. den Vermerk Germelmanns vom 23.8. 1987 über eine Anfrage Huonkers vom Sommer 1980, in: BA, B 136/20554; ferner Gespräch Gaus – Honecker am 3.11. 1980 aus SAPMO, DY 30, J IV J/87, ist abgedr. bei Potthoff: *Bonn und Ost-Berlin*, S.551.

131 Siehe die von Häber verfaßte »Information über meinen Aufenthalt in der BRD vom 28.9. bis 5.10. 1977« vom 3.10, seine »Information über ein Gespräch mit dem Leiter der Ständigen Vertretung der BRD in der DDR, Gaus« vom 20.10. 1977 und seine »Information über ein

Gespräch mit Walther Leisler Kiep« am 11.12. 1977 in Erfurt, abgedr. bei Nakath/Stephan: *Häber-Protokolle*, S.132 ff., 142 ff. und 145 ff.

132 Vgl. die »Information« Häbers vom 3.10. 1977 (vorige Anmerkung) und *Zehn Jahre Deutschlandpolitik*, S.19; AdG 1978, S.22486 f.

133 Siehe Schroeder: *SED-Staat*, S.236 und 240 mit weiteren Literaturnachweisen.

134 Klaus Michael: »Feindbild Literatur. Die Biermann-Affäre, Staatssicherheit und die Herausbildung einer literarischen Alternativkultur in der DDR«, in: *Aus Politik und Zeitgeschichte*, B 22–23/93, S.25f.

135 Christian Meyer-Seitz: »SED-Einfluß auf die Justiz in der Ära Honekker«, in: *Deutschland Archiv* 1995, H.1, S.38 f.; Manfred Jäger: *Kultur und Politik in der DDR 1945–1990*, Köln 1994, S.169.

136 Schroeder: *SED-Staat*, S.237.

137 Manfred Wilke (Hrsg.): *Robert Havemann. Ein deutscher Kommunist. Rückblicke und Perspektiven aus der Isolation*, Reinbek 1978; Bögeholz: *Die Deutschen*, S.471; *Der Spiegel* vom 6.6. 1977, S.170 ff.

138 Rudolf Bahro: *Die Alternative. Zur Kritik des real existierenden Sozialismus*, Köln 1977, mit einem Nachwort von 1989/90, Berlin 1990; *Der Spiegel* vom 22.8. 1977, S.30 ff.

139 Schroeder: *SED-Staat*, S.242.

140 *Der Spiegel* vom 2.1. 1978 (S.21–24) und vom 9.1. 1978 (S.26–30); AdG 1978, S.21623–21627. Zum Kontext und den Hintergründen siehe vor allem Dominik Geppert: *Störmanöver. Das »Manifest der Opposition« und die Schließung des Ost-Berliner »Spiegel«-Büros im Januar 1978*, Berlin 1996. Ausführliche Materialien finden sich dazu in: BA, B 136/20433.

141 Vgl. etwa den Überblick bei Klein/Otto/Grieder: *Visionen*, S.414 ff.; sowie die in der vorigen Anm. zit. Untersuchung von Dominik Geppert.

142 Heinz Niemann: »Zu einem vergessenen Erbteil der SED-Nachfolgepartei: Was wollten die Autoren des »Spiegel-Manifestes«?«, in: *Neues Deutschland* vom 27.7. 1994.

143 Interview mit Wehner im Hessischen Rundfunk am 12.1. 1978, veröffentlicht in: *Informationen der Sozialdemokratischen Bundestagsfraktion*, Ausgabe 20; dazu auch Klein/Otto/Grieder: *Visionen*, S.80 ff.

144 Schmidt: *Menschen und Mächte*, S.84 f. und 222 f.

145 Vgl. Vogtmeier: *Egon Bahr*, S.223 ff.

146 Schmidt: *Menschen und Mächte*, S.226 ff.

147 Das Schreiben Schmidts an Honecker vom 22.12. 1977 ist abgedr. bei Potthoff: *Bonn und Ost-Berlin*, S.393 ff. Ausfertigungen in: SAPMO, DY 30, J IV J/86 und J IV 2/2A/2126; H.S. privat, DDR 1974–1978, Bd. II.

148 Mitschrift des Telefonats Schmidt – Honecker am 18.1.1978 aus dem Bestand SAPMO, DY 30, J IV J/86, ist abgedr. bei Potthoff: *Bonn und Ost-Berlin,* S.396–404; dort auch Hinweis auf den Westvermerk. Honeckers Antwortschreiben an Schmidt vom 13.6.1978 ebd., S.418–421.

149 Schmidts Regierungserklärung am 19.1.1978 in: *Verhandlungen des Deutschen Bundestages,* Sten. Ber., Bd.104, S.4960 ff.

150 Eine »Gedächtnisniederschrift« über das Gespräch Wischnewskis mit Axen, Fischer und Häber am 28.1.1978 aus dem Bestand SAPMO, DY 30, IV 2/1/548, ist abgedr. bei Potthoff: *Bonn und Ost-Berlin,* S.405 ff. Zu Gesprächen mit Häber »außerhalb der offiziellen Beratung« siehe Nakath/Stephan: *Häber-Protokolle,* S.149 ff.

151 Vgl. Besier: *Der SED-Staat und die Kirche,* S.106 f.; Axel Noack: »Die Phasen der Kirchenpolitik der SED und die sich darauf beziehenden Grundlagenbeschlüsse der Partei- und Staatsführung in der Zeit von 1972 bis 1989«, in: Enquete-Kommission, Bd. VI/2, S.1048–1133, hier 1115 ff.; Schroeder: *SED-Staat,* S.244.

152 Vogtmeier: *Egon Bahr,* S.227.

153 Vgl. *AdG* 1978, S.21738.

154 Schmidt: *Menschen und Mächte,* S.95.

155 Ebd., S.94.

156 Ausführlich dargestellt wird der Besuch bei Schmidt: *Menschen und Mächte,* S.89–98.

157 Siehe das Schreiben Honeckers an Schmidt vom 13.6.1978 sowie die Aufzeichnungen über das Gespräch Schmidt – M. Kohl am 14.6.1978, beides aus H.S. privat, DDR 1978–1981, Bd.III, abgedr. bei Potthoff: *Bonn und Ost-Berlin,* S.418 ff. und 422 ff.

158 So Schmidt im Gespräch mit M. Kohl am 14.6.1978, siehe die vorige Anm.

159 Auszug aus einem Vermerk vom 14.6. über das Gespräch Leisler Kiep – Häber in Erfurt, in: BA, B 136/18569; eine von Häber verfaßte und Norden übersandte »Information« über dieses Gespräch »am 3. Juni 1978 in Erfurt« ist abgedr. bei Nakath/Stephan: *Häber-Protokolle,* S.166 ff.

160 Gaus Verhandlungspartner auf DDR-Seite waren Schalck-Golodkowski und der stellv. Außenminister Nier. Die Vereinbarungen wurden schließlich am 16.11.1978 unterzeichnet. Siehe *Zehn Jahre Deutschlandpolitik,* S.47 f., 341 ff. und 348 ff.

161 Mitschrift des Telefonats Schmidt – Honecker am 17.10.1978 aus dem Bestand SAPMO, DY 30, J IV/86, ist abgedr. bei Potthoff: *Bonn und Ost-Berlin,* S.441–460 (dort auch Hinweis auf Westvermerk). Das Schreiben Schmidts an Honecker vom 3.11.1978 ebd., S.461 f.

162 Schmidt: *Menschen und Mächte*, S. 89 ff., 225 ff. und 230.

163 Ebd., S. 130.

164 Vgl. etwa Herbert Dittgen: *Deutsch-amerikanische Sicherheitsbeziehungen in der Ära Schmidt. Vorgeschichte und Folgen des NATO-Doppelbeschlusses*, München 1991; Schmidt: *Menschen und Mächte*, S. 231 f.

165 Das Non-paper aus H. S. privat, DDR 1978–1981, Bd. III, ist abgedr. bei Potthoff: *Bonn und Ost-Berlin*, S. 463–468. Es trägt den Vermerk »Bespr. BK / E. Moldt 12. 10. 1979«, ein Exemplar in SAPMO, DY 30, J IV/87, trägt den Vermerk »E.H. 11. 10.79«.

166 Fernschreiben von Gaus vom 12. 10. 1979 über das Gespräch mit Honecker, in: H. S. privat, DDR 1978–1981, Bd. III; »Niederschrift« über dieses Gespräch am 12. 10. 1979 »im Haus des Zentralkomitees«, verfaßt von F. J. Herrmann, in: SAPMO, DY 30, J IV/87.

167 Das Schreiben Breshnews an Schmidt fehlt, obwohl im Inhalt von Mappen aufgeführt, sowohl in BA, B 136/18571 wie in 20552. *Informationen der Sozialdemokratischen Bundestagsfraktion*, Ausgabe 1140, vom 15. 11. 1979.

168 Siehe Schmidt: *Menschen und Mächte*, S. 89 ff., 102 und 105; AdG 1979, S. 23075–23078.

169 Die wörtliche östliche Mitschrift »Streng geheim« über das Telefonat Schmidt – Honecker am 28. 11. 1979 »von 22.15 Uhr bis 22.45« aus SAPMO, DY 30, J IV J/86, ist abgedr. bei Potthoff: *Bonn und Ost-Berlin*, S. 469–488.

170 Hs. Vermerk Schmidts »BK/Moldt 1. 10.79«, in: H. S. privat, DDR 1978–1981, Bd. III.

171 Schmidt: *Menschen und Mächte*, S. 102 f.

172 Gemeint war Rechtsanwalt Wolfgang Vogel.

173 Wie Anm. 169. Den Friedhof besuchte Loki Schmidt erst 1981, siehe Schmidt: *Die Deutschen*, S. 53.

174 Siehe dazu die Angaben bei Potthoff: *Bonn und Ost-Berlin*, S. 480 Anm. 35.

175 Die »Botschaft« ist in vollem Wortlaut abgedr. bei Potthoff: *Bonn und Ost-Berlin*, S. 482–485; die östliche Aufzeichnung über das Gespräch Honecker – Gaus am 3. 12. 1979 ebd., S. 485–488.

176 Ebd., S. 488.

177 Günter Huonker amtierte ab 10. 12. 1979 als Nachfolger von Hans-Jürgen Wischnewski als Staatsminister im Bundeskanzleramt.

178 Ein von Bräutigam am 20. 12. 1979 geschriebener »Vermerk Betr.: Vorbereitung des Treffens Bundeskanzler/Honecker«, in: Privatarchiv Schmidt, H. S. privat, 1. abgesagtes Treffen mit E. H.

179 Ein von Huonker verfaßter und vom 7.1. 1980 datierter »Vermerk Betr.: Vorbereitung des Treffens Bundeskanzler/Honecker« über das Gespräch Schmidt – Vogel am 18.12. 1979, ebd.

180 »Anlage Betr. Stand der Gespräche Gaus/Schalck« vom 27.11. 1979, u.a. in: BA, B 136/18574, und H.S. privat, 1. abgesagtes Treffen mit E.H.

181 Auf dem Berliner Parteitag der SPD vom 3.–9.12. 1979 wurde der von Schmidt geprägte Antrag »Sicherheitspolitik im Rahmen der Friedenspolitik« gegen eine beträchtliche Minderheit angenommen. Vgl. Miller/Potthoff: *Kleine Geschichte der SPD*, S. 241.

182 Schmidt: *Menschen und Mächte*, S. 106.

183 Das Gipfeltreffen von US-Präsident Jimmy Carter und Generalsekretär Leonid Breshnew mit der Unterzeichnung des SALT-II-Abkommens am 18.6. 1979 hatte in Wien stattgefunden. Zur Beurteilung Carters in diesem Kontext vgl. Schmidt: *Menschen und Mächte*, S. 106 und 226.

184 *AdG* 1980, S. 23402.

185 Dazu bes. Schmidt: *Menschen und Mächte*, S. 107.

186 Entsprechende Unterlagen vom 11.1., 18.1. und 25.1. 1980 in: BA, B 136/18570 bzw. 18572 und 20552.

187 Die Botschaft Honeckers und eine »Aufzeichnung« über das Gespräch Schmidt – Vogel am 28.1. 1980 aus H.S. privat, DDR 1978–1981, Bd. II, sind abgedr. bei Potthoff: *Bonn und Ost-Berlin*, S. 489–495.

188 Vermerk »29. Januar 1980. Stand der Verhandlungen mit der DDR«, in: BA, B 136/20552.

189 Vermerk Stadens für Schmidt vom 24.1. 1980 sowie Bräutigams an Huonker vom 24.1. 1980, in: BA, B 136/20552 und 136/18569 mit hs. Notiz.

190 Vermerk Huonkers vom 1.2. 1980 für Schmidt über das Beitz-Gespräch mit Honecker auf dessen Datscha, in: BA, B 136/20552.

191 Mitschrift des Telefonats Schmidt – Honecker am 19.2. 1980 aus SAPMO, DY 30, J/IV J/87, ist abgedr. bei Potthoff: *Bonn und Ost-Berlin*, S. 496–503; von Bräutigam gefertigter »Vermerk betr. Telefongespräch des Bundeskanzlers mit dem Staatsratsvorsitzenden Honecker am 19. Februar 1980, 22.00 Uhr« mit hs. Korrekturen und Bemerkungen u.a. von Schmidt wie »1) Änderungen beachten, 2) 1 Kopie zdA pr (HS?-Pz) bei mir«, in: H.S. privat, DDR 1978–1981, Bd. III; vgl. auch *Zehn Jahre Deutschlandpolitik*, S. 40.

192 Die im Kanzleramt gefertigte Aufzeichnung vom 21.4. 1980 »über das Gespräch des Bundeskanzlers mit Dr. Günter Mittag […] am 17. April 1980 im Bundeskanzleramt« ist abgedr. bei Potthoff: *Bonn und Ost-Berlin*, S. 504–515; ein östlicher Bericht bei Nakath/Stephan: *Hubertusstock*, S. 43–50.

193 Wortlaut der Vereinbarungen und der ergänzenden Erklärungen und Protokollvermerke in: *Innerdeutsche Beziehungen*, S. 57–66.

194 So die Formulierung Schmidts im Gespräch mit Mittag am 17. 4. 1980, wie Anm. 192.

195 Zur Besetzung der US-Botschaft in Teheran am 4. 11. 1979 und den Reaktionen vgl. *AdG* 1980, S. 23195f.

196 Wie Anm. 192, S. 506f. und 510 ff.

197 Die westliche Aufzeichnung über das Gespräch Schmidt – Honecker am 8. 5. 1980 in Belgrad vom 12. 5. 1980 ist abgedr. bei Potthoff: *Bonn und Ost-Berlin*, S. 516–527; die entsprechende Ostaufzeichnung ebd., S. 527–534.

198 Ebd., S. 519 f.; vgl. auch Schmidt: *Menschen und Mächte*, S. 109.

199 Potthoff: *Bonn und Ost-Berlin*, S. 520 und 533f., wo in der Ostaufzeichnung wörtlich zitiert wird: »Fahren Sie zuerst zu Breshnew nach Moskau, dann werden wir uns verständigen.« Weiter hieß es: »E. Honecker sagte, über einen Termin könne man sich nach H. Schmidts Moskau-Besuch verständigen.«

200 Siehe dazu die bei Przybylski: *Tatort Politbüro*, Bd. 1, S. 340–348 abgedr. Aufzeichnungen.

201 Nakath/Stephan: *Hubertusstock*, S. 23.

202 Siehe dazu Potthoff: *Bonn und Ost-Berlin*, S. 390 ff. Anm. 1.

203 Vgl. Schmidt: *Menschen und Mächte*, S. 108–125.

204 Honecker sagte: »Nun sei das Verhältnis von Honecker zu ihm [M. Kohl] nicht mehr die ganz heiße Liebe.«

205 Vermerk über das Vorbereitungsgespräch Huonker – W. Vogel am 10. 7. 1980 im Kanzleramt, in: H. S. privat, 1. abgesagtes Treffen mit E. H.

206 Vermerk über das Gespräch Huonker – W. Vogel am 16. 7. 1980 im Bundeskanzleramt, ebd.

207 Vermerk über das Gespräch Huonker – W. Vogel am 5. 8. 1980 im Bundeskanzleramt, ebd.

208 Der »DDR-Entwurf« mit dem Vermerk »am 16. 7. übergeben« findet sich in: BA, B 136/18572; überbracht wurde er von W. Vogel. Siehe Anm. 206.

209 Vermerk Bräutigams über das Gespräch Huonker – Moldt am 11. 8. 1980, ebd.

210 Die umfangreiche Mappe des Auswärtigen Amtes zum Treffen Schmidt – Honecker am 27.–29. 8. 1980 findet sich u. a. in: BA, B 136/18571. Sie umfaßt insgesamt 38 sog. »Fächer«, wobei nur Fach 1 die DDR zum Gegenstand hatte. Die meisten Unterlagen galten dagegen »Aktuellen weltpolitischen Themen« und Ost-West-Beziehungen. Die

von Franke am 18. 8. 1980 übersandten »Elemente für einen Sprechzettel« umfaßten ca. 100 Seiten und gliederten sich in internationale Lage und bilaterale Beziehungen, ein Exemplar in: BA, B 136/18573. DDR-Materialien als Unterlagen für das Politbüro »zum Arbeitstreffen« Schmidt – Honecker am 28./29. 8. 1980 in der DDR sind abgedr. bei Nakath/Stephan: *Hubertusstock*, S. 51–55.

211 Vgl. Schreiben von Gaus an Weichert vom 9. 7. 1980, als Information zugleich u. a. für Spangenberg, Huonker und Bräutigam; Fernschreiben von Gaus vom 4. 8. und 12. 8. 1980 an das Kanzleramt sowie den Vermerk Bräutigams an Huonker vom 12. 8. 1980 mit Bemerkungen Huonkers, in: BA, B 136/18573 bzw. 18574.

212 Siehe dazu u. a. Sozialdemokraten SPD Service Presse Rundfunk TV Nr. 419/80 vom 27. 6. 1980 mit einer Zitatensammlung von CDU/CSU-Politikern zur anstehenden Moskaureise.

213 *Deutschland-Union Dienst*, Nr. 139 vom 29. 7. 1980.

214 Schreiben von Strauß an Schmidt vom 8. 2., 18. 7. und 14. 8. 1980 sowie Presseerklärung der Bayerischen Staatskanzlei vom 28. 2. und 23. 7. 1980, in: BA, B 136/14766. *Frankfurter Allgemeine Zeitung* vom 18. 8. 1980.

215 Notizzettel Schmidts für »Chef BK« vom 19. 8. 1980, in: BA, B 136/14766, sowie ein entsprechender Vermerk vom 22. 8. 1980 dazu, in: BA, B 136/18569.

216 Vermerk Richthofens vom 11. 8. 1980 über die Unterrichtung der »Vierergruppe« durch Bräutigam, in: BA, B 136/569.

217 Vermerke über die Gespräche Huonker – W. Vogel am 5. 8. und 18. 8. 1980 im Bundeskanzleramt, in: H. S. privat, 1. abgesagtes Treffen mit E. H., sowie BA, B 136/18570 mit Unterlagen zu den Kommuniqué-Verhandlungen.

218 Dazu Nakath/Stephan: *Hubertusstock*, S. 51–55.

219 Vgl. die Aufzeichnung über dieses Treffen in: SAPMO, DY 30, J IV 2/2A/2344; ferner Przybylski: *Tatort Politbüro*, Bd. 1, S. 346.

220 Vermerk über das Gespräch Huonker – Moldt am 11. 8. 1980, in: BA, B 136/18573, und H. S. privat, 1. abgesagtes Treffen mit E. H.

221 Gespräch Huonker–Vogel am 18. 8. 1980, wie Anm. 217.

222 Wie Anm. 221.

223 Vermerk Bräutigams über das Gespräch Huonker – Moldt am 20. 8. 1980 im Bundeskanzleramt, in: BA, B 136/18573.

224 Eine Ausfertigung findet sich davon in H. S. privat, DDR 1978–1981, Bd. III, im Kontext der Unterlagen der Gespräche mit W. Vogel am 18. und 21. 8. 1980. Der Plan war auf S. 1 unten abgezeichnet von »Mielke« und oben hinter »Bestätigt« von »E. Honecker« mit dem

nachfolgenden Satz »Generalsekretär des ZK der SED und Vorsitzender des NVR der DDR am 18. 8. 1980«. Wie sich Vogel erinnert, nahm ihm Schmidt das Exemplar bei einem Treffen einfach aus den Händen.

225 Bei Przybylski: *Tatort Politbüro*, Bd. 1, S. 347, findet sich die Äußerung Mielkes: »E.H. hat sein Non-paper (9 Punkte für weitere menschliche Erleichterungen zwischen der DDR und der BRD) behalten, wozu?«

226 Der Vermerk über dieses Gespräch Schmidt – W. Vogel am 21. 8. 1980 am Brahmsee mit einem dabei übergebenen Non-paper der DDR ist abgedr. bei Potthoff: *Bonn und Ost-Berlin*, S. 535–543, hier bes. S. 540.

227 Vermerk über das Telefonat Bräutigam – W. Vogel am 21. 8. 1980 »23.30 Uhr«, in: H. Schmidt, H. S. privat, 1. abgesagtes Treffen mit E. H.

228 Vermerk über das Telefonat Schmidt – Honecker am 22. 8. 1980 aus Privatarchiv H. Schmidts, H. S. privat, DDR 1978–1981, Bd. III, ist abgedr. bei Potthoff: *Bonn und Ost-Berlin*, S. 544 f. Vgl. auch Schmidt: *Die Deutschen*, S. 60 f.; sowie *Bulletin* vom 22. 8. 1980 und *Innerdeutsche Beziehungen*, S. 72.

ABGRENZUNG UND BRÜCKENSCHLÄGE

1 Zu der Art, wie Honecker dies registrierte, siehe Gespräch Gaus – Honecker am 3. 11. 1980, abgedr. bei Potthoff: *Bonn und Ost-Berlin*, S. 548–561, bes. S. 552; sowie das Fernschreiben von Gaus vom 4. 11. 1980 an Schmidt, Huonker u. a., in: H. S. privat, DDR 1978–1981, Bd. III.

2 Das Schreiben ist abgedr. bei Potthoff: *Bonn und Ost-Berlin*, S. 546 f.

3 Vgl. *Innerdeutsche Beziehungen*, S. 8, 13 und 73.

4 Vgl. Werner Weidenfeld/Manuela Glaab: »Die deutsche Frage im Bewußtsein der Bevölkerung in beiden Teilen Deutschlands«, in: Enquete-Kommission, Bd. V/3, S. 2908 f.

5 Vgl. *Innerdeutsche Beziehungen*, S. 73 f. und 77 f.; sowie den Vermerk von Karl Seidel (MfAA), über ein Gespräch am 10. 10. 1980 mit Gaus, der für die Bundesregierung die »schärfste Verwahrung« eingelegt hatte, in: SAPMO, DY 30, J IV J/87.

6 Die Geraer Rede Honeckers ist veröffentlicht in *Neues Deutschland* vom 14. 10. 1980; ein Auszug u. a. auch in: *Innerdeutsche Beziehungen*, S. 74–77. Siehe auch Erich Honecker: *Reden und Aufsätze*, Bd. 7, Berlin 1982, S. 432 f.

7 Die »Niederschrift« über das Gespräch Gaus – Honecker am 3. 11. 1980

aus SAPMO, DY 30, J IV J/87, ist abgedr. bei Potthoff: *Bonn und Ost-Berlin*, S. 548–561.

8 Przybylski: *Tatort Politbüro*, Bd. 1, S. 345; vgl. Nakath/Stephan: *Hubertusstock*, S. 23 f.

9 Przybylski: *Tatort Politbüro*, Bd. 1, S. 343.

10 Ebd., S. 347.

11 Fernschreiben von Gaus an Schmidt vom 4. 11. 1980 und an Huonker vom 7. 11. 1980, in: H. S. privat, DDR 1978–1981, Bd. III. Darin bestätigte Gaus ausdrücklich: »Honecker hat das Wort ›Schießbefehl‹ benutzt; er hat den Begriff ›deutsch-deutsche Freundschaft‹ verwendet.«

12 Vermerk des Arbeitsstabes Deutschlandpolitik vom 4. 11. 1980 zum Gespräch Gaus – Honecker, in: H. S. privat, DDR 1978–1981, Bd. III.

13 Siehe das in Anm. 11 zit. Fernschreiben von Gaus vom 4. 11. 1980.

14 Schmidt: *Die Deutschen*, S. 40.

15 Vermerk des Arbeitsstabes Deutschlandpolitik vom 5. 6. 1981 über das Gespräch Schmidt – Meisner, in: H. S. privat, Katholische Kirche 1977–1982.

16 Zit. nach Klein/Otto/Grieder: *Visionen*, S. 428.

17 Ebd., S. 428.

18 Siehe Przybylski: *Tatort Politbüro*, Bd. 1, S. 346.

19 Interview Brandts mit dem Deutschlandfunk am 3. 11. 1980; Wortlaut in: Sozialdemokraten – SPD Service Presse Funk TV, Nr. 763/80 vom 3. 11. 1980.

20 Vermerk Bahrs »Betr.: Gespräch mit Moldt am Dienstag, 11. 11. 1980«, in: H. S. privat, DDR 1978–1981, Bd. III.

21 Zit. nach *Innerdeutsche Beziehungen*, S. 78 f.

22 Schmidt: *Die Deutschen*, S. 62 f.

23 Über die Ablösung von Gaus und seine Ersetzung durch Bölling berichtete schon der *Spiegel* vom 20. 10. 1980, S. 18 f.

24 Bölling erhielt das Agreement am 31. 12. 1980, trat sein Amt jedoch erst am 1. 2. 1981 an und machte seinen ersten Besuch bei Honecker am 9. 2. 1981. Vgl. *Innerdeutsche Beziehungen*, S. 20 und Potthoff: *Bonn und Ost-Berlin*, S. 562.

25 Vgl. *Innerdeutsche Beziehungen*, S. 79.

26 Vermerk Ref. 222 Zilch vom 19. 1. 1981, in: BA, B 136/18570.

27 Vermerk Richthofens vom 16. 1. 1981 für Huonker und »Ergebnisvermerk über das deutschlandpolitische Gespräch am 28. Januar 1981« vom 30. 1.; ferner Schreiben Huonkers an Schmidt vom 30. 1. 1981 und vom 2. 2. 1981 zum deutschlandpolitischen Gespräch, in: BA, B 136/18576.

28 »Ergebnisvermerk« vom 30. 1. 1981, siehe vorige Anm.; Richthofens

»Ergebnisvermerk über das Gespräch führender SPD-Politiker über Deutschlandpolitik unter dem Vorsitz des Bundeskanzlers am 3. Februar 1981« und die ebenfalls von Richthofen gefertigte ausführlichere »Niederschrift« gleichen Titels vom 5.2. 1981, in: BA, B 136/18576.

29 Siehe die vorige Anm., für van Well den »Ergebnisvermerk« Richthofens vom 30.1. 1981 und zu Gera den Vermerk Huonkers vom 2.2. 1981 über eine ihm »am Rande eines Essens« am 26.11. 1980 mitgeteilte Information Moldts, in: BA, B 136/18576.

30 Die »Mündliche Botschaft« Schmidts vom 9.2. 1981 an Honecker aus SAPMO, DY 30, J IV J86, ist abgedr. bei Potthoff: *Bonn und Ost-Berlin*, S. 562 ff.

31 Der Vermerk über das Gespräch Schmidt – W. Vogel vom 12.2. 1980 aus H.S. privat, DDR 1978–1981, Bd. III, ist abgedr. bei Potthoff, ebd., S. 565 ff.

32 Siehe vorige Anm.

33 Siehe Przybylski: *Tatort Politbüro*, Bd. 1, S. 346.

34 Vgl. Anm. 28.

35 Die »Information« über den Aufenthalt vom 16.–22.2. 1981 und die »Information« über den Aufenthalt vom 23.–25.6. 1981 sind abgedr. bei Nakath/Stephan: *Häber-Protokolle*, S. 257–277 und 281–294.

36 Das Schreiben Schmidts an Honecker vom 24.7. 1981 ist abgedr. bei Potthoff: *Bonn und Ost-Berlin*, S. 580 f.

37 Siehe *Innerdeutsche Beziehungen*, S. 22 und 79.

38 Vgl. dazu etwa die Unterlagen über die Gespräche mit dem katholischen Bischof von Berlin Meisner am 30.5. 1981 und mit dem evangelischen Bischof von Berlin-Brandenburg Schönherr am 16.7. 1981, in: H.S. privat, Katholische Kirche 1977–1982 bzw. Evang. Kirche 1977–1982.

39 Das Schreiben Honeckers an Schmidt vom 31.8. 1981 ist abgedr. bei Potthoff: *Bonn und Ost-Berlin*, S. 582–584; die »Niederschrift« über das Treffen Breshnew – Honecker am 3.8. 1981 auf der Krim in: SAPMO, DY 30, IV 2/1/592.

40 *Der Spiegel* vom 26.10. 1981, S. 23 f.

41 Das Friedensforum ist dokumentiert in dem Buch *Sicherheitspolitik contra Frieden? Ein Forum zur Friedensbewegung*, Berlin 1981.

42 Vgl. Brandt: *Erinnerungen*, S. 360 f.; AdG 1981, S. 24722–24724.

43 *Der Spiegel* vom 10.8. 1981, S. 14.

44 Siehe dazu bes. Vogtmeier: *Egon Bahr*, S. 223 ff., 231 ff., 241 f. und 260 f.

45 Auszüge aus den zum Teil stenographischen Niederschriften der östlichen Seite über diese Gespräche am 4.9. 1981 aus SAPMO, DY 30,

2/1/592, sowie aus für Bahr gefertigten Vermerken aus AdsD, Dep. E.B. 355, sind abgedr. bei Potthoff: *Bonn und Ost-Berlin*, S.585–612.

46 Ebd., S.608.

47 Bahr: *Zu meiner Zeit*, S.527.

48 Mitschrift des Telefonats Schmidt – Honecker am 30.10.1981 aus SAP-MO, DY 30, J IV J/88, ist abgedr. bei Potthoff: *Bonn und Ost-Berlin*, S.629.

49 Die Aufzeichnung Böllings vom 25.9.1981 für Schmidt über dieses Gespräch, ein Vermerk Schalck-Golodkowskis vom 25.9.1981 sowie die als Anlage beiliegende Botschaft Honeckers vom 24.9.1981 sind abgedr. bei Potthoff: *Bonn und Ost-Berlin*, S.613–620.

50 Vgl. das darauf bezugnehmende Schreiben Genschers an Fischer vom 10.12.1981, in: BA, B 136/18579.

51 Schmidt: *Menschen und Mächte*, S.125 f.

52 Wie Anm.48, Zitat S.628.

53 Vermerk über das Gespräch Schmidt – W. Vogel am 13.11.1981, in: H.S. privat, DDR 1978–1981, Bd.III.

54 Schreiben Richthofens an Schmidt vom 19.11.1981 (mit hs. Bemerkungen), Vermerk Richthofens vom 19.11.1981 über das Gespräch Huonker – W. Vogel am 18.11.1981 im Bundeskanzleramt und Non-paper vom 18.11.1981 für das Treffen Schmidt – Honecker mit hs. Notizen zu dem Gespräch Huonker – W. Vogel am 18.11.1981, in: H.S. privat, DDR Döllnsee; Non-paper auch in: BA, B 136/18576.

55 Siehe die Vermerke und Notizen Richthofens vom 6.12., 7.12., 9.12. und 10.12. sowie die verschiedenen Entwürfe für das Kommuniqué u.a. vom 10.12. und die schließliche Endfassung »Gemeinsames Kommuniqué« mit Sperrfrist 13.12.1981, 19.00 Uhr, in: BA, B 136/18577. Dort noch weitere Materialien. Vgl. auch die beiden vorigen Anm.

56 Gespräche Schmidt/Wehner – W. Vogel am 9.12.1981 in Bonn aus H.S. privat, DDR 1978–1981, Bd.III, und aus SAPMO, DY 30, J IV J/88, sind abgedr. bei Potthoff: *Bonn und Ost-Berlin*, S.637–651, hier S.648. Ferner Richthofens Vermerk über das Gespräch Huonker – W. Vogel am 29.11.1981 im Bundeskanzleramt, die beiden Vermerke Böllings vom 3.12. und 4.12.1981 zum Gespräch Huonker – Nier im MfAA am 3.12.1981 und über die telefonischen Gespräche mit W. Vogel und AL Seidel (MfAA) am 4.12.1981, in: H.S. privat, DDR Döllnsee.

57 Vermerk Huonkers vom 10.12.1981 »Betr.: Besuch des Bundeskanzlers in der DDR, hier.: Anruf von RA [W. Vogel]«, ebd.

58 Gespräche Huonker – W. Vogel am 29.11. und Schmidt/Wehner – W. Vogel am 9.12.1981, wie Anm.56.

59 Schmidt: *Die Deutschen,* S. 65 und 67.
60 Wie Anm. 53.
61 Vgl. Schmidt: *Menschen und Mächte,* S. 125 ff. und 302 ff.
62 Mitschrift des Telefonats Schmidt – Honecker am 25. 11. 1981 aus
   SAPMO, DY 30, J IV J/88, ist abgedr. bei Potthoff: *Bonn und Ost-Berlin,*
   S. 633–636.
63 Schmidt: *Die Deutschen,* S. 67.
64 Umfangreiche Papiere und Materialien finden sich dazu bes. in: BA, B
   136/18576/18577 und 18578.
65 Gespräch Bölling – Schalck-Golodkowski am 25. 9. 1981 aus H. S. privat, DDR 1978–1981, Bd. III, ist abgedr. bei Potthoff: *Bonn und Ost-
   Berlin,* S. 613–620.
66 Wie Anm. 53..
67 Gespräch Schmidt – Vogel am 13. 11. 1981 wie Anm. 53; Treffen Huonker – Vogel am 18. 11. 1981 wie Anm. 54.
68 Wie Anm. 56.
69 So Schmidt zu W. Vogel am 9. 12. 1981, wie Anm. 56, S. 638 f.
70 Vgl. Schmidt: *Die Deutschen,* S. 64.
71 Die Namen der Mitglieder der Delegationen finden sich sowohl in den
   Aufzeichnungen über das Treffen wie in verschiedensten Publikationen.
72 Siehe *Innerdeutsche Beziehungen,* S. 89–95, sowie für die Toasts von
   Schmidt und Honecker *Bulletin* vom 15. 12. 1981, S. 1038 f. (nur
   Schmidt), und *Neues Deutschland* vom 14. 12. 1981 (beide).
73 Schmidt: *Die Deutschen,* S. 57–73.
74 Nakath/Stephan: *Hubertusstock,* S. 57–73.
75 Potthoff: *Bonn und Ost-Berlin,* S. 671–679 und 694–697.
76 BA, B 136/18579; auch in: H. S. privat, DDR Döllnsee; über die Delegationssitzungen Unterlagen auch in: BA, B 136/18575.
77 BA, B 136/18579; der Vermerk über das Mittag-Lambsdorff-Gespräch,
   an dem von DDR-Seite auch Außenhandelsminister Beil und Schalck
   teilnahmen, wurde gefertigt von Franz Rösch, der Vermerk über das
   Franke-Fischer-Gespräch, bei dem von westdeutscher Seite u. a. auch
   Bölling und Hirt (BMB) dabei waren, von Manfred Ackermann.
78 Potthoff: *Bonn und Ost-Berlin,* S. 652–671 und 679–694.
79 Exemplare davon finden sich u. a. in: BA, B 136/185778 und 18579.
80 Arbeitspapier »Betr.: Treffen des Bundeskanzlers mit Generalsekretär
   Honecker. Übersicht über die Erwartungen der Bundesregierung an das
   Treffen des Bundeskanzlers mit GS Honecker, die Möglichkeiten des Entgegenkommens der DDR und Entscheidungsnotwendigkeiten auf unserer Seite«, insgesamt 31 Seiten, in: H. S. privat, DDR Döllnsee.
81 Arbeitspapier »Betr.: Treffen des Bundeskanzlers mit Generalsekretär

Honecker. Übersicht über die Erwartungen der DDR an das Treffen und die Möglichkeiten des Entgegenkommens der Bundesregierung«, ebenfalls gegliedert in drei Spalten »Erwartungen der DDR«, »Möglichkeiten des Entgegenkommens der Bundesregierung« und »Entscheidungsnotwendigkeiten und andere Bemerkungen«, in: ebd.

82 Siehe zu den beiden Vier-Augen-Gesprächen Schmidt – Honecker am Abend des 11. 12. und am Nachmittag des 12. 12. 1981 Anm. 74 und 78 sowie ausführlich bei Schmidt: *Die Deutschen*, S. 64–74.

83 Potthoff: *Bonn und Ost-Berlin*, S. 695 ff., Zitat S. 696.

84 Vgl. *Innerdeutsche Beziehungen*, S. 23 und 101.

85 Die neue Swing-Vereinbarung wurde am 18. 6. 1982 abgeschlossen, vgl. ebd., S. 117.

86 Der von Mielke vorgelegte und vom Politbüro am 8. 12. 1981 bestätigte »Plan der Maßnahmen zur Gewährleistung der Sicherheit während des Arbeitsbesuchs des Bundeskanzlers« findet sich in BStU, AGM 303, Bl. 6 ff.; vgl. Schroeder: *SED-Staat*, S. 266 f.

87 Siehe bes. den Vermerk Germelmanns vom 13. 9. 1982 (in: BA, B 136/20554) über eine entsprechende Äußerung Honeckers am 23. 8. 1982 zu Berthold Beitz. Dies, so Germelmann, treffe nicht zu. Honecker beziehe sich wohl auf eine Anfrage Huonkers bei Vogel im Sommer 1980, ob die DDR Informationen über Terroristen im Süd-Jemen habe. Mit Güstrow habe dies nichts zu tun.

88 Siehe dazu Schmidt: *Die Deutschen*, S. 74 f.

89 *Verhandlungen des Deutschen Bundestages*, Sten. Ber., Bd. 120, S. 4289 ff.; der betreffende Teil über das Treffen und zu Polen auch in: *Innerdeutsche Beziehungen*, S. 95 ff.

90 Mitschrift des Telefonats Schmidt – Honecker am 12. 1. 1982 aus SAPMO, DY 30, J IV J/89, abgedr. bei Potthoff: *Bonn und Ost-Berlin*, S. 698–714.

91 Vgl. dazu das Podiumsgespräch in der Sitzung der Enquete-Kommission am 13. 10. 1993 zum Thema »Solidarnosc 1980/81 und die Folgen in Polen, in den sozialistischen Nachbarländern, insbesondere in der DDR, sowie im Ost-West-Verhältnis« mit Wojciech Wieczorek, Artur Hajnicz, Ludwig Mehlhorn, Timothy Garton Ash, in: Enquete-Kommission, Bd. IV/1, S. 197–237; ferner auch Klein/Otto/Greiner: *Visionen*, S. 430 f. (Zitat).

92 Wie Anm. 90.

93 Wie Anm. 90.

94 Die entsprechenden Passagen aus Schmidts »Erklärung zur Lage der Nation« am 9. 9. 1982 in: *Innerdeutsche Beziehungen*, S. 122–126, Zitat S. 125.

95 Zu den sicherheitspolitischen Vorstellungen Schmidts vgl. u.a. schon seine in den sechziger Jahren publizierten Werke: *Verteidigung oder Vergeltung. Zum strategischen Problem der NATO,* Stuttgart 1965; *Strategie des Gleichgewichts. Deutsche Friedenspolitik und die Weltmächte,* Stuttgart 1969.

96 Garton Ash: Im Namen Europas; das Kapitel mit der bezeichnenden Überschrift »Liberalisierung und Stabilisierung«, bes. S. 270 f.

97 Ebd.

98 Vgl. dazu die beiden Bände der Enquete-Kommission VII/1 und VII/2 mit dem Titel *Möglichkeiten und Formen abweichenden und widerständigen Verhaltens und oppositionellen Handelns, die friedliche Revolution im Herbst 1989, die Wiedervereinigung Deutschlands und Fortwirken von Strukturen und Mechanismen der Diktatur,* bes. Bd. VII/1, S. 76–234; ferner den Vermerk des Referates 221 im Kanzleramt vom 17.2.1982 »Betr. Friedensbewegung in der DDR«, in: H.S. privat, Evang. Kirche 1977–1982.

99 Vgl. Schroeder: *SED-Staat,* S. 251.

100 Dieser Einsatz wird ausdrücklich auch von Hacker: *Deutsche Irrtümer,* S. 230, gewürdigt.

101 Vgl. *Innerdeutsche Beziehungen,* S. 23 und 100 f.

102 Mitschrift des Telefonats Schmidt – Honecker am 26.4.1982 aus SAPMO, DY 30, J IV J/89, abgedr. bei Potthoff: *Bonn und Ost-Berlin,* S. 715–726.

103 Das am 6.5.1982 übergebene Aid-mémoire und Non-paper ist abgedr. bei Potthoff: *Bonn und Ost-Berlin,* S. 727–734.

104 Siehe die »Mündliche Botschaft« Schmidts an Honecker vom 24.5. 1982, abgedr. ebd., S. 735–738.

105 Siehe zu dieser Verordnung vom 21.6.1982 und der zuvor schon am 18.6.1982 erteilten entsprechenden Zusicherung *Innerdeutsche Beziehungen,* S. 24 und 117–122. Dazu gehörte, daß der betreffende Personenkreis formell aus der Staatsbürgerschaft der DDR entlassen wurde.

106 *Innerdeutsche Beziehungen,* S. 117 und 119.

107 Nach Angaben des zuständigen Ministers Egon Franke war in den vier Monaten seit Geltung der Verordnung vom 15.2.1982 die Zahl dieser Reisen »um etwa 30 Prozent« gestiegen. Bezogen auf das Gesamtjahr 1982 betrug sie 25 Prozent, also mehr als 45 000 Personen. Vgl. *Innerdeutsche Beziehungen,* S. 9.

108 Die »Mündliche Botschaft« Honeckers an Schmidt vom 15.6.1982 ist abgedr. bei Nakath/Stephan: *Hubertusstock,* S. 75–82, sowie bei Potthoff: *Bonn und Ost-Berlin,* S. 739–744; siehe ferner die Fernschreiben Bräutigams an Schmidt vom 22.6.1982 und an

Wischnewski vom 23. 6. 1982, in: H. S. privat, DDR 1981–1982, Bd. IV.

109 Siehe den Vermerk Gruppe 22 Stern über »Staatsminister für den Bundeskanzler« vom 23. 6. 1982, ebd.

110 Vermerk über ein Gespräch Schmidt – Landesbischof Heinrich Rathke am 24. 8. 1982 am Brahmsee, in: H. S. privat, DDR 1981–1982, Bd. IV.

111 Das von Wischnewski am 2. 9. 1982 an Moldt übergebene Non-paper ist abgedr. bei Potthoff: *Bonn und Ost-Berlin*, S. 748–754.

112 Siehe dazu die bei Nakath/Stephan: *Hubertusstock*, S. 82–90, abgedr. DDR-Aufzeichnungen über die Unterredung mit Honecker am 13. 9. 1982 aus SAPMO, DY 30, IV 2/2A/2510. Dort finden sich auch die Ostniederschriften über Wischnewskis Gespräche mit DDR-Außenminister Fischer und mit Günter Mittag, beide ebenfalls am 13. 9., sowie ein kurzer Bericht. Zu den korrespondierenden Westquellen siehe die drei Fernschreiben der Ständigen Vertretung vom 14. 9. 1982 über die drei Gespräche, in: H. S. privat, DDR 1981–1982, Bd. IV.

113 Vgl. Karl-Rudolf Korte: *Deutschlandpolitik in Helmut Kohls Kanzlerschaft. Regierungsstil und Entscheidungen 1982–1989* (Geschichte der Deutschen Einheit, Bd. 1), Stuttgart 1998, S. 117 f.

114 »Information« Häbers über seinen »Aufenthalt in der BRD vom 14.– 21. Juni 1982« aus SAPMO, DY 30, IV 2/2035/86, abgedr. bei Nakath/Stephan: *Häber-Protokolle*, S. 323 ff.

115 Wie Anm. 110.

116 Schreiben Schmidts an Honecker vom 1. 10. 1982, abgedr. bei Potthoff: *Bonn und Ost-Berlin*, S. 756.

NEUE REGIERUNG AUF EINGEFAHRENEN WEGEN

1 Garton Ash: *Im Namen Europas*, bes. S. 148 ff.

2 Christian Hacke: »Die Deutschlandpolitik der Bundesrepublik Deutschland«, in: Werner Weidenfeld/Hartmut Zimmermann (Hrsg.): *Deutschland-Handbuch. Eine doppelte Bilanz 1949–1989*, München u. a. 1989.

3 Matthias Zimmer: *Nationales Interesse und Staatsräson. Zur Deutschlandpolitik der Regierung Kohl 1982–1989*, Paderborn 1992, bes. S. 83.

4 Enquete-Kommission, Bd. I, S. 178–778, hier bes. S. 440 ff. und 452 ff.

5 Potthoff: *Koalition der Vernunft*, bes. S. 14 ff.

6 Korte: *Deutschlandpolitik Kohls*.

7 So u. a. in der Regierungserklärung Kohls vom 13. 10. 1982, in: *Verhandlungen des Deutschen Bundestages*, Sten. Ber., Bd. 121, S. 7213–7229.

8 Das galt nicht nur für den FDP-Koalitionspartner, sondern auch für Bundeskanzler Kohl und andere Unionspolitiker bis zu Franz Josef Strauß.

9 »Bericht zur Lage der Nation im geteilten Deutschland« vom 23.6. 1983, in: *Innerdeutsche Beziehungen*, S.145 ff. Vgl. dazu auch die Darstellung bei Korte: *Deutschlandpolitik Kohls*, S.143–160.

10 So in der Koalitionsvereinbarung von 1983, zit. nach Garton Ash: *Im Namen Europas*, S.151.

11 Wie Anm.7, S.7221 ff.

12 Vgl. die entsprechende Analyse und Feststellung bei Korte: *Deutschlandpolitik Kohls*, S.89–94, bes. S.93.

13 So im Zehn-Punkte-Plan vom 28.11. 1989 zur deutschen Einheit (»wiedervereinigtes Deutschland«) und deutlicher in einem Brief an Bush vom gleichen Tag »Deutsche Wiedervereinigung«, abgedr. bei Hanns Jürgen Küsters/Daniel Hofmann (Bearb.): *Deutsche Einheit. Sonderedition aus den Akten des Bundeskanzleramtes*, München 1998, S.571.

14 Siehe Anm.7; zur Bewertung auch Korte: *Deutschlandpolitik Kohls*, S.94.

15 Ebd., S.96.

16 Vgl. Hans-Dietrich Genscher: *Erinnerungen*, Berlin 1995, S.476; Korte: *Deutschlandpolitik Kohls*, S.95 und 123.

17 Vgl. Ebd., S.33.

18 Zimmer: *Nationales Interesse und Staatsräson*, S.75 ff.

19 Vgl. *Verhandlungen des Deutschen Bundestages*, Sten. Ber., Bd.117, S.45–57 (Sitzung vom 27.11. 1980).

20 Zimmer: *Nationales Interesse und Staatsräson*, S.79 f.

21 Vgl. Garton Ash: *Im Namen Europas*, S.152.

22 IPW = Institut für internationale Politik und Wirtschaft.

23 Gespräche führte er u.a. mit Herbert Häber, Abteilungsleiter im ZK der SED, am 26.6. 1975, 29.4. 1976, 3.10. 1977, 11.12. 1977, 17.3. 1978, 3.6. 1978, 3.9. 1978, 18.9. 1979, 17.10. 1979, 9.3. 1980, 27.10. 1980 usw.; Berichte und Aufzeichnungen Häbers aus SAPMO, DY 30, IV B 2/2.028, sind abgedr. bei Nakath/Stephan: *Häber-Protokolle*.

24 Vgl. dazu Berichte und Informationen Häbers; die Gespräche mit Lorenz am 17.3. 1978, mit Stoltenberg am 5.9. 1978, 7.9. 1981 und 1.2. 1982 bei Nakath/Stephan: *Häber-Protokolle*, Dok. 17, 19, 21, 24, 40 und 42.

25 Siehe Nakath/Stephan: *Häber-Protokolle*.

26 Vermerk M. Kohls über Gespräche mit Strauß am 1. und 2.4. 1978 mit Anlagen in: SAPMO, DY 30, J IV J/86.

27 Am 14.3. 1975 kam es schon zu einem Kontakt März – Schalck; vgl. SPD-Bundestagsfraktion, Dokumentation: *Wer im Glashaus sitzt – Blüten der CDU/CSU-Ostpolitik*, Bonn 1994, Nr. 1. Ein von Leisler Kiep als

Finanzminister von Niedersachsen beauftragter »Vertreter der Niedersächsischen Landesbank« konnte, wie Häber über ein Gespräch mit Leisler Kiep am 11.12.1977 notierte, »für beide Seiten nützliche Absprachen mit Staatssekretär Schalck treffen«. Siehe Nakath/Stephan: *Häber-Protokolle*, S.148.

28 Darauf legten die CDU-Vertreter besonderen Wert.

29 Honecker hat häufig betont, daß die Kontakte mit der SPD die Fortführung dieser Praxis mit umgekehrten Rollen sei.

30 In Häbers Aufzeichnungen klangen die Äußerungen oft noch schärfer: »CDU-Fanatiker«, »üble Revanchisten«, »Scharfmacher«, »drohende Goldwater-Ära« etc.

31 Bericht Häbers vom 27.6.1978, abgedr. bei Nakath/Stephan: *Häber-Protokolle*, S.178.

32 Potthoff: *Koalition der Vernunft*, S.15.

33 Arbeitsprotokoll der Politbürositzung vom 20.10.1982, in: SAPMO, DY 30, J IV 2/2A/2515.

34 Vgl. Korte: *Deutschlandpolitik Kohls*, S.124 und 547.

35 So in einer Information Häbers an Honecker vom 24.9.1982, aus SAPMO, DY 30, J IV 2/1002/13, abgedr. bei Nakath/Stephan: *Häber-Protokolle*, S.346ff., hier S.348.

36 Siehe Korte: *Deutschlandpolitik Kohls*, S.120ff.

37 Ebd., S.123 und 125. Korte nennt jedoch fälschlicherweise Gaus als »Vorgänger im Amt«.

38 Schreiben Bräutigams an BK, BMB, AA und BMWi vom 15.11.1982, in: BA, B 137/9306.

39 Rehlinger: *Freikauf*, S.88.

40 Vgl. Korte: *Deutschlandpolitik Kohls*, S.125.

41 Siehe Anlage 5 zum Protokoll der Politbürositzung vom 2.11.1982, in: SAPMO, DY 30, J IV 2/2A/2519.

42 Vgl. Potthoff: *Koalition der Vernunft*, S.48, und die Protokolle der Sitzungen des SPD-Präsidiums, in: SPD-Vorstandsarchiv.

43 Die »Niederschrift« über das Treffen Carstens/Genscher – Honecker am 14.11.1982 aus SAPMO, DY 30, IV 2/1/601, ist abgedr. bei Potthoff: *Koalition der Vernunft*, S.94–100.

44 Das Schreiben Kohls an Honecker vom 29.11.1982, das vom Leiter der Ständigen Vertretung am 30.11.1982 übergeben wurde, in: SAPMO, DY 30, IV 2/2A/2530, und vorl. SED, 41664; ein Exemplar des Antwortschreibens Honeckers vom 7.12.1982 in: ebd., J IV 2/2A72532; beide abgedr. bei Nakath/Stephan: *Hubertusstock*, S.112f. und 114f.

45 Siehe Korte: *Deutschlandpolitik Kohls*, S.129ff.; das Protokoll über das Gespräch Jenningers am 2.12.1982 in: BA, B 136/21315; sowie *Süd-*

deutsche Zeitung vom 3.12. 1982, *Frankfurter Allgemeine Zeitung* vom
4.12. 1982 und *Die Welt* vom 8.12. 1982.

46 Vgl. Korte: *Deutschlandpolitik Kohls,* S.161.

47 Vgl. Ebd., S.167f.

48 Ebd., S.137; Korte bezieht sich auf einen hs. Vermerk Richthofens zur
Unterrichtung durch Jenninger am 24.1. 1983, in: Bundeskanzleramt,
AZ 35014, Akte 37, Bd.5.

49 Auskünfte des Kanzleramtes darüber, was vorgeblich nicht existiert, sollten deshalb nicht als zutreffend übernommen werden.

50 Mitschrift des Telefonats Kohl – Honecker am 24.1. 1983 aus SAPMO,
DY 30, vorl. SED 41664, ist abgedr. bei Potthoff: *Koalition der Vernunft,*
S.101–111; auch Nakath/Stephan: *Hubertusstock,* S.114–123.

51 Vgl. dazu *AdG* 1983, S.26245 ff., und den »Bericht« über den »Freund-
schaftsbesuch« Gromykos am 19.–21.1. 1981 in der DDR, in: SAPMO,
DY 30, J IV 2/2A/2540.

52 Hs. Vermerk Richthofens, wie Anm.48.

53 Wie Anm.50, S.104f.

54 Ebd., S.109ff.

55 Mitschrift des Telefonats Schmidt – Honecker am 20.3. 1977 aus
SAPMO, DY 30, J IV J/86 ist abgedr. bei Potthoff: *Bonn und Ost-Berlin,*
S.360–367.

56 Korte: *Deutschlandpolitik Kohls,* S.136.

57 Briefwechsel Kohl – Honecker vom 4.2. und 16.2. 1983 in: *Innerdeutsche Beziehungen,* S.135f.

58 Vgl. zusammenfassend Korte: *Deutschlandpolitik Kohls,* S.101ff.; ferner Strauß: *Erinnerungen,* S.470.

59 Vgl. Korte: *Deutschlandpolitik,* S.105.

60 Mitschrift des Telefonats Kohl – Honecker am 18.4. 1983 aus SAPMO,
DY 30, J IV 2/2A/2557 (auch vorl. SED 41664), ist abgedr. bei Potthoff:
Koalition der Vernunft, S.112–118; auch Nakath/Stephan: *Hubertus-
stock,* S.126–132.

61 Die Absage erfolgte am 28.4. 1983; vgl. *Innerdeutsche Beziehungen,*
S.28 und 138–141; ferner Peter-Jochen Winters: »Aufgeschoben, nicht
aufgehoben«, in: *Deutschland Archiv* 1983, H. 6., S.561–566;
Nakath/Stephan: *Häber-Protokolle,* S.353 ff. und 357 ff. (»Information« Häbers und »Mündliche Botschaft« Honeckers vom 28.4.
1983).

62 Wie Anm.60; auf westlicher Seite liegt dazu eine spätere Aufzeichnung
Richthofens vom 25.5. 1983 aus zweiter Hand (Unterrichtung durch
Jenninger) über die Ergebnisse vor, in: BA, B 136/20632.

63 Vgl. Korte: *Deutschlandpolitik Kohls,* S.140f.

64 Vgl. Strauß: *Erinnerungen,* S. 470 ff. und 479 ff.

65 Vgl. Korte: *Deutschlandpolitik Kohls,* S. 167 ff. Für die Schalck-Vermerke der Gespräche siehe: Deutscher Bundestag: *Beschlußempfehlungen,* Drucksache 12/7600, Anlagenband 3, Dokumente, S. 794 ff.; dazu auch Wolfgang Seiffert/Norbert Treutwein: *Die Schalck-Papiere,* München 1991.

66 *Frankfurter Allgemeine Zeitung* vom 29. 6. 1983 (»Bonn setzt deutschlandpolitisch Akzente«).

67 Korte: *Deutschlandpolitik Kohls,* S. 175.

68 Strauß: *Erinnerungen,* S. 470.

69 Ebd., S. 475.

70 Siehe Maria Haendcke-Hoppe-Arndt: »Wer wußte was? Der ökonomische Niedergang der DDR«, in: *Deutschland Archiv* 1995, H. 6, S. 592.

71 Vgl. Schroeder: *SED-Staat,* S. 270 ff.

72 Przybylski: *Tatort Politbüro,* Bd. 1, S. 351.

73 Vgl. Korte: *Deutschlandpolitik Kohls,* S. 163 f.

74 So Schmidt im Gespräch mit W. Vogel am 9. 12. 1981, siehe Potthoff: *Bonn und Ost-Berlin,* S. 645, 647 f. und 650.

75 Siehe dazu bes. Jürgen Nitz: *Länderspiel. Ein Insiderreport,* Berlin 1995, bes. S. 11 ff. und 263 ff.; Bayerischer Landtag, Schlußbericht des Untersuchungsausschusses betreffend bayerische Bezüge und Tätigkeit des Bereichs »Kommerzielle Koordinierung« und Alexander Schalck-Golodkowski, 12. Wahlperiode, Drucksache 12/16598, S. 34 ff.; dazu auch Jürgen Bergried: »Honecker, Kohl und ein abgesagtes ›Länderspiel‹«, in: *Neues Deutschland* vom 22. 4. 1994; Nakath/Stephan: *Hubertusstock,* S. 26 f.

76 Wischnewski im Gespräch mit dem Autor.

77 Siehe zusammenfassend Korte: *Deutschlandpolitik Kohls,* S. 166 f.

78 Vgl. Schroeder: *SED-Staat,* S. 272 f.

79 Vgl. Korte: *Deutschlandpolitik Kohls,* S. 167 f. mit Belegen S. 560.

80 Strauß: *Erinnerungen,* S. 522.

81 Siehe Korte: *Deutschlandpolitik Kohls,* S. 169 ff.

82 Vgl. Strauß: *Erinnerungen,* S. 522 f.; zur Sicht des Verhältnisses zu Strauß durch Schalck vgl. Theo Pirker u. a.: *Der Plan als Befehl und Fiktion. Wirtschaftsführung in der DDR,* Opladen 1995, S. 171.

83 Korte: *Deutschlandpolitik Kohls,* S. 168.

84 Ebd., S. 161.

85 Ebd., S. 171.

86 Ebd., S. 172 f.; der Vermerk der Bundesbank vom 8. 9. 1983 in: BA, B 137/11074.

87 Enquete-Kommission, Bd. V/1, S. 919 f.

88 *Bulletin*, Nr. 30 vom 16. 3. 1984, S. 264.
89 Sehr kritisch dazu Garton Ash: *Im Namen Europas*, S. 230 ff.; vgl. auch Günter Mittag: *Um jeden Preis. Im Spannungsfeld zweier Systeme*, Berlin 1991, S. 82 ff.
90 Strauß: *Erinnerungen*, S. 475 ff. und 481 f.
91 Die »Niederschrift« über das Gespräch Strauß – Honecker am 24. 7. 1983 aus SAPMO, DY 30, IV/2/1/615, ist abgedr. bei Potthoff: *Koalition der Vernunft*, S. 145 ff.; Nakath/Stephan: *Hubertusstock*, S. 132 ff.; ferner Strauß: *Erinnerungen*, S. 473 ff. und 483 ff.
92 Vgl. Korte: *Deutschlandpolitik Kohls*, S. 179.
93 Die Aufzeichnungen beider Seiten über das Gespräch H.-J. Vogel – Honecker am 28. 5. 1983 sind abgedr. bei Potthoff: *Koalition der Vernunft*, S. 119–144, hier S. 120, 128 und 136.
94 Die Aufzeichnungen beider Seiten über das Gespräch Schmidt – Honecker am 5. 9. 1983 sind abgedr. ebd., S. 165–185.
95 Die Aufzeichnungen beider Seiten über das Gespräch Weizsäcker – Honecker am 15. 9. 1983 (die westliche aus dem Bestand der Berliner Senatskanzlei) sind abgedr. ebd., S. 186–200.
96 Siehe *Innerdeutsche Beziehungen*, S. 151 ff.
97 Ebd., S. 155 f.
98 So u. a. nach den Aufzeichnungen über das Gespräch Honeckers mit Wolfgang Schäuble am 27. 3. 1987 und mit Henning Voscherau am 24. 2. 1989, abgedr. bei Potthoff: *Koalition der Vernunft*, S. 515–525 und S. 849–860.
99 Die beiden Schreiben vom 5. 10. bzw. 24. 10. 1983 sind u. a. abgedr. in: *Texte zur Deutschlandpolitik*, Bd. III/1, S. 243 f. und 255 ff.; *Innerdeutsche Beziehungen*, S. 154 f. und 158 ff. Publiziert wurden sie im Wortlaut zuerst in *Neues Deutschland* vom 10. 10. 1983 und im *Bulletin* vom 28. 10. 1983.
100 Korte: *Deutschlandpolitik Kohls*, S. 188.
101 Für die Interna der östlichen Seite vgl. die Moskauer Gespräche am 3. 5. 1983 und den Bericht über das Treffen der »Repräsentanten« der Warschauer-Pakt-Staaten am 18. 6. 1983 in Moskau, in: SAPMO, DY 30, IV 2/1/615.
102 *Verhandlungen des Deutschen Bundestages*, Sten. Ber., Bd. 126, S. 2321 ff. Zum Abbruch der INF-Verhandlungen und dem Kontext siehe u. a. Gregor Schöllgen: *Geschichte der Weltpolitik von Hitler bis Gorbatschow*, München 1996, S. 358–388.
103 Das Schreiben Kohls an Honecker vom 14. 12. 1983 wurde am 19. 12. übergeben, aus SAPMO, DY 30, J IV 2/2A/2621 (bzw. IV 2/2035/87), abgedr. bei Nakath/Stephan: *Hubertusstock*, S. 155 ff.

104 Dieses Schreiben Kohls an Honecker vom 26.8.1983, in: SAPMO, DY 30, J IV J 82.

105 Fernschreiben Bräutigams vom 25.11.1983 in: BA, B 137/9306.

106 Vgl. die Bewertung durch Zimmer: *Nationales Interesse und Staatsräson*, S.167; Schöllgen: *Geschichte der Weltpolitik*, S.377f.; Bernhard von Plate: »Deutsch-deutsche Beziehungen und Ost-West-Konflikt«, in: *Aus Politik und Zeitgeschichte* 1984, B 15, S.27–39.

107 Siehe Potthoff: *Koalition der Vernunft*, S.22; sowie die Aufzeichnungen über die Gespräche Honeckers mit János Kádár am 30.11. und mit Enrico Berlinguer am 12.12.1983, in: SAPMO, DY 30, IV 2/1/615 und 620.

108 Vgl. Schroeder: *SED-Staat*, S.258 und 275.

109 Die Aufzeichnungen beider Seiten (die der Grünen aus dem Archiv »Grünes Gedächtnis« und die der Ostseite aus SAPMO, DY 30, IV 2/1/615) sind abgedr. bei Potthoff: *Koalition der Vernunft*, S.201–223, hier bes. S.207f. und 220f. Zur Delegation der Grünen gehörten Gerd Bastian, Petra Kelly, Otto Schily, Antje Vollmer, Dirk Schneider, Gustine Johannsen, Lukas Beckmann, Dirk Schneider und Renate Mohn.

110 Wie Anm.94, hier S.166.

111 Hs. Vermerk Richthofens vom 3.1.1984 über das Gespräch Honecker – Kohl am 19.12.1983, in: BA, B 136/ 20632. In dem Vermerk wurden neben den Hauptlinien des Gesprächs, wie sie Jenninger Richthofen mitteilte, auch Wertungen Jenningers festgehalten. Die östliche Aufzeichnung aus SAPMO, DY 30, IV 2/2A/2621, ist abgedr. bei Potthoff: *Koalition der Vernunft*, S.224–236. Siehe auch Nakath/Stephan: *Hubertusstock*, S.159–170.

112 Heinrich Potthoff: »Die Deutschlandpolitik der Bundesregierungen der CDU/CSU-FDP-Koalition (Kohl/Genscher), die Diskussion in den Parteien und in der Öffentlichkeit 1982–1989«, in: Enquete-Kommission, Bd.V/3, S.2065–2113.

113 Siehe *Frankfurter Rundschau* vom 12.2.1994 (»Auch Kohl hofierte Honecker«).

114 Korte: *Deutschlandpolitik Kohls*, S.190f.

115 Mitschrift des Telefonats Kohl – Honecker am 19.12.1983 aus SAPMO, DY 30, 2/2A/2621, ist abgedr. bei Potthoff: *Koalition der Vernunft*, S.224–236.

116 Mit dem Kommentar »Genüßlich zitiert Heinrich Potthoff hier Bundeskanzler Kohl« wird diese eindeutige Quelle heruntergespielt von Jens Hacker: »Kontinuitäten und Diskontinuitäten in den innerdeutschen Beziehungen der siebziger und achtziger Jahre – Positionen«, in: Peter März (Hrsg.): *40 Jahre Zweistaatlichkeit in Deutschland. Eine Bilanz*, München 1999, hier S.280f.

117 Das von Horst Teltschik angefertigte Westprotokoll über das Gespräch Kohl – Honecker am 13. 2. 1984 in Moskau in: Bundeskanzleramt, 350 14, Akte 37, Bd. 5. Die östliche »Niederschrift« Herrmanns aus dem Bestand SAPMO, DY 30, J IV 2/2A/2633 bzw. J IV/836, ist abgedr. bei Potthoff: *Koalition der Vernunft,* S. 237–241.

118 Korte: *Deutschlandpolitik Kohls,* S. 196 ff.

119 Ebd., S. 195.

120 So im deutschlandpolitischen Koordinierungsgespräch am 16. 2. 1984 (Aufzeichnung in: BA, B 137/9254) und noch augenfälliger im Gespräch mit dem Leiter der Ständigen Vertretung der DDR Moldt am 15. 2. 1984 im Kanzleramt (Vermerk in: BA, B 137/9275).

121 Vgl. Korte: *Deutschlandpolitik Kohls,* S. 191 und 195.

122 Siehe Kai Diekmann/Ralf Georg Reuth: *Helmut Kohl. Ich wollte Deutschlands Einheit,* Berlin 1996, S. 54.

123 Korte: *Deutschlandpolitik Kohls,* S. 191.

124 Vgl. dazu etwa Klaus Moseleit: *Die »Zweite« Phase der Entspannungspolitik der SPD 1983–1989. Eine Analyse ihrer Entstehungsgeschichte, Entwicklung und der konzeptionellen Ansätze,* Frankfurt a. M. 1991.

125 Wie Anm. 93, hier S. 123 und 139. Zu den Äußerungen Lafontaines bei einer Veranstaltung in Duisburg anläßlich der Ostermärsche vom 1.–4. 4. 1983 siehe *AdG* 1983, S. 26515. Die beiderseitigen Aufzeichnungen über H.-J. Vogels weitere Gespräche mit Honecker sind ebenfalls abgedr. bei Potthoff: *Koalition der Vernunft;* vgl. ferner Hans-Jochen Vogel: *Nachsichten. Meine Bonner und Berliner Jahre,* München 1996.

126 Egon Bahr: *Zum europäischen Frieden: Eine Antwort auf Gorbatschow,* Berlin 1988, S. 23; Garton Ash: *Im Namen Europas,* S. 460 ff.

127 Vermerk über das Gespräch Bahr – Honecker am 24. 8. 1983 aus SAPMO, DY 30, IV 2/1/615, abgedr. Potthoff: *Koalition der Vernunft,* S. 160–164; Vermerk über das Gespräch Bahrs mit Axen, Häber und Uschner am gleichen Tag in: SAPMO, DY 30, IV 2/1/615; und Protokoll der Sitzung des SPD-Präsidium am 19. 7. 1983, in: SPD-Vorstandsarchiv.

128 Zur Kritik vgl. Garton Ash: *Im Namen Europas,* S. 465; Jürgen Maruhn/Manfred Wilke (Hrsg.): *Wohin treibt die SPD?,* München 1984; siehe auch *Rheinischer Merkur* vom 20. 7. 1985.

129 Vgl. dazu die entsprechenden Passagen aus dem Gespräch Schmidt – Honecker am 5. 9. 1983 bei Potthoff: *Koalition der Vernunft,* S. 168 ff., 176, 179 ff. und 184.

130 Vgl. Potthoff: *Koalition der Vernunft,* S. 78.

131 Eckard Jesse, in: *Deutschland Archiv* 1984, H. 17, S. 397 f.

132 Karl-Rudolf Korte: *Der Standort der Deutschen. Akzentverlagerungen*

der deutschen Frage in der Bundesrepublik Deutschland seit den siebziger Jahren, Köln 1990; ders.: »Politische Kultur«, in: Werner Weidenfeld/Karl-Rudolf Korte (Hrsg.): *Handwörterbuch zur deutschen Einheit*, Frankfurt a. M./New York 1992, S. 557 f.

133 So in der für Dregger gefertigten Aufzeichnung über das Gespräch mit Honecker am 8. 9. 1987, abgedr. bei Potthoff: *Koalition der Vernunft*, S. 620 sowie auch S. 623.

134 »Vorläufiges Gedächtnisprotokoll« über das Gespräch einer Delegation der Grünen – Honecker am 31. 10. 1983, abgedr. bei Potthoff: *Koalition der Vernunft*, S. 201–223, bes. S. 204, 207, 215 und 220 mit weiteren Belegen sowie S. 71 f.

135 Siehe *Texte zur Deutschlandpolitik*, Bd. III/2, S. 45 ff., und *Innerdeutsche Beziehungen*, S. 172.

136 So die Bewertung von Korte: *Deutschlandpolitik Kohls*, S. 193.

137 Die östlichen Aufzeichnungen über diese Gespräche, im Fall Mischnick und Vogel auch die korrespondierenden Westquellen, sind abgedr. bei Potthoff: *Koalition der Vernunft*, S. 242–288.

138 Gespräch H.-J. Vogel – Honecker am 14. 3. 1984, ebd., S. 267–288.

139 Sowohl von Bahr wie in der Studie von Moseleit wird dies allerdings bis zur Gegenwart positiv bewertet.

140 Wortlaut von Kohls Erklärung u. a. in: *Innerdeutsche Beziehungen*, S. 173–178; zur Erarbeitung und zum Kontext siehe Korte: *Deutschlandpolitik Kohls*, S. 198 ff.

141 So Korte: *Deutschlandpolitik Kohls*, S. 202.

142 Ein von Teltschik gefertigter Vermerk über das Gespräch findet sich in: BA, B 137/9260, die östliche Niederschrift ist abgedr. bei Nakath/Stephan: *Hubertusstock*, S. 179–190. Zum Gespräch und zur Bewertung siehe ferner Korte: *Deutschlandpolitik Kohls*, S. 203 ff.

143 Schreiben Honeckers an Schmidt vom 17. 2. 1984, u. a. in: SAPMO, DY 30, J IV 2/2/2041 und J IV 2/2A/2924, abgedr. bei Nakath/Stephan: *Hubertusstock*, S. 175 ff.

144 Konstantin Tschernenko war am 13. 2. 1984 nach Andropows Tod neuer Generalsekretär der KPdSU geworden.

145 Vgl. die Ausarbeitung von Johannes Kuppe vom Gesamtdeutschen Institut vom 8. 5. 1984 »Zur Reaktion der DDR und anderer Staaten des Warschauer Paktes«, in: BA, B 136/18034, und das Telex der Ständigen Vertretung vom 16. 3. 1984, in: BA, B 137/9314.

146 Politbürositzung vom 17. 4. 1984, SAPMO J IV 2/2A/2644.

147 Die Vermerke beider Seiten über das Gespräch Mischnick – Honecker am 5. 3. 1984 sind abgedr. bei Potthoff: *Koalition der Vernunft*, S. 242–254.

148 Wolfgang Mischnick: »Wir brauchen den ständigen Dialog«, in: *Liberal-Demokratische Korrespondenz* 1973, 7/8.

149 Peter Juling: »Offen und überall mit der DDR reden«, in: *Liberal-Demokratische Korrespondenz* 1982, 24, S. 637 ff.

150 Wie Anm. 147. Siehe auch Carsten Tessmer: »›Wir brauchen den ständigen Dialog.‹ Die Beziehungen zwischen FDP und LDPD in den achtziger Jahren«, in: Heinz Timmermann (Hrsg.): *Diktaturen in Europa im 20. Jahrhundert – der Fall DDR*, Berlin 1996, S. 272 ff.

151 Korte: *Deutschlandpolitik Kohls*, S. 195.

152 Vgl. den »Bericht« Mittags und die »Niederschrift« über sein Gespräch mit Kohl am 6. 4. 1984, in: SAPMO, DY 30, IV 2/2A/2664, abgedr. bei Nakath/Stephan: *Hubertusstock*, S. 179–190. Der Westvermerk in: BA, B 137/9260, ist nur kurz.

153 So die Wiedergabe in der Aufzeichnung über das Gespräch Mittag – Strauß am 6. 4. 1984, ebd.; auch abgedr. bei Nakath/Stephan: *Hubertusstock*, S. 190–194.

154 Vgl. Schroeder: *SED-Staat*, S. 276 ff.

155 Siehe *Innerdeutsche Beziehungen*, S. 191.

156 Vgl. ebd., S. 160.

157 Vgl. Korte: *Deutschlandpolitik Kohls*, S. 234, sowie bes. zu Strauß die »Information« Schalcks über sein Gespräch mit Strauß am 9. 12. 1983, abgedr. in: SPD-Bundestagsfraktion, *Wer im Glashaus sitzt*, Anl. 1.

158 *Innerdeutsche Beziehungen*, S. 178 ff.

159 Vgl. Garton Ash: *Im Namen Europas*, S. 230–240, bes. 236 und 239.

160 Wortlaut u. a. in: *Innerdeutsche Beziehungen*, S. 179.

161 Vgl. die bei Korte: *Deutschlandpolitik Kohls*, S. 571, Anm. 162, angegebenen Belege.

162 Abgedr. in: *Die Welt* vom 20. 9. 1984.

163 Korte: *Deutschlandpolitik Kohls*, S. 205.

164 Prawda vom 27. 7. 1984, deutscher Text u. a. in: *Innerdeutsche Beziehungen*, S. 180 f.

165 So Korte: *Deutschlandpolitik Kohls*, S. 206, nach einem Gespräch mit Jenninger.

166 Dazu bes. Fred Oldenburg/Gerd-Rüdiger Stephan: »Honecker kam nicht nach Bonn. Neue Quellen zum Konflikt zwischen Ost-Berlin und Moskau 1984«, in: *Deutschland Archiv* 1995, H. 8, S. 791–805; ferner Garton Ash: *Im Namen Europas*, S. 250 und 701.

167 »Niederschrift« über das Treffen in: SAPMO, DY 30, J IV 2/2A/2678 und IV 2/2039/280; ausführliche Auszüge in: Andreas Herbst/Gerd-Rüdiger Stephan/Jürgen Winkler (Hrsg.): *Die SED. Geschichte – Organisation – Politik. Ein Handbuch*, Berlin 1997, S. 767–772; sowie bei

Nakath/Stephan: *Häber-Protokolle*, S. 398–421; vgl. auch ebd., S. 17 und 60 ff.

168 *Die Welt* vom 23. 8. 1984; ADN vom 4. 9. 1984; *Neues Deutschland* vom 5. 9. 1984: Siehe auch die Unterlagen in: BA, B 136/20555.

169 Korte: *Deutschlandpolitik Kohls*, S. 207.

170 Vgl. schon die kurze Analyse bei Potthoff: *Koalition der Vernunft*, S. 25, und die ausführliche Darstellung bei Korte: *Deutschlandpolitik Kohls*, S. 209 ff.

171 Vgl. Ebd., S. 213 ff.; Filmer/Schwan: *Wolfgang Schäuble*, S. 130 ff.

172 Zu diesen Gesprächen siehe den bei Filmer/Schwan: *Wolfgang Schäuble*, S. 135, ausführlich zitierten Gesprächsvermerk von Schalck sowie die Aufzeichnungen und Berichte über die Gespräche Schäuble – Fischer sowie Häber in: BA, B 136/25261, und SAPMO, DY 30, J IV 2/2A/2713. Die »Information« über das Häber-Gespräch ist abgedr. bei Nakath/Stephan: *Häber-Protokolle*, S. 433 ff. Vgl. auch die Darstellung bei Korte: *Deutschlandpolitik Kohls*, S. 214 und 216 ff., der angibt, ein westdeutscher Vermerk über das Schalck-Schäuble-Gespräch sei »nicht auffindbar«. Zitat aus der Ostaufzeichnung über das Gespräch mit Fischer.

173 Vgl. Korte: *Deutschlandpolitik Kohls*, S. 218.

IM STROM DER ENTSPANNUNG

1 Siehe dazu Michail Gorbatschow: *Erinnerungen*, Berlin 1995, S. 255 ff.

2 *Bulletin* vom 14. 3. 1985, S. 230; abgedr. auch in: *Innerdeutsche Beziehungen*, S. 212.

3 Vgl. Gorbatschow: *Erinnerungen*, S. 632 ff.

4 Vgl. dazu die Darstellung ebd., S. 577 ff.

5 Vermerk Meichsner (BMB) vom 19. 3. 1985, in: BA, B 137/16380; dazu auch Korte: *Deutschlandpolitik Kohls*, S. 223 f.

6 Die »Niederschrift« über dieses Gespräch, abgezeichnet von Honecker noch am 12. 3., aus SAPMO, DY 30, J IV 2/2A/2739, ist abgedr. bei Potthoff: *Koalition der Vernunft*, S. 305–310.

7 Siehe Anm. 2.

8 Siehe *Innerdeutsche Beziehungen*, S. 208; sowie Korte: *Deutschlandpolitik Kohls*, S. 225 f.

9 Ebd., S. 226 und 576.

10 Vgl. etwa Gespräch Brandt – Honecker am 19. 9. 1985 sowie Gespräch Lafontaine – Honecker am 13. 11. 1985, abgedr. bei Potthoff: *Koalition*

der Vernunft, S. 341, 347, 366; ferner Protokoll der Politbürositzung vom 24. 5. 1985, in: SAPMO, DY 30, IV 2/2039/29.

11 Vgl. die ausführliche Darstellung bei Korte: *Deutschlandpolitik Kohls*, S. 243 ff.

12 Siehe u. a. *AdG* 1985, S. 28742 ff.

13 Vgl. Gespräch Rau – Honecker am 11. 1. 1985 sowie Gespräch H.-J. Vogel – Honecker am 16. 5. 1985, abgedr. bei Potthoff: *Koalition der Vernunft*, S. 289–304, bes. S. 295, und S. 311–329, bes. S. 312.

14 Vgl. zusammenfassend Moseleit: *Entspannungspolitik der SPD*, S. 58 ff.

15 Das Schreiben Kohls vom 15. 5. 1985 mit Paraphe »EH« in: SAPMO, DY 30, J IV 2/2A/2756; Exemplar des Honecker-Briefs vom 11. 4. 1985 ebd., J IV 2/2A/2749; weitere Schreiben Honeckers vom 25. 6. und die Antwort Kohls vom 26. 9. 1985 ebd., J IV IV 2/2A/2772, und vorl. SED 41664. Abdruck bei Nakath/Stephan: *Hubertusstock*, S. 220 ff., 223 ff. und 237 f. Andere Briefe wurden publiziert und waren also von vornherein auch für die Öffentlichkeit gedacht.

16 Siehe den Vermerk Richthofens vom 19. 12. 1984 mit Gesprächselementen für ein Telefonat Kohl – Honecker am 20. 12. 1984, in: BA, B 136/20551.

17 Vermerk über das Gespräch Schäuble – Schalck-Golodkowski am 14. 1. 1985, in: BA, B 136/20551.

18 Korte: *Deutschlandpolitik Kohls*, S. 136.

19 Vgl. Filmer/Schwan: *Schäuble*, S. 138 ff.; ferner die Übersicht über die Gespräche Schäuble – Schalck in: SPD-Fraktion im Deutschen Bundestag, AG »Kommerzielle Koordinierung« vom Februar 1994, sowie die Vermerke in BA, B 136/20551.

20 Siehe *Innerdeutsche Beziehungen*, S. 13 f.

21 Siehe die ausführliche Darstellung bei Korte: *Deutschlandpolitik Kohls*, S. 265–285.

22 Eine »Niederschrift« über das Gespräch Strauß – Honecker am 1. 9. 1985 aus SAPMO, DY 30, J IV 2/2A/2787, ist abgedr. bei Potthoff: *Koalition der Vernunft*, S. 330–339.

23 Das Schreiben Kohls an Honecker vom 26. 9. 1985 in: SAPMO, DY 30, J IV 2/2A/2807. Ein weiteres Schreiben vom 27. 9. 1985 aus ebd. wurde publiziert und ist abgedr. in: *Innerdeutsche Beziehungen*, S. 223. Beide Briefe auch bei Nakath/Stephan: *Hubertusstock*, S. 260 ff. und 264 f.

24 Vgl. *Innerdeutsche Beziehungen*, S. 117 f.

25 Filmer/Schwan: *Schäuble*, S. 140; Vermerk über das Gespräch Schäuble – Schalck am 14. 1. 1985, in: BA, B 136/20551.

26 Vgl. Korte: *Deutschlandpolitik Kohls*, S. 232 ff., auch zum Folgenden. Eberhard Diepgen, der Regierende Bürgermeister von Berlin, sprach ge-

genüber Häber am 12.3. 1985 nur allgemein von der Hoffnung auf Zusagen der DDR auch für West-Berlin; siehe Nakath/Stephan: *Häber-Protokolle*, S.454 (Gesprächsvermerk).

27 Das Aide-mémoire in: SAPMO, DY 30, J IV 2/1004/15.

28 Vermerk Richthofens vom 19.4. 1985, in: BA, B 136/18786.

29 Korte: *Deutschlandpolitik Kohls*, S.230 und 234.

30 Siehe Filmer/Schwan: *Schäuble*, S.139f.

31 Wie Anm.13.

32 Gespräch H.-J. Vogel – Honecker wie Anm.13, S.319.

33 Vgl. ausführlich Korte: *Deutschlandpolitik Kohls*, S.237ff.; Filmer/Schwan: *Schäuble*, S.143ff. Zu den Telefonaten Schäuble – Schalck siehe die Vermerke Richthofens für Schäuble vom 24.6., 26.6. und 5.7. 1985, in: BA, B 136/20551.

34 Vgl. schon *Frankfurter Allgemeine Zeitung* vom 15.5. 1985: »Was wird aus den Zusagen Ost-Berlins in der Tamilen-Frage?«

35 Schäuble im Gespräch mit Werner Felfe am 28.11. 1985; Anlage 2 zum Bericht Felfes in: SAPMO, DY 30, J 2/1/657. Zu der Regelung siehe Filmer/Schwan: *Schäuble*, S.148.

36 Vgl. Korte: *Deutschlandpolitik Kohls*, S.287.

37 Vermerk Richthofens über das Gespräch Schäuble – Schalck am 4.2. 1986, in: BA, B 136/20551; vgl. ferner den Vermerk Schalcks vom 4.2. 1986 über dieses Gespräch; SPD-Dokumentation, *Wer im Glashaus sitzt*, Anlage.

38 Vgl. Korte: *Deutschlandpolitik Kohls*, S.291.

39 Vgl. die Aufzeichnungen über das Gespräch Diepgen – Honecker am 16.3. 1986 und über das Gespräch Bangemann – Honecker am 16.3. 1986 aus SAPMO, DY 30, J IV/885, abgedr. bei Potthoff: *Koalition der Vernunft*, S.387–392 und S.393–397. Der für Diepgen angefertigte Vermerk fehlt in den Senatsakten. Er wurde dem Bundeskanzler übersandt, aber vom Kanzleramt nicht zurückgegeben (ebd., S.387) und fand sich nicht unter den eingesehenen Kanzleramtsakten.

40 Westvermerk Richthofens über das Gespräch Kohl – Mittag, in: BA, B 136/21342, Ostaufzeichnung in: SAPMO, DY 30, J NL 23/8, Büro Mittag.

41 Vgl. Peter Jochen Winters: »Der Asylantenstrom als Hebel gegen Berlin«, in: *Deutschland Archiv* 1986, H. 9, S.913ff.

42 Vgl. Korte: *Deutschlandpolitik Kohls*, S.291.

43 Vermerk Schalcks vom 4.2. 1986 über das Gespräch mit Schäuble, in: SPD-Dokumentation, *Wer im Glashaus sitzt*; Anlage; referiert auch bei Filmer/Schwan: *Schäuble*, S.147.

44 Die Aufzeichnungen über diese Gespräche am 7.5., 21.5. und 28.5.

1986 sind abgedr. bei Potthoff: *Koalition der Vernunft,* S. 398 ff., 414 ff. und 423 ff.

45 Ebd., S. 406 ff. (am 16. 5. 1986).

46 Ebd., S. 434.

47 Korte: *Deutschlandpolitik Kohls,* S. 293.

48 Potthoff: *Koalition der Vernunft,* S. 398 und 405.

49 Vgl. *AdG* 1986, S. 30168 ff.

50 Vgl. ebd., S. 30363 f.

51 Das Schreiben Kohls an Honecker vom 14. 7. 1986 aus SAPMO, DY 30, J IV J/126, ist abgedr. bei Nakath/Stephan: *Hubertusstock,* S. 271 ff. Korte, der ausführlich über die Asylproblematik vom Sommer 1986 berichtet, erwähnt dieses Schreiben nicht.

52 Die von Hans Schindler gefertigte Aufzeichnung o. D. über das Gespräch Schäuble – Honecker am 29. 8. 1986 ist abgedr. bei Potthoff: *Koalition der Vernunft,* S. 444–452; Exemplare in SAPMO, DY 30, J IV 2/2A/2924, IV 2/1/657, J IV/841; eine Westaufzeichnung wird entgegen Kortes Aussage existiert haben; vgl. ebd., S. 444.

53 Bericht Gunter Rettners vom 31. 8. 1986 über den SPD-Parteitag, in: SAPMO, DY 30, J IV 2/2A/2924.

54 Vermerk über das Gespräch Bahr – Honecker am 5. 9. 1986 aus SAPMO, DY 30, IV 2/1/657 (weitere Exemplare ebd., J IV 2/2A/2924 und IV 2/2038/78), ist abgedr. bei Potthoff: *Koalition der Vernunft,* S. 453–459.

55 Protokoll der Präsidiumssitzung der SPD vom 18. 8. 1986, in: SPD-Vorstandsarchiv.

56 Nach dem Vermerk erwähnte Bahr in dem Gespräch mit Honecker ausdrücklich, daß ihm Schäuble von seinem »konstruktiven Gespräch« mit Honecker berichtete, während er rückblickend erklärte, er habe davon erst später erfahren; vgl. Dieter Dowe (Hrsg.): *Die Ost- und Deutschlandpolitik der SPD in der Opposition 1982–1989,* Bonn 1993, S. 31.

57 Wie Anm. 54.

58 Zit. nach Dowe (Hrsg): *Ost- und Deutschlandpolitik der SPD,* S. 31.

59 Darauf weist u. a. Vogel: *Nachsichten,* S. 250, hin.

60 Vgl. hierzu die Dokumentation von Jochen Staadt: »Versuche der Einflußnahme auf die Politischen Parteien der Bundesrepublik nach dem Mauerbau«, in: Enquete-Kommission, Bd. V/3, S. 2436 ff. und 2542 ff., mit Dokumenten aus dem Bestand Axen in: SAPMO, DY 30, IV 2/2035/89.

61 Vgl. etwa *Frankfurter Allgemeine Zeitung* vom 20. 9. 1986, *Frankfurter Rundschau* vom 19. 9. 1986, *Süddeutsche Zeitung* vom 20. 9. 1986 und *Der Spiegel* vom 22. 9. 1986.

62 Schreiben Kohls an Honecker vom 29. 10. 1986 aus SAPMO, DY 30, J

IV J/126, abgedr. bei Nakath/Stephan: *Hubertusstock,* S. 284 ff.; Plenar-
protokoll 11/42 der Sitzung des Landtages von NRW am 13. 11. 1991,
S. 4830 f.

63 Vgl. Potthoff: *Koalition der Vernunft,* S. 30 und 60.

64 Siehe Garton Ash: *Im Namen Europas,* S. 702 (Anm.); Strauß: *Erinnerungen,* S. 492.

65 Vgl. Korte: *Deutschlandpolitik Kohls,* S. 328 f.; Helmut Lölhöffel: »Sindermann in Bonn«, in: *Deutschland Archiv* 1986, H. 3, S. 225 ff.

66 Schreiben Weizsäckers an Sindermann vom 20. 2. 1986, in: SAPMO, DY
30, J IV 2/2A/2861.

67 Vgl. Daniel Küchenmeister unter Mitarbeit von Gerd-Rüdiger Stephan
(Hrsg.): *Honecker-Gorbatschow Vieraugengespräche,* Berlin 1993,
S. 87 ff.; ferner Garton Ash: *Im Namen Europas,* S. 252 f.

68 Siehe *AdG* 1987, S. 30922 f.

69 Vgl. Korte: *Deutschlandpolitik Kohls,* S. 304.

70 Küchenmeister/Stephan: *Honecker-Gorbatschow Vieraugengespräche,*
S. 99; Herbst/Stephan/Winkler: *SED,* S. 779.

71 Küchenmeister/Stephan: *Honecker-Gorbatschow Vieraugengespräche,*
S. 38.

72 Interview Hagers mit dem *Stern* im April 1987, das in Auszügen auch in
Neues Deutschland vom 10. 4. 1987 veröffentlicht wurde.

73 Wanja Abramowski: »Im Labyrinth der Macht. Innenansichten aus dem
Stasi-Apparat«, in: Bernd Florath/Arnim Mitter/Stefan Wolle (Hrsg.):
*Die Ohnmacht der Allmächtigen. Geheimdienste und politische Polizei
in der modernen Gesellschaft,* Berlin 1992, S. 219.

74 Die Rede Honeckers ist abgedr. in: *Deutschland Archiv* 1987, H. 4, hier
S. 443.

75 Moseleit: *Entspannungspolitik der SPD,* S. 60 ff.; Vogtmeier: *Egon Bahr,*
S. 273 f., 277 ff.

76 Vgl. Korte: *Deutschlandpolitik Kohls,* S. 308 ff.

77 Eine Niederschrift des Gesprächs B. Vogel – Honecker am 13. 2. 1987
aus SAPMO, DY 30, J IV/942, ist abgedr. bei Potthoff: *Koalition der
Vernunft,* S. 460–470.

78 Eine »Niederschrift« über das Gespräch Lafontaine – Honecker am
12. 3. 1987 aus SAPMO, DY 30, IV 2/1/66 bzw. J IV 2/2A/2989, ist
abgedr. bei Potthoff: *Koalition der Vernunft,* S. 471–481.

79 Aufzeichnungen über diese Gespräche aus den östlichen Archivbestän-
den, im Fall Diepgen auch ein korrespondierender Vermerk aus der Berliner Senatskanzlei, sind abgedr. bei Potthoff: *Koalition der Vernunft,*
S. 482–514.

80 Zum Gespräch Schäuble – Fischer am 26. 3. 1987 siehe den »Vermerk«

als Anlage 2 zum »Bericht« über Schäubles Aufenthalt in: SAPMO, DY 30, J IV 2/2A/2995; dort auch die »Niederschrift« über das Gespräch Schäuble – Honecker am 27. 3. 1987, abgedr. bei Potthoff: *Koalition der Vernunft*, S. 515–525. Ein entsprechender Westvermerk Richthofens vom 30. 3. 1987 in: BA, B 136/25274.

81 Siehe Korte: *Deutschlandpolitik Kohls*, S. 315.

82 Potthoff: *Koalition der Vernunft*, S. 519.

83 Ebd., S. 525.

84 Aufzeichnung des Gesprächs Mischnick – Honecker am 10. 4. 1987 aus SAPMO, DY 30, IV 2/1/666, abgedr. ebd., S. 526–533.

85 Nach dem Bericht Reinholds für Honecker über das Gespräch mit Genscher am 31. 8. 1987 in Bonn, abgedr. bei Nakath/Stephan: *Hubertusstock*, S. 329 ff.

86 Über die verschiedenen Gesprächsrunden wurde ausführlich in der Presse berichtet.

87 Thomas Meyer: »Der Streit der Ideologien«, in: Dowe (Hrsg.): *Ost- und Deutschlandpolitik der SPD*, S. 58 f.

88 Siehe Anm. 74.

89 Vgl. etwa Erhard Eppler, in: Aktion Sühnezeichen/Friedensdienste (Hrsg.): *Das SED-SPD-Papier*, Freiburg 1988, S. 23.

90 Vermerk über das Gespräch Axen – Bahr am 15. 4. 1987, in: SAPMO, DY 30, IV 2/2035/79. Vgl. auch Vogel: *Nachsichten*, S. 253 f.; Garton Ash: *Im Namen Europas*, S. 489.

91 Abdruck des von Dieter Schröder gefertigten Vermerks aus dem Privatarchiv H.-J. Vogel und der östlichen Aufzeichnung aus SAPMO, DY 30, J IV 2/2A/3919, bei Potthoff: *Koalition der Vernunft*, S. 534–558.

92 Vgl. dazu Vogtmeier: *Egon Bahr*, S. 281 ff.

93 Dazu insbesondere Klaus-Henning Rosen: »Menschenrechte konkret: Hilfe der Sozialdemokratie für verfolgte Bürger«, in: Dowe (Hrsg.): *Ost- und Deutschlandpolitik der SPD*, S. 49 ff.; ferner Vogel: *Nachsichten*, S. 252.

94 Korte: *Deutschlandpolitik Kohls*, S. 328 f.

95 Vgl. Gorbatschow: *Erinnerungen*, S. 337, 346 f. und 701 f.

96 Vermerkbeilage zur Politbürositzung vom 19. 8. 1987, in: SAPMO, DY 30, IV 2/2039/83; Westvermerk von Claus-Jürgen Duisberg, Leiter des Arbeitsstabes Deutschlandpolitik seit 1986, über das Gespräch Schäuble – Schalck am 17. 8. 1987, in: BA, B 136/20574.

97 Das Dokument aus SAPMO, DY 30, J IV 2/2A/3045, ist abgedr. bei Hans-Hermann Hertle u. a. (Hrsg.): *Der Staatsbesuch*, Berlin 1991.

98 Vgl. AdG 1987, S. 31275 und 31736; Korte: *Deutschlandpolitik Kohls*, S. 326 f. und 337.

99 Zu dem Lothar Glienke von der Ständigen Vertretung der DDR dazu übergebenen Non-paper siehe den Vermerk vom 10.6.1987 in: BA, B 136/25264.

100 Siehe Korte: *Deutschlandpolitik Kohl*, S. 330–357.

101 Ebd., S. 345 f.

102 Siehe Filmer/Schwan: *Schäuble*, S. 153; zu dem betreffenden Vermerk über das Gespräch Schäuble – Schalck am 17.8.1987 siehe SPD-Dokumentation, *Wer im Glashaus sitzt*, S. 8, sowie ebd., Anlage.

103 *Neues Deutschland* vom 28.8.1987, abgedr. u.a. in: *Texte zur Deutschlandpolitik*, Reihe III, Bd. 5, S. 171 ff.

104 Siehe den Bericht Reinholds über sein Gespräch mit Genscher am 31.8.1987, in: Nakath/Stephan: *Hubertusstock*, S. 329 ff.

105 Protokoll der Politbürositzung vom 28.7.1987 mit Anlage, in: SAPMO, DY 30, J IV 2/2A/3043.

106 Die offiziellen Erklärungen, öffentlichen Reden, Kommuniqués, Abkommen und Vereinbarungen in: *Der Besuch von Generalsekretär Honecker in der Bundesrepublik Deutschland*, hrsg. vom Bundesministerium für innerdeutsche Beziehungen, Bonn 1988; *Texte zur Deutschlandpolitik*, Reihe III, Bd. 5, S. 194 ff. Die von der DDR-Seite über die verschiedenen Gespräche gefertigten Aufzeichnungen, auch über die beiden Gespräche »im kleinen Kreis« im Kanzleramt, als Anlage zu einem Bericht Honeckers aus SAPMO, DY 30, IV 2/2A/3954 und J IV/894, sind abgedr. bei Potthoff: *Koalition der Vernunft*, S. 564–661; aufgenommen wurden die Bonner Gespräche ferner in Erich Honecker: *Moabiter Notizen. Des ersten Mannes letztes Manuskript*, Berlin 1994, S. 106 ff. Ausführlich und mit einzelnen längeren Auszügen werden die Unterredungen im Kanzleramt und den anderen Orten bei Filmer/Schwan: *Schäuble*, S. 164–201, referiert. Die Westvermerke über die Gespräche im großen Kreis der Delegationen im Kanzleramt fertigte Gruppenleiter Ernst Stern an, während Ergebnisvermerke über die Gespräche im kleinen Kreis von Duisberg angefertigt wurden. Sie finden sich in: BA, B 137/10286, und Bundeskanzleramt, AZ 35014, Akte 41, Bd. 1. Zu den Zusammenkünften Kohl – Honecker siehe ausführlich auch Korte: *Deutschlandpolitik Kohls*, S. 357–371.

107 Vgl. *Der Tagesspiegel* vom 13.7.1987; *AdG* 1987, S. 31137.

108 So die Überschrift von Filmer/Schwan: *Schäuble*, S. 166, zum Abschnitt über das Gespräch Honeckers beim Bundespräsidenten.

109 Abgedr. u.a. in: *Texte zur Deutschlandpolitik*, Reihe III, Bd. 5, S. 21 ff.; vgl. auch *AdG* 1987, S. 31410 f.

110 Vgl. Potthoff: *Koalition der Vernunft*, S. 570, Anm. 8 und 602, bes. Anm. 33.

111 So die treffende Formulierung von Filmer/Schwan: *Schäuble*, S. 164.

112 Wortlaut u. a. bei Potthoff: *Koalition der Vernunft*, S. 564–575, hier S. 570 f.; vgl. auch Herbst/Stephan/Winkler: *SED*, S. 788–794.

113 Vgl. Erwin K. Scheuch unter Mitarbeit von Ute Scheuch: *Wie deutsch sind die Deutschen? Eine Nation wandelt ihr Gesicht*, 2. Aufl., Bergisch-Gladbach 1992, S. 197; Weidenfeld/Glaab: »Die deutsche Frage«, S. 2827 ff. und 2870 ff.

114 Für entsprechende Belege vgl. Korte: *Deutschlandpolitik Kohls*, S. 615, Anm. 74, sowie insgesamt Hacker: *Deutsche Irrtümer*.

115 Vgl. Gerhard Herdegen: »Perspektiven und Begrenzungen«, in: *Deutschland Archiv* 1987, H. 12, S. 1259 f.; ders./Martin Schulze: »Einstellungen zur deutschen Einheit«, in: Weidenfeld/Korte (Hrsg.): *Handbuch zur deutschen Einheit*, S. 252 ff.; Weidenfeld/Glaab: »Die deutsche Frage«, S. 2928 f.

116 Davon finden sich genügend Beispiele in den Akten.

117 Korte: *Deutschlandpolitik Kohls*, S. 389. Beispiele sind Wolfgang Seiffert: *Das ganze Deutschland*, München 1986; Franz Loeser: *Die DDR auf dem Weg in das Jahr 2000*, Köln 1987; Hermann von Berg: *Vorbeugende Unterwerfung*, München 1988.

118 Nach Kurt Plück: »Innerdeutsche Beziehungen auf kommunaler und Verwaltungsebene«, in: Enquete-Kommission, Bd. V/3, S. 2024 ff.

119 Korte: *Deutschlandpolitik Kohls*, S. 379. Zum Gespräch Kohl – Felfe siehe auch Nakath/Stephan: *Hubertusstock*, S. 344 f.

120 Vgl. *AdG* 1987, S. 31198.

121 Siehe Manfred Uschner: *Die zweite Etage. Funktionsweise eines Machtapparates*, Berlin 1993.

122 Der äußere Anlaß war, daß Reißig bei einer Veranstaltung in der Gustav-Heinemann-Akademie in Freudenberg im Oktober mit den früheren DDR-Dissidenten Jürgen Fuchs und Roland Jahn auf demselben Podium debattiert hatte. Vgl. Ehrhart Neubert: *Geschichte der Opposition in der DDR 1949–1989*, Berlin 1997, S. 663 f.

123 *Neues Deutschland* vom 28. 10. 1987.

124 Vermerk vom 1. 9. 1987 für Frau Minister Wilms, in: BA, B 137/10321.

125 H.-J. Vogel erhielt dazu zahlreiche Zuschriften und Stellungnahmen, die im Privatarchiv H.-J. Vogel eingesehen werden konnten. Zur Bewertung in den Reihen der Dissidenten vgl. auch Neubert: *Opposition*, S. 663 ff., der von Ablehnung spricht.

126 »Information« Erich Mielkes vom 1. 10. 1987, in: SAPMO, DY 30, IV 2/2035/79; »Notiz« über eine Besprechung Mielkes mit dem Vize des KGB Leonid Schebarzin am 7. 4. 1989, in: Information Nr. 1/1993 des BtSU.

127 Garton Ash: *Im Namen Europas,* S. 478 f.
128 Erich Honecker: *Zu dramatischen Ereignissen,* Hamburg 1992, S. 1992.
129 Aufzeichnungen über diese Gespräche aus SAPMO, DY 30, IV 2/2035/79 und 80 sowie IV 2/1/678, sind abgedr. bei Potthoff: *Koalition der Vernunft,* S. 662 ff., 669 ff. und 677. Im Fall Rau, der u. a. von Wolfgang Clement und Friedhelm Farthmann begleitet wurde, liegt auch ein Vermerk von Westseite vor.
130 Vgl. ebd., S. 663 f., 678, 682 und 685.
131 Vermerk über das Gespräch Schäuble – Schalck am 31. 10. 1987 aus SAPMO, DY 30, vorl. SED 42168, abgedr. bei Detlef Nakath/Gerd-Rüdiger Stephan: *Countdown zur deutschen Einheit. Eine dokumentierte Geschichte der deutsch-deutschen Beziehungen 1987–1990,* Berlin 1996, S. 55 ff.; Vermerk Duisbergs über das Gespräch Schäuble – Schalck am 14. 1. 1988, in: BA, B 136/20551.
132 Wie Anm. 129, S. 671 ff. und 684 f.
133 Vgl. *AdG* 1987, S. 31735 ff.; Neubert: *Opposition,* S. 695 ff.; Ilse Spittmann: *Die DDR unter Honecker,* Köln 1990, S. 131.
134 Vgl. *AdG* 1988, S. 31882 ff.; Gisela Hellwig: »Die Grenze der Geduld«, in: *Deutschland Archiv* 1988, H. 5, S. 465 ff.
135 Siehe Karl-Wilhelm Fricke: »Die Staatsmacht und die Andersdenkenden«, in: *Deutschland Archiv* 1988, H. 3, S. 225 ff.
136 Vgl. *AdG* 1988, S. 32601 und 32773 ff.; *Texte zur Deutschlandpolitik,* Reihe III, Bd. 5 und 6; Nakath/Stephan: *Countdown,* S. 27.
137 Korte: *Deutschlandpolitik Kohls,* S. 378.
138 »Niederschrift« über das Gespräch Honecker – Jakes am 10. 3. 1988 in: SAPMO, DY 30, IV 2/1/679.
139 Honecker im Gespräch mit Lambsdorff am 4. 2. 1988, abgedr. bei Potthoff: *Koalition der Vernunft,* S. 693.
140 »Information« Nr. 45/88 vom 15. 9. 1988 »Streng geheim«, in: SAPMO, DY 30, 2/2035/81; vgl. Wilhelm Knabe: »Westparteien und DDR-›Opposition‹«, in: Enquete-Kommission, Bd. VII/2, S. 1110–1193, hier S. 1180 ff.
141 Vermerk über ein Gespräch mit Gunter Rettner am 9. 12. 1987, in: SAPMO, DY 30, IV 2/2035/79. Das Zitat ist aus einer Äußerung von Rettner zu Peter Glotz vom 19. 4. 1988, in: ebd., IV 2/2035/80.
142 Vgl. *AdG* 1988, S. 31883; Knabe: »Westparteien und DDR-›Opposition‹«, S. 1179; Erhard Eppler: »Zum Dialog SPD – SED«, in: *Deutschland Archiv* 1989, H. 6, S. 713 ff.
143 Siehe den Bericht Epplers in: Protokoll der SPD-Präsidiumssitzung vom 2. 5. 1988, in: SPD-Vorstandsarchiv.

144 Protokoll der SPD-Präsidiumssitzung vom 18. 1. 1988, in: ebd.
145 Vgl. Protokolle der SPD-Präsidiumssitzungen vom 13. 6. und 28. 8. 1988, in: ebd.
146 Vgl. Knabe: »Westparteien und DDR-›Opposition‹«, S. 1126 ff.
147 Ebd., S. 1128 (nach DPA vom 1. 12. 1987).
148 Filmer/Schwan: *Schäuble,* S. 219.
149 Schreiben vom 9. 2. 1988 in den Akten der Senatskanzlei, Akte Gespräch RBm/GS am 11. 2. 1988.
150 Sowohl die für Diepgen angefertigten Aufzeichnungen der Senatskanzlei wie die Ost-Berliner Vermerke sind abgedr. bei Potthoff: *Koalition der Vernunft,* S. 697–720 und 730–744.
151 Vgl. für das Lambsdorff-Gespräch am 4. 2. 1988 ebd., S. 688–696, bes. S. 689, sowie für das Vogel-Honecker-Gespräch am 21. 4. 1988 ebd., S. 745–752, bes. S. 751; für die Unterredung Krenz – Bräutigam am 13. 4. 1988 den Vermerk in Nakath/Stephan: *Countdown,* S. 82 ff. Die Liste ließe sich fortsetzen.
152 Korte: *Deutschlandpolitik Kohls,* S. 385.
153 Ebd., S. 384 und 392 f.
154 Vgl. dazu auch Helmut Kohl vor der Enquete-Kommission, in: Enquete-Kommission, Bd. V/1, S. 928; zu Schäuble die Darstellung bei Korte: *Deutschlandpolitik Kohls,* S. 392, über dessen Gespräch mit Schäuble.
155 Garton Ash: *Im Namen Europas,* S. 304 ff.
156 Vgl. Schroeder: *SED-Staat,* S. 295; siehe besonders Honeckers Kritik in seinen Gesprächen mit Wadim Medjedjew, Sekretär des ZK der KPdSU, am 24. 8., Michail Gorbatschow am 28. 9. und Nicolae Ceauşescu am 17./18. 11. 1988, in: SAPMO, DY 30, IV/2/685.
157 Aufzeichnungen über diese Unterredungen sind abgedr. bei Potthoff: *Koalition der Vernunft,* S. 677 ff., 688 ff., 697 ff., 721 ff., 730 ff., 745 ff., 753 ff., 762 ff. und 786 ff. Für die Gespräche Rau, Diepgen, H.-J. Vogel und Dregger sind jeweils auch entsprechende Westvermerke dort publiziert. Ein für Rühe gefertigter Vermerk vom 29. 4. in: BA, B 288/311, AZ 11–35016-Ko 28.
158 Unterlagen dazu besonders in: BA, B 136/20239.
159 Siehe dazu Potthoff: *Koalition der Vernunft,* S. 753 und 758 f.; Korte: *Deutschlandpolitik Kohls,* S. 381 f.
160 Potthoff: *Koalition der Vernunft,* S. 770.
161 Vgl. die scharfe Kritik von Jens Hacker in *Deutsche Irrtümer,* S. 322 f.
162 Aufzeichnungen von Ostseite sind dazu abgedr. bei Potthoff: *Koalition der Vernunft,* S. 802 ff., 811 ff. und 818 ff. Für Schäubles Besuch siehe bes. auch Korte: *Deutschlandpolitik Kohls,* S. 431 ff.; Ergebnisvermerk Duisbergs vom 14. 11. 1988, in: BA, B 137/10294.

163 Siehe Potthoff: *Koalition der Vernunft,* S. 760.

164 Dafür gibt es eine Fülle von Belegen und Beispielen.

165 Vermerk über das Gespräch Honeckers mit UdSSR-Botschafter Wjat-scheslaw Kotschemassow, in: SAPMO, DY 30, IV 2/2039/281; dazu Korte: *Deutschlandpolitik Kohls,* S. 390 f.; Bericht des SED-Bezirks-chefs Gerhard Müller über Kohls Besuch in Erfurt und Weimar, in: Nakath/Stephan: *Countdown,* S. 103 f.

166 Schreiben Kohls an Honecker vom 23. 3. 1988, in: SAPMO, DY 30, vorl. SED 41664; Honeckers Brief vom 14. 12. 1987 wurde von ADN am 4. 1. 1988 veröffentlicht, siehe *AdG* 1988, S. 32074.

167 Schreiben Kohls an Honecker vom 19. 10. 1988, abgedr. bei Na-kath/Stephan: *Countdown,* S. 122 ff; Exemplare in SAPMO, DY 30, IV 2/2035/87 und J IV 2/2A/3167.

168 Vgl. dazu ausführlich Korte: *Deutschlandpolitik Kohls,* S. 417–431; Filmer/Schwan: *Schäuble,* S. 220 ff.

169 *Der Spiegel* vom 15. 3. 1999, S. 72 f.

170 »Bericht zur Lage der Nation«, abgedr. u. a. in: *Texte zur Deutschland-politik,* Reihe III, Bd. 6, S. 472 f.

171 So Korte: *Deutschlandpolitik Kohls,* S. 411.

172 So ebenfalls Kohl in seinem Bericht.

173 Siehe *AdG* 1989, S. 32965; Ilse Spittmann: »Sozialismus in den Farben der DDR«, in: *Deutschland Archiv* 1989, H. 3, S. 241 ff.

174 Vgl. *AdG* 1989, S. 33141.

175 Siehe Schroeder: *SED-Staat,* S. 295, mit dem Beleg aus BStU, ZA, MfS-HA VI 1308, Bl. 27.

176 Die Zahl nannte Honecker im Gespräch mit H.-J. Vogel am 25. 5. 1989, abgedr. bei Potthoff: *Koalition der Vernunft,* S. 901.

177 *AdG* 1988, S. 32838 f.; das Abschlußdokument der KSZE-Folgekonfe-renz vom 15. 1. 1989 in: *Deutschland Archiv* 1989, H. 4, S. 467 ff.; *Der Spiegel* vom 13. 3. 1989, S. 36 und 39.

178 Vgl. Neubert: *Opposition,* S. 810 ff.; *AdG* 1989, S. 33317 f.

179 Zu dem Entwurf und dem Text des Beschlusses siehe CDU-Dokumenta-tion 1988/6, S. 17 f., 1988/12, S. 6 ff. und 1988/19, S. 4 ff. Zum Kontext bes. Hacker: *Deutsche Irrtümer,* S. 187 ff. und 193 ff.; ders. Kontinuitä-ten und Diskontinuitäten, S. 265 ff.

180 Egon Bahr: *Zum europäischen Frieden – Eine Antwort auf Gor-batschow,* Berlin 1988; Interview »Dann wird die Mauer fallen«, in: *Der Spiegel* vom 16. 10. 1989, S. 29 f.; vgl. auch Vogtmeier: *Egon Bahr,* S. 302 ff.

181 Vgl. die entsprechenden Nachweise bei Hacker: *Deutsche Irrtümer,* S. 247 f.; Vogtmeier: *Egon Bahr,* S. 302 f.

182 Zuerst am 11.8. 1988 und danach am 14.9. 1988; vgl. Hacker: *Deutsche Irrtümer,* S.241 ff.

183 Vgl. kritisch bes. Tilman Fichter: *Die SPD und die Nation. Vier sozialdemokratische Generationen zwischen nationaler Selbstbestimmung und Zweistaatlichkeit,* Frankfurt a.M. 1993, bes. S.66 f.

184 Aufzeichnungen und Notizen über das Gespräch Engholm – Honecker am 31.1. 1989 aus SAPMO, DY 30, 2/1/694 und J IV/956, sind abgedr. bei Potthoff: *Koalition der Vernunft,* S.830 ff.

185 Ostaufzeichnungen und in den Fällen Voscherau, Rau, Albrecht auch die Westvermerke sind abgedr. ebd., S. 843 ff., 849 ff., 861 ff. und 876 ff.

186 Vgl. ebd., S.838, 847, 851, 858 f., 861 f., 867.

187 Die für H.-J. Vogel gefertigten Aufzeichnungen und der Ostvermerk über das Gespräch am 25.5. 1989 sind abgedr. ebd., S.890–917, zum Schußwaffengebrauch S.898, 901, 911 und 913 f.

188 Ebd., S.863.

189 Ebd., S.895 f.

190 *Texte zur Deutschlandpolitik,* Reihe III, Bd.6, S.494 f.; Korte: *Deutschlandpolitik Kohls,* S.411.

191 Vgl. Garton Ash: *Im Namen Europas,* S.160 f. und 674; Korte: *Deutschlandpolitik Kohls,* S.439; *Newsweek* vom 27.10. 1986.

192 Vgl. Gorbatschow: *Erinnerungen,* S.701; Garton Ash: *Im Namen Europas,* S.160 ff.; ferner Korte: *Deutschlandpolitik Kohls,* S.439 f.

193 Vgl. Garton Ash: *Im Namen Europas,* S.168 f.

194 Protokoll des Gesprächs Gorbatschow – Kohl am 25.10. 1988, in: BA, B 136/30162; *Bulletin* vom 1.11. 1988, S.1265 und 1271.

195 Gorbatschow: *Erinnerungen,* S.705; zum Ablauf des Besuchs insgesamt ebd., S.703 ff.

196 So Korte: *Deutschlandpolitik Kohls,* S.440.

197 Diekmann/Reuth: *Helmut Kohl,* S.39; Korte: *Deutschlandpolitik Kohls,* S.442; *Texte zur Deutschlandpolitik,* Reihe III, Bd.6, S.374; Protokoll des Vier-Augen-Gesprächs, in: BA, B 136/30162.

198 Eduard Ackermann: *Mit feinem Gespür. Vierzig Jahre in der Bonner Republik,* Bergisch Gladbach 1994, S.285; Korte (ebd., S.627) bezieht sich auf das Urteil Teltschiks nach Aufzeichnungen im Privatarchiv Werner Weidenfelds.

199 Siehe die »Niederschrift« über das Gespräch Gorbatschows mit der DDR-Delegation am 28.9. 1988, in: SAPMO, DY 30, IV 2/1/685; »Aktennotiz« über das Gespräch Honecker – Alexander Bondarenko (Außenministerium der UdSSR) vom 30.10. 1988 aus SAPMO, DY 30, J IV 2/1/686, abgedr. bei Nakath/Stephan: *Countdown,* S.125–145.

200 Garton Ash: *Im Namen Europas,* S.176 f. und 678.

201 Vgl. Korte: *Deutschlandpolitik Kohls,* S. 442 ff.; Garton Ash: *Im Namen Europas,* S. 170 ff.
202 In: Dowe (Hrsg.): *Ost- und Deutschlandpolitik der SPD,* S. 21.
203 Korte: *Deutschlandpolitik Kohls,* S. 438.
204 Zu Ungarn siehe *AdG* 1989, S. 32447 f., 33083 ff. und 33236.
205 Vgl. Konrad Jarausch: *Die unverhoffte Einheit 1989–1990,* Frankfurt a. M. 1995, S. 29.
206 Vgl. Gyula Horn: *Freiheit, die ich meine. Erinnerungen des ungarischen Außenministers, der den Eisernen Vorhang öffnete,* Hamburg 1991, S. 317 ff.
207 Vgl. Genscher: *Erinnerungen,* S. 13 ff.; Antonius John: *Rudolf Seiters. Einsichten in Amt, Person und Ereignisse,* Bonn 1991, S. 88 ff.; Korte: *Deutschlandpolitik Kohls,* S. 455 f.
208 Vgl. Gerd-Rüdiger Stephan (Hrsg.): *»Vorwärts immer, rückwärts nimmer.« Interne Dokumente zum Zerfall von SED und DDR 1988/89,* Berlin 1994, S. 174 ff., 238 f.
209 Vgl. die Unterlagen über die zehn Treffen vom 27. 11. 1987 bis 14. 7. 1989 und die Absprache über den gemeinsamen Text am 26. 7. 1989, in: SAPMO, DY 30, J IV 2/2A/3085, 3093, 3109, 3126–29, 3133/34, 3161, 3174–78, 3213/14, 3230 und 3233.
210 Darüber gibt es eine Fülle von Belegen in Gesprächsvermerken mit SED-Offiziellen.
211 Siehe dazu Garton Ash: *Im Namen Europas,* S. 494 und 774 f.; sowie das Original des Vermerks vom 8. 7. 1989, in: SAPMO, DY 30, IV 2/2035/80.
212 Vgl. den »Bericht« über den Besuch der Delegation unter Krenz am 7./8. 6. 1989 in Saarbrücken, in: SAPMO, DY 30, J IV 2/2A/3192; und den Vermerk von Gunter Rettner über die Unterredung mit Hans-Peter Weber am 18. 8. 1989, in: ebd., IV 2/2035/81.
213 Vgl. Protokoll der SPD-Präsidiumssitzung vom 29. 5. 1989, in: SPD-Vorstandsarchiv.
214 Vgl. *AdG* 1989, S. 33396.
215 Protokoll der SPD-Präsidiumssitzung vom 12. 6. 1989, in: SPD-Vorstandsarchiv.
216 Vgl. *Frankfurter Allgemeine Zeitung* vom 13. 6. 1989.
217 Vgl. *AdG* 1989, S. 33433 f.; Dieter Groh/Peter Brandt: *»Vaterlandslose Gesellen«. Sozialdemokratie und Nation 1860–1990,* München 1992, S. 327 f.
218 Die westlichen wie die östlichen Aufzeichnungen über das Gespräch Momper – Honecker am 19. 6. 1989 sind abgedr. bei Potthoff: *Koalition der Vernunft,* S. 918–956.

219 »Niederschrift« über das Gespräch Seiters – Honecker aus SAPMO, DY 30, J IV 2/2A/3229, abgedr. ebd., S. 957–964; John: *Rudolf Seiters,* S. 65 ff.; Unterlagen in: BA, B 136/21328 und 137/10294; *AdG* 1989, S. 33535 f.

220 Korte: *Deutschlandpolitik Kohls,* S. 449; das Wort vom Kriechgang fand sich in einem Artikel der *Süddeutschen Zeitung* vom 16. 1. 1989.

221 Korte: *Deutschlandpolitik Kohls,* S. 448.

222 Ebd., S. 450 ff.

223 Abgedr. in: Küsters/Hofmann: *Deutsche Einheit,* S. 355 f., nach dem Durchschlagexemplar aus den Kanzleramtsakten; das an Honecker gesandte Exemplar in: SAPMO, DY 30, J IV 2/2A/3234.

224 Korte: *Deutschlandpolitik Kohls,* S. 454.

225 Siehe die gute Darstellung bei Korte: *Deutschlandpolitik Kohls,* S. 464 ff. Zur Bundestagsdebatte siehe *Verhandlungen des Deutschen Bundestages,* Sten. Ber., Bd. 150, S. 11715–11821, zu Rühe S. 11723 ff.

226 Rainer Eckert: »Hegemon der Revolution oder Treibsand des Zusammenbruchs«, in: *Der 9. November in der Geschichte der Deutschen,* hrsg. von der Arbeitsgemeinschaft ehemals verfolgter Sozialdemokraten – AvS, Bonn o. J. (1998), S. 38; Neubert: *Opposition,* S. 830 ff.; Jarausch: *Unverhoffte Einheit,* S. 63 ff.; Schroeder: *SED-Staat,* S. 314 ff.

227 Zahlen bei Jarausch: *Unverhoffte Einheit,* S. 77, mit Belegen S. 346.

228 Nach Zeitungsangaben. Siehe auch Annegret Hahn u. a. (Hrsg.): *4. November '89,* Frankfurt a. M. 1990.

229 Vgl. Jarausch: *Unverhoffte Einheit,* S. 86 ff. und 96 ff.

230 »Niederschrift« über das Gespräch Mischnick – Krenz am 25. 10. 1989 aus SAPMO, DY 30, IV 2/2039/328 und IV 2/1/704, abgedr. bei Potthoff: *Koalition der Vernunft,* S. 965–974.

231 Vgl. ebd., S. 68; sowie Korte: *Deutschlandpolitik Kohls,* S. 458.

232 Protokoll der SPD-Präsidiumssitzung vom 11. 9. 1989, in: SPD-Vorstandsarchiv.

233 Ebd.

234 Norbert Gansel: »Wenn alle gehen wollen, weil die Falschen bleiben«, in: *Frankfurter Rundschau* vom 13. 9. 1989.

235 Vgl. Vogel: *Nachsichten,* S. 288 f.

236 Vgl. u. a. Dieter Dowe/Rainer Eckert (Hrsg.): *Von der Bürgerbewegung zur Partei. Die Gründung der Sozialdemokratie in der DDR,* Bonn 1993.

237 Vgl. Korte: *Deutschlandpolitik Kohls,* S. 457; sowie Protokoll der SPD-Präsidiumssitzung vom 9. 10. 1989, SPD-Vorstandsarchiv.

238 »Vermerk über ein informelles Gespräch« Schalcks mit Schäuble und Seiters am 24. 10. 1989; siehe SPD-Dokumentation, *Wer im Glashaus*

sitzt; ferner Korte: *Deutschlandpolitik Kohls,* S. 460; Diekmann/Reuth: *Helmut Kohl,* S. 108 f.

239 Mitschrift des Telefonats Kohl – Krenz am 26. 10. 1989 von 8.30–8.44 Uhr aus SAPMO, DY 30, IV 2/1/704, abgedr. bei Potthoff: *Koalition der Vernunft,* S. 975–981; mit Auslassungen und ohne Quellenangabe wurde das Gespräch schon veröffentlicht in: *Der Spiegel* vom 26. 11. 1990, S. 110 ff. Ein Vermerk aus zweiter Hand von Manfred Speck, dem persönlichen Referenten von Seiters, aus dessen Handakte ist abgedr. bei Küsters/Hofmann: *Deutsche Einheit,* S. 468, ohne jeden Hinweis auf die längst schon veröffentlichte wörtliche Mitschrift. Angaben zum Gespräch auch bei John: *Rudolf Seiters,* S. 114 f.

240 Potthoff: *Koalition der Vernunft,* S. 977 und 980.

241 Vgl. Hertle: *Chronik des Mauerfalls,* S. 100 ff.; der Vermerk Schalcks in: Schalck-Untersuchungsausschuß, Materialien, A 5, Bd. 47.

242 *Verhandlungen des Deutschen Bundestages,* Sten. Ber., Bd. 151, S. 13010 ff.; *Bulletin* vom 9. 11. 1989, S. 723 ff.

243 Korte: *Deutschlandpolitik Kohls,* S. 463.

VOM MAUERFALL ZUR DEUTSCHEN EINIGUNG

1 Vgl. zum Kontext u. a. Korte: *Deutschlandpolitik Kohls,* S. 468 ff.

2 Siehe Küsters/Hofmann: *Deutsche Einheit,* S. 53 und 492–496.

3 Vgl. Günter Schabowski: *Der Absturz,* Berlin 1991, S. 302 ff.; Hans-Hermann Hertle hat diese ganzen Vorgänge umfassend dargestellt in: *Fall der Mauer* und *Chronik des Mauerfalls.*

4 Hans-Hermann Hertle:»Das Ende des Kalten Krieges und das Ende der DDR«, in: März (Hrsg.): *40 Jahre Zweistaatlichkeit,* S. 299 f.

5 Das galt nicht nur für die Westkanäle, sondern auch für die Medienlandschaft der DDR, wo vor allem das Jugendmagazin des DDR-Fernsehens zum Forum offener Diskussion und Berichterstattung wurde.

6 Siehe die in Anm. 3 und 4 angeführten Werke von Hertle.

7 Nach Jarausch: *Unverhoffte Einheit,* S. 100 und 352, Anm. 38.

8 Küsters/Hofmann: *Deutsche Einheit,* S. 54.

9 Die Kundgebung ist dokumentiert in: *Texte zur Deutschlandpolitik,* Reihe III, Bd. 7, S. 394–407.

10 Küsters/Hofmann: *Deutsche Einheit,* S. 55.

11 Vermerke aus dem Kanzleramt sind abgedr. ebd., S. 505 ff., 507 ff. und 511 f.

12 Die wörtliche Mitschrift des Telefonats Kohl – Krenz am 11. 11. 1989

von 10.13–10.22 Uhr aus SAPMO, DY 30, UV 2/2039/328, ist abgedr. bei Potthoff: *Koalition der Vernunft*, S. 989–994; sowie in: Stephan (Hrsg.): *» Vorwärts immer, rückwärts nimmer!«*, S. 243 ff.

13 Vermerk Teltschiks vom 13.11.1989 aus dem Bestand BK, 212–35400 De 39, Bd. 1, ist abgedr. bei Küsters/Hofmann: *Deutsche Einheit*, S. 513–515.

14 Der Vermerk von Ministerialdirigent Neuser vom 11.11. 1989 ist abgedr. ebd., S. 515.

15 Wie Anm. 12, Potthoff: *Koalition der Vernunft*, S. 991.

16 Hertle: *»Ende des Kalten Krieges«*, S. 301.

17 Vermerk Schalck-Golodkowskis vom 15.11. 1989 über sein Gespräch mit Seiters aus SAPMO, DY 30, IV 2/2039/328, abgedr. bei Nakath/Stephan: *Countdown*, S. 236–239.

18 Westvermerk in Küsters/Hofmann: *Deutsche Einheit*, S. 550–559, Ostvermerk bei Potthoff: *Koalition der Vernunft*, S. 995–1007, und Nakath/Stephan: *Countdown*, S. 242–254.

19 Vgl. Jarausch: *Unverhoffte Einheit*, S. 106; *Verhandlungen des Deutschen Bundestages*, Sten. Ber., Bd. 151, S. 13326 ff.

20 Siehe Anm. 18.

21 Vgl. etwa Rudolf Augstein: »Sagen was ist«, in: *Der Spiegel* vom 20.11. 1989.

22 Nach Jarausch: *Unverhoffte Einheit*, S. 107.

23 Siehe dazu Küsters/Hofmann: *Deutsche Einheit*, S. 61 f.; Horst Teltschik: *329 Tage: Innenansichten der Einigung*, Berlin 1993, S. 28 f. und 42 ff.

24 Voller Text u. a. in: *Verhandlungen des Deutschen Bundestages*, Sten. Ber., Bd. 151, S. 13502 ff.; Bundespresseamt, *Dokumentation Deutschland 1989*, Bd. V, S. 1 ff.; *Europa Archiv* 1989, D 728 ff. Philip Zelikow/Condoleezza Rice: *Sternstunde der Diplomatie. Die deutsche Einheit und das Ende der Spaltung Europas*, Berlin 1997, S. 178 f.

25 Siehe Küsters/Hofmann: *Deutsche Einheit*, S. 65 ff. und 574 ff.; vgl. auch Jarausch: *Unverhoffte Einheit*, S. 111 f.

26 Siehe *Verhandlungen des Deutschen Bundestages*, Sten. Ber., Bd. 151, S. 13479 ff. und 13514 ff.; vgl. auch Vogel: *Nachsichten*, S. 309 ff.

27 Vgl. Jarausch: *Unverhoffte Einheit*, S. 110.

28 Ebd.

29 Vgl. kritisch Hacker: *Deutsche Irrtümer*, S. 324 ff.

30 Vgl. Ebd., S. 230 f.; Die Grünen im Bundestag, Mitteilungen für die Presse vom 30.11. 1989.

31 Protokoll der SPD-Präsidiumssitzung vom 13.11. 1989, in: SPD-Vorstandsarchiv; die Urteile über die anderen angeführten Politiker stützen sich neben öffentlichen Aussagen auch auf die verschiedenen Präsidiumsprotokolle aus dieser Zeit.

32 Vgl. Vogel: *Nachsichten*, S. 306 ff.

33 Vgl. kritisch Fichter: *SPD und Nation*, bes. S. 66 f.; Groh/Brandt: »*Vater-landslose Gesellen*«, bes. S. 333 f.

34 Potthoff: *Koalition der Vernunft*, S. 62.

35 Nachzulesen im Protokoll vom Programmparteitag der SPD, Berlin 18.–20. 12. 1989, S. 61–68, 124–142 und 241–268.

36 Protokoll der SPD-Präsidiumssitzung vom 27. 11. 1989, in: SPD-Vorstandsarchiv.

37 Jarausch: *Unverhoffte Einheit*, S. 119.

38 *Der Spiegel* vom 11. 12. 1989, S. 22 ff.

39 Vgl. Jarausch: *Unverhoffte Einheit*, S. 119 und 127 ff.

40 Vgl. ebd., S. 137.

41 Vgl. die verschiedenen Essays in Hubertus Knabe (Hrsg.): *Aufbruch in eine andere DDR*, Hamburg 1989.

42 Vgl. u.a. Uwe Thaysen: *Der Runde Tisch. Oder wo blieb das Volk. Der Weg in die Demokratie*, Opladen 1990; Helmut Herles/Ewald Rose (Hrsg.): *Vom runden Tisch zum Parlament*, Bonn 1990, bes. S. 23 ff.; Wolfgang Jäger: *Die Überwindung der Teilung* (Geschichte der deutschen Einheit, Bd. 3), Stuttgart 1998, S. 78 und 369 ff.; vgl. auch die Tabelle zur Sitzordnung bei Jarausch: *Unverhoffte Einheit*, S. 135.

43 Vgl. zusammenfassend Jarausch: *Unverhoffte Einheit*, S. 138 f.

44 Resolution zum Kohl-Besuch in: BA, Abteilungen Berlin, DA-3, Bd. 3.

45 Abdruck von Kanzleramtsvermerken über diese verschiedenen Gespräche bei Küsters/Hofmann: *Deutsche Einheit*, S. 668 ff. und 673 ff. mit Verweisen auch auf weitere westliche Unterlagen; zu DDR-Unterlagen vgl. die Hinweise bei Jarausch: *Unverhoffte Einheit*, S. 361 (Anm.); sowie Nakath/Stephan: *Countdown*, S. 260 ff.; Jäger: *Überwindung der Teilung*, S. 80 ff.; Werner Weidenfeld: *Außenpolitik für die deutsche Einheit* (Geschichte der deutschen Einheit, Bd. 4), Stuttgart 1998, S. 201 ff.

46 Jarausch: *Unverhoffte Einheit*, S. 141.

47 Die betr. Anlage 3 aus den Kanzleramtsakten aus BA, B 136/20578, ist bei Küsters/Hofmann: *Deutsche Einheit*, nicht abgedruckt.

48 Die betreffende Verordnung der DDR vom 21. 12. 1989 in: Gesetzblatt der DDR 1989 I, S. 271 f.

49 Siehe Ilse Spittmann/Gisela Hellwig (Hrsg.): *Chronik der Ereignisse in der DDR*, 4. Aufl., Köln 1990, S. 45.

50 Vgl. Jarausch: *Unverhoffte Einheit*, S. 150; *Neues Deutschland* vom 11. 1. 1990 »Zur Lage der Volkswirtschaft in der DDR«.

51 Vgl. Arnim Volze: »Innerdeutsche Transfers«, in: Enquete-Kommission, Bd. V/3, S. 2761–2797, hier S. 2793 f.

52 Jarausch: *Unverhoffte Einheit*, S. 157 f., Einzelbelege S. 365, Anm. 29.

53 Ebd., S. 149.

54 Ebd., S. 161.

55 Angaben nach den bei Jarausch: *Unverhoffte Einheit,* S. 366, in Anm. 48 genannten Quellen.

56 Küsters/Hofmann: *Deutsche Einheit,* S. 75 f.

57 Jarausch: *Unverhoffte Einheit,* S. 166.

58 Vgl. u. a. Küsters/Hofmann: *Deutsche Einheit,* S. 77 ff., und die dort abgedr. Dokumente; ferner Elke Bruck/Peter M. Wagner (Hrsg.): *Wege zum »2+4«-Vertrag. Die äußeren Aspekte der deutschen Einheit,* München 1996.

59 Robert L Hutchings: *Als der Krieg zu Ende war. Ein Bericht aus dem Innern der Macht,* Berlin 1999.

60 Abdr. des Gesprächsvermerks aus BA, Abteilungen Berlin, DC 20, 4973, bei Nakath/Stephan: *Countdown,* S. 278 ff., Zitat S. 281.

61 *Bild-Zeitung* vom 24. 1. 1990.

62 Gorbatschow: *Erinnerungen,* S. 714 f.; vgl. auch Kwizinskij: *Vor dem Sturm,* S. 18 ff.; Eduard Schewardnadse: *Die Zukunft gehört der Freiheit,* Hamburg 1991, S. 233 ff.

63 *Neues Deutschland* vom 31. 1. 1990.

64 Vermerk des Gesprächs Modrow – Gorbatschow aus BA, Abteilungen Berlin, DC 20, 4973, abgedr. bei Nakath/Stephan: *Countdown,* S. 288–298; vgl. ferner Gorbatschow: *Erinnerungen,* S. 714 f.; Hans Modrow: *Aufbruch und Ende,* Hamburg 1991, S. 119 ff.

65 Siehe die Vermerke und Niederschriften über die Moskauer Gespräche in Küsters/Hofmann: *Deutsche Einheit,* S. 795–813; sowie ebd., S. 99 ff.; ferner Genscher: *Erinnerungen,* S. 831 ff.; Teltschik: *329 Tage,* S. 137 ff.; Zelikow/Rice: *Sternstunde,* S. 255 ff. und 267 ff.; Weidenfeld: *Außenpolitik,* S. 234 ff.

66 Rafael Biermann: »›Halb zog sie ihn, halb sank er hin‹. Zur Widersprüchlichkeit der sowjetischen Deutschlandpolitik im Jahr der deutschen Einigung«, in: März (Hrsg.): *40 Jahre Zweistaatlichkeit,* S. 374.

67 Aufzeichnungen der Gespräche bei Küsters/Hofmann: *Deutsche Einheit,* S. 85, 97 ff., 793 f., 795 ff., 808 ff.; vgl. Gorbatschow: *Erinnerungen,* S. 715 ff.; James Baker: *Drei Jahre, die die Welt veränderten. Erinnerungen,* Berlin 1995, S. 180 ff.; Zelikow/Rice: *Sternstunde,* S. 269 f.; Teltschik: *329 Tage,* S. 138 f.

68 Kommuniqué vom 13. 2. 1990, in: *Bulletin* vom 20. 2. 1990, S. 215; zum Vorlauf vgl. Zelikow/Rice: *Sternstunde,* S. 240 ff.; zur Konferenz ebd., S. 271 ff.

69 Vgl. den westlichen Vermerk über das Delegationsgespräch in Küsters/Hofmann: *Deutsche Einheit,* S. 821 ff.; weitere Unterlagen in: BA,

B 136/20759; der östliche Bericht ist abgedr. bei Nakath/Stephan: *Countdown*, S. 299 ff.; vgl. auch Jarausch: *Unverhoffte Einheit*, S. 170 f.; Jäger, *Überwindung der Teilung*, S. 123 f.

70 Die Rede H.-J. Vogels vom 15. 2. 1990 findet sich ebenso wie die Kohls und Genschers in: Bundespresseamt, *Dokumentation Deutschland 1990*.

71 Vgl. Küsters/Hofmann: *Deutsche Einheit*, S. 94 und 759.

72 Siehe ausführlich Dieter Grosser: *Das Wagnis der Währungs-, Wirtschafts- und Sozialunion* (Geschichte der deutschen Einheit, Bd. 2), Stuttgart 1998, bes. S. 149 ff.

73 Zu Genscher siehe *Süddeutsche Zeitung* vom 2. 2. 1990; zu de Maizière siehe Bundespresseamt, *Dokumentation 1990*, Bd. VI, S. 2261 ff.; Teltschik: *329 Tage*, S. 125 f., 130 ff., 144 und 152; sowie *Berliner Morgenpost* vom 4. 3. 1990.

74 Küsters/Hofmann: *Deutsche Einheit*, S. 89.

75 Günter Grass: *Deutschland, einig Vaterland*, Göttingen 1990, S. 49 f.

76 Übersicht bei Jarausch: *Unverhoffte Einheit*, S. 176, nach den Daten des ZDF-Politbarometers vom 19. 2. 1990 und Presseberichten vom 20., 22. und 26. 2. 1990.

77 Vgl. etwa Weidenfeld: *Außenpolitik*, S. 479 ff.; Nakath/Stephan: *Countdown*, S. 300; Küsters/Hofmann: *Deutsche Einheit*, S. 120 ff.

78 Zu Böhmes dreitägigem Besuch in Moskau und seinen Gesprächen mit Außenminister Schewardnadse siehe Nakath/Stephan: *Countdown*, S. 43 und 313 ff.

79 Vgl. Grosser: *Wagnis*, S. 190 f.; ders.: »Zeit der Führung. Konsens und Konflikt 1989/90«, in: März (Hrsg.): *40 Jahre Zweistaatlichkeit*, S. 309.

80 Vgl. Teltschik: *329 Tage*, S. 176 f.

81 Jarausch: *Unverhoffte Einheit*, S. 180.

82 Vgl. Ebd., S. 202; Weidenfeld: *Außenpolitik*, S. 326 f. und 492.

83 Diese Erklärung vom 19. 3. 1990 in: Bundespresseamt, *Dokumentation 1990*, Bd. VI, S. 1275.

84 Der Entwurf vom 4. 4. 1990 trägt den Titel »Verfassung der Deutschen Demokratischen Republik«, in: BA, B 136/29110.

85 Siehe *Volkskammerprotokolle*, 10. Wahlperiode, Bd. 27, S. 60 ff.; sowie Lothar de Maizière: »Politik für unser Volk«, in: Bundespresseamt, *Dokumentation 1990*, Bd. VI, S. 2261 ff. und 2283 ff.

86 So Teltschik: 329 Tage, S. 221; vgl. Zelikow/Rice: *Sternstunde*, S. 328 f.

87 Vgl. Rafael Biermann: *Zwischen Kreml und Kanzleramt. Wie Moskau mit der deutschen Einheit rang*, 2. Aufl., Paderborn 1998; ders.: »Halb zog sie ihn, halb sank er hin«, in: März (Hrsg.): *40 Jahre Zweistaatlichkeit*, bes. S. 375.

88 Siehe Grosser: *Wagnis*, S. 277–306.

89 Vgl. dazu auch Vogel: *Nachsichten*, S. 331 ff.; ausführlich zu der Auseinandersetzung um die Ratifizierung auch Grosser: *Wagnis*, S. 311 ff.

90 Vgl. *Bulletin* vom 19. 6. 1990, S. 661 ff.; *Deutschland Archiv* 1990, H. 7, S. 1139.

91 Teltschik auf der Herbsttagung des Politischen Clubs der Evangelischen Akademie 1997 in Tutzing. Zum Kontext vgl. Schäuble: *Der Vertrag. Wie ich über die Einheit verhandelte*, hrsg. von Dirk Koch/Klaus Wirtgen, Stuttgart 1993, S. 104 f. und 255 ff.; Jürgen Gros: »Die Wirtschafts-, Finanz- und Sozialpolitik im deutschen Vereinigungsprozeß 1989/90«, in: März (Hrsg.): *40 Jahre Zweistaatlichkeit*, S. 335 ff.

92 Vgl. dazu die Tabelle bei Jarausch: *Unverhoffte Einheit*, S. 232.

93 Genschers Rede vor der WEU-Versammlung am 23. 3. 1990 in: Bundespresseamt, *Dokumentation 1990*, Bd. XXIII.

94 Vgl. Küsters/Hofmann: *Deutsche Einheit*, S. 221 f., 1367 ff. und 1418 ff. Zelikow/Rice: *Sternstunde*, S. 305 ff., 405 und 507.

95 Vgl. Gorbatschow: *Erinnerungen*, S. 721 ff; Küsters/Hofmann: *Deutsche Einheit*, S. 173 ff.

96 Auswärtiges Amt (Hrsg.): *Außenpolitik der Bundesrepublik Deutschland. Dokumente von 1949 bis 1994*, Köln 1995, S. 672 f.

97 Siehe die Aufzeichnungen bei Küsters/Hofmann, S. 1348 ff., 1352 ff. und 1355 ff.; sowie Weidenfeld, *Außenpolitik*, S. 529 ff.; Gorbatschow: *Erinnerungen*, S. 724 f.; Teltschik: *329 Tage*, S. 340; Genscher: *Erinnerungen*, S. 831 ff; Hans Klein: *Es begann im Kaukasus. Der entscheidende Schritt in die Einheit*, Frankfurt a. M. 1991, bes. S. 233 ff.; gemeinsame Pressekonferenz vom 16. 7. 1990, u. a. abgedr. ebd., S. 305 ff.

98 Siehe Ingo von Münch (Hrsg.): *Die Verträge zur Einheit Deutschlands*, München 1991; sowie zu den Verhandlungen Jäger: *Überwindung der Teilung*, S. 478–524; Schäuble: *Der Vertrag*.

99 Vgl. Jarausch: *Unverhoffte Einheit*, S. 286 f.

Quellen- und Literaturverzeichnis*

Archivalien

Archiv der sozialen Demokratie (AdsD)
Depositum Egon Bahr (Dep. E. B.) / SPD-Bundestagsfraktion / SPD-Parteivorstand / SPD-Präsidium.
Archiv »Grünes Gedächtnis«
Bundesarchiv Koblenz und Zwischenarchiv Sankt Augustin (BA)
Akten des Bundeskanzleramtes (B 136) / Akten des Bundesministeriums für gesamtdeutsche Fragen/innerdeutsche Beziehungen (B 137) / Akten der Ständigen Vertretung der Bundesrepublik Deutschland in der DDR (B 288).
Bundesbeauftragter für die Unterlagen des Staatssicherheitsdienstes (BStU)
Landesarchiv Berlin
Bestand Regierender Bürgermeister.
Senatskanzlei Berlin
Bestand Regierender Bürgermeister.
SPD-Vorstandsarchiv
Protokolle des Präsidiums.
Stiftung Archiv der Parteien und Massenorganisationen der DDR im Bundesarchiv, Zentrales Parteiarchiv (SAPMO, DY 30)
Arbeitsprotokolle und Beschlußprotokolle des Politbüros (J IV 2/2, J IV 2/2A usw.) / Akten des Zentralkomitees (IV 2/1) / Büro Axen (IV 2/2035) / Büro Honecker (J IV, J IV/2/201, J IV J, vorl. SED) / Büro Krenz (IV B 2/2024) / Büro Norden (B 2/2028).
Willy-Brandt-Archiv im Archiv der sozialen Demokratie
Nachlaß Willy Brandt.
Privatarchive und Unterlagen aus Privatbesitz
Privatarchiv Helmut Schmidt (H.S. privat) / Privatarchiv Hans-Jochen Vogel / Privatarchiv Greta Wehner
Unterlagen Ernst Albrecht / Unterlagen Horst Dahlmeyer / Unterlagen Wolfgang Mischnick / Unterlagen Alfred Dregger / Unterlagen Johannes Rau.

---

* Aufgenommen sind nur die in den Anmerkungen mehrfach mit Kurztiteln angeführten Akten und Werke.

AdG, Archiv der Gegenwart (Kessing).

Bahr, Egon: *Sicherheit für und vor Deutschland. Vom Wandel zur Annäherung zur Europäischen Sicherheitsgemeinschaft*, München/Wien 1991.

Ders.: *Zu meiner Zeit*, München 1996.

Baker, James: *Drei Jahre, die die Welt veränderten. Erinnerungen*, Berlin 1995.

Baring, Arnulf: *Machtwechsel: Die Ära Brandt – Scheel*, München 1984.

Barzel, Rainer C.: *Auf dem Drahtseil*, München/Zürich 1978.

Ders.: *Die Tür blieb offen. Mein persönlicher Bericht über Ostverträge, Mißtrauensvotum und Kanzlersturz*, Bonn 1998.

Bender, Peter: *Episode oder Epoche? Zur Geschichte des geteilten Deutschlands*, München 1996.

Ders.: *Neue Ostpolitik. Vom Mauerbau bis zum Moskauer Vertrag*, München 1986.

Besier, Gerhard: *Der SED-Staat und die Kirche. Der Weg in die Anpassung*, München 1993.

Biermann, Rafael: *Zwischen Kreml und Kanzleramt. Wie Moskau mit der deutschen Einheit rang*, 2. Aufl., Paderborn 1998.

Bleek, Wilhelm/Bovermann, Rainer: »Deutschlandpolitik der SPD/FDP-Koalition 1969–1982«, in: Enquete-Kommission, Bd. V/2, S. 1141–1187.

Bögeholz, Hartwig: *Die Deutschen nach dem Krieg. Eine Chronik*, Reinbek 1995.

Bracher, Karl Dietrich/Jäger, Wolfgang/Link, Werner: *Republik im Wandel 1969–1974. Die Ära Brandt.* (Geschichte der Bundesrepublik Deutschland, Bd. 5/I), Stuttgart/Wiesbaden 1986.

Brandt, Willy: *Begegnungen und Einsichten. Die Jahre 1960–1975*, Hamburg 1976.

Ders.: *Erinnerungen*, Frankfurt a. M. 1989.

Bruck, Elke/Wagner, Peter M. (Hrsg.): *Wege zum »2+4«-Vertrag. Die äußeren Aspekte der deutschen Einheit*, München 1996.

Bulletin, hrsg. vom Presse- und Informationsamt der Bundesregierung, Bonn.

Bundespresseamt, *Dokumentation Deutschland 1989; Dokumentation Deutschland 1990*.

DDR-Handbuch, wissenschaftliche Leitung Hartmut Zimmermann, hrsg. vom Bundesministerium für innerdeutsche Beziehungen, 3. Aufl., Köln 1985.

Diekmann, Kai/Reuth, Ralf Georg: *Helmut Kohl. Ich wollte Deutschlands Einheit*, Berlin 1996.

Dokumentation zur Deutschlandfrage, zusammengestellt von Heinrich von Siegler, 4. Hauptband, Bonn 1968.

Dokumente zur Berlin-Frage, 1944–1966, hrsg. vom Forschungsinstitut der Deutschen Gesellschaft für Auswärtige Politik, 3. Aufl., München 1967.

Dokumente zur Deutschlandpolitik, hrsg. vom Bundesministerium für innerdeutsche Beziehungen, Reihe IV und V.

Dowe, Dieter (Hrsg.): *Die Ost- und Deutschlandpolitik der SPD in der Opposition 1982–1989*, Bonn 1993.

Dowe, Dieter/Eckert, Rainer (Hrsg.): *Von der Bürgerbewegung zur Partei. Die Gründung der Sozialdemokratie in der DDR*, Bonn 1993.

Enquete-Kommission *Aufarbeitung von Geschichte und Folgen der SED-Diktatur in Deutschland* (12. Wahlperiode des Deutschen Bundestages), hrsg. vom Deutschen Bundestag, Baden-Baden/Frankfurt a.M. 1995.

Fichter, Tilman: *Die SPD und die Nation. Vier sozialdemokratische Generationen zwischen nationaler Selbstbestimmung und Zweistaatlichkeit*, Frankfurt a.M. 1993.

Filmer, Werner/Schwan, Heribert: *Opfer der Mauer. Die geheimen Protokolle des Todes*, München 1991.

Filmer, Werner/Schwan, Heribert: *Wolfgang Schäuble. Politik als Lebensaufgabe*, München 1994.

Garton Ash, Timothy: *Im Namen Europas. Deutschland und der geteilte Kontinent*, München/Wien 1993.

Gaus, Günter: *Staatserhaltende Opposition oder: Hat die SPD kapituliert? Gespräche mit Herbert Wehner*, Reinbek 1966.

Geissel, Ludwig: *Unterhändler der Menschlichkeit. Erinnerungen*, Stuttgart 1991.

Genscher, Hans-Dietrich: *Erinnerungen*, Berlin 1995.

Gorbatschow, Michail: *Erinnerungen*, Berlin 1995.

Grabbe, Hans-Jürgen: *Unionsparteien, Sozialdemokratie und Vereinigte Staaten von Amerika 1945–1966*, Düsseldorf 1983.

Greifenhagen, Martin und Sylvia: *Ein schwieriges Vaterland. Zur politischen Kultur Deutschlands*, München 1979.

Groh, Dieter/Brandt, Peter: *»Vaterlandslose Gesellen«. Sozialdemokratie und Nation 1860–1990*, München 1992.

Grosser, Dieter: *Das Wagnis der Währungs-, Wirtschafts- und Sozialunion* (Geschichte der deutschen Einheit, Bd. 2), Stuttgart 1998.

Hacker, Jens: *Deutsche Irrtümer. Schönfärber und Helfershelfer der SED-Diktatur im Westen*, Frankfurt a.M. 1992 (TB 1994).

Ders.: *»Die Deutschlandpolitik der SPD/FDP-Koalition 1969–1982«*, in: Enquete-Kommission, Bd. V/2, S. 1489–1542.

Ders.: »Kontinuitäten und Diskontinuitäten«, in: März (Hrsg.): *40 Jahre Zweistaatlichkeit in Deutschland*, S. 241–284.

Ders.: »SED und nationale Frage«, in: Ilse Spittmann (Hrsg.): *Die SED in Geschichte und Gegenwart*, Köln 1987.

Haftendorn, Helga: *Sicherheit und Entspannung. Zur Außenpolitik der Bundesrepublik Deutschland, 1955–1982*, Baden-Baden 1986.

Hentschel, Volker: *Ludwig Erhard. Ein Politikerleben*, München/Landsberg a. L. 1996.

Herbst, Andreas/ Stephan, Gerd-Rüdiger/Winkler, Jürgen (Hrsg.): *Die SED. Geschichte – Organisation – Politik. Ein Handbuch*, Berlin 1997.

Hertle, Hans-Hermann: *Chronik des Mauerfalls*, 7. Aufl., Berlin 1998.

Ders.: »Das Ende des Kalten Krieges und das Ende der DDR«, in: März (Hrsg.): *40 Jahre Zweistaatlichkeit*, S. 287–303.

Ders.: *Der Fall der Mauer. Die unbeabsichtigte Selbstauflösung des SED-Staates*, Opladen 1996.

Heß, Hans-Jürgen: *Innerparteiliche Gruppenbildung. Macht- und Demokratieverlust einer politischen Partei am Beispiel der Berliner SPD in den Jahren von 1963 bis 1981*, Bonn 1984

Hildebrand, Klaus: *Von Erhard zur Großen Koalition 1963–1969* (Geschichte der Bundesrepublik Deutschland, Bd. 4), Stuttgart/Wiesbaden 1984.

Horn, Gyula: *Freiheit die ich meine. Erinnerungen des ungarischen Außenministers, der den Eisernen Vorhang öffnete*, Hamburg 1991.

Hutchings, Robert L.: *Als der Krieg zu Ende war. Ein Bericht aus dem Innern der Macht*, Berlin 1999.

Innerdeutsche Beziehungen. Die Entwicklung der Beziehungen zwischen der Bundesrepublik Deutschland und der Deutschen Demokratischen Republik 1980–1986. Eine Dokumentation, hrsg. vom Bundesministerium für innerdeutsche Beziehungen, Bonn 1986.

Jahrbuch der Sozialdemokratischen Partei Deutschlands, hrsg. vom Vorstand der Sozialdemokratischen Partei Deutschlands.

Jäger, Werner: *Die Überwindung der Teilung* (Geschichte der deutschen Einheit, Bd. 3), Stuttgart 1998.

Jarausch, Konrad: *Die unverhoffte Einheit 1989–1990*, Frankfurt a. M. 1995.

John, Antonius: *Rudolf Seiters. Einsichten in Amt, Person und Ereignisse*, Bonn 1991.

Kerwokow, Wjatscheslaw: *Der geheime Kanal, der KGB und die Bonner Ostpolitik*, Berlin 1995.

Kiesler, Richard/Elbe, Frank: *Ein runder Tisch mit scharfen Ecken*, Baden-Baden 1993.

Kissinger, Henry: *Memoiren 1968–1973*, München 1979.

Klein, Thomas/Otto, Wilfriede/Grieder, Peter: *Visionen. Repression und Opposition in der SED (1949–1989)*, Frankfurt (Oder) 1996.

Knabe, Wilhelm: »Westparteien und DDR-Opposition«, in: Enquete-Kommission, Bd. VII/2, S. 1110–1202.

Knorr, Heribert: *Der parlamentarische Entscheidungsprozeß während der Großen Koalition 1966 bis 1969*, Meisenheim am Glan 1975.

Korte, Karl-Rudolf: *Deutschlandpolitik in Helmut Kohls Kanzlerschaft. Regierungsstil und Entscheidungen 1982–1989* (Geschichte der deutschen Einheit, Bd. 1), Stuttgart 1998.

Küchenmeister, Daniel, unter Mitarbeit von Gerd-Rüdiger Stephan (Hrsg.): *Honecker-Gorbatschow Vieraugengespräche*, Berlin 1993.

Küsters, Hanns-Jürgen/Hofmann, Daniel (Bearb.): *Deutsche Einheit. Sonderedition aus den Akten des Bundeskanzleramtes*, München 1998.

Kwizinskij, Julij A.: *Vor dem Sturm. Erinnerungen eines Diplomaten*, Berlin 1993.

Lehmann, Hans Georg: *Öffnung nach Osten. Die Ostreise Helmut Schmidts und die Entstehung der Ost- und Entspannungspolitik*, Bonn 1984.

Lemke, Michael: *Die Berlin-Krise 1958 bis 1963. Interesse und Handlungsspielräume der SED im Ost-West-Konflikt*, Berlin 1995.

Link, Werner: *Der Ost-West-Konflikt*, 2. Aufl., Stuttgart u. a. 1988.

Loth, Manfred: »Internationale Rahmenbedingungen der Deutschlandpolitik 1961–1989«, in: Enquete-Kommission, Bd. V/2, S. 1744–1765.

Mahncke, Dieter: *Berlin im geteilten Deutschland*, München/Wien 1973.

Ders.: »Das Berlin-Problem – Die Berlin-Krise 1958–1961/62«, in: Enquete-Kommission, Bd. V/2, S. 1766–1821.

März, Peter (Hrsg.): *40 Jahre Zweistaatlichkeit in Deutschland. Eine Bilanz*, München 1999.

Miller, Susanne/Potthoff, Heinrich: *Kleine Geschichte der SPD. Darstellung und Dokumente 1848–1990*, Bonn 1991.

Mitter, Armin/Wolle, Stefan: *Untergang auf Raten. Unbekannte Kapitel der DDR-Geschichte*, München 1993.

Moseleit, Klaus: *Die »Zweite« Phase der Entspannungspolitik der SPD 1983–1989. Eine Analyse ihrer Entstehungsgeschichte, Entwicklung und der konzeptionellen Ansätze*, Frankfurt a. M. 1991.

Nakath, Detlef: *Erfurt und Kassel. Zu den Gesprächen zwischen dem BRD-Bundeskanzler Willy Brandt und dem DDR-Ministerpräsidenten Willi Stoph im Frühjahr 1970* (hefte zur ddr-geschichte 24), Berlin 1995.

Ders.: »Gewaltverzicht und Gleichberechtigung. Zur Parallelität der deutsch-sowjetischen Gespräche und der deutsch-deutschen Gipseltreffen in Erfurt und Kassel im Frühjahr 1970«, in: *Deutschland Archiv* 1998, H. 2 , S. 196–213.

Ders: *Zur Geschichte der deutsch-deutschen Handelsbeziehungen. Die besondere Bedeutung der Krisenjahre 1960/61 für die Entwicklung des innerdeutschen Handels* (Hefte zur ddr-geschichte 4), Berlin 1993.

Ders./Stephan, Gerd-Rüdiger: *Countdown zur deutschen Einheit. Eine dokumentierte Geschichte der deutsch-deutschen Beziehungen 1987–1990*, Berlin 1996.

Dies.: *Die Häber-Protokolle. Schlaglichter der SED-Westpolitik 1973 bis 1985*, Berlin 1999.

Dies.: *Von Hubertusstock nach Bonn. Eine dokumentierte Geschichte der deutsch-deutschen Beziehungen auf höchster Ebene 1980–1987*, Berlin 1995.

Neubert, Ehrhart: *Geschichte der Opposition in der DDR 1949–1989*, Berlin 1997.

Oberndörfer, Dieter (Hrsg.): *Kurt Georg Kiesinger. Die Große Koalition 1966–1969. Reden und Erklärungen des Bundeskanzlers*, Stuttgart 1976.

Osterheld, Horst: *Außenpolitik unter Bundeskanzler Ludwig Erhard. Ein dokumentarischer Bericht aus dem Kanzleramt*, Düsseldorf 1992.

Ders.: *»Ich gehe nicht leichten Herzens ...« Adenauers letzte Kanzlerjahre – ein dokumentarischer Bericht*, 2. Aufl., Mainz 1987.

Potthoff, Heinrich: *Bonn und Ost-Berlin 1969–1982. Dialog auf höchster Ebene und vertrauliche Kanäle. Darstellung und Dokumente*, Bonn 1997.

Ders.: *Die »Koalition der Vernunft«. Deutschlandpolitik in den 80er Jahren*, München 1995.

Ders. (Bearb.): *Die SPD-Fraktion im Deutschen Bundestag. Sitzungsprotokolle 1961–1966*, Düsseldorf 1993.

Prieß, Lutz/Kural, Vaclav/Wilke, Manfred: *Die SED und der »Prager Frühling« 1968. Politik gegen einen »Sozialismus mit menschlichem Antlitz«*, Berlin 1996.

Prowe, Diethelm: »Die Anfänge der Brandtschen Ostpolitik in Berlin 1961 bis 1963«, in: Wolfgang Benz/Hermann Graml (Hrsg.): *Aspekte deutscher Außenpolitik im 20. Jahrhundert*, Stuttgart 1976, S. 249–289.

Przybylski, Peter: *Tatort Politbüro*, Bd. 1: *Die Akte Honecker*, Berlin 1991; Bd. 2: *Honecker, Mittag und Schalck-Golodkowski*, Berlin 1992.

Rehlinger, Ludwig: *Freikauf. Die Geschäfte der DDR mit politisch Verfolgten 1963–1989*, Berlin 1991.

Schäuble, Wolfgang: *Der Vertrag. Wie ich über die Einheit verhandelte*, hrsg. von Dirk Koch/Klaus Wirtgen, Stuttgart 1993.

Schmidt, Helmut: *Die Deutschen und ihre Nachbarn*, Berlin 1990.

Ders.: *Menschen und Mächte*, Berlin 1987.

Schmoeckel, Reinhard/ Kaiser, Bruno: *Die vergessene Regierung. Die große Koalition 1966 bis 1969 und ihre langfristigen Wirkungen*, Bonn 1991.

Schöllgen, Gregor: *Geschichte der Weltpolitik von Hitler bis Gorbatschow*, München 1996.

Schönhoven, Klaus: »Entscheidung für die Große Koalition. Die Sozialdemokratie in der Regierungskrise im Spätherbst 1966«, in: Wolfram Pytha/Ludwig Richter (Hrsg.): *Gestaltungskraft des Politischen. Festschrift für Eberhard Kolb*, Berlin 1998, S. 379–400.

Schroeder, Klaus, unter Mitarbeit von Steffen Alisch: *Der SED-Staat. Geschichte und Strukturen der DDR*, München 1998.

Schwarz, Hans-Peter: *Die Ära Adenauer. Epochenwechsel 1957–1963* (Geschichte der Bundesrepublik Deutschland, Bd. 3), Stuttgart/Wiesbaden 1983.

Seiffert, Wolfgang/Treutwein, Norbert: *Die Schalck-Papiere*, München 1991.

SPD-Bundestagsfraktion, Dokumentation: *Wer im Glashaus sitzt – Blüten der CDU/CSU-Ostpolitik*, Bonn 1994.

Spittmann, Ilse: *Die DDR unter Honecker*, Köln 1990.

Dies./Hellwig, Gisela (Hrsg.): *Chronik der Ereignisse in der DDR*, 4. Aufl., Köln 1990.

Staadt, Jochen: *Die geheime Westpolitik der SED 1960 bis 1970. Von der gesamtdeutschen Orientierung zur sozialistischen Nation*, Berlin 1993.

Stephan, Gerd-Rüdiger (Hrsg.): *» Vorwärts immer, rückwärts nimmer.« Interne Dokumente zum Zerfall von SED und DDR 1988/89*, Berlin 1994.

Strauß, Franz Josef: *Die Erinnerungen*, Berlin 1989.

Talbott, Strobe (Hrsg.): *Chruschtschow erinnert sich*, Reinbek 1971.

Teltschik, Horst: *329 Tage: Innenansichten der Einigung*, Berlin 1993.

Thaysen, Uwe: *Der Runde Tisch. Oder wo blieb das Volk. Der Weg der DDR in die Demokratie*, Opladen 1990.

Texte zur Deutschlandpolitik, hrsg. vom Bundesministerium für innerdeutsche Beziehungen.

Uschner, Manfred: *Die Ostpolitik der SPD. Sieg und Niederlage einer Strategie*, Berlin 1991.

Verhandlungen des Deutschen Bundestages, Stenographische Berichte.

Vogel, Hans-Jochen: *Nachsichten. Meine Bonner und Berliner Jahre*, München 1996.

Vogtmeier, Andreas: *Egon Bahr und die deutsche Frage. Zur Entwicklung der Ost- und Deutschlandpolitik vom Kriegsende bis zur Vereinigung*, Bonn 1996.

Volze, Arnim: »Innerdeutsche Transfers«, in: Enquete-Kommission, Bd. V/3, S. 2759–2797.

Ders.: »Kirchliche Transferleistungen in die DDR«, in: *Deutschland Archiv,* 1991, H. 1, S. 59 ff.

Weidenfeld, Werner: *Außenpolitik für die deutsche Einheit* (Geschichte der deutschen Einheit, Bd. 4), Stuttgart 1998.

Weidenfeld, Werner/Glaab, Manuela: »Die deutsche Frage im Bewußtsein der Bevölkerung in beiden Teilen Deutschlands«, in: Enquete-Kommission, Bd. V/3, S. 2798–2962.

Weidenfeld, Werner/Korte, Karl-Rudolf (Hrsg.): *Handbuch zur deutschen Einheit,* Frankfurt a. M. 1993.

Werkentin, Falco: *Strafjustiz in der Ära Ulbricht,* Berlin 1995.

Wettig, Gerhard: *Die Sowjetunion, die DDR und die Deutschlandfrage 1965–1976,* Stuttgart 1976.

Whitney, Craig R.: *Advocatus Diaboli. Wolfgang Vogel, Anwalt zwischen Ost und West,* Berlin 1993.

Wiegrefe, Klaus/Tessmer, Carsten: »Deutschlandpolitik in der Krise. Herbert Wehners Besuch in der DDR 1973«, in: *Deutschland Archiv* 1994, H. 6, S. 601–627.

Wilke, Kay-Michael: *Bundesrepublik Deutschland und Deutsche Demokratische Republik. Grundlagen und ausgewählte Probleme des gegenseitigen Verhältnisses der beiden deutschen Staaten,* Berlin 1976.

Wolf, Markus: *Spionagechef im geheimen Krieg. Erinnerungen,* Düsseldorf/München 1997.

Wyden, Peter: *Die Mauer war unser Schicksal,* Berlin 1995.

Zehn Jahre Deutschlandpolitik. Die Entwicklung der Beziehungen zwischen der Bundesrepublik und der Deutschen Demokratischen Republik 1969 bis 1979. Bericht und Dokumentation, hrsg. vom Bundesministerium für innerdeutsche Beziehungen, Bonn 1980.

Zelikow, Philip/Rice, Condoleezza: *Sternstunde der Diplomatie. Die deutsche Einheit und das Ende der Spaltung Europas,* Berlin 1997.

Zimmer, Matthias: *Nationales Interesse und Staatsräson. Zur Deutschlandpolitik der Regierung Kohl 1982–1989,* Paderborn 1992.

Abkürzungen

Bk	Bundeskanzler/Bundeskanzleramt
BMB	Bundesministerium für innerdeutsche Beziehungen
ČSSR	Tschechoslowakische Sozialistische Republik
DDR	Deutsche Demokratische Republik
DIHT	Deutscher Industrie und Handelstag
FDJ	Freie Deutsche Jugend
INF	Intermediate Nuclear Forces
IPW	Institut für internationale Politik und Wirtschaft
KPdSU	Kommunistische Partei der Sowjetunion
KSZE	Konferenz für Sicherheit und Zusammenarbeit in Europa
KVAE	Konferenz für vertrauensbildende Maßnahmen und Abrüstung in Europa
MBFR	Mutual Balanced Forces Reduction
MfAA	Ministerium für Auswärtige Angelegenheiten
MLF	Multilateral Forces – Multinationale Streitkräfte
MfS	Ministerium für Staatssicherheit (der DDR)
NATO	North Atlantic Treaty Organization – Organisation der Signatarmächte des Nordatlantikpakts
NVA	Nationale Volksarmee (der DDR)
SALT	Strategic Arms Limitation Talks – Gespräche über die Begrenzung strategischer Waffen
SED	Sozialistische Einheitspartei Deutschlands
Stasi	Staatssicherheit der DDR
ZK	Zentralkomitee

ZEITTAFEL

1961

13. 8.   Abriegelung der Sektorengrenzen zwischen Ost- und West-Berlin und der Stadtgrenze zu West-Berlin mit Stacheldraht und Sperren; Bau der Berliner Mauer.

23. 8.   Am Checkpoint Charlie stehen sich US-amerikanische und sowjetische Panzer gegenüber.

17. 9.   Bundestagswahlen: CDU/CSU 45,3 %, SPD 36,2 % FDP 12,8 %.

7. 11.   Konrad Adenauer erneut zum Bundeskanzler gewählt; Gerhard Schröder (CDU) neuer Außenminister.

1962

17. 8.   Peter Fechter wird bei einem Fluchtversuch an der Berliner Mauer niedergeschossen und verblutet.

Oktober   Kuba-Krise (Stationierung sowjetischer Raketen und US-Blokkade); sogenannte *Spiegel*-Affäre.

1963

22. 1.   Unterzeichnung des Vertrages über deutsch-französische Zusammenarbeit durch Adenauer und de Gaulle.

11. 3.   Bildung einer sozial-liberalen Regierung unter Willy Brandt in West-Berlin.

Ostern   Vereinbarung über Häftlingsfreikauf gegen Zahlung von »Kopfgeld«.

10. 6.   US-Präsident John F. Kennedy verkündet eine »Strategie des Friedens«.

23.–26. 6.   Besuch von US-Präsident Kennedy in der Bundesrepublik und in West-Berlin.

15. 7.	Reden Willy Brandts und Egon Bahrs (»Wandel durch Annäherung«) in der Evangelischen Akademie Tutzing.
15./16. 10.	Rücktritt Adenauers; neuer Bundeskanzler Ludwig Erhard.
17. 10.	Vereinbarung über Handelsvertretungen zwischen der Bundesrepublik und Rumänien.
17. 12.	Unterzeichnung des ersten Passierscheinabkommens; West-Berliner können zu Weihnachten und Neujahr Ost-Berlin besuchen.

1964

16. 2.	Willy Brandt neuer Parteivorsitzender der SPD.
12./13. 3.	Ausschluß Robert Havemanns aus der SED; Entlassung durch die Humboldt-Universität.
12. 6.	»Vertrag über Freundschaft, gegenseitigen Beistand und Zusammenarbeit« zwischen der Sowjetunion und der DDR.
14. 8.	Abkommen über den Wiederaufbau der Autobahnbrücke über die Saale (bei Hirschberg).
8. 9.	Gestattung von Rentnerreisen in die Bundesrepublik und nach West-Berlin durch die DDR.
21. 9.	Willi Stoph Vorsitzender des Minsterrates der DDR.
24. 9.	Unterzeichnung eines neuen Passierscheinabkommens.
14. 10.	Sturz Nikita Chruschtschows; Leonid Breshnew Nachfolger als Parteichef, Alexej Kossygin Ministerpräsident.
25. 11.	Einführung des Mindestumtausches für Besucher in der DDR und in Ost-Berlin.

1965

24. 2.–2. 3.	Erster Staatsbesuch von DDR-Staats- und SED-Parteichef Walter Ulbricht außerhalb des kommunistischen Blocks.
30. 4.	Offizieller Besuch des sowjetischen Außenministers Andrej Gromyko in Paris.
19. 9.	Bundestagswahlen: CDU/CSU 47,6 %, SPD 39,3 %, FDP 9,5 %.
8. 10.	Zulassung zweier deutscher Mannschaften durch das Internationale Olympische Komitee zu den Olympischen Spielen 1968.
16. 10.	Rat der EKD veröffentlicht die Denkschrift »Die Lage der Ver-

triebenen und das Verhältnis des deutschen Volkes zu seinen östlichen Nachbarn«.

26. 10. Zweites Kabinett Ludwig Erhard.

1966

7. 2. Offener Brief Ulbrichts und des Zentralkomitees der SED an die Sozialdemokraten.

18. 3. Antwort der SPD-Spitze auf den Offenen Brief der SED.

25. 3. »Friedensnote« der Bundesregierung an die westlichen und osteuropäischen Staaten (mit Ausnahme der DDR).

31. 3. Öffentliche Diskussion zwischen Vertretern der FDP und der LDPD (in Bad Homburg).

14. 4. SPD-Spitze erklärt sich zum Redneraustausch bereit.

23. 6. Bundestag verabschiedet Gesetz über »Freies Geleit« (befristete Freistellung von der deutschen Gerichtsbarkeit).

29. 6. Absage des geplanten Redneraustausches durch die SED.

4.–6. 7. Warschauer Pakt verlangt mit der »Bukarester Erklärung« Solidarität mit der DDR.

6. 10. Beschränkung der Ausgabe von Passierscheinen auf sogenannte Härtefälle.

1. 12. Bildung der Großen Koalition unter Bundeskanzler Kurt Georg Kiesinger; Willy Brandt Außenminister und Vizekanzler.

1967

31. 1. Aufnahme diplomatischer Beziehungen zwischen der Bundesrepublik und Rumänien.

8.–10. 2. Warschauer Pakt beschließt die »Ulbricht-Doktrin«: keine diplomatischen Beziehungen ohne Anerkennung der DDR.

20. 2. Volkskammer verabschiedet Gesetz über die »Staatsbürgerschaft der DDR«.

10. 5. Schreiben des DDR-Ministerratsvorsitzenden Willi Stoph an Bundeskanzler Kiesinger.

13. 6. Antwortschreiben Kanzler Kiesingers an Stoph.

12. 10. Beginn eines diplomatischen Austausches über ein Gewaltverzichtsabkommen zwischen der Bundesrepublik und der UdSSR.

14. 12. »Harmel-Bericht« des NATO-Rates.

1968

31. 1.	Wiederaufnahme diplomatischer Beziehungen zwischen der Bundesrepublik und Jugoslawien.
11. 3.	Erster »Bericht zur Lage der Nation im geteilten Deutschland«.
17.–21. 3.	SPD-Parteitag in Nürnberg spricht sich für Verhandlungen mit der DDR aus.
9. 4.	Die neue »sozialistische Verfassung« der DDR tritt in Kraft.
11.–17. 4.	Studentenproteste nach dem Anschlag auf Rudi Dutschke in West-Berlin.
30. 5.	Verabschiedung der Notstandsverfassung durch den Deutschen Bundestag.
11. 6.	Einführung der Paß- und Visapflicht durch die DDR für den Reise- und Transitverkehr von und nach West-Berlin.
11. 7.	Abbruch der Gespräche über ein Gewaltverzichtsabkommen zwischen der Bundesrepublik und der UdSSR.
21. 8.	Invasion von Warschauer-Pakt-Truppen in der Tschechoslowakei; Ende des »Prager Frühlings«.
27. 10.	Offizielle Gründung der Deutschen Kommunistischen Partei (DKP).
12. 11.	Verkündung der »Breshnew-Doktrin«: Verpflichtung zur militärischen Hilfe bei drohender Abspaltung vom Sowjetimperium.

1969

2. 3.	Beginn von Gefechten zwischen sowjetischen und chinesischen Truppen am Ussuri.
5. 3.	Wahl von Gustav Heinemann in West-Berlin zum neuen Bundespräsidenten.
17. 3.	Vorschlag des Warschauer Paktes für eine europäische Sicherheitskonferenz (»Budapester Appell«).
10. 6.	Gründung des Bundes der Evangelischen Kirchen in der DDR.
12. 9.	Vorschläge Moskaus an die Westalliierten zu Verhandlungen über Berlin und an Bonn zu Verhandlungen über ein Gewaltverzichtsabkommen.
28. 9.	Bundestagswahlen: CDU/CSU 46,1 %, SPD 42,7 %, FDP 5,8 %; Endscheidung für eine Koalition aus SPD und FDP.
21. 10.	Brandt zum neuen Bundeskanzler gewählt.
28. 10.	Regierungserklärung von Bundeskanzler Brandt.

| 17. 12. | Schreiben des DDR-Staatsratsvorsitzenden Ulbricht an Bundespräsident Heinemann mit Vertragsentwurf über die Aufnahme gleichberechtigter Beziehungen. |

1970

22. 1.	Schreiben von Bundeskanzler Brandt an den DDR-Ministerratsvorsitzenden Stoph.
30. 1.	Aufnahme der Gespräche von Staatssekretär Egon Bahr in Moskau.
5. 2.	Beginn der Gespräche mit Polen in Warschau.
19. 3.	Treffen von Brandt und Stoph in Erfurt.
26. 3.	Beginn der Vier-Mächte-Verhandlungen über Berlin.
29. 4.	Postvereinbarung zwischen der Bundesrepublik und der DDR über Kostenausgleich und neue Telefonleitungen.
21. 5.	Zweites Treffen von Brandt und Stoph in Kassel; Kasseler 20-Punkte-Programm Brandts zur Gestaltung der deutsch-deutschen Beziehungen.
12. 8.	Unterzeichnung des Moskauer Vertrages zwischen der UdSSR und der Bundesrepublik; Brief zur deutschen Einheit.
27. 11.	Aufnahme der Gespräche von Egon Bahr und DDR-Staatssekretär Michael Kohl über ein Transitabkommen.
7. 12.	Unterzeichnung des Warschauer Vertrages mit Polen; Kniefall Brandts vor dem Mahnmal des Warschauer Ghettos.

1971

3. 5.	Ablösung Walter Ulbrichts als SED-Parteichef durch Erich Honecker.
3. 9.	Unterzeichnung des Vier-Mächte-Abkommens über Berlin.
16.–18. 9.	Treffen von Leonid Breshnew und Willy Brandt in Oreanda auf der Krim.
30. 9.	Deutsch-deutsches Telefon- und Postabkommen.
10. 12.	Verleihung des Friedensnobelpreises an Willy Brandt.
17. 12.	Transitabkommen zwischen der Bundesrepublik und der DDR als Ergänzung zum Vier-Mächte-Abkommen.
20. 12.	Vereinbarung zwischen dem Senat von West-Berlin und der DDR-Regierung über Besuchsverkehr und Gebietsaustausch.

1972

20. 1.	Formeller Beginn der Verhandlungen zwischen Bahr und M. Kohl über einen Verkehrsvertrag.
26. 4.	Erstes Treffen von Erich Honecker und Egon Bahr.
27. 4.	Scheitern des konstruktiven Mißtrauensvotums der CDU/CSU gegen Bundeskanzler Brandt.
17. 5.	Bundestag beschließt die Ratifizierung des Moskauer und Warschauer Vertrages; gemeinsame Entschließung zu den Ostverträgen.
26. 5.	Unterzeichnung des Verkehrsvertrages zwischen der Bundesrepublik und der DDR.
22.–30. 5.	Besuch von US-Präsident Nixon in der Sowjetunion; Unterzeichnung des SALT-I-Abkommens.
3. 6.	Mit dem Vier-Mächte-Schlußprotokoll treten das Vier-Mächte-Abkommen, der Transitvertrag und die Vereinbarungen zwischen der DDR-Regierung und dem West-Berliner Senat in Kraft.
17. 6.	Erstes Gespräch zwischen Bahr und M. Kohl über einen Grundlagenvertrag.
31. 7.	Treffen der Ostblockparteichefs auf der Krim.
16. 8.	Beginn offizieller Verhandlungen über den Grundlagenvertrag.
8. 11.	Paraphierung des Grundlagenvertrages.
19. 11.	Bundestagswahlen: SPD 45,8 % (erstmals stärkste Fraktion), CDU/CSU 44,9 %, FDP 8,4 %.
22. 11.	Erste Vorgespräche über eine »Konferenz über Sicherheit und Zusammenarbeit in Europa« (KSZE).
12. 12.	Willy Brandt erneut zum Bundeskanzler gewählt.
21. 12.	Unterzeichnung des Grundlagenvertrages durch Bahr und M. Kohl.

1973

11. 5.	Der Bundestag beschließt die Ratifizierung des Grundlagenvertrages und ein Gesetz zum Beitritt der Bundesrepublik zur Charta der UNO.
18.–22. 5.	Staatsbesuch Leonid Breshnews in der Bundesrepublik; Abkommen über wirtschaftliche und technische Zusammenarbeit.

28./29. 5.	SED-Chef Honecker erklärt die Kampagne gegen den Empfang von Westsendern für beendet.
31. 5.	Die Fraktionsvorsitzenden von SPD, Herbert Wehner, und FDP, Wolfgang Mischnick, sind zu Gesprächen bei Honecker.
13. 6.	Ratifizierung des Grundlagenvertrages durch die Volkskammer.
21. 6.	Inkrafttreten des Grundlagenvertrages; damit werden Verbesserungen unter anderem im Reiseverkehr wirksam.
3.–7. 7.	Beginn der KSZE-Konferenz in Helsinki.
31. 7.	Urteil des Bundesverfassungsgerichts über die Verfassungsmäßigkeit des Grundlagenvertrages.
18. 9.	Aufnahme der Bundesrepublik Deutschland und der DDR in die UNO.
25. 9.	Aufnahme der SALT-II-Gespräche zwischen den USA und der UdSSR in Genf.
30. 10.	Beginn der MBFR-Verhandlungen in Wien.
5. 11.	Verdoppelung der Mindestumtauschsätze durch die DDR mit Wirkung zum 15. 11.

1974

2. 5.	Einrichtung der Ständigen Vertretungen der Bundesrepublik in Ost-Berlin (Leiter Günter Gaus) und der DDR in Bonn (Leiter Michael Kohl).
6. 5.	Rücktritt Willy Brandts als Bundeskanzler im Anschluß an die Guillaume-Affäre.
8. 5.	Vereinbarung zwischen dem Deutschen Sportbund (DSB) und dem Deutschen Turn- und Sportbund (DTSB) über Sportbeziehungen.
16. 5.	Helmut Schmidt zum Bundeskanzler gewählt; Hans-Dietrich Genscher neuer Außenminister.
27. 9.	Änderung der DDR-Verfassung durch die Volkskammer; Tilgung der Bezüge zur deutschen Nation.
5. 11.	Senkung der Mindestumtauschsätze durch die DDR mit Wirkung zum 15. 11.
12. 12.	Vereinbarung über den Swing mit Einführung einer Höchstgrenze.
20. 12.	Befreiung von Rentnern vom Mindestumtausch und weitere Verbesserungen im Reiseverkehr.

1975

20. 1.	Oskar Fischer neuer Außenminister der DDR.
30. 7./1. 8.	KSZE-Schlußkonferenz mit Unterzeichnung der Helsinki-Schlußakte.
7. 10.	Neuer Freundschaftsvertrag zwischen der UdSSR und der DDR.
19. 12.	Vereinbarungen über Verbesserungen im Berlin-Verkehr und über die Transitpauschale.

1976

30. 3.	Abkommen über den Post- und Fermeldeverkehr mit der DDR.
3. 10.	Bundestagswahlen: CDU/CSU 48,6 %, SPD 42,6 %, FDP 7,9 %.
29. 10.	Honecker Staatsratsvorsitzender der DDR.
16. 11.	Ausbürgerung Wolf Biermanns aus der DDR.
15. 12.	Zweites Kabinett Schmidt.

1977

1. 1.	Einführung der Paß- und Visapflicht für die Einreise von Ausländern nach Ost-Berlin.
20. 3.	Erstes Telefonat von Schmidt und Honecker.
4. 10.	Eröffnung der KSZE-Folgekonferenz in Belgrad.
19. 10.	Vereinbarung über die Postpauschale für die Jahre 1977–1982.

1978

10. 1.	Schließung des *Spiegel*-Büros in Ost-Berlin durch die DDR.
9. 3.	Abschluß der KSZE-Folgekonferenz mit einem Schlußdokument.
4.–7. 5.	Besuch Breshnews in der Bundesrepublik.
30./31. 5.	NATO-Gipfelkonferenz; Verabschiedung eines langfristigen Verteidigungsprogramms.
6. 7.	Ewald Moldt neuer Leiter der Ständigen Vertretung der DDR in Bonn.

16. 11.	Vereinbarungen über den Autobahnbau Berlin–Hamburg, über Wasserstraßen, Transitpauschale und Zahlungsverkehr.
29. 11.	Unterzeichnung des Protokolls über die Überprüfung und Markierung der Grenze.

1979

5./6. 1.	Gipfeltreffen (Jimmy Carter, Giscard d'Estaing, James Callaghan, Helmut Schmidt) auf Guadeloupe.
18. 6.	Unterzeichnung des SALT-II-Abkommens beim Treffen von Carter und Breshnew in Wien.
6. 10.	Ankündigung Breshnews zur Truppenreduzierung in der DDR; Vorschläge zu Mittelstreckenraketen.
12.–14. 12.	NATO-Ministerratstagung; Verabschiedung des Doppelbeschlusses.
15. 12.	Ausweitung des grenznahen Verkehrs durch eine Anordnung der DDR.
27. 12.	Beginn der sowjetischen militärischen Intervention in Afghanistan.

1980

4. 1.	US-Präsident Carter setzt die SALT-II-Ratifizierung aus und kündigt Sanktionen gegen die Sowjetunion an.
8. 5.	Treffen von Schmidt und Honecker anläßlich der Trauerfeierlichkeiten für Josip Tito in Belgrad.
30. 6.–1. 7.	Schmidt und Außenminister Genscher zu Besuch in Moskau.
9. 10.	Anordnung der DDR über die Heraufsetzung der Mindestumtauschsätze.
13. 10.	Honecker stellt die »Geraer Forderungen« auf: Anerkennung der DDR-Staatsbürgerschaft, Grenzverlauf auf der Elbe in Strommitte, Auflösung der Erfassungsstelle Salzgitter und Erhebung der Ständigen Vertretungen zu Botschaften.

1981

20. 1.	Ronald Reagan neuer Präsident der USA.

434

1. 2.	Klaus Bölling neuer Leiter der Ständigen Vertretung der Bundesrepublik in Ost-Berlin.
10. 10.	Großdemonstration der Friedensbewegung in Bonn.
22.–25. 11.	Breshnew zu Besuch in der Bundesrepublik.
30. 11.	Wiederaufnahme der amerikanisch-sowjetischen INF-Verhandlungen in Genf.
11.–13. 12.	Bundeskanzler Schmidt zu Besuch bei Honecker; Gespräche am Werbellin- und Döllnsee.
13. 12.	Verhängung des Kriegsrechts in Polen.

1982

15. 2.	Erweiterung des Katalogs »dringender Familienangelegenheiten« für Westreisen durch die DDR.
10. 5.	Hans Otto Bräutigam neuer Leiter der Ständigen Vertretung der Bundesrepublik in Ost-Berlin.
18. 6.	Vereinbarungen über Swing und nichtkommerziellen Zahlungsverkehr; Ausweitung der Dauer von Tagesbesuchen; Zusicherung von Straffreiheit für Personen, die bis 1980 die DDR »ungesetzlich« verlassen haben.
1. 10.	Abwahl Schmidts durch ein konstruktives Mißtrauensvotum; Helmut Kohl neuer Bundeskanzler einer Koalition aus CDU/CSU und FDP.
14. 11.	Treffen von Bundespräsident Carstens und Außenminister Genscher mit Honecker in Moskau.

1983

24. 1.	Erstes Telefonat von Kohl und Honecker.
6. 3.	Bundestagswahlen: CDU/CSU 48,8 %, SPD 38,2 %, FDP 7,0 %, Grüne 5,6 %.
28. 5.	Erster Besuch des SPD-Fraktionsvorsitzenden Hans-Jochen Vogel bei Honecker.
29. 6.	Bundesbürgschaft für den Milliardenkredit an die DDR.
24. 7.	Franz Josef Strauß zu Besuch bei Honecker.
22. 11.	Bundestag stimmt der Stationierung neuer Mittelstreckenraketen zu.
23. 11.	Abbruch der INF-Verhandlungen in Genf durch die sowjetische Delegation.

1987

25. 1.	Bundestagswahlen: CDU/CSU 44,3 %, SPD 37,0 %, FDP 9,1 %, Grüne 8,3 %.
11. 3.	Kohl erneut zum Bundeskanzler gewählt.
23. 3.	Rücktritt Brandts als SPD-Vorsitzender.
6.–11. 7.	Bundespräsident von Weizsäcker und Außenminister Genscher zu Besuch in Moskau.
27. 8.	Veröffentlichung des gemeinsamen SPD-SED-Papiers: »Der Streit der Ideologien und die gemeinsame Sicherheit«.
7.–11. 9.	Offizieller Besuch Honeckers in der Bundesrepublik.
November	Stasi-Maßnahmen gegen die Umweltbibliothek und gegen weitere Dissidentengruppen.

1988

17. 1.	Festnahme von Gegendemonstranten bei der Liebknecht/Luxemburg-Demonstration; Beginn einer Verhaftungs- und Ausbürgerungswelle.
13.–15. 6.	Wiesbadener Parteitag der CDU mit deutschlandpolitischen Beschlüssen.
21. 6.	Horst Neugebauer neuer Leiter der Ständigen Vertretung der DDR in Bonn.
23. 6.	Thesen von Pfarrer Friedrich Schorlemmer zur Erneuerung der DDR.
14. 9.	Vereinbarung über eine neue Transitpauschale für die Jahre 1990–1999.
1. 10.	Gorbatschow zum Staatspräsidenten der UdSSR gewählt.

1989

2. 2.	Franz Bertele neuer Leiter der Ständigen Vertretung der Bundesrepublik in Ost-Berlin.
6. 2.	Chris Gueffroy beim Fluchtversuch von DDR-Grenzsoldaten erschossen; Beginn der Gespräche des Runden Tisches in Polen.
2. 5.	Ungarn beginnt mit dem Abbau der Grenzsperren zu Österreich.
7. 5.	Kommunalwahlen in der DDR; unabhängige Beobachter konstatieren Wahlfälschungen.

4. 6.	Niederschlagung der Demokratiebewegung in China; Massaker auf dem Tiananmen-Platz.
12.–15. 6.	Gorbatschow zu Besuch in der Bundesrepublik; gemeinsame deutsch-sowjetische Erklärung.
Juli/August	Wachsende Fluchtwelle von DDR-Bürgern über Ungarn nach Österreich und über Botschaften der Bundesrepublik.
9./10. 9.	Gründung der Oppositionsgruppe »Neues Forum«.
7. 10.	Gründung der Sozialdemokratischen Partei (SDP) in der DDR; offizielle Feierlichkeiten zum 40. Jahrestag der DDR.
9. 10.	Großdemonstration in Leipzig mit fast 100 000 Teilnehmern.
18. 10.	Erzwungener Rücktritt Honeckers; Egon Krenz Nachfolger als Generalsekretär der SED.
26. 10.	Erstes Telefonat von Kohl und Krenz.
4. 11.	Massendemonstration in Ost-Berlin.
9. 11.	Öffnung der Berliner Mauer.
13. 11.	Hans Modrow Vorsitzender des Ministerrates der DDR.
28. 11.	Zehn-Punkte-Programm Kohls zu einer deutschen Konföderation.
19./20. 12.	Besuch Kohls in der DDR; Treffen mit Ministerpräsident Modrow in Dresden.
22. 12.	Feierliche Öffnung des Brandenburger Tores.

1990

15. 1.	Demonstranten stürmen die ehemalige Zentrale des MfS in Ost-Berlin.
10./11. 2.	Kohl und Genscher zu Gesprächen mit Gorbatschow in Moskau.
13./14. 2.	DDR-Regierungsdelegation unter Modrow in Bonn.
18. 3.	Erste freie Wahlen zur Volkskammer; die »Allianz für Deutschland« erhält 48,1, SPD 21,9 Prozent
12. 4.	Koalitionsregierung unter Ministerpräsident Lothar de Maizière; Außenminister Markus Meckel.
24. 4.	Erstes Arbeitstreffen von Kohl und de Maizière.
5. 5.	Erstes offizielles Zwei-plus-Vier-Treffen.
18. 5.	Unterzeichnung des Vertrages über eine Wirtschafts-, Währungs- und Sozialunion.
30. 5.–3. 6.	Gipfeltreffen von US-Präsident Bush und Gorbatschow in den USA.
1. 7.	Inkrafttreten der Währungsunion.

15./16. 7.	Kohl mit einer Delegation zu Gesprächen mit Gorbatschow in Moskau und im Kaukasus.
31. 8.	Unterzeichnung des Einigungsvertrages durch Wolfgang Schäuble und Günter Krause.
12. 9.	Unterzeichnung des Zwei-plus-Vier-Vertrages über Regelungen in bezug auf Deutschland.
3. 10.	Die DDR tritt der Bundesrepublik Deutschland bei.

DANK

Ein Buch über die jüngste deutsche Zeitgeschichte ist für einen Historiker nicht denkbar ohne den Zugriff auf die in Archiven lagernden Quellen und die Auswertung wichtiger vertraulicher Unterlagen. Erst durch die von der friedlichen Revolution erwirkte Öffnung der DDR-Akten wurde es möglich, die Geschichte der deutsch-deutschen Beziehungen bis zum Ende der DDR so frühzeitig durch historische Forschungen aufzuarbeiten. Die einseitige Aufschließung der östlichen Aufzeichnungen und Unterlagen bedingte allerdings unbefriedigende Asymmetrien. Deswegen war es so wichtig, daß ich für meine Forschungen über die Deutschlandpolitik auch sonst verschlossene westliche Archivalien und private Bestände benutzen konnte.

Für diese Aufgeschlossenheit und Großzügigkeit sage ich aufrichtigen Dank. Von größtem Wert war der Zugang zu Akten der Bundesregierung, besonders des Bundeskanzleramtes, über die deutsch-deutschen Beziehungen vom Mauerbau bis zur deutschen Einheit. Er wurde im letzten Winter gewährt, und das Bundesarchiv leistete wichtige Unterstützung. Nachlässe und Deposita im Archiv der sozialen Demokratie sowie private Archive und Unterlagen, die ich benutzen konnte, bildeten eine wertvolle Ergänzung. Von besonderem Gewicht für diese Forschungen war das Privatarchiv Helmut Schmidts. Ohne die umfangreichen Aktenbestände der »Stiftung Archiv der Parteien und Massenorganisationen der DDR« im Bundesarchiv wäre dieses Buch undenkbar. Zu einzelnen Aspekten boten bei anderen Institutionen verwahrte Unterlagen weitere Informationen. Allen Verantwortlichen und Mitarbeitern der öffentlichen und privaten Archive und Sammlungen danke ich herzlich für die wertvolle Unterstützung.

Mit der Überantwortung des Textes an den Verlag schließt sich für den Autor der Kreis von der Idee bis zur Vollendung des Werkes. Bei der Texterfassung war Evelyn Stratmann eine große Hilfe. Ihr gilt mein aufrichtiger Dank, ebenso Johannes Kuppe und Detlef Nakath für die kritische Durchsicht des Manuskriptes sowie Thomas Schulz, dem Lektor für den Propyläen Verlag, für seine engagierte Arbeit. Für die große Geduld, die Freunde und vor allem meine Frau Lise mit mir aufgebracht haben, während ich mich in die Arbeit an dem Buch vertiefte, bin ich dankbar.

Heinrich Potthoff
Königswinter, im Juni 1999

PERSONENREGISTER